北京经济技术开发区年鉴

BEIJING ECONOMIC-TECHNOLOGICAL DEVELOPMENT AREA YEARBOOK

2021

北京经济技术开发区年鉴编纂委员会 编

中国商务出版社
CHINA COMMERCE AND TRADE PRESS

图书在版编目（CIP）数据

北京经济技术开发区年鉴.2021/北京经济技术开发区年鉴编纂委员会编.—北京：中国商务出版社，2021.12

ISBN 978-7-5103-4049-9

Ⅰ. ①北… Ⅱ. ①北… Ⅲ. ①技术开发区—北京—2021—年鉴 Ⅳ. ① F127.1

中国版本图书馆 CIP 数据核字（2021）第 216623 号

北京经济技术开发区年鉴 2021

BEIJING JINGJI JISHU KAIFAQU NIANJIAN

北京经济技术开发区年鉴编纂委员会 编

责任编辑：周水琴
责任校对：李彩娟　凌　婧　卓文娟
装帧设计：承忠德　康　蕊　赵雅秋
出版发行：中国商务出版社
地　　址：北京市东城区安定门外大街东后巷 28 号　　邮编：100710
网　　址：http://www.cctpress.com
电　　话：010-64212247（总编室）　64269744（事业部）
　　　　　64208388（发行部）　64266119（零售）
邮　　箱：bjys@cctpress.com
印　　刷：北京华联印刷有限公司
开　　本：889 毫米 ×1194 毫米　1/16
印　　张：43.5
字　　数：903 千字
版　　次：2021 年 12 月　第 1 版
印　　次：2021 年 12 月　第 1 次印刷
书　　号：ISBN 978-7-5103-4049-9
定　　价：480.00 元

北京经济技术开发区年鉴

编纂委员会

北京经济技术开发区年鉴

编辑部

北京经济技术开发区年鉴

组稿人

（按姓氏笔画排序）

于江斋	于金铭	马　焱	马玉杨	马传伟
马彦华	马博雅	王　宁	王　江	王　萌
王　琴	王　琪	王　琳	王　蔚	王　翠
王　巍	王子平	王文佼	王冬温	王华强
王会娜	王建竹	王春时	王梓哲	王曼曼
王逸婧	王毅宾	戈　青	毛　峥	月梅兰
方迎春	方张曙	孔德艺	卢秀娟	叶立华
叶常青	田　宁	田迅铭	田新宇	白　菊
仝宇曼	冯晓波	兰　杰	宁珊珊	边金烨
母仲秋	邢　丽	邢　迪	邢　雷	权立云
毕志超	吕　菲	朱　恋	朱　萍	朱丽芳
朱晓明	乔　悦	任　欢	刘　欢	刘　烁
刘　曼	刘　静	刘　鑫	刘旭辉	刘园园
刘苗苗	刘明明	刘珊珊	刘晓霞	刘湘永
闫　炎	闫盼娜	许丽娜	孙　浩	孙立东
孙宇飞	孙欣欣	孙继伟	李　华	李　亮
李　恺	李　倩	李　菲	李　萍	李　雪
李　晨	李　斌	李　蔚	李小冬	李元涛

李云翰	李占旭	李存杰	李军辉	李朋朋
李艳华	李艳军	李菲菲	李雯姝	李嘉欣
杨帆	杨军	杨博	杨延泽	杨建清
杨晓云	杨雅金	杨瑞峰	肖雅娟	吴光耀
吴林杰	吴建华	何斌	何霞	何佳洁
何亮颖	佟芳	余婕	余新飞	谷明华
狄宁	邹京	邹容	冷琎	汪梦梦
汪鹤龄	宋丹锋	张一	张义	张乐
张宁	张帆	张怡	张亮	张洁
张晗	张然	张颖	张璐	张小燕
张天娇	张元璋	张云燕	张文乐	张文礼
张映桥	张梦茹	阿支子罗	陈林	陈喆
陈乐央	陈君明	陈林林	陈姗姗	陈晴雪
武欣	范佩	杲继伟	明月	岳明
岳晓甜	金瑛	周明明	庞露露	郑怡
郑川立	郑海峰	郑雅丹	单宇	孟雨
赵业	赵刚	赵岩	赵珍	赵威
赵威	赵英学	赵凯丽	赵柏森	赵晓晨
赵祥国	赵维奇	赵敬怡	赵雅超	赵静宇
郝孟阳	郝美丽	南新旭	钟一鸣	段秋菊
侯萱	侯东昊	姜娜	姜莹	姜美竹
姜娜娜	姚远	姚诚	姚春光	贾鹏

倪延云	徐　娜	徐博远	栾美丽	高建伟
席兆雨	席志斌	唐军平	唐毅彬	黄　怡
黄玉莲	黄星星	黄雯婷	黄晶晶	曹启斌
曹晨露	常　源	崔立莉	盖　莉	梁　宇
梁　菲	梁海晴	彭　文	彭晓瑛	葛晨辉
董艺菲	董海伦	韩晓婷	韩钰彬	童　剑
曾恕媛	温爱玲	谢　华	鄢　然	褚茹萍
慕旖文	谭　艳	翟巧波	滕　博	潘　超
薛向东	穆贵林	魏文丽		

编辑说明

一、《北京经济技术开发区年鉴》由北京经济技术开发区管理委员会主办、北京经济技术开发区年鉴编纂委员会承编。自2012年开始逐年编纂并公开出版，一年一卷，本卷为第十卷。

二、本年鉴以马克思列宁主义、毛泽东思想、邓小平理论、“三个代表”重要思想、科学发展观、习近平新时代中国特色社会主义思想为指导，坚持辩证唯物主义和历史唯物主义的立场、观点、方法，坚持实事求是的原则，科学、客观地记述本地区经济社会发展情况。

三、本年鉴有文章体、条目体两种体裁，以条目体为主。采用规范的语文体，直陈其事。

四、本年鉴以出版年份为卷次名称。2021卷全面、准确地记述本地区2020年1月1日—12月31日期间的情况，凡2020年事项均直书月、日，不再另写年份。

五、本年鉴采用分类编辑法，设类目、分目、条目3个层次，部分分目增设次分目。2021卷设“区情概况”“特载”“专文”“大事记”“营商环境”“主导产业”“新兴产业”“支撑产业”“‘三城一区’成果转化”“区属国有资产经营”“金融”“经济管理”“三区协同共建新城”“城市运行”“社会事业”“党政事务”“法治”“统计资料”“附录”19个类目。

六、本年鉴资料均由各撰稿单位（部门）提供，并经主要负责人审核。图片无摄影者的，均注“单位”或“企业”提供。主要统计资料由北京经济技术开发区经济发展局提供，部分数据由各相关部门提供。

七、书中北京经济技术开发区简称为经开区，中共北京市委经济技术开发区工作委员会简称为经开区工委，北京经济技术开发区管理委员会简称为经开区管委会，北京亦庄投资控股有限公司简称为亦庄控股。凡入编企业、事业单位在其条目或标题下出现的简称均为单位规范简称。国家、北京市部分机构均使用简称。

发区项目示意图

会经济技术开发区分局　北京经济技术开发区城市规划和环境设计研究中心　2020年

北京经济技术开

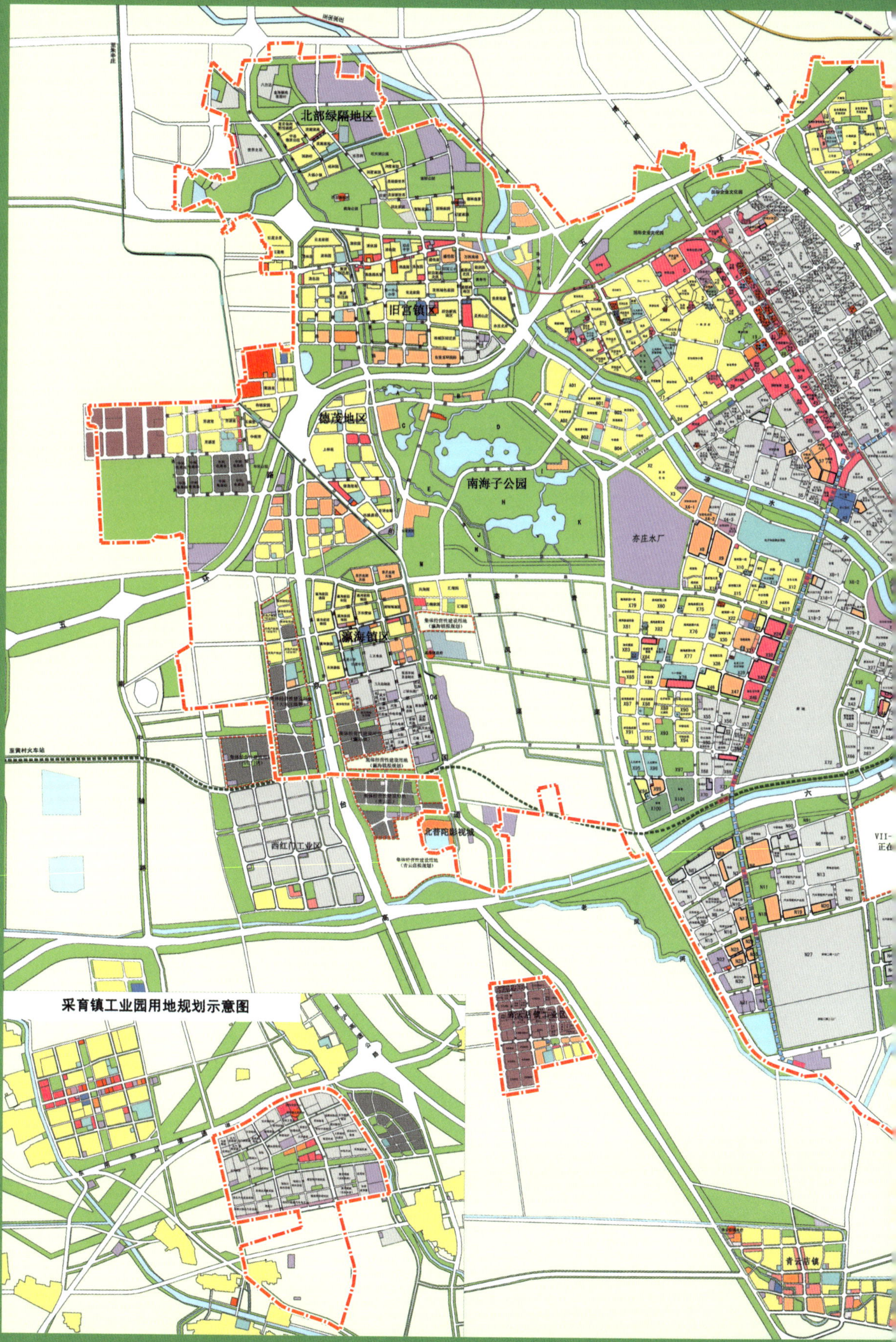

编制：北京市规划委

3月9日，经开区召开党建工作会　　蒋科平 摄

12月30日，经开区召开2021年度工作会　　张笑嫣 摄

6 月 27 日，经开区参加 SEMICON China 2020 国际半导体展　　方针 摄

9 月 4 日，经开区参展 2020 年中国国际服务贸易交易会　　方针 摄

9 月 17 日，经开区参展第二十三届中国北京国际科技产业博览会　　张浩东 摄

9 月 19 日，北京市高级别自动驾驶示范区发布会在经开区举行　　陈伟 摄

9 月 28 日，中国（北京）自由贸易试验区高端产业片区挂牌 方针 摄

10 月 13 日，经开区主办 2020 全球无人机应用及防控大会暨无人机产业博览会 方针 摄

10 月 16 日，经开区举办 2020 全国大众创业万众创新活动周亦庄会场系列活动　方针 摄

12 月 22 日，下一代互联网国家工程中心主办 GNTC 2020 全球网络技术大会　王子平 摄

2 月初，天坛生物在武汉率先设立全国第一个新冠肺炎康复者血浆采集点

天坛生物提供

截至 2 月 10 日，经开区近 2100 家企业复工复产

方

年内，经开区疫情防控　　方针 摄

年内，经开区 9 家口罩生产厂日产能 50 万只　　方针 摄

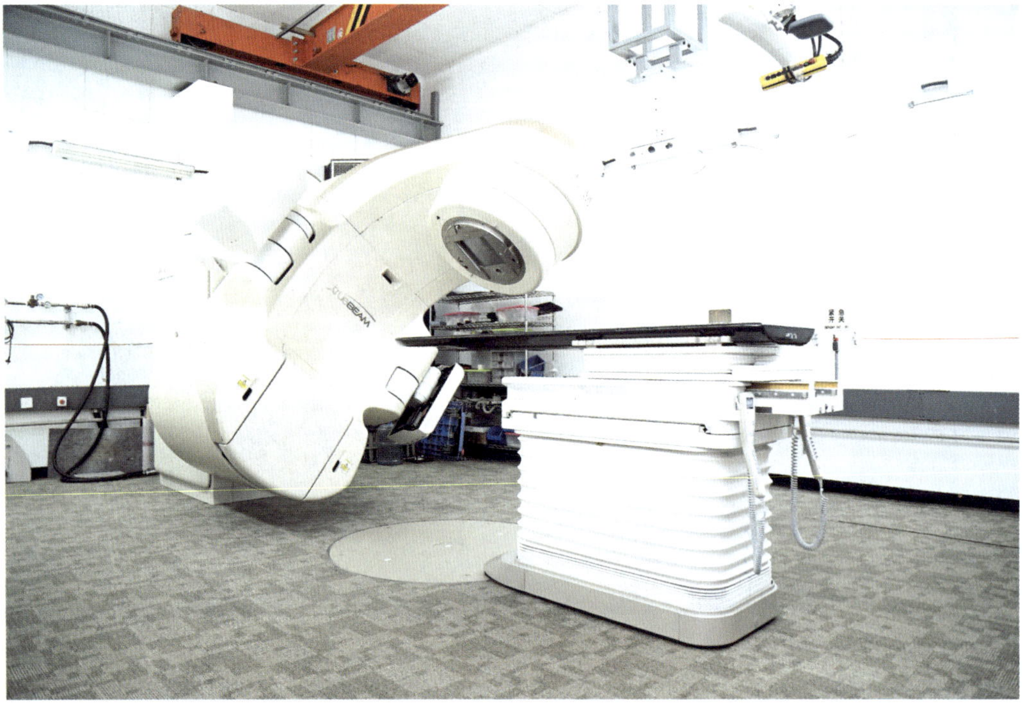

3 月，瓦里安新产线下线第一台国产高端医用直线加速器 TrueBeam　瓦里安提供

9 月 14 日，博奥晶典空间转录组测序技术获认证　方针 摄

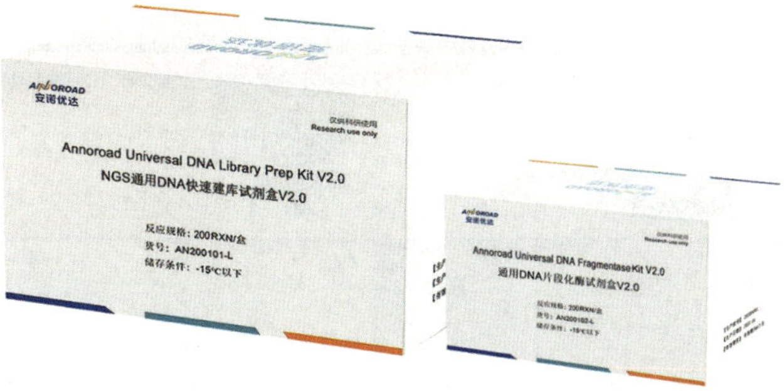

4 月 25 日，安诺优达推出通用 DNA 片段化酶试剂盒 V2.0 和 NGS 通用 DNA 快速建库试剂盒 V2.0

安诺优达提供

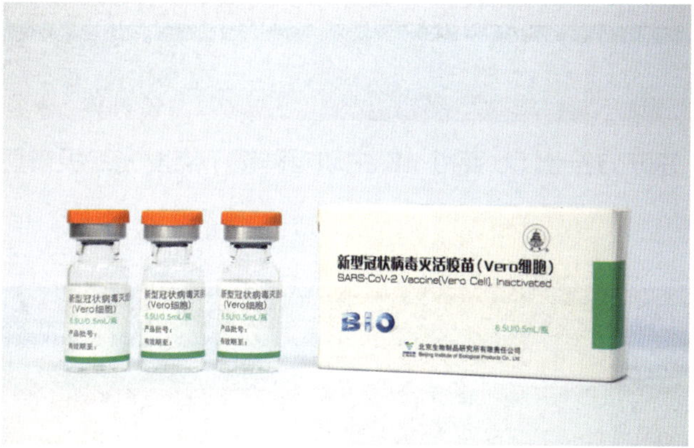

12 月 30 日，北京生物新型冠状病毒灭活疫苗的注册申请获药监局附条件批准

北京生物提供

年内，和利时推出新款快速核酸提取仪

和利时提供

11 月 10 日，京东方推出 55 英寸 4K 主动矩阵量子点发光二极管显示屏 京东方提供

10 月 19 日，北方华创微电子 IC 领域立式炉第 100 台设备交付仪式举行

9 月 29 日，赛莱克斯 8 英寸 MEMS 国际代工线通线庆典举行 方针 摄

方针 摄

9月9日，北京奔驰国产新一代梅赛德斯－奔驰长轴距E级车第300万辆整车下线　　岳政 摄

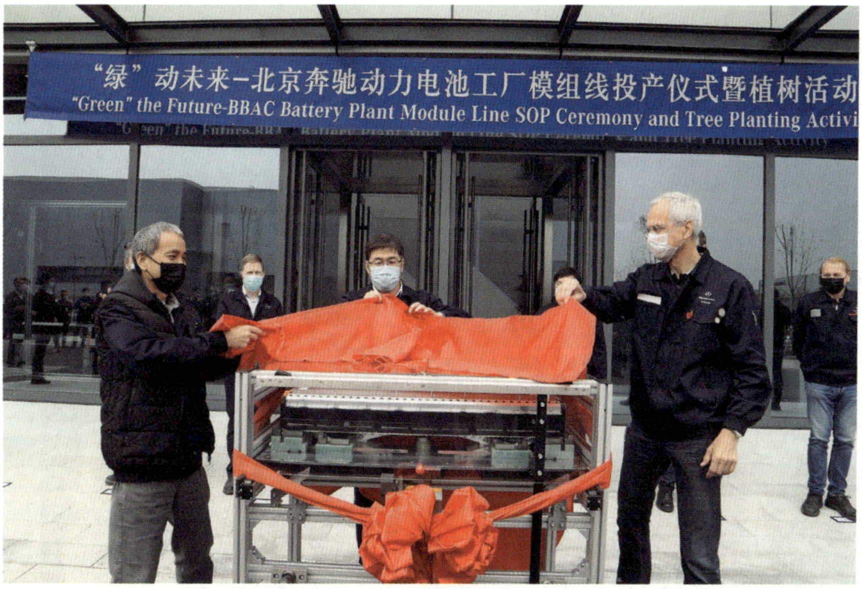

4 月 8 日，北京奔驰动力电池工厂模组线投产　　岳政 摄

11 月 20 日，北汽李尔国家级绿色工厂揭牌　　北汽李尔提供

11 月 15 日，GE 医疗超高端 256 排 Revolution CT 投产　　田艳军 摄

年内，施耐德中低压 RM AirSeT 新一代环保气体中压柜上线　　施耐德中低压提供

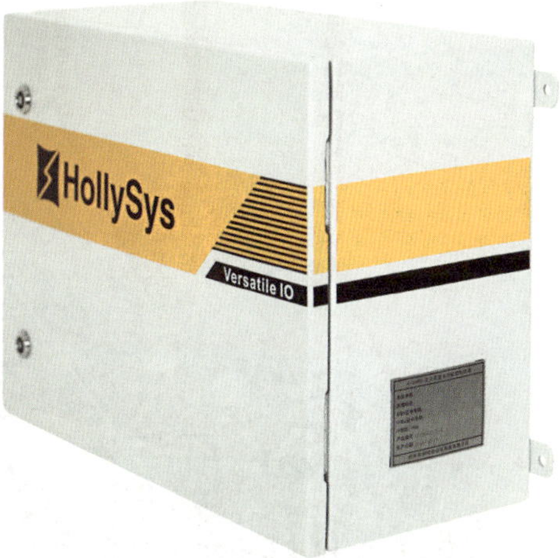

月，和利时推出 Optic VIO 工业光总线智能 I/O 系统

和利时提供

为，和利时推出基于安全可信的 DCS 控制系统

和利时提供

月 28 日，航天工程公司日投煤 3500 吨气化炉验收出厂

航天工程公司提供

11月7日，星河动力“谷神星一号（遥一）”商业运载火箭发射成功　　陈肖 摄

11月，蓝箭航天“朱雀二号”火箭二级发动机联合试车成功　　方针 摄

12 月 6 日，星际荣耀完成双曲线二号验证型火箭（SQX-2Z）液氧 / 甲烷低温推进剂共底贮箱的生产 星际荣耀提供

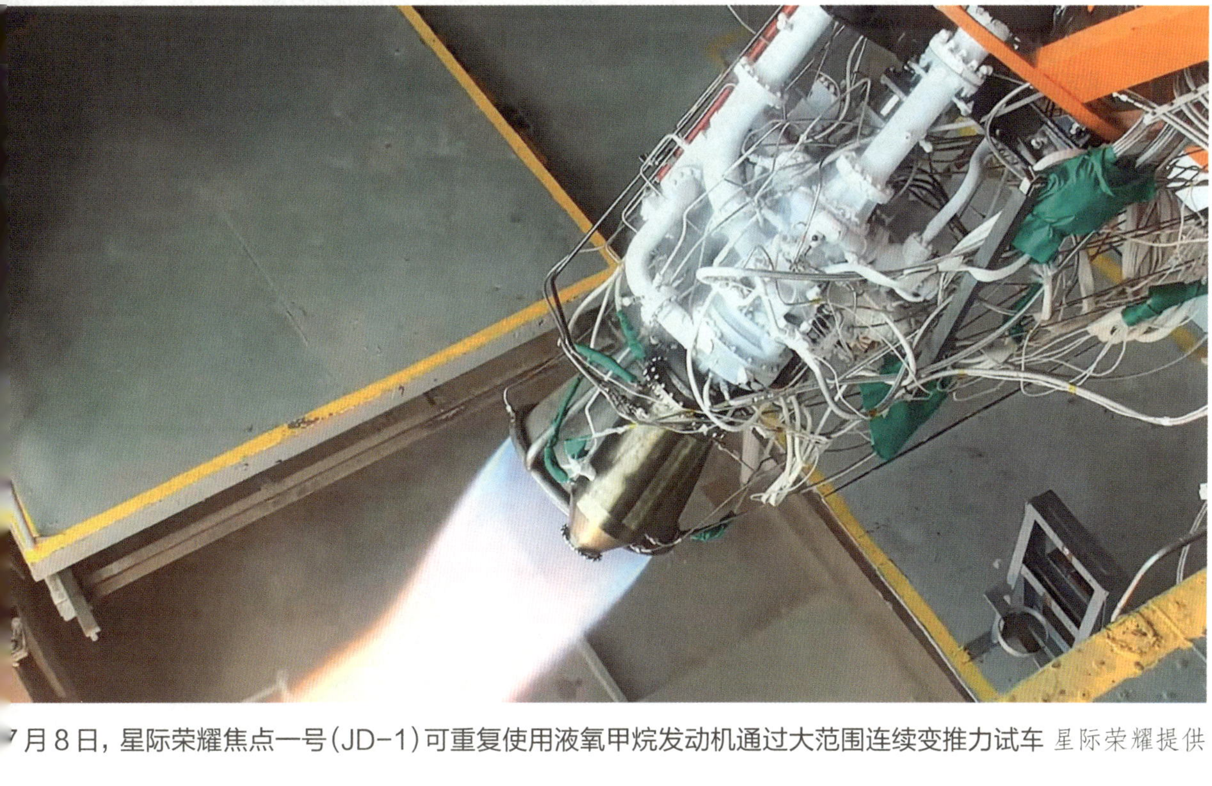

7 月 8 日，星际荣耀焦点一号（JD-1）可重复使用液氧甲烷发动机通过大范围连续变推力试车 星际荣耀提供

6 月 1 日，京东廊坊“亚洲一号”智能物流中心投入使用　　张泉 摄

8 月，金风科创 GW171-6.45MW 海上风电机组下线 金风科创提供

8 月 5 日，京运通 JD-1600 型全自动单晶炉首棒 12 英寸晶体下线
田甜 摄

年内，南海子公园获批市级湿地公园

年内，凉水河经开区段获全国首批示范河湖称号

潘清泉 摄

潘清泉 摄

8月25日，经开区区史馆开馆　　　　潘清泉 摄

11月20日，北京同仁医院亦庄院区新门急诊楼开诊运行　　　　北京同仁医院亦庄院区

10 月 9 日，经开区区域公交纳入北京公交线网管理　　方针 摄

12 月 31 日，亦庄新城现代有轨电车 T1 线试运营　　张磊 摄

年内，经开区细颗粒物（$PM_{2.5}$）年均浓度为 37 微克 / 立方米，首次低于全市年均浓度

潘清泉 摄

4月1日，经开区企业准入服务厅开厅办理业务　　经开区政务服务中心提供

7月，北京市首个远程交互中心在经开区政务服务中心落地
经开区政务服务中心提供

10月22日，经开区国际人才服务厅投入使用　　方针 摄

目　　录

CONTENTS

区情概况

区域简介　2

2020年北京经济技术开发区国民经济和社会发展统计公报　5

2020 年北京经济技术开发区环境状况公报　11

特载

在经开区 2021 年度工作会上的讲话 ——王少峰　22

深化改革 勇于担当 努力开创“十四五”高质量发展新局面 ——梁　胜　32

专文

北京经济技术开发区全力以“复”，稳住首都经济发展基本盘　52

经开区组织机构及人事制度改革　56

大事记

1 月　60

2 月　60

3 月　61

4 月　62

5 月　62

6 月　62

7 月　63

8 月　64

9 月　65

10 月　66

11 月　67

12 月　68

营商环境

综述　72

“两区”建设　73

概况　73

北京自贸区申报工作启动　73

服务业扩大开放综合示范区建设启动　73

中国（北京）自由贸易试验区设立　74

中国（北京）自贸区高端产业片区挂牌　74

经开区全面启动“两区”建设　74

产经活动　74

概况　74

参展 SEMICON China 国际半导体展　75

参展中国国际服务贸易交易会　75

参展中国北京国际科技产业博览会　76

24 个项目获“创客北京 2020”大赛奖项　76

2020 全球无人机应用及防控大会　77

双创周亦庄会场活动　77

中国美国商会第 21 届年度人力资源峰会　78

经开区管委会与国药集团开启战略合作　78

2020 北京微电子国际研讨会　78

北京亦庄（京津冀）生物医药产业大会　79

2020 中国光子产业高峰论坛　79

2020 通明湖信息技术应用创新论坛　80

经开区工业互联网交流大会　80

北京·亦庄首届高端汽车产业链大会 80

招商引资 81

概况 81
辉宝生物迁入经开区 81
新光凯乐核心零部件国产化项目签约 81
亦庄生命健康城生物医药厂房项目签约 82
阿斯利康中国北部总部项目签约 82
集创北方显示驱动芯片设计项目开工 82
北京亦庄京广协同创新产业园项目签约 82
予果智造体外诊断试剂产业化项目签约 82
开拓药业在经开区成立 83
赛诺菲（北京）制药生产线项目签约 83
智飞绿竹生物疫苗产业化基地项目签约 83
屹唐半导体研发制造中心项目签约 83
北京富创装备零部件生产基地项目签约 83
先通医药总部项目签约 84
北方华创扩产项目签约 84
宝健生产基地扩产项目签约 84
航为高科新材料产业基地项目签约 84
经开区与 SMC 株式会社签署合作协议 84
唯源立康基因治疗新药研发项目签约 84
瀚海科技激光检测项目签约 84
对啊网总部基地项目签约 84
中建集团子公司系列项目签约 85

行政审批 85

概况 85
创新环评工作 85
告知承诺审批在北京市率先落地 86
生物医药标准厂房开工建设 86
“审管执”全流程链条式管理机制 86
产业用地标准化改革 86
排污许可全覆盖工作 86
劳务派遣经营许可工作服务指引出台 87
大兴区相关市场监管领域事项划转 87
SMC 株式会社旗下 2 家公司落户经开区 87
政务服务事项备查制改革 87
一网通办实现进一张网办全部事 87
“一枚印章管审批”落地 88
“办好一件事”线上可办 88
承接扩区范围内环保等审批事项 88
行政审批与技术审查相分离 88
推进审批规范化和技术标准化工作 88
消防验收新模式建立 89
试点开展区域评估工作 89
新技术运用为审批赋能 89
承接“组织考古调查勘探”事项 89
创新并联审批 89
不招标项目采购工作指引 90

主导产业

综述 92

新一代信息技术 93

京东方参展国内外多个展会 93
天空卫士完成“B+”轮融资 93
京东方获多项荣誉 93
京东方助力抗疫工作 93
集创北方参加国内外多个大会 94
苍穹数码提供多款免费软件 94
苍穹数码不动产登记服务 94
北京泰豪城市大脑入驻抗疫成果平台 95
北方华创微电子第 100 台立式炉设备交付 95
北方华创微电子 12 英寸氮化硅设备交付 95
苍穹数码助力湖北滑坡灾害预警 95
苍穹数码自然资源统一确权登记培训服务 96
京东方与 4 家企业签订战略合作协议 96
京东方智慧系统创新中心落地成都和重庆 96
北京泰豪参与的 2 个专项通过阶段验收 96
京东方与国家大剧院带来“8K+5G”直播 97
苍穹数码参展银川国际智慧城市博览会 97
京东方举办全球创新伙伴大会·2020 97

北方华创微电子获金牛奖 3 项大奖 97
中国地名大数据中心落户苍穹数码港 98
北京泰豪承接的项目通过验收 98
北方华创微电子光伏氧化设备交付 98

· 新一代信息技术企业（选介）· 98
京东方科技集团股份有限公司 98
北京泰豪智能工程有限公司 99
揖斐电电子（北京）有限公司 100
中芯国际集成电路制造有限公司 101
富智康精密组件（北京）有限公司 101
苍穹数码技术股份有限公司 102
威讯联合半导体（北京）有限公司 103
信维创科通信技术（北京）有限公司 103
北京北方华创微电子装备有限公司 104
北京中电科电子装备有限公司 105
中科晶电信息材料（北京）股份有限公司 105
北京东港嘉华安全信息技术有限公司 106
北京集创北方科技股份有限公司 106
北京易美新创科技有限公司 107
合众思壮北斗导航有限公司 107
冠捷显示科技（中国）有限公司 108
北京云狐时代科技有限公司 108
北京世纪金光半导体有限公司 108
北京天空卫士网络安全技术有限公司 109
全图通位置网络有限公司 110
北京德为智慧科技有限公司 110

汽车制造 111

北京奔驰动力电池工厂全面投产 111
北京奔驰第 100 万辆白车身下线 111
北京奔驰发动机工厂月产量首破 6 万台 111
全新梅赛德斯 – 奔驰 GLA SUV 下线 111
北京奔驰第 300 万台发动机下线 112
北京奔驰单月整车交付突破 6 万辆 112
北京奔驰获多项荣誉 112
北京奔驰第 300 万辆整车下线 112
北京奔驰设立区内首个技能人才培训基地 113
国汽智联牵头编制完成白皮书 113
国汽智联承办 C-V2X “新四跨” 活动 113
国汽智联发布蓝皮书 113
北京奔驰 M282 发动机下线和交付 114

· 汽车制造企业（选介）· 114
北京德尔福万源发动机管理系统有限公司 114
北京奔驰汽车有限公司 114
北京北汽李尔汽车系统有限公司 115
北京中瑞蓝科电动汽车技术有限公司 115
国汽（北京）智能网联汽车研究院有限公司 116

生物医药 116

天坛生物参与抗疫科研攻关 116
赛诺菲（北京）制药生产来得时® 117
舒泰神 BDB-001 注射液获批临床试验 117
珐博进捐赠爱瑞卓® 助力抗疫 117
瓦里安搭建智云 4.0 放疗平台 117
安诺优达通过多项室间质评项目考核 118
同仁堂科技公司开展抗疫捐赠 118
安诺优达举办线上生物信息分析培训班 118
安诺优达技术助力科研成果发表 118
泰德制药与英矽智能启动战略联盟合作 119
安诺优达推出单细胞及表观方面的新产品 119
安诺优达推出三代人重全变异检测新产品 119
安诺优达举办和参加学术活动 119
安诺优达推出 2 种试剂盒 120
安诺优达助力湖北省产前检测公益活动 120
百泰生物亦庄教育服务站挂牌 120
安诺优达承担北京抗疫检测任务 120
神州细胞在上海证券交易所上市 121
智飞绿竹生物 1 种新疫苗获批临床试验 121
安诺优达参编的行业和团体标准发布 121
加科思与艾伯维公司达成全球战略合作 122
永泰生物在香港联交所上市 122
拜耳医药保健与 2 家企业达成合作协议 122
瓦里安肿瘤信息化系统上线 122
加科思抗肿瘤新药在美国启动临床试验 122

赛升药业与北京大学签署技术合作协议 123
珐博进 FG-3019 获批 2 项Ⅲ期临床试验 123
悦康药业集团获多项大奖 123
智飞绿竹生物疫苗产业化项目通过验收 124
拜耳医药保健产品新适应证获批 124
悦康药业集团 3 款产品被评为家庭常备药 124
瓦里安参展 2 场展会 125
安诺优达引入超高通量测序平台 125
安诺优达开展女性肿瘤基因体检 125
泰德制药 1 类新药 TDI01 获批临床试验 125
君元药业获博奥生化 100% 股权 126
瓦里安吊装 ProBeam® 系统回旋加速器 126
赛诺菲(北京)制药释倍灵® 新适应证获批 126
瓦里安与武汉协和医院合作 126
悦康药业集团在上交所科创板上市 126
永泰生物注射液获批临床试验 126
拜耳医药保健产品拜万戈® 续约医保目录 126
凯因科技凯力唯® 入选国家医保目录 127
赛升药业成功竞拍中润伟业 45% 的股权 127
昭衍新药支持疫情防控工作 127
同仁堂科技公司完成扶贫工作 127
悦康通® 成为 *MIMS* 指南推荐用药 128
北京生物完成新冠灭活疫苗车间改造工作 128
7 家企业 8 种产品入选重点出口产品清单 128

· 生物医药企业（选介）· 128
国药中生生物技术研究院有限公司 128
北京四环生物制药有限公司 129
北京泰德制药股份有限公司 129
拜耳医药保健有限公司 130
赛诺菲（北京）制药有限公司 131
北京天坛生物制品股份有限公司 132
北京利德曼生化股份有限公司 132
北京昭衍新药研究中心股份有限公司 133
第一三共制药（北京）有限公司 134
北京赛升药业股份有限公司 134
北京同仁堂科技发展股份有限公司 135
百泰生物药业有限公司 136
北京星昊医药股份有限公司 136
本元正阳基因技术有限公司 137
悦康药业集团股份有限公司 137
北京协和建昊医药技术开发有限责任公司 138
舒泰神（北京）生物制药股份有限公司 138
贝达药业股份有限公司北京新药研发中心 139
北京智飞绿竹生物制药有限公司 140
康龙化成（北京）新药技术股份有限公司 140
瓦里安医疗设备（中国）有限公司 141
北京永泰生物制品有限公司 142
北京神州细胞生物技术集团股份公司 143
北京义翘神州科技股份有限公司 143
北京亚宝生物药业有限公司 144
北京康乐卫士生物技术股份有限公司 145
北京凯因科技股份有限公司 145
北京悦康科创医药科技股份有限公司 146
北京旷博生物技术股份有限公司 146
小江生物技术有限公司 147
北京罗诺强施医药技术研发中心有限公司 147
珐博进(中国)医药技术开发有限公司 148
安诺优达基因科技（北京）有限公司 148
北京艾德摩生物技术有限公司 149
北京加科思新药研发有限公司 149
北京生物制品研究所有限责任公司 150

智能制造 150

和利时入选多个市级和行业级榜单 150
和利时获业内多项大奖 151
森特股份中标京东东鸿战采项目 151
宇航推进火箭发动机关键部件交付 151
安川首钢承接江铃新能源汽车焊装项目 151
星际荣耀完成运载火箭整流罩分离试验 152
中冶京诚入选“科改示范企业”名单 152
中航国际北京公司签约脱硝技改项目 152
和利时参建的多个重大项目开车或投产 152
安川首钢承接机器人铝一铁混合冲压项目 153
和利时多项产品或技术通过专家评审 153
航天火箭公司激光雷达助力北极科考 153
航天火箭公司助力中国火星探测器发射 154

航天工程公司航天炉技术成果通过考核 154
和利时推出多款创新产品 154
安川首钢进入三一集团供应商名录 154
航天工程公司签约 2 个公司的项目 155
安川首钢承接炼铁炮泥自动装填项目 155
安川首钢承接卡斯马奔驰侧围内板焊装线 155
安川首钢承接座椅骨架涂胶生产线项目 155
星际荣耀单层共底贮箱完成生产 156
中冶京诚中标项目被两大报刊报道 156
中航国际北京公司签约秘鲁贝雷桥项目 156
安川首钢炉具自动化生产线通过验收 156
星际荣耀发动机传力结构完成生产和验收 157
安川首钢承接浙江银轮自动焊接项目 157
安川首钢首创国内四机协调焊接系统 157
和利时中标或签约多个重大项目 157
和利时参建的多条线路开通运营 158
宏达日新获多个订单 158
航天拓扑推进公司业务发展 159
施耐德中低压上线两个新产品 159
宏达日新开展技术试验 159
星际荣耀焦点一号（JD-1）发动机试车 159

· 智能制造企业（选介）· 160
中冶京诚工程技术有限公司 160
经纬纺织机械股份有限公司 161
北京北开电气股份有限公司 162
蓝星（北京）化工机械有限公司 163
北京华德液压工业集团有限责任公司 163
北京华东电气股份有限公司 164
北京利达华信电子有限公司 164
北京瑞赛长城航空测控技术有限公司 165
通用电气医疗北京影像设备制造基地 165
中国航空技术北京有限公司 166
和利时集团 166
北京福田电子医疗仪器有限公司 167
SMC（中国）有限公司 168
北京 ABB 低压电器有限公司 169
北京供电福斯特开关设备有限公司 169
安川首钢机器人有限公司 170
博世力士乐（北京）液压有限公司 171
北京京诚瑞达电气工程技术有限公司 171
航天长征火箭技术有限公司 171
北京京精医疗设备有限公司 172
北京航天拓扑高科技有限责任公司 172
北京宏达日新电机有限公司 173
赛维航电科技有限公司 173
森特士兴集团股份有限公司 173
北京利达科信环境安全技术有限公司 174
北京蓝新特科技股份公司 174
中国航空科技工业股份有限公司 175
北京大基康明医疗设备有限公司 175
欧必翼科技集团有限公司 176
北京星网宇达科技股份有限公司 176
航天长征化学工程股份有限公司 176
北京焕大电气有限公司 177
施耐德（北京）中低压电器有限公司 177
北京中航智科技有限公司 178
哈尔滨工大特种机器人有限公司 179
北京星际荣耀空间科技股份有限公司 179

新兴产业

综述 182

新能源和新材料 183

天诚同创牵头制定的国际标准发布 183
金风科创海上风电机组并网发电 183
金风科创 GW155-4.5MW 风电机组下线 183
天诚同创与比亚迪达成战略合作 183
金风科创海上风电机组下线 184
金风科创在华南最大容量机组完成吊装 184
天诚同创开发的智慧校园光伏项目竣工 184
金风科创在南海最大叶轮直径风机吊装 184
天诚同创蓄冷解决方案支撑数据中心建设 185
金风科创首台商业化机组并网发电 185
天诚同创首个风储配套项目投入运行 185

亨特建材完成河北医大项目的供货任务 186

· 新能源和新材料企业（选介）· 186

北京牡丹联友环保科技股份有限公司 186

亨特道格拉斯建材（北京）有限公司 186

北京同益中新材料科技股份有限公司 187

北京金源经开污水处理有限责任公司 187

北京京运通科技股份有限公司 188

比泽尔制冷技术（中国）有限公司 189

嘉纳尔科技（北京）有限公司 189

北京金风科创风电设备有限公司 190

北京龙源冷却技术有限公司 190

康明斯排放处理系统（中国）有限公司 191

北京天诚同创电气有限公司 192

“互联网 +” 192

京东参加第 50 届世界经济论坛年会 192

京东支持抗疫工作 192

中金慈云上线新冠病毒感染风险评估系统 193

中金云金融上线“畅融工程”微信公众号 193

中金智汇上线疫情防控智能机器人系统 194

京东助力企业复工复产 194

京东全新升级“智联云”品牌 194

中金昆山数据中心被评为国家级示范基地 194

中金数据集团及下属公司获多项荣誉 195

京东联合业界推出 4 项标准 195

京东健康承担政府智慧医疗重点课题 196

“京东健康”App 上线 196

京东快递商务楼宇一站式服务中心落成 196

京东物流获多项荣誉 196

京东推出数字化采购解决方案 197

“京东新动能计划”启动 197

京东推出“新国品计划” 197

京东“自营房产”业务上线 197

京东战略投资国美零售 198

京东物流发布《智能物流 5G 应用指南》 198

中金慈云打造民警健康管理平台 198

京东廊坊“亚洲一号”智能物流中心投用 198

京东超市打造多个助农项目 198

京东健康中医院平台上线 199

京东物流北斗新仓投入使用 199

国富瑞挂牌全国首批物联网实训基地 199

京东在香港联交所主板二次上市 200

中金天津大数据产业园落户武清 200

“京东服务 +”温泉社区服务中心开业 200

京东物流推出行业首个环保日 200

京东超市牵头成立多个联盟 201

京东促进消费回暖 201

中金武汉数谷大数据中心启用 201

京东与市体育局举办 8 · 8 体育消费节 201

京东物流发布《数字孪生供应链白皮书》 202

国富瑞拓展跨地区增值电信业务经营范围 202

国富瑞中标公交数字化转型云平台项目 202

京东健康推出“京东家医” 202

京东居家发布“省心装”服务 202

京东健康与湖北省卫健委达成战略合作 203

京东物流与雀巢的智能化仓配中心启用 203

京东快递全国首个智享营业部落地运营 203

京东物流成立国内首个包装服务平台 203

国富瑞被评为职业院校教师企业实践基地 203

中金数据集团与滴滴出行达成战略合作 204

“京心助农”发布成绩单 204

京东主办 2020 全球智能物流峰会 204

京东超市开设首个葡萄酒原产地产区馆 204

首批 3 家京东工业品智采优选店落地 204

2020 京东全球科技探索者大会 204

京东健康在香港联交所上市 205

京东联合启动“满天星计划” 205

京东物流“京蜓”物流无人机首飞成功 205

中金数据集团推动数字化产业转型升级 205

国富瑞获 1+X 职业教育培训评价组织称号 206

国富瑞自主研发产品为数据湖建设赋能 206

京东物流助力打造全球首个智能配送城 206

· “互联网 +”企业（选介）· 206

国富通信息技术发展有限公司 206

北京国富安电子商务安全认证有限公司 207

京东集团 207
国富瑞数据系统有限公司 208
中金数据集团有限公司 209
酒仙网络科技股份有限公司 210
北京惠买在线网络科技有限公司 210
北京云基地企业管理有限公司 211
中经云数据存储科技（北京）有限公司 212
中金云金融（北京）大数据科技股份有限公司 212

文化创意 212

四达时代喀麦隆子公司开业 212
中杂公司 2 个节目获国际马戏节金奖 213
大地影院集团启动疫情相关线上服务 213
新辰星科技上线辰星云系统 213
四达时代移交布隆迪数字电视整转项目 213
中企动力助力中小企业数字化发展 213
中企动力全球门户上线 214
四达时代推出法语高清体育频道 214
2020 全国戏剧人才系列选拔活动 214
四达时代助力莫桑比克广电数字化改造 214
四达时代在非洲获多个奖项 215
四达时代承办北京影视剧海外展播季活动 215
中国杂技团建团 70 周年杂技主题晚会 215
中企动力推出抗疫公益项目“天佑计划” 215
四达时代与教科文组织建立合作关系 216
大地影院集团支持公益项目宣传 216
四达时代推出融合电商购物平台 216
四达时代实施“万村通”项目 216
四达时代助力非洲防疫和抗疫 216

· 文化创意企业（选介）· 217
中国杂技团有限公司 217
四达时代集团 217
中企动力科技股份有限公司 218
大地影院集团 218
数码辰星科技发展（北京）有限公司 219
北京君立天地文化产业有限公司 219
国研智库创新科学园投资股份有限公司 220

支撑产业

综述 222

都市工业 223

资生堂丽源持续开展公益活动 223
华联印刷 2 个中心挂牌 223

· 都市工业企业（选介）· 223
北京百花蜂业科技发展股份公司 223
北京新华印刷有限公司 224
中粮可口可乐饮料（北京）有限公司 225
亿滋食品（北京）有限公司 225
资生堂丽源化妆品有限公司 226
和路雪（中国）有限公司 226
北京金辰西维科安全印务有限公司 227
加多宝（中国）饮料有限公司 227
宝健（中国）有限公司 227
葆婴有限公司 228
北京大宝化妆品有限公司 229
北京章光 101 科技股份有限公司 229
北京中纺化工股份有限公司 230
北京盛通印刷股份有限公司 231
北京华联印刷有限公司 231
北京东港安全印刷有限公司 232

都市服务业 232

锋创科技与亦庄担保签订战略合作协议 232
北京智能车联牵头编制的团体标准发布 232
锋创科技与北京扶正肿瘤医院达成合作 233
中铁十九局承建的 3 条隧道贯通 233
北京智能车联承担的课题通过验收 233
北京智能车联支持开展国家标准验证实验 233
中铁十九局参建的多个项目通车 234
中铁十九局矿山工程开启绿色运输模式 234
中泰德信推动档案数字化管理 235

中铁十九局灌注桩施工技术取得突破 235
中铁十九局乌山项目实现无人化运行 235
中外运敦豪助力全球供应链稳定运行 235
中外运敦豪总部大楼被评为节能改造典范 236

· 都市服务业企业（选介）· 236
中铁十九局集团有限公司 236
中外运－敦豪国际航空快件有限公司 237
金鹰国际货运代理有限公司 237
北京嘉捷源技术开发有限公司 238
阿尔特汽车技术股份有限公司 238
北京亦庄国际人力资源有限责任公司 239
华测检测认证集团北京有限公司 239
大族环球科技股份有限公司 240
锋创科技发展（北京）有限公司 240
奥码拓（北京）科技有限公司 241
北京兴联顺达商业管理有限公司 241
北京金色华勤数据服务有限公司 242
北京亦庄国际生物试剂物流中心有限公司 242
中泰德信（北京）档案管理有限公司 243
东港瑞云数据技术有限公司 243
北京智能车联产业创新中心有限公司 244

“三城一区”成果转化

综述 246

综合管理 247

概况 247
科技部国家重点研发计划项目启动 247
支持中小企业抗疫情云办公稳发展措施 247
发布“三新清单”推动科技战“疫” 247
攻关适配云公共支撑平台建设启动 247
大中小融通型特色载体补贴支持 248
校企共建集成电路产品测试中试基地 248
主线科技加速布局“5G+ 智能驾驶” 248
第 26 届北京科技周活动 248
北京市北斗产业创新基地揭牌 249
14 家企业获智能制造试点示范企业授牌 249
第六届北京亦庄创新创业大赛总决赛 249
12 家企业成为市专精特新“小巨人”企业 250
首都海智“创新链接”年会 250
北京超弦存储器研究院成立 250
33 个产品入选首台（套）创新产品名单 251
国家人工智能高新技术产业化基地获批 251
丹大生物启动国家重点研发计划重点专项 251
京东方承接跨行业应用服务平台建设 252
锋创科技园获小微企业双创基地认定 252
北京市市级产业创新中心项目通过论证 252
E-Town Bio 产业工程师学院成立 252
经开区科学技术协会第三次代表大会 252
经开区入选第三批双创示范基地名单 252
中关村科技成果产业化先导基地揭牌 253
“白菜心”工程实施 253
创新企业与“三城”合作的产业互融 253

高级别自动驾驶示范区 254

概况 254
北京市自动驾驶车辆道路测试报告发布 254
北京市高级别自动驾驶示范区发布会 254
公共服务平台国家管理中心落户 255
百度 Apollo 在经开区开放测试运营 255

创新平台 255

中比两国企业设立联合实验室 255
IPv6 Enabled CDN Logo 认证发布 255
产业互联网研究院开发衍生变量引擎平台 255
IPv6 Ready 核心协议测试规范 5.0.0 255
工业互联网敏捷引擎平台研发 256
三维直点研发三维模型轻量化技术 256
2020 全球 IPv6 下一代互联网峰会 256
太赫兹技术创新中心系统获软件著作权 256
云服务 IPv6 支持能力测评项目发布 257
德诺杰亿开发出核酸提取专用试剂盒 257
OBE 太赫兹红外测温安检门获新产品认定 257
全图通发布团体标准 257

产业互联网研究院研发信息撮合平台 257
车辆安全漏洞预警与分析平台发布 258
中金智汇开发智能对话引擎 258
合众思壮发布新产品 258
GNTC 2020 全球网络技术大会 258
科益虹源产品获重大技术装备认定 259
汉天下开发出新产品 259
太赫兹中心生产线完成产品定型与批产 259

· 创新平台（选介）· 259
下一代互联网关键技术和评测国家地方联合工程研究中心 259
光刻机零部件技术创新中心 260
创新医疗器械共性技术创新中心 260
基因技术转化技术创新中心 261
智能制造技术创新中心 261
无人科技技术创新中心 262
新型显示技术创新中心 262
国家智能网联汽车创新中心 262
微机电系统创新中心 263
太赫兹技术创新中心 263
增材制造和新材料技术创新中心 264
国际医学转化工程创新中心 264
北斗新时空技术创新中心 265
大数据应用基础创新中心 266
协同制造工业互联网创新中心 266
智慧地铁技术创新中心 266

科技创新 267

智飞绿竹生物 2 件发明专利获授权 267
苍穹数码项目获 6 项软件著作权 267
易美 3 件发明专利获授权 267
赛升药业 2 件发明专利获授权 268
舒泰神及子公司 4 件发明专利获授权 268
安川首钢厚板焊接技术获新突破 268
蓝箭航天突破可回收火箭关键技术 269
安川首钢焊接追溯防错系统取得技术突破 269
中国生物研究院 6 件发明专利获授权 269
京运通 3 件发明专利获授权 269
金风科创 446 件（项）知识产权获授权 270
中纺化工 4 件发明专利获授权 270

成果转化 270

苍穹疫情信息共享及人员管理系统推出 270
嘉纳尔新型环保型飞机脱漆剂投产 270
苍穹疫情防控管理信息系统上线 270
凯因科技 1 类创新药上市 271
德为智慧研发 12.1 寸终端 F121MK 样机 271
凯因科技索磷布韦片上市 271
瓦里安高端医用直线加速器新产线落成 271
泰德制药口服降糖药维格列汀片上市 272
罗特尼克研发出 2.8 倍音速碳纤维飞轮 272
东港瑞云上线区块链电子档案平台 272
安川首钢研发协作机器人自动拧紧系统 272
京运通全自动单晶炉 12 英寸首棒下线 272
瓦里安推出新一代 Halcyon 智慧放疗平台 273
拜耳医药保健氯化镭 [^{223}Ra] 注射液上市 273
北京首条 MEMS 芯片生产线通线投产 273
安川首钢研发的焊接用气爪投入使用 274
世纪金光推出车规级大功率全 SiC 模块 274
金风科创新一代直驱永磁平台及产品发布 274
星河动力自主研发的商业运载火箭发射 274
京东方推出 55 英寸主动式量子点显示屏 275
GE 医疗超高端 CT 生产线在经开区投产 275
蓝箭航天火箭发动机联合试车成功 275
安川首钢开发彩涂机器人三功能一体系统 275
京东产生首单电商平台数字人民币消费 276
泰德制药得泰安® 获批上市 276
安川首钢机器人焊接数据采集系统上线 276
安川首钢机器人智能打磨系统投入使用 276
国汽智联搭建安全芯片处理性能测试系统 277
北京生物成功研制新冠灭活疫苗 277

表彰奖励 277

天空卫士入选数据防泄露代表性供应商 277
15 件专利获经开区首届绿色高价值专利奖 278

7 件专利获中国专利奖 278
3 家企业项目获国家科学技术进步奖 279
航天工程公司获行业专利特等奖 279
5 个项目获冶金科学技术奖 279
集创北方 2 项产品获 LED 显示大奖 280
2 位科学家和 11 项成果获市科学技术奖 280
金风科创项目获市科学技术进步奖一等奖 281
泰德制药项目获市科学技术进步奖二等奖 281
2 项产品标准获中国标准创新贡献奖 281

重点工程 282

航天工程公司日投煤 3500 吨气化炉出厂 282
北京泰豪中标 2 项重点工程 282

资质认证 282

国富瑞数据中心获三大认证评价证书 282
北京泰豪获信息安全服务资质 282
和利时通过多项资质认定 283
京东方 7 款解决方案获德国莱茵 TÜV 认证 283
博奥晶典空间转录组测序技术获认证 283
加科思新药获 FDA 孤儿药资格认定 283
亦庄基地获评自动驾驶封闭场地测试基地 283
中冶京诚成为首家“三综一特”资质企业 284
泰德制药获国家企业技术中心认定 284

区属国有资产经营

综述 286

亦庄控股 287

概况 287
转融通业务开展 287
11 家单位获“无废之星”称号 287
资产证券化融资项目启动 287
“十四五”发展规划编制工作 287
推进集团内部控制评价检查工作 288
维护企业 AAA 信用评级 288
国有资本收益上缴及经营预算工作 288
经开区“两馆”展览展示工作 288
建立违规经营投资责任追究工作机制 288
化解政府隐性债务 288
与华为签订战略合作协议 289
国家技术标准创新基地工作会 289
智慧集团一期智慧园区及物联感知平台 289
全力抗击疫情 289
干部队伍建设 290
改革创新成效明显 290
正风反腐业绩显著 290
综合改革工作 290
国资专项审计专项工作 290
财务信息化建设 291
经济责任审计工作 291
财务信息披露工作 291
麦克奥迪项目收购工作 291
参股股权管理工作 292
“两区”建设推进工作 292
推动集团业务升级发展 292
固投统计调度工作 292
金融资产出售工作 292
推进重点项目建设 292
拓展服务产业类项目工作 293
“无废城市”各试点任务 293
“12 平方公里”项目法律服务 293
开展安全生产专项整治三年行动计划 293
开展经济责任审计 293
加强重大项目法律支持 294
妥善处理诉讼案件 294
加强知识产权管理工作 294

亦庄控股子公司 294

亦庄置业控股组建亦庄安捷 294
智能院助力疫情防控信息化建设 294
智能院协助政务创新与社区管理 295
亦庄盛元开发建设的重点项目实现开工 295
亦庄置业参与制定的国家标准实施 295
亦庄文化控股成立亦庄教育 295

智能院智能化改造企业准入服务厅 296
北京经开助力世洁卫仕选址投产 296
博大建设公司多项承建工程获奖 296
亦庄置业成立 2 家全资子公司 297
智能院主编或参编的 4 项团体标准实施 297
北京经开产业园智能光伏示范项目获批 297
亦庄文化启动改革重组工作 297
智能院成立全资子公司 298
北京经开举办新个税专题培训 298
亦庄久筑公司建设市郊铁路亦庄线项目 298
北京经开转让张湾公司股权 298
亦庄文化收购东方亚港 25.5% 的股权 298
亦庄科技公司设立区域性关键技术观察站 299
亦庄科技公司完成亦庄研究院民办非登记 299
智能院安装高速公路路测智能化设备 299
亦庄置业筑牢疫情防控防线 299
亦庄置业推进“无废园区”建设 299
亦庄置业推进高新视听产业园建设 300
亦庄置业构建技术专业服务模式 300
博大建设公司多个质量管理小组成果获奖 300
博大网信改造宽带无线城市综合服务项目 300
博大网信拓展工地远程监控业务 301
博大网信开发完成“尚亦城”App 301
博大网信建设商务综合管理平台 301
博大网信研发首个自有品牌产品 301
博大网信搭建通信资源管理平台 301
博大网信建设无限亦庄运管展示平台 301
开发建设公司推进一级开发重点项目 302
开发建设公司推进“12 平方公里”项目 302
博大世通推进服务优化升级 302
博大世通承担防疫物资保障工作 302
亦庄盛元开展防疫工作 303
亦庄盛元拓展园区招商工作 303
亦庄久筑公司管理国望光学项目 303
亦庄置业建设全要素资产运营平台 303
亦庄置业开展智慧物业服务平台建设 304

· 下属企业 · 304
北京亦庄科技成果转化中心有限公司 304
北京星网工业园有限公司 305
北京经开投资开发股份有限公司 305
北京博大网信科技发展有限公司 306
北京博大坤元房地产开发有限公司 307
北京亦庄置业有限公司 307
北京博大经开建设有限公司 308
北京亦庄文化集团有限公司 308
北京亦庄国际开发建设有限公司 308
北京亦庄国际生物医药投资管理有限公司 309
博大世通国际物流（北京）有限公司 309
北京联港置业有限公司 309
北京亦庄盛元投资开发有限公司 310
北京亦庄久筑工程管理有限公司 310
北京亦庄智能城市协同创新研究院有限公司 310
北京亦庄投资有限公司 311

亦庄国投 311

概况 311
参与投资设立多只基金 312
支持重大产业项目落地建设 312
亦庄国投母基金获 16 项业内殊荣 312

亦庄国投子公司 313
亦庄担保推出创新产品“首贷通” 313
人工智能抗疫产品测试工作启动仪式举行 313
经开区信创园开园 313
北京信息技术应用创新成果对接会 314
亦庄租赁获政策奖励资金 306 万元 314
信息技术应用创新解决方案研讨会 314
亦庄担保入选政府性融资担保机构名单 314
亦庄担保支持中小微企业复工复产 315
亦庄租赁发挥融资租赁优势助推产业促进 315
亦庄租赁推出中小企业融资租赁产品 315
亦庄租赁推出抗疫金融服务产品 315

· 下属企业 · 316
北京亦庄国际融资担保有限公司 316
北京亦庄国际小额贷款有限公司 316

亦庄国际控股（香港）有限公司 316
北京通明湖信息城发展有限公司 317
北京亦庄国际产业投资管理有限公司 317
北京亦庄国际融资租赁有限公司 317
北京集电控股有限公司 318

尚亦城集团 318

概况 318
北京智慧电竞赛事中心项目 319
北京智慧融媒创新中心项目 319

亦庄人才集团 319

概况 319
为人才提供定制化出行服务 320
承办高层次人才疗养工作 320
参与人才评审工作 320
人才体检工作 320
领导任命 321
打造定制化立体医疗保障体系 321
搭建“人才服务大数据平台”App 321
扩展人才服务渠道 321

亦庄人才集团子公司 321

新元公司开发的共有产权房项目竣工交付 321
新元公司完成亦城景园国际人才公寓建设 322
新元公司完成蓝领公寓升级改造工作 322

·下属企业· 322
北京博大新元房地产开发有限公司 322
北京亦庄人才服务有限公司 322

金融

综述 324

综合管理 325

概况 325
经开区小微企业金融综合服务平台上线 325
推动 7 家企业上市 325
加强上市服务体系建设 325
全方位服务企业上市进程 326
金融支持稳企业保就业 326

银行 326

招商银行亦庄支行为中小企业提供授信 326
中国银行经开区支行支持“两区”建设 326
工商银行经开区支行支持企业发展 326
工商银行经开区支行更名 327
北京农商银行经开区支行财富管理业务 327
中国银行经开区支行践行普惠金融政策 327
北京银行经开区管辖行开辟绿色通道 327
北京银行经开区管辖行践行社会责任 327
兴业银行经开区支行开通绿色通道 327
浦发银行经开区支行疫情期间金融保障 328
浦发银行经开区支行推进普惠金融服务 328
工商银行经开区支行支持实体经济 328
北京地区首个智慧政务项目投产上线 328
北京农商银行经开区支行支持实体经济 328
北京农商银行经开区支行发行中票 328
北京农商银行经开区支行金融服务 329
北京农商银行经开区支行养老金融服务 329
华夏银行亦庄支行推进零售业务转型 329
华夏银行亦庄支行加强小微企业金融服务 329
华夏银行亦庄支行推广“菁英贷”业务 329
华夏银行亦庄支行支持四大主导产业发展 329

·银行（选介）· 330
中国建设银行股份有限公司北京经济技术开发区支行 330
中国银行股份有限公司北京经济技术开发区支行 330
中国农业银行股份有限公司北京经济技术开发区分行 331
交通银行股份有限公司北京经济技术开发区支行 331
北京银行股份有限公司经济技术开发区管辖行 331

兴业银行股份有限公司北京经济技术开发区支行 332
中国工商银行股份有限公司北京自贸试验区支行 332
上海浦东发展银行股份有限公司北京经济技术开发区支行 332
中国邮政储蓄银行股份有限公司北京经济技术开发区支行 333
华夏银行股份有限公司北京亦庄支行 333
北京农村商业银行股份有限公司经济技术开发区支行 333
招商银行股份有限公司北京亦庄支行 334

证券 334

国泰君安北京亦庄营业部提供融资服务 334

· 证券 · 334
国泰君安证券股份有限公司北京亦庄宏达北路证券营业部 334

经济管理

综述 336

综合调控 337

概况 337
惠企政策体系构建 337
重点企业服务保障力度加强 337
疫情防控工作 337
统筹谋划区域发展 338

财政 338

概况 338
盘活存量资金 44.4 亿元 338
市级政府专项债券发行 146.19 亿元 339
拨付重点项目资金 107.98 亿元 339
管理土地收入返还资金 35 亿元 339
疫情防控资金保障 339
行政事业单位资产管理 339
社保基金管理 339
部门预算评审情况 339
预算绩效管理情况 339
推进新冠肺炎疫情防控工作 339
接受市级审计监督并落实整改 340
经开区国有资本布局优化 340
国资监管工作 340
国有资本经营预算管理 340
国有企业划转部分国有资本充实社保 340
财源建设工作 341
国资国企改革 341
课题研究工作 341

税务 341

概况 341
税收优惠政策落实 341
“非接触式”服务模式构建 342
深化数据服务大局 342
疫情防控工作 342
企业社会保险费征收职能划转 342
营商环境优化 342
征收管理质效提高 343
各税种管理 343
行政机关效能提升 343

审计 343

概况 343
对 22 名领导干部进行经济责任审计 344
预算项目专项审计 3 项 344
政府投资建设项目审计 344

统计 344

概况 344
承接经开区扩区范围内统计工作 344
年定报培训 344
疫情防控下的统计保障 345

"七人普"全面普查阶段工作 345
编印"四经普"资料 345
制定《开发区统计质量全过程管理办法》 345

市场监督 345

概况 345
节前生产环节质量安全集中检查 346
婴幼儿辅助食品专项检查 346
市场防疫工作落实 346
投诉举报工作 347
市药监局领导到经开区督查疫情保障工作 347
"五类场所"之外市场主体监督检查 347
餐饮业智能体温计管理工作 347
"两会"期间特种设备检查 348
"两会"期间食品药品安全保障 348
"两会"期间食品药品保障督查工作 348
线上化妆品安全使用宣传活动 348
大兴区市场监管职权交接会 349
食品安全监督抽检工作 349
安全生产月宣传活动 349
商务行业从业人员核酸检测 349
新型冠状病毒核酸检测试剂专项抽检 350
疫情防控和药品 GMP 符合性检查 350
诚信体系建设 350
无菌和植入性医疗器械质量监管 350
中考考点特种设备专项检查 350
新冠试剂生产企业接受药监局飞行检查 351
高风险电梯隐患治理工作推进会 351
化妆品生产企业非特备案检查工作 351
定量包装商品净含量专项抽检工作 351
重点领域企业标准"领跑者"工作部署会 352
预防诺如病毒感染防控工作 352
疫情防控用医疗器械专项检查 352
行政提示典型案例 352
119 消防宣传月宣传 352
第 27 项《重要民生实事》工作 353
市药监局第三分局挂牌成立全面履职 353
商务行业安全生产工作部署会 353
疫苗流通企业检查监督 353
专项核酸检测工作 354
常态化核酸检测 354
保健食品行业专项清理整治行动 354
投诉举报工作 354
安全生产专项整治三年行动 354

海关 355

概况 355
疫情防控工作 355
快速验放抗疫用呼吸机 5 批次 355
"主动披露"制度落实 355
应对疫情支持地区经济发展 355
政策宣讲会 356
减免税业务管理 356
营商环境优化 356
企业原产地证书自助打印 356
支持企业抗疫复工 356

三区协同共建新城

综述 358

三区协同 359

概况 359
加强专班调度和工作推进 359
发挥专班协调作用 359

规划 359

概况 359
经开区国家信创园项目综合实施方案获批 359
中芯国际南区项目综合实施方案获批 360
经开区 E16C-4 地块综合实施方案获批 360
亦庄新城 2019 年度城市体检工作 360
编制亦庄新城"亦城之心"地区控规 360
编制亦庄新城路南 -2 区域控规 360
编制亦庄新城台湖 -4 区域控规 361

编制69M1地块城市更新综合实施方案 361
编制亦城客厅项目综合实施方案 361
编制“DRAM存储器”项目综合实施方案 361
编制《南海子公园及周边地区城市设计》 361
编制《亦庄新城路南-2区域城市设计》 362
编制重点地区交通一体化研究 362
编制轨道交通优化提升规划研究 362
编制步行和自行车交通规划研究 362
编制《亦庄新城绿道体系规划研究》 362
编制《亦庄新城225范围内道路方案研究》 362
编制《三海子东路增设过街设施研究》 363
Ⅶ-2街区南部区域低压电网规划 363
金桥产业基地二期供热方式研究 363
亦庄水厂至台湖总部基地供水管线规划 363
亦庄新城污水再生水流域再造研究 363
Ⅶ-2街区南部地块项目综合 364
东合盛街东段和融兴街管线设计综合 364
架空线杆与市政管线规划位置校核 364
编制《亦庄新城生态水系规划研究》 364
亦庄新城市政资源循环利用中心规划研究 364
编制《河西区雨水防涝优化方案》 364
7-2街区南部地区网状雨水系统研究 365
街道空间风貌提升设计导则研究 365
编制《亦庄新城地下空间专项规划研究》 365
亦庄新城道路模型建设 365
交通流量调查 365
编制经开区“十四五”物流发展规划 366
N86M1、N87M1地块项目工程证获批 366
河西区X61M4地块项目工程证获批 366
核心区66M2地块项目工程证获批 366
路南区N19M1地块项目工程证获批 366
F5F1、F5M1地块项目工程证获批 367
路南区N5M1地块项目工程证获批 367
路南区N43M1地块项目工程证获批 367
路南区N9M2地块项目工程证获批 367
X46R1、X46R2地块项目工程证获批 367
国家车联网产业基地项目工程证获批 368
河西区X92R2地块项目工程证获批 368
E9R3、E9R4地块项目工程证获批 368
E9R2、E9A2地块项目工程证获批 369
路南区N35M1地块项目工程证获批 369
路南区N5M4地块项目工程证获批 369
核心区76M2地块项目工程证获批 369
路南区N31M1地块项目工程证获批 369
河西区X72M1地块项目工程证获批 370
中国生物研究院亦庄二期项目工程证获批 370
河西区X62M4地块项目工程证获批 370
亦庄新药研发生产基地项目工程证获批 370
钣金生产加工基地项目工程证获批 370
核心区60M1地块项目工程证获批 370
路东区D8M5地块项目工程证获批 371
亦庄新城站前区2个地块项目工程证获批 371
路东区A6M2地块项目工程证获批 371
亦庄龙湖天街项目工程证获批 371
核心区13C3地块项目工程证获批 371
通州区马驹桥镇3个地块项目工程证获批 372
南海子体育休闲产业园项目工程证获批 372
集创北方封测基地项目工程证获批 372
中芯国际技术创新中心项目工程证获批 373
集成电路标准厂房项目工程证获批 373
北京精测3个项目工程证获批 373
溅射靶材及溅射设备项目工程证获批 373
高端石英制品产业化项目工程证获批 374
8英寸MEMS国际代工线项目工程证获批 374
华卓精科零部件研发制造项目工程证获批 374
旧宫镇5个地块项目工程证获批 374
9条路共41个项目工程证获批 374
6个地块获供地意见函 374
联合监督执法 374

建设 375

征地拆迁 375
概况 375
瀛海镇工业区和镇区土地开发项目开工 375
马驹桥智造基地土地开发项目推进 375

长子营工业区土地开发项目启动 375
美达公司搬迁腾退 375
南郊农场西毓顺路项目搬迁腾退 376
农用地转用及集体土地征收 376
建设项目用地预审 376
土地权属审查 376
拆迁相关工作 376

政府投资建设项目 377
概况 377
移动硅谷创新中心项目工程竣工 377
京东方实验室二期工程北京总部项目竣工 377
E9R1 地块小学新建工程项目竣工 377
X84R3 地块共有产权住房项目工程竣工 377
数码科技园工程竣工 378
中芯国际配套电力沟道工程竣工 378
8 英寸集成电路研发产业化项目工程竣工 378
经海一路南段道路改造工程竣工 378
信创园周边道路改造工程竣工 379
通明湖信创园展示中心工程竣工 379
核心居住区道路改造工程竣工 379
T1 线沿线道路改造工程竣工 379
北京同仁医院亦庄院区扩建工程竣工 380
E13 地块十二年一贯制学校新建工程竣工 380
亦庄新城现代有轨电车 T1 线竣工 380
大兴区旧宫医院加固改造工程竣工 381
时翼航化总部项目获国家优质工程奖 381

土地与房屋管理 381
概况 381
出台《先租后让办法》 381
出台《更新措施》 382
出台城市更新配套机制和文件 382
城市更新产业升级项目推进 382
空置土地处置 382
制定《亦庄新城工业用地红线保护办法》 382
不动产登记 383
制定《土地精细化管理办法》 383
土地出让 383
房屋市场管理 383
住房保障 383
物业服务企业动态监管 384
普通地下室备案和物业项目安全检查 384
住宅专项维修资金管理 384
汛期防汛 384

施工现场质量安全管理 384
概况 384
质量监督工作 385
推进重大项目开工 385
绿色施工 385
绿色建筑 386
两项基金返退 386
施工安全检查情况 386
建筑起重机械管理 386
安全生产培训 386
劳务市场管理 386

民防工作 387
概况 387
全域防空警报试鸣 387
人防工程管理 387

信息化建设 387
概况 387
5G 基站和 Wi-Fi 热点建设 387
经开区政务云服务建设 388
虚拟城市地理信息服务平台上线运行 388
政务大数据平台上线运行 388
公共视频平台资源建设 388
路东区城市窨井监控项目 388
统一运维工作启动 388

城市运行

综述 390
公用事业 391

综合管理 391
概况 391

气瓶管理安全培训会 391
凉水河经开区段获全国首批示范河湖称号 391

天然气 392
北京燃气集团第四分公司调整天然气价格 392
华油联合承建工程竣工投产 392
华油联合分公司开展热线服务进社区活动 392
华油联合分公司与经开区签署合作协议 393
北燃港华提升信息化水平 393
北燃港华提升服务品质 393

· 燃气公司 · 393
北京华油联合燃气开发有限公司 393
北京北燃港华燃气有限公司 394
北京市燃气集团有限责任公司第四分公司 394

电力 394
亦庄供电公司助力疫情防控 394
亦庄供电公司电网规划与建设 395
亦庄供电公司经营管理 395
亦庄供电公司安全生产 396
亦庄供电公司营销与优质服务 397
亦庄供电公司科技与信息化 397
亦庄供电公司精神文明建设 398

· 电力公司 · 398
国网北京市电力公司亦庄供电公司 398

热力 398
开拓热力完成安全生产评估工作 398
开拓热力启动安全生产月活动 399
开拓热力开展绿色工厂对标工作 399
开拓热力开发能源管控平台 399
开拓热力节能减排项目 399

· 热力公司 · 399
北京博大开拓热力有限公司 399

热电 400
华润协鑫制冷扩容工程投产 400

· 热电公司 · 400
华润协鑫（北京）热电有限公司 400

水务 401
亦庄水务智能制水项目工程完成竣工验收 401
亦庄水务生产再生水 1316 万吨 401
亦庄水务处理污水 2278 万吨 401
自来水公司亦庄管理所检修市政消火栓 401
自来水公司亦庄管理所服务保障工作 401
自来水公司亦庄管理所自来水维修业务 402
自来水公司亦庄管理所完成配水管线工作 402
自来水公司亦庄管理所监控供水管网 402

· 水务公司 · 402
北京市自来水集团禹通市政工程有限公司亦庄管理所 402
北京亦庄水务有限公司 403

通信 403
亦庄电话局利用大数据分析防控疫情风险 403
亦庄电话局保障网络及通信服务 403
经开区邮政支局邮政特殊服务 403
亦庄电话局与经开区管委会共建一号通办 404
经开区邮政支局树立品牌形象 404
经开区邮政支局落实安全生产责任 404
亦庄电话局发展 5G 基础设施建设 404

· 通信公司 · 405
中国邮政集团有限公司北京市经济技术开发区邮政支局 405
中国联合网络通信有限公司北京市七区分公司亦庄电话局 405
北京华开有线电视网有限公司 405
北京歌华有线电视网络股份有限公司经济技术开发区分公司 406

市政设施建设 406

概况 406
市政设施养护 406
公厕改造 407
国际化特色示范街区建设 407
道路景观提升改造工程 407

高级别自动驾驶示范区建设 408
公共电梯项目 408
无障碍设施改造项目 408

市容环境秩序整治 408

概况 408
春节景观布置 409
生活垃圾分类推进工作指挥部成立 409
生活垃圾分类示范小区创建工作 409
生活垃圾分类专项检查 409
扫雪铲冰工作 409
户外广告拆违工作 410

市政交通建设 410

概况 410
公交整合优化资源 410
疫情防控阻击战 410
慢行系统建设 411
交通基础设施服务能力提高 411
共享自行车管理 411
推动智慧交通发展 411

园林绿化 411

概况 411
绿化养护水平提升 411
推进“城市色彩”建设 412
绿化资源循环利用模式 412
暂未出让地块分类应用 413
杨柳飞絮治理 413
林木有害生物防控 413
绿地认建认养专项整治工作 413
公园绿地和湿地建设 413

生态环境 414

概况 414
“无废城市细胞”创建工作 414
实验室危险废物暂存间启用 415
生态环境部领导调研“无废城市”建设 415
12 家企业入选第五批绿色制造名单 415
环保主题公园设计方案征集工作 416
一般工业固废管理平台投入使用 416
“无废城市”建设市场体系专题座谈会 416
绿色制造体系构建 416
生活垃圾分类回收体系建设 417
经营性产业园区固体废物管理 417
绿色发展资金项目 417
做好疫情防控常态管理 417
污染防治攻坚战行动计划 418
秋冬季大气污染综合治理 418
污染物减排 418
生态工业园区建设评审 418
绿色园区自评 418
“十四五”时期生态环境建设规划编制 419
环境管理检查 419
环境信访案件处理 419
环境质量监测 419
空气质量监测网络建设 419
重点排污单位监督监测 419
移动源排放监管 420
检测检验机构管理 420
非道路移动机械监管 420

应急管理 420

概况 420
“两会”保障联合检查 421
安全生产宣传“五进”活动 421
安全生产专项整治三年行动推进部署会 421
危险化学品生产经营单位专项工作部署会 421
安全生产条件普查工作 422
危化品企业安全整治 422
有限空间专项治理 422
涉爆粉尘企业事故隐患“清零行动” 422
防灾减灾宣传教育和培训演练活动 423

突发事件总体应急预案修订 423
应急队伍建设 423
信息报送工作 423
新应急指挥平台系统建设 423

交通管理 423

概况 423
交通安全目标管理考核评价结果 424
智慧交通科技建设 424
校园安全宣传教育 425
“分虫”打击行动 8 次 425
“两会”交通安保工作 425
交通安全宣传日活动 426
疫情防控交通保障 426
122 接处警接收警情 1.03 万起 426
“一盔一带”安全守护行动 426
规范占路施工监管 427
交通安全宣传活动 427
交通安全检查 427

消防 427

概况 427
“两会”驻地救援演练 428
重大活动消防安保任务 428
高空救援演练 429
生产企业消防安全标准化管理试点创建 429
消防执法档案规范管理 429
119 消防宣传月活动 429
危险化学品事故综合应急实战拉动演练 430
消防警情接处 330 起 430
抢险救援和社会救助警情接处 100 起 431
火灾分析 431
消防车通道联合处置和应急联动工作机制 431
涉疫企业消防技术服务 431
电动自行车充电设施建设 431
指导重大火灾隐患单位完成隐患整改 432
上门入户宣传消防安全 432
消防基础宣传教育培训 432
“五进”消防宣传活动 432

社会事业

综述 434

社会保险保障 435

概况 435
社保服务大厅全面开展延时服务 435
经开区社保微信公众服务平台上线 435
社保费减免缓助力万余家企业复工复产 435
“双线作战”抗击疫情 436
第二、三批国家药品集中采购和使用工作 436
个人养老保险补缴及失业补助金发放工作 436
老年大学首创线上与线下教学新模式 436
“亦城家园中心”上海沙龙站服务强化 436
劳动能力鉴定受理申请 375 人 436
工伤认定受理申请 590 件 437
改革整合平稳有序 437
社保和医保基金管理 437
“一线工作法”瞄准企业需求提供服务 437
推进档案规范化和数字化管理 438

劳动就业 438

概况 438
“春风行动暨就业援助月”专项活动 438
根治欠薪工作 438
高校毕业生就业服务季活动 439
和谐劳动关系建设 439
“亦就业”微信小程序开发 439
“民营企业招聘月”专项活动 439
高校毕业生专场招聘活动 439
职业技能提升试点区建设 439
直播带岗活动 439
“金秋招聘月”专项活动 440
“就业扶贫日”专项招聘活动 440

提升区域技术技能人才水平 440
引导校企深度合作 440
职业技能等级认定工作 440
推动中高级人才招聘专区建设 440
鼓励龙头企业共享优质培训资源 441
吸纳大兴区和通州区 3943 人就业 441
吸纳平谷区 536 人就业 441
合规性审查 441
博士后科研工作站建设 441
劳动力职业技能提升 442
创造有利就业环境 442

教育 442

综合管理 442
概况 442
承接“60 平方公里”范围内教育职权 442
普惠性幼儿园 442
中小学生校外科普实践基地 443
中小学冰雪运动普及和发展 443
国际教育资源提升 443

学前教育 443
中芯幼儿园首次开展爱心义跑及义卖活动 443
亦庄五幼教师多项成果获奖 443

· 幼儿园（选介）· 444
北京市大兴区亦庄镇中心幼儿园 444
北京市大兴区亦庄镇第二中心幼儿园 444
北京市大兴区亦庄第三幼儿园 445
北京市大兴区亦庄第四幼儿园 445
北京市大兴区亦庄第五幼儿园 446
北京市大兴区二十一世纪实验幼儿园 447
北京市大兴区美格双语幼儿园 448
北京市大兴区大地双语幼儿园 448
北京市大兴区春蕾幼儿园 448
北京中芯幼儿园 449
北京市大兴区中芯南海子幼儿园 450
北京市大兴区爱乐恩幼儿园 450

基础教育 450
中芯学校参加 2 项数学竞赛获奖 450
亦庄实验小学开通答疑解惑热线 451
亦庄实验中学举行云上艺术节活动 451
亦庄实验小学开发亦小延学课程 451
中芯学校学生参加全球 AP 课程考试 451
人大附中经开学校与芬兰学校达成合作 451
亦庄实验小学开展暑期家庭实验室项目 452
亦庄实验中学“亦述”工作室揭牌 452
人大附中经开学校被评为全国特色单位 452
亦庄实验小学开展援疆推普帮扶公益活动 452
人大附中经开学校承担中考考点校组考 452
人大附中经开学校中高考再创佳绩 453
人大附中亦庄新城学校借址办学 453
亦庄二小开展干部周调研课活动 453
亦庄实验小学课程获建设优秀成果一等奖 454
人大附中经开学校举办“小鲁班奖”评选 454
亦庄一小与北京修实公益基金会签约 454
亦庄一小发布“三主”课程 454
亦庄一小成立学生自主管理学院 454
人大附中经开学校引进芬兰线上冰雪课程 455
人大附中经开学校获跆拳道比赛 17 枚金牌 455

· 中小学 · 455
北京市大兴区亦庄镇第一中心小学 455
北京市大兴区亦庄镇第二中心小学 456
北京亦庄实验小学 457
北京市中芯学校 457
人大附中北京经济技术开发区学校 458
北京亦庄实验中学 459
北京市第八中学亦庄分校 460

职业教育 461
电科职院实施小学期管理模式 461
电科职院启用数字课程教学平台 461
杂技学校完成线上教学任务 462
电科职院智能科技魔术专业方向首届招生 462
电科职院案例入选首批高职院校典型案例 462
电科职院入选产业技能提升培训机构目录 462

电科职院新版人才培养方案制订 462
电科职院建立奇安信工程师学院 463
电科职院首届贯培学生进入本科教育阶段 463
电科职院与经开区签订全面战略合作协议 463
电科职院获批国家级科研项目 2 项 463
电科职院签订校企合作协议 464
2 所学校入选第二批特色高水平建设项目 464
电科职院入选示范性职业教育培育单位 464
电科职院课题获“十三五”规划课题立项 464
电科职院课程获精品在线开放课程认定 464
电科职院通过国家标准样品研制立项审查 464
电科职院参加全国职业院校技能大赛获奖 465
杂技学校成为首都体育学院优质生源基地 465
电科职院理事会成立大会召开 465
电科职院入选教师党支部书记工作室名单 465

· 职业学校 · 466
北京电子科技职业学院 466
北京市杂技学校（北京市国际艺术学校） 466

卫生 467

综合管理 467
概况 467
隔离人员医学观察工作 468
密接人员管理 468
境外输入确诊病例的转运救治工作 468
推进核酸检测全覆盖 468
无偿献血活动 469
天宝园社区卫生服务站装修改造 469
爱国卫生运动 469
开展疫情防控相关慰问 469
2 个中心建设项目开工 469
小型医疗机构专项整治行动 470
依法执业培训会 470
组建紧急救援队伍和流调小组 470
加强公卫应急管理体系建设 470
北京同仁医院亦庄院区感染楼启用 471
公共卫生培训 471
疫情防控指导 471
核酸检测能力提升 471
经开区院前急救体系完善 471
医疗保障和防疫指导工作 472
安全检查工作 472

医疗工作 472
亦庄医院为养老机构提供“急速”服务 472
亦庄医院设贴心办公桌 472
亦庄医院发热筛查哨点投入使用 472
北京同仁医院亦庄院区举办义诊咨询活动 472
北京同仁医院亦庄院区新门急诊楼开诊 473
亦庄医院开展集中采样 473
北京振国医院开展疫情防控工作 473
北京振国医院引进微波消融治疗技术 473
国家康复医院编撰的专著出版 473
北京同仁医院亦庄院区疫情防控工作 474

· 卫生单位（选介）· 474
北京市大兴区亦庄医院 474
北京复兴博爱眼科中心 475
首都医科大学附属北京同仁医院经济技术开发区院区 475
北京振国中西医结合肿瘤医院 476
国家康复辅具研究中心附属康复医院 477

体育 477
概况 477
“南海子杯”职工健步走活动 478
承接核酸检测任务 478
第三届平板支撑挑战大赛 478
“全民健身日”系列活动 478
第十四届“和谐杯”乒乓球比赛 479
北京市第二届第九套广播体操展示大赛 479
健身气功交流展示大赛 479
健身操舞大赛 479
“博大杯”职工羽毛球比赛 479
“博大杯”职工三人制篮球比赛 479

"全民健身瑜伽汇"展示活动 480
社会体育指导员培训 480
五人制足球比赛 480
营造安全舒适的运动环境 480
第四届"BDA"杯慢投垒球邀请赛 480
"博大杯"职工五人制足球联赛 481
第三届游泳救生技能比赛 481
首届 5K 健康跑 481
体育场通过国际足联 FIFA 认证 481
冬奥冰雪文化节 482
"博大杯"经开区职工第五届毽球比赛 482
做好各项疫情防控措施 482
发挥公共资源效能 482

民政 482

概况 482
关心关爱一线社区工作者 483
经开区第二届"社区邻里节"活动 483
经开区社区工作者培训班 483
经开区和谐社区评选 483
3 家"亦城家园中心"挂牌 484
市级议事厅和楼门院治理示范点创建 484
7 个社区居民委员会设立 484
公开招录社区工作者 32 人 484
接管社区工作者日常管理 484
赋权承接工作启动 484
行业协会商会与行政机关脱钩改革工作 485
统筹推动社会事业相关行业垃圾分类工作 485
养老机构的统筹协调和管理指导 485

残联 485

概况 485
统筹推动经开区无障碍环境建设 486
启动残疾人公共服务事项职权承接 486

退役军人 486

概况 486
退役军人创业创新大赛选拔赛 486
退役军人座谈会 486
"八一"系列走访慰问活动 487
退役军人先进集体和优秀个人评定 487

街道 487

荣华街道办事处 487
概况 487
环境建设 487
平安建设 488
民生建设 488
社区建设 488
基层党建及精神文明建设 488
疫情防控 488

博兴街道办事处 489
概况 489
环境建设 489
平安建设 489
民生建设 489
基层党建和精神文明建设 490
垃圾分类 490
物业管理 490

党政事务

综述 492

政务 493

概况 493
疫情防控指挥部成立 493
不见面办政务 493
部、市领导到经开区信创园调研 493
保密工作 494
"接诉即办"快速响应转办疫情诉求 494
绿色通道助力企业防疫物资生产 495
"一号咨询"热线启用 495
党建工作会 495

工业信息化部领导到北方华创微电子调研 495
市委领导到北京奔驰调研防疫复工工作 495
准入准营一站式服务 495
“接诉即办”系统服务平台上线 496
“亦事通”微信公众号上线 496
政策兑现综合服务平台上线 496
市委领导多次到经开区信创园调研 496
“接诉即办”工作机制优化 496
亦企服务港政务服务站和园区服务点启用 497
政务服务实现标准化规范化管理 497
再造流程效能提升大会 497
市政协领导到北京经开调研 498
公共资源交易平台整合共享工作方案发布 498
全市首个远程交互中心投入使用 498
一网通办系统实现电子证照应用 498
学习期刊推出 498
“千人千题”竞赛获全市第四名 499
市委领导到亦庄国投调研 499
推动公共资源交易高质量发展 499
中华全国供销合作总社领导到企业调研 499
参加北京市接听群众电话活动 499
全国政协领导到百泰生物调研 500
打造经开区政务服务“书香大厅” 500
交易服务效能提升 500
市委领导到企业检查 500
2019 卷经开区年鉴获两项奖 500
2020 卷经开区年鉴出版 501
《经开区志》出版 501
督查工作 501
调研接待 501
组织各项会议 501
制发各类公文 1185 件 502
报送政务信息 502
政府信息公开 502
严把防疫关口 502
经开区政务服务系统 7 人获奖 502
政务服务案例和报告获奖 502
开辟招投标绿色通道 503
公共资源交易规模创新高 503
第五期经开区口述历史活动开展 503
档案数据工作规划研究 503
档案库房盘点清查 503
档案收集整理 503

组织人事 504

概况 504
做好新冠肺炎疫情防控相关工作 504
社会公开招聘 504
双一流建设高校实习生招募 504
留学回国人员公开招聘 504
“优培计划”招聘应届优秀大学毕业生 504
街道社区工作者定向招聘 505
荣华街道公开招考公务员 505
校园招聘 505
人员转聘 505
干部选拔任用 505
挂职干部相关工作 506

人才工作 506

概况 506
亦庄人才集团成立 506
“人才十条”新政 506
“千人聚亦”招聘活动 507
参与 HICOOL 全球创业者峰会暨创业大赛 507
经开区国际人才服务厅启用 507
经开区国际人才服务厅建设经验推广 507
3 人入选第九批北京市优秀青年人才 508
4 人获北京市创业资助 508
人才公寓建设和申请工作 508
“亦庄国际连接枢纽建设”课题研究 508
人员调京指标数量超过 34.64% 508
北京市工作居住证实行指标分配 508

基层党建 509

概况 509

经开区工委统一战线工作领导小组成立 509
抗击新冠肺炎疫情 509
抗击疫情主题活动 509
机关组织建设 510
划拨党费用于疫情防控 510
党员捐款支持疫情防控工作 510
基层党建工作述职会 510
工委直属党组织调整 510
党建引领基层治理 511
北京民营企业百强发布会 511
经开区统战代表人士到平谷区参观访问 511
经开区基层党建指引研究制定 511
社区治理 20 条 511
亦庄控股统战工作 512
亦庄新城党建协同发展先锋区建设 512
经开区机关第六次党员代表大会 512
经开区新的社会阶层人士联谊会成立 512
经开区市政协委员工作室座谈会 512
尚亦城集团设立党委党组织 513
亦庄控股党委出版 2 本品牌书籍 513
机关思想建设 513
机关作风建设 513
机关人文关怀建设 513
理论学习大讲堂 514
亦庄控股党委党组织 514
亦庄控股党委做好疫情防控工作 514
社会事业党委及社会事业纪检委成立 514
党建引领物业“三率”工作 514
抗疫先进个人和先进集体 515

纪检监察 515

概况 515
经开区重大项目（工程）监督组组建 515
出台“四个机制” 515
优化营商环境 516
辖区内街道纪检监察职责职能划转 516
审议通过巡察相关制度 516
经开区工委第一轮巡察开启 516
廉政风险防控体系建设 516
政治巡察工作 516
警示教育大会 517
推进全面从严治党 517
经开区疫情防控监督检查组成立 517
压实管党治党政治责任 517
巡视反馈问题整改 517
作风建设持久战 518
疫情防控监督检查 518

宣传思想工作 518

概况 518
战疫金盾大数据系统推出 519
国际传播能力建设 519
北京网络游戏新技术应用中心落户经开区 519
“扫黄打非”专项工作组成立 520
2 个园区入选北京市级文化产业园区 520
尚亦城科文集团成立 520
2020 北京文化创意大赛 520
北京国际电竞创新发展大会 521
2020 年动漫游戏产业发展国际论坛 521
品牌建设工作 522
亦城秋韵国庆中秋公益晚会 522
经开区战疫图片展开设 522
5 家单位被评为第六届全国文明单位 523
TGA 腾讯电竞运动会总决赛 523
“亦庄学院”讲座活动 523
意识形态工作 524
工委理论学习中心组学习研讨活动 524
新闻宣传工作 524
创新发布工作 524
网信工作扎实开展 524
文体活动基地和文化团队奖励工作 525
文化演出服务 525
文物赋权试点工作 525
文旅行业疫情防控阻击战 526

支持文旅行业发展 526
视听产业和游戏产业专项政策 526
枭龙科技 AR 智能眼镜助力“两会”报道 526
书香亦城全民阅读品牌活动 526
科文融合产业发展 527
融媒宣传提质增效 527

工会 527

概况 527
节日慰问系列活动 528
疫情防控措施 528
职工心理援助热线开通 528
女职工权益保障视频交流会 528
多家工会联合会成立 528
慰问一线下沉干部 529
“劳动法天天讲堂”直播授课 529
北京市第九届拔河比赛亦庄分站赛 529
“博大杯”系列职工体育比赛 529
单身交友活动 530
创新团队·技能人才表彰仪式 530
2 家工会服务站获职工心灵驿站称号 530
女职工权益维护 530
36 名特困职工享受救助金 530
职工素质教育 531
职业技能竞赛 531
帮扶困难职工 531
职工普惠服务 531
工会组织建设 532
工会经费审计 332 家 532
工会宣传报道 532

青年工作 532

概况 532
青亦会通明湖健步游园活动 532
青年创新院启动和项目发布活动 533
新录用公务员基层锻炼工作交流座谈会 533
志愿者助力经开区核酸检测 533
亦庄新城青年创新院服务青年就业 534
主题团课活动 534
抗美援朝 70 周年主题教育活动 534
青年联合会三届一次全体会议 534
招募志愿者参与企业生产 534

党建引领为企服务 534

概况 534
亦企服务港在防疫工作中发挥重要作用 535
为企服务（亦企服务港） 535
亦企服务港企情搜集工作 536
亦企服务港工作推进会 536
规范与职能部门协同运行机制 536
“亦企成长计划”系列课程 536
亦企服务港政策宣传及培训活动 536
亦企智慧服务平台建设 536

法治

综述 538

平安建设 539

概况 539
街道政法委员配备工作 539
重大活动安全保障 539
疫情防控安全工作 539
矛盾纠纷排查化解 540
反恐防暴工作 540
社会稳定风险评估 540
反电信诈骗 541
涉众型金融案件防范打击 541
重点行业领域风险防控 541
智能信息化建设 541
群防群治工作 541
“平安开发区”建设五年规划编制 542

司法行政 542

概况 542
法治政府建设 542
《北京经济技术开发区条例》立项论证 542
文件合法性审核 542
处理行政复议及行政诉讼案例 543
行政执法监督工作 543
法律职业资格考试考点保障 543
承接司法行政职能准备工作 543
受理信访事项 1531 件 543

综合执法 544

概况 544
抗疫一线执法检查 544
“蓝盾一号”燃气安全整治行动 544
编制疫情执法清单 544
“双报到”活动 544
“疏整促”专项行动 545
走遍新城行动调查研究 545
环境秩序整治行动 545
教育培训工作 545
安全生产专项工作 545
疫情防控信用分级执法 545
生活垃圾分类执法 546
生态环境执法 546
劳动监察工作 546
住建领域执法 546

公安 546

天华路派出所 546
概况 546
治安管理 547
维护社会稳定 548
人口与出入境管理 548
重大活动安保 548

博兴路派出所 549
概况 549
治安管理 549
维护社会稳定 549
人口与出入境管理 550
重大活动安保 550

检察 550

概况 550
送法进社区活动 550
参加“四号检察建议”座谈会 551

审判 551

概况 551
“云法庭”模式开启 551
劳动用工注意事项及风险防范新闻发布会 551
女职工权益保障普法宣讲会 552
开辟农民工维权绿色通道 552
涉企业强制执行法律问题解析宣讲会 553
《中华人民共和国民法典》普法宣传工作 553
审理法定继承纠纷案件 553
荣华街道 2020 年妇联系列活动 554
企业劳动关系处理和案例分享讲座 554
宪法日活动 554
参与辖区疫情防控 554

劳动仲裁 555

概况 555
党员“双报到”工作 555
“云仲裁”结案 415 件 555
10 家基层劳动争议调解组织授牌 555
走访调研活动 556
全员保密培训 556
三区协同处理工作会 556
护薪行动 556
处理疑难案件 90 件 556

统计资料

综合 558

经开区主要经济综合指标一览表 558

经开区一般公共预算收入情况一览表 558

经开区地区生产总值一览表 559

能源消费 559

经开区规模以上工业企业综合能源消费量（当量值）一览表 559

经开区规模以上二、三产业能源消费量（当量值）一览表 560

经开区规模以上二、三产业水消费量一览表 561

全社会固定资产投资 562

经开区全社会固定资产投资一览表 562

经开区全社会固定资产投资及新增固定资产一览表 562

经开区房地产开发情况一览表 563

经开区房地产开发面积一览表 563

第二产业 564

经开区规模以上工业企业主要指标一览表 564

经开区规模以上电子信息产业主要经济指标一览表 564

经开区规模以上装备制造产业主要经济指标一览表 565

经开区规模以上生物与医药产业主要经济指标一览表 566

经开区规模以上汽车与交通设备产业主要经济指标一览表 567

经开区规模以上都市工业主要经济指标一览表 567

经开区规模以上现代制造业主要经济指标一览表 568

经开区规模以上高技术制造业主要经济指标一览表 569

经开区建筑业企业基本情况一览表 569

批发和零售业 570

经开区限额以上批发和零售业商品购进、销售、库存总值一览表 570

第三产业 570

2020 年规模以上第三产业法人单位主要经济指标一览表 570

2020 年经开区规模以上文化产业法人单位基本情况一览表 571

劳动工资 572

2020 年经开区非私营法人单位从业人员和劳动工资一览表 572

高新技术企业 572

经开区高新技术企业情况一览表 572

附录

2020 年德勤—亦庄高科技、高成长 20 强企业一览表 574

2020 年德勤—亦庄高科技、高成长明日之星企业一览表 574

2020 年国家级、市级认定企业研发机构一览表 575
2020 年企业创新簇一览表 575
2020 年胡润大中华区独角兽指数企业一览表 576
2020 年经开区引进世界 500 强企业和投资项目一览表 576
2020 年经开区引进中央企业一览表 576
2020 年经开区竣工房建工程项目一览表 577
2020 年经开区竣工市政工程项目一览表 579
2020 年经开区竣工装修工程项目一览表 580
2020 年经开区新开工建设项目一览表 583
2020 年经开区组织机构负责人一览表 595
2020 年驻经开区职能局负责人一览表 596
经开区 2020 年政府文件目录 596

索引

索引说明 602
主题词索引 602
企业名称索引 625

区情概况

区域简介

经开区始建于 1992 年 4 月，位于北京市东南亦庄地区，起步区面积为“3.83 平方公里”。1994 年 8 月，经国务院批准为国家级经济技术开发区，一期规划面积为“15.8 平方公里”。2002 年 8 月，经国务院批准，经开区扩区“24 平方公里”。2010 年 1 月，市委、市政府决定对经开区与大兴区进行行政资源整合，并授权经开区统一开发和管理亦庄新城范围内大兴区“12 平方公里”产业和配套用地。2018 年，经开区实际管辖面积为“59.6 平方公里”。2019 年 11 月 20 日，根据《北京城市总体规划（2016—2035 年）》研究制订的《亦庄新城规划（国土空间规划）（2017—2035 年）》获市政府批复，规划面积为“225 平方公里”。

经过 28 年的发展，经开区成为首都实体经济主阵地和连接世界经济的重要窗口，先后被国家部委批准为国家生态工业示范园、首批国家国土资源节约集约示范县（市）、首批国家太阳能光伏发电综合应用示范区、国家工业节水示范园区、ISO 14000 国家示范区、国家知识产权示范园区、国家新型工业化产业示范基地、国家级循环经济示范区、国家生物医药创新孵化基地、国家电子商务示范基地、国家海外高层次人才创新创业基地、国家级绿色园区、国家智能汽车与智慧交通（京冀）示范区亦庄基地、国家级经开区绿色发展最佳实践园区、中国企业营商环境（案例）十佳园区等。

2020 年，经开区完成“十三五”规划。过去的五年，是经开区发展进程中意义重大的五年。面对错综复杂的国内外形势，经开区坚持以习近平新时代中国特色社会主义思想为指导，在市委、市政府的坚强领导下，围绕首都城市战略定位，深入贯彻新发展理念，以高质量发展为主题、以供给侧结构性改革为主线，明确经开区在打造国际科技创新中心“三城一区”（“三城”即中关村科学城、怀柔科学城、未来科学城，“一区”即经开区）主平台中的重要地位和新时期“四区一阵地”（“四区”即打造具有全球影响力的科技成果转化承载区、技术创新示范区、深化改革先行区、宜居宜业绿色城区，“一阵地”即高精尖产业主阵地）的区域定位，以服务国家战略为首要任务成为全区上下共识，完成《北京经济技术经开区规划（2017—2035 年）》《亦庄新城规划（2017—2035 年）》编制工作，实施机构和人事制度改革，开启升级版经开区建设的新征程，经济社会发展取得历史性成就。初步核算，全年实现地区生产总值 2045.4 亿元，按可比价格计算，比 2019 年增长 6.4%；规模以上工业总产值 4371.8 亿元，比 2019 年增长 5.4%。

经开区以重大科技创新为引领，加强技术攻关，优化科技创新服务体系和创新环境，加快科技创新成果向现实生产力转化。经开区拥有国家高新技术企业1258家；胡润大中华区独角兽指数企业3家；中国制造业隐形单项冠军企业1家、单项冠军培育企业1家；国家级专精特新“小巨人”企业10家，北京市专精特新“小巨人”企业12家、北京市“专精特新”中小企业110家；研发机构266家，其中国家级25家、市级241家；高价值专利培育中心5家；孵化器15家、众创空间16家等。23家技术创新中心研发新技术109项、新产品115个，制定标准31项；企业拥有有效发明专利9231件，万人有效发明专利拥有量达543件。全年3家企业获国家科学技术进步奖，2位科学家和11项成果获北京市科学技术奖；7件专利获中国专利奖；34家企业被评为北京知识产权试点企业，16家企业被评为北京知识产权示范企业，8家企业被评为北京市知识产权贯标企业。

经开区作为北京建设全国科技创新主平台“三城一区”中的“一区”，立足发展新一代信息技术、高端汽车和新能源汽车、生物医药、机器人和智能制造等重点产业集群，吸引优质外资项目落户，用高精尖产业挑起高质量发展大梁。

经开区拥有良好的产业基础，技术创新能力突出，在新一代信息技术产业领域中聚集一批拥有国家最高科技水平的企业，不断填补国内外空白，拥有国内唯一一条8英寸MEMS晶圆生产线、首条12英寸芯片生产线、8.5代液晶显示生产线、首款透明液晶显示屏、首台云计算服务器，首次实现中国碳化硅全产业链贯通，拥有全球最大的砷化镓单晶体单片供应商和全国唯一的IPv6根服务器工程中心等。在集成电路领域，以中芯国际集成电路制造（北京）有限公司为龙头，拥有集成电路上下游企业约50家，完成从半导体材料、半导体设备、IC制造、IC封测、IC设计到IC服务的全产业链布局。在新型显示领域，以京东方科技集团股份有限公司为龙头，以京东方8.5代线为核心，吸引众多上下游企业集聚，从原料生产到液晶电视组装、销售，形成完整的产业链。经开区将依托TFT-LCD工艺技术国家工程实验室、OLED联合实验室等新型显示技术研发和创新平台，重点突破下一代LCD关键技术、下一代AMOLED技术、VR/AR显示技术、传感集成技术四大技术方向。在互联网领域，经开区作为全国首批国家电子商务示范基地和北京电子商务中心区，聚集电子商务产业链相关企业200多家。围绕电子商务、大数据和云计算，以及以IPv6根服务器为代表的下一代互联网基础技术，发展一批高质量、拥有核心技术的创新型企业，推动互联网、大数据、人工智能和实体经济深度融合，实现互联网产业的可持续发展。

汽车制造产业成为经开区四大主导产业中工业总产值比重最大、对产值增长贡献率最高的产业，聚集以北京奔驰汽车有限公司为龙头的高端汽车产业集群和以北京新能源汽车股份有限公司为龙头的新能源汽车产业集群。在高端汽车方面，发挥北京奔驰龙头企业的带动效应，引入一批包括汽车设计、研发、整车与零部件制造、汽车金融、销售以及汽车售后服务项目，打造产业链条完整的高端汽车产业集群。在新能源汽车方面，形成以北汽新能源科技创新中心为研发中心，以北汽新能源高端工厂、北京奔驰工厂为制造基地的双向协同发展，实现从技术创新到高端制造的全产业链、全流程覆盖。

生物医药产业聚集一批知名跨国医药企业、成长性创新医药企业，涌现出一批具有全球影响力的原始创新品种，建立全球最大的重组蛋白库，研发首张用于临床诊断的致聋基因检测芯片和全国首个全人源化抗体新药，拥有全国规模最大的大分子生物医药中试基地等。现有生物技术和大健康企业1100多家，其中规模以上企业40多家，涵盖以拜耳医药保健有限公司为代表的高端化药制剂板块、以百泰生物药业有限公司为代表的生物制药板块、以北京同仁堂科技发展股份有限公司为代表的现代中药板块、以北京生物制品研究所有限责任公司为代表的新型疫苗板块、以通用电气医疗（中国）有限公司为代表的数字影像诊疗设备板块、以施乐辉外科植入物（北京）有限公司为代表的外科植入物板块、以博尔诚（北京）科技有限公司为代表的诊断试剂板块、以北京昭衍新药研究中心股份有限公司为代表的CRO服务板块、以北京博奥医学检验所有限公司为代表的第三方检验板块、以北京义翘神州科技股份有限公司为代表的医药研发板块，共十大板块。

在智能制造业领域，经开区现有规模以上装备企业110多家，形成以北京金风科创风电设备有限公司为龙头的风电产业集群、以安川首钢机器人有限公司和哈尔滨工大特种机器人有限公司为龙头的机器人产业集群、以SMC（中国）有限公司为龙头的关键基础零部件集群、以施耐德（北京）中低压电器有限公司和北京ABB低压电器有限公司为龙头的电力和电网装备集群、以经纬纺织机械股份有限公司和西得乐机械（北京）有限公司为龙头的自动化生产线集群。

经开区以文化科技融合为方向，文化新城建设再提速。发挥科技创新中心主平台、实体经济主阵地作用，推动科技文化融合发展。明确科技文化融合重点产业发展方向，推进科技文化融合特色突出的视听产业及游戏电竞产业发展。鼓励四达时代集团、北京东方嘉禾文化发展股份有限公司、京东集团等区内企业在发展国际市场的同时成为文化传播的贡献者，在落实国家战略的过程中构筑起经开区文化产业发展的战略优势。

经开区紧扣产城融合，全面提升城市生活品质。其中，城市规划建设有序推进，有轨电车T1线试通车运行，天宝北街、科慧大道等道路完成提级改造。优质公共资源供给不断增加，同仁医院亦庄院区二期启用，北京急救中心直属亦庄分中心项目开工；3所民办幼儿园转为普惠性幼儿园；区史馆开馆；配租1800多套公租房，X84共有产权房项目完成交付1135户。生态环境持续改善，细颗粒物（$PM_{2.5}$）年均浓度为37微克/立方米，首次低于全市年均浓度；凉水河经开区段24个入河排口全部实施规范化管理；高品质再生水利用量达到30%，全国领先；完成“无废城市”试点期建设任务，中小微企业危险废物“管家式”服务全国推广；9家企业被评为国家级绿色工厂，占全市的1/3；海绵城市建设达标面积超出全市平均水平的70%。社会治理水平不断提升，垃圾分类宣传实现“五个全覆盖”，亦城景园小区被评为2020年第一批北京市生活垃圾分类示范小区。

2020年北京经济技术开发区国民经济和社会发展统计公报

2020年，经开区坚持以习近平新时代中国特色社会主义思想为指导，在市委、市政府和经开区工委、管委会的坚强领导下，深入贯彻新发展理念，以高质量发展为主题，以供给侧结构性改革为主线，以服务国家战略为首要任务，坚定不移推进改革开放，沉着有力应对风险挑战，全力统筹推进疫情防控和经济社会发展，开启了升级版经开区建设的新征程，经济社会发展取得历史性成就。

一、综合经济

经济增长：初步核算，全年实现地区生产总值2045.4亿元，按可比价格计算，比2019年增长6.4%。其中，第二产业增加值1332.1亿元，比2019年增长5.9%；第三产业增加值713.3亿元，比2019年增长7.4%。第二产业和第三产业构成为65.1∶34.9。

图1　2016—2020年地区生产总值及增速

财政：全年完成一般公共预算收入300.1亿元，比2019年增长11.1%。

固定资产投资：全年固定资产投资比2019年增长25.4%，其中建筑安装投资比2019年下降3.1%。分产业看，第二产业投资比2019年增长77.7%，第三产业投资比2019年下降2.1%。

市场消费：全年实现社会消费品零售额408.3亿元，比2019年下降7.4%。限额以上批发和零售业中，计算机、软件及辅助设备零售额比2019年增长38.8%；医疗用品及器材零售额比 2019 年增长 60%。

图 2　2016—2020 年社会消费品零售额及增速

对外经济：全年实现进出口总额 199.5 亿美元，比 2019 年增长 1.9%。其中，出口额为 58.5 亿美元，比 2019 年增长 2.1%；进口额为 141.1 亿美元，比 2019 年增长 1.9%。

图 3　2016—2020 年进口额和出口额

全年新增外资企业 55 家，比 2019 年增长 10%。合同利用外资 37.8 亿美元，比 2019 年增长 71.5%。实际利用外资 6.2 亿美元，比 2019 年增长 11.8%。其中，制造业实际利用外资 3.8 亿美元，金融业实际利用外资 1.2 亿美元。

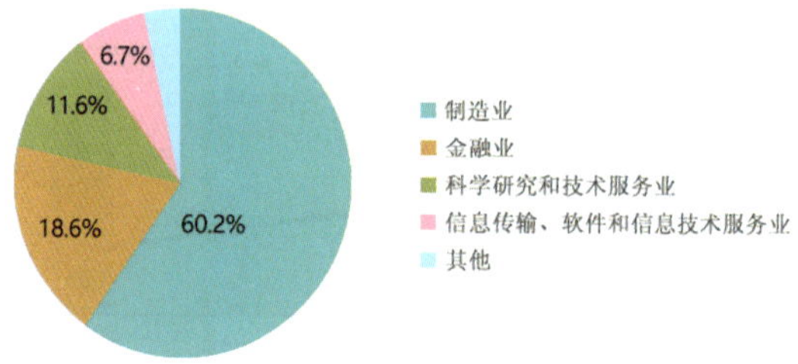

图 4　2020 年主要行业实际利用外资占比情况

图 5　2016—2020 年实际利用外资及增速

二、主要行业

工业：全年实现规模以上工业总产值 4371.8 亿元，比 2019 年增长 5.4%。其中，现代制造业和高技术制造业分别完成产值 3668.6 亿元和 1482.4 亿元，分别比 2019 年增长 6.2% 和 5.3%（两者有交叉）。外商及港澳台商企业完成产值 3344.1 亿元，比 2019 年增长 3.9%；内资企业完成产值 1027.7 亿元，比 2019 年增长 10.2%。

规模以上工业企业实现销售产值 4366.4 亿元，比 2019 年增长 7.2%。其中，内销产值 3884.8 亿元，比 2019 年增长 7.6%；出口交货值 481.6 亿元，比 2019 年增长 4%。

全年规模以上工业企业利润为 549 亿元，比 2019 年增长 3.5%。全年规模以上工业企业每百元营业收入中的成本为 72.7 元，比 2019 年减少 0.5 元。营业收入利润率为 11.6%，比 2019 年提高 0.1 个百分点。

图 6　2016—2020 年规模以上工业总产值及增速

建筑业：全年具有资质等级的总承包和专业承包建筑业企业完成建筑业总产值 525.7 亿元，比 2019 年增长 91.7%。其中，在北京市完成 65.3 亿元，比 2019 年增长 28%；在外省完成 460.4 亿元，比 2019 年增长 106.2%。全年新签合同额 1204.8 亿元，比 2019 年增长 112.6%。

批发和零售业：全年批发和零售业实现销售额 9112.7 亿元，比 2019 年增长 0.7%。其中，批发业实现 8048.7 亿元，比 2019 年增长 1.1%；零售业实现 704.6 亿元，比 2019 年下降 3.5%。

信息传输、软件和信息技术服务业：全年规模以上信息传输、软件和信息技术服务业单位实现收入 516.3 亿元，比 2019 年增长 28.4%；实现利润总额 25.8 亿元，比 2019 年下降 24.9%。

房地产开发业：全年房地产开发投资比 2019 年下降 4.2%。其中，住宅投资比 2019 年增长 35.8%，办公楼投资比 2019 年下降 48.5%，商业营业用房投资比 2019 年下降 26.1%。

全年保障性住房施工面积为 49 万平方米，比 2019 年增长 9.1%；竣工面积为 35 万平方米。全年完成交付共有产权房 1135 户。

三、科技和高新技术企业

科技：全年专利申请量14665件，比2019年增长39.4%，其中发明专利8021件，比2019年增长59.8%。获专利授权7210件，比2019年增长19.2%，其中发明专利1628件，比2019年增长20.9%。申请PCT专利449件，比2019年增长72.7%。截至2020年年底，企业拥有有效发明专利9231件。

高新技术企业：预计全年中关村国家自主创新示范区亦庄园高新技术企业实现总收入7230亿元，比2019年增长20%。其中，技术收入405亿元，比2019年增长11%。

图7　2016—2020年高新技术企业总收入及增速

四、就业和社会保障

就业：全年开展各类线上招聘活动共计58场，参会企业840家次，提供岗位12844个。帮助有就业愿望的周边地区劳动力到经开区就业，新增2958名大兴、通州两区劳动力和409名平谷区劳动力在经开区实现就业。开展“护薪行动”，受理农民工案件结案率超过90%。

社会保障：截至2020年年底，参加城镇职工基本养老、基本医疗（生育保险）、失业、工伤和生育保险人数分别为49.6万人、44.8万人、42.3万人、40.7万人，分别比2019年年底增加2.7万人、2.5万人、2.7万人、2.8万人。全年养老、医疗、失业、工伤、生育五项保险基金收缴98.3亿元，比2019年减少19.5亿元。全年减免社保费47.9亿元。

五、城市建设和安全生产

道路交通：有轨电车T1线试通车运行；8条区域公交线路纳入北京公交线网管理，公共交通运营服务提升至市级保障水平；完成次渠站等6个轨道微中心交通一体化建设；天宝北街、科慧大道等道路提级改造；科创十一街、科创十四街道路改造完成并通车；开通疫情复工复产“通勤线”，累计开通各种线路26条，服务保障区内企业通勤职工9万余人次。

公共事业：全年全社会用电量 72.4 亿千瓦·时，比 2019 年增长 6.1%。其中，生产用电 69.5 亿千瓦·时，比 2019 年增长 6.3%；居民生活用电 2.9 亿千瓦·时，比 2019 年增长 1.9%。截至 2020 年年底，共有用热户数 306 家，管线长度 364.5 千米，与 2019 年基本持平；采暖面积 1446.9 万平方米，比 2019 年增长 2.5%。启动节水管理系统建设，下达用水量指标 3148 万立方米，计划用水覆盖率达 95%。

安全生产：全年发生 1 起安全生产事故，死亡 1 人。

六、城市环境和绿色生产生活

大气环境：细颗粒物（$PM_{2.5}$）年均浓度为 37 微克 / 立方米，比 2019 年下降 15.9%，完成市政府下达的年度环境质量改善目标任务；二氧化氮和二氧化硫年均浓度值分别为 33 微克 / 立方米和 4 微克 / 立方米，分别比 2019 年下降 17.5% 和 20%。

园林绿化：启动企业文化园、博大公园、荣华路等重要区域示范性种植，栽植各类彩叶树木共计 470 株。在荣华路等沿线的企业围墙增设容器花卉，打造立体花廊城市新景观，共增设容器花卉 1296 组。更新、改良经海路、经海三路、经海四路隔离带地被植物，完成改造面积约 5.8 万平方米。

能源消耗：全年能源消费总量 252.6 万吨标准煤，比 2019 年增长 4.4%；全年万元地区生产总值能耗 0.124 吨标准煤，按可比价格计算，比 2019 年下降 1.9%。

绿色生产：一般工业固体废物产生量 20.8 万吨，综合利用率达 96%，与 2019 年持平；工业危险废物产生量 4.5 万吨，综合利用率达 65%，比 2019 年提高 3 个百分点；9 家企业被评为国家级绿色工厂，占全市的 1/3；海绵城市建设达标面积超出全市平均水平的 70%。

绿色生活：居民小区垃圾分类和可回收物分类回收体系实现全覆盖，居民知晓率和小区参与率均达到 100%，居民参与率达到 80% 以上，达到全市领先；凉水河经开区段 24 个入河排口全部实施规范化管理，高品质再生水利用量达到 30%。

七、教育、文化、卫生和体育

教育：截至 2020 年年底，全区拥有基础教育学校 11 所。其中，十二年建制学校 3 所，九年一贯制学校 3 所（公办 1 所、民办 2 所），完全中学 1 所，小学 3 所，中外合作办学机构 1 所。全区有大专院校 1 所，中等职业学校 1 所。

全年全区普通高中招生 497 人，在校生 839 人，毕业生 222 人；普通初中招生 1173 人，在校生 2349 人，毕业生 890 人；普通小学招生 2493 人，在校生 8983 人，毕业生 1236 人；幼儿园入园幼儿 2540 人，在园幼儿 6195 人。初中毕业率为 100%，高中毕业率为 100%。

文化： 加强公共文化服务体系建设，着力提升公共文化服务水平，区史馆开馆，承接歌华传媒杯 · 2020 北京文化创意大赛全国总决赛等市级活动，推出“亦庄学院”等特色品牌，全年开展各类文化活动 246 场。截至 2020 年年底，共有公共图书馆 2 个，总藏书量 120 万册；文化活动中心 3 个、社区文化室 21 个。全区 4 条院线 3 家影院，共放映电影 15476 场，观众 34 万人次，票房收入 1506 万元。继续开展文化“三送五进”工程，向企业和社区提供优质文化产品，全年送演出、送讲座、送电影累计达 41 场次，参与人员 3 万余人次。全年规模以上文化及相关产业单位实现收入 258.5 亿元，比 2019 年增长 22.3%。

卫生： 截至 2020 年年底，拥有卫生机构 100 个，比 2019 年年底增加 17 个。其中，医院 8 个，社区卫生站 3 个，医学检验实验室 19 个，门诊部 26 个，诊所 26 个，医务室 18 个。卫生机构实有床位数 1329 张，比 2019 年年底增加 79 张。卫生技术人员 4113 人。

体育： 完善“一刻钟”体育健身服务圈建设，完成 2 处健身广场建设及 10 处全民健身路径更新。截至 2020 年年底，拥有 185 处各类专项活动场地、38 处全民健身路径、46.9 千米全民健身步道。举办 38 次活动，参与 20 万余人次。

注释：

1.2020 年数据均为初步统计数。

2. 财政、对外经济、科技、就业、社会保障、城市建设、安全生产、城市环境、绿色生产生活、教育、文化、卫生、体育等数据来源于相关职能部门。

3. 三次产业划分依据国家统计局 2018 年修订的《三次产业划分规定》，行业划分执行《国民经济行业分类》（GB/T4754—2017）。

4. 市统计局根据北京市第四次全国经济普查结果，对地区生产总值和社会消费品零售额历史数据进行了修订。

5. 规模以上工业企业是指年主营收入 2000 万元及以上的全部法人工业企业；限额以上批发和零售业单位是指年主营业务收入 2000 万元及以上的批发业、年主营业务收入 500 万元及以上的零售业单位（包括法人单位、产业活动单位和个体经营户）。

6. 部分数据合计数或相对数由于计量单位取舍不同而产生计算误差，均未做机械调整。

2020 年北京经济技术开发区环境状况公报

2020 年，经开区深入学习贯彻落实习近平新时代中国特色社会主义思想和习近平生态文明思想，认真践行“创新、协调、绿色、开放、共享”“绿水青山就是金山银山”的发展理念，全面落实蔡奇书记、陈吉宁市长“双调研”指示要求，以改善环境质量为核心，以增强群众获得感为出发点，以解决突出环境问题为导向，坚决打好污染防治攻坚战，深入开展大气、水、土壤污染防治，全力保障环境安全，实现了生态环境质量持续改善。经过全区共同努力，在维持主要污染物排放量稳中有降的同时，深挖减排潜力，进一步减少污染物的排放。与 2019 年相比，环境空气主要污染物年均浓度均有所下降，其中细颗粒物（$PM_{2.5}$）年均浓度值为 37 微克 / 立方米，比 2019 年下降 15.9%。大气环境质量持续改善，水环境质量、土壤环境质量和声环境质量平稳向好，辐射环境质量保持正常，环境安全得到了有效保障。

一、环境质量

（一）大气环境

1. 空气质量状况

2020 年，经开区细颗粒物月均浓度值范围为 17~76 微克 / 立方米，年均浓度值为 37 微克 / 立方米，接近《环境空气质量标准》（GB 3095—2012）二级标准限值（简称二级标准限值）35 微克 / 立方米。可吸入颗粒物（PM_{10}）月均浓度值范围为 39~86 微克 / 立方米，年均浓度值为 64 微克 / 立方米，达到二级标准限值。二氧化氮（NO_2）月均浓度值范围为 18~51 微克 / 立方米，年均浓度值为 33 微克 / 立方米，达到二级标准限值。二氧化硫（SO_2）月均浓度值范围为 2~6 微克 / 立方米，年均浓度值为 4 微克 / 立方米，达到国家一级标准。一氧化碳（CO）月均浓度值范围为 0.4~1.1 毫克 / 立方米，年均浓度值为 0.7 毫克 / 立方米，达到二级标准限值。臭氧（O_3）月均浓度值范围为 46~196 微克 / 立方米，年均浓度值为 107 微克 / 立方米，低于二级标准限值。

与 2019 年相比，环境空气主要污染物浓度中细颗粒物浓度下降 15.9%，可吸入颗粒物浓度下降 13.5%，二氧化氮浓度下降 17.5%，二氧化硫浓度下降 20%，一氧化碳浓度与 2019 年持平。

2020 年，经开区除臭氧以外的其他主要污染物最低月均浓度值均出现在夏季，最高月均浓度值出现在春季和冬季，主要受不利气象条件和冬季采暖的影响。臭氧最低月均浓度值出现在冬季，最高月均浓度值出现在夏季，主要受日照、温度和天气影响。年内，空气主要污染物月均浓度变化趋势如图 1 所示。

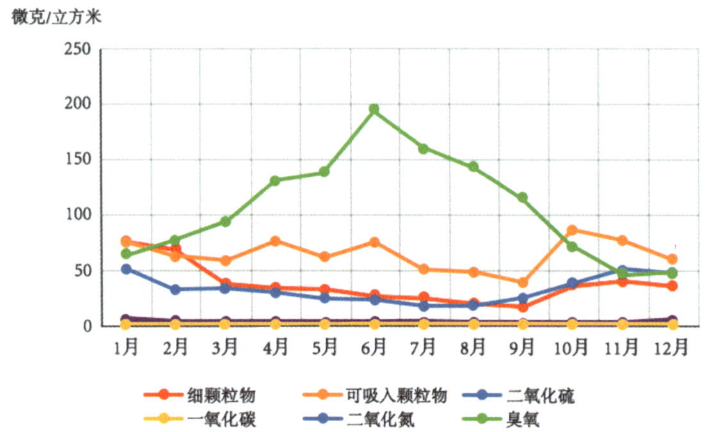

图 1　空气主要污染物月均浓度变化趋势

注：一氧化碳单位为毫克 / 立方米。

2. 空气质量指数

2020 年，经开区空气质量有效监测天数为 364 天，有效数据率为 99.5%。空气质量等级在二级以上的天数为 273 天，约占全年的 75%，比 2019 年上升 9%。空气质量等级为五级、六级的空气重污染天数为 10 天，约占全年的 2.7%，比 2019 年下降 0.3%。年内，空气质量等级构成情况如图 2 所示。

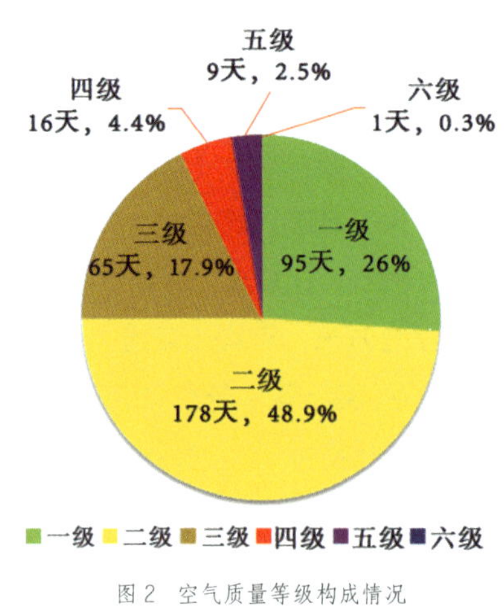

图 2　空气质量等级构成情况

2020 年，经开区环境空气主要污染物以臭氧为主，全年有 115 天环境空气中的首要污染物为臭氧，约占总有效监测天数的 31.6%，较 2019 年下降。年内，空气首要污染物构成情况如图 3 所示（部分日期有 2 个首要污染物）。

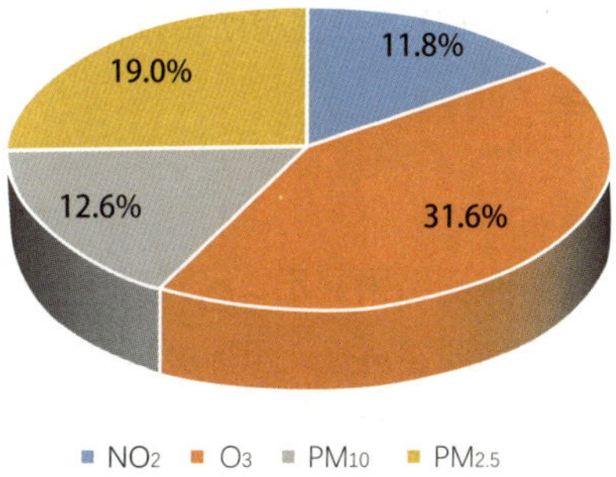

图 3　空气首要污染物构成情况

（二）地表水环境

1. 地表水总体水质状况

2020 年，经开区设置 7 个地表水监测断面，新凤河断面和通惠北干渠南断面水质类别均为Ⅴ类，凉水河（旧宫桥）断面、凉水河（马驹桥）断面、凉水河（马驹桥闸下游）断面、大羊坊沟断面和通惠北干渠北断面水质类别均为Ⅳ类。与 2019 年相比，经开区内 7 个地表水断面水质均明显改善。

2. 河流水质

2020 年，经开区河流水体全部达到水环境功能规划要求Ⅴ类水体。凉水河和大羊坊沟达到水质类别Ⅳ类，新凤河和通惠北干渠达到水质类别Ⅴ类。与 2019 年相比，河流水环境质量明显改善。

3. 湖泊水质

2020 年，经开区对通明湖东湖和通明湖西湖 2 个监测湖的现状水质分别进行了 4 次监测，2 个湖的水质均为Ⅴ 2 类，2 个湖的营养状态为中度富营养等级，通明湖东湖的综合营养状态指数为 70，通明湖西湖的综合营养状态指数为 69.4。

（三）土壤环境

2020 年，经开区内土壤质量等级均为Ⅰ级，土壤环境质量普遍良好。与 2019 年相比，经开区土壤环境质量没有明显变化。

（四）地下水环境

2020 年，经开区分别在路东区、文化园、河西区和软件园设置了 4 个监测井位，全年进行了 4 次监测，共计 37 个监测指标。经开区地下水质量总体呈Ⅲ类，路东区、河西区、文化园和软件园地下水质量类别为Ⅲ类。路东区地下水最差类别的指标为总硬度、溶解性总固体、汞和砷；文化园地下水最差类别的指标为总硬度、溶解性总固体、汞、砷、硝酸盐氮、氯化物和氨氮；河西区地下水最差类别的指标为总硬度、溶解性总固体、汞、砷、硝酸盐氮、四氯化碳；软件园地下水最差类别的指标为溶解性总固体、汞、三氯甲烷。

与2019年相比，路东区和河西区地下水质量有所转好；文化园地下水质量维持2019年状况；软件园地下水质量变差。

（五）声环境

2020年，经开区环境噪声监测结果显示，经开区1类区声环境质量达标，声环境质量较好；工业区域3类区声环境质量达标，声环境质量一般；交通区域4a类区声环境质量达标。与2019年相比，经开区区域声环境质量维持稳定良好状况。生活区域1类区昼间和夜间声环境质量达标率都有较大提升，工业区3类区域声环境质量基本维持稳定良好状况，交通区域4a类区昼间声环境达标率为100%、夜间声环境质量达标率相对略微下降。

（六）辐射环境

2020年，经开区γ辐射剂量率月均值和年均值均在环境本底范围内，属于环境正常水平，未发现异常；环境中也未检出人工总α、总β、铯等放射性核素与空气中的放射性碘。

（七）生态环境

2020年，经开区内河湖，凉水河、通惠排干渠生态环境相对较好，X35公园湖、红凤灌渠的生态环境须进一步改善。经开区植被覆盖率超过40%，生物多样性较丰富，适合人类生活，生态环境状况的级别为“良”。与2019年相比，经开区植被覆盖率进一步提高，生态环境质量稳步提高。

二、措施与行动

（一）污染治理与减排

1. 污染防治攻坚任务落实

统筹推进污染防治攻坚战。早谋划、早部署，召开三次工委生态文明委全体会议，制订《中共北京市委经济技术开发区工委生态文明建设委员会2020年工作要点》《经开区污染防治攻坚战2020年行动计划》《经开区2020—2021年秋冬季大气污染综合治理攻坚行动方案》等文件，明确年度生态环境保护工作各项任务和指标。持续深化“一微克”行动，抓住重点，注重实效，推动经开区环境质量持续向好。

2. 蓝天保卫战

推进移动源治理。严格落实《北京市机动车和非道路移动机械排放污染防治条例》要求，严查重型柴油车违法行为，落实“环保检测，公安处罚”模式，在经开区重点路段开展路检，并对重点企业持续开展入户执法检查，全年累计检查重型柴油车23404辆，处罚 693 辆；推进新能源车辆替代，完成区内全部 8 条公交线路使用的 36 辆柴油公交车和 26 辆 LNG 公交车更换为新能源电动车；重点区域内环卫作业车辆日常保洁全部采用新能源车辆；深化非道路移动机械管理，开展非道路移动机械编码登记工作，累计登记机械 4664 台，基本实现区内机械全覆盖。规范施工现场非道路移动机械管理，在施工现场出入口明显部位悬挂标识牌及时更新非道路移动机械台账，同时对辖区内使用的工程机械开展执法检查，累计检查非道路移动机械 250 台，处罚 35 台；开展油气排放检查工作，全年检查区内加油站 96 家次，并委托第三方开展油气回收监测，累计监测 24 次，监测结果均为达标。对区内 3 家加油站开展油品质量检测，检验结果全部达标。

落实扬尘污染管控措施。针对区内施工面积大、易产生扬尘污染的情况，在助力重点工程按期开复工的同时，做好精细化管理。在招标中，明确施工现场管理措施，将“安全文明措施”列入评分管理条款，制定《建筑工程大气污染防治项目承诺书》，设置专职环保项目经理，加强对土方施工工地的管理、巡查力度。督促区内项目做好工地门前“三包”，落实“六个百分之百”和“进门查证、出门查车”的要求。经开区开发建设局、综合执法局累计出动检查人员 6104 人次，检查项目 4119 家次，非现场执法 2100 多家，检查过路渣土运输车 200 多辆。推广扬尘污染防治技术措施，全区项目安装高效洗轮机，在工地四周围挡、主要道路设置喷雾降尘系统，工地大门附近铺设钢板路面。实施施工扬尘视频监控与环境监测，累计安装摄像头 304 个，覆盖率达 98%。规范强化扬尘执法，加强扬尘监管信息公开，实现扬尘监控系统平台共享。道路扬尘管控方面，制订《经开区重点道路洒水降尘工作方案》，按照“突出重点、有序推进、全面提升”的工作原则，强化道路清扫保洁及洒水降尘，城市道路“冲、扫、洗、收”新工艺作业，有效降低道路积尘负荷，降低扬尘污染。全面提升精细化管理水平，根据每日空气质量预测预报情况，科学有效调整洒水降尘频次，降低道路扬尘。做好裸地扬尘管控，各部门根据职责不断更新完善裸地台账，街道加强网格化巡查，发现裸地、小微工程等及时纳入台账，及时整改。

污染物科学精准减排。对挥发性有机物年排放量超过 10 吨的企业，开展强制性清洁生产审核。完成 7 家重点企业挥发性有机物深度治理，8 家单位制订挥发性有机物“一厂一策”方案，完成 21 家汽车维修企业烤漆房的标准化治理改造。开展挥发性有机物专项行动，要求区内 11 家政府投资项目严格执行《建筑类涂料与胶粘剂挥发性有机化合物含量限值标准》（DB11/3005—2017），委托第三方检测单位开展抽样检测，共取样检测 62 份，检测合格率为 100%；强化无组织排放管理，组织印刷、汽修等 40 多家单位对危险废物贮存场所进行整治提升，加装废气收集处理装置，减少挥发性有机物无组织排放；组织 177 家企业针对挥发性有机物治理设施废气收集率、治理设施同步运行率和去除率开展自查。持续推进餐饮业油烟净化设备升级改造。开展汽车制造、印刷、家具、医药、化学品制造、机械、电子、汽修等行业专项执法检查，督促不合规企业完成治理改造，进一步降低挥发性有机物的排放总量。

低碳发展，构建绿色制造体系建设。完成国家级生态示范园区、国家级绿色工业园区自评价，组织北京奔驰汽车有限公司、北京京东方显示技术有限公司、北京盛通印刷股份有限公司3家企业通过“绿色供应链”评选，北京北汽李尔汽车系统有限公司、拜耳医药保健有限公司、赛诺菲（北京）制药有限公司等9家企业通过“绿色工厂”评选。经开区被评为“绿色工厂”（国家级）企业共计22家，并实现“绿色供应链”（国家级）企业“零”的突破；不断优化能源体系，加大分布式光伏项目的推广力度，全年新增光伏发电项目11个，装机容量为10953千瓦，预计年发电2321万千瓦·时；推动地源热泵技术应用，完成北京久其政务软件股份有限公司A栋软件研发生产楼等9项（久其软件研发项目）地源热泵工程项目。推动绿色建筑创建，全年新取得绿色建筑高星级设计标识认证的项目总建筑面积达到143.2万平方米，其中绿色建筑二星级以上设计标识项目9个、绿色建筑三星级运行标识项目1个。

执法检查。按照全市监察工作方案要求，开展生态环境领域监察执法工作，通过双随机抽查和专项检查相结合，全面开展污染源监管。重点对汽车制造、机械电子、包装印刷、汽车维修、工业涂装、工业炉窑等涉及大气污染物的企业开展检查，全年累计检查企业2841家次，发现环境违法行为22家次。

空气重污染应对。实行重污染应急减排清单动态管理，落实生态环境部《重污染天气重点行业应急减排措施制定技术指南（2020年修订版）》和《北京市空气重污染期天气重点行业应急减排措施制定技术指南（2020年修订版）》重点行业分类，组织69家企业开展绩效评级，其中3家企业评级结果为A，占全市的3/7，指导企业制定“一厂一策”空气重污染应急预案，在重污染期间采取减排措施，削峰降速。

通过一系列工作，经开区空气质量得到进一步的改善。2020年，经开区细颗粒物年均浓度值为37微克/立方米，比2019年下降15.9%；空气中主要污染物二氧化硫年均浓度值为4微克/立方米，二氧化氮年均浓度值为33微克/立方米，可吸入颗粒物年均浓度值为64微克/立方米，分别比2019年下降20%、17.5%和13.5%。

3. 碧水保卫战

水环境治理。加强污水处理厂、再生水厂运营管理，完成水量核定、水质监测、统计分析及监督检查工作，污水处理率保持100%，再生水（中水）回用率达100%。在对入河排口排查的基础上，按照“查、测、溯、治、管”思路及分类分级管控要求，开展入河排口整治。落实经开区清管行动方案，管线清掏率达90%以上，完成对1992年建区时建设的第一批管线约36千米的检测，采取非开挖方式对管线进行逐一修复、强化，保障排水安全。

水生态保护。超额完成海绵城市建设标准要求，建设地块类海绵项目约240个，涵盖工业、商业办公、住宅等类型，占地面积约为800万平方米。按照将70%的降雨就地消纳和利用的要求，经开区达标面积比例约为40%，超额完成2020年目标要求。完成区内800多家企业的用水指标下达工作，并按照要求进行指标下达与考核。截至2020年年底，经济社会运行新水用水总量控制在4360万立方米以内。

疫情期间重点单位污水处理管理。对4家污水处理厂和6家医院废水中余氯、粪大肠菌群数进行监测，累计监测310家次。截至2020年年底，监测的10家单位污水处理设施运行正常，污水排放达标。

水环境质量监测。完成区内7个河流断面点位、2个湖泊点位监测、4个地下水监测井位的监测，结果显示经开区水环境质量整体保持稳定。

4. 净土保卫战

管控建设用地环境风险。经开区城市运行局、开发建设局、规自分局依托国家污染地块土壤环境管理信息系统，实现污染地块信息共享，有效完善了污染地块监管机制，保障地块安全利用。

重点企业风险管控。部署2020年度土壤重点监管单位工作，推动企业落实土壤防治主体责任，4家单位已全部按照要求开展土壤自行监测并进行公开；落实关停企业原址用地土壤环境管理要求，对区内50家企业进行实地核查，未发现污染地块和疑似污染地块。

危险废物转移收运创新管理。开展废铅蓄电池收集和集中转运试点，指导区内1家废铅蓄电池收集和集中转运试点企业规范化管理。探索危险废物第三方驻厂服务模式，推动北京亦庄生物医药园制订《北京亦庄生物医药园危险废物管理试点工作方案》，引入第三方驻厂服务，进一步明确危险废物收集贮存处置流程、园区危险废物贮存库管理要求、园区职责体系等内容，开展试运行。北京亦庄生物医药园内每年每家企业危险废物贮存转移费用降低40%，切实解决了小微企业危险废物无处贮存，转运周期长、费用高的难点问题。

土壤环境质量监测。经开区委托社会检测机构对经开区内20个土壤监测点位开展土壤环境监测工作，检测结果全部达标。2020年经开区土地环境质量整体稳定。

（二）环境监测与调查

1. 区域环境质量监测

2020年，经开区对区内的11个河湖生态环境进行调查。完成了区内7个河流地表水监测断面及通明湖东区和通明湖西区的监测；完成了4个地下水监测井、2个降尘监测点、20 个土壤监测点位、25 个噪声监测点位的监测工作。

经开区大气自动检测监测设置市监控点 1 个（博大公园站点）、街道考核监测点位 5 个、其他高密度监测点 100 个。

2. 污染源监督性监测

2020 年，经开区对重点排污单位进行监督性监测，对区重点排污单位废气排放口进行了 2 次监督性监测；对区内 14 家重点废气排污单位废水排放口各进行了 2 次监督性监测；对区内 4 家污水处理厂污水处理厂进、出口水质及污泥各进行了 2 次监督性监测；对 6 家重金属排放单位的废气、废水排放口各进行了 2 次监督性监测；对北京东进世美肯科技有限公司和北京鼎泰鹏宇环保科技有限公司2家单位固体废物集中处理设施废气、废水排放口各进行了 2 次监督性监测；对工业园区、污水集中处理设施、固体废物集中处理设施厂界周边土壤各进行了 1 次监测。

2020 年，经开区对挥发性有机物排放企业的有组织和无组织排放的挥发性有机物（VOCs）上、下半年各开展 1 次监督性监测；对经开区 4 个加油站周边地下水各监测 1 次。

2020 年，经开区对辖区内安装油气回收在线监控 3 家加油站的密闭性、液阻、气液比进行比对监测；对加装油气处理装置的加油站油气排放（非甲烷总烃）各监测 1 次。

（三）机制创新与示范

1. 创新示范，引领“无废城市”建设

截至 2020 年年底，《北京经济技术开发区“无废城市”建设试点实施方案》中的核心指标以及 24 项试点期阶段性任务均已完成。通过“政策 + 标准 + 方案”完善试点建设制度体系，扩充《北京经济技术开发区绿色发展资金》奖励范围，制订《北京经济技术开发区清洁生产管理实施方案》，实施《北京经济技术开发区危险废物豁免管理实施方案》，全力支持经开区“无废城市”建设。通过“目录 + 联单 + 平台”创新实施固体废物精细化管理，出台《北京经济技术开发区一般工业固体废物分类名录》，建立“智慧无废”固废信息管理平台，实现服务于现代制造业的数据统计。

打造无废发展绿色样板。高质量完成国家试点建设任务，以编制“无废城市‘十四五’规划”为契机，统筹推进试点建设工作任务，突出区域产业特色，持续推动试点工程落地，高质量完成国家试点建设任务；系统梳理“无废城市”试点建设经验，在推动试点建设任务落实的基础上，全面梳理、系统总结，对经开区在试点建设方面取得的成果进行凝练，形成可复制、可推广的“无废园区”建设模式。通过“指南 + 体系 + 标准”引领创建国家“无废工业园区”，系统总结经开区“无废城市”试点建设的经验和模式，编制《工业园区无废建设实施指南》，滚动推广复制“无废城市”建设经验，编制并发布“无废工业园区”

标准和指标体系，推广“无废工业园区”的建设模式，将试点建设的成果不断向全国经开区辐射推广，为推动国家级经开区实施“无废城市”建设贡献亦庄智慧。

2. 构建绿色工业体系

经开区聚焦产业、突出重点，着力构建绿色工业体系。通过“园区＋供应链＋企业”构建绿色制造体系，以北京奔驰和京东方为主构建了汽车制造和液晶显示器绿色供应链，硬性约束推动全产业链降低固体废物产生强度。鼓励区内企业通过优化厂区设计、优化用能结构、建立资源回收循环利用机制、开发生产绿色产品等建设绿色工厂；通过“细胞＋试点＋项目”促进工业固体废物综合利用，区内北京京东方显示技术有限公司通过技术优化等多种方式开展危险废物减量项目。以亦城财富中心为试点，建立智能数据云平台，实现园区固体废物减量 50%。与京东集团签署战略协议，实施涵盖绿色回收、绿色仓储、绿色运输、绿色包装的“青流计划”。

3. 培育绿色生活方式，推行生活垃圾分类

经开区内居民小区垃圾分类实现全覆盖，居民知晓率和小区参与率均达到 100%，居民参与率达到 85% 以上；因地制宜建立分类回收体系，在社区设立可回收物自助投放站 16 处，引进 25 台“爱回收”可回收物智能回收设备，全年共回收可回收垃圾 286.63 吨。通过上述措施，生活垃圾数量减少 50% 以上。

4. 全国示范河湖段建设

2020 年，凉水河经开区段被推选为水利部在全国开展的第一批示范河湖段建设的典型案例。11 月 20 日，以 97.4 的高分通过水利部海河水利委员会验收，成为全国首批 17 个示范河湖之一。

（四）疫情防控监管与帮扶

疫情防控期间监管和服务。强化医疗废物处置监管，以医院、观察点、核酸检测单位为重点，指导企业做好源头管控，前端严格消毒，末端无害化处置，协调清运单位，全力保障经开区内涉疫医疗废物和垃圾做到日产日清。加强医疗机构、污水处理厂水质监测，增加了余氯等特征指标监测频次，确保达标排放。帮扶企业复工复产，主动靠前服务，协调解决中芯国际、京东方等重点企业危险废物清运困难等问题，确保企业复工复产平稳顺利。

三、全民参与

2020 年，经开区充分利用区域优势，利用形式多样的媒介主动发声，大力开展生态环境宣传教育工作。具体主要包括以下三点。

一是组织节能宣传周活动，重点对绿色制造、清洁生产政策、节能技改等开展宣传和培训。

二是做好经开区内的垃圾分类宣传活动。全面动员，实现垃圾强制分类全覆盖，累计发动志愿者超过 1800 人，举办各类主题活动 48 场、培训 149 场、座谈 83 次，形成社会发动、全民参与的良好氛围。各个街道社区进行垃圾分类的宣传，张贴垃圾分类宣传图片，配置垃圾分类装置，全民做好垃圾分类，垃圾分类工作有序进行。

三是通过形式多样的载体加大环保宣传力度。充分利用报纸、电视、网络、微博、微信、户外广告等多种媒介，对环保工作进行全方位、多角度、深层次宣传报道。落实生态环境部关于“两微”宣传的通知精神，做到微信、微博日更新。向全区群众解答了年度生态环境保护工作的热点、难点问题，为区域生态环境工作的大力推进营造了良好的舆论氛围。

特载

在经开区 2021 年度工作会上的讲话

中共北京市委经济技术开发区工作委员会书记
王少峰
（2020 年 12 月 30 日）

即将过去的 2020 年极不平凡。面对错综复杂的外部环境和突如其来的新冠肺炎疫情，我们深入学习贯彻习近平新时代中国特色社会主义思想，始终牢记“看北京首先从政治上看”的要求，在市委、市政府的坚强领导下，坚定不移贯彻新发展理念，立足双统筹、力夺双胜利，经济结构不断优化、产业升级提质增效、新城建设全面起势、开放步伐更加坚实、改革红利逐步释放、党的领导坚强有力，升级版经开区和亦庄新城高质量发展的成色更纯、底色更亮、根基更牢，为“十四五”时期开好局、起好步奠定了坚实基础，为首都高质量发展做出了重要的贡献。

根据会议安排，下面，我代表经开区工委再讲四点意见。

一、成绩来之不易

（一）我们在推动转型升级中实现“十三五”规划的圆满收官

过去五年是经开区发展历程中具有重大历史意义的五年，是勠力同心、砥砺奋进、跨越突破的五年。这五年，使命担当是最突出的主题。全区上下深入贯彻落实党中央国务院和市委、市政府决策部署，坚持规划引领，紧扣“四区一阵地”定位，主动承担国家战略，有力地应对了风险挑战，区域综合经济实力全市排名由七进六，我们再上新台阶。这五年，创新驱动是最鲜明的特征。我们全力建设具有全球影响力的科技创新中心，切实承担起了“三城一区”主平台职责，大力实施“白菜心”工程，集中攻坚关键核心技术，持续培育良好创新生态，不断催发了经济发展的新动能。这五年，改革开放是最响亮的旋律。我们实现了由经开区对亦庄新城“225 平方公里”规划建设管理的历史性转变，圆满完成机构和人事制度改革，“两区”建设全面启动，构建了更加高效的运行体系，初步构筑起对外开放新优势。这五年，宜业宜居是最温暖的底色。我们作为国家级经开区唯一代表入选“无废城市”试点，生产生活方式进一步向绿色化、低碳化转变。围绕建设森林绕城、绿道连城、碧水穿城、公园遍城的美丽新城，生态环境持续改善。我们引入了一批优质教育、医疗、文化资源，不断完善住房体系，健全社会管理、物业服务、“接诉即办”机制，加快补齐便民服务设施，人民群众获得感、幸福感、安全感和认同感持续提升。

（二）我们在抗疫大战大考中交出了优秀答卷

全面落实“坚定信心、同舟共济、科学防治、精准施策”的总要求，坚持党建引领，举全区之力统筹推进疫情防控和经济社会发展，防疫战疫启动早、复工复产行动快、联防联控覆盖全、一线工作服务实、扶持政策出台准，充分发挥产业优势，一批批“亦庄制造”“亦庄检测”不断驰援各地。尤为可贵的是，在这场大战大考中，同志们经受住了考验，大家闻令而动、向险而行、无私无畏，关键时刻冲得上去、危险关头豁得出来，在保护群众、服务企业的一线工作中锤炼了作风、经受了锻炼。通过各方共同努力，我们始终保持辖区本土“零感染”，经济社会发展快速复苏，主要经济指标引领全市，交上了一份彰显“亦庄力量”、体现“亦庄效率”、展现“亦庄担当”的优秀答卷。

（三）我们在围绕中心服务大局中全面加强党的建设

全面落实经开区工委抓党建的主体责任，加强顶层设计，出台进一步加强党的建设的实施意见，明确党建工作重点。不断强化基层党组织建设，出台基层党建工作的实施意见，编制 9 个领域的党建工作指引，完善基层党建制度体系，推动规范化建设。成立社会事业党委和“两新”组织工委，推进亦企服务港实体化运行，深化“企业吹哨，部门报到”等工作机制，构筑起具有经开区特色的党建基层治理体系。充分发挥亦庄新城党建工作协调委员会的作用，创新打造区域党建协同发展先锋区。全面从严治党向纵深推进，出台廉政风险防控体系建设实施意见，推进廉政防控制度化建设，全力支持配合派驻纪检监察组工作，高质量开展巡察工作，始终保持反腐高压态势，持续营造风清气正的良好政治生态。

同志们，我们作为首都实体经济主阵地，在各种风险考验面前，受到的冲击和挑战都更加直接、更加突出。但我们筑牢了“保”的底线、夯实了“稳”的基础、提高了“进”的质量，各项主要经济指标在全市率先全面转正，自贸区高端产业片区获批，国家海外人才离岸创新创业基地、国家人工智能高新技术产业化基地、国家信息技术应用创新基地挂牌。这些胜利成果，是经开区、“两街八镇”干部和全体企业员工、新城群众共同拼搏出来的，成绩来之不易、经验弥足珍贵。在这里，我们要衷心地感谢新城群众、社会各界的理解支持和积极参与，要衷心地感谢全区上下干部职工的辛勤工作和奉献付出！

在奋斗过程中，我们深切体会到，以习近平同志为核心的党中央坚强领导是战胜一切风险挑战的根本保证，任何时候都必须坚决地听从习近平总书记和党中央的号令；习近平新时代中国特色社会主义思想是战胜一切风险挑战的行动指南，任何时候都必须坚决地以新思想定向领航；以首都发展为统领是推动工作的总要求，任何时候都必须以首善标准落实大国首都城市战略定位。踏上现代化建设新征程，我们必须树牢“四个意识”、坚定“四个自信”、做到“两个维护”，始终坚持胸怀“两个大局”，用好抗疫大战大考胜利成果，创造性地贯彻落实好党中央和市委、市政府的各项决策部署，主动应对前进道路上的新挑战、新矛盾，努力在新阶段蓄积发展新动能、形成竞争新优势，夺取一个又一个的新胜利！

二、全面辩证长远看待当前形势

党的十九届五中全会指出中国发展环境面临的深刻复杂变化，当前和今后一个时期，中国发展仍然处于重要战略机遇期，但机遇和挑战都有新的发展变化。中央经济工作会议对明年经济工作做了深入分析和全面部署。市委十二届十六次全会对做好首都工作提出了具体要求。我们要全面辩证长远地看大局、看大势，紧扣亦庄新城实际，推动各项任务落实落地。

我们拥有推进亦庄新城高质量发展的强劲东风。今年以来，市四套班子主要领导先后 15 次（蔡奇书记 4 次、陈吉宁市长 5 次、“双调研”2 次、李伟 2 次、吉林 2 次）来经开区指导工作；全市重点推进的“两区”建设、“五新”任务等，我们也都承担了重要的战略任务；“十四五”时期北京市着力提高制造业比重，我们更是责无旁贷。首都优势就是我们最大的发展优势，经开区、高新区、中关村自主创新示范区、服务业扩大开放综合示范区、自贸区和即将获批的综保区，“六区”政策有机叠加，在全国各类开发区中独一无二。随着“四个中心”“四个服务”巨大能量的进一步释放，国际科技创新中心建设的加速推进，势必给我们带来更大的发展机遇和强劲动能。

我们拥有主动担当国家战略的坚实基础。作为首都的经开区，承担国家战略是我们义不容辞的责任。在全力推动重大国家战略项目落地建设中，我们坚持首善标准，走出了一条依靠创新驱动的内涵型增长之路，体现出了一往无前的勇气和舍我其谁的信心。经过多年深耕，四大主导产业日益壮大，信创产业高水准起步，集成电路、高端汽车和智能网联汽车产业已初步形成了具有一定竞争力的全产业链条，这些都为我们建设国际科技创新中心、代表首都参与全球产业竞争奠定了坚实基础。

我们拥有推动改革创新向纵深发展的内生动力。今年我们顺利完成了机构和人事制度改革，建立起了与现代化治理体系相适应、与高质量发展相协调、与市场化要求相契合的机构和人事制度体系。全体党员干部主动服从大局，坚决贯彻经开区工委部署，积极支持改革、参与改革、拥抱改革，做到了思想一致、步调一致，形成了改革创新、锐意进取的良好氛围，我们这支敢闯敢试、敢为人先的干部队伍，也必将继续谱写改革创新铿锵新乐章。

同志们，亦庄新城已经站到了高质量发展的聚光灯下、来到了开放创新的舞台中央，市委、市政府和广大企业、市民对我们寄予了厚望，大好发展机遇千载难逢，但前进道路不会一帆风顺。

我们面临发展环境多变的不利局面。当前，世界百年未有之大变局进入加速演变期，新冠肺炎疫情影响深远，中美博弈长期存在，经济全球化遭遇明显逆流，单边主义、保护主义抬头，全球产业格局呈现出产业链核心环节本土化、供应链布局分散化、产业循环区域化态势，世界进入动荡变革期，我们将面对更多逆风逆水的外部环境。从国内看，中国经济正处在转变发展方式、优化经济结构、转换增长动力的攻关期。在构建新发展格局的进程中，全国各地千帆竞发、群星闪耀，围绕科技创新、产业集聚、人才发展的竞争日趋激烈。尤其是“南强北弱”的发展态势更值得我们警惕与深思，2020 年前三季度，全国 GDP 前十大城市，北方只剩北京一个。对比长三角、大湾区等城市群，京津冀区域 GDP 占全国的比重持续下降，目前不到长三角的一半，低于大湾区 3 个百分点（2019 年京津冀 8.5%、长三角 23.9%、大湾区 11.8%），以人才为代表的重要资源要素“北雁南飞”。这些都对我们主动突围提出了更高的挑战。

我们面临突破关键核心技术的迫切需要。习近平总书记讲：“关键核心技术是要不来、买不来、讨不来的。”加快关键核心技术攻关，在关键领域实现自主可控，才能保障产业链供应链安全，进而畅通双循环，掌握发展主动权。然而在科技创新方面我们还存在一定差距，比如规模以上工业企业研发投入占主营业务收入比重为 1.3%，仅略高于全国平均水平（1.2%），科技创新生态还不完善、企业自主创新能力还不强。如果说“三城”侧重于从 0 到 1 的创新突破，那么我们则要不断加强从 1 到 10、到 100 直至产业化的全过程突破，这既是国家战略的需要，也是首都发展的需要，更是经开区打造科技成果转化承载区的应有之义。

我们面临建设首都平原新城的不辞重任。过去一年，在大兴区、通州区各级领导和相关部门的悉心指导下，在八镇广大干部群众的全力支持下，亦庄新城新扩区域的建设取得了积极进展。但是，我们在新扩区域布局的一批重大项目，距离见到成效还需要一个长期的过程。虽然我们把新扩区域的隐形债务承接过来了，两年时间接近 270 亿元，这一年以来的投资也是巨大的，但是我们 1—11 月新扩区域的工业总产值增速还低于两区的平均增速（通州新扩区域 −7.9%，通州区 −5%；大兴新扩区域 −6.8%，大兴区 −0.4%）。一定程度上，我们对新扩区域企业的支持和服务还不够到位，部分企业在人才落户、社保转移（由通州区转至经开区，影响职工在通州区积分落户和购房资格认定等）、政策享受等方面问题反映比较强烈，在权责交接过程中也存在部分真空，同时又面临很多新情况、新问题，这都需要我们要尽快研究解决。

我们面临对外开放水平不高的自身短板。经开区诞生就是开放的窗口，随着“两区”建设的不断深入，我们理应成为引领示范。但是，2020 年经开区实际利用外资仅占全市的 4.5% 左右，作为传统的工业园区，这些年我们在引进外资这方面落后于全市的总体水平，我们仅是朝阳区的 1/7、是广州开发区的 1/4，这与我们首都国家级经开区的功能定位不相匹配。商务部认定的 99 家国内企业在境外设立的合作园区，北京没有一家，在鼓励企业“走出去”、构建“双向投资”交互格局上，我们还需积极探索有效途径。目前来看，面对“两区”建设，我们大部分同志的知识储备还不足，在开展前沿研究、掌握运用国际规则等方面，国际化水平不高。

总的来讲，经开区已进入厚植产业生态的加速期、创新驱动发展的机遇期、深化改革开放的攻坚期和应对风险挑战的调适期。我们必须保持战略定力，增强发展自信，紧抓机遇，乘势而上，在大变局中加快构筑亦庄新城发展新的战略优势。

三、全面落实新阶段开局之年各项任务

2021 年是建党一百周年，是“十四五”规划的开局之年，更是亦庄新城全面建设的启动之年，各项工作至关重要，要着力抓好 5 个方面，推动经济社会发展取得新突破。

（一）着力谋划好“十四五”规划，在全面推动亦庄新城建设上取得新突破

坚持以首都发展为统领，更加主动地认识和把握规律，增强前瞻性、系统性和科学性，率先建成国际一流的创新型产业城市。一是高质量构建“十四五”规划体系。对标北京市“十四五”规划、《北京城市总体规划 2016—2035 年》等上位规划和《亦庄新城规划（2017—2035 年）》等远期规划，加强各专项规划间的统筹和衔接，更加注重操作性，充分考虑空间承载能力和要素支撑能力，确保中央和市委、市政府的新任务、新要求落到实处，真正把发展规划变成推动工作的“作战图”。二是系统打造“433”城市功能组团。坚持规划引领，促进产城融合双轴同向，围绕主导产业，打造 4 个高端产业集聚、城市功能综合的主导产业功能区；围绕金融商务、生态科创、智慧物流，打造 3 个先进制造业和现代服务业深度融合的创新服务区；围绕绿色技术创新、智能汽车配套和未来产业，支持相关镇属园区，打造 3 个特色鲜明、功能完善的创新产业园。三是有序启动重点产业街区建设。加快推进“亦城之心”、台湖 -4，马驹桥 0606、南海子公园等重点街区建设，充分体现扩区成果，增强亦庄新城的显示度和引领力。四是协同推动城乡统筹。加深三区协同发展，健全定期调度机制，推进城乡规划一体化，共同解决八镇企业市民的实际问题，凝聚发展共识，切实完成好市委、市政府交予的职责使命，不辜负新城群众的期待。

（二）着力夯实发展根基，在奋力打造高质量发展新高地上取得新突破

聚焦主责主业，围绕国际科技创新中心建设和“四区一阵地”发展定位，推进产业基础高级化、产业链现代化，不断提升承接国家战略任务的能力，率先形成具有全球影响力的创新产业集群。一是加快构建现代化产业体系。更好地发挥头部企业引领带动作用，积极对接产业联盟、行业协会等各领域头部机构，强化战略合作伙伴关系，促进主导产业之间协同，促进大中小企业融通，促进现代服务业和先进制造业深度融合，打造

硬核产业生态。二是大力发展数字经济。紧抓北京数字经济发展机遇，建立健全支持政策和工作机制，推进人工智能、工业互联网、车联网、大数据等产业多极支撑、交叉融合，加快新基建、新场景建设，打造全球数字经济标杆城市先行区。三是不断完善科技创新生态。聚焦关键核心技术突破，以亦庄创新实验室为引擎，以中关村成果产业化先导基地为纽带，以国家创新中心、国家工程研究中心为示范，以“20+”创新中心、“10+”中试基地和公共技术服务平台为依托，以专业化、特色化的园区楼宇和新型众创空间为载体，支持企业组建创新联合体，推动形成注重产业导向、市场导向的创新生态。四是统筹好发展与安全。坚持底线思维，不断提升风险评估和监测预警能力，严格防范和有序处置发展进程中的各领域风险，针对不同类别的风险做到分类施策。

（三）着力促进扩大开放，在探索构建新发展格局有效路径上取得新突破

立足更广空间、更宽视野、更大格局，在开放内容和方式上积极创新，对内成为“走出去”的最好跳板、对外成为“引进来”的前沿阵地，在北京率先构建新发展格局中始终走在前列。一是加快落实“两区”建设任务。围绕高端制造、硬核科技产业化，持续发展优势产业，打造智能制造应用示范及标杆工厂。深化金融领域开放创新，吸引更多外资金融机构，构建多元化产业金融体系。积极发展总部经济，支持符合经开区定位的世界500强企业、跨国创新型企业、GaWC机构在区内发展。在制度创新、重大项目落地、营商环境优化等方面，加快形成一批有影响力、示范性的成功案例。二是促进京津冀协同。主动把自身发展融入京津冀区域整体发展的大局之中，进一步发挥京津冀创新联盟作用，建设京津冀协同创新云，搭建产业转型促进中心，探索建立京津冀青年双创基地，支持津冀青年人才来亦庄新城发展创业，实现科技、产业、人才的同频共振。积极推动京津冀与长三角、大湾区等城市群之间的交流合作，共同代表国家参与全球竞争。三是进一步加强国际合作。拓展并深化与国际前沿地区交流，加快推进国际合作园区建设，发挥离岸创新创业基地及海外工作站作用，加大对高端海外人才和机构的招引力度。面向全球，优化创新发布机制，继续办好5G大会、机器人大会、通明湖论坛等品牌活动，筹办好生命健康大会，不断提升国际影响力。

（四）着力推动制度创新，在持续深化改革引领示范上取得新突破

坚持系统观念，加强改革系统集成，促进重大制度创新的协同联动和衔接配套，放大改革综合效应，全面提升新城承载力和可持续发展能力，在首都率先实现治理体系和治理能力现代化上走在前列。一是完善要素资源精准配置机制。围绕“土地、人才、资金、技术、平台”等关键要素，深化市场化配置改革，提高配置效率。集约利用土地要素，实施工业用地红线保护，探索土地多功能利用和分层供应等综合用地模式，加强城市更新的系统设计，优化城市新功能。吸引聚集人才要素，用好“人才十条”政策，完善市场化引才育才机制，加快建设国际人才社区，谋划打造“科学家小镇”，为各领域人才提供多层次全方位的服务与保障。科学配置资金要素，健全预算管理制度，提升财政资金使用效率，研究制造业金融体系，不断创新金融服务供给方式。激活保护技术要素，深入实施“白菜心”工程，加强知识产权保护，落实知识产权三年行动计划，鼓励技术交易和使用新技术新产品。系统搭建平台要素，聚焦三链联动，健康发展平台经济，发挥平台机构、会展平台作用，创新监管理念和方式，形成资源高度整合的平台生态。二是深化流程再造。不断完善决策、职能、执行、服务、督考、风控六大体系，健全权力运行、工作运转、任务落实、问题解决、督查考核、监督问责六大流程，围绕市区两级事权承接，纵向细化与市级部门的对应关系，横向细化各部门业务流转程序及岗位协作关系，探索实施一批有突破性、引领性的改革举措。三是打造国际一流营商环境。深化审批制度改革，推动政务服务“软硬件”升级，实施市场主体诚信管理办法，力争实现“审批最快、服务最好、环境最优、体验最佳”。优化项目推进模式，形成从项目谋划设计到落地建设的全流程服务保障体系，合理安排工作时序，确保按期投产、达产。四是支持引导社会力量参与新城建设。聚焦产城融合、公共服务、社会治理、创新发展和文化文明建设等领域，发布社会力量参与的任务清单，建立健全准入退出、责任共担、容错纠错等工作机制，滚动实施“伙伴计划”，形成发展合力、共享发展成果。

（五）着力建设有远见的幸福城市，在补强城市功能上取得新突破

充分体现人民城市建设理念，始终将人民对美好生活的向往作为我们的奋斗目标，着力解决人民群众最关心的现实问题，在首都的东南部，率先建成环境优美、功能完备、人与自然和谐共生的美丽新城。我们要建一座惠民之城。围绕“七有”“五性”精准发力。推动对外交通规划建设，加快区内道路提级改造，构建“对外高效畅达、对内便捷绿色”的综合交通体系。优化职住平衡，构建多层次、广覆盖的住房保障体系。不断提升教育、医疗、文体等公共服务供给能力，优化商业、文旅等城市配套布局，扩大商业网点及多元业态覆盖面，创新推进“亦城家园中心”建设，为促进产城融合奠定良好的社会基础和服务环境。我们要建一座智慧之城。突出科技导向，发挥产业优势，推动智慧城市建设全面提速，高标准构建城市大脑，围绕智慧交通、人工智能、数字政府等领域，搭建更多应用场景，推动场景城市建设。注重气质表达，优化新城门户重要节点的街景设计，加强临街建筑、园区围墙、第五立面的形象打造，不断提高区域辨识度，形成以科技立足的国际化城市风貌。我们要建一座人文之城。加强文化浸润和精神文明建设，突出新城特色，办好“大都东南”科技艺术节、“亦庄学院”等主题活动，鼓励支持企业举办科技馆、博物馆，形成文化名片，打造北京创新文化主要承载区。加快文化地标建设，强化先进人物集体的示范引领，塑造浓郁的人文环境，增强对亦庄新城的认同感、归属感。我们要建一座生态之城。不断改善和提升生态环境品质。深化“无废城市”建设，围绕碳达峰、碳中和，推动低碳环保产业发展，促进工业固体废物减量化、资源化、无害化，构建绿色供应链，打造无废绿色新名片。推进“海绵城市”建设，分区配湖、全程控污，支持企业园区、街道社区建设雨水花园、集雨池塘等海绵城市项目，提升防汛能力和资源利用水平。加快“公园城市”建设，促进公园形态和城市空间有机融合，构建公园、绿道体系，加快新城重点街区生态项目建设，推动滨河绿道、园林绿道与城市慢行系统互联互通，打造绿色舒适的休闲空间。

四、坚持以高质量党建引领高质量发展

深入贯彻新时代党的建设总要求，坚持以党的政治建设为统领，强化基层党组织建设，坚定不移推进全面从严治党，为各项工作开创新局面提供坚强政治保障。

（一）强化政治意识，把党的建设质量体现在坚定维护核心上

要始终把政治建设摆在首位，把“两个维护”作为根本政治任务来践行，用行动诠释忠诚、用担当彰显信仰。一是选人用人严格政治把关。健全干部选用机制，加大党政领导干部的综合分析研判力度，更加突出政治考评，增强政治意识、保持政治定力、把握政治方向、承担政治责任、提高政治能力，尤其注重关键时刻的表现、利益面前的取舍、担当时候的态度，坚决把政治上不合格的人挡在门外。二是管理监督严明政治规矩。加强对制度执行情况的监督检查，常态化开展干部提醒、函询和诫勉，对违反党的政治纪律和政治规矩的行为严肃处理，真正把政治规矩刻在头脑中、落到行动上，做到深学细照笃行。三是巡察工作重在“政治体检”。完善巡察机制，突出“关键少数”，查找政治偏差，督促被巡察党组织和党员干部切实增强“四个意识”，充分发挥巡察的政治监督、政治导向作用。

（二）勇于解放思想，把党的建设质量体现在增强发展动能上

要立足现实突破旧思维，放眼未来打好主动仗，努力以思想大解放推动改革再深入、实践再创新、工作再抓实。一要坚持对标新征程解放思想。坚持敢闯敢试、敢为人先，以思想破冰引领改革突围。坚决破除一切不适应、不符合发展实际的思想桎梏，自觉围绕新的发展实际对标、定向，在解放思想中统一思想、在升华认识中锐意创新，使党员干部的思想观念与时代相融合、与使命相符合、与民心相契合。二要坚持运用新思想破解难题。强化实践取向，紧紧围绕经济提质增效、促进区域协同、加快“两区”建设、增强党建优势等重点领域，聚焦堵点、痛点、难点，找准问题背后的思想根源，以思想大解放冲破高质量发展的“瓶颈”制约，真正把认识和行动统一到推动亦庄新城高质量发展上来。三要坚持在一线工作中解放思想。实践出真知。要坚持问题导向，注重到一线、到现场解决问题，在具体实践中解放思想。要在为企业群众服务中，在解决就业、教育、医疗、生态环境等实际问题中汲取创新创造活力，拿出更多改革创新举措。

（三）健全“三项机制”，把党的建设质量体现在激励担当作为上

要进一步调动广大干部干事创业的热情，完善制度链条，通过鼓励激励机制，让干事成事者“受褒奖”，通过容错纠错机制，为出现偏差者“兜住底”，通过能上能下机制，

对为官不为者“摘帽子”，形成互相补充、互为支撑的有机整体。一是强化考核机制。研究出台高质量发展指标体系与年度考核实施办法，动真碰硬推进制度落实，坚决防止出现“破窗效应”，增强“三项机制”公信力。二是注重案例引领。认真总结“三项机制”典型案例，旗帜鲜明表彰干事担当的好干部，形成可观、可感、可学的有形参照，营造敢担当、勇负责、善创新的良好氛围。三是加强队伍建设。进一步优化干部队伍结构，加大年轻干部选拔培养力度，合理搭配使用各年龄段的优秀干部，推动干部交流轮岗。加快经开区党校建设，打造培养高素质复合型经济干部摇篮。

（四）夯实基层基础，把党的建设质量体现在建强战斗堡垒上

要树立问题导向、创新导向，针对不同类型基层党组织实际，分类指导，实施一批基层党建创新项目，促进各领域基层党建工作同步加强。“两新”组织党建要突出融合发展。充分发挥党建联盟的作用，吸纳国有企业、非公企业、驻区央企、外企等各方力量，形成强大合力。推动组织生活制度化、规范化、常态化，以党的建设“软实力”，提升“两新”组织“硬实力”，持续为“两新”党组织赋能。社区党建要突出治理创新。高标准完成社区“两委”换届。全面推行网格化管理，把组织设立在网格上、延伸到网络上，变“群众上门”为“干部登门”“政府独奏”为“社会合唱”，做到“人到格中去、事在网中办”，使党建嵌入城市发展最基本单元、服务落实到社会治理最基层一线。区域化党建要突出协同共进。着力建设区域党建协同发展先锋区，不断深化“一区两街八镇”多领域、全方位交流合作，推动在基层党建、园区合作、产业协同、文化建设等方面实现互联互动、共建共享，为全市党建工作创新添秤添彩。机关党建要突出示范引领。要始终把走在前、做表率作为总体要求，以建设学习型、创新型、服务型党组织为抓手，以强烈的责任担当做好机关党建工作，通过设立“党员先锋岗”等形式，增强党员的责任意识、自律意识和表率意识，树立机关党员良好形象。各领域业务工作要突出党的领导。进一步完善组织体系建设，创新工作模式，发挥党组织在各领域工作中把方向、管大局、保落实的作用，全面履行主体责任，加强党组织对业务工作和党的建设的全面领导。

（五）严格正风肃纪，把党的建设质量体现在净化政治生态上

要把正风肃纪作为全面从严治党的关键举措，推动党风政风持续净化。一是加强作风建设。落实中央八项规定精神，紧盯“四风”突出问题开展系列专项整治，持续释放从严从紧的强烈信号。实施“工作落实年”行动，大力推动工作在一线落实见效。进一步发挥绩效考核作用，提高考核的针对性、实效性。二是强化纪律建设。坚持把纪律教育摆在突出位置，继续开好领导干部警示教育大会，以案明纪、警钟长鸣。举办廉洁从政专题研修班，加快推进廉政教育基地建设，让纪律教育融入日常。三是整合纪检监察力量。围绕亦庄新城建设的关键部门、重点领域、重大项目决策，进一步完善廉政风险防控体系，整合机关纪委、街道纪工委和各单位、各国企的纪检力量，提高专业化素质，与派驻纪检监察组一起形成工作合力，强化有力监督。四是高质量开展巡察工作。优化巡察工作流程，完善工作机制、加强信息化建设，建立巡察成果运用机制，结合巡察发现的问题，进行分析研判，为科学决策提供意见建议。五是加强党内监督。灵活运用监督执纪“四种形态”，防止问题“炎症”演变为“癌症”，真正做到强化监督有态度、执纪问责有力度、治病救人有温度。

同志们，元旦和春节将至，针对“两节”期间的疫情防控和安全生产等相关工作，我再强调几点。

一是紧抓疫情防控不放松。认真落实防疫和应急处置措施，严格把好企业、社区、园区等关键卡口，严抓冷链、快递、外卖、餐饮、商超等重点行业防疫措施，压减各类迎春活动，坚持非必要不出京，倡导在京过年过节，减少“两节”期间人员流动和聚集。各单位要把疫情防控作为“两节”期间的重要工作摆在前面落实到位，落实好四方责任。要抓严抓实社会面防控，紧盯重点场所，加大检查力度，督促落实各项常态化防控措施。安全有序做好疫苗接种工作。做好宣传引导，及时准确发布权威信息，做好政策解读，普及科学防控知识，做好风险提示，坚决筑牢疫情防控屏障。

二是紧抓安全稳定不放松。各单位要时刻绷紧安全生产这根弦，压紧压实各方责任，加强跟踪督导和部门联动，开展安全隐患排查整治，切实整改各类隐患，做到防患于未然。要深入企业、社区、镇村，排查化解各类矛盾纠纷，用更扎实、更有效的措施，确保社会和谐稳定。

三是紧抓清正廉洁不放松。领导干部要始终带头崇廉拒腐，遵守廉洁自律各项规定，做到“心不动于微利之诱，目不眩于五色之惑”，划清习俗与纪律、人情和法规的界限，保持头脑清醒，防微杜渐，坚决杜绝“节日腐败”。

同时，要加强应急值守，严格执行值班、带班和请销假制度，及时处置突发情况。进一步安排好走访慰问活动，把组织温暖送到党员群众的心坎上。本着勤俭节约的原则，积极开展喜迎新春氛围环境的营造工作，烘托出欢乐祥和的节日氛围。

同志们，今天是 12 月 30 日，再有一天我们就将迎来 2021 年，进入高质量发展的新阶段，踏上第二个一百年奋斗目标的新征程。千峰竞起海天阔，正是扬帆破浪时。时代赋予我们崇高的历史使命，伟大的征程呼唤着我们，宏伟的目标激励着我们，艰巨的任务也在鞭策着我们。我们只有勇挑重担、恪尽职守、奋发有为，才能无愧于组织、无愧于人民、无愧于时代、无愧于历史！让我们在市委、市政府的坚强领导下，更加紧密地团结在以习近平同志为核心的党中央周围，拼搏进取、开拓创新，奋力谱写升级版经开区和亦庄新城高质量发展的新华章！

深化改革 勇于担当
努力开创“十四五”高质量发展新局面

中共北京市委经济技术开发区工作委员会副书记
北京经济技术开发区管委会主任
梁胜
（2020 年 12 月 30 日）

下面由我代表经开区管委会，向大会做报告。

一、过去五年取得的成绩和 2020 年工作回顾

圆满完成“十三五”规划：过去的五年，是经开区发展进程中意义重大的五年。面对错综复杂的国内外形势，我们坚持以习近平新时代中国特色社会主义思想为指导，在市委、市政府的坚强领导下，围绕首都城市战略定位，深入贯彻新发展理念，以高质量发展为主题、以供给侧结构性改革为主线，明确了经开区在打造国际科技创新中心“三城一区”主平台中的重要地位和新时期“四区一阵地”的区域定位，以服务国家战略为首要任务成为全区上下共识，完成《北京经济技术开发区规划（2017—2035 年）》《亦庄新城规划（2017—2035 年）》的编制工作，顺利实施机构和人事制度改革，开启了升级版经开区建设的新征程，经济社会发展取得了历史性成就。

五年来，区域综合经济实力大幅跃升。地区生产总值年均增速 9.3%，突破 2000 亿元大关；工业增加值占全市的 30%，为全市最高；规模以上工业总产值占全市的 22%，连续 4 年保持第一；地区级财政收入税占比始终保持在 90% 以上；全口径税收年均增速 12%，较“十二五”末增长 75%；区级一般公共预算收入年均增速 18%，是“十二五”末的 2.3 倍；在全国 218 个国家级经开区排名中自 2016 年起跃居第四，始终处在第一梯队。

五年来，产业主阵地地位更加稳固。规划实施 32 条产业链图，提出“七促”（促签约、促摘牌、促开工、促竣工、促投产、促达产、促技改）工作法，年均财政投入产业发展资金 100 亿元以上。制定实施产业禁限目录，加速淘汰落后产能。支持企业通过产品结

构调整扩大有效供给，中芯国际已拥有全国最大的 12 英寸芯片生产线、产能实现 12 万片 / 月，北方华创微电子已成为中国芯片制造专用设备最大的供应商，北京奔驰用不到 4 年时间实现从第 100 万辆到第 300 万辆车的下线、同时提前实现年产 90 万台发动机的规划目标，拜耳医药保健成为全市唯一一家年产值超百亿元的制药企业，GE 医疗、瓦里安等外资企业纷纷在经开区设立海外研发总部，京东方在显示屏各大主流应用领域出货量位居全球第一，形成了以小米为代表的一批智能工厂，建成了全国第一、全球最大的新冠灭活疫苗 P3 生产线等。大力探索腾笼换鸟，盘活星网工业园用地，改造北人厂区为世界机器人大会永久会址。“十三五”期间形成高端汽车、产业互联网、生物医药和大健康 3 个千亿级产业集群，建成国内集成电路产业研发和产业化能力最强的区域，新增以阿尔特汽车为代表的近 20 家上市公司，以京东数科为代表的近 10 家独角兽企业，市场主体翻了一番。

五年来，科技创新再攀高峰。瞄准“卡脖子”，专注“硬科技”，全面推进“白菜心”工程。重点打造了一批前沿技术创新中心和中试基地，其中 2 家升级为国家级创新中心。开放自动驾驶测试道路、智慧工厂、智慧园区等一批城市应用场景，支撑和推动科技创新。诺贝尔奖获得者在经开区设立北京首个工作站，吴汉明博士成为全国首批民企院士。“十三五”期间累计获国家科学技术进步奖 5 项、北京市科学技术进步奖 45 项。国家级高新技术企业超过 1200 家，是“十二五”末的 2.2 倍。技术合同交易额是“十二五”时期的 3 倍。全国首个获世界卫生组织国际通用名的生物创新药、首个民营商业航天火箭发射等一批重大科技成果相继诞生。

五年来，深层次改革成效显著。坚持问题导向、目标导向，迎难而上深化改革。实施大部制改革，行政机构精简 60%，在全市率先探索实施市场化用人机制，开展政府流程再造，形成“审管执”体系，行政效能大幅提升。坚决啃下工业用地管理的硬骨头，在全市推广弹性出让，近 60 万平方米工业用地实现“先租后让、达产出让”，首批 31 个城市更新产业升级项目可实现纳税超过 50 亿元，同时严格工业用地保护红线，划定 31 平方千米一级、6.5 平方千米二级工业用地红线，为全市工业用地管理探索新经验。在全市率先实现“一枚印章管审批、一支队伍管执法”，试点实施告知承诺、产业用地标准化、备查制改革、“全领域”综合执法等。亦庄控股顺利完成公司制改革，亦庄国投引导产业落地投资额是“十二五”时期的近 2 倍。

五年来，宜业宜居城市建设提档升级。坚持一张蓝图绘到底、一棒接着一棒干，建成全市唯一基本没有大城市病的区域。成为全国唯一加入“无废城市”试点的经开区。提前 3 年超额完成 VOC 减排任务，细颗粒物（$PM_{2.5}$）累计降幅达 60.8%。凉水河经开区段作为华北地区唯一代表获全国首批示范河湖称号，南海子公园获批市级湿地公园，全区公园绿地 500 米服务半径覆盖率达到 96%。累计 18.8 千米道路完成提级改造，建成全市首批慢行系统示范区。持续改善区域医疗卫生体系，新增基础教育学位 5520 个，公租房和共有产权房配租面积翻了一番，全区商业服务综合体面积超过 100 万平方米，实体书店、影剧院、图书馆、球类场地等各类文体设施一应俱全，切实满足群众需求。

2020 年我们为全市发展做出重要贡献。

过去五年，我们见证了全面建成小康社会的历史性成就，先后迎来了改革开放 40 周年、新中国成立 70 周年等重大历史节点。特别是 2020 年，面对突如其来的新冠肺炎疫情，在市委、市政府的坚强领导下，经开区坚决贯彻落实中央和市委、市政府决策部署，坚定不移推进改革开放，沉着有力应对风险挑战，全力统筹推进疫情防控和经济社会发展，在严峻考验和巨大压力中展现出亦庄担当，为全市高质量发展做出重要贡献。

（一）全区上下同心协力，疫情防控和经济社会发展取得重大阶段性成效

始终坚持控疫情、保生产、促发展，实现本土“零感染”，为经济率先复苏、社会安全稳定打下坚实基础。

疫情防控科学精准到位。压紧压实四方责任，防控网络实现全覆盖。筑牢一线战斗堡垒，400 多名机关、国企干部抽调下沉。细化措施分类指导，及时发布“复工复产 30 问”“22 个怎么做”等 11 个规范性指南。率先推行线上防控系统“战疫金盾”，防控更加智能高效。凝聚三区合力抗疫，与大兴区、通州区共享资源、联动救治，累计支持“两街八镇”防疫资金 2000 万元。开展线上全球双语免费咨询问诊，举办跨国企业抗疫视频交流会，经开区抗疫经验走向全球。

“亦庄制造”彰显担当。加强统筹调度，打通审批、落地等关键环节，全力支持企业加速研发、扩充产能。全市首个口罩厂联合康力 7 天完成落地、审批、投产，GE 医疗 CT 机 36 小时驰援雷神山医院，凯因科技重组人干扰素直供火神山医院，北生研新冠灭活疫苗已在多国上市。核酸检测机构总检测能力达 12 万人次 / 日。试剂盒、呼吸机、智能设备等 120 多种“亦庄制造”产品在全国乃至全球战疫中发挥重要作用。

经济运行质量全市领先。强化对重要领域、重点企业、重大项目的“管家式”服务，中芯国际、北方华创微电子、北京奔驰、京东方、拜耳医药保健等重点企业疫情期间不停工，区域复工复产率全市领先，工业总产值率先由负转正。推动搭建公航铁运输平台，跨省协调北京奔驰、京东方、施耐德中低压等企业 70 多家京外供应商复工复产。出台“控疫情稳增长 10 条”“六稳六促 12 条”以及鼓励云办公、弹性办公、减免房租等“惠企暖企”政策，累计兑现政策扶持资金 19.5 亿元，社保费减免超过 40 亿元。帮助小微企业对接全市资源实现融资近 3 亿元。推出“同舟共济”“亦企战疫”等低成本融资担保产品，融资额达 36 亿元。提振消费激活市场，先后发放消费券 2000 万元，撬动消费近 5000 万元。

预计全年，地区生产总值完成 2020 亿元，比 2019 年增长 4.5%；规模以上工业总产值完成4330亿元，比2019年增长4.5%，占全市的22%；固定资产投资完成370亿元，比2019年增长18%（其中，产业项目投资190亿元，比2019年增长125.8%）；全口径税收收入累计完成705.9亿元（其中，核心区667.4亿元，比2019年增长10.4%）；区级一般公共预算收入完成320.9亿元（其中，核心区300.1亿元，比2019年增长11.1%）；研发投入255亿元，比2019年增长25%；实际利用外资6.2亿美元，比2019年增长11%；第三产业营业收入9950亿元，比2019年增长18%。主要经济指标全部实现了正增长，为全市经济稳增长做出了重要贡献。

（二）全力克服疫情影响，高精尖产业逆势增长

强化优势产业领先地位，抓紧布局战略性新兴产业、未来产业，不断提升产业基础高级化、产业链现代化水平。

项目引进成效突出。围绕细分产业链开展“大招商”，制定招商引资平台奖励办法，出台政策23项，强化各招商主体联动，充分发挥亦庄国投等产业投资平台作用，不断释放土地空间资源，成功举办2020通明湖信息技术应用创新论坛、2020北京微电子国际研讨会暨IC WORLD学术会议、工业互联网交流大会、第十五届中国北京国际文化创意产业博览会动漫游戏产业发展国际论坛等会展。项目库储备项目超过800个，全年签约项目200多个，比2019年增长20%，1—11月新设企业数比2019年增长33.45%，在疫情冲击下交出亮眼成绩单。加强重点项目在新扩区域布局，国望光学、江丰电子等14个项目落地台马地区，亦庄镇生命健康城生物医药标准厂房项目（A6M2）开工建设，艾美疫苗中国总部及新型疫苗产业化基地落户瀛海镇。

国家战略深入推进。主动提升核心技术竞争力，坚决把安全自主可控作为推动产业发展的首要任务。加快构建全国领先的信创产业生态，出台信创产业发展支持政策，完成通明湖信创园展示中心建设，统信、龙芯、华为、浪潮等66家头部企业落地，“两中心两平台一论坛”支撑能力显著提升，安可工程保障能力有效增强。深入推进集成电路双“1+1”工程，北京集电控股启动厂房改造，中芯京城项目开工，2个研究院设立完成，专利池实现签约，华海清科等近30个装备材料和零部件项目签约落地。积极构建以国内大循环为主体、国内国际双循环相互促进的新发展格局，围绕打造具有国际影响力的产业生态，深化与龙头企业战略合作，深入对接各领域央企及行业领军企业，通过引导产学研用合作，强化创新链，全面提升了产业链的竞争力和供应链的稳定性。

产业持续优化升级。出台《关于加快四大主导产业发展的实施意见》，建立链长制，完善500多家重点企业服务保障机制。集中攻坚“七促”重点项目212个，其中集成电路装备材料零部件产业园等52个项目实现签约，永泰生物细胞制剂等5个项目摘牌，高端汽车零部件产业园（N19）、京广协同创新产业园、诺康达药品智能化生产基地等18个项目开工，京东方研发实验室二期等6个项目竣工，电控燕东8英寸线等9个项目投产，京东智能物流机器人技术改造等 20 个项目完成技改。

——新一代信息技术产业。着眼信息产业变革新趋势，瞄准集成电路关键环节，投资 140 亿美元的北京集电控股、投资 70 亿美元的中芯京城项目落地，集创北方设计及封测基地等项目开工，推动小米互联网电子产业园等项目投产。全年完成产值 835 亿元，比 2019 年增长 10%，占全市的 31%。

——新能源汽车和智能网联汽车产业。高端汽车领域，实现海斯坦普、北汽李尔、采埃孚等高端零部件企业建成投产。新能源汽车领域，推动卡达克等项目落地，促进丰田燃料电池等氢能企业投资发展。自动驾驶领域，发布全球首个网联云控式高级别自动驾驶示范区，吸引小马智行、百度阿波罗等一批项目入区。全年完成产值 2160 亿元，比 2019 年增长 6%，占全市的 50%。

——生物医药和大健康产业。推动国际药企进一步做大规模，不断扩大国内龙头企业阵营，阿斯利康北方总部、赛诺菲新一代胰岛素大品种量产，推动拜耳医药保健 4 条现代化生产线开工，GE 医疗 256 排高端 CT 机投产，恒瑞北方总部、北生研新冠疫苗产业化项目量产，依托隐形冠军企业心诺普打造中日青年新创园。全年制造业完成产值 590 亿元，在全市占比超过 50%。京东大健康、核酸检测、基因测序等领域服务业收入超千亿元。

——机器人和智能制造产业。以推进新一代信息技术与制造业深度融合为主线，打造完整智能制造产业生态。着力促进 SMC 自主研发工业互联网系统上线试运行，京东无人科技、航天嘉诚等项目投产，推动设立 SMC 中国地区投资总部和销售总部，与施耐德中国共建中法智能制造产业示范园。全年完成产值 475 亿元，比 2019 年增长 5%，占全市的 22%。

——新兴产业。围绕“新技术、新模式、新业态”，推动合众思壮打造具有全球影响力的北斗产业生态，引入 24 家上下游企业，建设高水平、国际化、智能化的国家北斗时空产业核心集聚区。星河动力自主研制的固体运载火箭“谷神星一号”成功发射。围绕“5G+8K”高新视听、云游戏、智慧电竞等领域，实现国家超高清电视技术研究和应用实验室落地，推动北京网络游戏新技术应用中心挂牌，吸引众多行业重点企业落地。

金融赋能作用增强。通过股权投资、基金投资等支持重大产业项目落地，全年投资超过 140 亿元。搭建小微企业金融综合服务平台，发布融资需求 4470 万元。吸引华盖资本等 10 家金融机构入区。建成拟上市企业培育库，助力阿尔特汽车、神州细胞、永泰生物、京东、京东健康、加科思、悦康药业集团 7 家企业成功上市，区内共有上市企业 31 家，总市值约为 3.9 万亿元。

（三）始终围绕核心技术攻坚，全面打造发展新优势

以重大科技创新为引领，加强技术攻关，优化科技创新服务体系和创新环境，加快科技创新成果向现实生产力转化。

“三城一区”主平台建设取得积极进展。打造“一个基地、一个平台、一支基金、一个机制”，推动中关村成果产业化先导基地挂牌建设，发布“创新成长计划”“创新伙伴计划”，对接“三城”科技成果转化项目 158 项。与清华工研院、北大创新研究院、北航工研院、中医药大学等开展全面对接，形成全面战略合作项目 8 项，储备专利对接需求 80 项。参与国家自然科学基金区域创新发展联合基金（北京）设立，立项对标解决需求项目 12 项。

自主创新能力持续提升。制订“白菜心”工程实施方案，建立“挂图作战”调度机制，创新采用知识产权共享、首台（套）政策等方式，首批支持 10 个关键核心技术研发，储备项目 29 项。23 家前沿技术创新中心研发新技术 109 项、新产品 115 个，制定标准 31 项。支持电科职院与集创北方共建中试基地，14 家中试基地合同金额超过 6 亿元。新增京东乾石等 6 家市级研发机构，布局肿瘤基因大数据平台等 16 个公共技术服务平台。打造北方华创微电子高价值专利培育中心，新增知识产权贯标企业 8 家。新增中国专利银奖 1 项、优秀奖 3 项，开展经开区首届绿色（疫情防控）高价值专利奖评选。1—11 月发明专利申请增长 69%、PCT 专利申请增长 56.7%。蓝箭航天突破可回收火箭关键技术。凯因科技 1.1 类新药打破国外对丙肝治疗药物的垄断，实现进口替代。

创新生态持续完善。出台“人才十条”政策，搭建“千人聚亦”国际化人才招聘云平台，全球招贤纳才。经开区国际人才服务厅启用，成为全市首个实现外国人工作许可和居留许可“一窗受理、同时取证”的服务大厅。推进国际人才公寓、林肯公园国际人才社区示范街区建设。获批国家人工智能高新技术产业化基地，发布 10 个“人工智能 +”试点应用场景。获批国家海外人才离岸创新创业基地，挂牌首批 11 家北京 · 亦庄离岸创新中心。打造“龙头企业 + 孵化”的融通型特色载体，鼓励昭衍新药、金风科创等企业面向中小企业开放共性技术创新研发、中试验证与技术孵化等专业平台。年度培育北京市“专精特新”中小企业 110 家、“小巨人”企业 12 家。国家高新技术企业新增 136 家，累计达到 1258 家。持续开展创新发布，帮助 49 家企业推介发布 70 项新产品、新技术，释放投融资总需求超过 120 亿元。

（四）聚焦重点领域和关键环节，改革活力不断释放

把“两区”政策作为开启经开区新一轮高质量发展的战略支点，深入实施高质量发展三年行动计划，统筹推进改革创新，健全与高质量发展相适应的体制机制，发展动力不断增强。

“两区”建设快速启动。经开区“27.83 平方公里”划入北京自贸区高端产业片区。成立了以经开区工委、管委会主要领导挂帅的“两区”建设领导小组，加强领导统筹，强化工作力量。围绕“4+3+N”产业体系，瞄准国际创新前沿，精心编制建设方案。围绕深化金融开放创新、加快发展数字经济等10个方面，明确了经开区“两区”建设的主要任务和措施。结合实际研究建立“三类政策集成创新建设体系”（已有创新政策、外地可复制借鉴政策、独创特色政策）。

营商环境服务品质稳步提高。163项市级管理权限在亦庄新城范围内顺利承接，新扩区域职权事项完成划转，核心区内区级政府职权应接尽接。深化企业投资项目告知承诺改革，推行行政审批与技术审查相分离，创新告知承诺“数字时间戳”。创新推进市级文物赋权试点工作，文评时间压缩了20个工作日以上。施工许可证最短取证时间压缩至1小时。199个政务服务事项采用告知承诺式办理，数量占比全市领先。政策兑现在全市率先实现“一网申报、一口受理”。试点“清单式”执法，为执法提效，给企业减负。企业通关实现货物外观查验和实验室检测同步进行，通关效率进一步提升。

土地节约集约利用成效持续扩大。出台全市首个城市更新产业升级政策，分层分批实施城市更新项目。印发产业用地标准化管理工作的实施意见，实现“标准地”从招商到退出全流程闭环管理。研究制定工业用地保护红线办法、土地精细化管理办法，划定工业用地保护红线，保护、用好稀缺的工业用地资源。对土地管理制度进行系统性的重构式创新，逐渐形成宏观、微观两个层面的土地管理制度体系。

国有企业改革扎实推进。出台《国企改革三年行动实施方案（2020—2022年）》《加快推进区属国资国企改革的实施意见》，成立亦庄人才集团和尚亦城集团，搭建“1+6+N”国有企业布局架构。亦庄控股综合改革和亦庄国投体制机制改革加快推进。

区域共建取得良好成果。全方位推进与平谷区、新疆生产建设兵团第十四师225团协作支援工作，围绕产业扶持、产销对接、资金支持、干部交流、村企结对等，推动资源共享、优势互补，打赢打好脱贫攻坚战。落实京沈对口合作工作要求，选派干部到沈阳开发区挂职。推进与广州开发区园区共建，合资公司亦庄京广科技顺利入区。多方协调促进就业，新增3300多名大兴区、通州区和平谷区劳动力在经开区就业。

（五）紧扣产城融合，全面提升城市生活品质

围绕“七有”“五性”，着力解决人民群众最关心、最直接、最现实的问题，不断提升人民群众的幸福感、获得感、安全感。

城市规划建设有序推进。系统打造亦庄新城“433”城市功能组团。制订控制性详细规划，编制三年行动计划，编制完成“亦城之心”等6个区域街区控制性详细规划和“南海子公园及周边地区”等城市设计。T1线试通车运行。完成次渠站等6个轨道微中心交通一体化建设。完成天宝北街、科慧大道等道路提级改造。完成马驹桥智造基地1800亩区域一级开发，腾退亦庄镇东工业区国有工业用地，启动长子营镇、采育镇工业区腾退工作。支持瀛海、青云店等镇23个基础设施项目建设，通过发行20亿元专项债券的方式，支持旧宫镇南街地区棚户区改造。

优质公共资源供给不断增加。同仁医院二期正式启用，北京急救中心直属亦庄分中心项目开工。完成建华实验亦庄学校（E13 地块）主体工程建设，3 所小区配套民办幼儿园转为普惠性幼儿园。完善“一刻钟”体育健身服务圈建设，承接歌华传媒杯 · 北京文化创意大赛全国总决赛等市级活动，推出“亦庄学院”等特色品牌，全年开展各类文化活动 246 场。区史馆正式开馆。鼓励引导 32 家企业建设特色博物馆、科技创新展厅。先行先试引入移动餐饮售卖车，覆盖全区 10 个点位。全年配租 1800 多套公租房，X84 共有产权房项目完成交付 1135 户。

生态环境持续改善。细颗粒物（$PM_{2.5}$）年均浓度为 37 微克 / 立方米，首次低于全市年均浓度。凉水河经开区段 24 个入河排口全部实施规范化管理。高品质再生水利用量达到 30%，全国领先。圆满完成“无废城市”试点期建设任务，中小微企业危险废物“管家式”服务全国推广。9 家企业被评为国家级绿色工厂，占全市的 1/3。海绵城市建设达标面积超出全市平均水平的 70%。

社会治理水平不断提升。“两个条例”落实成效显著，垃圾分类宣传实现“五个全覆盖”，亦城景园小区被评为北京市生活垃圾分类示范小区。“接诉即办”“吹哨报到”联动，2 个街道全年累计 11 次排名全市第一。3 处“亦城家园中心”挂牌试运营。

全力做好安全稳定工作。圆满完成“两会”、2020 年中国国际服务贸易交易会、2020 通明湖信息技术应用创新论坛、京台科技论坛等重大活动安保工作。启动“雪亮工程”深化项目，完成 4 个智慧平安小区建设。加强金融风险防范，有序推进区内网贷平台清退。主动搭建“三区”劳动争议协同工作机制，积极开展“护薪行动”，受理农民工案件结案率超过 90%。督促整改火灾隐患 5751 处，全年火灾形势整体平稳。深入开展安全隐患排查治理，全面提升社会应急安全意识和防灾减灾能力。

一年来，经开区坚持强化政府自身建设，以提效能、优服务、强保障为核心，完善行政权力运行机制，进一步提升全面依法履职能力和水平。严格执行“三重一大”决策程序和经开区工委、管委会工作规则。加快推进《北京经济技术开发区条例》修订，广泛开展《中华人民共和国民法典》学习宣传。开展“强基础、转作风、树形象”专项行动，深入推进执法规范化建设。认真办理市区两级人大代表、政协委员建议和提案 36 项，邀请“两代表一委员”和基层群众代表列席经开区相关会议。《北京志 · 北京经济技术开发区志》出版发行。亦企服务港成为服务企业的重要平台。不招标项目采购指引有效提高工程项目采购效率。完成年度重点工作任务 319 项，拟办实事 28 项，市委、市政府督办事项 151 项。扎实抓好各项整改任务落实，加快建设以“三网一平台”为主体的廉政风险防控体系，严查严处各类违法违纪案件，深化亲清新型政商关系，为升级版经开区高质量发展提供坚强保障。

同志们，过去的一年，挑战前所未有，成绩更为可贵。这些成绩的取得离不开市委、市政府的坚强领导，离不开市级各部门的大力支持，离不开大兴区、通州区的通力合作，离不开全区广大干部职工、企业群众的齐心协力、加倍奋斗。在此，我代表经开区工委、管委会，向支持经开区发展的全市各部门，向全区广大干部群众，向引领经开区发展的区内企业，向所有奋战在一线的驻区单位、专业公司，向关心和支持经开区发展的各界人士，致以崇高的敬意和诚挚的感谢！

一年来抽丁拔楔，我们对自身面临的困难和问题的认识也愈加清晰：一是产业体量还没达到市委、市政府的要求，经济总量、工业投资、工业产值等方面对全市的贡献还不够，与全国先进经开区相比也有差距。二是创新服务体系还不完善，以市场化力量配置科技创新资源的能力还不足，特别是国际合作程度不高，国际服务组织落地少，导致引进高端外资企业、海外优秀人才有困难。三是城市管理精细化程度还有提升空间，智慧城市建设还有很多工作要做，还需要开放更多城市应用场景，成为技术创新的加速器和试验场。四是民生供给的数量和质量仍有不足，公共卫生体系有待优化健全，群众身边优质便捷的教育、医疗、休闲、养老等服务与群众期待仍有差距。五是大部制改革后的部门间协同联动还不够，仍要把流程再造作为当前和今后一段时期内持续提升行政效能的重要举措，必须长期坚持、不断发展。六是在新的使命和要求面前，有的干部面对复杂多变的局面缺乏深入研究和思考，不会为、不敢为，干部队伍的整体专业素质和工作能力需要进一步提升。尽快化解突破这些困难和问题是实现升级版经开区高质量发展的必然选择，是我们谋划“十四五”和 2021 年工作的重中之重。

二、“十四五”时期的发展形势和目标任务

（一）“十四五”时期面临的发展形势

当前，新冠肺炎疫情对全球经济影响仍在持续，全球产业链、供应链格局正在加速重构。新一轮科技革命和产业变革加速演进，信息技术、新材料技术、新能源技术、生物技术等加速突破应用，颠覆性技术层出不穷，正深刻改变世界经济发展方式和国际产业分工格局。“十四五”时期必将是应对各种风险挑战的五年，也是面临重要机遇的五年。作为国家产业安全的战略载体，作为北京市打造国际科技创新中心的重要组成部分，经开区必将开展跃进攻坚，在应对一个又一个风险挑战中壮大自己，不断为北京市建设伟大社会主义祖国首都、迈向中华民族伟大复兴的大国首都、国际一流的和谐宜居之都贡献“亦庄力量”。

（二）“十四五”时期的发展思路

以习近平新时代中国特色社会主义思想为指导，深入贯彻党的十九大和十九届二中、三中、四中、五中全会精神，以首都发展为统领，按照“四个全面”战略布局，贯彻新

发展理念，坚持稳中求进工作总基调，以推动高质量发展为主题，深化改革、勇于担当，把创新摆在突出位置，高质量、高标准建设北京国际科技创新中心“三城一区”主平台，落实“四区一阵地”功能定位，统筹发展和安全，主动融入构建以国内大循环为主体、国内国际双循环相互促进的新发展格局，为建成世界一流的科技产业综合新城打下坚实基础。

（三）“十四五”时期的发展目标

到 2025 年，地区生产总值实现 3000 亿元以上，工业总产值突破 8000 亿元，实现翻一番。产业基础高级化、产业链现代化水平明显提高，国际科技创新中心主平台建设取得重大进展，解决一批“卡脖子”的关键核心技术问题，重要领域和关键环节改革取得重大突破，开放型经济发展迈上新台阶。持续推动产城融合，文化软实力不断彰显，城市品质显著提升，民生福祉全面增进，新城治理体系和治理能力现代化水平不断增强，基本建成世界一流的科技产业综合新城。

（四）“十四五”时期的主要任务

建设科技成果转化承载区，聚焦国际科技成果转化，打造一流的科技成果转化环境，推进政产学研用深度融合，持续推动“10+”中试基地建设。建设技术创新示范区，深化“白菜心”工程，持续建设“20+”技术创新中心，优化创新创业生态，推动创新链和产业链深度融合，巩固高精尖经济结构。建设深化改革先行区，修订《北京经济技术开发区条例》，不断优化财政资金、土地资源、技术要素等生产要素市场化配置，全面开展城市更新产业升级。打造高精尖产业主阵地，按照稳住基本盘、促进发展盘、部署未来产业，抓住“以头部企业为引领，打造产业生态”这一发展脉络，培育世界级产业集群。建设宜业宜居综合产业新城，形成“433”城市功能组团，鼓励社会资本参与新城建设，持续做好没有“大城市病”的标杆。构建协同开放新高地，全面推动国家服务业扩大开放综合示范区、自贸区高端产业片区和综保区建设，构建“双循环”新发展格局。打造以人民为中心的幸福新城，聚焦生活美好，不断完善教育、卫生、养老等公共服务体系，持续推动职住平衡。提升区域文化软实力，推动公共文化设施融入生产生活场景，促进科文融合产业蓬勃发展。引领首善标准的绿色生产生活方式，严守“双控”“三线”，深入打好污染防治攻坚战，深化“无废城市”建设。全面维护经开区安全稳定，妥善防范化解现代化进程中的各种风险，坚决维护区域安全稳定。

三、2021 年工作安排

2021 年是建党 100 周年，是“十四五”规划的开局之年，是开启全面建设社会主义现代化国家新征程、向第二个百年奋斗目标进军的第一年，也是经开区落实战略定位、建设世界一流的科技产业综合新城的关键时期，做好全年的工作至关重要。

2021 年总体要求：坚持以习近平新时代中国特色社会主义思想为指导，全面贯彻党的十九大，十九届二中、三中、四中、五中全会和中央经济工作会议精神，以及市委十二届十五次、十六次全会精神，围绕首都城市战略定位，坚持稳中求进工作总基调，坚定不移贯彻新发展理念，坚持以首都发展为统领、以推动高质量发展为主题、以深化供给侧结构性改革为主线、以改革创新为根本动力、以满足人民日益增长的生活需要为根本目的，紧紧围绕北京国际科技创新中心“三城一区”主平台建设，落实“四区一阵地”功能定位，扎实做好“六稳”“六保”工作，统筹发展和安全，经济保持快速、高质量发展，强化科技战略支撑，以高水平对外开放打造国际合作和竞争新优势，确保“十四五”开好局、起好步，以优异成绩庆祝中国共产党成立 100 周年。

2021 年经济发展主要目标：地区生产总值增长 8% 以上（核心区 9% 以上），规模以上工业总产值增长 8% 以上（核心区 9% 以上），固定资产投资增长 10% 以上，一般公共预算收入增长 6% 以上，大中型企业研发投入增长 12% 以上，第三产业营收突破万亿元。

主要做好以下 7 个方面的工作：

（一）坚持常态化疫情防控不放松，保障生产生活安全平稳有序

坚持不懈抓好“外防输入、内防反弹”，做好疫情常态化防控的同时，不断提高公共卫生管理水平。

落实好疫情防控工作要求。按照市委、市政府的决策部署，抓紧、抓实、抓细各项防控措施，守住春季防控关键时期，巩固防控成果。持续开展对社区、大型楼宇、大型工地、大型企业、商超物流等场所的环境核酸检测工作。进一步完善“战疫金盾”“平战结合”建设方案，深化大数据信息体系建设，科学、智能提升区域社会治理能力。抓严、抓实冷链食品和进口物资监管，将入市交易冷链产品纳入冷链食品追溯平台，做到“不消毒，不入库”“不验核酸，不入库”。建立防疫应急物资常态化储备机制，持续做好防疫物资保障工作。深入开展科技战疫，推动国家生物安全产业创新中心落地，加快突破高通量测序、新技术疫苗、抗体药物等科研攻关体系的建设。

加强公共卫生管理体系建设。认真贯彻落实《加强首都公共卫生应急管理体系建设三年行动计划（2020—2022 年）》，健全公共卫生监测预警体系，开展医疗机构发热、呼吸、肠道门诊等标准化建设，组建传染病、呼吸、重症医学、院前急救等专业医学救援队伍，持续深入开展爱国卫生运动，更好地适应疫情防控常态化要求。研究制订经开区公共卫生管理体系需求和设置方案，推动经开区公共卫生管理服务中心建设。依托中国检验检疫科学院等专业机构，组建第三方检测机构联盟，深度参与突发公共卫生事件处置、结核病防治等工作。深化与北京同仁医院亦庄院区、东方医院的共建共管方式，不断提高社区卫生服务站标准化、便民性和综合服务水平。为高质量发展提供安全的生产生活环境。

（二）围绕科技成果转化承载区和技术创新示范区建设，不断提升区域核心竞争力

按照“面向世界科技前沿、面向经济主战场、面向国家重大需求”的总要求，持之以恒开展关键核心技术攻关和科技成果转化，为可持续发展提供内生动力。

强化市场机制，深化“三城一区”主平台建设。实体化运行中关村成果产业化先导基地。建设“三城一区”成果转化线上、线下平台，实施“创新成长计划”和“创新伙伴计划”，储备项目 100 个以上。积极对接清华工研院、北航工研院、北京交通大学等国家级技术转移中心和成果转化服务机构，全年完成落地“三城”科技成果转化项目 150 项以上。拓展转化源头，依托离岸创新创业基地，主动链接全球科技资源。对接科技部自然科学基金，聚焦新一代信息技术、人工智能、生物医药等重点领域，推动基础研究成果产业化，对标立项项目 10 项以上。

突出企业主体，提升创新能力。实施“白菜心”工程，发布 10 项关键核心技术清单，推动形成一批具有引领性、突破性的重大技术创新成果。将“20+”技术创新中心打造成为创新策源地，全年新增市级以上研发机构 5 家，实现新技术、新产品“双 100”。持续提升“10+”中试基地产业化服务能力，全年服务企业 400 家次以上。推动建设知识产权保护分中心，创新知识产权质押融资产品。实施企业“科技副总”制度，赋能企业技术创新。鼓励企业“揭榜”，年度承担国家级、市级专项 50 项以上。深化校企合作，充分发挥博士后科研工作站作用，促进产学研用深度融合。

营造创新生态圈，推动创新主体同频共振。打造科技金融服务平台，吸引社会资本 20 家以上。将科技创新基金规模扩大至 60 亿元，为企业提供初创期到成长期全周期支持。高标准举办双创周、创新创业大赛等活动。推动国家人工智能高技术产业化基地建设，发布 10 项“人工智能 +”试点应用场景。建立高新技术企业培育机制，新增国家高新技术企业 120 家以上。研究鼓励科技创新型企业入驻的产业园区管理办法，引导楼宇升级，打造一批产业特色鲜明的明星园区和亿元楼宇。

创新人才服务机制，推动高层次人才引进培育。出台“人才十条”政策实施细则，做好政策实施和效果评估工作。对接知名高校、科研院所，通过多种平台载体，打造具有全球竞争力的人才培育环境。制订经开区国际人才社区中期建设方案，推进全域“类海外”环境建设。运营人力资源产业园，筹建经开区企业人力资源服务联盟。落实好北京市职业能力提升试点工作，支持企业建立终身职业技能培训体系，打造“亦庄工匠”品牌。建设一批共有产权房，为高端人才提供高性价比的生活条件。

（三）围绕深化改革先行区建设，不断构建高质量发展新优势

要发挥好改革的突破和先导作用，高标准修订《北京经济技术开发区条例》，固化经开区体制机制优势，依靠改革破除发展瓶颈、汇聚发展优势、增强发展动力。

深化三区协同机制。推动新扩区域赋权承接，实现“审管执”一体。进一步加强三区协同专班作用，加快推进制订市区两级协同发展方案，围绕重大项目建设、重点问题解决、重要区域开发，依托市级议事协调会议机制和区级三区协同发展工作专班，坚持联合调研、联促项目、联解问题、联建新城、联抓党建，进一步增强亦庄新城新扩区域的发展建设力度，促进三区协同发展。

持续优化营商环境。对标北京市优化营商环境“9+N”4.0版，研究制订《开发区进一步建设优化营商环境改革示范区工作方案》。深化流程再造，持续优化“审管执”链条机制。扩大“一枚印章管审批”事项涵盖范围。实施企业投资项目承诺制、备查制、标准地改革。开展“一业一证”改革试点。深化综合窗口2.0改革，推进“委托受理”和“最多签两次”在政务服务中心落地。不断完善政策兑现平台功能，按照企业画像精准推送政策，推动惠企政策“免申即享”。编制综合执法“红绿灯”企业信用地图，完成区内重点企业信用分级评价试点，实现分类精准执法。推进公共资源交易平台全程电子化，加强与市级平台、国家平台的信息共享和数据对接。改造建设不动产登记大厅。依托街道、亦企服务港，实现税务、社保等业务就近办、自助办。

优化产业空间利用。划定、公布亦庄新城工业用地一、二级红线范围，做好产业发展用地资源总量保障。探索工业用地、商业用地混合出让模式。实施工业用地全生命周期管理，编制《亦庄新城城市更新产业升级规划》，跟踪评估已更新项目。统筹利用好3.3平方千米区域、马驹桥智造基地、瀛海镇、长子营镇、南海子四片区以及城市更新低效用地等16平方千米建设用地，为高精尖产业发展提供足够的产业空间。

创新金融服务供给。积极对接工业和信息化部、中国人民银行，争取金融信创实验室落地。不断完善金融服务体系，吸引金融企业落地，推动外资期货公司设立。落实北京市知识产权保险试点工作，鼓励外资隐形冠军企业纳入保险试点范围。做好上市企业的储备和培育工作，推动一批企业上市。

加快国有企业改革。实施国企改革三年行动方案，深化“1+6+N”国企架构，提升国有企业市场化水平。加快完善国有企业法人治理结构，健全班子、派出专职董事。鼓励国有企业通过REITs提高直接融资比重，逐步将REITs发行规模作为降杠杆措施纳入企业经营业绩考核。鼓励国有企业加快子企业混合所有制改革试点，并加快推动屹唐半导体等优质资产上市。亦庄控股及各子公司要强化资产负债约束机制，促使北京经开等高负债国有企业的资产负债率尽快回归合理水平，持续提升城市功能设施建设和园区管理服务能力。亦庄国投要进一步拉动社会投资，提升市场化水平，引入高精尖项目落地。亦庄人才集团要做好区内各层次人才的服务保障。尚亦城集团要着力推动文化产业项目落地和融媒体平台运营建设。

推动区域协同发展。全力支持副中心和雄安新区建设。加强与广州、沈阳等地的开发区协作。搭建跨区域产业协同平台，深化产业政策衔接和园区共建，推动京津冀产业链上下游企业联动。扎实推进对口支援新疆生产建设兵团第十四师 225 团工作，确保冷库项目投入使用。鼓励区内企业参与建设绿色健康、宜居和谐的现代玉泉新镇。以点带面，实现镇企、村企全覆盖，支持平谷区产业发展、民宿建设，促进与平谷区的协同发展。

（四）围绕高精尖产业主阵地建设，打造世界先进制造业集群

主动践行双循环战略理念，紧抓国际分工重构对高精尖产业发展的机遇，既要拧紧发条、抓住关键，全力突破重大项目建设，也要注重开放创新协同，推进产业集群培育、创新产业生态营造。抓好重点项目招引，储备 1000 个以上项目， 对现有 150 个以上重点项目加强“七促”调度，全部建成后预计总投资 3711 亿元，达产产值 3320 亿元，达产后税收 294 亿元。

新一代信息技术产业方面。以“白菜心”工程和“卡脖子”重大攻坚项目为抓手，全力推进双“1+1”工程实施，加强存储器研究院、北方先进工艺研究院等平台建设，中芯京城项目实现主体结构封顶，存储器项目启动设备搬入，装备材料园项目全面开工建设；继续强化集成电路制造和装备环节优势，发挥对设计和应用环节的带动作用，构建“设计 / 总部 + 小线 + 大线 + 装备材料 + 零部件”的全产业链自主生态体系，确立经开区在全国集成电路全产业链发展的领导地位。积极推动国家信创基地建设，信创园一期 70 万平方米建设项目实现开工，进一步提升产业承载力；支持设立国家级信创产业联盟、信创投资基金和专业孵化器，形成“软件 + 硬件 + 集成”协同创新发展的产业格局；促进工业和信息化部五所北京总部、太极计算机、东华软件等 10 多个项目签约，信创产业集群营收达到 100 亿元以上。着力推进与小米集团建立全面战略合作伙伴关系，支持小米设立产业基金，加快小米手机牌照获批，实现高端手机智能制造业务落地，争取小米笔记本等业务落地。支持京东方创新中心加大研发投入和技术转化落地，谋划柔性显示、激光显示、量子点显示等新型显示大项目。

新能源汽车和智能网联汽车产业方面。强化高端整车优势，以北京奔驰整车制造基地、北京奔驰发动机工厂为基础，发挥戴姆勒全球第二研发中心带动作用，以高端汽车及新能源汽车关键零部件产业园为物理承载空间，发展动力系统、驾驶舱、底盘、电控系统等关键模块，推动北汽模塑新项目、马威动力等项目落地，实现新光凯乐项目摘牌，搭建升级版的高端汽车整车制造及关键零部件供应体系。培育纯电动汽车整车及核心零部件产业集群，推进国家新能源汽车技术创新中心、国家智能网联汽车创新中心两大国家级创新中心建设，加速引入高端新能源汽车整车项目，推动辉能固态锂电池等项目落地。制订充分体现区域特色的氢能产业发展规划，加速布局氢燃料电池板块，引导丰田联合、新研氢能、北清智创等形成产业联盟，促进高端汽车和新能源汽车双核驱动。开展北京市网联云控式高级别自动驾驶示范区 2.0 建设，打造自动驾驶政策标准先行区，建设车联网产业园，引进毫末智行、四维智联、新石器无人车等一批高成长创新型企业落地，推动一批自动驾驶应用场景开放。

生物医药和大健康产业方面。加快亦庄东工业园区改造，推动国药医疗器械产业园、恒瑞制药等医药大健康项目落地，推进抗体和重组蛋白药物、新型疫苗、靶向小分子药物、基因治疗药物、细胞治疗药物等领域的原创新药企业发展。强化“重磅产品”的储备深度，保障好北生研新冠疫苗安全生产、稳定达产，促进智飞绿竹生物新型病毒疫苗和工程疫苗产业化基地等 7 个项目开工，推动京东大健康扩大诊疗服务业。培育医学、医药、医械、医疗、医养“五医融合”的创新生态，积极对接北京大学基础医学院等医疗及研发机构，依托专业力量推动临床医院快速建设。

机器人和智能制造产业方面。依托世界机器人大会、中日工业自动化产业园、中法智能制造产业示范园等载体，着力推动施耐德中压二次输配电项目投产、智同工大智能传动技术研究院建成、SMC 中国区总部及销售总部落户运营，实现鸿霁科技、赛智新创、俐玛光电等项目实施，加快推动智能工厂、重点产业基地和应用生态示范区建设，搭建国际一流的机器人和智能制造创新合作平台。推进商业航天、卫星互联网、无人机等产业协同发展，推动神导航空电子研发生产基地、中航天宇等 10 个项目落地，构建贯通“低空到远空”的产业创新体系。推动成立商业航天产业联盟，支持商业航天公共技术服务平台建设，加快实现经开区商业航天产业集聚化、生态化发展。

新兴产业方面。积极培育节能环保、新材料、新能源、科文融合等未来产业。加强绿色技术创新园顶层设计，以“无废城市”、循环经济、低碳城市建设为牵引，启动京广协同创新产业园开发建设，促进中建集团旗下业务板块项目签约，推动朗坤环境、国电投综合智慧能源等项目落地，推进清大国华、东方雨虹、航为高科等项目投产。培育科文融合产业集群，推动中国（北京）高新试听产业园一期、二期建设，着力引进培育一批视听科技、游戏开发、电子竞技、大数据应用等“文化 + 科技”企业。

数字经济产业方面。制订数字经济发展规划。全面开展智慧城市建设。深化与京东集团战略合作，加快京东合作伙伴大厦建设，推动数字经济创新实验室落地，建立国际大数据交易平台。鼓励京东数科、京东健康等代表企业深入开展区块链、人工智能和大数据等前沿数字技术应用研究，赋能民生、城市治理等领域发展。支持骨干制造企业与“5G+ 云 +AI”企业参与搭建工业云平台，构建“端、网、云、用”的工业互联网网络集聚生态。

（五）围绕“两区”建设，不断构筑外向型经济新格局

通过“两区”联动创新，推进畅通双循环主动脉，在推动经济高质量发展和构建新发展格局中实现更大发展。

着力推进“两区”制度创新。以制度创新为核心，着力打造“421”产业体系，做强四大主导产业，完善高端服务业和文化创意产业体系，开放协同数字经济，进一步推动投资、贸易、资金、运输、人员、数据安全等跨境流动的自由便利化，滚动发布经开区支持政策，发布100项以上可复制、可推广的制度成果和创新案例。争取推动区内重点企业实现跨境外汇业务便利化。支持区内银行升级为自贸区支行。吸引金融、财税、法律、知识产权及国际商事仲裁等要素资源聚合，为“两区”建设提供国际化服务。

大力扩大外资企业规模。充分利用服贸会、进博会、广交会、世界5G大会等国家级展会平台，着力引进GaWC等名录头部企业、国外隐形冠军、独角兽企业。加强与驻华机构、中外商会的沟通联系，落实招商奖励政策，激发招引外资活力。发挥经开区驻德国、法国等海外工作站作用，搭建海外招商平台，延伸招商触角，开展技术合作，吸引集聚一批外资外贸企业。

打造具有亦庄产业特色的综保区。加快推进亦庄综合保税区申报工作，力争上半年获国务院批复。亦庄综保区将以服务高端制造业为主要特征，以供应链管理和保税服务为特色，聚焦“先进制造＋科技创新”功能，围绕国家半导体产业等领域的“卡脖子”环节，引进先进制造业企业，聚焦发展研究、中试和小规模生产环节，推进科技成果转化业务发展。

推动国际合作园区建设。加快推进中日工业自动化产业园建设，在中日工业自动化产业园形成SMC中国区投资、销售、制造、研发四大总部的新格局。中日青年新创园竣工，首批日资企业入驻。中法智能制造产业示范园新厂房竣工，首台专供冬奥会产品下线，完成中法工程师学院建设。储备中美现代医疗产业园、中瑞（瑞士）智能电控产业园、中以创新产业园、上药集团中医药国际化等一批项目。加强与华美半导体协会等国际行业协会组织、联盟合作。

（六）围绕宜业宜居的绿色新城建设，不断打造高水平城市生活环境

广泛动员社会力量，鼓励和引导参与亦庄新城建设，打造一流的城市生活配套环境，树立亦庄新名片。

做好城市规划顶层设计。进一步完善国土空间规划体系，6月底前完成旧宫、台马等6个区域的街区控制性详细规划，以及旺台湖湿地公园概念规划、凉水河沿岸用地梳理和价值提升规划研究。启动“亦城之心”、南海子公园、马驹桥0606、台湖－4等重点街区及重点项目建设。加强与“三城”“两机场”、城市副中心、大兴新城等城市功能组团的联系，6月底前完成轨道微中心一期研究，同步开展二期研究，推进亦庄线北联南延规划研究，完成采育工业区、旧宫镇区、马驹桥中心镇区等基础设施提升的前期研究。编制《北京经济技术开发区人民防空专项规划》。

推动新扩区域开发建设。加快编制落实新扩区域“三年行动计划”，统筹推进“165平方公里”土地一级开发工作，按照加快推进一批、研究启动一批、谋划储备一批开发建设项目的总体要求，全面推进马驹桥智造基地、瀛海镇工业区和长子营工业区土地一级开发工作，有序推进征地、拆迁、安置房和市政基础设施建设。全面梳理推动台湖光机电园区、总部基地、马驹桥物流基地和马驹桥金桥一期等项目土地开发重点工作。下半年启动开展采育工业区、旧宫镇区、马驹桥中心镇区等基础设施提升工程。

强化基础设施保障。落实《亦庄新城新扩区域基础设施和公共服务提升三年行动计划》，明年新扩区域基础设施和公共服务项目共 19 个，总投资 70 亿元。实施辛四路、黄亦路、金桥二期 3300 亩范围路网建设提升项目，加快推进亦庄南 500 千伏变电站、马驹桥再生水厂及市政能源设施的选址建设，柴务变电站三季度开工，提升基础设施对新扩区域经济高质量发展的支撑保障作用。实施核心区域架空线入地二期工程。上半年开工建设博兴八路提级改造工程。启动北侧绿化带公园提升改造。

全力提升公共服务水平。启动教育综合改革试验区创建工作。完成人大附中北京经济技术开发区实验学校、北京二中经开学校、建华实验学校、X90 地块幼儿园建设。在人大附中经开学校、亦庄实验中学增设高中国际部。设立教师人才池，引进优质师资力量。推动融媒中心和新时代文明实践中心建设，推动“亦城之心”综合文化活动中心建设，加快推进亦城书院开工。统筹开展庆祝中国共产党建党 100 周年系列文化活动，举办大都东南科技文化艺术节，扩大“亦庄学院”区域影响力和知名度。推进大兴区中西医结合医院划转至经开区，加快急救分中心、急救工作站建设，加快推进亦庄、瀛海、旧宫、马驹桥、台湖 5 镇卫生服务中心改造提升。推进区级综合体育馆建设。加快区级养老服务指导中心和 8C3 地块养老项目建设。推进 X90 共有产权房项目申购、配售工作。推广“移动餐饮售卖车”运营模式。积极推进民政事业、退役军人事务、民族宗教、残疾人保障等各项工作。

统筹推进智慧城市建设。全面建成城市大脑 1.0，打造审管执信监一体化平台底座，打通审批、监管、执法信息壁垒。以市场主体的全生命周期为重点，整合政务数据、经济运行数据、社会数据，建设“全区域、全时空、全场景”企业法人链。在亦庄新城范围内，建立产业标准地地图。持续推进“雪亮工程”，建成 32 个基础型智慧平安小区，以科技手段提升社会治理能力。推进智慧执法，建立综合执法信息数据系统，加强大数据、区块链、5G 等新技术在综合执法中的应用，9 月底前实现基础功能上线，进一步提升综合执法效能。开展数字档案馆一期建设，明确档案数据开放运营模式，实现档案数据管理智能化、服务高效化。

提升城市治理水平。组建经海街道办事处，加快推进街道托管改革，推动城市治理重心下移。平稳有序实施社区“两委”换届，持续推动“亦城家园中心”建设，办好社区议事厅，完善社区治理体系。结合试点成果编制“无废蓝图”五年规划，进一步完善一般工业固废平台，逐步推广中小微企业危险废物“管家式”服务等一批示范工程。设立生活垃圾分类示范中心、市政垃圾协同资源化中心，推动区内市政、厨余垃圾趋零排放。保持对重型柴油车和非道路移动机械高压检查态势。建立健全亦庄新城综合执法协同工作机制，构建覆盖亦庄新城的跨区域综合执法指挥调度平台。积极落实北京市要求，实现“基本无违法建设区”创建。完善“三区”劳动人事争议协同处理机制，不断构建大调解格局。

着力强化城市安全风险管控。以中国共产党成立 100 周年安保维稳工作为主线，进一步创新完善“平安开发区”建设工作体系，有效防范、化解、管控各类社会稳定风险。持续推进“安全生产专项整治三年行动”，加大专项整治攻坚力度。落实市委、市政府安全生产第十一督察组反馈意见，扎实做好整改工作，举一反三，构建经开区安全生产长效机制。加强区、街道以及各行业管理部门之间的联动，完善应急物资配备，建立统一、高效的应急救援指挥体系。

（七）坚持政治引领，扎实推进政府自身建设

一切从实际出发，坚持实事求是，既要看长远、谋全局，也要重实干、办实事、求实效，打造务实高效、廉洁勤政的服务型政府。

进一步加强政治建设。牢记“看北京首先要从政治上看”的要求，始终在增强“四个意识”、坚定“四个自信”、做到“两个维护”上做表率，始终在思想上政治上行动上同以习近平同志为核心的党中央保持高度一致。严格遵守党的政治纪律和政治规矩，严格执行重大事项请示报告制度。

进一步坚持依法行政。坚持运用法治思维和法治方式推进工作，深入推进法治政府建设。聚焦重要领域、重点项目、重大资金，加强跟踪审计、专项审计和审计成果运用。全面推进政务公开，确保权力在阳光下运行。坚持“过紧日子”思想，对一般性支出和非重点项目支出分别按照 3% 和 10% 的幅度压缩。

进一步优化政务服务。加快“接诉即办”数字化转型，强化“首接负责”，紧扣“七有”“五性”，推动基层“主动治理，未诉先办”。深化政务服务三级体系建设，持续创新政务服务场景应用。推动亦企服务港建设，发挥企业服务的功能堡垒作用，为片区企业开展精准服务。

进一步加强廉政建设。严格落实全面从严治党主体责任，健全管党治党责任层层传导机制，各级领导干部要坚持“一岗双责”。严格执行经开区工委工作规则、管委会工作规则和“三重一大”工作规则，加快推动廉政风险防控“三网一平台”建设，督促公正用权、依法用权、廉洁用权。始终保持惩治腐败的高压态势，努力营造风清气正的政治生态。要进一步强化工作调度机制，解决企业发展中的问题，坚持集体研究决策，绝不能有个人说了算；坚持把问题放在桌面上研究，绝不能有暗箱操作；坚持以企业需求为准倒排时间，绝不能有推诿扯皮；坚持竭诚为企业服务，绝不能有吃拿卡要。

同志们，2021 年是实现第一个百年目标的关键之年，在这个滚石上山的关键节点上，大家要定力不变、信心不改、实干加倍，全力推动升级版经开区建设，坚决打好首都高质量发展这场恢宏战役。我相信，以我们对党和人民的忠诚，以我们对党和人民赋予的伟大事业的担当，用我们干净的灵魂和行动，挥洒汗水、热血和激情，一定能为建设国际一流的和谐宜居之都再立战功、再创佳绩！这是历史赋予我们的光荣使命。同志们，让我们紧密地团结在以习近平同志为核心的党中央周围，在市委、市政府的坚强领导下，高举习近平新时代中国特色社会主义思想伟大旗帜，深化改革、勇于担当，全面开创“十四五”时期高质量发展的新局面。

专文

北京经济技术开发区全力以“复”，稳住首都经济发展基本盘

2020年新冠肺炎疫情暴发以来，经开区按照习近平总书记提出的坚定信心、同舟共济、科学防治、精准施策的总要求，坚决贯彻党中央、国务院和市委、市政府部署，以首都唯一国家级经济技术开发区的担当作为，始终紧抓统筹推进疫情防控和经济社会发展这条主线不放松，以前所未有的力度应对前所未有的挑战，疫情防控阻击战取得阶段性成果，辖区始终保持本土“零感染”，区内企业复工复产率全市领先。2020年，经开区地区生产总值完成2045.4亿元（总量由七进五），比2019年增长6.4%（增速全市第一）；税收收入完成706.5亿元（核心区667.4亿元，比2019年增长10.4%）。在疫情“大考”面前，经开区经济规模和效益稳步提升，潜力和新动能加速释放，交出了合格的“亦城答卷”。

一、体现组织担当，筑牢生产运营“防疫墙”

（一）在“抗疫情保经营”中充分彰显党组织的战斗堡垒作用

坚持党建引领，加强组织动员，抽调400多名机关、国企干部下沉一线，街道工委、两新组织工委、国企党委、各企事业单位党组织全面开展宣传指导、员工排查、服务保障等工作，切实发挥65个临时党支部和亦企服务港作用，统筹各战斗区块协同作战，统一调配各方面资源。

（二）快速密织防控网，分阶段精准指导企业战疫

严格执行“零报告”制度，制订“零感染”实施方案，各部门、各单位分类包干、分工负责，全面覆盖区内18个社区、63栋商务楼宇、106个园区、154处工地以及1.1万家复工企业，确保防控全覆盖、责任无死角。针对防疫不同阶段，及时出台《复工复产防控工作要点指南》《企业复工复产30问》等规范性指南，在全市率先制定疫情常态化科学精准防控实施意见和生产环境检测工作指引，指导企业落实防控制度，有序复产复工、追产达产。

（三）积极应对新发地突发疫情，分领域统筹调度核酸检测

发挥经开区技术优势，迅速设立多个临时核酸检测筛查点，优先对商场超市、学校食堂、养老机构食堂及社区曾到新发地及京深海鲜市场人员进行核酸检测，对从事生产服务业的人员及机关事业单位人员进行全员检测，对其他人员分领域有序开展应检尽检、愿检能检。区内共计 14 家核酸检测机构，日检测能力达 12 万人次，累计检测人数达 317.9 万人次，有力保障北京市核酸检测需求。

（四）切实发挥大数据平台作用，平战结合推出“战疫金盾”

坚持智慧战疫，上线集信息采集、科普教育、防疫服务等功能于一体的“战疫金盾”系统，有效精准形成“外防输入，内防扩散”的防控合力。围绕平战结合，“战疫金盾”系统不断迭代更新，在服务疫情防控的同时，扩展产业服务、生活服务等功能板块，为经济社会发展提供大数据支撑。

二、发挥产业优势，下好复工达产“先手棋”

（一）以复工促复工，力保防疫物资生产企业扩能增产

全力支持区内 56 家企业生产防疫物资、研发药品试剂，春节期间仅用 7 天完成联合康力口罩厂从注册到试产全部工作，区内共 9 家口罩生产厂，日产能 50 万只，有力支撑北京市复工复产工作。发布两批共计七大门类 107 项“新技术新产品新服务清单”，为防疫企业对接全球市场提供平台服务，推动呼吸机、CT 机等“亦庄制造”不断驰援各地。线上开展全球双语免费咨询问诊，举办跨国企业抗疫在线视频交流会，分享北京经验。加快防疫类企业复工，为全市大复工打好基础，做出应有“亦城贡献”。

（二）以改革促复工，再造工作流程助力项目快速落地

疫情暴发时期，正值经开区机构改革和人事制度改革的关键阶段，经开区工委、管委会全力加快改革进程，机构数量由 60 个精简为 23 个内设机构，80% 以上在编人员参与聘任制改革，进一步再造工作流程、提升行政效能，推动任务驱动型组织向流程驱动型组织转变，为助力企业复工复产降下“及时雨”。推进相对集中行政许可权改革，实现“一枚印章管审批”，开展告知承诺审批改革，首批 96 个事项“最多跑一次”，审批时限减少 80% 以上。推动政务服务职能下沉到亦企服务港，24 小时提供远程咨询帮办、政策及事项查询等综合服务，将服务的触角延伸到企业身边。

（三）到一线促复工，主动靠前高效调度企业复工达产

发布一线工作法实施意见，深化“访企情、听民意、解难题、促发展”工作，全面

调研走访区内500强企业，建立545家重点企业服务保障机制，坚持经济运行双周调度和“七促”项目调度工作机制，将疫情防控、复工复产、经济运行、项目调度等工作向一线延伸，面对面了解企业面临的关键问题，挂图作战，及时形成解决方案，确保企业生产经营平稳、重点项目建设进展顺利，加快推动企业达产达效。

三、注重落地实效，打好优化服务“组合拳”

（一）出台惠企政策，与企业共渡发展难关

2月3日，在全市率先出台“控疫情稳增长10条”。2月7日，在全市首发鼓励企业云办公、弹性办公专项政策，并陆续发布减免房租、鼓励物业服务等系列政策。4月20日，升级发布“六稳六促12条”（“控疫情稳增长10条”2.0版），将原有“控疫情稳增长10条”中保障用工稳定、激励企业发展等5项企业反映效果突出的政策延续至全年，并增加鼓励企业研发攻关、产业项目落地等7项政策。推动建立政策兑现网上服务平台，打通政策兑现“最后一公里”，为企业兑现扶持资金超过19.5亿元，积极落实国家、北京市、经开区各项减免政策，累计减免78亿元，帮助企业对冲疫情影响，提振企业发展信心。

（二）急企业之所急，提供全要素服务保障

积极对接各方资源，帮助企业及时购置口罩、消毒液、测温枪等防疫用品，保障企业防疫物资需求。聚焦产业链、供应链的“堵点”“断点”，在市领导的大力支持下，协调北京奔驰、京东方、SMC、施耐德中低压、和路雪等70多家重点企业的京外供应商复工复产，全力保障产业链、供应链稳定。在市交通委的支持下，协助企业打通物流运输通道，指导京东方、拜耳医药保健、威讯北京、北京奔驰等10家企业对接公铁航运输对接平台，保障国际原材料、配件进出口畅通。推广跨产业共享员工、线上招聘，协调周边镇街提供蓝领公寓、人才公租房，协助24家企业87名外籍高级管理人员、专家等取得市外办入境返京审批，全力保障企业用工需求。搭建小微企业综合金融服务平台，区内各银行疫情期间总授信额度631.44亿元，新增发放贷款167.41亿元，满足653家企业融资需求。

四、立足主责主业，争当高质量发展“排头兵”

（一）紧抓产业发展新机遇，积极开展疫情下逆周期招商

发布《关于加快四大主导产业发展的实施意见》《大招商方案及招商引资奖励办法》等一系列政策，进一步加大政策调节力度，释放发展潜力和创新动能。经开区全年新注

册企业 6435 户，比 2019 年增长 23.8%，积极推动跨国公司转产中国，GE 医疗将 256 排高端 CT 机、呼吸机等产线转移至北京工厂，并深度服务指导神州细胞、永泰生物、京东、阿尔特汽车等 7 家企业实现上市。

（二）围绕国家战略新任务，加快推动高精尖产业项目集聚

聚焦集成电路、信创等国家战略项目，坚决做好 265 个在施、在谈重点项目服务保障工作。成立重点项目推进小组，推动实施产业链“链长”制度，统筹推进集成电路双“1+1”工程、戴姆勒研发中心、丰田燃料电池等重大项目落地；通明湖信创园开园，统信、龙芯等 85 家企业签约落户，逐渐构筑起中国信创产业的“四梁八柱”；加强与国药集团合作，北生研新冠疫苗生产进入临床Ⅲ期，中生研究院落地。

（三）聚焦科技创新新动能，全力推动“三城一区”主平台建设

加强与三大科学城对接，与中关村管委会、海淀区共同推动先导基地实体化建设，积极推动北京大学、北京交通大学等校政合作项目，赛赋医药、天舲航空等 153 个三城科技成果转化落地。实施“白菜心”工程，首批支持项目 10 项，不断加强“20+”创新中心和“10+”中试基地建设。经开区全年研发投入完成 219.4 亿元，比 2019 年增长 40.8%。企业共申请专利 14734 件，比 2019 年增长 40.02%，其中发明专利 8056 件，比 2019 年增长 60.48%；申请 PCT 专利 449 件，比 2019 年增长 72.69%。企业拥有有效发明专利 9301 件。全年输出技术合同成交额 337 亿元、技术交易额 321 亿元；吸纳技术合同成交额 40 亿元、技术交易额 38 亿元。

经开区组织机构及人事制度改革

2019 年以来，经开区工委、管委会坚决贯彻国务院《关于推进国家级经济技术开发区创新提升打造改革开放新高地的意见》及市委常委会关于调整开发区管理体制的决策部署，在市委、市政府坚强领导下，以进一步激发内部活力、提高行政效能、优化营商环境为核心目标，稳妥推进机构职能、职权、流程、人事制度等改革任务，取得较好成效。

一、搭梁建柱，打造优化协同高效职能体系

2019 年 9 月底，市委机构编制委员会批准印发《北京经济技术开发区机构改革方案》；11 月中旬，经开区机构改革基本完成，经开区工委、管委会所属各职能部门和公共服务机构挂牌，正式对外履职。改革坚持“小政府、大社会、专业化、社会化”原则，围绕“转变政府职能、提高行政效能、完善机构职能、激发干部潜能”四大核心目标，进一步凸显经济发展主责主业定位，重构“审批一管理一执法”链条式工作机制，机构数量由改革前的 60 个减少至 23 个，削减比例达 60%。组建党政办公室、工委组织人事部、工委宣传文化部、地区协同事务局、经发局、营商合作局、科技创新局、财政审计局、开发建设局、城市运行局、社会事业局、商务金融局、行政审批局、综合执法局；设置党群服务中心、土地储备与建设服务中心、财务结算中心、政务服务中心、公共资源管理服务中心、社会保险保障中心、劳动人事争议仲裁院、档案数据中心、产经政策研究院；另按照规定，设立机关党委、机关纪委和总工会；将北京市规划委员会经济技术开发区分局更名为北京市规划和自然资源委员会经济技术开发区分局，实行以市规划和自然资源委员会管理为主的双重管理体制。

2020 年初，经开区工委组织人事部会同大兴区民政局组织经开区 13 个单位与大兴区 30 多个部门启动荣华、博兴街道的托管交接；7 月，人、财、物以及日常工作划归经开区工委、管委会管理。

二、深度挖潜，构建灵活高效的人力资源管理新体系

2020 年，在市委、市政府的领导下，经开区依据市委组织部、市委编办、市财政局、

市人力社保局印发的《经开区工委、管委会聘任制工作人员管理办法（试行）》，按照“总量控制、按需设岗、公开招聘、择优聘任、分类管理、严格考核”的要求，制定了科学、合理的“6+8”全员聘任制度体系（经开区工委依据《中共北京市委经济技术开发区工作委员会、北京经济技术开发区管理委员会聘任制工作人员管理办法（试行）》，围绕岗位管理、人员聘任、绩效考核、薪酬福利及过渡期管理 5 个模块，形成的 6 个政策性文件和 8 个配套细则方案，两者搭建起经开区人事制度改革的制度框架）。人事制度改革最根本的目的是要建立一套与现代化治理体系相适应、与高质量发展相协调、与市场化要求相配套的人事制度，进一步释放高质量发展的动能。最核心的内容是以行政机关性质探索市场化用人方式，对履行公职人员进行科学化绩效激励。具体来说，就是实施“四改四破”。

一是改身份，破编制之界。取消原编制身份，是建立新的人力资源管理体系的前提，是改革彻底性的显著标志。改革后实行全员聘任制，转聘人员签订劳动合同，实行无差别的人力资源管理，破除行政事业编制身份界限，从身份管理转为岗位管理，回归个人能力和贡献本位，凭能力上岗、按贡献取酬成为主导，最大程度激发干部履职担当的责任感、实现自我价值的成就感。改革设置了三年左右的过渡期，以半年为间隔，分批次组织人员转聘。截至 2020 年年底，已组织 2 批转聘，聘任制工作人员 564 人，占干部总数的 82%。

二是改考核，破精准之难。绩效考核是奖优罚劣的重要依据，是定义聘任制活力和效率的支柱性制度设计。改革以科学评价干部贡献和表现为目标，在吸收履行公职人员考核规定的基础上，借鉴市场化关键绩效指标（KPI）考核精髓，重构了绩效考核制度，考核内容上以德为基、以绩为主，评价方式上定量为主、定性为辅，层级关联上与机构考核指标联动、等次联控，结果应用上以绩论薪、按绩奖惩，考核功能上管考融合、以考促管，考核载体上线上为主、线下为辅。通过精巧的制度设计，有效传导压力和责任，并将绩效考核体系打造成“亦庄”伯乐，让每个人的工作数量、质量、表现都能得到记录与呈现，让能干事、多干事的优秀人才脱颖而出。

三是改激励，破“大锅饭”。强化激励是人事制度改革的直接目标，激励效力是衡量人事制度改革成效的重要标准。改革在精神激励基础上，优化物质激励机制。丰富薪酬结构，增设聘期激励，促使工作人员既重短期绩效，又顾长期表现。创新激励杠杆，设立廉政保证金，加大腐败成本，推动党风廉政建设责任制落实。增加薪酬宽幅弹性，强化“经开区一部门一个人”三级目标共同体，建立经开区年度考核结果与工资总额挂钩、与个人绩效奖金兑现系数挂钩，部门考核结果与个人考核等次比例强制分布挂钩、与个人绩效奖金兑现系数挂钩的“四挂钩”机制，将个人考核结果由原来的四个等次增为五个等次，确保薪资水平符合干部的实绩贡献，真正让多劳者多得，优绩者优酬。

四是改用人，破“铁饭碗”。设立末位淘汰机制，规定“部门正职一个聘期内连续三年年度考核结果排名后三位的，聘期结束后，须重新竞争上岗”“一个聘期内有两次年度考核被评定为不称职等次的，予以解除劳动合同”，不唯资历、不唯学历，业绩优、岗位升，业绩劣、岗位降，真正构建“能者上、庸者下、优者进、劣者出”的人员聘用机制。实施“百人英才计划”，启动5次招聘，分别面向体制内外招聘、储备一批“两区”建设等重点业务领域专业化干部、年轻干部和实习生，建立起服务保障区域发展的干部人才池。

大事记

北京经济技术开发区年鉴 2021

BEIJING ECONOMIC-TECHNOLOGICAL DEVELOPMENT AREA YEARBOOK 2021

1月

8—13 日 中国杂技团有限公司出品的节目《闹元宵——顶碗》《骨血——平衡倒立》在第十三届布达佩斯国际马戏节上获金奖第一名。

9 日 北京天空卫士网络安全技术有限公司召开“迁址北京经开区暨‘B+’轮融资成功”新闻发布会，宣布完成“B+”轮融资。

是日 由北方集成电路技术创新中心（北京）有限公司牵头，与北京大学等高校合作攻关的科技部国家重点研发计划“超陡摆幅极低功耗新原理器件及电路”项目启动。

11 日 国富瑞数据系统有限公司的北京 3 号（通州）数据中心成为全国首家获数据中心基础设施运维评价证书、数据中心场地基础设施认证证书和数据中心能源计量审核评价证书三大认证评价证书的数据中心。

21 日 经开区工委会议研究成立中共北京市委经济技术开发区工委统一战线工作领导小组。

23 日 经开区工委书记王少峰主持召开工委专题会议。会议宣布成立经开区新型冠状病毒感染的肺炎防控应急指挥部，经开区工委、管委会主要领导担任总指挥，并印发《北京经济技术开发区新型冠状病毒感染的肺炎防控工作方案》。

是月 经开区开发建设局在全市率先出台并实施《亦庄新城工业用地先租后让实施办法（试行）》，经开区建立起高效集约模式。

2月

月初 北京天坛生物制品股份有限公司在湖北省武汉市率先设立了全国第一个新冠肺炎康复者血浆采集点，采集到全国第一袋康复者血浆。

3 日 经开区率先出台《北京经济技术开发区关于支持企业控疫情稳增长若干措施》，提出全面防控疫情等 10 项措施。

7 日 经开区管委会印发《关于支持中小企业抗疫情云办公稳发展的若干措施》，通过“四鼓励一减免一服务”鼓励企业创新生产经营模式。

11 日 经开区发布《北京经开区科技企业抗击新型冠状病毒疫情首批新技术新产品新服务清单》，分为六大门类 76 项新技术新产品新服务。

是日 北京凯因科技股份有限公司慢性丙型肝炎治疗 1 类创新药盐酸可洛派韦胶囊（凯力唯®）通过药监局优先审评审批程序批准上市。

28 日 北京天坛生物制品股份有限公司“新型冠状病毒恢复期患者免疫血浆及特免性球蛋白开发”课题获科技部国家重点研发计划“公共安全风险防控与应急技术装备”重点专项立项。

是月 北京天坛生物制品股份有限公司新型冠状病毒恢复患者免疫血浆及新冠特免性球蛋白 2 种产品被收录入国家卫生健

康委《新型冠状病毒肺炎诊疗方案》第五版及持续更新的第六至第八版。

是月 北京德为智慧科技有限公司为辽宁开普医疗系统有限公司定制开发的 ARM 嵌入式 12.1 寸终端 F121MK 样机研发成功，并达到客户交付标准。

是月 数码辰星科技发展（北京）有限公司完成辰星云系统在大地影院集团旗下电影院的远程云部署上线，实现“零失误”无接触式纯线上系统切换。这是中国影院行业首次“无感式”云化系统切换。

是月 经开区社会保险保障中心搭建完成“北京经开区社会保险保障”微信公众服务平台。

是月 亦庄控股制定《北京亦庄投资控股有限公司关于支持中小微企业控疫情稳增长的若干措施》《北京亦庄投资控股有限公司关于减免中小微企业 3 月和 4 月房租的措施》，减免金额共计 1.05 亿元；设立区级集中医学隔离点，服务保障重点疫区观察人员近千人；承担经开区 24 小时防疫物资供给重任，管理、购置、配送各类急需防疫物资 670 万件。

3月

5 日 中金数据系统有限公司旗下中金花桥数据系统有限公司建设运营的江苏昆山花桥经济开发区数据中心产业基地被工业和信息化部认定为第九批国家新型工业化产业示范基地。

6 日 由北京天诚同创电气有限公司提出并牵头制定的国际标准《微电网 第 3-1 部分：技术规范 - 保护和动态控制》（IEC TS 62898—3—1）获国际电工委员会分布式电力能源系统分技术委员会（IEC/SC8B）以 100% 的赞成票率批准通过，并于 9 月 21 日发布。

9 日 经开区以视频形式召开以“打造高质量党建，引领高质量发展”为主题的全区党建工作会。

15 日 赛诺菲（北京）制药有限公司开始本地化生产甘精胰岛素注射液(来得时®)。

18 日 北京凯因科技股份有限公司的索磷布韦片（赛波唯®）获药监局批准上市。赛波唯®是首个获批上市的国产 NS5B 聚合酶抑制剂。

28 日 航天长征化学工程股份有限公司承担的科技部国家级重点研发计划“煤炭清洁高效利用和新型节能技术”重点专项“大规模干煤粉气流床气化技术开发及示范”项目的日投煤 3500 吨气化炉验收出厂。这是世界上最大级别的粉煤气化炉。

是月 瓦里安医疗设备（中国）有限公司的高端医用直线加速器 TrueBeam 新产线落成，下线第一台国产高端医用直线加速器 TrueBeam。

是月 北京智能车联产业创新中心有限公司与中关村智通智能交通产业联盟联合编写的《北京市自动驾驶车辆道路测试报告（2019 年）》发布。

是月 下一代互联网关键技术和评测国家地方联合工程研究中心联合全球 IPv6 论坛（IPv6 Forum）发布面向内容分发网络（CDN）业务的 IPv6 国际认证——IPv6

Enabled CDN Logo 认证。

4 月

8 日　北京奔驰汽车有限公司动力电池工厂模组线投产。

13 日　北京泰德制药股份有限公司开发的新型口服降糖药物维格列汀片（凯誉®）获药监局批准上市。

20 日　经开区发布《关于进一步统筹疫情防控和经济社会发展支持企业共克时艰的若干措施（2.0 版）》。

22 日　京东快递开设的全国首个高端商务楼宇一站式取送服务中心——小蜜蜂智慧服务中心在北京远洋国际中心落成。

25 日　安诺优达基因科技（北京）有限公司推出通用 DNA 片段化酶试剂盒 V2.0 和 NGS 通用 DNA 快速建库试剂盒 V2.0。

26 日　经开区 14 家单位申报的 15 件专利获经开区首届绿色（疫情防控）高价值专利奖。

是日　政策兑现综合服务平台在经开区政务服务中心上线运行。经开区在北京市率先开展“线上一口申报，线下一窗受理”政策集中兑现服务模式。

5 月

6 日　北京电子科技职业学院培训中心入选市科委首批高精尖产业技能提升培训机构目录，培训方向为新能源智能汽车。

8 日　经开区信创园开园暨首批入园企业签约活动举行，首批签约落地 30 家企业。

11 日　北京电子科技职业学院培训中心入选市经济信息化局北京市高精尖产业技能提升培训机构目录，培训方向为智能装备。

16 日　罗特尼克能源科技（北京）有限公司采用国产碳纤维成功研发出 2.8 倍音速碳纤维飞轮，并已应用于飞轮储能系统。

26 日　增材制造和新材料技术创新中心发布 GH3536、GH3230、GH4099 及高强铝合金 4 种粉末新产品，实现材料自主国产化。

28 日　由北京智能车联产业创新中心有限公司、赛迪检测认证中心有限公司和中国移动通信有限公司共同承担的“车辆道路测试自动驾驶能力评估规范方法研究及技术验证”课题通过市科委组织的专家验收。该课题编制了全国首套自动驾驶系列标准，为北京市自动驾驶道路测试提供关键技术支撑。

29 日　京东物流集团发布《智能物流 5G 应用指南》。这是中国物流行业首个 5G 智能物流应用指南。

30 日　下一代互联网关键技术和评测国家地方联合工程研究中心的全球 IPv6 测试中心和 UNH-IOL 实验室发布由双方共同牵头修订的 IPv6 Ready 核心协议测试规范 5.0.0 版本，并在全球范围内实施。

6 月

1 日　京东廊坊“亚洲一号”智能物流中心投入使用。这是亚洲电商领域首个针对大件商品应用自动化立体仓储系统的智能物流基地。

4日　北京网络游戏新技术应用中心挂牌活动在亦城时代广场举行，首批10家云游戏内容及发行平台机构入驻。

9日　东港瑞云数据技术有限公司上线国内首个区块链电子档案平台——中小微企业档案管理云平台。

17日　北京电子科技职业学院与北京集创北方科技股份有限公司达成合作，共同建设集成电路产品测试中试基地，开创校企共建中试基地新模式。

是日　亚洲首个全流程智能柔性生产物流园——京东物流北斗新仓建成投入使用。

是日　北京奔驰汽车有限公司首辆国产全新梅赛德斯－奔驰GLA SUV在前驱车工厂下线。

18日　国富瑞数据系统有限公司成为全国首批物联网实训基地11家挂牌企业之一。

24日　中金数据系统有限公司与天津市武清区京滨工业园签订投资协议，中金天津大数据产业园落户天津市武清区。

29日　经开区政务服务中心打造的首家亦企服务港政务服务站——永康港政务服务站在嘉捷科技园启用，服务范围覆盖港内近2700家企业。

30日　“京东服务＋”温泉社区服务中心在海淀区温泉镇开业。这是“京东服务＋”全国首家社区服务中心。

是日　安诺优达基因科技（北京）有限公司参编的国内首个医疗器械行业基因测序仪标准《高通量基因测序仪》（YY/T 1723—2020）对外发布。这是全球首个针对基因测序仪设定的标准。

7月

1日　经开区召开再造流程提升效能大会。

6日　北京博大新元房地产开发有限公司开发建设的经开区首个共有产权房项目——亦城亦景家园（X84R3）项目竣工。

是日　驻经开区管委会纪检监察组完成辖区内街道纪检监察相关职责职能的划转，承接原由大兴区纪委监委对荣华、博兴街道纪工委行使的工作职责。

8日　北京星际荣耀空间科技股份有限公司自主研发的焦点一号（JD-1）可重复使用液氧甲烷发动机通过大范围连续变推力长程试车，试车时间为200秒。

13日　人大附中北京经济技术开发区学校被评为2020年度全国青少年人工智能活动特色单位，是大兴区唯一入选的单位。

14日　经开区6家企业的7件专利获第二十一届中国专利奖，其中获中国专利银奖2项、中国专利优秀奖5项。

17日　北京奔驰汽车有限公司第300万台发动机下线。

17—19日　人大附中北京经济技术开发区学校首次承担中考考点校组考工作。

20日　北京金风科创风电设备有限公司研制的GW155-4.5MW风电机组在国内首个陆地5MW级风电整机智能装备制造基地——兴安盟金风科技整机装备基地下线。

21 日 中企动力科技股份有限公司产品全球门户上线。该产品覆盖全球市场营销触点，企业只需一个门户即可兼顾内外贸市场。

22 日 北京亦庄生物医药园实验室危险废物暂存间揭牌并启用，标志着北京亦庄生物医药园危险废物集中收运体系启动。该暂存间是经开区首个危险废物暂存间。

23 日 经开区发布《北京经济技术开发区公共资源交易平台整合共享工作方案》。

30 日 北京亦庄国际人才发展集团有限公司成立，注册资本为 99.92 亿元；尚亦城（北京）科技文化集团有限公司成立，注册资本为 10 亿元。2 家公司均为区属一级国有企业。

是月 由中国工商银行股份有限公司北京经济技术开发区支行配合经开区管委会开发的北京地区首个智慧政务项目投产上线。一期实现经开区管委会 20 个政府部门 826 项行政事项通过工商银行智能终端查询。

是月 经开区政务服务中心建设全市首个远程交互中心并投入使用。

8月

3 日 经开区 3 家企业参与的 3 个项目获 2020 年度国家科学技术进步奖。

5 日 北京京运通科技股份有限公司自主研发的 JD-1600 型全自动单晶炉拉制出首根 12 英寸单晶硅棒，标志着 JD-1600 型全自动单晶炉研发成功。

6—8 日 航天长征化学工程股份有限公司研发的“高效洁净含碳物质干粉加压气化装置及方法”发明专利获行业专利特等奖。

12 日 经开区 5 家企业完成（参与）的 5 个项目获 2020 年中国钢铁工业协会、中国金属学会冶金科学技术奖。

14 日 京东物流集团与中国物流与采购联合会共同发布《数字孪生供应链白皮书》。这是业内首个数字孪生供应链白皮书。

22 日 瓦里安医疗设备（中国）有限公司推出全新一代 Halcyon 智慧放疗平台。

27 日 北京市北斗产业创新基地揭牌并启动运营，建筑面积为 10 万平方米。

是日 拜耳医药保健有限公司的氯化镭 [^{223}Ra] 注射液（多菲戈®，Xofigo®）获药监局批准在中国上市，用于治疗伴症状性骨转移且无已知内脏转移的去势抵抗性前列腺癌（CRPC）患者。

29 日 北京亦庄创新发布平台向社会发布“人才十条”新政，即《北京经济技术开发区支持高精尖产业人才创新创业实施办法（试行）》。

是月 北京金风科创风电设备有限公司研制的 GW171-6.45MW 海上风电机组在阳江风电产业基地下线。

是月 北京金风科创风电设备有限公司研制的 GW140-3.57MW 陆地潮湿型风电机组在国家电投集团广西兴安风电有限公司界首项目完成首台吊装。该机组成为中国华南区域吊装的陆上单机容量最大机组。

是月 拜耳医药保健有限公司的利伐沙班片（拜瑞妥®）申报的新适应证获药监

局批准。

9月

1日　四达时代集团推出首个法语高清体育频道 Sports Premium，实现全法语内容、全天候播出。

7日　北京电子科技职业学院“职业教育类型特征及其与普通教育‘双轨制’‘双通制’体系构建研究”课题获国家重大项目立项。这是该校首次获批国家级重大科研项目和全国教育科学规划项目。

9日　北京奔驰汽车有限公司国产新一代梅赛德斯－奔驰长轴距E级车第300万辆整车下线。

10日　经开区2位科学家和11项科研成果获2019年度北京市科学技术奖。

14日　北京博奥晶典生物技术有限公司的空间转录组测序技术获10x Genomics公司颁发的CSP证书。博奥晶典成为同时拥有4种10x平台测序技术官方认证的服务商。

18日　北京加科思新药研发有限公司的原创新药JAB-3312被美国食品药品监督管理局（FDA）授予治疗食管癌的孤儿药资格认定，可用于支持该药在食管癌适应证上的全球开发。

19日　北京市高级别自动驾驶示范区发布会在经开区举行。会议宣布全球首个网联云控式高级别自动驾驶示范区将在经开区启动建设。

是日　智能网联汽车数据交互与综合应用公共服务平台国家管理中心落户经开区。

21日　经开区12家企业入选第一批北京市专精特新“小巨人”企业名单。

是日　北京天诚同创电气有限公司提出并牵头制定的国际标准《微电网　第3-1部分：技术规范－保护和动态控制》（IEC TS 62898—3—1）发布。该标准填补了国际电工委员会电能供应系统技术委员会微电网保护及动态控制标准化的空白。

24日　全图通位置网络有限公司牵头设计的《非暴露空间超宽带安全应急定位系统技术规范》（标准号为T/GLAC 0001—2020）发布。这是中国卫星导航定位协会首批团体标准。

25日　国家海外人才离岸创新创业基地揭牌，并发布离岸基地建设方案。首批11家北京·亦庄离岸创新中心也同步发布。

28日　中国（北京）自由贸易试验区高端产业片区挂牌仪式在经开区举行。首批近40个项目集中签约落户经开区，总投资额超过1600亿元。

29日　赛莱克斯微系统科技（北京）有限公司投资建设的“8英寸MEMS国际代工线建设项目”通线投产运行，产能为1万片/月，标志着北京首条商业量产、全球业界最先进的8英寸MEMS芯片生产线进入实际生产阶段。

是月　北京超弦存储器研究院在经开区成立。该研究院总体定位为国际先进的存储器技术研发机构、政产学研对接平台和集成电路高端人才培养基地，致力于打造具备全球影响力的存储器研究院。

是月　北京世纪金光半导体有限公司推

出自主研发的车规级大功率全 SiC 模块。

是月 北京金风科创风电设备有限公司研制的 GW171-6.45MW 海上风电机组在三峡新能源广东阳江沙扒二期项目中完成首台吊装。该机组是南海海域已吊装项目中搭载叶轮直径最大的海上风电机组。

是月 和利时集团推出 Optic VIO 工业光总线智能 I/O 系统。该系统性能达到先进水平。

10 月

1 日起 经开区“60 平方公里”范围内（含 9 所中小学、18 所幼儿园）教育职能主体转为经开区社会事业局行使。

9 日 北京公共交通控股（集团）有限公司承接经开区区域公交暨亦庄公司运营启动仪式举行，北京公交集团亦庄运营管理有限公司承接运营亦庄新城 8 条区域公交线路，经开区区域公交纳入北京公交线网管理。

10 日 百度首次在北京面向公众无预约全开放 robotaxi 服务。首批开放经开区 11 个站点、海淀区 3 个站点，投放 20 辆林肯 MKZ 自动驾驶车辆。

是日 经开区 23 家企业入选北京民营企业“1+4”百强榜单。

13—15 日 2020 全球无人机应用及防控大会暨无人机产业博览会在北京亦创国际会展中心举办。大会设立 3 个学术交流会、11 个高峰论坛，共有 500 多位国内外嘉宾、2000 多位代表参会。博览会占地面积为 2 万平方米，300 多家展商参展。

14 日 新疆金风科技股份有限公司及其位于经开区的 2 家子公司北京金风科创风电设备有限公司、北京天诚同创电气有限公司凭借 2 项产品标准获中国标准创新贡献奖。

14—16 日 北京金风科创风电设备有限公司研制的新一代直驱永磁平台 GP21 及系列高性能旗舰产品发布，包括面向中低风速市场的 GW165-3.6MW 与 GW165-4.0MW 直驱永磁风电机组、面向中高风速市场的 GW165-5.XMW 直驱永磁风电机组。

15 日 北京电子科技职业学院牵头成立的北京现代制造业职教集团入选教育部第一批示范性职业教育集团（联盟）培育单位名单。

16 日 经开区 12 家企业入选全国第五批绿色制造名单，其中 9 家企业入选绿色工厂名单、3 家企业入选绿色供应链管理企业名单。

19 日 北京北方华创微电子装备有限公司 IC 领域立式炉第 100 台设备交付仪式在经开区生产基地举行。

20 日 北京电子科技职业学院“现代学徒制背景下高职思政教育嵌入实训的路径探索及模式比较研究”课题获 2020 年度国家社科基金高校思政课研究专项立项。这是该校首次获国家社科基金项目立项。

23 日 由北京丹大生物技术有限公司承担，中国人民解放军总医院、北京大学肿瘤医院、深圳大学等单位参与的国家重点研发计划“主动健康和老龄化科技应对”重点专项启动。

29日　北京电子科技职业学院6个课题获北京市教育科学“十三五”规划2020年度课题立项，其中优先关注课题3个、一般课题3个。

30日　锋创科技发展（北京）有限公司的锋创科技园入选2020年度国家小型微型企业创业创新示范基地名单。

是月　经开区国际人才服务厅在经开区政务服务中心启用。经开区在北京市率先实现外国人工作许可和居留许可“一窗受理、同时取证”，办理时间压缩在7个工作日内。

是月　安川首钢机器人有限公司承接国内首个机器人炼铁炮泥自动装填项目。

11月

7日　星河动力（北京）空间科技有限公司自主研发的“谷神星一号（遥一）”商业运载火箭在酒泉卫星发射中心成功发射，将国电高科天启11星精确送入预定轨道。该火箭成为首个成功发射商业组网卫星的民营商业火箭，实现垂直自瞄准、矢量固体推力控制等技术在民营商业运载火箭上的首次应用。

10日　京东方科技集团股份有限公司推出55英寸4K主动矩阵量子点发光二极管（AMQLED）显示屏。

12日　北京智能车联产业创新中心有限公司管理和运营的国家智能汽车与智慧交通（京冀）示范区亦庄基地被认定为自动驾驶封闭场地测试基地，挂牌“交通运输部认定自动驾驶封闭场地测试基地（北京亦庄）”。该基地成为全国第七家由交通运输部认定的自动驾驶封闭场地测试基地。

15日　通用电气医疗集团在中国市场超高端的256排Revolution CT生产线在航卫通用电气医疗系统有限公司工厂投产。

18日　京东方科技集团股份有限公司在京东方技术创新中心举办以“芯屏气/器和　智慧领航”为主题的全球创新伙伴大会·2020（BOE IPC·2020）。

20日　首都医科大学附属北京同仁医院经济技术开发区院区新门急诊楼开诊运行，扩建面积为15.20万平方米，有床位1400张。

是日　赛诺菲（北京）制药有限公司分包装的普乐沙福注射液（释倍灵®）申报的新适应证获药监局批准。

24日　地理信息产业高质量发展专家座谈会暨中国地名大数据中心启动仪式举行，标志着中国地名大数据中心落户苍穹数码港。

26日　经开区“以案为鉴、以案促改”警示教育大会召开，北京市专家及全区干部600人参会。

28日　安诺优达基因科技（北京）有限公司参编的国内首个无创产前DNA检测（NIPT）团体标准《基于孕妇外周血浆游离DNA高通量测序无创产前筛查胎儿基因组疾病技术标准》发布。

30日　中国杂技团有限公司出品的节目《骨血——平衡倒立》在第二届“世界的语言”国际青少年马戏艺术节上以总分第一的成绩获金奖。

是日 市药监局第三分局成立暨授牌活动以视频会形式召开。12月1日起正式履职。

是月 安川首钢机器人有限公司成功开发彩涂机器人三功能一体系统。该系统集成模式开创了国内冶金行业的先河。

是月 蓝箭航天空间科技股份有限公司完成“朱雀二号”火箭二级发动机联合试车。这是国内首次由多台液氧甲烷发动机并联完成的试车试验。

是月 经开区公共资源管理服务中心体育场通过国际足联 FIFA 场地质量认证检测。该体育场成为区内唯一通过该项质量认证的足球场。

12 月

4 日 中冶京诚工程技术有限公司获冶金工程施工总承包特级资质。中冶京诚成为全国首家“三综一特”资质企业。

6 日 北京星际荣耀空间科技股份有限公司完成双曲线二号验证型火箭（SQX-2Z）液氧 / 甲烷低温推进剂共底贮箱产品的生产。这是国内首个直径超过 3 米的单层共底贮箱。

7 日 经开区开启建设工程专业分包项目全流程网上办理模式，建设工程承发包项目在经开区招投标由纸质办理全部实现全流程电子化管理。

是日 中冶京诚工程技术有限公司中标河钢集团有限公司“氢能源开发和利用工程示范项目工厂设计”。该事件入选《世界金属导报》2020 年世界钢铁工业十大产业要闻和《中国冶金报》2020 年度中国钢铁工业 10 件大事。

11 日 由北京亦庄国际生物医药投资管理有限公司牵头，北京石油化工学院、北京电子科技职业学院、生物医药园工会联合会、中关村现代医药生产力促进中心共同发起的 E-Town Bio 产业工程师学院在北京亦庄生物医药园成立。

14 日 北京亦庄科技成果转化中心有限公司完成北京亦庄军民融合研究院民办非企业单位的登记注册工作。该研究院是北京市首家正式注册的军民融合研究院。

15 日 北京市杂技学校（北京市国际艺术学校）成为首家首都体育学院优质生源基地。

是日 首都医科大学附属北京同仁医院经济技术开发区院区新感染楼投入使用。

16 日 京东物流集团全自主研制的“京蜓”自转旋翼支线物流无人机在四川自贡凤鸣机场完成首飞。这是京东物流自主研发的第二款原生支线物流无人机，是国内首款载重数百公斤级并具有舱内空投功能的无人机。

22 日 北京泰德制药股份有限公司自主研发的肌松药苯磺顺阿曲库铵注射液（得泰安®）获药监局颁发的药品批准文号，且视同通过仿制药质量与疗效一致性评价。泰德制药是该品种国内首家通过一致性评价的制药企业，该药品属于国家医保目录品种。

是日 由下一代互联网关键技术和评测国家地方联合工程研究中心主办的 GNTC 2020 全球网络技术大会在南京召开。大会宣布全球首家纯 IPv6 公共 DNS 全球服务开通，并为下一代互联网国际产业创新中心揭牌。

23 日　经开区工委宣传文化部在脸书（Facebook）、推特（Twitter）平台开通“Beijing E-Town”官方服务号。经开区成为北京“16+1”区、“三城一区”中首批建设海外宣传阵地的区域。

24 日　中关村科技成果产业化先导基地在经开区揭牌。

是日　经开区入选国家第三批双创示范基地名单（精益创业方向）。

26 日　经开区国家人工智能高新技术产业化基地揭牌，规划占地面积约为 3.63 平方千米。

是日　位于亦城茗苑、国融国际、上海沙龙的 3 家“亦城家园中心”挂牌。

28 日　北京泰德制药股份有限公司技术中心被认定为国家企业技术中心。

是日　北京凯因科技股份有限公司慢性丙型肝炎治疗 1 类创新药盐酸可洛派韦胶囊（凯力唯®）入选《国家基本医疗保险、工伤保险和生育保险药品目录（2020 年）》，成为唯一入选的国产 1 类丙肝 DAA 药物。

30 日　北京生物制品研究所有限责任公司新型冠状病毒灭活疫苗（Vero 细胞）的注册申请获药监局附条件批准。这是国内首支附条件上市的新型冠状病毒疫苗。

是日　经开区社会事业局与大兴区残联签订交接协议。经开区社会事业局民政处于 2021 年 1 月 1 日起承接残疾人公共服务事项的各项职权。

是日　经开区“无废城市细胞”创建工作评选出 78 颗“无废之星”，其中绿色企业 10 家、无废项目 12 个、节约型机关 1 个、绿色街道 2 个、绿色社区 14 个、节约型学校 4 个、绿色商业综合体 1 个、绿色餐饮酒店 4 家、绿色家庭 14 个、无废个人 16 个。

是月　由北京市地方志编纂委员会主编、经开区管委会承编的《北京志 · 北京经济技术开发区志》由北京出版社出版发行。

是月　经开区亦城景园小区被市生活垃圾分类推进工作指挥部评为 2020 年第一批北京市生活垃圾分类示范小区。

是月　北京天诚同创电气有限公司首个风储配套项目——安徽灵璧一期 50 兆瓦风电和 10 兆瓦 /10 兆瓦 · 时储能项目升压站一次配套储能系统带电运行成功。该项目是天诚同创首个正式运行的风电储能一体化示范项目，也是国内第一批风电场储能示范性项目。

是月　北京科益虹源光电技术有限公司的“40W 4kHz KrF 光刻准分子曝光光源”产品被认定为北京市首台（套）重大技术装备。

是月　蓝箭航天空间科技股份有限公司完成液氧甲烷针式喷注器试车。这是国内首个通过充分热试车验证的液氧甲烷针栓式喷注器。

是月　安川首钢机器人有限公司研发的汽车脚踏板机器人去塑抛光智能打磨系统在山西卡每特工业机械有限公司投入使用。该系统实现了国内首次对超长脚踏板（1.3~2.6 米）表面进行机器人去塑、抛光、拉丝等打磨作业，填补了行业空白。

是月　安川首钢机器人有限公司与天津中国科技研究院共同研发的解耦炉具机器人自动生产线通过验收。这是国内第一条机器人炉具自动化生产线。

年内　经开区将原有66枚各部门审批用章替换为行政审批专用章，实现“一枚印章管审批”。

年内　经开区社会保险保障中心全年核定社保、医保基金收支，规模达172.4亿元，年度基金结余75.9亿元上缴市中心，基金贡献处于全市前列。

年内　国汽（北京）智能网联汽车研究院有限公司自主创新搭建了针对V2X应用场景的安全芯片处理性能测试系统，并完成国内首次针对V2X安全芯片处理性能的第三方测试。

年内　经开区7家企业上市。

年内　经开区城市运行局开通员工复工“通勤线”，开通4条定制公交线路和12条预售线路，累计服务区内企业员工通勤3.2万人次。

年内　经开区内9家口罩生产厂，日产能50万只。

年内　凉水河经开区段被推选为全国首批17个示范河湖之一，成为华北地区唯一的国家级示范河湖。

年内　经开区城市运行局打通到疫区的“货运线”，办理48张次应急物资及疫苗研发人员车辆通行证，其中5张绿色通道通行证主要服务于将瑞德西韦等疫苗药剂运抵武汉市金银潭医院。

年内　经开区城市运行局协助亦庄控股申报北京市南海子湿地公园并获批。

年内　经开区新增设园区类博士后科研工作站分站8家、博士后科研工作站2家，新招收进站博士后14人。

年内　亦庄控股党委成立51个党员突击队、设立80个党员责任区、组建16个临时党支部、设立7个志愿服务岗，累计抽调近300名干部参与首都机场和北京市、经开区的社区、工地、园区一线防控任务，1100多名党员分批次到社区支持疫情防控工作，捐款10万余元。

年内　北京星际荣耀空间科技股份有限公司自主研发的焦点一号（JD-1）可重复使用液氧甲烷发动机转为初样阶段，实现国内液氧甲烷发动机二次启动、连续变推力、变工况摇摆等多项技术“零”的突破。

年内　经开区7家企业生产的8种抗疫产品被北京市科技防疫出口专班列入重点出口产品清单。

营商环境

综述

2020年，经开区深入推进招商模式创新，构建由招商部门、头部企业、专业机构组成的“7+1”大招商格局，统筹调度区内外招商资源积极性，开展全场景、全方位招商。同时，通过“七促”项目调度机制，经开区加快推进150个项目落地建设，其中促签约58个、促摘牌15个、促开工20个、促竣工8个、促投产9个、促技改40个。

经开区与中芯京城12英寸先进代工生产线、百度Apollo自动驾驶中国总部、北京亦庄京广协同创新产业园、赛诺菲（北京）制药新建Toujeo®灌装及组装生产线、阿斯利康中国北部总部项目、中法智能制造产业园等58个项目签约，总投资为864亿元。信创园一期、华卓精科二期、永泰生物细胞制剂研发生产项目、智飞绿竹生物新型病毒疫苗和工程疫苗产业化基地项目等15个项目摘牌，总投资为345亿元。集创北方显示驱动芯片设计和先进封测基地项目、高端汽车零部件产业园（N19地块）、诺康达药品智能化生产项目、首药控股新药研发与产业化基地项目等20个项目开工，总投资为123亿元。京东方研发实验室二期、北汽新能源“蓝谷智慧能源”产业化项目、阿尔特二期等8个项目竣工，总投资为112亿元。小米互联网电子产业园项目、电控燕东8英寸集成电路生产线项目、京东无人科技研发生产项目等9个项目投产，总投资为151亿元。赛升药业生物制药基地智能制造项目、京东方8.5代线模组自动检测项目等40个项目完成技改，总投资为16亿元。

经开区新增注册企业6919家（内资企业6820家、外资企业99家），比2019年增长33.08%；新设企业注册资本为1220.30亿元（内资企业注册资本为867.10亿元、外资企业注册资本为353.20亿元），比2019年下降39.72%。截至2020年年底，经开区存续企业33262家（内资企业32148家、外资企业1114家）；存续企业注册资本为10984.12亿元（内资企业注册资本为8802.79亿元、外资企业注册资本为2181.33亿元），比2019年增长20.48%。经开区完成项目备案核准309项，固定资产投资3491.70亿元。开工项目255项，比2019年增长57%；涉及项目资金236.03亿元，比2019年增长180.72%。竣工验收备案79项，比2019年下降23%，规模共计204.01万平方米，比2019年下降14%。

（舒星 王立珩 张勇）

“两区”建设

概况

2020年，在北京市召开建设国家服务业扩大开放综合示范区和中国（北京）自由贸易试验区动员部署大会后，经开区成立中国（北京）自由贸易试验区高端产业片区亦庄组团（国家服务业扩大开放综合示范区经开区区域）工作领导小组办公室（简称经开区“两区”办），主要负责统筹推进各项“两区”重点工作任务，强化组织保障。中国（北京）自由贸易试验区高端产业片区挂牌。经开区坚持“全球视野、北京特色、制度创新、政策联动、协同开放”的要求，深入调查研究，统筹编制“两区”工作方案和自贸区亦庄组团的实施方案；坚持系统观念，强化顶层设计，将自贸区亦庄组团实施方案与“十四五”规划及有关专项规划有机衔接；以新发展理念为引领，全面落实中央关于京津冀协同发展战略和《中国（北京）自由贸易试验区总体方案》要求，打造具有全球影响力的创新型产业集群和科技服务中心，瞄准国际创新前沿，加强应用研究，布局“4+2+1”产业体系（“4”即围绕新一代信息技术、高端汽车和新能源智能汽车、生物技术和大健康、机器人和智能制造四大主导产业领域，“2”即完善高端商务服务、科文融合的文化创意产业布局，“1”即开放协同数字经济），以体制机制突破和政策突破为重点任务，进一步推动投资、贸易、资金、运输、人员、数据安全等跨境流动的自由化、便利化，通过“两区”建设，打造深化改革的先行区、扩大开放的引领区和营商环境的示范区。

（刘佳骏）

北京自贸区申报工作启动

3月，中国（北京）自由贸易试验区申报工作全面启动，经开区是中国（北京）自由贸易试验区拟申报片区之一。为进一步深化改革、扩大开放，推动经开区经济高质量发展，把握市政府申报中国（北京）自由贸易试验区的历史机遇，经开区高度重视，多部门组成工作专班推动中国（北京）自由贸易试验区高端产业片区的申报工作。经开区根据北京市赋予的功能定位，结合工作实际，组织各相关部门深入研究，高质量编撰具有经开区特色的申报材料，于3月25日上报市商务局。

（刘佳骏）

服务业扩大开放综合示范区建设启动

8月28日，国务院批复《深化北京市新一轮服务业扩大开放综合试点建设国家服务业扩大开放综合示范区工作方案》，标志着北京市服务业扩大开放综合试点进入全面升级的新阶段。以北京服务业扩大开放综合试点和综合示范区为平台，在其5年3轮试点基础上，进一步聚焦数字经济、金融服务等领域加速开放探索，推动服务业升级，为全国服务业扩大开放进行先行先试。经开区全面落实该方案，以更大力度、更高水平打造全面开放型现代服务业发展平台。经开区结合国务院、北京市相关要求，实施金融、科技、互联网信息、专业服务等领域开放改革，统筹推进政策项目落地。

（刘佳骏）

中国（北京）自由贸易试验区设立

9 月 21 日，国务院印发《中国（北京）自由贸易试验区总体方案》，中国（北京）自由贸易试验区设立。中国（北京）自由贸易试验区的实施范围为 119.68 平方千米，涵盖 3 个片区，其中科技创新片区 31.85 平方千米、国际商务服务片区 48.34 平方千米、高端产业片区 39.49 平方千米（经开区的亦庄组团区域共计 27.83 平方千米）。高端产业片区功能定位为重点发展商务服务、国际金融、文化创意、生物技术和大健康等产业，建设科技成果转换承载地、战略性新兴产业集聚区和国际高端功能机构集聚区。9 月 24 日，中国（北京）自由贸易试验区揭牌仪式在北京市城市副中心举行，中共中央政治局委员、市委书记蔡奇为自贸区揭牌并讲话，市委副书记、市长陈吉宁宣读国务院批复，市人大常委会主任李伟、市政协主席吉林出席。商务部和北京市领导共同为高端产业、科技创新、国际商务服务 3 个片区揭牌，首批入驻自贸区项目进行签约。经开区中芯北京三期 12 英寸代工生产线项目作为首批入驻自贸区的 7 个签约项目之一，在揭牌仪式现场的签约仪式上进行签约，也是签约仪式上总投资额最大的项目。

（刘佳骏）

中国（北京）自贸区高端产业片区挂牌

9 月 28 日，中国（北京）自由贸易试验区高端产业片区挂牌仪式在经开区举行。首批近 40 个项目在挂牌仪式上集中签约落户经开区，总投资额超过 1600 亿元。经开区将把自贸区建设作为新一轮高质量发展的战略支点和新一轮高质量发展的重大机遇，加快形成更多具有国际竞争力的创新成果；用足用好自贸区政策，研究制订实施方案和符合亦庄组团实际的制度创新举措，打造国际一流的营商环境，充分发挥试验田作用；围绕高端产业片区的职能定位，抓紧研究出台配套政策和投资促进措施，加快高精尖产业布局，确保国家战略在经开区实施，形成可复制、可推广的“亦庄经验”，打造首都对外开放新高地。经开区工委书记王少峰，工委副书记、管委会主任梁胜出席挂牌仪式。

（刘佳骏）

经开区全面启动“两区”建设

10 月 9 日，北京市召开建设国家服务业扩大开放综合示范区和中国（北京）自由贸易试验区动员部署大会，为全市推动“两区”建设明确发展方向。12 月 9 日，经开区工委书记王少峰主持召开 2020 年第一次“两区”建设领导小组工作会议，专题研究经开区“两区”建设相关工作。会议原则同意组建中国（北京）自由贸易试验区高端产业片区亦庄组团（国家服务业扩大开放综合示范区经开区区域）工作领导小组，由经开区工委和管委会主要领导任双组长，分设 13 个专项工作组，领导小组办公室设在经开区商务金融局，统筹推进“两区”重点任务落实，强化组织保障。

（刘佳骏）

产经活动

概况

2020 年，受新冠肺炎疫情影响，部

分产经活动停办，部分活动采用线上为主、线下为辅的形式举办，缩小规模。全年举办 2020 北京微电子国际研讨会暨 IC WORLD 学术会议、北京亦庄高端汽车产业链大会等，参展 SEMICON China 2020 国际半导体展、2020 年中国国际服务贸易交易会等。

2020 年，北京经济技术开发区生命健康产业促进工作专班（简称经开区生命健康专班）主要负责生命健康产业国际化项目的引进和指导；生命健康产业重大项目、关键项目和复杂项目的协调、协助、咨询、服务；协调解决国际生命健康产业发展和企业运行中的问题；策划指导生命健康产业的重大国际活动等。

（高洁　张磊）

参展 SEMICON China 国际半导体展

SEMICON China 2020 国际半导体展经开区展位　方针 摄

6 月 27—29 日，SEMICON China 2020 国际半导体展在上海新国际博览中心举办。展会由国际半导体设备与材料协会（SEMI）和中国电子商会（CECC）主办，以“跨界全球 · 心芯相联”为主题，展览面积为 8 万余平方米，有 900 多家展商、3200 多个展位，覆盖国内外芯片设计、制造、封测、设备、材料供应等全产业链。经开区管委会偕北京亦庄国际投资发展有限公司，组织北京集创北方科技股份有限公司、京微齐力（北京）科技有限公司、北京矽成半导体有限公司等 9 家区内具有代表性的集成电路企业参展，展示显示驱动芯片、车载存储芯片、国产 FPGA 芯片开发板、双频 Wi-Fi 芯片、分布式台区智能终端和石英舟等集成电路前沿技术和产品，展现经开区集成电路产业创新成果。

（兰坤　毕志超）

参展中国国际服务贸易交易会

2020 年中国国际服务贸易交易会经开区展区　方针 摄

9 月 4—9 日，2020 年中国国际服务贸易交易会在北京国家会议中心举办。会议以“全球服务，互惠共享”为主题，举办覆盖服务贸易全部十二大领域的展览展示和 190 场论坛及洽谈活动，组建 80 家央企交易团、16 家中央金融企业交易团及 38 个省区市交易团，共有来自 148 个国家和地区的 2.2 万家企业和机构线上、线下参展参会，包括 33 家国际组织、68 家驻华使馆、110 家境外商协会、199 家世界 500 强企业。服贸会展览区域总占地面积约为 20 万平方米，其中文化服务展区占地面积为 400 平方米，由经开区工委宣传文化部组织，尚亦城（北京）科技文化集团有限公司策展，设置高新全景观亦城、尖端科技聚亦城、文化漫游享亦城、云游电竞乐亦城 4 个主题场景，展出一批前沿产品、技术和应用场景，展现经开区在科文融合方面的发展成果与前瞻布局。经开区参与组织筹办“服务机器人·智能科技专题”板块、综合展区“信息服务专区”，以及3场配套论坛，集中展示服务机器人在促进产业深度融合和引领服务经济蓬勃发展中所发挥的作用。

（刘君　陈佳）

参展中国北京国际科技产业博览会

科博会经开区展区　　张浩东　摄

9月17—20日，第二十三届中国北京国际科技产业博览会（简称科博会）举办，并首次与中关村论坛融合，共同聚焦“合作创新·共迎挑战”主题，打造科技领域国际交流合作平台。经开区以“北京亦庄·智造之城”为主题，设置核心展区、芯动力、新智造、智能车、大健康、创星空的“1+5”板块，区内70多家企业及创新中心参展，展示新技术新产品754项，其中国际领先、填补国际空白新技术24项、新产品46项。9月18日，在科博会科技合作项目推介暨签约仪式上，智通物联网产业园项目、京东集团中央研究院项目、中电科集成电路核心装备产业园项目等6个高精尖项目实现签约落地，投资总额超过100亿元。

（许金星）

24个项目获“创客北京2020”大赛奖项

“创客北京2020”创新创业大赛总结会　　钱环宇　摄

9月29日，“创客中国”首届京津冀中小企业创新创业大赛（简称京津冀大赛）暨“创客北京2020”创新创业大赛（简称“创客北京”大赛）在北京落幕。京津冀大赛于7月启动，聚焦交通协同、生态环保协同、产业协同、文化协同4个主题，共96个项目获奖，其中经开区企业诺未科技（北京）有限公司（简称诺未科技）的“新一代抗肿瘤记忆性免疫细胞治疗NewishT”项目获创客组二等奖。“创客北京”大赛由区域赛、赛道赛、疫情防控专题赛构成，参赛项目达2843个，其中经开区有23家企业项目获奖。在区域赛中，经开区12家企业项目获奖，其中北京范恩柯尔生物科技有限公司的“抗肿瘤和抗病毒的小分子靶向药物和抗体药物的研究与开发”项目获创客组特等奖，北京历途科技有限公司的“历途高楼外墙清洗机器人”项目获创客组二等奖，诺未科技的“新一代抗肿瘤记忆性免疫细胞治疗NewishT”项目获创客组三等奖；博雅工道（北京）机器人科技有限公司的“智能仿生机器鱼”项目获企业组二等奖等。在赛道赛中，经开区4家企业项目获优胜奖，分别为北京千寻未来科技有限公司的“艾思机器人”项目获小米·智能生活专项赛优胜奖，北京甄选智能科技有限责任公司的“甄选智能一智能果蔬分选和无损便携检测（美团）”项目获美团·未来生活专项赛优胜奖，北京铁锹科技有限公司的“商业智能分析平台”项目、北京松叶科技有限公司的“松叶智能供应链服务管理平台”项目获京东·智能采购专项赛优胜奖。在疫情防控专题赛中，经开区有7家企业项目获奖，其中北京康乐卫士生物技术股份有限公司的“新型冠状病毒VLP递呈多肽疫苗”项目获特等奖，欧必翼太赫兹科技（北京）有限公司的“红外测温产品的创新+太赫兹、毫米波应用”项目和安诺优达基因科技(北京)有限公司的“利用高通量测序技术对新型冠状病毒进行精准检测”项目获三等奖等。

（钱环宇）

2020全球无人机应用及防控大会

2020全球无人机应用及防控大会场外　　方针　摄

10月13—15日，2020全球无人机应用及防控大会暨无人机产业博览会在北京亦创国际会展中心举办。大会由国际无人机从业者协会、中国光学工程学会、经开区管委会等主办，以“领航全域　展翼未来”为主题，设立3个学术交流会、11个高峰论坛，联合2020无人机创新技能大赛与2020无人机产业博览会同期举办，聚焦行业应用，共同探讨全球无人机发展趋势。中国无人机产业创新联盟指导委员会委员、中国工程院院士刘永坚，国家农业信息化工程技术研究中心主任、首席科学家、中国工程院院士赵春江，中国航天空气动力技术研究院研究员石文等出席主论坛并发表讲话，共有500多位国内外嘉宾、2000多位代表参会。博览会占地面积为2万平方米，有300多家展商参展，面向无人机行业用户展示最新行业应用解决方案。

（康蕊）

双创周亦庄会场活动

双创周亦庄会场活动开幕　　方针　摄

10月16日，2020全国大众创业万众创新活动周亦庄会场活动开幕。活动由经开区管委会主办、经开区科技创新企业商会承办，以“为创新聚力　助创业加速”为主题。经开区发布全新的“创新成长计划”和“创新伙伴计划”，释放一揽子政策服务包。通过两个“计划”的落地，经开区力争在三年内培育十家潜力独角兽企业、扶持百家专精特新和隐形冠军企业、促进千项科技成果转化。十大金融机构共同发起成立的双创友好型科技金融服务联盟也在活动中亮相，共同打造“创新链+产业链+资本链”三链合一的友好型科技金融服务体系。双创周亦庄会场还陆续举办“三城一区”科技创新成果产业化交流展览、中国创新药论坛、中小企业知识产权运用与科技成果转化实务研讨等5场专题活动，以及北京—粤港澳大湾区科技创新项目路演会、系列高校院所科研成果线上研讨会等30场特色服务活动。

（张鹏宇）

中国美国商会第21届年度人力资源峰会

中国美国商会第21届年度人力资源峰会举办　张浩东　摄

10月16日，中国美国商会第21届年度人力资源峰会在经开区举办。峰会由中国美国商会主办，以“共同构筑企业应对危机的韧性和能力”为主题，共设“挑战与创新、业务增长与员工体验、组织韧性和商业韧性”3个专题板块，重点讨论人力资源专业从业人员提出的创新解决方案，以应对公共卫生危机带来的特殊挑战。经开区工委书记王少峰介绍经开区在高质量发展方面取得的成绩，邀请参会企业代表深入经开区调研，寻找合作契机，并就人才吸纳政策与业界专家进行交流。微软中国有限公司、辉瑞制药有限公司、施耐德电气（中国）有限公司等跨国公司代表就一系列主题进行演讲讨论，着重从人力资源角度阐述公司在疫情期间的体验以及对未来工作的理解。来自80多家中国、美国商会会员企业的200名线上、线下与会者参会。

（李凯杰）

经开区管委会与国药集团开启战略合作

经开区管委会与医药集团战略合作签约仪式举行　方针　摄

10月17日，经开区管委会与中国医药集团有限公司（简称国药集团）战略合作签约仪式在北京亦创国际会展中心举行。此次签约签订1个战略合作框架协议和3个子协议，子协议分别为经开区管委会与国药集团药业股份有限公司共同推进企业深度合作协议、北京亦庄国际投资发展有限公司与国药集团融资租赁有限公司战略合作协议、尚亦城（北京）科技文化集团有限公司与《中国新药杂志》有限公司策划举办中国创新药品牌活动合作协议。

（张磊）

2020北京微电子国际研讨会

2020北京微电子国际研讨会暨IC WORLD学术会议举办　张笑嫣　摄

11月18—19日，2020北京微电子国际研讨会暨IC WORLD学术会议在朝林松源酒店举办。会议由市经济信息化局、经开区管委会主办，北京半导体行业协会

（CBSIA）等联合承办，以“开创芯启程，领跑芯未来”为主题，并针对新形势下人工智能、新基建、新型存储、5G等应用需求，聚焦当下最热门的主题，设立高峰论坛以及半导体创业与投资、新一代存储器技术及应用发展研讨、5G与新基建等9个专题论坛。会聚政府、企业、高校、科研院所等领域的专家和学者，围绕中国集成电路和微电子产业发展与资本运作、创新创业环境营造、产业高端要素整合等话题，结合国际、国内形势和北京实际，针对各个专业细分领域的市场与战略、政策与创新、合作与对接，进行沟通与交流。会议吸引业内相关领导、专家学者、产业人士和新闻媒体记者超过500人。

（郭怡睿）

北京亦庄（京津冀）生物医药产业大会

11月19日，第七届北京亦庄（京津冀）生物医药产业大会暨第五届中国药典院士专家公益大讲堂在北京亦庄生物医药园举办。大会由国家药典委员会、市药监局、经开区管委会主办，北京亦庄生物医药园等承办，以“疫情防控新常态、医药产业发展新机遇”为主题。大会开设投融资论坛、人类遗传资源管理条例解读论坛、体外诊断产品注册与法规技术论坛以及医药专业人才对接会，是聚集生物领域科学家、企业家、投资人，展示并发布北京生命科学领域最新技术成果，推动京津冀生物医药产业健康发展的重要平台。会上，“人民英雄”国家荣誉称号获得者、中国工程院院士、天津中医药大学校长张伯礼做题为“弘扬抗疫精神 坚定文化自信”的报告；国际欧亚科学院院士杜冠华就全球疫情新形势下生物医药产业发展的挑战与机遇进行报告；市药检所所长杨文良，国家药典委员会业务综合处副处长宋宗华、国药集团中国技术股份有限公司副总裁张云涛分别就新编的《药品注册管理办法》与注册检验常见问题、2020版中国药典解读、新冠疫苗的研发进展与思考等主题开展演讲报告。国家药典委员会秘书长兰奋、经开区管委会副主任陈小男、中国药品监管研究会会长张伟、市药监局巡视员张殿祥出席大会开幕式并致辞。来自京津冀地区24家生物医药企业参展，220家企业的510人参会。

（吕菲）

2020中国光子产业高峰论坛

11月24日，2020中国光子产业高峰论坛在北京召开。论坛由市科委和经开区管委会联合主办，以“聚合产业势能，开启光子元年”为主题，针对光子、芯片、量子计算等前瞻性话题，共同探讨光子领域最新技术和研究方向，以及光子行业发展热点、难点议题和市场趋势。论坛上，举办共同推动北京光子产业创新发展项目签约仪式，包括北京电子控股有限责任公司和西安中科光机投资控股有限公司的战略合作签约，以及北京电子城高科技集团股份有限公司、西安中科光机投资控股有限公司、北京电控产业投资有限公司等六方集中签约。在主题演讲环节，中国科学院院士、北京大学常务副校长龚旗煌做题为“光子的未来”的主旨演讲；华为战略研究院首席分析师刘麟、国科光电科技有限责任公司常务副总经理张晶、京东方传感器及解决方案事业群技术研究院院长车春城等与会专家进行多角度行业分享。市科委二级巡视员王建新、经开区工委副书记张继红、中国科学院控股有限公司董事长索继栓等领导出席活动并发表讲话。来自政府部门、科研院所、行业龙头企业、投资机构的 300 多位技术、产业、金融专家代表参与活动。

（王丹丹）

2020 通明湖信息技术应用创新论坛

2020 通明湖信息技术应用创新论坛开幕　　张浩东 摄

11 月 26 日，2020 通明湖信息技术应用创新论坛在经开区开幕。论坛由工业和信息化部网络安全产业发展中心（信息中心）、市经济信息化局、市密码管理局、经开区管委会、信创工委会共同主办，以“融合发展，信创未来”为主题，由主论坛、分论坛、企业家闭门会、展览、创新大赛等系列活动组成。其间，举行通明湖信息技术应用创新论坛理事会、专家委员会（中国信创百人会）成立仪式；24 家信创企业集中签约落地经开区信创园，项目涉及总投资 67 亿元；经开区发布《通明湖信息城三年行动计划（2020—2022 年）》，将以通明湖环湖 3.9 平方千米区域为重点，构建高端聚集、高效融合、高频互动的产业生态，为中国信创产业定制“具有园湖一体特质、彰显绿色生态理念、领航信息科技发展”的通明湖信息城。十二届全国政协副主席、国家电子政务专家委员会主任王钦敏，工业和信息化部党组成员、副部长王志军，市委常委、副市长殷勇出席主论坛开幕式并致辞。相关主管部门领导、院士专家、用户代表、产业链上下游各方代表共千余人参会。

（蔡茜　王希盛　毕志超）

经开区工业互联网交流大会

12 月 2 日，经开区工业互联网交流大会在亦城财富中心举行。交流会由北京亦庄智能城市协同创新研究院有限公司、中国电信股份有限公司北京分公司主办，践行 2020 中国 5G+ 工业互联网大会“智联万物、融创未来”的理念，共同探讨新时代经开区工业互联网发展新模式、新路径。中国工业互联网研究院的专家田野做“工业互联网赋能实体经济转型升级”的主题演讲；参会嘉宾们结合 5G、新基建、工业智联、数字化转型等议题，分享最新理论研究成果和行业发展经验，探索工业互联网发展新趋势；北京金风科创风电设备有限公司、和利时集团、北京京东世纪贸易有限公司等经开区部分头部企业进行产业数字化方面的成果展示，分享实践经验。相关企业的 150 多人参会。

（陈伟　马晓松）

北京·亦庄首届高端汽车产业链大会

12 月 15 日，北京·亦庄首届高端汽车产业链大会在经开区召开。会议由经开区管委会主办、尚亦城（北京）科技文化集团有限公司承办、北京奔驰汽车有限公司协办，以“亦汽同行　智链未来”为主题，通过“主论坛＋圆桌论坛”的形式进行，邀请国内外数十名业内专家学者和行业领袖参会。在主论坛环节，围绕国内外新能源汽车走势、高端汽车发展方向等方面，分析国内外汽车零部件企业发展形势、高端汽车产业链发展情况，并就下一步国内外汽车产业发展提出构想；在圆桌讨论环节，结合经开区汽车产业发展情况、投资热点和发展环境等，分析园区在发展新能源汽车和高端汽车方面的产业优势、人才优势、政策优势，并就特种车、车规级芯片、氢能燃料电池等方面进行交流，为下一步经开区大力发展新能源及高端汽车产业提供借鉴。国内外部分汽车制造关键环节的核心零部件企业负责人、行业巨头等100多人参会。

北京·亦庄首届高端汽车产业链大会召开　　田艳军 摄

（董立）

招商引资

概况

2020年，北京经济技术开发区营商合作局（简称经开区营商合作局）深入推进招商模式创新，通过各部门协同联动、北京亦庄国际投资发展有限公司主体推进、区外招商网络协作，构建由招商部门、头部企业、专业机构组成的“7+1”大招商格局，统筹调度区内外招商资源积极性，开展全场景、全方位招商。同时，通过“七促”项目调度机制，经开区营商合作局加快推进150个项目落地建设，其中促签约58个、促摘牌15个、促开工20个、促竣工8个、促投产9个、促技改40个。

2020年，经开区生命健康专班全年接触20个拟落地项目，涵盖医疗诊断设备、放射治疗设备、诊断检测试剂及设备、细胞和干细胞治疗、生物制药和创新转化中心等项目。截至2020年年底，接触项目中已经落地经开区的项目有辉宝（北京）生物制品有限公司和开拓药业（北京）有限公司。

（高洁 张磊）

辉宝生物迁入经开区

2月17日，辉宝（北京）生物制品有限公司（简称辉宝生物）的工商注册迁入经开区，位于经开区地盛南街9号。该公司是辉宝动物保健公司（Phibro Animal Health Corporation）的子公司，围绕食用动物健康的各个领域开发产品，包括但不限于兽用抗生素和治疗性药品、禽畜用疫苗、兽用营养素、饲料和其他功能性产品。

（张磊）

新光凯乐核心零部件国产化项目签约

4月，经开区管委会与北京新光凯乐汽车冷成型件股份有限公司（简称新光凯乐）签署入区协议。新光凯乐将投资6亿元，在马驹桥镇金桥基地一期B2-1-7-1地块建设高端乘用车核心零部件国产化项目，占地面积为2.1万平方米，为奔驰、宝马、奥迪等高端车企及采埃孚传动系统（北京）有限公司、舍弗勒（中国）有限公司等零部件企业提供安全带卷收器限力轴、减震橡胶衬套内骨架、底盘车架套管等的配套生产。

（于森）

亦庄生命健康城生物医药厂房项目签约

4月，亦庄生命健康城生物医药标准厂房项目（亦庄东工业园区A6M2、A11、A12地块）签约入区。A6M2地块项目拟投资1.2亿元，占地面积为1.15万平方米；A11地块项目拟投资1.6亿元，占地面积为1.45万平方米；A12地块拟投资1.5亿元，占地面积为1.4万平方米。其中，A6M2地块项目由北京亦城坤元投资管理有限公司建设，A11、A12地块由北京亦庄新城实业有限公司建设，内容包括GMP标准车间、研发楼及配套设施等。项目建成后将提高亦庄东工业园区土地利用集约率，改善园区空间布局，推动园区产业结构升级调整。

（徐毓泽）

阿斯利康中国北部总部项目签约

4月，阿斯利康医药科技（北京）有限公司中国北部总部项目签约入区。项目总投资0.6亿元，租赁信创园，占地面积约为1.49万平方米，建设阿斯利康中国北部总部，整合区域总部业务，开展研发、健康物联网创新中心、创新产业孵化平台，以及与医疗移动通信、智慧医药科技相关的业务。

（孙懿男）

集创北方显示驱动芯片设计项目开工

集创北方显示驱动芯片设计和先进封测基地项目开工　　方针 摄

5月15日，北京集创北方科技股份有限公司显示驱动芯片设计和先进封测基地项目开工。项目投资4.9亿元，选址路东区E7工业用地，占地面积为3.5万平方米，主要建设先进显示芯片封装、测试产线及新工艺试验线。项目建成后可实现2000KK/月的显示驱动芯片封测能力。

（马宁）

北京亦庄京广协同创新产业园项目签约

6月，北京亦庄京广协同创新产业园项目签约入区。项目拟投资5.3亿元，选址国家环保产业园（金桥产业基地）B4-2-5南侧地块，占地面积约为3.4万平方米，建设高端智能制造协同研发创新平台、公共技术服务平台及核心技术产业化生产基地。

（张帅）

予果智造体外诊断试剂产业化项目签约

7月，予果智造科技（北京）有限公

司（简称予果智造）体外诊断试剂产业化项目签约入区。项目拟投资 4240 万元，选址经开区地盛东路 1 号院 6 号楼四层东侧、五层西侧，占地面积约为 1864.8 平方米，租赁场地，使用离心机、搅拌机、培养箱等实验室设备，通过配料、分装、组装工艺，生产病原微生物检测试剂盒等产品，达产后年产体外诊断试剂盒 2 万盒。同时，予果生物科技（北京）有限公司作为予果智造的母公司，也同步迁入爱普益生物医药园，主要负责集团管理、研发中心、市场拓展及投融资等业务。

（胡云婧）

开拓药业在经开区成立

8 月 25 日，开拓药业（北京）有限公司（简称开拓药业）在经开区注册成立，注册资本为 1000 万元，位于经开区科创六街 88 号，是开拓药业（广东）有限公司在经开区设立的全资子公司。开拓药业（广东）有限公司深耕前列腺癌、乳腺癌、肝癌、脱发和痤疮等缺乏有效治疗手段、且发病人群基数大的癌症及其他疾病领域，以雄激素受体（AR）相关疾病为核心研发多通道产品组合。开拓药业将借助北京的人才、技术、政策等资源优势继续深耕 AR 领域药物研发，继续以自主研发为主、外部引进为辅，致力于为患者提供最佳用药方案。

（白纯）

赛诺菲（北京）制药生产线项目签约

8 月，赛诺菲（北京）制药有限公司 Toujeo® 灌装及组装生产线项目签约入区。项目投资 2 亿元，在赛诺菲（北京）制药厂区新建注射用甘精胰岛素 300IU/mL（Toujeo®）组装生产线，并对现有灌装生产线进行技术升级。生产线采用全自动的设计，建成后年产能可达 4800 万支，生产产品在满足中国市场的同时，还将出口澳大利亚、日本以及其他亚太地区。

（胡云婧）

智飞绿竹生物疫苗产业化基地项目签约

9 月，北京智飞绿竹生物制药有限公司新型病毒疫苗和工程疫苗产业化基地项目签约入区。项目拟投资 16.1 亿元，选址经开区路南区 N16 地块，用于生产双价痢疾结合疫苗、轮状病毒灭活疫苗和双价手足口病灭活疫苗等新型疫苗。

（胡云婧）

屹唐半导体研发制造中心项目签约

10 月，北京屹唐半导体科技有限公司集成电路装备研发制造中心项目签约入区。项目拟投资 8 亿元，选址经开区路南区 N15 地块，占地面积为 4 万平方米，主要开展去胶、刻蚀、退火等设备的研发、生产、测试与服务。项目达产后将具备年产 300 台设备的能力。

（郭怡睿）

北京富创装备零部件生产基地项目签约

10 月，北京富创精密半导体有限公司半导体装备零部件全工艺智能制造生产基地项目签约入区。项目拟投资 5.1 亿元，选址马驹桥智造基地 0014 地块，占地面积为 2.5 万平方米，建设集成电路装备零部件精密机加车间、表面处理车间、组装车间、检验中心和仓储中心，并搭建智能信息化管理平台。项目建成后将实现半导体装备核心零部件的批量化供应。

（郭怡睿）

先通医药总部项目签约

10 月，北京先通国际医药科技股份有限公司(简称先通医药)总部项目签约入区。项目总投资 5 亿元，租赁经开区同济中路 5 号院，占地面积约为 5075.36 平方米，主要进行放射性药物、多肽和生物抗体药物的研发及中试，以药品上市许可持有人制度（MAH）的方式持有所开发药物的注册批件，许可先通医药下属企业或其他受托单位进行生产，先通医药负责上市产品质量保证及在全国范围内进行销售。

（孙懿男）

北方华创扩产项目签约

10 月，北京北方华创微电子装备有限公司扩产项目签约入区。项目拟投资 26 亿元，选址马驹桥智造基地 0041 地块，占地面积为 12.8 万平方米，主要开展刻蚀、薄膜沉积等集成电路装备，以及 LED、光伏等泛半导体领域关键装备制造。

（丁咚）

宝健生产基地扩产项目签约

10 月，宝健（中国）有限公司生产基地扩产项目签约入区。项目总投资 4.2 亿元，选址国家环保产业园 B2-3-3-1 地块，占地面积为 3.23 万平方米，新增各类健康产品和营养食品生产线 15 条，建设现代化的食品及保健食品 GMP 车间，用于生产片剂、颗粒剂、硬胶囊、软胶囊等系列保健产品和营养食品。

（周思洋）

航为高科新材料产业基地项目签约

10 月，北京航为高科连接技术有限公司新材料产业基地项目签约入区。项目拟投资 5.75 亿元，租赁经开区路东区科创四街 7 号西曼国际 2 号楼，占地面积为 1.1 万平方米，建设航空用钛合金、高温合金高端标准件生产线。

（张帅）

经开区与 SMC 株式会社签署合作协议

12 月 31 日，经开区管委会与 SMC 株式会社签署全面合作协议，共建中日工业自动化产业园。SMC 在经开区将形成投资及管理、销售总部、研发总部及制造总部四大总部的布局。

（张培培）

唯源立康基因治疗新药研发项目签约

12 月，北京唯源立康生物科技有限公司基因治疗新药研发及生产项目签约入区。项目总投资 5 亿元，选址经开区路南区 N5M5 地块，占地面积为 1.29 万平方米，建设生产车间、研发中心、办公楼、动物房和附属楼等，用于基因治疗新药研发及生产线建设。

（张玉兵）

瀚海科技激光检测项目签约

12 月，国科瀚海激光科技（北京）有限公司激光检测项目签约入区。项目拟分三期投资 3 亿元，前期租赁锋创科技园 19 号楼，占地面积为 500 平方米，建设激光检测设备研发基地及组装、检测生产线。

（张帅）

对啊网总部基地项目签约

12 月，北京对啊网教育科技有限公司总部基地项目签约入区。项目拟投资 2 亿元，租赁亦城时代广场 T7 号楼，占地面积约为 1.04 万平方米，建设对啊网总部，作为总部办公中心、系统研发中心、教研中心、销售中心、结算中心等。

（张帅）

中建集团子公司系列项目签约

12月，中国建筑集团有限公司子公司系列项目签署入区协议，包含中建二局第一建筑工程有限公司、中建集成建筑有限公司、中建城镇规划发展有限公司、中建交通建设集团铁路工程有限公司、广德信建蓝海投资管理有限公司、中建一大成建筑有限责任公司、中建二局安装工程有限公司、中建电子信息技术有限公司。项目总投资18.5亿元（注册资本），均为引税类项目。

（郭庆涛）

行政审批

概况

2020年，北京经济技术开发区行政审批局（简称经开区行政审批局）持续推进“放管服”改革，优化营商环境。开展相对集中许可权改革，落实“一枚印章管审批”，开展赋权承接，全年承接办理的依申请政务服务事项达740项，占经开区行政许可事项的46%；集中行使的行政许可事项154项，占经开区行政许可事项的63%；受理各类依申请政务服务事项46941件，办结46634件。深化流程再造，建立以事项运转为核心的审批工作流程、以审管执链网式管理为核心的外部协作流程、以强化部门管理为核心的内部工作流程和以资源统建、数据共享为核心的政府投资信息化项目管理工作流程，行政效能显著提升。探索行政审批“极简化”改革，实现告知承诺改革扩容，推动备查制改革落地实施，深化工程建设领域审批改革和产业用地标准化改革。推动行政审批便利化，推行“一网通办”、全程电子化、全程数据汇聚和全程可交互，有效实现了“减材料、减时限、减环节、减跑动”，建立全流程跟踪服务、复杂事项提前技术服务机制和快速响应的服务保障机制，促进项目快速落地。做好大数据工作顶层设计，编制《亦庄新城大数据创新提升发展规划研究》《北京经济技术开发区政府投资信息化项目管理办法》。建设信息基础设施和公共平台，实现经开区政务云、虚拟城市项目和政务大数据平台上线运行，承担区内所有政务数据接入、汇聚功能，实现各新建业务系统产生的数据实时、全量接入大数据平台。建设公共视频平台资源，承担区内公共视频监控资源的接入、共享和管理功能。统筹持续推进“5G亦庄”，经开区建成并开通5G基站达到1079处。

（王立珩）

创新环评工作

1月，经开区行政审批局帮助经开区首家口罩生产企业清除环评手续流程上的障碍，为企业及时解答有关环评审批的问题，指导企业填报环评文件，为该企业在经开区落地、合法生产赢得时间。《中国环境报》、生态环境部和市生态环境局对此事进行报道和转发。

（魏威　于琼）

告知承诺审批在北京市率先落地

3月17日，经开区行政审批局制定《北京经济技术开发区管理委员会关于开展依申请政务服务事项告知承诺审批改革试点工作的实施意见》《北京经济技术开发区依申请政务服务事项告知承诺审批管理暂行办法》，通过审批流程再造，构建事前告知、技术服务、诚信承诺、即来即办、限时核查、违诺撤证、信用监管的全流程闭环式管理。截至2020年年底，告知承诺办理的事项增加至226个。告知承诺审批在北京市率先落地，明晰标准与责任，简化审批服务流程，强化诚信监管，为落实《北京市2020政务服务超越行动计划》、推进“放管服”改革、优化营商打牢基础。

（赵璐彤）

生物医药标准厂房开工建设

5月28日，亦庄生命健康产业区生物医药标准厂房开发建设项目开工建设。项目位于路东区亦庄东工业园区A6M2地块，总建筑面积约为3.3万平方米，总投资约1.6亿元。项目立项、招标到开工用时63个小时工作日，审批时间13天完成16个审批事项。

（郭艳菊）

“审管执”全流程链条式管理机制

6月28日，经开区行政审批局制定并印发《北京经济技术开发区审批、监管和执法链条式闭环管理工作指引》《开发区“审管执”链条式管理流程图》，完成行政权力事项清单、监管事项清单和履职负面清单编制工作。按照“一个机构管审批，一支队伍管执法，职能部门强监管”的改革要求，围绕“审管执”一体化工作流程再造，以机制建设和标准化清单管理为抓手，利用此次改革契机，变传统“条块式”行政管理模式为“审管执”全流程链条式管理机制，加快构建权责明确、公平公正、公开透明、简约高效的现代政府治理体系。

（郭浩　赵璐彤）

产业用地标准化改革

6月，经开区行政审批局在全市率先开展产业用地标准化改革试点，印发《北京经济技术开发区产业用地标准化管理暂行办法（试行）》。产业用地标准化改革以土地、项目为主线，实施供地标准化、审批便利化、管理规范化、行为契约化、信用常态化管理模式，建立产业项目全生命周期服务链、土地利用全过程监管链。

（赵璐彤）

排污许可全覆盖工作

7月26日，经开区行政审批局按照生态环境部《关于做好固定污染源排污许可清理整顿和2020年排污许可发证登记工作的通知》（环办环评函〔2019〕939号）、《固定污染源排污登记工作指南（试行）》（环办环评函〔2020〕9号）等文件部署，完成区内900多家企业排污许可手续发放工作，提前2个月完成固定污染源排污许可全覆盖任务，成为北京市首个实现发证率、登记率两个100%的地区。12月，生态环境部对表现突出的集体和个人进行表彰，经开区行政审批局和工作人员魏威获2020年全国固定污染源排污许可全覆盖工作表现突出集体和个人称号。

（刘晶）

劳务派遣经营许可工作服务指引出台

9月18日，经开区行政审批局出台《北京经济技术开发区行政审批局劳务派遣经营许可工作服务指引》。该指引明确劳务派遣经营单位应当具备的基本条件，规范现场核查及审批流程，有利于申请主体更清晰地掌握经开区劳务派遣经营许可标准，实现从源头上规范劳务派遣市场秩序。截至2020年年底，已办理劳务派遣经营许可新办、变更、延续等业务共计85件。

（邵超）

大兴区相关市场监管领域事项划转

10月9日起，大兴区亦庄镇、旧宫镇、瀛海镇全域，以及长子营镇经济开发区、采育镇经济开发区、青云店镇经济开发区的市场主体登记新设业务、食品经营许可、药品零售许可、医疗器械经营许可备案、特种设备使用登记、计量标准器具核准等事项调整至经开区。

（张勇）

SMC株式会社旗下2家公司落户经开区

12月29日，SMC株式会社在经开区成立两家全资子公司——SMC投资管理有限公司和SMC自动化有限公司，注册资本分别为2.2亿元、1亿元。SMC投资管理有限公司作为中国地区总部，代表SMC株式会社负责在中国的投资、资金集中管理、财务集中管理等运营工作，加速中国事业的发展，为中国乃至全球智能制造的发展发挥更大的作用。SMC自动化有限公司将统括管理中国区域新产品研发、技术支持、技术服务与销售业务，实现SMC中国气动市场服务的全国统一管理。经开区行政审批局针对SMC株式会社需求，指派专人全程与SMC株式会社对接，并寻求市场监管总局和市市场监督管理局支持，解决了企业名称核定等难题。从市场监管总局拿到企业名称核准，再到企业拿到营业执照，用时3小时。

（张勇　孙欣欣）

政务服务事项备查制改革

12月，经开区行政审批局在全市试点政务服务事项备查制改革。其中，制定《北京经济技术开发区关于试行开展政务服务事项备查改革的工作指引（审议稿）》和配套文件，首批推出15个备查试点事项，并建成备查线上申报平台，实现申请端企业无感知审批、管理端审管执同步履职。

（赵璐彤）

一网通办实现进一张网办全部事

截至2020年年底，经开区“一网通办”平台依申请事项网办率达100%、全程网办率达81%，实现全程可在线咨询、全部可在线办理，80%的在办事项实现过程可在线查询，全部事项实现线上、线下可评价，85个事项实现移动端办理、59个事项实现自助端办理。推行“一枚印章管审批”，实现区内电子印章应刻尽刻推进办件全流程资料电子化，建立审批电子档案数据库，夯实信息化基础。加强部门协同联动，推进电子证照调用，与北京市电子证照库的对接，打通数据共享通道，推进信息共享、政务数据互联互通，以全力实现精简办事材料、优化审批流程、缩短审批时间、提升服务效能、提高企业群众办事体验感与满意度为目标，真正实现进一张网就能办全部事。

（王立珩）

“一枚印章管审批”落地

截至2020年年底，经开区行政审批局“一枚印章管审批”落地，共计受理各类依申请政务服务事项46941件，办结46634件。其中，对照北京市公共服务事项申报指南，压减材料20%以上，平均每件审批事项的实际办结时间比对外承诺时限缩短5天以上。2019年12月31日，经开区印发《北京经济技术开发区管理委员会行政审批专用章使用管理暂行办法》，将原有66枚各部门审批用章替换为行政审批专用章。

（王立珩）

“办好一件事”线上可办

截至2020年年底，经开区行政审批局在“首都之窗”上发布主题205个，以便利化为目标，提升相对人办理体验，实现“办好一件事”线上可办。其中，推动建立跨层级、跨部门事项联办机制，实行一表申报、一窗受理、并联审批、一次办结；以“事项并联审批”“材料一次提交”“主题单次跑动”为优化原则，对审批流程进行梳理重构和优化整合，配套开展多表合一梳理工作，配置主题事项网上政务专员，实现“上一网、交一表、找一人、办一次”。

（赵璐彤）

承接扩区范围内环保等审批事项

年内，经开区行政审批局承接扩区“165平方公里”范围内大兴区、通州区环保等审批事项，立足解决企业亟待解决的问题，围绕建设项目环评审批过程中污染物总量指标前置问题，与通州区生态环境局建立合作备忘录机制，在合作过程中严格执行国家、北京市有关法律、法规、政策，防止在权力交接过程中出现信访投诉事件，加强两区审管执衔接合作，创新污染物排放总量指标划分方式，权力交接双方共同建立监督机制，促进建设项目尽快落地。此举也推动市生态环境局来经开区调研总量划拨事宜，市生态环境局领导对总量会签做法表示肯定，为市局提供解决问题的新思路，确定三区总量划转基本原则。

（魏威　于琮）

行政审批与技术审查相分离

年内，经开区行政审批局对专业要求高、自由裁量权较大的审批事项，采用行政审批与技术审查相分离的方式，由第三方出具技术审查意见，确保各阶段、各环节审批流程规范、审查标准明确，有效把控廉政风险。“两分离”的工作模式，在人防标准审查、绿地率审查、消防验收、高危险性场所、生活饮用水、排水许可等事项上得到应用，为申报企业、建设单位提供国家级专业机构的技术指导意见，提升审批质量，提高审批效能。

（刘晶）

推进审批规范化和技术标准化工作

年内，经开区行政审批局依据政策文件更新事项审批标准化，统一审批事项和法律依据，统一审批事项名称、申请材料和审批时限；制定印刷事项标准化手册100多册；根据技术类审批事项，按业务类、管理类、服务类3类，制定技术标准化工作指引，其中业务类制定消防验收、人防标准、绿地率、渣土消纳等工作指引，管理类制定技术编制单位绩效评价、技术审查、第三方服务机构管理等工作指引，服务类制定政府配套服务工作指引。

（刘晶 刘金剑）

消防验收新模式建立

年内，经开区行政审批局制定消防验收工作指引，依法、依规将建设工程消防验收、备案抽查工作中的技术审查部分，通过政府购买服务的形式，委托第三方技术服务机构进行现场抽样检查及功能测试并出具技术服务报告。消防验收人员依据报告意见，做出审批。消防验收新模式解决项目申报数量大、验收人员严重不足、专业技术不达标等问题，通过验收流程的优化，提升工作效率。消防验收新模式得到住房城乡建设部、市住房城乡建设委的肯定。全年完成建设工程消防验收及备案项目 127 项，验收及备案建筑面积为 216.2 万平方米。

（刘晶 刘金剑）

试点开展区域评估工作

年内，经开区行政审批局根据市规划自然资委《关于优化营商环境推行环境、水、交通区域评估实施方案（试行）》（京规自发［2020］280 号）文件精神，推进马驹桥智造基地1.2平方千米区域评估工作。马驹桥智造基地 1.2 平方千米产业用地作为北京市第一个区域评估审查试点，经过技术审查、专家评审、部门联合会商等环节，形成区域环评、区域水评、区域交评控制性指标要求，为落实产业用地标准化改革工作，已将这些控制性指标成果纳入重点类产业土地挂牌出让条件中。该项工作加速中芯京城集成电路制造（北京）有限公司、北京国望光学科技有限公司、北京富创精密半导体有限公司等一批芯片生产相关企业落地开工。

（刘晶 魏威 于琼）

新技术运用为审批赋能

年内，经开区行政审批局通过智慧屏等 5G 技术手段的应用，为企业提供方便、快捷的线上踏勘、云上指导服务，保障审批速度，如在渣土消纳、食品经营许可等事项办理中实现。其中，针对审批过程中存在的问题，线上指导企业自查自纠；对于发现的问题，企业可进行线上复核及邮件反馈，让数据多跑路、群众少跑腿。

（刘金剑）

承接“组织考古调查勘探”事项

年内，经开区行政审批局依据《北京市人民政府关于由北京经济技术开发区管理委员会行使部分行政权力和办理部分公共服务事项的决定》（京政发［2019］23 号），经开区成为北京市首个承接“组织考古调查勘探”事项的区县。经开区行政审批局在承权之初，结合经开区实际，起草并对外发布《北京经济技术开发区考古调查勘探管理办法》《北京经济技术开发区考古调查工作指引》等制度文件，顺利承接“组织考古调查勘探”这一首次下放给区级的事项，并完成 13 个土地一级开发项目（共计 32 个地块）的“组织考古调查勘探”行政许可工作。

（于琼）

创新并联审批

年内，经开区行政审批局首创将工程建设涉及城市绿地树木审批和挖掘城市道路许可（含桥下道路基础设施）、临时占用城市道路许可、对城市道路挖掘修复费征税等事项进行并联，同时对审批环节进行流程再造，真正做到“一次对接，一次核验，一次指导”。由于现场核量精准，在申报企业报件后，经开区行政审批局2天内完成所有涉及事项的审批工作，提升申报企业的办事效率，同时提高审批效率。

（于琼）

不招标项目采购工作指引

年内，经开区行政审批局为进一步优化营商环境，有力推进项目落地开工，使不招标项目采购行为具有可操作性，参照《中华人民共和国招标投标法》《中华人民共和国招标投标法实施条例》《中华人民共和国政府采购法》和其他法律法规有关规定，起草并发布《北京经济技术开发区管理委员会不招标项目采购内控工作指引（试行）》，保障国家“卡脖子”项目北京集成电路双“1+1”工程等涉及国家安全、国家战略等不适宜招标的重大项目的实施落地。

（于琼 刘金剑）

主导产业

综述

2020年，经开区出台《关于加快四大主导产业发展的实施意见》，建立链长制，完善500多家重点企业服务保障机制。四大主导产业克服疫情影响，实现逆势增长，实现产值4070.4亿元，比2019年增长5.7%。

新一代信息技术产业。着眼信息产业变革新趋势，瞄准集成电路关键环节，投资140亿美元的北京集电控股、投资70亿美元的中芯京城项目落地，集创北方显示驱动芯片设计和先进封测基地等项目开工，推动小米互联网电子产业园等项目投产。全年完成产值845.3亿元，比2019年增长7.1%，占经开区工业总产值的20.76%。

汽车制造产业。高端汽车领域，实现海斯坦普汽车组件（北京）有限公司等高端零部件企业建成投产；新能源汽车领域，推动卡达克等项目落地，促进丰田燃料电池等氢能企业投资发展；自动驾驶领域，建设全球首个网联云控式高级别自动驾驶示范区，吸引小马智行、百度阿波罗等一批项目入区。全年完成产值2139.8亿元，比2019年增长6.8%，占经开区工业总产值的52.56%。

生物医药产业。推动国际药企进一步做大规模，不断扩大国内龙头企业阵营，赛诺菲（北京）制药有限公司开始本地化生产甘精胰岛素注射液（来得时®），拜耳医药保健有限公司启动处方药北京工厂产能提升项目，通用电气医疗集团在中国市场超高端的256排Revolution CT生产线投产，北京生物制品研究所有限责任公司完成新型冠状病毒灭活疫苗（Vero细胞）的研制，与心诺普医疗技术（北京）有限公司共建中日青年新创园（介入医疗器械产业园）。全年完成产值516.6亿元，比2019年增长0.6%，占经开区工业总产值的12.69%。

智能制造产业。以推进新一代信息技术与制造业深度融合为主线，打造完整智能制造产业生态。着力促进SMC（中国）有限公司自主研发的工业互联网系统上线试运行，推动设立SMC中国地区投资总部和销售总部；京东无人科技、航天嘉诚等项目投产；与施耐德电气（中国）有限公司共建中法智能制造产业示范园，与SMC共建中日工业自动化产业园。全年完成产值568.7亿元，比2019年增长4.7%，占经开区工业总产值的13.97%。

（舒星）

新一代信息技术

京东方参展国内外多个展会

1月7日，京东方科技集团股份有限公司携8K、Mini LED、BD Cell、BOE画屏等创新显示技术和产品参展国际消费类电子产品展览会（CES 2020），被评为2019—2020年度消费电子领先品牌10强；7月22日，京东方携柔性AMOLED、Mini LED、屏下摄像头等创新显示技术及解决方案参展2020中国（上海）国际显示技术及应用创新展（DIC EXPO）；9月4日，京东方携8K超高清显示以及智慧教育、智慧办公、智慧家居等创新解决方案参展2020年中国国际服务贸易交易会；9月28日，京东方携8K超高清解决方案以及智能会议等商用显示解决方案参展2020中国国际视听集成设备与技术展；10月19日，京东方携X-ray平板探测器背板、生物检测解决方案、智慧康养社区解决方案等参展第83届中国国际医疗器械博览会（CMEF）；11月11日，京东方携柔性OLED、Mini LED、BD Cell等创新显示技术和人工智能技术应用成果，以及智慧办公、智慧健康、智慧家居等物联网解决方案参展第二十二届中国国际高新技术成果交易会。

（田新宇）

天空卫士完成“B+”轮融资

1月9日，北京天空卫士网络安全技术有限公司召开“迁址北京经开区暨‘B+’轮融资成功”新闻发布会，宣布完成“B+”轮融资，由亦庄控股和航天科工股权投资基金对天空卫士联合投资，融资金额过亿元。天空卫士已经累计获奇安信集团、国投创业、华创资本、亦庄控股和航天科工投资基金等投资机构超过3亿元的投资，成为发展最快的中国新安全技术企业之一。在发布会上，天空卫士宣布完成公司总部整体迁入经开区。

（张文礼）

京东方获多项荣誉

1月11日，京东方科技集团股份有限公司入选2019中国企业社会责任500优榜单，位列前十，并被评为中国企业社会责任十大样板企业；9月3日，京东方柔性OLED全面屏显示技术获创新显示技术金奖；9月10日，京东方“面向移动应用的高分辨率柔性可弯折AMOLED显示技术研发与产业化”项目获2019年度北京市科学技术进步奖特等奖，这是北京市首次设立特等奖对企业创新成果进行表彰；10月15日，京东方入选2020年BrandZ ™最具价值中国品牌100强排行榜，位列第79。

（田新宇）

京东方助力抗疫工作

1月27日，京东方科技集团股份有限公司向武汉市红十字会捐赠1000万元，用于紧急支援武汉及周边疫区抗击新冠肺炎疫情；2月9日，由合肥京东方医院高级医学专家、医护人员共8人组成的京东方第一支援鄂医疗队到武汉体育中心方舱医院，参与救治工作；2月13日，由成都京东方医院医护人员组成的京东方第二支援鄂医疗队到华中科技大学同济学院附属协和医院危重症病区以及武汉国际博览中心汉阳方舱医院，参与救治和感染控制工作。此外，京东方10.4英寸、12.1英寸等专业医疗显示产品已应用于武汉火神山医院、雷神山医院的医疗监护仪、呼吸机等重要生命体征监测仪器。同时，京东方推出AI体温预警系统、智慧办公解决方案、低蓝光护眼智慧显示解决方案等创新产品及解决方案。

（田新宇）

集创北方参加国内外多个大会

2月12日，北京集创北方科技股份有限公司参加荷兰ISE国际视听及系统集成展（ISE 2020）；7月14日，集创北方参加2020中国（上海）国际显示产业高峰论坛，董事长张晋芳担任会议主持人，电源管理事业部总经理韩熙明做题为“逆市上扬的显示电源及全套芯片解决方案”的演讲；7月29日，集创北方参加第二届国际显示博览会（UDE2020）暨未来生活博览会（iLife2020），LED显示事业部总经理耿俊成做题为“新一代Mini-LED显示驱动平台及Micro-LED驱动技术探讨”的演讲；9月4日，集创北方携8K LCD驱动芯片参加2020年中国国际服务贸易交易会；9月15日，集创北方携4K超高清LCD显示芯片和AMOLED穿戴式设备驱动芯片参加2020第二十三届中国北京国际科技产业博览会；11月17日，集创北方参加2020北京微电子国际研讨会暨IC WORLD学术会议，董事长张晋芳做题为“大赛道下诞生大机遇，显示驱动芯片将在拉动国产供应链条中扮演重要角色”的演讲；11月20日，集创北方参加2020世界显示产业大会，董事长张晋芳出席大会并发表演讲；11月20日，集创北方参加中国(北京)国际视听大会“智慧广电峰会”，首席技术官李卓发表重要演讲；12月18日，集创北方携5G应用的超高清新型显示驱动芯片参加2020年中关村5G创新应用大赛。

（温爱玲）

苍穹数码提供多款免费软件

2月26日，苍穹数码技术股份有限公司的苍穹疫情防控管理信息系统和苍穹数码信息云系统（ERP云系统）入选内蒙古自治区党委网信办公布的疫情防控和复工复产信息化应用产品及服务清单；3月2日，苍穹疫情防控管理信息系统和苍穹数码信息云系统（ERP云系统）入选新疆维吾尔自治区工业和信息化厅公布的疫情防控和复工复产中免费软件或一事一议等优惠政策清单；3月6日，苍穹疫情防控管理信息系统入选广西壮族自治区南宁市大数据发展局公布的支持疫情防控助力复工复产数字技术产品和服务参考目录。

（李斌）

苍穹数码不动产登记服务

2月，苍穹数码技术股份有限公司“互联网＋不动产登记”产品为湖北省咸宁市、十堰市等市县群众、企业提供不间断网上不动产登记申请4000多件，同时开通电脑端、移动端等多渠道，为百姓提供不动产业务查询以及最新资讯服务。该产品凭借全业务流程信息化、数据共享、可视化、大数据分析及挖掘、自动审批、电子证照等功能，利用人像比对、智能语音识别、移动支付、CA认证等技术手段，依托互联网技术，实现电脑端、移动手机、平板端等各种设备的不动产网上申请受理。

（李斌）

北京泰豪城市大脑入驻抗疫成果平台

3月，北京泰豪智能工程有限公司城市大脑因助力北京市延庆区人民政府、江西省宜春市大数据局等进行数字化防疫抗疫工作，被录入科技部疫情防控新技术新产品的疫情防控类产品名单，入驻科技部科学抗疫——先进技术成果信息共享与服务平台。该产品利用大数据精准防疫，通过北京泰豪大数据平台，快速定位密切接触人员的具体位置；汇聚多方数据对疫区来本地人员情况、本地区进出人数、本地区检查站及卡点情况进行统计并通过平台进行可视化呈现；针对重点隔离监控人员、检查站等情况进行落点落图，形成精准、实时、客观、有效的辅助决策链；同时辅以“移动单兵”的融合通信技术，让城市管理者可随时连线一线工作人员，进行高效指挥与调度。

（赵珍）

北方华创微电子第100台立式炉设备交付

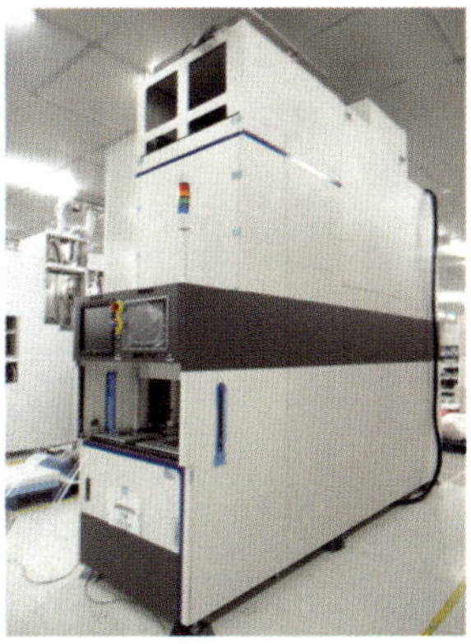

北方华创微电子第100台立式炉设备　　方针 摄

3月，北京北方华创微电子装备有限公司THEORIS A302L低温退火立式炉系统交付。该系统是北方华创微电子自主开发的面向纳米级集成电路工艺的低温热处理设备，在保证设备运行质量的前提下，以比预期进度缩短70%的工时完成装机交付。10月19日，北方华创微电子IC领域立式炉第100台设备交付仪式在经开区生产基地举行。北方华创微电子立式炉逐步实现市场化、产业化，形成氧化、退火、化学气相沉积、原子层沉积四大工艺系列，在保障客户工艺需求的情况下，其工艺性能、产能等均得到了持续提升。

（杨帆）

北方华创微电子12英寸氮化硅设备交付

北方华创微电子12英寸氮化硅沉积设备　　方针 摄

4月7日，北京北方华创微电子装备有限公司THEORIS SN302D型12英寸氮化硅沉积设备交付。该设备具有先进的颗粒/金属污染控制技术、高精度温度场控制技术和压力控制技术、微环境微氧控制技术等，支持100/125pcs两种产能配置的兼容，可以满足客户在实际应用方面的多样化需求。

（杨帆）

苍穹数码助力湖北滑坡灾害预警

4月20日，中国地质环境监测院（自然资源部地质灾害技术指导中心）联合湖北省宜昌市秭归县自然资源主管部门就卡门子湾滑坡险情及发展趋势进行远程会商，并对苍穹数码技术股份有限公司承建的地质灾害监测物联网平台给予好评，认为该平台发挥了良好的预警效果。该平台是基于物联网技术构建的监测物联网平台，具有传感器智能化、传输途径多样化和技术标准化的特点，结合云存储、云计算，提供多级监测预警中心的服务模式。监测物联网平台可以使用户快速获取地质灾害的前兆信息，将相关数据不断地传输到数据中心进行综合分析，从而对地质灾害体的安全状况作出相应的预警预报。

（李斌）

苍穹数码自然资源统一确权登记培训服务

5月27日，苍穹数码技术股份有限公司作为特邀嘉宾单位参加四川省眉山市自然资源统一确权登记业务培训会，为与会人员进行技术培训，具体剖析自然资源统一确权登记的工作流程、项目成果、工作方法和意义等方面内容。年内，中国地理信息产业协会不动产工作委员会、苍穹数码联合举办自然资源统一确权登记之系列线上论道活动。该活动围绕各地自然资源确权登记从业人员在法律政策、实践操作、技术支撑等方面普遍面临的困惑和挑战，邀请业内权威专家、一线实操者提供最前沿、最实用的自然资源确权登记系统解决方案。全年共举办4期，来自全国自然资源系统相关单位、技术服务单位等的上万人次观看。

（李斌）

京东方与4家企业签订战略合作协议

6月1日，京东方科技集团股份有限公司与福耀玻璃工业集团股份有限公司签订战略合作协议，双方将在汽车调光玻璃和车窗显示等领域进行战略合作。8月4日，京东方与中国农业银行股份有限公司签订银企战略合作协议，双方将建立战略合作伙伴关系。9月2日，京东方与中国建设银行股份有限公司签订战略合作协议，双方将发挥各自优势，展开全面合作，实现互利共赢。11月9日，京东方与豆神教育科技（北京）股份有限公司签订战略合作协议，双方将共同打造软硬融合的智慧终端和教育解决方案，开拓教育行业市场。

（田新宇）

京东方智慧系统创新中心落地成都和重庆

6月24日，京东方科技集团股份有限公司分别与成都高新技术产业开发区管理委员会和重庆两江新区管理委员会签署投资合作协议，在成都与重庆建设京东方智慧系统创新中心。京东方（成都）智慧系统创新中心和京东方（重庆）智慧系统创新中心将围绕人工智能、大数据、云计算等前沿技术，聚焦智慧车联、智慧零售、智慧金融等领域，设立软硬融合技术开发、新型材料与装备转化、产品与服务营销推广展示、国际人才交流与培训、开放的技术与市场合作五大平台，打造全球领先的智慧系统创新中心。

（田新宇）

北京泰豪参与的2个专项通过阶段验收

6月，由北京大学牵头、北京泰豪智能工程有限公司参与承担的国家重点研发计划“物联网与智慧城市关键技术及示范”重点专项，召开年度工作会议并通过年度验收。9月，由中国科学技术大学牵头、北京泰豪参与承担的国家重点研发计划“物联网与智慧城市安全保障关键技术研究”专项通过中期验收。

（赵珍）

京东方与国家大剧院带来“8K+5G”直播

8月8日，国家大剧院“华彩秋韵”线上系列演出的首场音乐会“繁华众声：张艺、陈悦与国家大剧院管弦乐团音乐会”在国家大剧院音乐厅上演，京东方科技集团股份有限公司携合作伙伴实现“8K+5G”超高清实况直播。这是全球首次舞台艺术“8K+5G”直播。演出中使用的全球首台“8K+5G”超高清视频全业务转播车由超高清视频（北京）制作技术协同中心开发，搭载京东方8K广播级监视器产品，能够实现从拍摄、传输、制作到显示全过程的8K视频转播。

（田新宇）

苍穹数码参展银川国际智慧城市博览会

11月2日，2020银川国际智慧城市博览会开幕，苍穹数码技术股份有限公司作为参展商展示最新技术、案例成果，并获智慧成果奖。在推介会及签约仪式上，苍穹数码与宁夏回族自治区银川市网络信息化局签署战略合作框架性协议。双方将充分发挥苍穹数码在全自主空间信息服务平台体系建设方面的优势，凭借苍穹数码在数字政府、数字孪生、智慧社区、自然资源、智慧水利、生态环境、灾害应急管理、数字乡村等领域的先进经验，合作构建联合研究实验室，并组织开展互联网数字经济和发展态势研究，推进国产自主空间地理信息技术的产学研用，从文化旅游、交通物流、医疗健康等领域入手，提升银川市先进制造业、农业、服务业等的数字化、网络化、智能化水平。

（李斌）

京东方举办全球创新伙伴大会·2020

11月18日，京东方科技集团股份有限公司在京东方技术创新中心举办以“芯屏气/器和 智慧领航”为主题的全球创新伙伴大会·2020（BOE IPC·2020）。大会首次开启现场视频直播，通过线上、线下相结合的模式，与全球伙伴分享物联网创新成果，探讨未来行业趋势。京东方董事长陈炎顺在“芯屏气/器和 共建物联生态”主题演讲中指出，端口器件是物联时代数据产生和呈现的核心载体，而智慧物联联通数据、构建平台，打造融合应用场景的生态价值链。中国国际经济交流中心首席研究员张燕生做“双循环下的企业发展机遇”主题演讲，京东方总裁刘晓东做“场景·伙伴·共生”主题演讲。同时，京东方还携手上海蔚来汽车有限公司等重要合作伙伴，分享诸多细分应用场景的创新实践成果，共建智慧物联新生态。大会期间，京东方在技术创新中心全面展示柔性AMOLED、Mini/Micro LED、55英寸4K QLED等全球领先的显示技术，以及智慧园区、智慧港区、智慧教育等解决方案，通过计算机视觉、机器学习、人机交互、图像增强和视频融合的软件技术赋能产品及场景；举办端口器件论坛、智慧系统创新论坛、智慧医工论坛、工业互联网论坛，共同探讨物联网各细分领域的技术、产品和应用。

（田新宇）

北方华创微电子获金牛奖3项大奖

11月19日，在中国证券报、海口市人民政府联合主办的2020上市公司高质量发展论坛暨第22届上市公司金牛奖颁奖典礼上，北京北方华创微电子装备有限公司获2019年度金牛最具投资价值奖；董事长赵晋荣获2019年度金牛企业领袖奖；董事会秘书王晓宁获2019年度金牛董秘奖。

（杨帆）

中国地名大数据中心落户苍穹数码港

11月24日，地理信息产业高质量发展专家座谈会暨中国地名大数据中心启动仪式举行，标志着中国地名大数据中心落户苍穹数码港。该中心由中国地名学会主导发起，由人民日报出版社、国声智库、苍穹数码技术股份有限公司等来自智库、高校、企业界的多家单位在北京联合共建，将立足国家地名地理信息产业，聚焦地名地理信息公共管理服务，归集全国地名地理信息并建设综合数据库，开展针对地名地理信息公共管理服务的大数据、物联网、云计算、人工智能、地理信息集成等新技术和新模式应用研究，为政府、企业及其他社会需求提供高效、通用、可扩展的包括舆情监测、数据分析、数据挖掘等在内的多元化、个性化、可视化大数据产品和服务。此外，该中心还将打造面向政府和社会的地理信息数据、功能、软件、硬件全方位综合信息服务平台及相关“互联网＋”信息服务体系，适时开展地名数据权威动态发布，推动数据资源向数据价值转变，服务地名地理产业数字化及新型智慧城市的发展。

（李斌）

北京泰豪承接的项目通过验收

12月8日，北京泰豪智能工程有限公司承接的城市大数据平台及领导驾驶舱项目，在历经1年多的试运行和新冠肺炎疫情期间的应用检验之后，通过验收。该项目作为北京市大数据行动计划核心内容，构建弹性架构、高效接入、开放可扩的新一代北京大数据技术体系；打造城市运行指标体系，量化分析、科学预警，实现全市运行态势全景展现；打造“线上智脑”与“线下智库”的全智式领导驾驶舱，支持面向日常管理、主题工作、专项问题的全息式大数据融合、全景式大数据展现以及“线上智脑”与“线下智库”的全智式大数据仿真与决策支持；形成以数据为驱动的城市决策机制，助力城市升级发展。

（赵珍）

北方华创微电子光伏氧化设备交付

年内，北京北方华创微电子装备有限公司HORIS光伏氧化设备交付韩国客户，进入韩国本土制造工厂。HORIS系列产品覆盖低压磷扩、低压硼扩、氧化退火等多个光伏制造关键工艺，适用M2~M12规格硅片。全系列机台均具备智能工艺护航技术，能够完成在线工艺自动调整、舟自动调度等自主操作。此外，HORIS系列产品具有较高的兼容性，可对接绝大多数自动化厂商，已应用于光伏行业中的PERC、N-TOPCON等高效电池工艺生产线。

（杨帆）

·新一代信息技术企业（选介）·

京东方科技集团股份有限公司

2020年，京东方科技集团股份有限公司（简称京东方，英文简称BOE）的营业收入为1355.53亿元，归属于上市公司股东的净利润为50.36亿元。年内，全球市场调研机构Omdia数据显示，京东方在智能手机、平板电脑、笔记本电脑、显示器、电视五大应用领域显示屏出货量均位列全球第一。根据世界知识产权组织（WIPO）公布的2020年全球国际专利申请排名，京东方以1892件PCT专利申请量连续5年进入全球PCT专利申请TOP10；美国专利服务机构IFI Claims发布2020年度美国专利授权量统计报告，京东方全球排名跃升至第13位，美国专利授权量达2144件，连续3年跻身全球TOP20。公司董事长陈炎顺被评为全国劳动模范。截至2020年年底，京东方累计可使用专利超过7万件，在年度新增专利申请中，发明专利超过90%、海外专利超过35%。

京东方创立于1993年4月，是一家为信息交互和人类健康提供智慧端口产品和专业服务的物联网公司，形成以半导体显示事业为核心，Mini LED、传感器及解决方案、智慧系统创新、智慧医工事业融合发展的“1+4+N”航母事业群。在Mini LED领域，公司以独有的主动式驱动架构、高速转印技术，为客户提供半导体工艺和先进微米级封装工艺的下一代LED显示系统及解决方案，已推出75英寸8K Mini LED、0.9mm像素间距Mini LED显示产品等。传感器及解决方案事业聚焦医疗影像、生物检测、智慧视窗、微波通信、指纹识别等领域，公司拥有12~46英寸的全尺寸X-ray平板探测器背板产品（FPXD），应用于日本、韩国等全球性高端医疗器械公司；智慧视窗通过显示和传感技术创新，为交通、建筑等领域提供传感器件及解决方案。智慧系统创新事业通过人工智能、大数据、云计算技术，聚焦软硬融合的产品与服务，提供智慧城市、智慧金融、智慧园区、智慧交通、城市亮化、智慧政务、智慧教育、智慧医疗、智慧能源等物联网细分领域整体解决方案。公司智慧金融解决方案覆盖超过1500个网点，智慧交通解决方案为中国80%以上的高铁线路提供产品和服务，创新产品及解决方案已遍布全球。智慧医工事业将科技与医学相结合，打造以健康管理为核心、智慧终端为工具、数字医院为支撑的“O+O”全周期健康服务闭环。公司已在北京、合肥、成都、苏州等地布局多家数字医院，提供定制化、软硬融合的健康物联网解决方案，为人们提供从预防、诊疗到康复的全周期健康医疗服务。公司在北京、合肥、成都、重庆、福州等地拥有制造基地，子公司遍布美国、德国、英国等19个国家和地区，服务体系覆盖欧洲、美洲、亚洲、非洲等全球主要地区。

（田新宇）

京东方科技集团股份有限公司
董事长 陈炎顺

北京泰豪智能工程有限公司

2020年，北京泰豪智能工程有限公司（简称北京泰豪）的总资产为31.23亿元，净资产为11.07亿元，营业收入为17.64亿元，纳税总额为3390万元，有员工557人。年内，北京泰豪中标首钢冬奥广场智能化项目和国家会议中心二期智能化项目；参建的延庆区城市管理信息化平台项目、北京大兴机场项目，以及承接的城市大数据平台及领导驾驶舱项目通过验收；参与的国家重点研发计划“物联网与智慧城市关键技术及示范”重点专项通过阶段性验收；参建的北京城市副中心行政办公区A1工程、展想中心（B-1地块新建项目）工程获中国安装工程优质奖（中国安装之星）。公司助力北京疾控中心防疫抗疫应急保障工作，支援小汤山医院进行医疗智能化管理体系改造；城市大数据平台及领导驾驶舱产品系统增加复工复产专题；城市大脑助力北京市延庆区人民政府、江西省宜春市大数据局开展数字化疫情防控工作，并入驻科技部科技抗疫——先进技术成果信息共享服务平台。公司新增 102 件（项）知识产权，累计获知识产权 400 多件（项）；获中华人民共和国增值电信业务经营许可证和国家信息安全测评信息安全服务资质证书（安全工程类一级）；被评为新基建产业创新榜 TOP100 新赛道领头羊。子公司北京泰豪智能科技有限公司被评为北京市知识产权试点单位、2018—2020 年度首都文明单位。公司城市领导驾驶舱作为高质量应用案例入选《数字中国——现代智慧城市理论与智慧建设高质量实践途径》，被评为 2020 中国软件和信息服务业年度优秀产品。

北京泰豪成立于 1997 年 9 月 10 日，注册资本为 1.06 亿元，位于经开区锦绣街 3 号。公司是智慧城市设计、建设、运营服务商，业务覆盖智慧城市总体规划、城市大脑、智慧园区 / 建筑、智慧能源、智慧水务、智慧教育、智慧医疗等领域。公司与清华大学、中国科学院、国家信息中心、腾讯、百度、华为等企业和研究院达成战略合作，承接奥运会、世界博览会、北京大兴国际机场等数千项重大工程，参与北京城市副中心智慧城市顶层设计、城市大数据平台及领导驾驶舱、北京市疫苗接种指挥调度平台等全国 40 多个城市规划和建设项目。公司是中国智慧城市发展研究中心企业联合组成员、中国节能协会副理事长单位、中国建筑业协会绿色建造与智能建筑分会副会长单位，拥有涉密信息系统集成和安防监控双甲资质、建筑智能化系统设计专项甲级、电子与智能化工程专业承包壹级、建筑机电安装工程专业承包壹级、信息系统集成及服务资质壹级等资质。

（马益荣）

北京泰豪智能工程有限公司

总裁 邹卫明

揖斐电电子（北京）有限公司

揖斐电外观　　企业提供

2020 年，揖斐电电子（北京）有限公司（简称揖斐电）的总资产达 15 亿元，净资产达 12 亿元，有员工 1300 人。年内，揖斐电投资 3 千万美元进行设备升级，以应对 5G 模组产品的生产及客户对产能扩大的要求；完善产品有害化学物质的管理，建立有害物质管理体系并通过认证，同时调查和考核供应商环境管理体系建立和运行情况；开展节能降耗活动，变更设备排气的设计原理，减少酸雾、废水的排放。

揖斐电成立于 2000 年 12 月 25 日，注册资本为 1 亿美元，是日本揖斐电株式会社全资子公司，专门从事印制线路版的生产、销售。公司被评为中国电子电路行业百强企业、北京市文化安全建设企业模范企业、首都文明单位等。

（李小冬）

揖斐电电子（北京）有限公司

总经理 袁本镇

中芯国际集成电路制造有限公司

2020年，中芯国际集成电路制造有限公司（简称中芯国际）的子公司中芯国际集成电路制造（北京）有限公司（简称中芯北京）的销售收入为18.1亿美元，净利润为3.2亿美元，有员工2600人；中芯北方集成电路制造（北京）有限公司（简称中芯北方）的销售收入为9.68亿美元，净利润为2.02亿美元，有员工2200人。年内，中芯国际与国家集成电路产业基金、北京亦庄国际投资发展有限公司共同出资成立中芯京城集成电路制造（北京）有限公司（简称中芯京城）。中芯京城与经开区管委会签署入区协议，项目一阶段总投资为76亿美元，计划建设2条生产线，月产能共10万片，预计2022年投产。

中芯国际成立于2000年，总部位于中国上海，是世界领先的集成电路晶圆代工企业之一，也是中国内地技术最先进、配套最完善、规模最大、跨国经营的集成电路制造企业集团，提供不同技术节点的晶圆代工与技术服务。

2002年7月25日，中芯国际成立全资子公司中芯北京。中芯北京位于经开区文昌大道18号，注册资本为10亿美元。公司拥有中国第一条12英寸集成电路生产线，是国内规模最大的12英寸集成电路生产厂，也是国内技术最先进的集成电路生产厂。公司主要经营范围为半导体（硅片及各类化合物半导体）集成电路芯片的制造、针测及测试，提供0.13微米到65/55纳米先进技术工艺12英寸芯片的制造服务。公司自2004年建成投产后，在集成电路量产工艺上一直是中国集成电路制造业的领头羊：2006年实现90纳米工艺量产，标志着中国的集成电路制造工艺进入纳米级；2009年实现65纳米工艺量产，成为中国科技成果产业化的亮点；2011年实现55纳米工艺量产，65/55纳米工艺产品是公司生产的主要产品，月产能达5万片，其中65/55纳米高端工艺产品月产能为4万片。

2013年7月12日，中芯国际及中芯北京与国家集成电路产业基金、北京市政府代表投资方共同出资兴建中芯北方。中芯北方位于经开区文昌大道18号，注册资本为48亿美元。中芯北方的12英寸集成电路生产线项目是中芯北京项目的扩展，项目分2个阶段实施，总投资为72亿美元，在中芯北京地块上再建设2条月产能为3.5万片晶圆的集成电路生产线。

（马焱）

中芯国际集成电路制造有限公司

董事长 周子学

联合首席执行官 赵海军、梁孟松

富智康精密组件（北京）有限公司

2020年，富智康精密组件（北京）有限公司（简称北京富智康）的营业收入为2.4亿元，资产总额为2.2亿元。员工有1030人，其中研发设计人员276人，平均年龄为35岁。年内，北京富智康研发中心研发6款诺基亚功能机与2款美国运营商专属智能机，包含Blu智能机、AT&T运营商专属智能机、Nokia 5310等类型，营销范围超过全球84个国家，主要销往美国、印度、欧洲、中东、北非等国家和地区。

北京富智康成立于2001年3月13日，注册资本为6880万美元，是富士康科技集团旗下富士康国际控股有限公司北京分公司，原名为富士康精密组件（北京）有限公司，于 2014 年 4 月 1 日更名。公司隶属于世界 500 强鸿海集团，是鸿海集团 FIH（Foxconn International Holdings）事业群重要的无线通信设备制造商，有冲压、成型、表面处理、SMT、系统组装和测试生产线，有模具研发制造能力和研发设计团队，服务于小米、诺基亚、苹果等客户。

（杨建清）

富智康精密组件（北京）有限公司

总裁 刘杨伟

苍穹数码技术股份有限公司

苍穹数码承办国产地理信息平台信创发展论坛　　企业提供

2020 年，苍穹数码技术股份有限公司（简称苍穹数码）拥有各类专业人才 2600 多人。年内，苍穹数码开发性能和适配能力优越的疫情管控类产品和一体化业务协作架构类产品；在防疫、不动产登记、“国土三调”等方面，向武汉市金银潭医院捐款 50 万元，提供多款免费软件，收到各级政府多封感谢信；与多款操作系统、数据库、图形处理及办公软件产品兼容互认，推动国产化生态构建；承办“迎接知识与量子时代 建设地理智能社会”——国产地理信息平台信创发展论坛。公司挂牌中国地名大数据中心；成为全国智能建筑及居住数字化标准化技术委员会（SAC/TC426）成员单位；被评为 2020 地理信息产业百强企业、2020 北京软件和信息服务业综合实力百强企业、2019 年中国最具影响力软件和信息服务企业；入选教育部产学合作协同育人项目企业名单、2020 信创产业独角兽 100 强榜单、2020 数字经济创新企业 100 强榜单等。公司承建的湖北省 8 座城市的不动产登记改革项目获湖北省政府奖励；承建并助力申报的黄山市不动产登记“综合创新示范”项目通过验收；承建的湖北省恩施土家族苗族自治州“互联网 + 不动产网上办事大厅”上线，并颁发首张不动产登记电子证照；承建的“黄冈市不动产网办大厅建设试点项目”通过省级评估验收；承建的“潍坊市不动产登记信息管理平台建设项目”获 2020 地理信息产业优秀工程金奖、“昆明市不动产统一登记存量数据整合（西山区标段）”获 2020 地理信息产业优秀工程银奖。

苍穹数码于 2001 年 5 月 25 日在经开区注册成立，注册资本为 1.18 亿元，是一家专业从事“3S”技术（遥感技术、地理信息系统和全球定位系统）研究、开发与应用服务，致力于政府、国防和企业信息化建设的国家高新技术企业，也是业内率先打通地理信息全产业链的平台级产品、技术与服务提供商，在信息化相关技术领域具有核心竞争优势。公司在全国设有 30 个分公司及办事处，另有 5 个研发中心、3 个研究院、2 个测绘生产基地、1

家仪器公司，并在马来西亚、印度尼西亚等国家和中华人民共和国香港特别行政区设有分支机构，在亚洲和非洲一些国家建有销售网络。公司拥有甲级测绘资质证书，甲级土地规划机构等级证书，乙级水文、水资源调查评价资质证书，国土空间规划编制技术单位资质认证书，新型基础设施建设产品与服务认定证书，ISO 9001 质量管理体系、ISO 14001 环境管理体系、ISO 45001 职业健康安全管理体系、ISO 27001 信息安全管理体系、ISO 20000 信息技术服务管理体系及 CMMI 5 级认证证书等资质。

（李斌）

苍穹数码技术股份有限公司

董事长 徐文中

威讯联合半导体（北京）有限公司

2020 年，威讯联合半导体（北京）有限公司（简称威讯北京，英文简称 Qorvo）的销售收入为 56.66 亿元，纳税总额为 0.96 亿元，利润总额为 2.12 亿元，固定资产总额为 17.55 亿元，有员工 1790 人。年内，威讯北京完成压缩空气系统效率提升项目（节电）、办公区域空调温度自控改造项目（节电）、污泥浓缩池改造减少固废排放量项目（减排）；原材料及成品进出口额吞吐量为 14.4 亿元，其中保税货物占 51%；获经开区社会保险保障中心返还企业失业保险费 89 万元。公司通过 ISO 9001:2015 版、ISO 14001:2015 版、IATF 16949:2016 版、ISO 45001:2018 版，以及海关总署高级认证企业的年度复审；被国家税务总局北京市税务局评为纳税信用 A 类企业、出口退税一类企业；获龙旗集团颁发的核心供应商奖，中兴通讯股份有限公司颁发的最佳综合绩效奖，维沃移动通讯有限公司颁发的优秀质量奖，OPPO 广东移动通讯有限公司颁发的联合开发奖，闻泰通讯股份有限公司、华勤通讯技术有限公司颁发的战略供应商奖，华为技术有限公司颁发的全球金牌供应商奖。

威讯北京成立于 2001 年 8 月 3 日，前身为美国半导体射频厂商 RFMD 全资子公司。2015 年 1 月 1 日，RFMD 与美国半导体射频厂商 TriQuint 以全股交易形式合并成立新公司，并更名为 Qorvo。公司占地面积为 1.82 万平方米，建筑面积为 3.03 万平方米，其中生产车间面积为 1.32 万平方米，包括面积为 5800 平方米的无尘车间。公司坚持提供创新性的射频解决方案，服务于无线设备、有线和无线网络、防空雷达、通信系统市场。公司设立可靠性和失效分析实验室、中国销售和客户技术支持中心，主要经营范围为开发、生产、测试、加工集成电路产品和专用设备、仪器、材料，销售自产产品，以及自产产品的安装、调试、维护、技术咨询、技术服务。

（杨璐）

威讯联合半导体（北京）有限公司

亚太区运作副总裁 李育才

信维创科通信技术（北京）有限公司

2020 年，信维创科通信技术（北京）有限公司（简称信维创科）的营业收入为 11.4 亿元，利润为 2014.68 万元，有员工 1710 人。

信维创科隶属于深圳市信维通信股份有限公司（简称信维通信），前身是 2001 年 8 月在经开区成立的阿尔贡电信设备（北京）有限公司，该公司由瑞典阿尔贡移动通信公司投资兴建，专门从事手机天线设计与制造。2002 年 11 月，美国圣韵公司收购瑞典阿尔贡移动通信公司，公司更名为阿莫斯圣韵无线通信（北京）有限公司。2004 年，美国莱尔德公司收购阿莫斯圣韵无线通信（北京）有限公司，于 2006 年更名为英资莱尔德无线通信技术（北京）有限公司。2010 年 11 月，信维通信登陆创业板（股票代码：300136）。2011 年 6 月，莱尔德集团宣布退出手机天线业务，信维通信全资收购英资莱尔德无线通信技术（北京）有限公司股权。信维通信产品包括天线、音射频、连接器、整机射频解决方案，应用领域包括消费电子、汽车、工业、军事和移动终端测试服务等。公司客户群包括微软、索尼移动、摩托罗拉、华为、OPPO、RIM 及其他北美国际品牌。公司拥有雄厚的研发实力，领先的测试能力，在全球布局，除广东深圳、上海、北京、江苏常州、湖南益阳、四川绵阳和中国台湾外，还在美国、瑞典、韩国、日本、越南设立分支机构。公司是国家高新技术企业，通过 ISO 9000 质量管理体系、ISO 14001 环境管理体系、OHSAS 18001 职业健康安全管理体系等认证。

（杜敏　毛大栋　刘静）

信维创科通信技术（北京）有限公司

董事长　毛大栋

北京北方华创微电子装备有限公司

2020 年，北京北方华创微电子装备有限公司（简称北方华创微电子）有员工 3990 人。年内，北方华创微电子 THEORIS A302L 低温退火立式炉系统、THEORIS SN302D 型 12 英寸氮化硅沉积设备、HORIS 光伏氧化设备等交付。公司参展 2020 年印度电力电工、能源及自动化展览会（ELECRAMA），SNEC 第十四（2020）国际太阳能光伏与智慧能源（上海）展览会暨论坛。公司被评为 2019 年华力最具潜力供应商、2020 年度中国年度最具智造精神雇主；PECVD 团队被评为 2020 年北京市模范集体；董事长赵晋荣被评为 2020 年北京市劳动模范，获 2019 年度金牛企业领袖奖；射频工程中心总经理陈鹏获北京市科学技术奖杰出青年中关村奖。

北方华创微电子成立于 2001 年 10 月 25 日，专业从事集成电路和半导体照明高端工艺设备研发与生产，是高端半导体装备制造企业、国家 02 专项的主要承接单位。公司在经开区、中关村电子城高科技园区、顺义天竺出口加工区设有制造基地，营销服务体系覆盖亚洲、美洲、欧洲等主要地区。公司位于经开区的总部生产基地占地面积为 18 万平方米，包括占地面积为 4 万平方米的半导体级别洁净厂房，配备专业的工艺展示实验室、工艺设备开发实验室、工艺性能检测实验室、零部件精密清洗实验室和射频等离子实验室。公司主要产品包括刻蚀、PVD、CVD、氧化/扩散、清洗、气体质量流量计等半导体工艺装备和核心零部件，产品应用于集成电路、微机电系统、功率半导体、先进封装、半导体照明、化合物半导体、新能源光伏、平板显示等领域。公司是中关村高新技术企业，通过 ISO 9001 质量管理体系、ISO 14001 环境管理体系和 OHSAS 18001 职业健康安全管理体系认证，获国家战略性创新产品、SEMI 中国产业奖、半导体创新产品和技术奖、中关村知识产权领军重点示范企业等荣誉和称号。公司研制的8英寸100纳米等离子刻蚀机获2007年北京市科学技术进步奖一等奖、2009年国家科学技术进步奖二等奖、中国信息产业第一届中国半导体创新产品等殊荣；承担的“十一五”国家科技重大专项“65-45nm PVD设备研发”项目获北京市科学技术奖二等奖；承担国家科技重大专项“90/65nm刻蚀机研发及产业化”“65-45nm PVD设备研发”两大项目；完成14纳米立体栅刻蚀机研发与产业化项目（2014—2017年）和国产集成电路装备关键零部件量产应用工程（2014—2016年）2个国家科技攻关专项工作。

（杨帆）

北京北方华创微电子装备有限公司

董事长 赵晋荣

北京中电科电子装备有限公司

2020年，北京中电科电子装备有限公司（简称北京中电科）的资产总额为8462万元，营业收入为5439.3万元，有员工144人。年内，北京中电科依托国家02科技重大专项技术成果，调整产品结构，开发HP-1221型全自动晶圆划片机、HP-1201型大尺寸自动切割机、WG-8501型8英寸晶圆全自动减薄机等多种型号新产品，均已开始形成销售合同。同时，解决12英寸高刚度磨抛主轴和大功率交（直）流气浮主轴的研发及产业化配套问题，形成减薄、划切两大类产品的系列化、高端化的技术发展路线。

北京中电科成立于2003年12月15日，位于经开区泰河三街1号，注册资本为1.6亿元，是以集成电路封装设备研发生产为主的国家高新技术企业。公司承担国家02科技重大专项多个关键设备及核心零部件的研发与产业化项目，在集成电路封装设备减薄机、划片机领域技术领先，并实现核心零部件的自主可控。公司减薄机可完成6~12英寸集成电路晶圆的背面减薄工艺，并适用于各种尺寸及形状的半导体材料的减薄加工；划片机形成6~12英寸系列化产品，覆盖半导体基板、化合物半导体材料、硅晶圆及集成电路封装体的划切加工。公司是国家集成电路封测产业链技术创新战略联盟副理事长单位、北京高精尖产业设计中心等。

（李恺）

北京中电科电子装备有限公司

总经理 王海明

中科晶电信息材料（北京）股份有限公司

2020年，中科晶电信息材料（北京）股份有限公司（简称中科晶电）的总资产为4.02亿元，净资产为1.11亿元，营业收入为1982.92万元，纳税总额为219.72万元。员工有124人，其中具有大专及以上学历人员43人。

中科晶电成立于2004年12月24日，注册资本为1000万美元，是中外合资企业，原名为北京美西半导体材料有限公司、中科晶电信息材料（北京）有限公司。2015年12月29日，公司完成股份制改制，注册资本变更为1.45亿元。2016年，公司增资扩股至1.98亿元。公司定位于高科技、高成长型砷化镓衬底材料供应商，服务于国内外各大半导体元器件用外延片和芯片制造商；旗下有8个分支机构，分布在北京市、江苏省张家港市、山西省运城市和忻州市、贵州省黔南布依族苗族自治州独山县、中国香港和日本名古屋市，具备系统研发和批量生产 2~6 英寸多种参数规格砷化镓衬底材料的能力。公司是国家高新技术企业，曾获国家火炬计划产业化示范项目认证企业、中关村瞪羚重点培育企业、中关村信用培育双百工程——百家最具影响力信用企业、北京市专利试点企业等资质荣誉。公司的砷化镓单晶、晶片生产及售后服务质量管理体系经认证符合 GB/T 19001—2016/ISO 9001:2015 标准；汽车用 4 寸砷化镓晶片的设计与制造管理体系曾获 ISO/TS 16949:2009（版本 3）认证；砷化镓单晶体在研发、生产和销售领域有关职业健康安全和环境的管理体系曾分别获证符合 GB/T 28001—2011/OHSAS 18001:2007 及 GB/T 24001—2004/ISO 14001:2004 标准；砷化镓衬底产品曾获俄罗斯联邦技术控制和计量署 GOST-R 合格认证，以及符合欧盟《RoHS 指令》（2011/65/EU）和《REACH 法规》（1907/2006/EC）要求的检测认证。

（张元璋）

中科晶电信息材料（北京）股份有限公司

董事长 张杰

北京东港嘉华安全信息技术有限公司

2020 年，北京东港嘉华安全信息技术有限公司（简称东港嘉华）实现收入 3.25 亿元、利润 4600.33 万元。公司再次获北京市诚信创建企业称号。

东港嘉华成立于 2007 年 2 月 2 日，由东港股份有限公司投资成立，拥有 3.3 万平方米的研发大楼。公司是由国家税务总局北京市税务局授权的电子发票查验平台，主要业务范围涵盖开发、生产电子发票应用软件，为电商等企业和税务部门提供电子发票技术支持、技术服务、软硬件系统集成和档案数字化加工及存储等业务，获境内区块链信息服务 4 项备案。公司是国家高新技术企业、中关村高新技术企业、国家秘密载体印制资质企业等，拥有北京市级科技研发中心等称号，通过 ISO 9001 质量管理体系、ISO 14001 环境管理体系、GB/T 28001 职业健康管理体系、ISO 27001 信息安全管理体系的认证。

（钱刚）

北京东港嘉华安全信息技术有限公司

董事长 刘 宏

总经理 冯海涛

北京集创北方科技股份有限公司

2020 年，北京集创北方科技股份有限公司（简称集创北方）总部暨显示驱动芯片设计和先进测试基地项目开工仪式在经开区举行。公司参与集微网与中国半导体投资联盟联合发起的“芯连心 共战疫”无尘服驰援武汉活动，捐款 10 万元用于购买灭菌无尘服；员工自发性捐款 3.93 万元，该笔款项汇入北京青少年发展基金会账户，拨付给湖北省青少年发展基金会。公司入选第一批北京市专精特新“小巨人”企业名单，获十大半导体杰出品牌等称号，获中国（北京）国际视听大会之“视听中国·文投榜”视听行业最具影响力品牌奖、中国新型显示产业链发展贡献奖（2019 年度）卓越贡献奖。公司凭借“显示驱动与触控集成芯片关键技术研发与产业化”项目获北京市科学技术进步奖二等奖；触控与显示集成芯片被评为第十四届（2019 年度）中国半导体创新产品和技术；ICND6602

获 ISLE 2020 LED 显示新星产品奖、ICND2065 获 ISLE 2020 LED 显示优秀产品奖；8K 超高清显示驱动芯片获 SID 2019 年度最佳创新显示组件奖金奖和优秀创新产品与解决方案奖；8K LCD 驱动芯片 /ICNL9390 被中国电子信息产业发展研究院评为 2020 年第十五届“中国芯”优秀技术创新产品。

集创北方成立于 2008 年 9 月 3 日，注册资本为 2.6 亿元，位于经开区景园北街 2 号 56 幢。公司是全球领先的显示控制芯片整体解决方案提供商，为 LED 显示屏、LCD 面板以及新型显示屏提供完整显示芯片解决方案，包括驱动、触控、指纹识别、时序控制、电源管理等。

（温爱玲）

北京集创北方科技股份有限公司

董事长 张晋芳

北京易美新创科技有限公司

2020 年，北京易美新创科技有限公司（简称易美）的总资产为 2.6 亿元，营业收入为 0.3 亿元，纳税总额为 170 万元。员工有 117 人，其中技术、研发人员 41 人，具有大专及以上学历人员 62 人。公司获 24 件专利授权，其中发明专利 3 件、实用新型专利 20 件、外观设计专利 1 件，累计拥有 174 件国际、国内专利。

易美成立于 2010 年 1 月 4 日，注册资本为 4064.23 万美元，由金沙江创业投资基金、北极光创投、美国国际数据集团（IDG）、梅菲尔德风险投资公司（MayField）等国际风险投资公司联合投资，多名留美博士共同创办。公司以高亮度 LED 封装为主体，致力于高品质、高可靠性 LED 产品的研发与制造，是一家拥有自主高功率芯片和应用产品的外资高新技术企业。公司的高性能、高可靠性 SMD、COB 和 DOB 产品是照明市场的优势产品，为全球 LED 照明客户提供优质的光源解决方案。公司拥有行业领先的封装级光谱调制技术，着力于研发并为客户提供健康光源，可以实现光谱定制，新产品教育照明、植物照明、紫外杀菌（UV）等项目可为客户提供健康体验。公司建有获中国合格评定国家认可委员会（CNAS）和美国环境保护署（EPA）认证的 LM80 国家实验室，自动化产线采用 ISO 9001 质量管理体系及专业的 ERP\MES 系统。公司承接并主导国家及北京市重大科技项目 17 项。公司获红鲱鱼全球 100 强、德勤中国高科技高成长 50 强、国务院侨办重点华侨华人创业团队、北京科技研究开发机构、北京市设计创新中心等称号，设有博士后科研工作站，建有高亮度半导体发光器件北京国际科技合作基地。

（张云燕）

北京易美新创科技有限公司

董事长 范振灿

合众思壮北斗导航有限公司

2020 年，合众思壮北斗导航有限公司（简称合众思壮）的总资产为 8.47 亿元，营业收入为 11.58 亿元，实现工业产值 11.03 亿元。公司园区挂牌北京市北斗产业创新基地。

合众思壮成立于 2010 年 3 月 26 日，注册资本为 3 亿元，专业从事北斗高精度业务，同时横向推动北斗导航领域的人才培养、企业孵化以及双创辅导。公司拥有算法、芯片、板卡、天线等核心技术，具有终端研发制造能力，构建包括北京、上海、深圳、西安，以及美国、加拿大等国家的重要城市在内的国内外产品研发架构，技术涵盖北斗、GPS、GLONASS及多系统组合导航定位硬件、软件及各类算法，主营业务包括GNSS高精度定位芯片及板卡、各类北斗高精度定位终端产品、北斗农机自动驾驶终端、北斗机械控制终端以及通导一体化产品的研发、生产等。

（单宇）

合众思壮北斗导航有限公司

董事长 郭信平

冠捷显示科技（中国）有限公司

2020年，冠捷显示科技（中国）有限公司（简称冠捷显示科技）的销售收入为27.2亿元(高新产品收入为21.7亿元)，纳税总额为3121万元，有员工781人。公司的显示器出货量比2019年增长22%，产值比2019年增长13%，利润比2019年增长21%，纳税比2019年减少32%，出口收入比2019年增长11%。

冠捷显示科技于2010年4月8日在经开区投资建厂，主要业务是研发、生产、销售液晶电视、液晶显示器、液晶显示模组。公司有4条生产线（含1条TV自动化示范线）、7条基座线、8条SMT线，关键设备的数控化率达85%，年设计产能达液晶显示器600万台、液晶电视200万台。产品线由液晶显示器扩展到智能数字电视、大屏户外商显等定制化高端数字显示领域。

（赵晓晨）

冠捷显示科技（中国）有限公司

董事长 谢继琮

总经理 吴光发

北京云狐时代科技有限公司

2020年，北京云狐时代科技有限公司（简称云狐时代）与威海综合保税管理委员会就“云智谷综保科技服务示范园区项目”签署战略合作协议；推出首款5G终端，集防爆、对讲功能于一体，支持云狐巡检、现场作业等多个平台；发布20套智慧城市深度数字化方案。

云狐时代成立于2010年6月30日，注册资本为1038.42万元，是国内领先的产业互联网平台、应用和智能终端提供商，秉承链接万物、开发应用、提炼应用、提供装备的全数字化理念，是集智能终端管理、应用开发、应用管理于一体的大型行业互联网平台，为各行业提供数字化服务。同时，基于云狐平台和平台应用，推出系列行业智能终端，提供平台、应用、终端一站式服务。云狐平台拥有强大的大数据处理能力，包括基础中台、应用中台、数据中台、人工智能中台、设备管理中台五大中台，为各行业提供数字化定制服务或SaaS服务。

（戈青）

北京云狐时代科技有限公司

董事长 董德福

北京世纪金光半导体有限公司

2020年，北京世纪金光半导体有限公司（简称世纪金光）的总资产为12.65亿元，净资产为5.97亿元，营业收入为0.47亿元，有员工116人。公司的注册资本由2.80亿元增至3.08亿元。公司推出自主研发的车规级大功率1200伏/600安培全SiC模块。

世纪金光成立于2010年12月24

日，占地面积为3.73万平方米，总建筑面积达9.3万平方米，是一家贯通碳化硅全产业链的综合半导体企业，是致力于第三代半导体功能材料和功率器件研发与生产的国家高新技术企业。公司专注于战略新兴半导体的研发与生产，解决高纯碳化硅粉料提纯技术、6英寸碳化硅单晶制备技术，以及高压低导通电阻碳化硅SBD、MOSFET结构及工艺设计技术等，完成碳化硅功能材料生长、功率元器件和模块制备、行业应用开发和解决方案提供等关键领域的全面布局。公司碳化硅6英寸单晶生长已研制成功，单晶片已量产；功率器件和模块制备覆盖额定电压650~1700伏、额定电流5~100安培的碳化硅肖特基二极管（SBD），额定电压650~1200伏、额定电流20~100安培的金属—氧化物半导体场效应晶体管（MOSFET），50~600安培的全桥、半桥混合功率模块及全碳化硅功率模块等。在终端应用方面，公司碳化硅功率器件已应用于电源PFC、充电桩充电模组、光伏逆变器、特种电源等领域。公司累计承担国家科研项目80多项，其中国家科技重大专项8项、处于国内同类技术领先水平12项、达到国际先进水平5项。

（赵岩）

北京世纪金光半导体有限公司

董事长 李百泉

北京天空卫士网络安全技术有限公司

2020年，北京天空卫士网络安全技术有限公司（简称天空卫士）完成“B+”轮融资；承办中国数据防泄露技术论坛暨数据防泄露技术测评报告发布会、数字经济与数据安全高峰论坛暨中国信息协会信息安全专业委员会2020年年会、个人信息保护及数据安全体系建设研讨会；开展公益活动，包括向北京平澜公益基金会捐赠飞行救援头盔和飞行救援服等装备物资，向四川省峨眉山市欣欣幼儿园捐赠课桌椅、文具等学习用品，向四川省原核工业部峨眉525厂捐赠空调。公司被推荐为企业级数据泄露防护（DLP）代表性厂商，是亚太地区唯一一家被推荐的厂商；入选2020年北京中关村瞪羚企业榜单，获中国信息协会信息安全专业委员2020年优秀会员单位奖。

天空卫士成立于2015年1月12日，注册资本为1270.65万元，位于经开区永昌北路3号，是一家总部设立在经开区的数据安全技术企业。公司致力于发展以人和数据为核心的新一代数据安全技术，以融合统一内容安全技术（UCS）和内部威胁管理技术（ITM）为基础，构建自主研发、聚焦人工智能的内部威胁防护技术体系（ITP）。公司的统一内容安全技术（UCS）、内部威胁管理技术（ITM）均已达到国际先进水平。公司的产品已在政府、金融、高科技、制造业、大型企业以及互联网等部门和行业广泛部署并使用，获客户、权威媒体和测评机构广泛认可。公司在北京和成都设有大型研发创新中心，并在上海、广州、深圳等地设立办事处。公司核心技术团队源自硅谷，有近二十年国际安全公司的研发、业务背景；公司核心管理团队由国内大型互联网公司创始人、跨国安全公司在华业务骨干组成；技术工程师总数超过200人。公司是亚太地区唯一入选Gartner全球数据泄露防护（DLP）

代表性厂商和 CASB 观察者名单的中国网络安全企业。

（张文礼）

北京天空卫士网络安全技术有限公司

首席执行官 刘霖

全图通位置网络有限公司

2020 年，全图通位置网络有限公司（简称全图通）的总资产为 2100 万元，营业收入为 380 万元，纳税总额为 16 万元。员工有 49 人，其中技术、研发人员 38 人，具有大专及以上学历人员 42 人。年内，全图通承担科技部国家重点研发计划“综合交通运输与智能交通”重点专项，公司作为其中的课题牵头单位和课题承担单位，从定位技术、导航装备、智能客服等方面，突破二大科学问题、攻克五项关键技术、研制二大平台装备，建立地铁时空体系，实现无人化服务新模式，为城市轨道交通未来的智慧化发展提供技术支撑和模式示范。公司通过设立杨元喜院士专家工作站，对综合电源线网络终端（PNT）和弹性 PNT 领域进行研究，通过优化软件与算法实现高精度导航定位在各类场景和行业中的应用。工作站团队承担工业和信息化部“智能交通应用示范项目”、北京市地铁运营有限公司“城市轨道交通定位试验系统”等项目，牵头的“基于北斗的地铁公共安全应急管理系统”项目获 2020 年度卫星导航定位科技进步奖二等奖。

全图通成立于 2016 年 4 月 8 日，注册资本为 2 亿元。公司以“开放、合作、共享、共赢”为理念，通过软件与算法，整合通信、遥感、导航领域的航天前沿技术，聚合终端设备和平台系统，形成综合解决方案，为用户提供以高精度时空为基准的天地一体综合信息服务。

（李俊）

全图通位置网络有限公司

董事长 张迪

北京德为智慧科技有限公司

德为智慧14寸B超显示器U140G0　　企业提供

2020 年，北京德为智慧科技有限公司（简称德为智慧）的总资产为 2.42 亿元，净资产为 9749 万元，营业收入为 2.21 亿元，纳税总额为 403 万元，净利润为 228 万元。员工有 187 人，其中科技人员、研发人员 56 人，具有大专及以上学历人员 133 人。德为智慧的注册资本由 6000 万元增至 7591.46 万元。截至 2020 年年底，德为智慧累计拥有 40 件专利和 31 项软件著作权。年内，德为智慧为辽宁开普医疗系统有限公司定制开发的 ARM 嵌入式 12.1 寸终端 F121MK 样机研发成功，并达到客户交付标准；为通用电气医疗（以色列）定制的 14 寸 B 超显示器 U140G0 进入量产阶段，包括美缝、光学提示、触屏等功能。公司参加第五届紫禁城论坛 -Post RSNA 2019、中华医学会第 28 次全国医学影像技术学学术大会暨辽宁省医学会放射技术学分会第 18 次学术会议、第二届世界大健康博览会等。公司被评为北京市知识产权试点单位。

德为智慧成立于2017年7月28日，是德为显示科技股份有限公司的全资子公司。公司是一家以医疗领域为业务核心的国家高新技术企业，设计、制造和销售医学影像链的专业显示产品和影像数字化智能化解决方案。公司致力于显示控制与校准、ARM智能硬件、影像处理等领域的研发设计，深耕影像算法，研发和融合AI、5G和物联网等前沿技术；拥有全贴合、美缝、热熔等先进工艺和智能制造系统；提供并不断完善专业影像终端、智能人机界面，以及人机环境系统、医学影像诊断与教研协作系统、手术室数字化等解决方案，其专业显示系统解决方案已覆盖全国80%以上的三甲医院。公司通过ISO 9001质量管理体系、ISO 14001环境管理体系、ISO 13485医疗器械质量管理体系、IECQ QC 080000有害物质过程管理体系等认证，产品通过CCC、CE、FDA等相关市场准入认证。

（程飞　王洪志）

北京德为智慧科技有限公司

董事长　杨德文

汽车制造

北京奔驰动力电池工厂全面投产

4月8日，北京奔驰汽车有限公司动力电池工厂模组线投产仪式举行。作为北京奔驰最早的复工复产单位，动力电池工厂团队坚持疫情防控与复工复产“两手抓”“两手硬”，克服全新的产品、全新的工艺以及生产线的不断调试、零件的更新换代、工艺复杂程度的增加所带来的挑战，实现EB301模组线、电池包线的全面投产。

（张乐）

北京奔驰第100万辆白车身下线

4月8日，北京奔驰汽车有限公司车身二工厂第100万辆白车身下线。车身二工厂自2015年10月投产以来，在初始产能设计的基础上不断提升，一次次突破产能新高，以年均近25万辆的产量，创造北京奔驰单一生产线、单一工厂年均车身下线数的新纪录。

（张乐）

北京奔驰发动机工厂月产量首破6万台

4月，北京奔驰汽车有限公司发动机装配与测试工厂单月生产装配的发动机总量首次突破6万台。发动机装配与测试工厂在人员、设备、物料、方法和环境等方面采取多项措施，最大限度地提升资源利用效率，为生产的逐步提速创造了条件。

（张乐）

全新梅赛德斯－奔驰GLA SUV下线

6月17日，北京奔驰汽车有限公司首辆国产全新梅赛德斯－奔驰GLA SUV在前驱车工厂下线。作为梅赛德斯－奔驰家族中最受欢迎的高端紧凑型SUV，全新GLA SUV集中国市场独享的外观和内饰设计、全新高性能LED大灯、智能驾驶辅助系统和尊享互动娱乐系统等配置于一体，以完全符合梅赛德斯－奔驰全球统一标准的状态，实现全球同步投产。

（张乐）

北京奔驰第 300 万台发动机下线

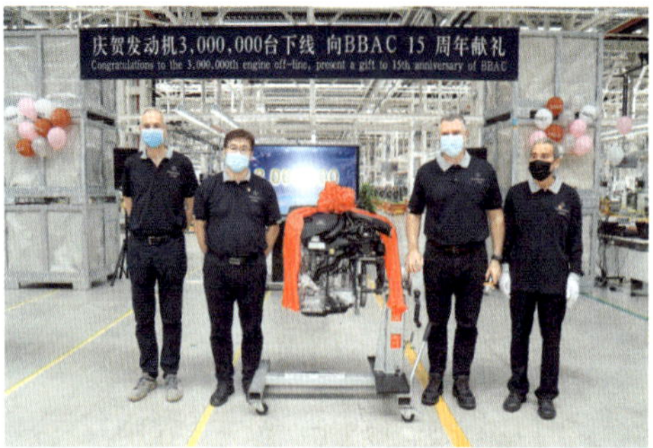

北京奔驰第 300 万台发动机下线　　岳政 摄

7 月 17 日，北京奔驰汽车有限公司第 300 万台发动机在发动机二工厂下线。北京奔驰用时 22 个月完成第三个百万台发动机的下线，标志着北京奔驰的动力总成生产迈入新的里程。

（张乐）

北京奔驰单月整车交付突破 6 万辆

北京奔驰单月整车交付突破 6 万辆　　岳政 摄

7 月，北京奔驰汽车有限公司携手梅赛德斯－奔驰全球生产网络、奔驰销售公司、合作伙伴，克服防疫物资紧缺、防疫手段匮乏、产业链停摆、零部件供应不足等困难，单月整车交付超过 6 万辆，实现了历史性突破。

（张乐）

北京奔驰获多项荣誉

8 月 22 日，在 2020 第四届全国设备管理与技术创新成果交流大会上，北京奔驰汽车有限公司 MRA 车身维护团队申报的《工业机器人智能化运维管理方案研究与应用》论文获管理与技术创新一等奖；MFA 车身维护团队申报的《基于风险评估的装焊车间维修成本优化》论文获管理与技术创新二等奖。10 月 14 日，在 2020 年全国冲压企业厂长会议暨第十三届中国汽车冲压会议——先进冲压与模具技术高峰论坛上，冲压工厂工程师毕研恒、崔江浩获中国锻压行业优秀工程师称号，班组长安鸣洲、李健、田磊获中国锻压行业优秀班组长称号。10 月 22 日，在第二届全国汽车行业智能制造与技术创新成果交流大会暨第十届全国汽车行业智能装备管理创新论坛上，技术维护运营一部依托技术维护创新工作室申报的“机器人 workshop 建立与应用－备件维修测试平台建立及大数据智能预测应用”项目获特等奖；规划与技术部申报的“汽车制造工业信息安全工业防火墙管理优化”项目获一等奖，“基于汽车制造中物联网及 AI 智能的设备管理创新”项目获二等奖。10 月 30 日，在《哈佛商业评论》中国年会上，2020“鼎革奖”中国数字化转型先锋榜评选结果揭晓，技术维护部申报的“北京奔驰技术维护数字化转型与应用”项目获年度新技术应用突破奖；信息技术部与总装一工厂申报的“智慧工厂数字化管理平台及 Q-Live 产品质量实时分析”项目获年度运营转型典范奖。12 月 14 日，在 2020（第五届）中国设备管理大会上，北京奔驰凭借在数字化、智能化转型方面的突出成绩获年度设备智能维护标杆企业称号。

（张乐）

北京奔驰第 300 万辆整车下线

9 月 9 日，北京奔驰汽车有限公司国

产新一代梅赛德斯－奔驰长轴距E级车第300万辆整车下线，标志着北京奔驰整车生产迈入“300万辆时代”。北京奔驰仅用时22个月，便实现第三个百万辆整车的下线，证明企业的综合实力再度跃升。

（张乐）

北京奔驰设立区内首个技能人才培训基地

9月11日，北京奔驰汽车有限公司MPS体验式培训暨对外开放仪式在培训中心鲁班实验室举行，标志着北京奔驰成为经开区首家建有技能人才优质培训资源共享基地的企业。该基地共4层楼，包括12个实操教室及10个理论培训教室，均可对参加培训的区内企业开放。通过在人才培养方面配置的优质硬件资源和为技能人才发展而建立的培训体系，北京奔驰以“开放共享 合作共赢”的模式支持经开区人才发展工作。

（张乐）

国汽智联牵头编制完成白皮书

9月28日，由中国智能网联汽车产业创新联盟发起，国汽（北京）智能网联汽车研究院有限公司和启迪云控（北京）科技有限公司牵头编制完成的《车路云一体化融合控制系统白皮书》（简称白皮书）发布。白皮书对云控系统、云控平台、云控基础平台和云控应用平台等重要概念给出界定，并分析这些概念之间的关系；给出云控系统的总体架构、组成部分、关键技术及系统特征，阐明云控基础平台的分级架构及主要功能；明确云控系统的产业定位，体现云控系统产业相关方跨行业协同创新、联合突破关键共性技术的国家智能汽车创新发展战略思想。

（林熙 黄星星）

国汽智联承办C-V2X“新四跨”活动

10月27—29日，2020智能网联汽车C-V2X“新四跨”暨大规模先导应用示范活动在上海举办。该活动由中国智能网联汽车产业创新联盟、IMT-2020（5G）推进组C-V2X工作组、中国汽车工程学会等单位联合主办，国汽（北京）智能网联汽车研究院有限公司、中国信息通信研究院、上海淞泓智能汽车科技有限公司承办。活动共有来自整车、芯片模组、终端、安全、地图、定位等细分行业的130多家企业参与，60多辆国内外品牌车辆进行演示，在“三跨”“四跨”连续开展跨芯片模组、跨通信设备、跨整车厂商、跨安全平台的互联互通应用示范的基础上，进一步深化验证车联网C-V2X规模化运行能力以及跨域互认的C-V2X安全身份认证体系，实现世界首次跨厂家C-V2X大规模先导性应用验证，助力车联网C-V2X产业面向规模商业化迈出更大步伐。活动共接待技术专家、专业观众、媒体代表、普通公众3000多人。

（林熙 黄星星）

国汽智联发布蓝皮书

12月17日，国汽（北京）智能网联汽车研究院有限公司发布《中国智能网联汽车产业发展报告（2020）》（简称蓝皮书）。蓝皮书由中国汽车工程学会、国汽智联以及中国智能网联汽车产业创新联盟共同组织40多家细分行业的标杆企业、100多位行业专家，历时近一年编写完成。蓝皮书从宏观层面综述2019年以来中国智能网联汽车产业的发展现状和面临的挑战，提出中国智能网联汽车产业发展对策；介绍2019年以来智能网联汽车技术的进展及趋势；评价中国智能网联汽车产业在国际竞争中所处的地位。蓝皮书就智能网联汽车基础平台开展专题研究，阐述智能网联汽车计算基础平台、云控基础平台、高精动态地图基础平台、信息安全基础平台、智能终端基础平台五大基础平台的发展情况、平台内涵、参考架构、技术路线和生态体系，提出发展建议；分析以上五大基础平台之间的产业化协同发展关系。

（林熙　黄星星）

北京奔驰 M282 发动机下线和交付

12 月 23 日，北京奔驰发动机装配与测试工厂第 20 万台 M282 发动机下线和交付。发动机装配与测试工厂团队凭借成熟的运营体系和丰富的运营经验，完成 M282 发动机产能爬坡、出口交付等一系列关键任务，打造出高质量的发动机产品和生产管理团队，为 M282 发动机生产线的高效运行奠定基础。

（张乐）

·汽车制造企业（选介）·

北京德尔福万源发动机管理系统有限公司

2020 年，北京德尔福万源发动机管理系统有限公司（简称德尔福万源）的资产总额为 9.7 亿元，销售收入为 13.8 亿元，利润总额为 1.6 亿元，纳税总额为 0.35 亿元。

德尔福万源成立于 1999 年，注册资本为 3166.96 万美元，由德尔福汽车（中国）投资有限公司与中国运载火箭技术研究院共同投资组建，于 2000 年投产，主要开发和生产汽车发动机管理系统（电子燃油喷射系统）。2012 年 11 月，公司由经开区同济北路 6 号迁入博兴路 19 号，新厂总投资为 3.6 亿元，占地面积近 3 万平方米，建有生产基地和研发中心，主要从事汽车发动机电子控制系统的生产、发动机管理系统和变速箱控制系统的研发。公司拥有 30 多条生产线，国产化项目产品主要为电喷系统零部件，包括喷油系统、燃油输送系统、供气调节系统、传感器类、排放检测传感器、点火线圈等，均符合世界公认的排放法规标准。公司为国内汽车市场发动机管理系统的第二大供应商，市场占有率为 10% 以上。

（邢贵中　马玉杨）

北京德尔福万源发动机管理系统有限公司
董事长　刘志伟
总经理　王　晖

北京奔驰汽车有限公司

北京奔驰年产能突破 60 万辆　岳政　摄

2020 年，北京奔驰汽车有限公司（简称北京奔驰）主要经营指标取得重大突破，实现年产量突破 60 万辆，并连续 11 年保持快速增长，在豪华汽车市场中的市场占有率继续名列前茅。年内，北京奔驰全新 GLA SUV 和新一代长轴距 E 级车相继投产；累计第 300 万台发动机和第 300 万辆整车下线；7—9 月连续 3 个月产销量创造新高。此外，北京奔驰动力电池工厂全面投产，为电动化转型提供动力保证。

北京奔驰成立于2005年8月8日，由北京汽车股份有限公司与德国戴姆勒股份公司、戴姆勒大中华区投资有限公司共同投资，是一家集研发、发动机与整车生产、销售和售后服务于一体的中德合资企业。公司已成为戴姆勒全球同时拥有前驱车、后驱车、电动车三大车型平台以及发动机与动力电池工厂的合资企业，并实现发动机核心零部件与整机的出口，是梅赛德斯－奔驰全球生产网络的重要组成部分。公司引入梅赛德斯－奔驰EQC纯电SUV、AMG A 35 L、长轴距A级轿车、长轴距与标准轴距C级车、长轴距E级车、长轴距GLC SUV、GLB SUV以及GLA SUV八大主力车型。公司获全球卓越运营最佳工厂、绿色示范工厂、北京市智能制造标杆企业等称号。

（张乐）

北京奔驰汽车有限公司
总裁兼首席执行官 方铭博
党委书记兼高级执行副总裁 陈 巍

北京北汽李尔汽车系统有限公司

2020年，北京北汽李尔汽车系统有限公司（简称北汽李尔）生产、销售整车座椅46.2万台（套）。员工有780人，平均年龄为30岁。年内，北汽李尔注册成立北京北汽李尔汽车系统有限公司保定分公司，并完成长城V71项目PT阶段首台座椅下线及交付；承接奔驰汽车V214整椅项目；推进自动化AGV项目，配料效率提升至91.32%；实施悬挂链延长项目，节省仓库面积约300平方米；入选工业和信息化部第五批绿色制造名单（绿色工厂），获2020年度全球卓越运营座椅工厂奖。

北汽李尔成立于2007年4月28日，注册资本为220万美元，位于经开区瑞合东二路3号，占地面积为4万平方米，是由北京海纳川汽车部件股份有限公司与美国李尔有限公司共同出资组建的中外合资企业，主要产品及工艺包括汽车座椅发泡、骨架焊接、扶手、整椅装配等。公司获客户及股东颁发的最佳供应商奖、特殊贡献奖等，通过IATF 16949质量管理体系、ISO 14001环境管理体系认证。

（何佳洁）

北京北汽李尔汽车系统有限公司
董事长 许小江
总经理 宋晓辉

北京中瑞蓝科电动汽车技术有限公司

2020年，北京中瑞蓝科电动汽车技术有限公司（简称中瑞蓝科）有员工20多人。子公司中瑞蓝科天津电动汽车技术有限公司分设电子工厂、电机工厂、电源工厂三大厂区。公司为南汽依维柯、江西百路佳、中通客车等数十家整车厂提供纯电动全面解决方案和数千台（套）动力电源总成、电驱动总成和整车控制总成产品。

中瑞蓝科成立于2010年，注册资本为1.44亿元，专注于纯电动新能源汽车的研发、制造、销售。公司起步于2003年在荷兰建立的电动汽车实验室，研发纯电动汽车动力电源系统、驱动电机系统、整车控制系统三大技术，形成以荷兰DURACR新能源汽车科技公司为重点研发基地、北京中瑞蓝科研究院为核心的科技生产基地。在新能源汽车产业化、商业化进程中，公司以多元化技术路线研发新能源汽车技术和产品，以整车系统优化为目标的技术路线，突破新能源汽车纯电驱动动力平台核心技术，开发满足多元化技术需求和整车系统最优化需求的关键“三电”（电驱动、电池、电控）零部件产品体系。公司坚持新能源汽车动力总成技术和产品方向，以纯电驱动汽车关键零部件开发、制造、销售为发展主线，提供纯电驱动汽车产业化、商品化全面解决方案。公司拥有 ISO/TS 16949 质量管理体系—汽车行业生产件与相关服务件认证资质，具备设计整车所需的电源管理系统（BMS）、电机控制系统（EMS）、整车控制系统（VMS）及直接数位同步（DDS）控制器能力，具备完成整车厂核心零组件整合设计要求的能力。

（高建伟）

北京中瑞蓝科电动汽车技术有限公司

董事长 林伯实

国汽（北京）智能网联汽车研究院有限公司

2020 年，国汽（北京）智能网联汽车研究院有限公司（简称国汽智联）有员工 200 多人，其中技术人员超过 70%。年内，国汽智联自主创新搭建针对 V2X 应用场景的安全芯片处理性能测试系统；牵头编制完成《车路云一体化融合控制系统白皮书》；承办 2020 智能网联汽车 C-V2X“新四跨”暨大规模先导应用示范活动；面向行业发布车辆安全漏洞预警与分析平台；联合清华大学中标北京市高级别自动驾驶示范区总体咨询项目；获 CNAS 实验室认可证书。

国汽智联成立于 2018 年 3 月，由中国汽车工程学会、中国汽车工业协会等行业机构牵头，中国第一汽车集团有限公司、东风汽车集团有限公司等 23 家股东单位共同出资成立，注册资本为 11 亿元，位于经开区荣华南路 13 号院，占地面积为 1437.42 平方米，包括占地面积为 480 平方米的一期实验室，同时在建占地面积为 10.73 万平方米的智能网联汽车试验基地。公司主营业务包括工程技术研究和试验发展，技术开发、技术咨询、技术推广、技术检测、技术服务、技术转让等。2019 年，公司获批组建国家智能网联汽车创新中心，设立国汽智联院士专家工作站，通过中关村高新技术企业认定，成为中国卫星导航定位协会理事单位。

（林熙　黄星星）

国汽（北京）智能网联汽车研究院有限公司

董事长 张进华

总经理 严　刚

生物医药

天坛生物参与抗疫科研攻关

2 月初，北京天坛生物制品股份有限公司在湖北省武汉市设立全国第一个新冠肺炎康复者血浆采集点，采集到全国第一袋康复者血浆。全年在全国 18 个省市设立 53 个新冠肺炎康复者血浆采集点，派出 163 人次 46 支采浆队伍，累计采集 2129 人次、采集血浆 66.8 万毫升，制备恢复期患者灭活血浆 2237 袋。2 月 28 日，天坛生物“新型冠状病毒恢复期患者免疫血浆及特免性球蛋白开发”课题获科技部国家重点研发计划“公共安全风险防控与应急技术装备”重点专项立项。2 月，新型冠状病毒恢复患者免疫血浆及新冠特免性球蛋白两种产品被收录入国家卫生健康委《新型冠状病毒肺炎诊疗方案》第五版及持续更新的第六至第八版。

（兰杰）

赛诺菲（北京）制药生产来得时®

2月5日，药监局批准甘精胰岛素注射液（来得时®）生产技术由德国Sanofi-Aventis Deutschland GmbH转让至赛诺菲（北京）制药有限公司。该药的适应证是需用胰岛素治疗的成人1型和2型糖尿病、青少年和年龄在6岁及以上儿童的1型糖尿病。4月26日，赛诺菲（北京）制药通过GMP符合性检查后开始本地化生产甘精胰岛素注射液（来得时®）。

（母仲秋）

舒泰神BDB-001注射液获批临床试验

2月7日，舒泰神（北京）生物制药股份有限公司全资子公司北京德丰瑞生物技术有限公司获授权许可开发的德国Inflarx公司的BDB-001注射液获药监局应急批准进行临床试验。BDB-001注射液用于新型冠状病毒感染者降低重症肺炎、急性呼吸窘迫综合征的发生率。BDB-001注射液是针对人C5a分子的单克隆抗体药物，能特异性结合C5a，使C5a丧失结合受体的能力，阻断其诱导的生物学功能，抑制炎症级联反应，从而控制炎症进一步发展，且不抑制免疫功能。同时，不影响C5裂解及膜攻击复合物（MAC）的形成，保留补体介导的溶菌作用。年内，BDB-001注射液在武汉等地开展针对新冠病毒感染患者的Ib期临床试验，以及针对健康受试者的Ic期临床试验，均已完成试验并取得临床研究报告；并开展针对轻症和重症新冠病毒感染患者的II期临床试验，该试验由于国内疫情控制良好而中止，没有继续入组受试者，但已取得临床研究进展报告。

（段秋菊）

珐博进捐赠爱瑞卓®助力抗疫

2月20日，珐博进（中国）医药技术开发有限公司决定为湖北省武汉市捐赠罗沙司他胶囊（爱瑞卓®），并于24小时内将3360盒爱瑞卓®送至华中科技大学同济医学院附属同济医院、武汉市中心医院、华中科技大学同济医学院附属协和医院、武汉市第一医院、武汉市第四医院、中国人民解放军中部战区总医院和武汉大学中南医院。爱瑞卓®是治疗慢性肾脏病贫血的口服创新药，患者可以在家自行服药进行治疗，降低患者在往返医院的过程中感染的风险、医护人员与患者交叉感染的风险，同时减少医院的人员聚集，有助于医院将有限的医护资源用于抗击疫情。

（陈君明）

瓦里安搭建智云4.0放疗平台

2月，瓦里安医疗设备（中国）有限公司为客户医院搭建智云4.0放疗平台，并远程为医院的医生和物理师进行平台应用培训，保障上级医院专家远程接入实施远程靶区勾画和治疗计划，恢复被中断的患者治疗；首次向全国放疗单位开放配合智云4.0放疗平台使用的多功能视频互联系统（Varian Online）免费体验，在减少聚集接触的同时保障放疗工作的正常开展；为13个省市的26家医院安装该平台，并进行免费的远程专业培训，响应969个用户服务工单，启动36次前瞻性维修，确保设备正常运转，为肿瘤患者接受正常治疗提供保障。

（杨雅全）

安诺优达通过多项室间质评项目考核

2月，安诺优达基因科技（北京）有限公司旗下的北京安诺优达医学检验实验室通过美国病理学家协会（CAP）的现场评审，标志着该实验室进入国际权威临床实验室标准质量认证体系行列；通过 CAP 的 2019 年 NGSST-B 能力验证项目考评。3 月，安诺优达以满分通过欧洲分子基因诊断质量联盟（EMQN）的 2019 年度 BRCA Ovarian （Germline）能力评估。7 月，安诺优达以满分通过国家卫生健康委临床检验中心（NCCL）的 2020 年肿瘤游离 DNA 基因突变高通量测序检测室间质量评价项目。10 月，安诺优达以满分通过 NCCL 的 2020 年染色体基因组结构异常室间质量评价项目、2020 年遗传病高通量测序检测生物信息学分析室间质量评价项目。11 月，安诺优达以满分通过 NCCL 的 2020 年胎儿染色体非整倍体高通量测序检测室间质量评价项目。

（姜莹）

同仁堂科技公司开展抗疫捐赠

2 月，北京同仁堂科技发展股份有限公司向北京市慈善协会、北京市温暖基金会捐赠安宫牛黄丸、牛黄解毒片、川贝枇杷糖浆、川贝止咳露等产品，价值 500 多万元。3 月，同仁堂科技公司控股公司北京同仁堂科技发展（唐山）有限公司向市国资委指定的企业单位捐赠硅胶口罩和消毒液，价值 800 多万元；同仁堂科技公司向北京市慈善协会捐赠医用消毒酒精（75%）1000 瓶，价值约 3 万元。

（张映桥）

安诺优达举办线上生物信息分析培训班

2—12 月，安诺优达基因科技（北京）有限公司举办 4 场线上单细胞生物信息培训班。培训内容包括细胞分群与命名、差异基因表达分析、细胞调控网络分析、高通量单细胞转录组分析等，来自全国的 600 多人参加。3 月 2—18 日，安诺优达举办线上 Hi-C 生物信息培训班。培训内容包括 Hi-C 文库构建原理及质控点、三维基因组层级结构鉴定原理、ATAC-Seq 原理等，来自全国的 100 多人参加。3 月 31 日—4 月 2 日、9 月 21—24 日，安诺优达举办线上三代测序生物信息分析培训班。培训内容包括三代数据预处理、三代基因组组装、Hi-C 辅助组装、泛基因组等，来自全国的 200 多人参加。

（刘鸣凤）

安诺优达技术助力科研成果发表

3 月 11 日，安诺优达基因科技（北京）有限公司参与编写的《遗传病二代测序临床检测全流程规范化共识探讨》在《中华医学遗传学杂志》上发表。该共识是国内首个针对临床遗传病新一代基因测序（NGS）基因检测全流程的行业共识，也是国内首个由第三方基因检测机构代表与基因检测临床医生及科研专家共同商讨、基于基因科技发展和实际应用场景达成的行业共识，分为遗传检测前流程、样品采集处理与检测、数据分析流程、检测报告解读和遗传咨询 4 个部分。3 月 26 日，安诺优达与浙江大学基础医学院郭国骥团队合作，绘制出全球首个人类细胞图谱，并建立人类细胞图谱网站，研究成果在《自然》（*Nature*）期刊上发表。该图谱跨越胎儿和成人两个时期，涵盖八大系统，包括 60 种人体组织类型，是针对人类最全面的细胞图谱。8 月 18 日，军事科学院军事医学研究院微生物流行病研究所曹务春团队、中国科学院北京生命科学研究院赵方庆团队与安诺优达合作，研究基于组装获得的蜱虫高质量参考基因组，研究成果在《细胞》（*Cell*）期刊上发表。该成果首次阐明蜱虫基因组与群体遗传结构多样性，解析蜱虫吸血的遗传机制。全年发表 SCI 文章 60 多篇，累计影响因子超过 600。

（谌业珍 王娟）

泰德制药与英矽智能启动战略联盟合作

3 月 17 日，北京泰德制药股份有限公司与英矽智能科技（上海）有限公司签署 AI 辅助抗癌药开发计划案，启动战略联盟合作。泰德制药已掌握潜在靶点可望应用于治疗多种类型的癌症，英矽智能将建构全新深度学习模型，针对此潜在靶点设计小分子抗癌新药。

（郑雅丹）

安诺优达推出单细胞及表观方面的新产品

3 月 18 日，安诺优达基因科技（北京）有限公司的 10x 空间转录组产品上线。该产品可提供单细胞级别的转录组图谱及各细胞类群的位置分布信息。4 月 20 日，安诺优达针对客户需求，对常见表观基因组—转录组联合分析模块进行整合优化，推出以转座酶可接近性染色质测序（ATAC-seq）和普通转录组测序（RNA-seq）联合分析为代表的多组学生信分析产品。

（谌业珍）

安诺优达推出三代人重全变异检测新产品

3 月 24 日，安诺优达基因科技（北京）有限公司基于 Sequel II 测序平台和最新的 2.0 版本测序试剂，推出三代人重全变异检测产品。该产品采用 DeepVariant、Sniffles 等高分文章专业分析软件，分析内容涵盖单核苷酸多态性（SNP）、插入缺失突变（InDel）和结构变异（SV）检测、过滤与注释，同时兼顾多个样本间的差异比较分析，解决短读长测序高 GC 区域覆盖的难题。

（林萌莉）

安诺优达举办和参加学术活动

3—6 月，安诺优达基因科技（北京）有限公司携手丁香园，联合中国医学科学院北京协和医院、云南省第一人民医院、南方医科大学附属深圳市妇幼保健院等医院的多位临床专家，共同推出生殖生育领域线上直播课程，内容包括母源性异常对无创产前 DNA 检测（NIPT）结果准确性影响的特殊案例分享、新一代测序技术在不良妊娠中的使用等。5 月 12 日，安诺优达与 10x Genomics 公司共同举办单细胞转录组与单细胞 ATAC 应用及数据挖掘专题网络研讨会，探讨单细胞技术如何将表观组学和转录组学全面打通，全方位、多维度解析疾病发展进程和生长发育相关机制等。8 月 16 日，安诺优达联合厦门大学附属第一医院联合举办鼓浪屿论坛——产前诊断专场线上学术会议。10 月 19 日—11 月 27 日，安诺优达联合 10x Genomics 公司、北京怡美通德科技发展有限公司共同举办单细胞测序技术与应用前沿网络探讨会，围绕“聚焦单细胞技术发展”和“单细胞多组学前沿应用”2 个专题展开讨论。11 月 5—8 日，安诺优达携人类基因组、单细胞多组学、表观基因组等特色产品参加第六期基因数据分析师培训班暨第二届华夏新生儿疾病筛查论坛，生物信息分析中心总监刘涛做题为“单细胞测序与分析介绍”的报告，介绍单细胞技术的发展历程以及单细胞转录组学、单细胞表观组学和单细胞免疫组学等方面的技术。12 月 5 日，安诺优达生命科学研究院联合中国科学院遗传与发育生物学研究所共同筹办基因组学前沿技术应用研讨会，会议围绕基因组进化和多倍化、趋同和适应性化、协同进化等基因组学研究方向，就最新研究进展及经验、技术突破、应用展望进行专题报告。

（时培文　谌业珍）

安诺优达推出 2 种试剂盒

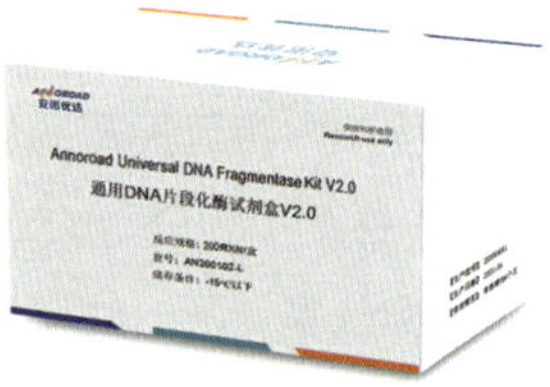

安诺优达 DNA 片段化酶试剂盒 V2.0　　企业提供

4 月 25 日，安诺优达基因科技（北京）有限公司推出通用 DNA 片段化酶试剂盒 V2.0（Annoroad® Universal DNA Fragmentase kit V2.0）和 NGS 通用 DNA 快速建库试剂盒 V2.0（Annoroad® Universal DNA Library Prep Kit V2.0）。通用 DNA 片段化酶试剂盒 V2.0 采用安诺优达拥有的自主研发专利酶，适用于不同的样本类型，可优化建库操作流程，降低建库时间和成本。NGS 通用 DNA 快速建库试剂盒 V2.0 是基于 Illumina 高通量测序平台的酶切打断 DNA 文库构建试剂盒，采用安诺优达自有专利片段化酶和缓冲液体系，适用于手动和自动化建库平台的文库构建。

（林萌莉）

安诺优达助力湖北省产前检测公益活动

5 月 21 日，中国妇幼保健协会发布《中国妇幼保健协会妇女心理保健专业委员会关于印发“孕产妇心理保健技术规范化培训项目”2020 年项目工作要点的通知》（中妇幼分便函〔2020〕26 号），宣布在湖北省启动对参加抗击新冠疫情一线工作的医务人员与具有新冠病毒感染史的孕妇进行免费无创产前 DNA 检测公益活动，安诺优达基因科技（北京）有限公司被选为活动的指定检测医疗机构。截至 2020 年年底，安诺优达为 181 名符合条件的妊娠期女性进行了产前检测。

（姜莹）

百泰生物亦庄教育服务站挂牌

5 月 28 日，百泰生物药业有限公司与北京亦庄教育科技有限公司、北京长城研修学院举行亦庄教育服务站签约及授牌仪式。亦庄教育服务站为企业的人才培养提供优质平台，利用北京长城研修学院在教学设施、师资力量、校企合作经验等方面的优势及其与国内外教育机构的合作关系，通过技术能力提升和资源共享解决企业的培训难题，提升生物医药产业的人才素质。

（熊丽娟　许丽娜）

安诺优达承担北京抗疫检测任务

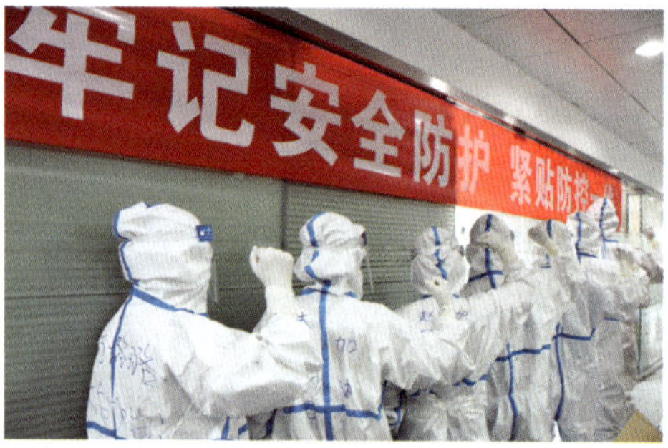

安诺优达抗击疫情　　企业提供

5 月 31 日，市卫生健康委发布《关于同意北京市普仁医院等 7 家医疗机构开展新型冠状病毒核酸检测的通知》，安诺优达基因科技（北京）有限公司旗下的北京安诺优达医学检验实验室入选北京市开展新型冠状病毒核酸检测单位名单。6 月 11 日—8 月 6 日，北京安诺优达医学检验实验室基于“三快一准”（“三快”即采得快、录得快、检得快，“一准”即结果准）原则，完成北京新发地疫情新冠病毒核酸检测任务。12 月，顺义区疫情暴发期间，北京安诺优达医学检验实验室经各区卫生健康委批准，在经开区、丰台区、房山区等地设立 5 个新冠病毒核酸便民采样点。年内，北京安诺优达医学检验实验室持续为经开区提供新冠病毒核酸环境检测工作，累计承接 500 多家企业超过 10 万例的环境样本检测任务。

（姜莹）

神州细胞在上海证券交易所上市

神州细胞在上海证券交易所上市　企业提供

6 月 22 日，北京神州细胞生物技术集团股份公司在上海证券交易所科创板挂牌上市（股票简称：神州细胞；股票代码：688520），首次公开发行股票（IPO）5000 万股，发行价格为 25.64 元 / 股，募集资金净额为 12.01 亿元，用于公司多项产品的研发和日常经营，增强公司的财务抗风险能力。

（边金烨）

智飞绿竹生物 1 种新疫苗获批临床试验

6 月 24 日，北京智飞绿竹生物制药有限公司自主研发的轮状病毒灭活疫苗获药监局药物临床试验批准通知书。轮状病毒感染引起的腹泻至今没有特异有效的治疗方法，而疫苗已成为最有效的预防手段。该疫苗采用灭活方式制备，以注射免疫方式诱导产生保护，是一种以创新思路开发的预防轮状病毒的疫苗，申报注册分类为预防用生物制品 1 类。

（赵维奇）

安诺优达参编的行业和团体标准发布

6 月 30 日，安诺优达基因科技（北京）有限公司参编的国内首个医疗器械行业基因测序仪标准《高通量基因测序仪》（YY/T 1723—2020）对外发布，这是全球首个针对基因测序仪设定的标准。公司参与该标准建立过程中关于技术问题的研究与讨论，以及相关指标参数及要求的设计和验证工作，并与其他参编单位对标准内容中最终涵盖的各项技术指标要求及检验方法进行交流讨论。该标准将于 2021 年 12 月 1 日实施。11 月 28 日，安诺优达基因科技（北京）有限公司参编的国内首个无创产前 DNA 检测（NIPT）团体标准《基于孕妇外周血浆游离 DNA 高通量测序无创产前筛查胎儿基因组疾病技术标准》发布。在该标准的制定过程中，公司为产前筛查的标准实验室流程，实验流程质量控制，数据分析和技术参数标准，对假阳性、假阴性、检测失败标本的统计分析及规范化随访流程等提供技术支持与修改建议。

（林萌莉　姜莹）

加科思与艾伯维公司达成全球战略合作

6月，北京加科思新药研发有限公司与美国生物制药上市公司——艾伯维公司（AbbVie）达成全球战略合作，共同开发和商业化作用于癌细胞和免疫细胞关键靶点的蛋白酪氨酸磷酸酶（SHP2）抑制剂。根据协议，艾伯维公司将获得 SHP2 项目的独家许可权。加科思将继续开展 JAB-3068 和 JAB-3312 的早期全球临床研究，直到艾伯维公司开始开展全球的开发和商业化，相关研发费用由艾伯维公司承担。加科思有权在项目开始注册性临床研究之前行使权利，以获得 SHP2 项目在中国内地、中国香港和中国澳门的独家开发和商业化权力。

（吴光耀）

永泰生物在香港联交所上市

永泰生物在香港联交所上市 企业提供

7月10日，北京永泰生物制品有限公司（股票简称：永泰生物；股票代码：6978.HK）在香港联交所主板挂牌上市，开盘价为 13.4 港元 / 股，募集资金净额为 10.24 亿港元，主要为科技研发和产品商业化提供支持。永泰生物是中国第一家根据《香港联交所证券上市规则》第 18A 章申请上市且核心产品为细胞免疫治疗产品的公司，引领中国细胞免疫疗法商业化进程，被誉为“细胞免疫治疗第一股”。

（姜娜娜）

拜耳医药保健与 2 家企业达成合作协议

7月13日，拜耳医药保健有限公司与凯西医药咨询（上海）有限公司（简称凯西）就呼吸药物吸入用丙酸倍氯米松混悬液（宝丽亚®）和吸入用倍氯米松福莫特罗气雾剂（启尔畅®）达成合作协议，在中国联合推广凯西旗下的这两款成熟产品。8月17日，拜耳医药保健与华领医药技术（上海）有限公司建立战略合作，就新型糖尿病治疗药物 Dorzagliatin 在中国达成商业合作协议，为中国糖尿病患者提供全新的治疗方案。Dorzagliatin 是一款首创双重作用通道的在研葡萄糖激酶激活剂，旨在恢复2型糖尿病患者血糖稳态的潜力，可作为该疾病的标准治疗药物，或与已批准的降糖药物联合使用。

（邹京）

瓦里安肿瘤信息化系统上线

7月，瓦里安医疗设备（中国）有限公司的肿瘤信息化系统在天津市肿瘤医院上线。该系统将放射治疗各个科室和环节整合成一个整体，通过对数据和治疗流程的简化整合及系统化管理，规范质量控制过程，降低出错概率；具有全流程电子化、操作简洁高效、信息采集全面的优势，提高整体医疗效率，优化患者体验。

（杨雅金）

加科思抗肿瘤新药在美国启动临床试验

7月，北京加科思新药研发有限公司自主设计开发、具有全球知识产权的小分子口服抗肿瘤药 JAB-8263 获美国食品药品监督管理局（FDA）新药临床试验许可，成为加科思继 JAB-3068 和 JAB-

3312后第三个获临床试验许可的小分子抗肿瘤药物。JAB-8263的靶点为BET蛋白，主要通过结合到组蛋白乙酰化位点，招募相关的转录因子，促进多种疾病相关基因转录。临床前研究显示，JAB-8263对多种实体瘤和血液瘤均能发挥抗肿瘤作用，与同类药相比有更高的活性。11月，JAB-8263在美国启动Ⅰ期临床试验，第一例受试者于11月23日入组。本次Ⅰ期临床试验为针对该药物开展的实体瘤、急性髓细胞白血病（AML）以及骨髓纤维化等适应证的临床研究。

（吴光耀　吕菲）

赛升药业与北京大学签署技术合作协议

8月19日，北京赛升药业股份有限公司与北京大学教授叶蕴华签署GGE-3技术合作协议，约定共同完成GGE-3对脑卒中或脑外伤引起的神经系统病症以及轻、中度阿尔茨海默病等疾病的药效学、作用机制、安全药理、药代动力学、毒理学和药学研究，并申报临床和生产。初步研究结果表明，GGE-3是一种具有中枢神经系统生物活性的化合物，可发展成为治疗神经系统等方面疾病的新药。

（宋梦薇）

珐博进FG-3019获批2项Ⅲ期临床试验

珐博进召开Ⅲ期临床试验研究者会　　企业提供

8月21日，珐博进（中国）医药技术开发有限公司全新作用机制的新药抗结缔组织生长因子（CTGF）人单克隆抗体Pamrevlumab（FG-3019）获药监局批准在中国开展治疗特发性肺纤维化（IPF）、联合吉西他滨/白蛋白紫杉醇（G/NP）作为新辅助治疗用于局部晚期不可切除的胰腺癌2项Ⅲ期临床试验。FG-3019是一种新型抗纤维化药物，用于新辅助治疗，有可能将肿瘤状态从不可切除性变为可切除性，从而潜在地改善患者的预后。12月5日，珐博进在北京召开FG-3019治疗特发性肺纤维化的Ⅲ期临床试验（简称FG-3019-091研究）研究者会。FG-3019-091研究是一项国际多中心Ⅲ期临床试验，旨在评估FG-3019在特发性肺纤维化患者中的有效性和安全性。珐博进的工作人员在会上阐述FG-3019治疗IPF的前期研究数据、临床研究结果、本次临床试验的研究方案及临床操作要求，与会专家围绕FG-3019研究相关问题展开讨论并提出建议。来自27家科研机构的100多位研究人员出席会议。

（陈君明）

悦康药业集团获多项大奖

8月25—28日，在2020全国药店周暨中国医药工业百强年会、中国医药互联网经济年会上，悦康药业集团股份有限公司入选2019年度中国化药企业TOP100排行榜，位列第32，同时被评为中国医药新冠疫情联防联控突出贡献企业，产品悦康®活心丸（浓缩丸）被评为中国医药最具成长力产品品牌等。8月30日，在2020年（第37届）全国医药工业信息年会暨2019年度中国医药工业百强榜单发布会上，悦康药业集团入选2019年度中国医药工业百强榜单，并被评为2020年中国医药研发产品线最佳工业企业。11月27日，在中国企业竞争力年会周上，悦康药业集团产品银杏叶提取物注射液（悦康通®）被评为2020年度中国大健康产业受欢迎金牌产品。12月4日，在第十三届（2020）人民保险中国经济媒体高层峰会上，悦康药业集团入选首届华夏企业公益财经百强榜，并获2020年度慈善表现企业奖。12月8—11日，在2020年全国医药经济信息发布会暨米房年会上，悦康药业集团被评为“十三五”中国医药创新与国际化领军企业，产品悦康®活心丸（浓缩丸）被评为“十三五”中国医药科技标志性成果。12月16日，悦康药业集团申报的“悦康药业”，经匠心品牌评选工作委员会评审，符合匠心品牌入选标准，并被收录至匠心品牌查询系统。12月19—21日，在2020年（第十三届）中国医药战略大会上，悦康药业集团被评为2020年中国创新力医药企业。

（刘旭辉）

智飞绿竹生物疫苗产业化项目通过验收

8月25日，北京智飞绿竹生物制药有限公司新型联合疫苗产业化项目土建建设完成并通过竣工验收。该项目位于经开区泰河三街6号，主要建设内容为疫苗车间及综合用房等，用于生产福氏宋内氏痢疾双价结合疫苗、23价肺炎球菌多糖疫苗、ACYW135群脑膜炎球菌多糖结合疫苗、15价肺炎球菌结合疫苗、吸附无细胞百白破（组份）联合疫苗5项产品，总投资25.3亿元。预计达产后年产量为1900万剂，产值为59.8亿元，税收为5.98亿元。项目于2018年9月30日开工建设。

（赵维奇）

拜耳医药保健产品新适应证获批

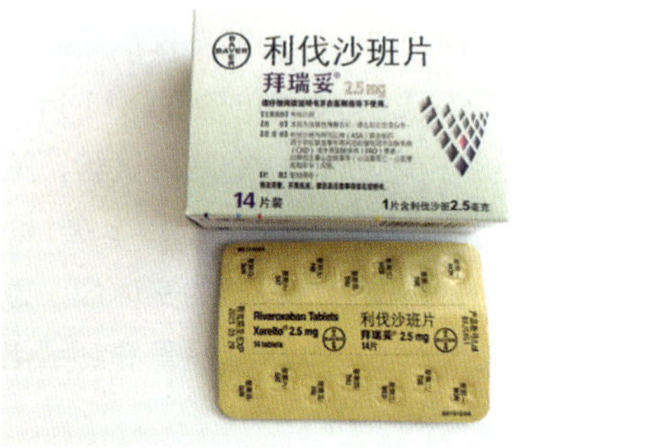

拜耳医药保健利伐沙班片　　企业提供

8月，拜耳医药保健有限公司的利伐沙班片（拜瑞妥®）新适应证获药监局批准。利伐沙班片（2.5毫克，一天两次）与阿司匹林（75~100毫克，一天一次）联合给药，用于慢性冠状动脉疾病（CAD）或外周动脉疾病（PAD）患者，以降低主要心血管事件（心血管死亡、心肌梗死和卒中）风险。利伐沙班是全球唯一被批准用于VTE治疗及预防、房颤卒中预防（SPAF）、急性冠状动脉综合征（ACS）、慢性冠状动脉疾病（CAD）或外周动脉疾病（PAD）的新型口服抗凝药（NOAC）。

（邹京）

悦康药业集团3款产品被评为家庭常备药

9月16日，在2019—2020年度中国家庭常备药品评选活动上，悦康药业集团股份有限公司产品悦康®活心丸（浓缩丸）被评为2019—2020年度中国家庭常用心脑血管药，奥美拉唑肠溶胶囊（立卫克®）被评为2019—2020年度中国家庭常用肠胃药，盐酸二甲双胍缓释片（悦达宁®）被评为2019—2020年度中国家庭常用糖尿病药。

（刘旭辉）

瓦里安参展2场展会

9月，瓦里安医疗设备（中国）有限公司携“智慧医疗机器人”——ProBeam质子治疗系统模型和Halcyon智慧放疗平台解决方案参展2020年中国国际服务贸易交易会。ProBeam质子治疗系统模型采用高速笔形束扫描技术，配备超导回旋加速器，能精准治疗肿瘤细胞，保护正常组织部位，尤其适用于儿童肿瘤、肝癌以及头颈部肿瘤等的治疗；Halcyon智慧放疗平台解决方案采用高清图像引导技术，将精确摆位技术应用于治疗，以智能流程操控技术提升放疗的精度和速度。11月，瓦里安携亚太区首发的ProBeam®360单室紧凑型质子治疗系统和全球首个智慧放疗云生态解决方案参展第三届中国国际进口博览会。ProBeam®360单室紧凑型质子治疗系统是全球范围内体积最小且能实现360°旋转的调强质子治疗（IMPT）的单室系统；智慧放疗云生态解决方案以“互联网＋放疗”为驱动力，面向肿瘤放疗领域，是将放疗软件与硬件设备融合的放疗全流程解决方案。

（杨雅全）

安诺优达引入超高通量测序平台

DNBSEQ-T7入驻安诺优达　企业提供

9月，安诺优达基因科技（北京）有限公司与深圳华大智造科技股份有限公司（简称华大智造）达成战略合作，双方就国产测序平台应用领域的开拓及进一步建设达成共识。安诺优达引入DNBSEQ-T7超高通量测序平台，与华大智造联合开发基于该平台的相关测序应用，推动生命科学领域研究发展和成果转化。DNBSEQ-T7超高通量测序平台可适用于全基因组测序、超深度外显子组测序、表观基因组测序、转录组测序等项目，可与安诺优达已有的测序能力、数据交付能力和生物信息分析能力有效契合。

（李伟）

安诺优达开展女性肿瘤基因体检

10月14—16日，安诺优达基因科技（北京）有限公司为经开区总工会500多名女性职工开展肿瘤基因体检。本次体检的对象是工会女主席、女工委员、获经开区巾帼标兵称号的集体或个人、临时致困的女性职工等，针对女性常见肿瘤进行易感基因检测及患病风险评估，包括乳腺癌、宫颈癌、子宫内膜癌等27项女性肿瘤基因检测，提升女性职工对常见肿瘤的认识，做到早预防、早检查、早治疗。

（姜莹）

泰德制药1类新药TDI01获批临床试验

10月26日，药监局药品审评中心（CDE）公示北京泰德制药股份有限公司1类新药TDI01获临床试验默示许可，拟开发用于治疗特发性肺纤维化（IPF）。TDI01是一款全新靶点ROCK2高选择性抑制剂，对纤维化发生发展各个环节均有治疗作用，临床上拟开发适应证包括非酒精性脂肪肝炎（NASH）和肺纤维化。

（郑雅丹）

君元药业获博奥生化 100% 股权

10 月，北京赛升药业股份有限公司控股子公司沈阳君元药业有限公司（简称君元药业）以现金方式收购长春博奥生化药业有限公司（简称博奥生化）100% 的股权。同时，君元药业将受让博奥生化的资产，包括药品技术文件及档案资料、生产及检验设备、商标和专利权。

（栾美丽）

瓦里安吊装 ProBeam® 系统回旋加速器

10 月，瓦里安医疗设备（中国）有限公司为广州泰和肿瘤医院质子中心吊装 ProBeam® 质子治疗系统超导回旋加速器。超导回旋加速器是质子治疗系统的核心部分，重量约为 90 吨。该系统建成后可提升医院对肿瘤的诊治能力和科研能力，为更多患者提供质子治疗服务。瓦里安于 2017 年获选为广州泰和肿瘤医院配备 ProBeam® 质子治疗系统，设置 4 间配备 360° 旋转机架的质子治疗室。

（杨雅金）

赛诺菲(北京)制药释倍灵® 新适应证获批

11 月 20 日，赛诺菲（北京）制药有限公司分包装的普乐沙福注射液（释倍灵®）申报的新适应证获药监局批准。该药的新适应证是与粒细胞集落刺激因子（G-CSF）联用，用于多发性骨髓瘤（MM）患者动员造血干细胞（HSC）进入外周血，以便于完成 HSC 采集与自体移植。

（毋仲秋）

瓦里安与武汉协和医院合作

11 月，瓦里安医疗设备（中国）有限公司与华中科技大学同济医学院附属协和医院（简称武汉协和医院）质子中心签署质子治疗系统采购协议。瓦里安将为武汉协和医院提供 ProBeam®360° 多室可扩展系统、ARIA® 肿瘤信息管理系统、Eclipse ™放射治疗计划系统和 Halcyon 智慧放疗平台，助力武汉建设与国际水平接轨的健康诊疗基地。

（杨雅金）

悦康药业集团在上交所科创板上市

12 月 24 日，悦康药业集团股份有限公司在上海证券交易所科创板上市（股票简称：悦康药业；股票代码：688658），首次公开发行股票 9000 万股，发行价格为 24.36 元 / 股，募集资金总额为 21.92 亿元，发行后总股本为 4.50 亿股，募集资金将全部用于公司主营业务相关项目。

（胡云婧）

永泰生物注射液获批临床试验

12 月 25 日，北京永泰生物制品有限公司的 CAR-T-19 注射液的新药临床试验（IND）获药监局药品审评中心批准，成为继永泰生物的核心在研产品扩增活化的淋巴细胞（EAL®）之后又一获批开展临床试验的创新药物。该药于 2019 年向药监局申报并获受理。该药申报的适应证是 25 岁（含）以下 CD19 阳性复发 / 难治 B 细胞急性淋巴细胞白血病。

（姜娜娜）

拜耳医药保健产品拜万戈® 续约医保目录

12 月 28 日，医保局、人力资源社会保障部发布《关于印发〈国家基本医疗保险、工伤保险和生育保险药品目录（2020 年）〉的通知》（医保发［2020］53 号），119 种药品被调入目录，29 种药品被调出目录，目录内药品种类为 2800 种，其中西药1426种、中成药1374种。拜耳医药保健有限公司的瑞戈非尼片（拜万戈®）作为2018年国家医保谈判产品，于2020年年底成功续约，用于肝癌、结直肠癌、胃肠间质瘤患者的治疗。

（邹京）

凯因科技凯力唯®入选国家医保目录

12月28日，医保局、人力资源社会保障部发布《关于印发〈国家基本医疗保险、工伤保险和生育保险药品目录（2020年）〉的通知》（医保发〔2020〕53号），其中北京凯因科技股份有限公司慢性丙型肝炎治疗1类创新药盐酸可洛派韦胶囊（凯力唯®）入选，成为医保目录中唯一的国产1类丙肝DAA药物。其联合索磷布韦片（赛波唯®）组成丙肝高治愈率泛基因型全口服系列药物，持久病毒学应答率（SVR12）高达97%。

（陈喆）

赛升药业成功竞拍中润伟业45%的股权

12月，北京赛升药业股份有限公司参与竞拍成功并持有北京中润伟业投资有限公司（简称中润伟业）45%的股权。中润伟业主要从事贸易进出口和医疗器械销售以及技术咨询、技术服务等业务，拥有II和III类医疗器械经营许可证、海关注册登记证、ISO 9001质量管理体系认证证书、食品经营许可证、辐射安全许可证、海关认证企业、对外贸易经营者等资质；与多家跨国医疗厂商有着长期友好的贸易领域合作关系；累计服务国内各等级医院上百家，拥有一定数量的医疗机构终端资源。

（王雪峰）

昭衍新药支持疫情防控工作

年内，北京昭衍新药研究中心股份有限公司支持疫情防控工作，建立针对新冠疫苗的非临床评价体系，针对不同类型的疫苗（灭活苗、重组苗、病毒载体苗、mRNA苗、DNA苗、多肽苗）及抗体，制订评价方案，组织评价队伍，调动公司资源，优先支持针对新冠项目（疫苗、抗体、治疗药物等）的评价工作。为突破国内生物安全3级（P3）实验室的瓶颈，加速新冠疫苗研发进度，昭衍新药还构建模拟病毒评价系统以及ACE2模型鼠。该系统可以在生物安全2级（P2）实验室中完成评价工作，提升评价通量与速度；已用于新冠疫苗的研发，支持其临床前评价及临床试验的中和抗体检测。昭衍新药优先保障抗疫药物的评价工作，承担多项抗击新冠的抗体、干细胞、小分子药物的安全性评价和临床试验，助推抗击新冠的药物上市。

（何亮颖）

同仁堂科技公司完成扶贫工作

年内，北京同仁堂科技发展股份有限公司完成内蒙古自治区兴安盟扎赉特旗新林镇精准扶贫工作。同仁堂科技公司自2018年与兴安盟行政公署签订扶贫合作框架协议以来，一直致力于通过对当地种植户进行中药材种植技术输出与指导并收购中药材的方式在扎赉特旗新林镇开展中药材种植扶贫工作。扶贫期间，当地政府组织协调贫困户种植中药材，同仁堂科技公司定期收购，累计收购各类中药材60多万千克，总计支付的收购款达2930.2万元，帮扶贫困人数达935人。通过帮扶工作，带动当地群众种植药材的积极性，种植面积由最初的5000万平方米发展到2亿平方米。

（张映桥）

悦康通® 成为 *MIMS* 指南推荐用药

年内，悦康药业集团股份有限公司产品银杏叶提取物注射液（悦康通®）被纳入《*MIMS NEUROLOGY & PSYCHIATRY* 神经与精神疾病用药指南 2020》，作为眩晕、阿尔茨海默病与痴呆及颅内出血的推荐用药。悦康通®是拥有欧盟原料专利和中国制剂专利的化学药注射液（国药准字 H20070226），成分清楚、原料品质高，其农残、重金属、银杏酸含量控制标准均处于全球领先水平，作用机理明确，是脑部周围血流循环障碍疾病的治疗用药。

（刘旭辉）

北京生物完成新冠灭活疫苗车间改造工作

北京生物新冠灭活疫苗生产车间　　企业提供

年内，北京生物制品研究所有限责任公司完成新型冠状病毒灭活疫苗（Vero 细胞）（简称新冠灭活疫苗）1 号楼、2 号楼生产车间的选址、改造工作。4 月 15 日，1 号楼生产车间完成改造并启动工程系统和关键设备的调试、验证工作，建筑面积为 1750 平方米，年产能为 1.2 亿剂。1 号楼生产车间是全球首个通过生物安全认证的人用疫苗高等级生物安全生产车间，并通过 GMP 符合性检查。12 月 31 日，2 号楼生产车间完成改造，建筑面积为 12497.18 平方米，年产能为 8 亿剂。

（于金铭）

7 家企业 8 种产品入选重点出口产品清单

年内，经开区 7 家企业生产的 8 种抗疫产品被北京市科技防疫出口专班列入重点出口产品清单，包括航卫通用电气医疗设备有限公司生产的 Revolution 系列 X 射线计算机体层摄影设备、北京华伦通用电气医疗设备有限公司生产的 Optima 系列 X 光机、北京思瑞德医疗器械有限公司生产的 R55/R50/R30 呼吸机、赛诺威盛科技（北京）有限公司生产的 Insitum 系列 X 射线计算机断层摄影设备及配套软件、康铂创想（北京）科技有限公司生产的红外额温计、北京金豪制药股份有限公司生产的新型冠状病毒（2019-nCov）IgM/IgG 抗体检测试剂盒和新型冠状病毒 2019-nCov 核酸检测试剂盒（荧光 PCR 法）、北京纳捷诊断试剂有限公司生产的新型冠状病毒 2019-nCov 核酸检测试剂盒（荧光 PCR 法）。在疫情期间，7 家企业接到了总额近 4 亿美元的全球订单。

（张磊　白纯）

·生物医药企业（选介）·

国药中生生物技术研究院有限公司

2020 年，国药中生生物技术研究院有限公司（简称中国生物研究院）的资产总额为 6.24 亿元，营业收入为 2.19 亿元。员工有 201 人，其中科研人员 146 人。年内，中国生物研究院提交包括重组新型冠状病毒疫苗在内的 5 项 1 类新药临床注册前(Pre-IND)申请，获发明专利授权6件，申报发明专利受理3件；6项1类新药正在开展临床阶段研究，其中1项处于Ⅲ期临床试验阶段、2项处于Ⅱ期临床研究阶段、2项处于Ⅰ期临床研究阶段、1项获临床受理。

中国生物研究院的前身是成立于1919年的北洋政府中央防疫处，是中国第一个国家级卫生防疫和血清疫苗研究与生产专门机构；2006年6月13日，公司在经开区注册成立，注册资本为11.48亿元，位于经开区经海二路38号，占地面积为5万平方米，是中国生物技术股份有限公司的全资子公司，是新型疫苗国家工程研究中心的承载机构，被认定为国家高新技术企业。公司主要从事新型疫苗、抗体、新型佐剂、治疗类生物制剂及基因与蛋白质诊断试剂等生物制品的研究和中试工艺的开发，主持或参与完成手足口病疫苗、人乳头瘤病毒疫苗、诺如疫苗、艾滋病疫苗、治疗性乙肝疫苗等国家重点研发项目，并与中国疾病预防控制中心（CDC）、复旦大学、日本国立感染症研究所等高校、政府机构等开展合作研究。

（彭晓瑛 蔡萌）

国药中生生物技术研究院有限公司

总经理 李启明

北京四环生物制药有限公司

2020年，北京四环生物制药有限公司（简称四环生物）实现产值3.28亿元，销售额为3.26亿元，纳税额为2147万元。员工有200多人，其中工程技术人员占70%以上，具有专科以上学历人员超过80%。年内，四环生物参与成立同仁心衰医联体；开展首场身边的医生心脏健康系列讲座、“中意携手·科技抗疫”云端交流活动；参加中华医学会肾脏病学分会2020年血液净化论坛、中华医学会肾脏病学分会2020年学术年会。

四环生物成立于1988年10月8日，注册资本为3.6亿元，位于经开区建安街5号，是中国首家集基因工程药物的研发、生产和销售于一体的高新技术企业，是国内拥有生物制药品种最多的企业之一，公司有4种上市产品，其中新生物制品第一类抗癌药物注射用重组人白介素-2（德路生®）是国家“八五”重点课题、国家“863”计划高技术研究开发项目——基因工程人白细胞介素-2的研制、中试、生产及临床应用的科研成果；重组人白介素-2注射液（新德路生®）是公司自行研制、在国际上拥有专利的首款上市白介素-2水针剂新药；环尔博®是抗贫血新生物制品第二类新药；重组人粒细胞刺激因子注射液（欣粒生®）是促进中性粒细胞增加的新生物制品第二类新药。公司销售网点遍布全国32个省、自治区、直辖市，主要产品环尔博®和欣粒生®还远销亚洲、非洲的多个国家。

（朱丽芳）

北京四环生物制药有限公司

总经理 程度胜

北京泰德制药股份有限公司

2020年，北京泰德制药股份有限公司(简称泰德制药)的总资产为37.44亿元，纳税额为3.28亿元，销售收入为21.88亿元，利润为2.92亿元，有员工2969人。年内，泰德制药开发的新型口服降糖药物维格列汀片（凯誉®）和肌松药苯磺顺阿曲库铵注射液（得泰安®）获批上市；自主研发的治疗特发性肺纤维化1类创新药TDI01向药监局药品审评中心（CDE）和美国食品药品监督管理局（FDA）提交试验用新药（IND）申请并获受理；与英矽智能科技（上海）有限公司签署AI辅助抗癌药开发计划案；开展针对新冠肺炎疫情的捐资、捐物、捐药行动，累计捐赠价值达400多万元。公司被评为国家级企业技术中心、北京市信用AAA级企业、2020年中国医药研发产品线最佳工业企业、2020中国化学制药行业创新型优秀企业品牌、2020年度北京市智能制造标杆企业等，位列2020中国化学制药行业工业企业综合实力百强第38位、2019年度中国医药工业百强企业第62位；产品贝前列素钠片（凯那®）被评为2020中国化学制药行业血液及造血系统类优秀产品品牌，利多卡因凝胶贴膏（得百宁®）获2020中国化学制药行业优秀仿制药特设奖，泽普思（得百安®）氟比洛芬凝胶贴膏被评为2020年最受药店欢迎的明星单品。公司董事长郑翔玲被评为2019年度中国医药行业十大领军人物、2020年医药行业年度先锋人物，获第十一届青岛市“琴岛奖”、第四届北京市华侨华人“京华奖”、2019年秦商助力脱贫攻坚特别贡献奖等。

泰德制药成立于1995年5月29日，注册资本为5亿元，位于经开区荣京东街8号，是中国第一家具备研发、生产和销售系列靶向药物的中外合资高科技制药企业。公司坚持创新驱动发展战略，搭建完成脂微球、脂质体、生物制剂、外用透皮贴剂和固体制剂等高端制剂技术平台，拥有多项具备自主知识产权的核心技术，以及总占地面积近15万平方米的2个药品生产基地和位于沧州地区占地面积为14万平方米的现代化原料药生产基地。2008年，公司通过日本注射剂GMP认证，并连续10年向日本出口高端注射剂药品，累计超过千万支；2016年，公司被工业和信息化部评为全国质量标杆企业；2019年，公司通过ISO 9001质量管理体系认证。公司有8个上市产品，上市时均是国内独家或首家、填补国内空白或引领市场的优质产品。公司每年将销售收入的8%用于研发创新，围绕新机制、新靶点的创新药、生物制品、高端制剂、高端医疗器械四大业务板块开发创新型系列产品，聚焦微循环、镇痛、呼吸、肿瘤四大领域，拥有300件发明专利申请，其中PCT专利申请超过100件。公司始终坚持产学研医重点合作，与国内外多家高端医疗机构建立战略合作关系，加快围绕聚焦治疗领域开展1类创新药的研究开发。同时，开拓三尖瓣修复、人工心脏等国际高端医疗器械产品业务。其中，与美国创新企业合作引入全球首个介入三尖瓣修复的医疗器械项目，已在泰德制药研发中心建成世界领先的医疗器械洁净车间；与呼吸病领域院士合作建立的呼吸病研究中心，已孵化出治疗肺纤维化的全球1类新药。

（郑雅丹）

北京泰德制药股份有限公司

董事长 郑翔玲

总裁 孙宇航（4月任）

孔 泰（5月免）

拜耳医药保健有限公司

2020年，拜耳医药保健有限公司（简称拜耳医药保健）的工业总产值超过223亿元，是北京市唯一一家连续9年实现年产值过百亿元的生物医药企业。公司主营业务收入超过225亿元，纳税总额为31亿元。公司在中国有员工6201人，其中北京有1600人（北京工厂员工500人）。公司与国家卫生健康委合作，开展“走进西部”项目、“走进基层”项目，提升基层卫生管理人员专业能力和知识水平。截至2020年年底，拜耳医药保健“走进西部”项目持续开展14年，辐射全国29个省、自治区、直辖市，培训卫生人才超过7万人次，投入资金超过6500万元；“走进基层”项目持续开展8年，辐射全国31个省、自治区、直辖市，惠及省级部分三级医院院长、基层卫生管理者、区（县）卫生局局长等不同人群42.6万人，投入资金超过3000万元。公司启动处方药北京工厂产能提升项目，项目总投资金额超过5000万欧元。

拜耳医药保健成立于1995年8月25日，注册资本为10597万美元，位于经开区荣京东街7号，占地面积为6.9万平方米，建筑面积为5.9万平方米，是拜耳集团的子公司。公司总部设在北京市，在北京市、广东省、江苏省、云南省设有工厂。1995—1997年，公司在北京兴建药品生产与包装工厂，用于制造固体和半固体产品。2009年起，公司与中华慈善总会共同设立“拜科奇血友病儿童援助项目”。2011年，北京工厂获市食品药品监管局颁发的GMP认证证书，成为北京市第一家获此证书的制药企业。公司下设处方药、保健消费品、作物科学3个事业部。公司处方药业务遍及全国260多个城市，产品主要涉及抗感染、抗血栓药物，用于糖尿病、心血管病、肿瘤等疾病，以及女性健康、眼科及特殊领域的治疗。2014年，为满足中国市场对拜耳产品日益增长的需求，公司投资1亿欧元用于提升北京工厂的生产能力。2015年1月起，“拜科奇血友病儿童援助项目”转型为“拜科奇Co-pay慈善援助项目”。2016年11月，北京工厂综合扩建项目落成并投入使用，成为拜耳全球最大处方药包装基地。公司曾连续2届被商务部评为信用等级AAA级企业，是北京市唯一一家拥有5种年销售额超过10亿元的产品（拜唐苹®、拜新同®、拜阿司匹灵®、拜复乐®、拜瑞妥®）的外资企业，产品多次被评为北京生物医药产业跨越发展工程（G20工程）最具贡献度大品种。公司获市政府颁发的北京市人民政府质量管理奖，是北京市唯一一家获此奖项的外资企业，被市商务委认定为跨国公司在京地区总部，被工业和信息化部评为国家级绿色工厂。

（邹京）

拜耳医药保健有限公司

总裁 霍安

赛诺菲（北京）制药有限公司

2020年，赛诺菲（北京）制药有限公司［简称赛诺菲（北京）制药］的主营业务收入为67.6亿元，其中出口额为2.3亿元；工业总产值为70.4亿元；纳税额为3.4亿元；有员工767人。年内，赛诺菲（北京）制药受让甘精胰岛素注射液（来得时®）生产技术并开始本地化生产；格列美脲片（亚莫利®）大包装规格60片/盒上市；分包装的普乐沙福注射液（释倍灵®）获批新适应证。公司被工业和信息化部评为绿色工厂。

赛诺菲（北京）制药建于1995年12

月25日，位于经开区兴盛街7号，是法国赛诺菲集团在华设立的全资子公司。公司重点品牌包括在全球销售的产品来得时®、口服降糖药亚莫利®、抗凝依诺肝素钠注射液（克赛®）、治疗脂肪肝及其他肝病的口服药多烯磷脂酰胆碱胶囊（易善复®）等。工厂按照国际质量标准设计并建造，拥有来得时®注射笔组装线技术、全封闭制粒生产线和全自动固体包装线。2010年6月，赛诺菲集团增资4400万美元，在公司建设来得时®生产车间和相关配套设施。2012年5月，组装生产线投产。2014年年底，注册资本增至9600万美元。公司通过药监局GMP认证、日本药品与医疗器械管理局GMP认证和澳大利亚药品管理局TGA认证，通过ISO 14001环境管理体系、ISO 18001职业健康管理体系和ISO 50001能源管理体系等的认证。公司被评为2018中国化学制药行业工业企业综合实力百强、“十百千工程”企业、G20工程优秀企业等。公司产品克赛®被评为2018中国化学制药行业心脑血管类优秀产品品牌，来得时®、亚莫利®均被评为2018中国化学制药行业原研药、专利药优秀产品品牌，易善复®被评为2018中国化学制药行业OTC优秀产品品牌，来得时®被评为G20工程突出贡献大品种、G20工程创新品种。

（母仲秋）

赛诺菲（北京）制药有限公司

工厂总监　何国玲

北京天坛生物制品股份有限公司

2020年，北京天坛生物制品股份有限公司（简称天坛生物）的营业收入为34.46亿元，利润总额为11.05亿元，研发投入为2.38亿元。公司的注册资本由10.45亿元增至12.54亿元。截至2020年年底，公司总资产为75.41亿元，从业人员有3592人，其中具有本科及以上学历人员占44%，中、高级职称人员占20.8%。

天坛生物于1997年6月经卫生部卫计发［1997］第214号文批准，由北京生物制品研究所（其前身为1919年成立的北洋政府中央防疫处）独家发起成立；后经中国证券监督管理委员会以证监发字［1998］111号和［1998］112号文批准，于1998年在上海证券交易所挂牌上市（股票代码：600161.SH）。2009年9月，公司注册地址迁至经开区。经过2010年、2017年两次重大资产重组后，天坛生物成为中国生物技术股份有限公司旗下唯一的血液制品专业公司，主营业务为血液制品的研发、制造、销售及咨询服务。公司下辖5家血液制品生产企业，在全国13个省、自治区拥有55个单采血浆采集基地，生产规模处于国内领先地位。公司拥有一批多年从事血浆蛋白产品研发的科技人员，技术实力雄厚，旗下的血液制品企业在国内血液制品行业占据多个第一，在国内首发上市人血白蛋白、静注人免疫球蛋白（pH4）、破伤风人免疫球蛋白等产品，率先引进血浆蛋白压滤分离工艺，建立血浆蛋白产品、病毒灭活工艺技术验证和重组产品的研发平台。

（兰杰）

北京天坛生物制品股份有限公司

总经理　付道兴

北京利德曼生化股份有限公司

2020年，北京利德曼生化股份有限

公司（简称利德曼）的总资产为16.3亿元，公司及子公司营业收入为4.7亿元，实现利润总额859.13万元，合并利润总额为-1479万元，纳税额为5286.74万元。员工有528人，其中具有硕士和博士学位人员占10.04%、本科以上学历人员占40.34%。截至2020年年底，公司有专利77件，其中发明专利59件、实用新型专利16件、外观设计专利2件，医疗器械注册证356项，申请新产品注册证2项。公司通过湖北省慈善总会向湖北省捐赠100万元现金，为湖北省各地抗击疫情提供专项资金支持。

利德曼成立于1997年11月5日，注册资本为4.2亿元，位于经开区兴海路5号。2012年，公司在深圳证券交易所创业板上市（股票代码：300289），是一家集研发、生产和销售于一体的国家高新技术企业。公司主营业务涉及体外诊断试剂、诊断仪器及生物化学原料三大领域，体外诊断试剂包括生化诊断试剂、免疫诊断试剂、凝血类诊断试剂系列产品。公司有200多项生化诊断试剂产品注册证、57项免疫诊断化学发光试剂产品注册证、6项血凝产品注册证、5项诊断仪器产品注册证和20种产业化诊断酶。公司参与国家级“十二五”规划重点课题“结核病诊断技术的研究”、国家火炬计划、国家发展改革委2015—2017年增强制造业核心竞争力重大工程包项目等。公司被评为北京市著名商标、国家高新技术企业、纳税信用A级企业、北京市级企业科技研究开发机构等。公司通过市食品药品监管局医疗器械质量体系考核、YY/T 0287-2003 idt ISO 13485:2016质量管理体系认证、GB/T 19001 idt ISO 9001:2015质量管理体系认证。

（张丽华 朱萍）

北京利德曼生化股份有限公司

董事长 王凯翔（8月任）

林　霖（8月免）

北京昭衍新药研究中心股份有限公司

2020年，北京昭衍新药研究中心股份有限公司（简称昭衍新药）的总资产为21.08亿元，营业收入为10.76亿元，净利润为3.15亿元，注册资本增至2.27亿元，在北京有员工400多人。年内，昭衍新药全年非临床业务新签订单超过15亿元，比2019年增长70%，签订的海外订单比2019年增长85%。公司眼科药物团队与国际眼科药物研发公司继续保持业务合作，开发和建立针对其在研项目的疾病模型；把经过验证的非人灵长类生殖毒性评价体系推向商用，是国内第一家商用此技术的非临床医药研发合同外包服务机构（CRO）；建立针对新冠疫苗的非临床评价体系，并应用于不同类型的疫苗、抗体、治疗药物的评价工作；通过药监局的GLP检查及国际实验动物评估和认可委员会（AAALAC）的再认证；取得辐射安全许可证。公司于7月启动境外发行H股的事宜，并于10月14日获中国证监会受理（受理序号：202713），10月19日向香港联交所递交本次发行上市的申请；投资1亿元，设立全资子公司——昭衍（广州）新药研究中心有限公司，主要从事生物医药领域的技术服务；全年主办或承办药物临床前安全性评价学术沙龙等会议3场。

昭衍新药成立于1998年2月25日，位于经开区荣京东街甲5号。公司专业从事新药临床前评价，是中国最早成立的药物非临床研究质量管理规范 GLP 实验室之一，是中国首家通过美国食品药品监督管理局（FDA）的 GLP 检查，同时具有 AAALAC、欧盟 OECD GLP 和韩国 MFDS GLP 认证资质的新药评价机构。公司业务包括药物的药理和毒理学评价、实验动物生产、食品动物产品和化学品评价等服务。

（何亮颖）

北京昭衍新药研究中心股份有限公司

董事长 冯宇霞

总经理 高大鹏

第一三共制药（北京）有限公司

2020 年，第一三共制药（北京）有限公司（简称第一三共制药）的投资总额为 2.51 亿美元，营业额为 9.93 亿元，纳税额为 2.06 亿元。员工有 185 人，其中具有大专以上学历人员 101 人。公司通过 ISO 14001 环境管理体系复审和清洁生产审核；取得排污许可证。

第一三共制药原名为第一制药（北京）有限公司，由原日本第一制药株式会社投资，1998 年 5 月 19 日在经开区注册成立，投资 2000 万美元建设固体制剂和瓶装注射制剂 2 条生产线。2005 年，日本总社企业合并重组，名称变更为第一三共株式会社。2009 年，第一制药（北京）有限公司更名为第一三共制药（北京）有限公司。2011 年，第一三共株式会社调整在华事业，并在上海设立第一三共（中国）投资有限公司，统一管理在华事业。2012 年，第一三共株式会社通过第一三共（中国）投资有限公司向第一三共制药增资实现部分持股，2016 年，第一三共株式会社将所持股份转让给第一三共（中国）投资有限公司，第一三共制药成为第一三共（中国）投资有限公司的全资子公司。公司建有注射剂软袋生产线制剂栋、固体制剂 PTP 新包装线；主要产品有泰利必妥®片剂、可乐必妥®片剂、可乐必妥®注射剂、优利福®硬胶囊剂，均入选国家医保目录。

（尚红欣 陈姗姗）

第一三共制药（北京）有限公司

工厂长 向杰

北京赛升药业股份有限公司

2020 年，北京赛升药业股份有限公司（简称赛升药业）的销售收入为 10.81 亿元，净利润为 1.59 亿元，纳税额为 0.99 亿元。在职员工有 459 人，其中具有本科及以上学历人员 159 人、占总人数的 34.64%，研发人员占总人数的 19.82%。截至 2020 年年底，赛升药业拥有全资子公司賽升藥業（香港）有限公司、控股子公司北京赛而生物药业有限公司和沈阳君元药业有限公司、子公司北京中润伟业投资有限公司、营销中心 1 个，参股北京华大蛋白质研发中心有限公司、北京绿竹生物技术股份有限公司及浙江赛灵特医药科技有限公司（简称赛灵特）。公司参与设立北京亦庄生物医药并购投资中心（有限合伙）、北京亦庄二期生物医药产业投资基金（有限合伙）及北京亦庄医药中小企业发展投资中心（有限合伙），同时参与苏州丹青二期创新医药产业投资合伙企业（有限合伙）及北京荷塘生命科学原始创新基金（有限合伙）。年内，赛升药业获发明专利授权 2 件、药品再注册批件 37 件。公司成为中国商务信用联盟成员单位，被评为 2019 年度中国医药工业百强企业、北京市诚信创建企业、企业信用评价 AAA 级信用企业等，并再次通过国家高新技术企业评审；参股公司赛灵特通过药品 GMP 符合性检查并启动生产。公司脱氧核苷酸钠注射液（赛盛®）被评为 2020 年生化生物药品优秀品牌，医药生产基地项目、心脑血管及免疫调节产品产业化项目等 10 个项目获 2019 年度北京市绿色安全样板工地证书。

赛升药业成立于 1999 年 5 月 20 日，注册资本为 3000 万元，位于经开区兴盛街 8 号。2015 年 6 月，在深圳证券交易所创业板上市（股票代码：300485）。2018 年 11 月 20 日，注册资本变更为 4.84 亿元，是一家专注于高端制剂、生物药、现代中药、原料药、保健产品、医疗器械生产和销售的国家高新技术企业，初步形成基于研发创新平台、医药产业链创新平台、协作技术创新平台和资本产业平台四大战略平台的集团化发展路径，产品涉及心脑血管类疾病、免疫性疾病（抗肿瘤）和神经系统疾病三大用药领域。公司拥有 4 个全国首家生产品种、4 个北京市自主创新产品、2 个国家重点新产品，是 5 个品种的国家药品标准原研起草单位。公司 2 件发明专利获中国专利优秀奖，专利产品纤溶酶获北京市科学技术奖三等奖。公司是中国知识产权研究会团体会员、北京市级企业科技研究开发机构、北京市企业技术中心、北京市专利示范单位、北京生物医药产业跨越发展工程（G20 工程）行业领军企业等，设有经开区博士后科研工作站分站。

（栾美丽）

北京赛升药业股份有限公司

董事长兼总经理 马骉

北京同仁堂科技发展股份有限公司

2020 年，北京同仁堂科技发展股份有限公司（简称同仁堂科技公司）实现销售收入 46.07 亿元，归属母公司净利润为 7.86 亿元；工业总产量为 1326 万千克，工业总产值为 35.98 亿元。年内，同仁堂科技公司调整品种结构；持续推进营销体系改革；开展 2020 年版《中华人民共和国药典》等新政法规的对标工作；扩大基地种植规模，打造香系列产品；完成内蒙古自治区新林镇精准扶贫工作；承办中药疫情防控专家研讨会；为支持首都疫情防控工作捐赠的各类抗疫物品总价值达 1300 多万元；通过日本厚生省首次 GMP 符合性现场检查。公司被评为抗疫优秀企业、致敬逆行者 2020 全国医药企业榜样等；亦庄分厂颗粒车间被评为北京市模范集体，亦庄分厂丸剂车间泛丸班班长李宁被评为北京市劳动模范。

同仁堂科技公司由北京同仁堂股份公司下沉部分优良资产于 2000 年 3 月组建而成，同年 10 月在香港联交所创业板挂牌上市（股票代码：1666.HK）。公司作为中国北京同仁堂（集团）有限责任公司旗下的六大二级集团之一，是一家集产、供、销于一体的高科技现代化中药企业，通过 ISO 9001 质量管理体系认证，所有生产线均通过国家 GMP 认证，其中 8 条生产线通过澳大利亚 TGA 认证、1 条生产线通过日本厚生省认证，产品涉及 20 多个剂型、200 多个品种。

（张映桥）

北京同仁堂科技发展股份有限公司

董事长 顾海鸥

总经理 王煜炜

百泰生物药业有限公司

2020 年，百泰生物药业有限公司（简称百泰生物）有员工 895 人，其中具有本科及以上学历人员占 45%。年内，百泰生物获实用新型专利授权 3 件，累计拥有专利 25 件，其中发明专利 20 件、实用新型专利 5 件；4000 升连续灌流式细胞培养生产线获药监局批准正式运行，通过市药监局的 GMP 符合性检查，并启动商业化生产。公司董事长兼总经理白先宏受邀参加中国—古巴贸易论坛暨古巴出口商品和服务展览会，分享公司在药物研发方面的成果和经验。

百泰生物成立于 2000 年 8 月 1 日，注册资本为 1.15 亿元，位于经开区荣京东街 2 号，是中国与古巴合资的国家高新技术企业。公司以自主研发、生产和销售治疗恶性肿瘤的单克隆抗体和治疗性疫苗为主营方向，建设包括中古分子免疫学中心、转化医学研究室、新药研发中心以及抗体药物中试基地等在内的研发体系。2000 年，公司建成中国第一个人源化抗体技术平台——“CDR 移植”技术平台。2005 年，公司在经开区建成集抗体药物科学研究、产品开发和规模化生产于一体的人源化单克隆抗体药物研发和产业化基地。2008 年，公司一期生产厂房投产并取得中国、古巴两国 GMP 认证；研发的中国第一个人源化单克隆抗体药物尼妥珠单抗注射液（泰欣生®）上市。2015 年，公司建成 1 条 4000 升连续灌流式细胞培养生产线。2017 年，泰欣生®入选国家医保目录；实现 4000 升连续灌流式细胞培养生产线二期生产厂房试运行。2018 年，泰欣生®通过古巴 GMP 认证；公司建立和完善多个涉及抗体药物研发的中上游关键技术平台。2019 年，泰欣生®再次入选国家医保目录。

（宋莉 许丽娜 易叶萃）

百泰生物药业有限公司

董事长兼总经理 白先宏

北京星昊医药股份有限公司

2020 年，北京星昊医药股份有限公司（简称星昊医药）的总资产为 13.6 亿元，净资产为 9.8 亿元，营业收入为 7 亿元，纳税总额为 7850 万元，净利润为 7247 万元。员工有 607 人，其中研发人员 65 人，具有硕士及以上学位人员 23 人。截至 2020 年年底，公司有发明专利 31 件、实用新型专利 13 件、外观设计专利 3 件、新药证书 28 项、注册生产批件 160 多件。年内，星昊医药承担的国家“十三五”“重大新药创制”科技重大专项“子课题六 冻干工艺口腔速释给药关键技术平台”进展顺利；向湖北捐赠总价值 100 多万元的物资。公司连续 12 年被评为国家高新技术企业，被工业和信息化部评为第二批专精特新“小巨人”企业。

星昊医药成立于 2000 年 10 月 27 日，2007 年公司整体改制并更名为北京星昊医药股份有限公司，注册资本为 9197.72 万元，总部位于经开区中和街 18 号，是一家以药品研发为龙头，集科研开发、药品生产和市场销售于一体的新型综合医药服务企业。公司在北京、广东建有生产基地，7 条生产线全部通过 2010 版 GMP 认证。公司主要业务为研发生产片剂、胶囊剂、颗粒剂、冻干粉针剂、小容量注射液、大容量注射液等多种剂型。作为北京缓控释制剂工程技术研究中心的依托单位，公司拥有高精尖科研团队、GMP认证中试车间、百万级净化实验室和进口先进仪器设备。公司建有以缓控释制剂技术、冻干口腔崩解速释技术和高端注射剂智能制造技术为代表的核心技术平台。

（张帆）

北京星昊医药股份有限公司

董事长 殷 岚

总经理 于继忠

本元正阳基因技术有限公司

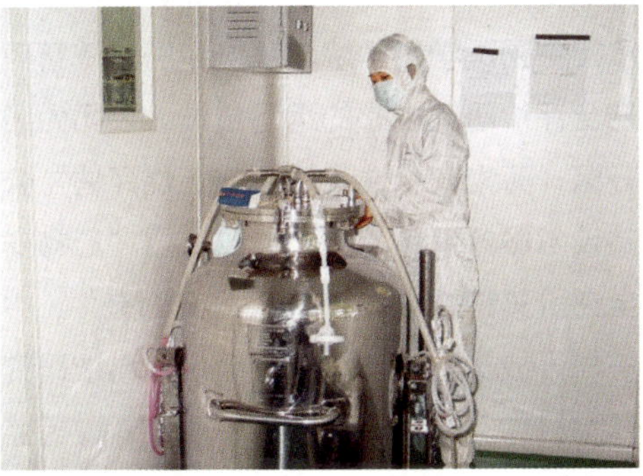

本元正阳中试车间 穆贵林 摄

2020年，本元正阳基因技术有限公司（简称本元正阳）的资产总额为1.1亿元。员工有59人，其中研究人员34人。公司贝伐株单抗进入一期临床样品生产阶段，阿柏西普单抗进入临床申报阶段。

本元正阳成立于2000年10月24日，注册资本为1.11亿元，位于经开区永昌中路6号，是一家从事基因载体研发和生产的生物技术企业。公司立足于生物医药研发、生产、服务和药物开发，致力于用于基因治疗的基因载体研发和生产，建立集腺相关病毒、腺病毒、仙台病毒、慢病毒和质粒DNA等多种基因载体的生产、纯化和检定于一体的技术平台和中试工艺，可以大规模生产高质量的基因载体制品以用于基因治疗药物、载体疫苗的临床前研究和早期临床，其产品线涵盖市场上90%以上用于基因治疗的载体种类。公司参与抗体仿制药即抗体生物类似物药物的研发，品种包括贝伐株单抗、阿达木单抗、奥马株单抗、阿柏西普单抗、派姆单抗以及西妥昔单抗等。公司拥有面积为710平方米的实验室和符合GMP要求的面积为800平方米的中试车间。公司是国家“863”计划生物领域病毒基因载体研发基地，设有博士后科研工作站分站。

（何新舟）

本元正阳基因技术有限公司

董事长 范 朴（3月任）

殷惠军（3月免）

总经理 瞿学

悦康药业集团股份有限公司

2020年，悦康药业集团股份有限公司（简称悦康药业集团）的总资产为54.57亿元，净资产为35.81亿元，营业收入为43.39亿元，净利润为4.42亿元，有员工2081人。年内，悦康药业集团在上海证券交易所科创板上市（股票代码：688658）。公司入选2019年度中国化药企业TOP100排行榜，位列第32；被评为2020年度慈善表现企业。

悦康药业集团成立于2001年8月14日，注册资本为4.5亿元，总部位于经开区宏达中路6号，是一家集新药研发、药品生产和销售于一体的医药集团企业。公司以“产品、产能、产业链”为核心，在北京组建集团药物研究院，并以安徽、河南医药原料基地为基础，在北京、广州建立不同的制剂生产基地。公司连续2年获国家科学技术进步奖二等奖，是中国医药工业百强企业、国家技术创新示范企业、全国质量标杆企业、国家绿色制造体系建设示范企业“绿色工厂”等。

（刘丁超）

悦康药业集团股份有限公司

副总经理 张伟

北京协和建昊医药技术开发有限责任公司

2020 年，北京协和建昊医药技术开发有限责任公司（简称协和建昊）的总资产为 4677.67 万元，营业收入为 5012.61 万元，利润总额为 653.70 万元。员工有 97 人，其中技术、研发人员 71 人。年内，协和建昊签订技术服务合同 125 份，合同金额近 8000 万元，主营业务收入与利润均创历史新高；完成 80 多个产品的安全性评价，评价内容涉及创新化药、中药、生物制品、医疗器械等，尤其在抗击新冠肺炎疫情活动中，为 2 家经开区和北京市相关医药企业产品提供加急安评服务。公司在细胞治疗产品和罕见病基因治疗药物安全性评价的方法学上有新的突破，实现新生动物特殊给药，建立胰岛移植动物模型；与中国食品药品检定研究院实验动物资源研究所合作，完成国产转基因动物应用于致癌性评价的预试验，结果良好；在生殖毒性安全性评价课题数量、特殊给药途径儿童用药安全性评价、吸入制剂呼吸毒性生物标志物等方面均有所突破和拓展；多次参与中国毒理学会、中国药学会药物安全的相关会议并进行会议报告。公司通过北京市实验动物管理办公室组织的动物设施年度检查、药监局的 GLP 认证、CNAS 实验室认可复评审、国家高新技术企业认证、北京市职工创新工作室验收答辩。公司 1 人获北京实验动物行业协会先进个人称号，1 人获批成为北京协和医学院博士生导师。

协和建昊成立于 2002 年 4 月 28 日，注册资本为 1866.82 万元，位于经开区景园街 2 号，实验室总面积近 7000 平方米。公司主营业务范围包括药物非临床安全性评价、仿制药一致性评价生物样本分析和抗肿瘤药物药效学评价、药物早期毒性筛选以及毒性作用机制研究。药物安全性评价、常规性评价与毒性作用机制探索相结合是协和建昊的技术特点之一。公司承担中国医学科学院北京协和医学院新药安全评价研究中心的运营建设。公司为经开区“药物安全性评价与成药性评估”公共技术服务平台、市发展改革委“药物安全评价关键技术北京市工程实验室”、中关村开放实验室、北京市级企业科技研究开发机构、国家高新技术企业，通过药监局 GLP 认证、国际实验动物评估和认可委员会 AAALAC 认证、中国合格评定国家认可委员会实验室认可、国家认监委 CMA 认证等。

（靳洪涛 赵敬怡）

北京协和建昊医药技术开发有限责任公司

董事长 李 春

总经理 魏金锋

舒泰神（北京）生物制药股份有限公司

2020 年，舒泰神（北京）生物制药股份有限公司（简称舒泰神）的营业收入为 4.25 亿元，营业利润为 −1.55 亿元，归属上市公司股东净利润为 −1.33 亿元。公司研发投入 2.50 亿元，比 2019 年增长 50.95%。员工有 791 人，其中具有本科及以上学历人员 466 人，占总人数的 58.9%。年内，舒泰神及子公司北京德丰瑞生物技术有限公司获药监局应急批准的BDB-001注射液Ⅱ临床试验批件，后又获西班牙、印度、印度尼西亚Ⅱ期临床试验批件和西班牙Ⅲ期临床试验批件；复方聚乙二醇电解质散（Ⅳ）、格列齐特片（Ⅱ）和萘丁美酮胶囊获市药监局颁发的再注册批件。舒泰神及子公司获4件国内发明专利、1件国外发明专利、1件外观设计专利授权；提交6件国内发明专利申请、1件PCT专利申请；新增国内注册商标1件，提交商标注册申请11件。公司获市科委“北京市科技计划——创新品种及平台培育”项目支持；散剂（固体三车间）通过市药监局GMP认证；知识产权管理体系通过中规（北京）认证有限公司的监督审核，知识产权管理体系认证证书保持有效。

舒泰神成立于2002年8月16日，注册资本为4.76亿元，位于经开区经海二路36号，以自主知识产权创新药物，特别是生物药物的研发、生产和营销为主要业务。公司的产业链条完整，涵盖从早期探索性研究、药物发现、工艺开发及中试放大、临床前生物学评价、临床开发到药品的生产和商业化，拥有完整的研发、生产、质量管理、营销以及配套的体系，是国家高新技术企业。公司上市销售产品为创新生物药物苏肽生（注射用鼠神经生长因子）和全国独家品种舒泰清［复方聚乙二醇电解质散（Ⅳ）］。除上述产品外，公司还生产销售舒唯欣（曲司氯铵胶囊）、阿司匹林肠溶片等具有特色的化学药品。公司致力于研发、生产和销售临床需求未被满足疾病的治疗性药物，主要包括蛋白类药物（含治疗性单克隆抗体药物）、基因治疗/细胞治疗药物、化学药物三大药物类别，治疗领域聚焦在感染性疾病、自身免疫系统疾病和神经系统疾病。

（段秋菊）

舒泰神（北京）生物制药股份有限公司

董事长 周志文

总经理 张荣秦

贝达药业股份有限公司北京新药研发中心

2020年，贝达药业股份有限公司北京新药研发中心（简称贝达药业北京研发中心）的营业收入为18.7亿元。公司拥有研发人员203人，其中具有博士学位人员30人、硕士学位人员115人、本科学历人员51人、专科学历人员7人。年内，贝达药业北京研发中心的靶向抗癌药盐酸埃克替尼（凯美纳®）累计销售额突破90亿元，《埃克替尼加量治疗EGFR 21外显子L858R突变（21-L858R）晚期非小细胞肺癌（NSCLC）》的Ⅱ期临床研究论文在《临床肿瘤研究》（*Clinical Cancer Research*）期刊发表。凯美纳®术后辅助治疗的新适应证上市许可申请获药监局（NMPA）受理并纳入优先审评；拟用于晚期、转移性或复发性非小细胞肺癌和转移性结直肠癌的生物类似药贝伐珠单抗注射液MIL60的上市许可申请获药监局受理。公司参与研发的国家1类新药盐酸恩莎替尼（贝美纳®）获药监局上市批准。公司与美国Agenus达成合作引进PD-1和CTLA-4抗体项目，取得中国区域内独家开发并商业化的权利。公司推进多项临床试验，包括自主研发的细胞周期蛋白依赖性激酶4/6（CDK4/6）抑制剂BPI-16350的Ⅰ期临床研究，拟用于恶性血液系统肿瘤的BET特异性抑制剂BPI-23314，拟用于肝内胆管癌、膀胱癌和肺鳞癌的成纤维细胞生长因子受体（FGFR1/2/3）小分子口服抑制剂 BPI-17509 等。公司拟用于携带 EGFR C797S 突变及其他 EGFR 相关突变的晚期非小细胞肺癌等实体瘤患者的 BPI-361175、拟用于 PIK3CA 基因突变的晚期实体瘤（如乳腺癌、非小细胞肺癌、胃食管癌、卵巢癌等）患者的小分子抑制剂 BPI-21668 2 个项目的临床试验申请（IND）获药监局受理。公司入选福布斯中国最具创新力企业榜 TOP50、2020 年度中国医药新锐创新力量 10 强榜单（位列第一）、2020 年浙江省高新技术企业创新能力百强榜单，获批国家企业技术中心。

贝达药业北京研发中心成立于 2003 年 8 月 22 日，注册资本为 4.01 亿元，位于经开区北工大软件园，设有合成、药理、分析、制剂、注册、早期临床等多个部门，可完成新药开发过程中临床前及临床早期的所有工作。

（刘湘永）

贝达药业股份有限公司北京新药研发中心

董事长 丁列明

北京智飞绿竹生物制药有限公司

2020 年，北京智飞绿竹生物制药有限公司（简称智飞绿竹生物）的总资产为 28.5 亿元，营业收入为 12 亿元，纳税总额为 0.8 亿元。员工有 621 人，其中具有大专及以上学历人员 555 人，研发人员 225 人。截至 2020 年年底，公司累计拥有发明专利 19 件、实用新型专利 6 件和外观设计专利 1 件。年内，智飞绿竹生物新型联合疫苗产业化项目土建建设完成并通过竣工验收；完成新购经开区路南区 N16M2 地块的入区协议签订、项目立项备案及土地合同签订工作，占地面积约为 6.6 万平方米，用于建设新型病毒疫苗和工程疫苗产业化基地项目；自主研发的轮状病毒灭活疫苗获药物临床试验批准通知书。公司被评为全国工商联创成型中小企业，入选 2020 北京民营企业科技创新百强榜单、2020 年度第一批北京市“专精特新”中小企业名单，通过国家高新技术企业重新认定。

智飞绿竹生物成立于 2003 年 10 月 8 日，位于经开区同济北路 22 号，前身为北京绿竹生物制药有限公司，2013 年 3 月 18 日更名为北京智飞绿竹生物制药有限公司，注册资本为 13.32 亿元，是重庆智飞生物制品股份有限公司的全资子公司，占地面积为 12.1 万平方米。公司是集疫苗科研开发、生产制造和市场营销于一体的国家高新技术企业。公司曾获北京市专利试点企业、北京市级企业科技研究开发机构、北京市细菌性疫苗工程技术研究中心、北京市企业技术中心、北京生物医药产业跨越发展工程（G20 工程）等称号和资质认定。

（赵维奇）

北京智飞绿竹生物制药有限公司

执行董事 杜琳

总经理 刘刚

康龙化成（北京）新药技术股份有限公司

2020 年，康龙化成（北京）新药技术股份有限公司（简称康龙化成）实现营业收入 51.34 亿元、利润 13.24 亿元，主营业务毛利率达 37.4%，实现归属上市公司股东的净利润增长 114.25%。在全球拥有 1.10 万余名员工，其中研发、生产技术和临床服务人员超过 9800 人，占总人数的 89%。年内，在客户服务方面，康龙化成新药研发服务平台为包括全球前二十大制药企业在内的超过 1500 家客户提供服务，新增客户超过 500 家；与客户开展技术合作，联合发表研究成果，在国际学术期刊发表文章 15 篇，获 19 件国内外专利的发明权（专利权归客户所有）；为国内医药及生物技术公司开展 58 个研究性新药（IND）或新药（NDA）的临床试验申报，其中在中国、美国和欧洲等多国同时开展申报的项目有 46 个；药物工艺开发及生产服务实现技术和产量的双增长，服务涉及药物分子或中间体 739 个，其中临床前项目 487 个。公司持续加大基础设施建设，扩大产能。其中，在北京地区新增 2.25 万平方米实验室服务设施，宁波园区二期第一部分 12 万平方米实验室基本建成，推进绍兴工厂占地面积为 8.10 万平方米项目一期工程建设。公司在化学合成和生产技术方面，重点加强高通量化学筛选平台、流体化学技术和生物酶催化技术的应用；在新药发现和生物科学方面，建立并完善基因编码化合物库（DEL）、化学蛋白质组学平台、在体影像技术平台以及 3D 细胞微球及类器官筛选平台等在内的技术平台。公司推动海外业务的布局，除了加强现有英国和美国分部的服务能力外，完成对美国 Absorption Systems LLC 及其子公司的收购；为持续补充和扩大国内临床服务能力，完成对北京联斯达医药科技发展有限公司的控股，并通过其相继收购北京松乔医药科技有限公司和法荟（北京）医疗科技有限公司。

康龙化成成立于 2004 年 7 月 1 日，于 2005 年 6 月迁入经开区，位于经开区泰河路 6 号，注册资本为 7.94 亿元，2019 年分别在深圳证券交易所创业板挂牌上市（股票代码：300759）和香港联交所主板挂牌上市（股票代码：03759），是一家立足中国、服务全球的全流程一体化“CRO+CMO”生命科学研发服务企业。公司提供药物发现和药物开发 2 个阶段的全流程、一体化的新药研发服务，在中国、美国、英国设有 16 个研发服务基地或分支机构，其核心业务药物发现 CRO 服务市场份额占有量位列全球第三、中国第二，客户囊括在全球排名前 20 的跨国制药企业。

（权立云）

康龙化成（北京）新药技术股份有限公司

董事长兼总经理 楼柏良

瓦里安医疗设备（中国）有限公司

2020 年，瓦里安医疗设备（中国）有限公司（简称瓦里安）的工业总产值为 10.65 亿元，营业收入为 10.03 亿元，90% 的产品销往国际市场。员工有 850 多人，其中工程师和拥有临床经验的专家占 50% 以上。年内，瓦里安约为 70 万国内肿瘤患者提供肿瘤放射治疗；高端医用直线加速器 TrueBeam 生产线在经开区落成；中国研发和生产基地扩产项目动工；联合中国癌症基金会开展基层肿瘤中心建设公益培训项目；医用直线加速器入选国务院税委会对美加征关税第一次排除延期清单，加征关税再次得到豁免；向中国红十字基金会捐款 100 万元，支援武汉抗击疫情。公司被评为 2020 年度卓越跨国公司；在 2019 年度中国医疗设备行业数据及售后服务调查活动中，连续 3 年获放疗行业最佳售后服务金人奖，并被评为直线加速器类净推荐值、保有率、意向回购率第一名。公司产品瓦里安数字化智慧放疗解决方案获 2020 年 IDC 中国数字化转型医疗行业技术应用场景创新奖。

瓦里安成立于 2006 年 7 月，注册资本为 2800 万美元，是美国瓦里安医疗系统公司在华设立的全资子公司，在经开区运成街 8 号设立中国研发和生产基地，并建立教育中心、智云支持中心和软件中心。公司致力于提供放射治疗、放射外科、质子治疗以及近距离放射治疗的设备和相关软件。公司的医用直线加速器全球装机量为 8800 台，为超过 10 万个软件用户提供服务，肿瘤学软件用户量排名世界第一，并为全球 30 个质子治疗中心提供设备和服务。

（杨雅奎）

瓦里安医疗设备（中国）有限公司

总裁 张晓

北京永泰生物制品有限公司

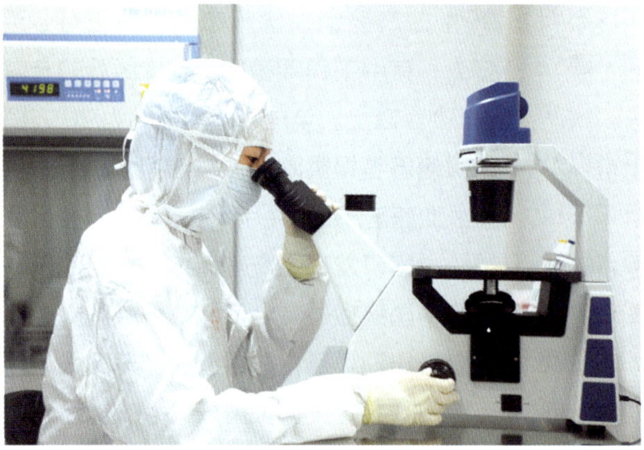

永泰生物实验室　　企业提供

2020 年，北京永泰生物制品有限公司（简称永泰生物）的总资产为 2 亿元，净资产为 -0.48 亿元，净利润为 -1.78 亿元；注册资本由 2 万元增至 1 亿元。员工有 250 人，其中具有本科以上学历人员占 68%。年内，永泰生物在香港联交所主板挂牌上市（股票代码：6978.HK）；符合 GMP 规范的研发生产中心建筑面积由 7500 平方米扩建至 1 万余平方米；主办扩增活化的淋巴细胞（EAL®）临床试验中期研究者会议，该临床试验为扩增活化的淋巴细胞（EAL®）在高复发风险原发性肝细胞癌外科根治术后预防复发的有效性和安全性的多中心、随机、开放标签的 Ⅱ 期临床研究。在 2020 年中国国际服务贸易交易会上，公司的“国内首创免疫细胞药物”案例获发展潜力示范案例称号；在深圳格隆汇信息科技有限公司主办的 2020 年度大中华区最佳上市公司评选中，公司获 2020 年度最具创新力 IPO 奖。

永泰生物成立于 2006 年 11 月 20 日，于 2018 年 5 月迁入经开区，位于经开区康定街 1 号。公司专注于 T 细胞免疫治疗药物的研发和商业化，致力于肿瘤等重大疾病的免疫治疗和临床应用研究与开发，针对肿瘤等重大疾病提供细胞治疗解决方案，已形成包括细胞制品上游研发、细胞存储、细胞制品制备、细胞制品质量检测在内的免疫细胞制品产业链。公司主营业务为生产扩增淋巴细胞培养基；开发和研究淋巴细胞扩增技术等。公司是中国首家开展免疫细胞治疗产品研发的企业，也是中国最早将免疫细胞制剂按照药品注册规程研究并获药监局药物临床试验批件的企业，获国家高新技术企业认定。公司承担国家高技术研究发展计划（“863”计划）重大专项课题、北京市科技服务业促进专项等 10 多项科技创新项目，是 44 个北京市服务业扩大开放综合试点单位中唯一的生物医药企业。

（姜娜娜）

北京永泰生物制品有限公司
总经理 王歆

北京神州细胞生物技术集团股份公司

2020 年，北京神州细胞生物技术集团股份公司（简称神州细胞）有在职员工 992 人，其中具有博士学位人员 42 人、硕士学位人员 257 人，具有本科及以上学历人员 495 人；研发人员 716 人，占总人数的 72%。年内，神州细胞在上海证券交易所科创板挂牌上市（股票代码：688520）；SCT800（重组人凝血因子 VIII）、SCT400（CD20 抗体）2 个产品进入上市审批流程，配合监管部门完成 2 个产品的临床研究现场核查，并启动 SCT800 的生产现场核查工作；B5M4 地块新建的生产车间完成土建工作。截至 2020 年年底，公司有 9 个生物药品种获准进入临床研究及上市申请阶段，其中 2 个品种临近商业化阶段、3 个品种进入 III 期临床研究阶段、3 个品种处于 I/II 期临床研究阶段、1 个品种获准进入临床阶段；有多个品种处于临床前研发阶段。

神州细胞成立于 2007 年 4 月 23 日，注册资本为 4.35 亿元，位于经开区科创七街 31 号，是中国最早从事真核细胞表达重组蛋白和单克隆抗体药物研发、产业化的企业之一。公司是一家创新型生物制药研发和产业化公司，专注于针对恶性肿瘤、自身免疫性疾病、感染性疾病和遗传病等疾病的治疗和预防领域开展生物药产品的研发和产业化。公司有 3 家子公司。2003 年，公司与中国医学科学院协和医科大学联合成立协和细胞工程中心。公司拥有大分子生物药物研发团队、技术平台和产品线。2013 年 4 月，公司启动 H7N9 禽流感国家应急药物研发任务，创造了在 7 个月内完成从靶点蛋白基因合成到 H7N9 中和抗体应急药物的临床研发及申报纪录。公司同时承担多项国家“重大新药创制”科技重大专项的关键技术、孵化基地、技术平台、重大新药和仿制药相关品种产业化、新发突发传染病应急抗体研发等重大科研攻关课题任务。公司致力于通过研发在临床上具有差异化竞争优势的同类最佳（Best-in-Class）或“Me-better”创新生物药产品，以实现中国自主研发和生产的生物药进入欧美市场、惠及全球患者、树立领先生物制药国际品牌的目标。经过长达十余年的生物制药技术积累和创新，公司及其子公司自主建立从靶点蛋白筛选到候选药物的全套创新生物药发现上游技术平台体系；并且按照 GMP 标准建立拥有领先规模、可实现商业化生产的动物细胞培养生产线，包括 2 条基于 CHO 细胞培养技术的原液生产线和 1 条制剂生产线，可生产水针制剂和冻干制剂 2 类不同的生物药品种。

（边金烨）

北京神州细胞生物技术集团股份公司
行政总监 李汛

北京义翘神州科技股份有限公司

2020 年 3 月 27 日，北京义翘神州科技有限公司更名为北京义翘神州科技股份有限公司（简称义翘神州），注册资本由 507.97 万元增至 5100 万元。全年各重点经济指标继续保持两位数增长，营业收入为18037万元，有员工387人。年内，义翘神州开发一系列新冠N蛋白、S蛋白的抗体试剂；3种针对新冠病毒Spike蛋白的中和抗体，其结合活性、中和活性等均已经过结合验证和假病毒侵染试验进行验证；开发针对新冠病毒不同抗原的抗体试剂，可用于检测新冠抗原蛋白或中和新冠假病毒，且均经过多应用验证；开发多个供研究用的新冠抗原检测等试剂盒（抗原检测试剂盒、抑制剂筛选试剂盒、抗体滴度检测试剂盒）、近70种新冠Spike突变体蛋白（可用于新冠抗体以及疫苗有效率研究）、数百种新冠病毒（SARS-CoV-2）相关科研试剂（已被全球数百家研究机构用于疫苗、治疗性抗体、诊断试剂等开发）、一系列冠状病毒相关的试剂产品。公司申报的“适用于新型冠状病毒快速免疫检测的抗原和抗体开发”项目获卫生健康委卫生科技发展研究中心颁发的第一届医学科技创新大赛抗击新冠肺炎疫情组银奖。

义翘神州成立于2007年4月23日，位于经开区科创十街18号。作为国家高新技术企业，公司主要从事蛋白、抗体技术和产品研发，拥有海外高层次人才团队和先进的蛋白、抗体研发生产技术平台，已开发近6000种蛋白试剂，建成全球最大规模人源细胞表达的重组蛋白库，拥有专业的工艺优化和多年生产经验的哺乳动物细胞表达平台，提供从基因合成到高质量抗体生产的一站式技术服务。同时，公司也为制药公司或生物技术公司提供单克隆抗体候选药物临床前规模生产服务，从基因序列到1~30克纯化后单克隆抗体仅需几周时间，是全球范围内抗体生产速度领先的企业之一。公司为全球客户交付数千个重组抗体生产项目，与国际知名制药公司均建立合作关系，是全球TOP10制药公司首选的抗体生产服务供应商。

（赵凯丽）

北京义翘神州科技股份有限公司

总经理 张杰

北京亚宝生物药业有限公司

2020年，北京亚宝生物药业有限公司（简称亚宝生物）的固体制剂车间产量为9亿片，营业收入为7982万元，净利润为1295万元，纳税额为563万元，有员工156人。年内，亚宝生物完成新建透皮贴剂涂布机升级改造，使其满足世界领先的透皮贴剂5层涂布功能，可以为患者提供3~5天只需一贴贴剂产品的长效制剂。公司通过美国食品药品监督管理局（FDA）对亚宝生物cGMP符合性的周期性检查，并完成2种已在美国注册产品在国内注册的审评答补工作。

亚宝生物成立于2007年6月18日，是亚宝药业集团股份有限公司的全资子公司，注册资本为8000万元，厂房位于经开区科创东六街97号，占地面积为1.7万平方米，建筑面积为2万平方米，是一家以生产缓控释制剂为主体的现代外向型制药企业。公司投资4亿元，按照FDA法规要求建立六大质量管理体系，配备固体制剂生产设备和实验设施，各项技术指标和产品质量符合美国cGMP要求。公司现有美洛昔康片、氢溴酸加兰他敏片和索拉非尼片3个美国产品的ANDA批件，国内产品有硝苯地平缓释片、奥美拉唑肠溶片等，年产能为100亿片。公司于2011年成为国内首批通过药监局新版 GMP 认证的企业，2012 年被北京市药品安全百千万工程建设领导小组评为北京市药品质量管理示范企业，2013 年、2015 年及 2019 年通过 FDA 现场检查，2019 年被工业和信息化部评为绿色工厂。

（韩钰彬）

北京亚宝生物药业有限公司

总经理 张连军

北京康乐卫士生物技术股份有限公司

康乐卫士实验室　　方针 摄

2020 年，北京康乐卫士生物技术股份有限公司（简称康乐卫士）的资产总额为 7.5 亿元。员工有 116 人，其中具有博士学位人员 6 人、硕士学位人员 33 人。截至 2020 年年底，公司总股本 10900 万股，新三板二级市场市值 47.89 亿元。年内，康乐卫士利用基于结构设计的重组蛋白类生物制品研发技术，开发系列人乳头瘤病毒（HPV）疫苗，其中重组三价人乳头瘤病毒（HPV16/18/58 型）疫苗和重组九价人乳头瘤病毒（HPV6/11/16/18/31/33/45/52/58 型）疫苗均已进入临床 III 期，全球范围内最多亚型的重组十五价人乳头瘤病毒（HPV6/11/16/18/31/33/35/39/45/51/52/56/58/59/68 型）疫苗已提交 Pre-IND 沟通交流。除 HPV 疫苗以外，公司还有重组多价手足口病疫苗、重组多价诺如病毒疫苗等近 10 个候选疫苗项目处于研发序列。公司入选市经济信息化局发布的 2020 年度第二批北京市“专精特新”中小企业名单。

康乐卫士成立于 2008 年 4 月 14 日；2013 年 5 月，公司完成股份制改造；2015 年 9 月，公司在全国中小企业股份转让系统挂牌（股票代码：833575）。公司共申报 28 件发明专利，其中 16 件获授权，建成了国际领先的重组蛋白药物设计、重组蛋白表达及工程技术、病毒样颗粒制备、新型疫苗佐剂研发与评价、重组蛋白药物质量评价及“假病毒”中和抗体检测，以及重组蛋白药物 GMP 中试开发等多个关键技术平台。公司被认定为国家高新技术企业、北京市专利引擎试点单位、中关村高新技术企业等。

（杨莎健）

北京康乐卫士生物技术股份有限公司

董事长 郝春利

总经理 刘永江

北京凯因科技股份有限公司

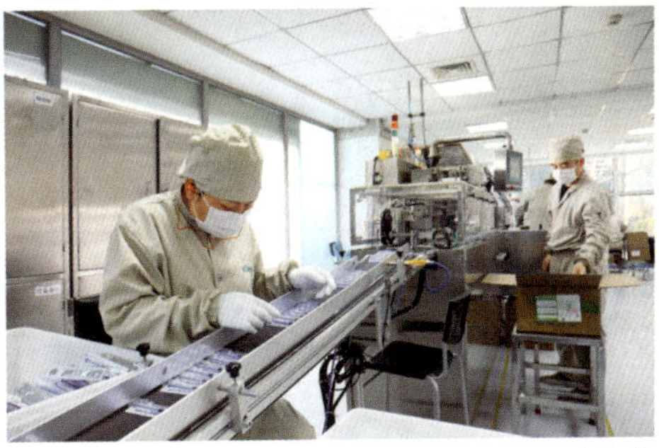

凯因科技生产线　　方针 摄

2020 年，北京凯因科技股份有限公司（简称凯因科技）的营业收入为 8.6 亿元，有员工 442 人，注册资本由 3200 万元增至 1.27 亿元。年内，凯因科技慢性丙型肝炎治疗 1 类创新药盐酸可洛派韦胶囊（凯力唯®）通过药监局优先审评审批程序批准上市，并入选《国家基本医疗保险、工伤保险和生育保险药品目录（2020年）》；索磷布韦片（赛波唯®）获药监局批准上市。公司入选2020中国医药创新企业100强榜单、2020年度第一批北京市“专精特新”中小企业名单；研发中心获北京市模范集体称号。

凯因科技成立于2008年8月20日，位于经开区荣京东街6号，是一家集研发、生产、营销、服务于一体的国家高新技术企业。公司以生物技术为平台，专注于病毒性疾病领域，致力于提供治疗解决方案。公司研发团队由海归和本土博士、硕士组成，人员专业涵盖药物设计、工艺开发、质量控制及制剂、药理、临床等领域。公司研发中心被评为北京市重组蛋白药物工程技术研究中心、北京市企业技术中心、肝病治疗药物研究北京市工程实验室。

（陈喆）

北京凯因科技股份有限公司

董事长兼总经理　周德胜

北京悦康科创医药科技股份有限公司

2020年，北京悦康科创医药科技股份有限公司（简称悦康科创）的总资产为1.08亿元，净资产为1656.25万元，营业收入为4528.87万元，净利润为661.06万元，研发投入为2924.06万元（研发投入占销售收入的64.56%）。员工有107人，其中研发人员85人、占总人数的79%，具有本科及以上学历人员87人、占总人数的81%，研究生及以上学历人员36人、占总人数的34%。

悦康科创成立于2009年4月29日，注册资本为1243万元，位于经开区科创七街11号，是从事医药产品技术开发、技术咨询、技术转让和技术服务的国家高新技术企业。公司可提供新药调研立项，化合物合成、分析测试、制备合格的制剂终产品，申报或技术转让等服务。公司与中国药科大学、沈阳药科大学、北京理工大学等学校建立学术交流和长期合作关系。公司是北京市级企业科技研究开发机构、北京市专利试点单位。

（郝孟阳）

北京悦康科创医药科技股份有限公司

董事长　于伟仕

北京旷博生物技术股份有限公司

2020年，北京旷博生物技术股份有限公司（简称旷博生物）有全资子公司1家和控股子公司3家。员工有175人，其中具有本科及以上学历人员占70%以上。公司在新三板退市，与常州必达科生物科技有限公司完成整合，建设形成流式检测平台，实现全产业链贯通。

旷博生物成立于2009年8月12日，注册资本为2857万元，位于经开区地盛东路1号院；2014年，公司实现股份制改革，注册资本增至5850万元；2016年，公司在新三板挂牌（股票代码：835093）；截至2017年9月22日，公司注册资本增至9095.79万元。公司以中国医学科学院血液病医院为技术支撑和杂交瘤来源，形成集原料生产（国内研制单抗品种最多、历史最长、生产能力最大）、研发、生产制造、注册报批和市场营销于一体的综合型临床诊断生物试剂国家高新技术企业和中关村高新技术企业。公司从早期化学发光免疫分析、分子免疫、细胞免疫和分子诊断四大技术平台多维度发展，到高精尖单一流式技术平台的发展，致力于中国流式抗体品牌建立，转化成为国内最大的流式抗体生产厂商。公司专注于肝病、肿瘤、结核、艾滋病、白血病、自身免疫缺陷等适应证疾病的预测、诊断和疗效评估，拥有 2 件全球专利、16 件发明专利、1 项计算机软件著作权、3 件注册商标、上百项医疗器械注册证。公司逐步形成以北京、苏州、广州、昆明为核心的四大技术服务中心，携手共建中国化的流式技术服务体系，致力于流式临床应用解决方案的开发及拓展，帮助临床医护工作者更有效地诊断疾病，提升患者治疗效果。

（张亮）

北京旷博生物技术股份有限公司

董事长兼总经理 兰宝石

小江生物技术有限公司

2020 年，小江生物技术有限公司（简称小江生物）的资产总额为 2.16 亿元，营业收入为 12.64 万元，利润为 1.96 亿元，纳税总额为 1168.70 万元，有员工 9 人。公司对新化合物进行体内外活性评价、PK 测定、成药性研究，确定 MEF2 全新结构全新机制的创新药候选药物，并申请相关专利。

小江生物于 2009 年在黑龙江省黑河市爱辉区登记注册，2014 年地址变更至经开区西环南路 18 号汇龙森科技园，注册资本为 5000 万元。公司致力于开发针对各种恶性疾病的创新疗法，在以结构生物学为基础的分子设计以及新型分子靶标研究方面具有实力和创造力。公司的研发项目包括世界首创的病理性心肌肥厚及心力衰竭的候选药物开发、急性白血病的靶向疗法及联合用药方案开发等。公司的研究内容包括小分子创新药物设计、先导化合物的优化、机理研究、候选药物确认等。公司主要业务范围包括化合物合成、剂型开发、质量研究、细胞活性筛选、体内药效学和动力学评价。

（杨莎健）

小江生物技术有限公司

总经理 周太峰

北京罗诺强施医药技术研发中心有限公司

2020 年，北京罗诺强施医药技术研发中心有限公司（简称罗诺强施）的资产总额为 1224.3 万元，主营业务收入为 127.98 万元，净利润为 −447.65 万元。员工有 19 人，其中美国籍高级管理人员和专家 2 人、印度籍专业技术人员 2 人，产品开发高级管理人员 2 人、国内专业技术人员 8 人。年内，罗诺强施签订研发产品合同 3 个，其中技术开发合同 2 个。公司获北京市知识产权试点单位证书和北京市新技术新产品（服务）证书；获 2 件发明专利授权，累计拥有 14 件授权专利。

罗诺强施成立于 2011 年 9 月 20 日，位于北京亦庄生物医药园，由拥有 20 多年美国制药公司工作经验的药物制剂专家团队创立。公司为国家高新技术企业。公司拥有具有国际水平的技术团队和国际先进的口服、注射和皮肤外用制剂技术。公司药物制剂技术包括反向工程技术、缓控释技术、高技术壁垒产业化技术等 10 个技术平台。公司提供开发药物制剂产品的技术服务，包括创新药物制剂、改良型新药、高技术壁垒仿制药。公司已开发了心血管疾病、胃肠道疾病和中枢神经系统等治疗领域的制剂产品。公司转让的 1 个缓释制剂产品已替客户取得药证。

（汪鹤龄）

北京罗诺强施医药技术研发中心有限公司

董事长兼总经理 魏世峰

珐博进（中国）医药技术开发有限公司

2020 年，珐博进（中国）医药技术开发有限公司（简称珐博进）的总资产为 27.77 亿元，营业收入为 4.98 亿元，纳税总额为 3647 万元，注册资本由 3.32 亿元增至约 25.10 亿元。员工有 251 人，其中研发人员 152 人。截至 2020 年年底，公司累计拥有发明专利 16 件、实用新型专利 4 件、1 类新药证书 2 个。年内，珐博进与阿斯利康投资（中国）有限公司在经开区共同完成对药品经营企业北京珐利康医药有限公司的增资扩股；向武汉捐赠 3360 盒罗沙司他胶囊（爱瑞卓®）；新药抗结缔组织生长因子（CTGF）人单克隆抗体 Pamrevlumab（FG-3019）获药监局批准在中国开展 2 项Ⅲ期临床试验；参加中华医学会肾脏病学分会 2020 年学术年会、中华医学会肾脏病学分会 2020 年血液净化论坛、中国医师协会肾脏内科医师分会 2020 年学术年会、中国中西医结合学会肾脏疾病专业委员会 2020 年学术年会等科研学术交流活动。公司被认定为国家高新技术企业；产品爱瑞卓®被评为 2019 年度十大创新药物，获 2020 中国化学制药行业创新药特设奖，全年实现销售额约 4.98 亿元。

珐博进于 2011 年 11 月 28 日在经开区成立，2013 年入驻北京亦庄生物医药园。公司致力于研发全新作用机制创新药，以治疗危及生命的慢性疾病，包括贫血、特发性肺纤维化、胰腺癌和杜兴氏肌营养不良症等。公司主营业务是生产和销售爱瑞卓®，推进其适用于其他适应证的研发项目，推进具有全新作用机制的新药抗结缔组织生长因子（CTGF）人单克隆抗体 Pamrevlumab（FG-3019）在中国的临床研究。公司的原料药和制剂工厂均具备药品生产许可证并通过了药品 GMP 认证。公司是国家高新技术企业、北京市级企业科技研究开发机构、北京生物医药产业跨越发展工程（G20 工程）后备企业。

（陈君明）

珐博进（中国）医药技术开发有限公司

执行董事 柯理德

总经理 钟黎蕴华

安诺优达基因科技（北京）有限公司

2020 年，安诺优达基因科技（北京）有限公司（简称安诺优达）推出三代人重全变异检测产品、DNA 建库试剂盒、单细胞及表观方向新产品；助力疫情后湖北省新冠疫情相关人员进行免费无创产前 DNA 检测公益活动；承担北京市新型冠状病毒核酸检测任务；参与撰写的《遗传病二代测序临床检测全流程规范化共识探讨》《基于孕妇外周血浆游离 DNA 高通量测序无创产前筛查胎儿基因组疾病技术标准》《高通量基因测序仪》发布；获专利授权 20 件，其中国外专利 3 件，国内发明专利 10 件、实用新型专利 7 件。公司联合 10x Genomics 公司、北京怡美通德科技发展有限公司举办单细胞测序技术与应用前沿论坛；联合中国科学院遗传与发育生物学研究所筹办基因组学前沿技术应用研讨会；参与第十届中国胎儿医学大会、第九届全国生物信息学与系统生物学学术大会等多场学术活动。公司通过 ISO 9001:2015

质量管理体系、ISO 14001:2015 环境管理体系、ISO 45001:2018 职业健康安全管理体系认证，凭借“利用高通量测序技术对新型冠状病毒进行精准检测”项目在“创客北京 2020”创新创业大赛疫情防控专题赛中获三等奖；Hi-C 微量建库体系被评为 2019 生命科学十大创新产品。

安诺优达成立于 2012 年 4 月 28 日，注册资本为 5989.47 万元。总部位于北京亦庄生物医药园，专注于基因组学技术在人类医学健康和生命科学研究两大领域的产业化应用。公司在测序设备和分子诊断试剂、医学检测与研究、科研服务、基因大数据和云平台服务等方面具备产品体系和品牌效应，形成Bio-IT 产业化服务能力。公司为国家高新技术企业、国家卫生健康委首批高通量基因测序技术临床应用试点单位、国家发展改革委首批基因检测技术应用示范中心、“十三五”时期首批北京生物医药产业跨越发展工程（G20 工程）企业等，设有博士后科研工作站。

（肖飞）

安诺优达基因科技（北京）有限公司

董事长 夏佐全

北京艾德摩生物技术有限公司

2020 年，北京艾德摩生物技术有限公司（简称艾德摩生物）的营业收入达千万元。员工有 72 人，其中具有硕士及以上学位人员占 15%。公司全力发展肿瘤转化医学业务，已和全国 40 多家三甲医院或肿瘤专科医院达成深度合作；入选 2020 年度第二批北京市“专精特新”中小企业名单。

艾德摩生物成立于 2014 年 8 月 8 日，由北京市级人才、中关村“高聚工程”人才及北京市科技新星计划人才、经开区杰出人才彭思颖博士带领其团队创立，注册资本为 3527.39 万元，位于经开区科创六街 88 号。公司主要开展肿瘤转化医学研究及癌症个体化治疗，通过使用自主研发的人源肿瘤异种移植（Patient-Derived Xenograft，PDX）模型，为不同癌症患者筛选适合的治疗药物，为医生提供精确临床用药指导，为患者提供具有针对性和高效性个性化的治疗方案，提高肿瘤临床治疗效率；依托公司自主研发的肿瘤免疫评价平台 Ideal-Immune，帮助药企对肿瘤免疫类疗法，如治疗性单抗（PD-1 类等）、双抗、过继性细胞疗法（CAR-T）、肿瘤疫苗等进行药物药效和安全性评价，提高研发成功率，降低研发成本。

（肖雅娟）

北京艾德摩生物技术有限公司

总经理 彭思颖

北京加科思新药研发有限公司

2020 年，北京加科思新药研发有限公司（简称加科思）的注册资本由 2.03 亿元增至 2.10 亿元。员工有 168 人，其中国家级人才 2 人、北京市级人才 3 人，经开区“新创工程 · 亦麒麟”领军人才 7 人；具有博士学位人员 15 人、硕士学位人员 66 人，具有硕士及以上学位人员占 48.2%。年内，加科思与艾伯维公司（AbbVie）达成全球战略合作，共同开发和商业化蛋白酪氨酸磷酸酶（SHP2）抑制剂；抗肿瘤新药 JAB-8263 获美国食品药品监督管理局（FDA）的新药临床试验许可，在美国启动 I 期临床试验；JAB-3312 获 FDA 授予治疗食管癌的孤儿药资格认定，可用于支持该药在食管癌适应证上的全球开发。

加科思成立于 2015 年 7 月 17 日，注册资本为 2.1 亿元，位于经开区科创六街 88 号，主营业务为原创药研发，致力于为患者提供突破性治疗方案。公司在北京和美国马萨诸塞州设有实验室，拥有开发蛋白磷酸酶、鼠类肉瘤病毒癌基因（KRAS）和其他转录因子的变构抑制剂技术。公司有抗肿瘤在研项目 14 个，均属于国家 1.1 类创新药。公司是经开区博士后科研工作站站点之一，为企业和经开区培养高层次技术人才。

（吴光耀）

北京加科思新药研发有限公司

行政总裁　王晓洁

北京生物制品研究所有限责任公司

2020 年，北京生物制品研究所有限责任公司（简称北京生物）的总资产为 107.50 亿元，销售收入为 38.45 亿元，净利润为 16.56 亿元，有员工 1146 人。年内，北京生物成功研制新型冠状病毒灭活疫苗（Vero 细胞）。公司获北京市抗击新冠肺炎疫情先进集体称号；“全球脊灰病毒根除阶段关键疫苗 sIPV 和 bOPV 的研发及应用”项目获 2019 年北京市科学技术进步奖一等奖，“全球脊灰病毒根除阶段关键疫苗 sIPV 和 bOPV 的研发及产业化应用”项目获第二届中国科技产业化促进会科学技术奖科技产业化一等奖，“全球脊灰病毒根除阶段关键疫苗（国家 I 类新药 sIPV 及 bOPV）的研发及应用”项目获 2020 年度中国质量技术协会质量技术奖综合类项目成果二等奖；新型冠状病毒灭活疫苗（Vero 细胞）获第一届医学科技创新大赛金奖。

北京生物成立于 2016 年 8 月 8 日，注册资本为 23.16 亿元，是中国医药集团有限公司下属企业中国生物技术股份有限公司的国有独资子公司，从事疫苗、诊断制剂等生物制品的研究、生产和经营。公司位于经开区博兴二路 6 号和 9 号，占地面积为 15.8 万平方米，是国内最大的国家免疫规划疫苗生产基地。公司的历史可追溯至成立于 1919 年的北洋政府中央防疫处。作为一家具有百年历史的国家高新技术企业，公司在中国消灭天花、麻疹，维持无脊灰状态，降低乙肝病毒携带率，控制儿童百日咳、白喉、破伤风等传染病，防控重症急性呼吸综合征（SARS）、甲型流感病毒、新冠肺炎疫情等方面做出贡献。公司入选 2019 年北京市绿色制造示范名单及工业和信息化部第四批绿色制造名单（绿色工厂名单）。

（于金铭）

北京生物制品研究所有限责任公司

总经理　王辉

智能制造

和利时入选多个市级和行业级榜单

1 月，和利时集团基于解耦架构的照明电器质量检测分析应用案例入选工业和信息化部办公厅发布的 2019 年工业互联网平台创新应用案例名单；2 月，和利时 AE2100 核酸提取仪与 MD61 系列中药调剂设备入选中关村管委会发布的首批抗击疫情的新技术新产品新服务清单；4 月，和利时全自动中药调剂系统生产线入选

2019年度中关村首台（套）重大技术装备试验、示范项目名单；9月，和利时入选中国机械工业联合会、中国汽车工业协会联合发布的2019年中国机械工业百强企业名单；11月，在2020第二十四届中国国际软件博览会上，和利时入选2020年度软件和信息技术服务企业竞争力百强榜单。

（刘曼）

和利时获业内多项大奖

1月，在中国电子信息行业联合会举办的2020（第五届）中国电子信息行业发展大会上，和利时集团被评为2020年度电子信息行业隐形冠军企业；在中国软件行业协会举办的2020中国软件产业年会上，和利时被评为2019年中国最具影响力软件和信息服务企业，以行车指挥为核心的轨道交通综合自动化系统（TIAS）被评为2019年中国软件行业优秀解决方案。8月，由中国工控网发起评选的新世纪20年产业成就奖揭晓，和利时联席总经理兼杭州和利时自动化有限公司总裁方垒获产业领袖奖，和利时被评为自动化十佳。9月，在商务部和市政府共同举办的2020年中国国际服务贸易交易会上，和利时自主研发的智能DCS数字孪生系统被评为科技创新示范案例；在2020（第九届）全球自动化和制造主题峰会上，和利时安全可信控制系统获CEC 2020年度最佳产品奖。12月，在2020中国工业计算机大会上，和利时被评为先锋企业，Optic VIO工业光总线智能I/O系统被评为创新产品，基于工业互联网和先进控制技术的智能一体化解决方案被评为优秀解决方案；在国家工业信息安全发展中心主办的第二届工业信息安全应急国际研讨会上，和利时被评为工业信息安全应急服务支撑单位。

（刘曼）

森特股份中标京东东鸿战采项目

1月，森特士兴集团股份有限公司中标北京京东东鸿管理咨询有限公司（简称京东东鸿）仓储物流园项目围护结构战采项目。森特股份将承建京东东鸿在全国除南区以外的全部北区、东区的22个省市、30多个仓储物流园项目的围护结构建设工程，建筑面积达324万平方米，占京东东鸿全年同类型工程的70%以上，工程总造价高达7.7亿元。

（宁珊珊）

宇航推进火箭发动机关键部件交付

3月31日，北京宇航推进科技有限公司（简称宇航推进）自主研制的沧龙一号液氧/LNG液体火箭发动机（CL-1）全尺寸涡轮泵完成装配及交付。CL-1涡轮泵完成全部地面常温及低温测试试验项目考核，试验结果与设计指标吻合良好，装配全过程工艺质量审核满足技术条件要求，可放行进入半系统试验测试环节。研发过程中，宇航推进采用高可靠、低成本、重复使用的设计理念，同时兼顾重量轻和高性能的指标要求。该产品在生产制造环节大量采用3D打印、特种成型、特种加工工艺，大幅缩短生产周期、降低产品成本。

（陈伟）

安川首钢承接江铃新能源汽车焊装项目

3月，安川首钢机器人有限公司承接江铃新能源赣江新基地一期GSE焊装生产线项目。该项目共有机器人183台，涉及点焊、弧焊、螺柱焊、SPR、在线检测、涂胶、搬运、绲边等应用，同时配备供32

台机器人移动的行走机构，形成 GSE 规格的机器人成套系统集成设备，可应对多条不同的产线。

安川首钢承接的江铃新能源汽车焊装项目　企业提供

（李永刚）

星际荣耀完成运载火箭整流罩分离试验

4 月 13 日，北京星际荣耀空间科技股份有限公司完成双曲线一号遥二（SQX-1 Y2）运载火箭整流罩分离试验。试验中，控制系统按预定时序发出分离解锁信号，分离解锁装置正常起爆工作，整流罩正常分离，测量系统获取分离过程的角速度、质心过顶时间和铰链脱钩时间等关键参数。整流罩分离是卫星入轨前的一个关键动作，该试验全面验证了该型火箭分离系统的功能、性能，为入轨后星箭可靠分离提供有效保障。

（姚春光）

中冶京诚入选“科改示范企业”名单

4 月 27 日，国务院国有企业改革领导小组办公室公布“科改示范企业”名单，中冶京诚工程技术有限公司入选，并作为典型示范案例在全国国资委系统推广。“科改示范行动”共选取了 204 家改革创新紧迫性较强的国有科技型企业，重点在完善公司治理、市场化选人用人、强化激励约束等方面探索创新，旨在打造一批国有科技型企业改革样板和自主创新尖兵。9 月，中冶京诚作为 5 家代表企业之一在国资委“科改示范行动”推进会上进行交流发言。

（卢秀娟）

中航国际北京公司签约脱硝技改项目

4 月 30 日，中国航空技术北京有限公司签约河南省湖波灵威水泥集团有限责任公司脱硝技改项目，合同总金额为 7100 万元。该项目包括对原河南建筑材料研究设计院有限责任公司设计的一号生产线、原南京凯盛国际工程有限公司设计的二号生产线进行脱硝改造工程，以达到降低氮氧化物排放的目的，助力国内企业打造绿色化水泥工厂。

（明月）

和利时参建的多个重大项目开车或投产

鲁南制药集团山东新时代药业有限公司项目试产　企业提供

6 月，和利时集团参建的鲁南制药集团山东新时代药业有限公司“奥利司他产业化建设项目”精制、回收、罐区生产自控系统及 SIS 系统项目试产。10 月，和利时参建的通用技术集团所属中纺院绿色纤维股份公司“年产 6 万吨新溶剂法纤维素纤维产业化项目”一次性开车成功。12 月，和利时以自主研发的控制系统助力大庆石化公司“炼油结构调整优化与转型升级项目”全面建成开车；参与升级改造的中国石化青岛石油化工有限责任公司“500

万吨/年炼油一体化项目”各装置陆续开车。年内，和利时参建的“酒泉卫星发射基地智慧电厂项目”开车。

（刘曼）

安川首钢承接机器人铝—铁混合冲压项目

安川首钢承接的铝—铁混合冲压搬运生产线项目　企业提供

6月，安川首钢机器人有限公司承接协展（福建）机械工业有限公司铝—铁混合冲压搬运生产线项目。该项目集成5套冲压专用型PH130RF机器人，集成拆垛小车、铝板压花涂油机、高速压机等设备，具有效率高、安全性强等特点，铝板冲压节拍达到8.5次/分钟、铁板冲压节拍达到9.5次/分钟。通过引入ATC系统实现铝板和铁板工件的自由切换，且端拾器能够识别超过50种产品，能够满足客户多品种的智能化混线生产需求。此外，该项目还采用双层安全保护系统，能够减少产品切换的停机时间，提高生产效率和安全系数。

（黄斌）

和利时多项产品或技术通过专家评审

6月，和利时集团推出的微内核工业操作系统通过由中国科学院自动化研究所、北京市工业设计研究院有限公司、北京工业大学等单位组成的专家组评审，市经济信息化局全程参会指导。该系统填补了国内行业发展中微内核操作系统建设的空白，开发适用于工业高可靠实时控制应用的微内核操作系统产品，满足了可编程逻辑控制器（PLC）、可编程自动化控制器（PAC）、集散控制系统（DCS）、运动控制器、机器人控制器等工业控制系统的物联网设备的应用要求，达到国际主流同类技术产品水平。9月，和利时“ZPW-2000S无绝缘轨道电路系统研究及川藏铁路应用”课题通过中国交通运输协会专家评审；集成供货的北京轨道交通燕房线工程综合监控系统通过北京市轨道交通建设管理有限公司最终验收评审。12月，和利时参建的地铁智慧车站改造项目通过由中国城市轨道交通协会专家学术委员会及北京、上海、广州等地铁公司领导组成的专家组评审。

（刘曼）

航天火箭公司激光雷达助力北极科考

7月9日，航天长征火箭技术有限公司自主研发的大气探测激光雷达搭载雪龙2号极地科考船，参与中国第11次北极科学考察，为北极科考提供消光系数、能见度等气象信息。激光雷达的可靠性、环境适应性和数据完整率、准确性均受到行业用户认可。本次北极科考是中国首次将激光主动气象遥感设备应用于北极航路，进行跨纬度、跨季节的走航式连续探测，以获得气象数据。极地探测数据将为全球气候变化研究、和平开发利用南极和北极、航道信息采集和保护、建设海洋强国等提供有效支撑。

（张宁）

航天火箭公司助力中国火星探测器发射

7月23日，长征五号遥四运载火箭搭载中国“天问一号”任务火星探测器成功发射。航天长征火箭技术有限公司为中国首次火星探测任务研制配套了一系列产品。航天火箭公司研制的火星气象测量仪是火星车的有效载荷之一，用于火星表面气温、气压、风速、风向、声音等多种环境参数的测量和监测，完成火星车巡视区大气物理特征与表面环境探测的科学任务，实现火星表面气候与环境特征研究的科学目标；研制的信号采集与数据记录、信号合成及解调处理两个分系统作为火星探测天线组阵系统的关键核心设备，完成4亿千米作用距离的火星探测数据接收任务，获得了科学数据。长征五号遥四运载火箭作为中国运载能力最大的运载火箭，航天火箭公司为其配套高码率遥测传输设备、箭载S频段相控阵天线、卫星导航接收设备、火箭遥测地面接收系统、天基遥测地面接收系统以及1000多台传感器、变换器产品。发射过程中，航天火箭公司产品运行稳定，表现良好，功能和性能均能满足任务要求，未出现质量问题。

（张宁）

航天工程公司航天炉技术成果通过考核

8月13日，中国石油和化学工业联合会组织现场考核专家组对晋煤集团华昱高硫煤洁净利用化电热一体化示范项目一期百万吨/年甲醇工程气化装置进行72小时连续运行考核，该项目采用航天长征化学工程股份有限公司航天炉无烟煤清洁高效转化技术。专家组评价现场考核结果中比煤耗、比氧耗、生产能力、运行稳定性及环保性能等所有指标均达到或超过设计值。

（冷琎）

和利时推出多款创新产品

9月，和利时集团推出Optic VIO工业光总线智能I/O系统。作为新一代用于工业生产现场的信号采集及传输系统，该系统性能达到先进水平，将仪表系统建设总成本节省30%、项目实施工期缩减40%，并通过国际电工委员会IECEx、欧洲委员会ATEX及国标GBEX防爆认证，获德国莱茵CE认证与G3防腐认证。年内，和利时推出基于安全可信的DCS控制系统，该系统使用的控制器K-CU11为K系列大容量可信控制器模块，采用先进的PowerPC架构高性能主处理器和基于国密算法的安全组件，具备静态可信启动和动态可信度量的安全功能，可应用于地铁、水处理、隧道、综合管廊、供热、水利、油气、电力、产线，以及关键基础设施、重大水利工程等对网络安全要求较高的行业领域；推出基于工业互联网的智能城轨集成平台，该平台具有高品质、复用性、协同性、开放性等技术特点；推出“方寸智服”App平台，该平台是和利时打造的面向工业企业的一站式服务平台，分为设备商城、方案及服务、培训三大板块，集购买、咨询、培训、服务、维修等功能于一体，满足疫情期间零接触式采购及服务的需求；推出新款快速核酸提取仪，实现核酸的高通量、快速、自动化提取；推出基于工业互联网的新型城轨集成平台，实现工业互联网在智慧城轨的应用。

（刘曼）

安川首钢进入三一集团供应商名录

9月，安川首钢机器人有限公司与

三一集团有限公司（简称三一集团）旗下三一机器人科技有限公司签订战略合作协议，进入三一集团供应商名录。安川首钢将结合计算机仿真、多机器人协调、激光、3D 视觉等新技术的导入，助力三一集团加速智能化、数字化转型。

（刘晓春）

航天工程公司签约 2 个公司的项目

9 月，航天长征化学工程股份有限公司与宁夏宝丰能源集团股份有限公司签订宝丰能源 50 万吨 / 年煤制烯烃项目配套甲醇工程气化装置工艺包、专利许可及工程设计商务合同。该项目建成后，宝丰能源煤制烯烃年产能将由 50 万吨增至 220 万吨，甲醇年产能将由 150 万吨增至 640 万吨。11 月，航天工程公司与山东联盟化工股份有限公司签订联盟化工 40.60 工程清洁生产技术升级改造项目。该项目位于山东省潍坊市寿光侯镇海洋化工园区，采用 2 台 2000 吨级航天炉。

（冷琎）

安川首钢承接炼铁炮泥自动装填项目

10 月，安川首钢机器人有限公司承接国内首个机器人炼铁炮泥自动装填项目。该项目由机器人、3D 视觉装置、存料装置、安全防护系统和 PLC 控制系统等组成，采取全自动运行模式，适应 6~12 千克的不规则炮泥。机器人通过 3D 视觉识别炮泥外形和位置，配合设计精巧的炮泥专用抓手，实现自动抓取、自动避障、自动填充进泥炮，全过程无须人工参与，可实现 24 小时不间断工作，提高了生产效率。

（黄坤）

安川首钢承接卡斯马奔驰侧围内板焊装线

安川首钢承接的卡斯马奔驰侧围内板焊装线　　企业提供

11 月，安川首钢机器人有限公司承接的卡斯马（天津工厂）奔驰车身侧围自动焊接生产线项目进入客户现场调试阶段。该项目是一条采用奔驰标准规范设计实施的全自动智能柔性机器人生产线，由 69 台机器人及 49 套焊接工装组成，集成点焊、凸焊、螺柱焊、涂胶、打码、搬运、视觉检测、安全防护以及 PLC 自动控制等工艺系统。该项目是卡斯马（天津工厂）首条大型全自动焊接生产线，具备国内领先水平的机器人系统集成技术，可供 V254 与 V214 两种侧围内板产品柔性共线生产，满足 50JPH 的产能节拍和年产能 30 万套的需求。

（洪友春）

安川首钢承接座椅骨架涂胶生产线项目

11 月，安川首钢机器人有限公司承接广东福迪汽车有限公司（简称福迪汽车）座椅骨架机器人智能涂胶生产线项目。该项目由安川首钢与福迪汽车和李尔集团进行技术对接，利用 2 套通用 GP25 机器人，集成加热除湿、溶胶、压合三道工序，是国内最先进的汽车座椅骨架机器人智能涂胶生产线。该生产线采用温度检测和接近检测等智能传感器来确保工艺的精准性，通过一体工装板对骨架进行预定位、顶升机构的二次位置修正，机器人可准确地完成毛毡的抓取搬运和溶胶胶枪定位等任务。溶胶机通过温度智能调控功能，确保压力稳定输出，实现智能自动输送热敏胶。此外，生产线还采用上下双层输送线，使生产节拍达到 50 秒，并为客户预留扩能空间。

（陈满发）

星际荣耀单层共底贮箱完成生产

12 月 6 日，北京星际荣耀空间科技股份有限公司完成双曲线二号验证型火箭（SQX-2Z）液氧 / 甲烷低温推进剂共底贮箱的生产。作为国内首个直径超 3 米的单层共底贮箱，该产品的设计发挥液氧 / 甲烷双组元推进剂温区相近的天然优势，将液氧箱和甲烷箱合体，共用一个单底以提升整体结构效率，即用最小的结构重量完成任务所需的承载功能。SQX-2Z 共底贮箱是一款可重复使用的产品，攻克了大直径防漩出流一体化装置、环筛式消能器、共底过渡段通用模块等技术难点，共底作为核心部件已完成正压与反压的极限考核试验，可满足多次飞行需求。

（姚春光）

中冶京诚中标项目被两大报刊报道

12 月 7 日，中冶京诚工程技术有限公司中标河钢集团有限公司“氢能源开发和利用工程示范项目工厂设计”项目，将与河钢集团有限公司在全球率先建设富氢气体直接还原示范工程。该事件入选《世界金属导报》2020 年世界钢铁工业十大产业要闻和《中国冶金报》2020 年度中国钢铁工业 10 件大事。

（卢秀娟）

中航国际北京公司签约秘鲁贝雷桥项目

12 月 28 日，中国航空技术北京有限公司签约秘鲁交通部国家公路局 81 座贝雷桥项目，合同总金额为 1538 万美元。该项目为秘鲁地区提供 DSR1、DSR2 和 TDR1 等跨径从 21~60 米不等的模块化钢桥，为秘鲁人民的实际需求提供特定解决方案。

（明月）

安川首钢炉具自动化生产线通过验收

安川首钢解耦炉具机器人自动生产线　　企业提供

12 月，安川首钢机器人有限公司与天津中国科技研究院共同研发的解耦炉具机器人自动生产线通过验收，是国内第一条机器人炉具自动化生产线。该炉具是山东兖煤集团兖矿蓝天公司研发的小型民用水压力容器，炉体须满足 0.2 兆帕的水密性要求。由于炉具生产过程中各组件拼装误差大、焊道多、定位难度大，安川首钢通过引入线激光传感器和焊丝寻位功能依次解决工件的尺寸偏差和定位偏差，确保焊接的稳定性；通过视觉系统对炉具进行定位，引导机器人完成搬运电泳喷漆作业；利用机器人宏命令功能，实现基准位置数据记录与实际生产中偏差计算的灵活切换，降低机器人程序复杂性，提高工作效率。

（洪友春）

星际荣耀发动机传力结构完成生产和验收

星际荣耀双曲线二号验证型火箭主发动机传力结构 企业提供

12月，北京星际荣耀空间科技股份有限公司自主研制的双曲线二号验证型火箭（SQX-2Z）主发动机传力结构完成产品生产和验收。该发动机传力结构突破传统的单一功能设计思路，选择创新的多功能一体化设计方案，是一款实现低成本、高性能的商业航天产品，交付后将参加双曲线二号可重复使用运载火箭一子级百公里垂直起降试验任务。

（姚春光）

安川首钢承接浙江银轮自动焊接项目

12月，安川首钢机器人有限公司承接的浙江银轮WP9自动焊接生产线项目签约。该项目由9套焊接站、5套测漏系统、65套随行工装、6套搬运系统、1条装配线、1套追溯系统和蓝光扫描检测装置组成，是全自动的国六后处理设备生产线。其中，随行工装和零点装置的使用，可以在不更换抓手的情况下，通过快换夹具完成多种产品的柔性切换，实现多种产品兼容，提高产品换型效率。

（张光辉）

安川首钢首创国内四机协调焊接系统

12月，安川首钢机器人有限公司承接三一重机有限公司昆山灯塔工厂的动臂斗杆机器人抓举焊项目。该项目是国内首例成功应用在生产线上的四机协调焊接系统。每个焊接单元通过2台GP280L搬运机器人与2台AR2010焊接机器人协调作业，开创4机协调焊接模式，以机器人替代变位机，提高工件变位自由度，适应更多尺寸产品需求，提升柔性化水平。该项目一期工程共投入6套焊接单元，采用AGV小车进行工件输送，实现机器人自动抓取、自动焊接。

（崔永清）

和利时中标或签约多个重大项目

年内，和利时集团中标“兴泉铁路宁化至泉州段ZPW-2000轨道电路项目”、宁夏鲲鹏清洁能源有限公司“年产40万吨煤制乙二醇项目”、河南天然气储运有限公司“六座LNG应急储备中心总承包项目”监控系统；签约2020年山东省重点项目——山东华鲁恒升化工股份有限公司“20万吨/年精己二酸、环己醇、环己酮装置项目”、2020年山东省新旧动能转换重点项目——山东圣泉新材料股份有限公司“年产23万吨酚醛树脂项目”、山东富康集团“年产200亿片/粒制剂工程设计项目”、沧州临港骏驰化工有限公司“DCS+SIS+Batch+仪表整体解决方案项目”、河南平煤神马聚碳材料有限责任公司“40万吨/年一期10万吨聚碳酸酯项目”、淄博齐翔腾达化工股份有限公司

“40 万吨 / 年叔丁醇及配套 20 万吨 / 年甲基丙烯酸甲酯（MMA）压缩机项目”、即墨热电厂青岛永泰源热电有限公司“智慧电厂建设项目”、潍坊弘润石化科技有限公司“创新型智能工厂项目”、河南恒星科技股份有限公司旗下内蒙古恒星化学有限公司“年产 12 万吨高性能有机硅聚合物项目”、玉锋实业集团有限公司“DCS+SIS+APC+MES 的 HOLLiAS 一体化解决方案项目”、陕投集团“新疆准东五彩湾北三智慧电厂项目”等。

（刘曼）

和利时参建的多条线路开通运营

深圳地铁 2 号线三期及 8 号线一期开通运营　　企业提供

年内，和利时参建的安六、潍莱、太焦、银西等高铁项目开通运营，参建的呼和浩特 2 号线、深圳 6 号线、深圳 2 号线三期及 8 号线一期 4 条地铁线路开通运营。7 月 8 日，安六高铁开通运营，和利时作为其 CTCS-2 级列控设备供应商，提供 9 套列控中心系统（TCC）、2 套临时限速服务器系统（TSRS）、1 套信号安全数据网管理系统（EMS）的供货及安装调试工作。8 月 18 日，深圳地铁 6 号线开通运营，和利时为其提供云平台系统、全流量回溯分析系统、运行监控与应急保障系统等的供货、集成、调试等工作。10 月 1 日，呼和浩特地铁 2 号线开通运营，呼和浩特地铁 1、2 号线基于线网级“融合云平台”的综合监控系统，采用和利时自主研发的 MACS-SCADA 软件，在云平台整体规划框架下进行网络方案的创新优化，实现各互联系统的数据采集。10 月 28 日，深圳地铁 2 号线三期及 8 号线一期开通运营，和利时为其提供综合监控系统、环境与设备监控系统、火灾自动报警系统等的供货、集成、调试等工作。11 月 26 日，潍莱高铁开通运营，和利时为其提供无线闭塞中心系统（RBC）、TCC、EMS 等 CTCS-3 级列车运行控制系统。12 月 12 日，郑太高铁客运专线开通运营，和利时作为其 CTCS-2 级列控设备供应商，提供郑太高铁太焦段 TCC、TSRS、EMS 的供货及安装调试工作。12 月 26 日，武仙城际铁路开通运营，和利时为其提供 LKD2-HS 型列控中心、TSRS-HS 型临时限速服务器等设备；银西高速铁路开通运营，和利时作为其 CTCS-3 级及西安北枢纽 CTCS-2 级列控设备供应商，提供银西高铁陕西段西安北枢纽 TCC、银西高铁陕西段 RBC 的供货及安装调试工作。

（刘曼）

宏达日新获多个订单

年内，北京宏达日新电机有限公司取得国家电网有限公司多个特高压工程 LBS 专用开关设备项目订单，包括晋中、晋北站扩建项目共 9 个间隔，南昌到长沙线路上南昌站的项目共 8 个间隔，荆门到武汉线路上武汉站的项目共 10 个间隔。

（韩健）

航天拓扑推进公司业务发展

年内，北京航天拓扑高科技有限责任公司响应“十四五”战略规划，定位智慧工厂、智慧能源、智慧军工三大主营业务，推进公司业务发展。智慧工厂业务推进“1+N”（1 个数据中心、N 项智能应用服务）智能化建设模式，在南阳、武汉、杭州、韶关等烟厂做出针对性建设方案；拓展智能工厂、动力能管、仓储物流方面业务，制丝集控管理系统 TOPMESv3.0 落地广丰、南阳集控项目，物流管控系统 TOPWMSv1.0、TOPWCSv1.0 落地武汉物流项目。智慧能源业务从“智慧互联、安全可信、自主可控”方面完善和调整业务结构。其中，依托工业控制、工控安全、北斗通信、物联网、移动互联网、大数据、云平台等技术，构建智慧能源技术及应用一体化平台，形成新一代智慧燃气系统解决方案；同时设计研发智慧燃气工业互联网综合应用系统、智能调控和运营服务系统、智能物联网终端、工业控制网络安全系列产品等，提升智慧能源行业领域的竞争力和市场份额，促进产业转型升级。

（王建竹）

施耐德中低压上线两个新产品

年内，施耐德（北京）中低压电器有限公司工厂上线全新一代 ComPacT NSX 塑壳断路器和 RM AirSeT 新一代环保气体中压柜两个新产品。其中，全新一代 ComPacT NSX 塑壳断路器通过模块化设计和可拓展的智能模块，快速实现无线电气状态监测、电能测量、断路器寿命预测等数字化需求；RM AirSeT 新一代环保气体中压柜通过硬件的打通、软件的加持和全生命周期服务最大化数据的价值，可以助力项目运营与节能效率的双重提高。

（倪廷云）

宏达日新开展技术试验

宏达日新 126kV 小型化 GIS 试验现场　　企业提供

年内，北京宏达日新电机有限公司 126kV 小型化 GIS 原试验报告到期，按照国家标准要求，公司再次组织对 126kV 小型化 GIS 进行试验，所有试验项目均通过验收。同时，公司为 145kV 小型化 GIS 开发具有三工位功能的隔离接地开关，并为该开关设计开发金属外壳，并在韩国 KERI 试验室通过 145kV 三工位隔离接地开关外壳的内部故障电弧试验。

（许裕）

星际荣耀焦点一号（JD-1）发动机试车

年内，北京星际荣耀空间科技股份有限公司自主研发的焦点一号（JD-1）可重复使用液氧甲烷发动机转为初样阶段，实现国内液氧甲烷发动机二次启动、连续变推力、变工况摇摆等多项技术“零”的突破。5 月 9 日，JD–1 完成全系统高工况摸底试车。5 月 19 日，JD–1 完成全系统额定工况长程试车，JD–1 发动机额定工况长程试车累计突破 1000 秒。5 月 27 日，JD–1 完成二次启动长程 500 秒试车。二次启动是运载火箭实现垂直回收的关键技术，此次试车成功意味着星际荣耀突破运载火箭垂直回收的又一项核心技术。6 月 6 日，JD–1 再次完成二次启动长程 500 秒试车，JD–1 发动机额定工况长程试车累计突破 2000 秒。7 月 8 日，JD–1 通过大范围连续变推力长程试车，试车时间为 200 秒，此次试验验证 JD–1 推力调节系统方案的正确性，获取 JD–1 连续变推力功能及性能的准确数据，这是中国首次完成泵压式低温发动机大范围连续推力调节试验，标志着星际荣耀在国内率先掌握泵压式发动机大范围连续调节这一运载火箭垂直回收的重大关键技术。7 月 17 日，JD–1 再次完成大范围连续变推力长程试车，试车时间为 200 秒。至此，JD–1 第二台发动机通过全系统长程试车、二次启动试车、大范围连续变推力长程试车等合计 10 次启动、8 次全系统热试车考核，单机累计试车 2107.5 秒，相当于完成 10 次运载火箭的发射和一子级返回任务，体现 JD–1 的重复使用潜能，充分验证发动机技术方案的合理性、先进性和研制流程的科学性与经济性。11 月 11 日，JD–1 完成 500 秒二次启动摇摆热试车。发动机运行平稳、动作精准、性能参数稳定，按程序完成全向摇摆和各种测试。本次试验考核力热载荷环境下的发动机摇摆角度、摇摆力矩、动态特性等性能，验证伺服机构、发动机、试车系统之间的匹配性，试车软件的正确性和伺服带载情况下的控制品质，同时还验证通信故障、伺服卡滞、伺服功率电断电、伺服断裂等多种典型故障情况下的智能主动紧急关机功能，为后续发动机产品状态定型提供实际工程依据。

（姚春光）

·智能制造企业（选介）·

中冶京诚工程技术有限公司

2020 年，中冶京诚工程技术有限公司（简称中冶京诚）的营业收入为 135 亿元，纳税额为 4.2 亿元。员工有 3345 人，其中国家注册执业人员 995 人，教授级高级工程师 312 人、高级工程师 995 人、工程师 907 人，具有博士学位人员 42 人。年内，中冶京诚中标河钢集团有限公司“氢能源开发和利用工厂示范项目设计”；与河钢打造中国首个钢铁全流程数字化工厂—河钢集团唐钢新区三维数字化工厂项目。

年内，中冶京诚在研项目达到 128 项，获国家科学技术进步奖二等奖 1 项、各类省部级科技成果奖 34 项。其中，“连铸凝固末端重压下技术开发与应用”获国家科学技术进步奖二等奖；“柔性化 45m/s 高速棒材关键技术与装备的开发及应用”获 2020 年全国冶金科学技术奖一等奖，“高效长寿型转炉废烟气余热回收技术开发与应用”“冶金原料场绿色高效储运工艺和即时平衡供料技术开发与应用”“集约型板矩坯复合连铸工艺和装备技术的开发与应用”3 个项目获 2020 年全国冶金科学技术奖三等奖；“一种综合管廊的天然气舱”获中国专利优秀奖；“污废水强化增效处理与工业循环利用技术及应用”获 2020 年度中国循环经济协会科学技术奖一等奖。

年内，中冶京诚获冶金工程施工总承包特级资质；入选“科改示范企业”名单、2020中国工程勘察设计行业综合实力50强榜单（第三位）、2020中国全过程工程咨询行业综合实力百强榜单。公司设计的国贸三期B工程获中国土木工程詹天佑奖；编制的《钢铁工业环境保护设计规范》获中国工程建设标准化协会标准科技创新奖三等奖；申报的“张家港中美超薄带科技有限公司超薄带工程”等21项成果获2020年度冶金建设行业工程设计优秀成果奖，其中一等奖5项、二等奖11项、三等奖5项；“基于BIM技术的某钢厂数字化工厂构建”项目获2020全球基础设施年度光辉大奖赛光辉大奖；在2020年中国创新方法大赛北京赛区总决赛中，“创造世界钢铁纪录，创新模块化柔性轧制技术”“磁絮凝水体净化过程中的磁性载体制备及回收技术的改进与创新”“基于TRIZ的烟气倒流系统创新设计”3个项目获一等奖、公司获最佳组织奖。

年内，中冶京诚总承包的海外在建工程项目中应用工程设计、施工、验收领域的中国国家或行业标准共计68项；主编的《高炉喷吹煤粉工程设计规范》《钢结构设计标准》《铁合金工程项目规范》3项国家标准和《轧钢工序长材制造智能化车间技术规范》《轧钢工序厚板制造智能化车间技术规范》《智能化炼钢车间转炉工序单元技术规范》等9项团体标准获批立项；参编的《钢铁企业给水排水设计规范》《煤气余压发电装置技术规范》《型钢轧钢工程设计规范》等9项国家或行业标准获批立项；主编或参编的《钢结构工程施工质量验收标准》《冶金搬迁工程技术标准》《水回用指南：再生水分级与标识》《水回用指南：污水再生处理反渗透系统运行管理》4项团体标准获批颁布实施。

中冶京诚的前身为成立于1951年的鞍山钢铁设计处，1956年迁至北京组建冶金工业部北京钢铁设计研究总院，是中国第一家国家级的冶金设计单位，于2003年11月28日改制为国际化的工程技术公司，是中国冶金科工集团有限公司核心子企业。公司凭借70年来在冶金工程领域积累的经验，将业务领域从单一的钢铁冶金工程延伸至市政、公路、公用基础设施、建筑、水务等行业，培养两院院士2人、国家工程勘察设计大师4人。公司拥有工程咨询资信综合甲级、工程设计综合甲级、工程监理综合甲级和冶金工程施工总承包特级资质，同时还拥有充分支持公司发展多行业工程业务的规划、勘察、造价、环境影响评价等一系列国家最高级别的行政许可。公司承担50多项国家和省部级重点研发项目；主持或参加320多项国家和行业标准的编制工作；获中国专利奖、国家和省部级科技成果奖431项，国家和省部级优秀工程设计奖近600项；获2000多件专利授权；被评为国家知识产权示范企业；建有工业节能与绿色发展评价中心等16个国家级或省部级研发平台。

（卢秀娟）

中冶京诚工程技术有限公司

董事长 岳文彦（3月任）

韩国瑞（3月免）

总经理 张波

经纬纺织机械股份有限公司

2020年，经纬纺织机械股份有限公司（简称经纬纺机）的总资产为371.05

亿元，营业收入为 90.15 亿元，归属于上市公司股东的净利润为 4.1 亿元。员工有 7770 人，包括技术研发人员 865 人。年内，经纬纺机主导的国家发展改革委“智慧纺织工厂”项目已完成项目报批和技术方案论证；“国产化装备智能纺纱关键技术创新及产业化应用”项目通过工业和信息化部验收并获第七届中国十大纺织科技奖；“高性能工业丝节能加捻制备技术与装备及其产业化”项目获国家科学技术进步奖二等奖，“VCRO 自动络筒机”项目获中国纺织工业联合会科技进步奖一等奖。

1951 年，经纬纺机的前身经纬纺织机械制造厂动工兴建；1995 年，在原经纬纺织机械制造厂的基础上，将其从事纺织机械生产的业务和与之相关的资产及负债改组设立为经纬纺织机械股份有限公司，注册于太原高新技术产业开发区；1996 年，公司在深圳上市（股票代码：000666）；2000 年，公司总部办公地迁至北京；2003 年，公司注册地由太原迁入经开区，为中国机械工业集团有限公司所属的国家高新技术企业。公司主营业务为纺织机械的研发、生产和销售，兼营金融信托业务。公司在纺机业务方面为国内行业领航者，全流程棉纺成套设备性能处于全球领先水平，产品出口至 40 多个国家和地区。2015 年，公司联合江苏大生集团有限公司，打造国内首条棉纺数字化生产线。2019 年，公司联合武汉裕大华纺织服装集团有限公司，打造国内首个夜间无人值守智能示范工厂，这是中国最先实现 100% 全流程国产智能化的纺纱工厂。公司有 2 个博士后工作站、1 个院士专家工作站、1 个国家级技术中心。公司获国家一级企业、国家级企业技术中心、中央企业先进集体、国家火炬计划重点高新技术企业、中国纺织十大品牌文化企业等称号。

（王华强）

经纬纺织机械股份有限公司

董事长 吴旭东（1 月任）

叶茂新（1 月免）

总经理 毛发青（1 月任）

姚育明（1 月免）

北京北开电气股份有限公司

2020 年，北京北开电气股份有限公司（简称北开电气）的销售收入为 1.95 亿元。员工有 350 人，其中管理人员 58 人，技术人员 43 人，具有大专以上学历人员占 53.62%。年内，北开电气完成两项研发项目，取得 ZFW31-126GIS 8 年有效期补充试验、NXAIR 西门子授权柜等试验报告；盘活存量资产，拓展租赁规模，初步形成智能制造园区；参与完成北京小汤山医院、北京市第六医院等的应急保障任务。

北开电气的前身是成立于 1952 年的北京开关厂，具有 69 年开关电气制造经验；1999 年 12 月组建成为股份制企业，更名为北京北开电气股份有限公司。2003 年从朝阳区迁至经开区，占地面积为 14 万平方米，注册资本为 2.7 亿元。公司致力于高、中、低压开关控制设备，超导和机电一体化开关控制设备技术的研究、管理、销售、制造和安装维修服务，主营智能化组合电器、SF6 组合电器、SF6 断路器、真空断路器和接触器、充气柜、智能变电站、低压陆用（船用）空气断路器、高低压成套配电装置和军工产品等，产品应用于电网、电厂、电气化铁路、地铁、城市轻轨、钢铁、冶炼、石油化工、核电、新能源等领域。

（魏文丽）

北京北开电气股份有限公司
董事长 张振永
总经理 贾晓邦

蓝星（北京）化工机械有限公司

2020年，蓝星（北京）化工机械有限公司（简称蓝星北化机）的营业收入为4.56亿元。公司投入科研经费2995万元，10件专利获授权，其中1件发明专利、9件实用新型专利。截至2020年年底，蓝星北化机累计有133件专利，其中69件发明专利、64件实用新型专利。年内，蓝星北化机承揽9个烧碱成套项目总计108.5万吨，占国内市场份额的80%；升级改造、维修总计约30万吨电解槽。公司签订越南公司5万吨/年烧碱成套装置项目、土耳其3.3万吨/年烧碱成套装置项目，以及墨西哥Iquisa项目网络视频15万吨氯气装置EPC总承包合同；意大利2万吨亚氯酸钠总承包项目、孟加拉国3万吨烧碱总承包项目、俄罗斯盐酸合成项目完成试车及交工；迪拜光热发电储能换热系统项目完成建设，该项目是蓝星北化机第一个海外光热发电项目，是世界上规模最大、最先进的光热发电项目。公司推进生物质技术研发，部分项目已开车。

蓝星北化机是中国化工集团有限公司旗下中国蓝星（集团）股份有限公司的全资子公司，是在原北京化工机械厂（1966年建厂）的基础上搬迁组建而成，于2006年11月成立，注册资本为2亿元。公司依托氯碱成套装置和电解节能改造技术，为用户提供氯碱工厂及上下游一体化解决方案和EPC总承包服务。公司有加工、检测设备和生产线，是世界四大离子膜电解槽技术供应商之一，具有年产300万吨烧碱装置和500万吨电极的生产能力；向世界各地的140家氯碱生产企业提供年产能超过1800万吨的烧碱离子膜电解槽装置，为18个国家提供超过200套工艺技术包和核心设备，业务范围覆盖欧洲、亚洲、北美洲、南美洲和非洲。公司是国家高新技术企业、中国化工行业技术创新示范企业、北京市企业技术中心等。

（李云翰）

蓝星（北京）化工机械有限公司
总经理 乔霄峰

北京华德液压工业集团有限责任公司

2020年，北京华德液压工业集团有限责任公司（简称华德液压）的年产值近10亿元，资产总额为16.9亿元，营业收入为8.3亿元，纳税总额为1.0亿元，利润总额为3.3亿元。员工有1051人，其中技术人员94人，具有高级以上职称人员57人。截至2020年年底，华德液压累计获专利授权48件；主持、参与修订国家或行业标准33项；获中国机械工业科学技术奖、中国液压气动密封件工业协会优秀新产品奖60多项。年内，华德液压成立3个口罩生产设备服务保障组，承担3个区原有停产停用流水线设备的恢复工作，安装及运保口罩设备25台（套）；落实减免中小微企业租金政策，全年共计为经营困难中小微企业减免房屋租金235.69万元。公司被中央精神文明建设指导委员会评为第六届全国文明单位；获市经济信息化局颁发的单项冠军培育企业高精尖产业发展资金100万元；华德液压阀分公司生产部准装段被市总工会评为北京市三八红旗集体。

华德液压成立于1979年，是北京京城机电控股有限责任公司的全资子公司，注册资本为6.63亿元，于1994年入驻经开区，在北京市有5个园区，总占地面积为48.45万平方米，设有16个主要职能部室、3个分公司、4个生产基地、2个研究院（所）。公司主要从事工业阀、工程阀、插装阀、控制阀、泵/马达、成套设备的设计、制造、销售和服务，专业提供液压元件及集成设备的设计、制造、服务。公司多年来为客户提供良好的产品和技术支持、健全的售后服务，主要客户有徐工集团、三一重工等。公司拥有国内先进的制造设备75台（套），拥有泵、工业阀、工程阀装配线各1条，装配完善的计量检测手段加上严格的质量控制，确保产品质量。公司所属阀分公司、泵分公司、成套设备分公司的产品均通过中机诚业产品质量认证、德国莱茵CE认证、中国船级社CCS认证、美国FM认证、中国节能产品认证。

（张颖）

北京华德液压工业集团有限责任公司

董事长 廖显胜

北京华东电气股份有限公司

2020年，北京华东电气股份有限公司（简称华东电气）的销售收入为0.98亿元，利润总额为291万元，有员工85人。公司获中央军委装备发展部颁发的武器装备承制资格单位证书，中国新时代认证中心颁发的国军标质量管理体系认证证书，华夏认证中心有限公司颁发的质量、环境、职业健康安全管理体系证书，兴原认证中心有限公司颁发的中核集团合格供应商证书，北京市高新技术企业和中关村高新技术企业证书；有22个低压产品获中国质量认证中心CQC证书。

华东电气始建于1985年，注册资本为1亿元，现有固定资产5675.9万元，占地面积为6万平方米，建筑面积为4万平方米。公司主要从事0.4~252kV智能型电气成套开关设备的研发、设计、生产和服务。产品用于国家电网、核电站、发电厂、变电站、交通、工矿企业、军队国防等行业，并出口至亚洲、非洲、拉丁美洲。典型产品有LW50-252六氟化硫罐式断路器，ZF38-126气体绝缘封闭开关设备，KYN61-40.5、KYN28A-12金属铠装移开式开关设备，智能型GHK-Z2000低压成套开关设备；核安全级产品有1E级HKA600-12、1E级HKA600-7.2、1E级GHK-Z2000、1E级HXL、1E级HXX。

（唐军平）

北京华东电气股份有限公司

董事长兼总经理 王钰洲

北京利达华信电子有限公司

2020年，北京利达华信电子有限公司（简称利达华信）的营业收入为66158万元，纳税总额为3328万元，有员工624人。公司被中国消防协会授予企业信用评价AAA级信用企业称号，连续13年获消防行业十大知名报警企业称号。

利达华信的前身是成立于1990年1月18日的北京利达防火保安设备有限公司。公司拥有建筑面积为3万平方米的集中央空调、楼宇自控、安防监控系统、宽带网及综合布线系统于一体的智能化星级厂房。公司产品包括火灾自动报警控制系统，消防广播、电话及联动系统，电气火灾监测预警系统，城市消防联网系统，工业用高抗干扰火灾自动报警系统，石油化工等行业用防爆火灾报警控制系统、消防应急照明和应急疏散系统、消防应急照明余压监控系统。产品行销 20 多个国家和地区，在全球设有 300 多个分销公司及售后服务机构。

（张梦茹）

北京利达华信电子有限公司

董事长 涂燕平

北京瑞赛长城航空测控技术有限公司

2020 年，北京瑞赛长城航空测控技术有限公司（简称长城测控公司）的销售收入为 5587 万元，利润总额为 20.8 万元，有员工 137 人。年内，长城测控公司中标江苏盐城和云南长坡两座油库的智慧化建设项目并实施，实现产值 1096 万元；与壳牌华北石油集团有限公司、中国石油天然气股份有限公司河北销售分公司、中国石油天然气股份有限公司安徽销售分公司开展商务合作，完成加油站油气回收在线监控系统的实施与验收；承建的六盘水市支都煤矿综合自动化智能化建设项目实施并验收。公司参与“一带一路”重点建设项目，为印度尼西亚、越南、土耳其、俄罗斯等国家冶金领域客户提供配套伺服控制器。公司“用于石油化工危险品储罐无损探伤的多功能仿生鱼机器人”项目、“针对石油化工储罐和铁路危险品罐车的高精度红外立体成像技术”项目参与国家重点研发计划“十四五”重大研发需求征集活动，“社区自行隔离人员居家监控管理系统”参与经开区及中关村抗击疫情新技术新产品新服务的征集活动。公司通过 ISO 9001 质量管理体系、HSE 管理体系认证，通过安标国家矿用产品安全标志中心的飞行检查，入选 2020 年度第二批北京市“专精特新”中小企业名单。

长城测控公司成立于 1990 年 7 月 30 日，于 2002 年 9 月入驻经开区，注册资本为 1200 万元，隶属于中国航空工业集团有限公司，是一家从事易燃易爆环境和特种环境测控系统及测控设备研究、开发与制造，并提供监测、管理、控制一体化整体解决方案（技术支持、工程服务）的国家高新技术企业。公司产品主要包括煤矿安全监控系统、伺服控制系统、油罐自动计量系统、加油站油气回收在线监测系统、空气制氮分离装置等，产品应用于全国 20 多个省、自治区、直辖市。

（姚远）

北京瑞赛长城航空测控技术有限公司

董事长 杨　超

总经理 张劲广

通用电气医疗北京影像设备制造基地

2020 年 11 月 15 日，通用电气医疗北京工业园更名为通用电气医疗北京影像设备制造基地（简称 GE 医疗北京影像设备制造基地），产品 60% 出口国外市场，覆盖 130 多个国家和地区。年内，通用电气医疗集团（简称 GE 医疗）全新超高端 256 排 Revolution CT 生产线在隶属于 GE 医疗北京影像设备制造基地的航卫工厂投产。航卫通用电气医疗系统有限公司（简称 GE 航卫）向北京亦城合作发展基金会捐赠价值超过 200 万元的云心设备和电管理系统，以支持其“健康心动”公益项目。在全国抗击新冠肺炎疫情表彰大会上，GE 医疗北京影像设备制造基地 CT 生产运营经理冯健获全国抗击新冠肺炎疫情先进个人称号。

GE 医疗北京影像设备制造基地由 GE 医疗旗下 GE 航卫和北京通用电气华伦医疗设备有限公司（简称 GE 华伦）组成。GE 航卫于 1991 年由美国通用电气医疗系统亚洲公司与中国科学器材有限公司合资成立，是美国通用电气公司在中国的第一家合资公司，注册资本为 250 万美元，从事大型医疗影像设备的研发、生产、销售，产品主要包括 CT 机、磁共振成像（MRI）等。GE 华伦于 1995 年在经开区成立，注册资本为 3800 万美元。GE 医疗北京影像设备制造基地占地面积为 7 万平方米，是 GE 医疗全球最大的生产和研发基地之一。2017 年，GE 医疗北京影像设备制造基地被评为 GE 集团全球十个智能示范工厂之一。公司是北京市智能制造标杆企业、工业和信息化部两化融合管理体系贯标试点企业。GE 医疗北京影像设备制造基地逐步发展为 GE 医疗医用 CT 机及主要分系统单元的唯一生产基地，并且产品种类覆盖最广。

（董艺菲　韩煦）

通用电气医疗北京影像设备制造基地

总经理　陈和强

中国航空技术北京有限公司

2020 年，中国航空技术北京有限公司（简称中航国际北京公司）的总资产为 66.32 亿元，营业收入为 41.61 亿元，有员工 1067 人。公司签约秘鲁交通部国家公路局贝雷桥项目、越南水泥熟料进口和内贸项目、宜宾红狮水泥技改项目、会昌红狮固废 PYROROTOR 供货项目、河南禹州湖波水泥 1#2# 线脱硝技改项目。

中航国际北京公司成立于 1992 年，注册资本为 8 亿元，是中国航空工业集团有限公司的成员单位、中国航空技术国际控股有限公司的全资子公司，在五大洲 10 多个国家和地区设有分支机构。公司主营水泥工程、石化工程、机电工程和设备进出口等业务，有包括工程项目设计、采购、施工、备件服务、技术服务以及设备研发制造在内的全价值链服务体系，具备国际工程总包业务经验与能力。公司持有在德国法兰克福证券交易所上市的洪堡威达克国际股份公司 90% 的股权。公司在经开区核心区域有中航国际北京航空城、中航国际北京工业园两大产业园区。

（明月）

中国航空技术北京有限公司

董事长　龚家炎

和利时集团

2020 年，和利时集团（简称和利时）一手抓疫情防控、一手抓复工复产，全年实现国内各园区、全体员工“零事故、无感染”目标，完成各项关键指标，各业务领域继续保持较高的市场占有率，新技术研发取得突破进展，趋势性新技术保持行业领先水平。员工有 3800 多人。

年内，在工业自动化业务方面，和利时控制系统业务在市场容量整体下降的情况下实现平稳增长，市场占有率持续提升；启动下一代控制系统的研发，发布 Optic VIO 工业光总线智能 I/O 系统并实现商业试用。在交通自动化业务方面，和利时助力银西、潍莱、安六等高铁开通，配备列控车载系统累计达2720套、地面系统累计达1114套，地铁系统服务于全球15个城市的52条地铁线；完成TIS、CQ产品的主体开发工作，取得轨道电路电码化产品的试用项目；地铁信号业务发布互联互通CBTC工程应用版本，CBTC装备认证完成功能安全认证和设计鉴定；公路交通业务完成团队组建并落地首个项目——宜昭高速准全天候通行项目。在创新业务领域，和利时成立首所和利时轨道交通产业学院，中标沈阳高铁基础检修基地项目，实现智能检修业务突破。在医疗自动化业务方面，和利时核酸提取仪、中药颗粒调剂设备在疫情期间保障抗疫一线的需求，并入选政府抗击疫情新技术新产品新服务清单；在包装自动化业务方面，和利时形成满足客户包装需求的全系列产品，实现500万元以上自主多列包装线项目的首次交付。

年内，和利时承接多个重点行业的关键项目。在工业领域，中标8台火电行业大机组DCS；中标山东弘润石化芳烃联合装置项目、河南平煤40万吨聚碳酸酯项目等石化化工行业项目；中标国华锦界电厂、新疆北三电厂、山东即墨热电、山东弘润化工等智能工厂项目；中标15个海上平台项目，海上平台占比在国产控制系统供应商中位列第一；中标西气东输管道项目，实现在国家管网集团长输管道项目的首次突破。在交通领域，确保太焦、大福支线等项目55个车站的按期开通，完成郑万湖北段、郑万重庆段、内自泸段等50个车站的设备供货，实施太原枢纽、上海动车段、北京西等既有车站列控系统的改造工作，确保呼和浩特2号线、深圳6号线、深圳2号线三期及8号线一期4条线路的开通。在医疗健康领域，由中药调剂业务一枝独秀单一业务转变为多种业务共同发展，拥有中药颗粒调剂、饮片调剂煎煮、包装自动化、基因仪器、中药自动化、医疗物联网6条业务线和上百个产品型号。

年内，北京亦城合作发展基金会在经开区揭牌成立，和利时捐赠价值300万元的医疗自动化物资。

和利时始创于1993年，是自动化与信息技术解决方案供应商，于2008年在美国纳斯达克上市（股票代码：HOLI）。公司总部位于北京，在杭州、西安等国内城市，以及新加坡、印度、马来西亚等国家的重要城市设有研发、生产或服务办公基地，并在全国各地设有数十处服务机构。公司业务集中在工业自动化、交通自动化和医疗大健康三大领域。围绕三大业务，公司对工业互联网、大数据、5G、信息安全等新技术开展更深入的研究和应用示范，打造面向各领域应用的工业互联网平台，进一步促进智能制造解决方案的落地应用。公司坚持自主研发技术和产品，并提供一体化的解决方案和全生命周期服务。公司在各个领域和行业积累超过2万家客户，累计实施3.5万余个控制系统项目。

（刘曼）

和利时集团

董事长 马毅（7月任）

北京福田电子医疗仪器有限公司

2020年，北京福田电子医疗仪器有限公司（简称北京福田电子）的资产总额为3716万元，营业收入为2914万元，纳税总额为186万元，利润总额为-158万元，有员工65人。年内，北京福田电子向黑龙江、内蒙古、陕西等7个省和自治区捐赠价值100万元的医疗设备，并携手代理商伙伴完成设备的安装调试；携心电图机FX-8700等全线数十款产品参展第83届中国国际医疗器械博览会（CMEF）。

北京福田电子成立于1994年5月9日，注册资本为390万美元，是日本福田电子株式会社的全资子公司。作为专业的心电整体解决方案供应商与服务商，公司集研发、生产、销售、售后服务于一体，主要产品系列包括心电图机、动脉硬化检测（血压脉搏测量装置）、除颤器等医用电子仪器。公司致力于将世界一流的技术转化为人人都能享受的医疗服务；以患者体验为中心，致力于为其提供安全、专业、精准、人性化的整体解决方案。

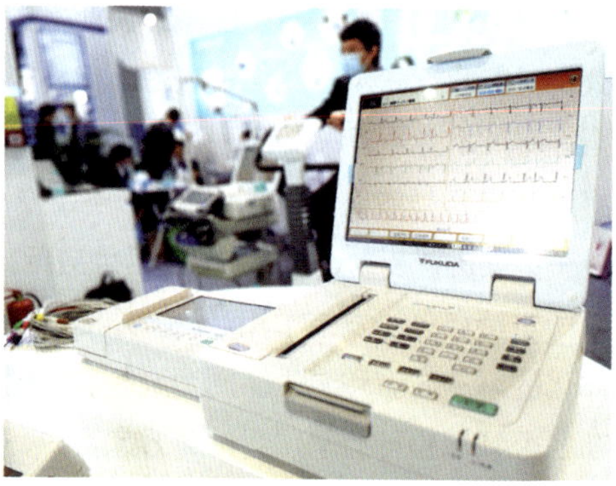

北京福田电子心电图机FX-8700　　企业提供

（刘姗姗）

北京福田电子医疗仪器有限公司

董事长　福田孝太郎

总经理　永田强

SMC（中国）有限公司

2020年，SMC（中国）有限公司（简称SMC）的销售收入为67亿元，纳税总额为3.8亿元。员工有3466人，其中技术、研发人员633人，具有大专及以上学历人员2251人。公司6件实用新型专利、2件发明专利获授权，累计拥有有效专利54件。2月3日，SMC复工，利用大规模生产基地和四大物流中心的优势，保障疫情期间客户的医疗卫生、食品等需求。年内，SMC设立的北京SMC教育基金会向16所院校提供奖学金355万元，并资助院校54万元举办学术交流和学术研究活动，向贫困地区资助75万元援建希望小学。SMC通过北京市职业资格等级认定试点企业评审，可自主开展职业资格认定；员工尚晓利被授予全国劳动模范称号、许建柱被授予北京市劳动模范称号，李锦山获市政府技师特殊津贴3万元。

SMC成立于1994年9月2日，是日本SMC株式会社在中国投资建成的集研发、生产制造、销售、技术服务于一体的海外子公司。公司经营项目是国家重点支持的高新技术领域项目、国家鼓励类外商投资项目，是2015年国家发展改革委、工业和信息化部重点发展的“强基工程”（“中国制造2025”中的加强关键工业基础件项目）之一。公司主营业务是开发、制造气动元件与装置，以及其他辅助元件、工业自动化元件装置和相关电子元器件；自产产品的技术咨询、技术服务。公司主要产品是气动元件，其市场占有率在世界同行业中排名第一。公司重视技术普及和技术开发工作，通过与国内院校的合作，促进资产、技术、人才等方面的流动与融合。公司先后与清华大学、北京理工大学、哈尔滨工业大学等14所大学合作建立气动技术中心，培养从学士、硕士到博士的高层次技术人才，并在各校设立SMC奖学金。公司通过国家高新技术企业认定，被海关总署评为中国首批AEO认证企业。

SMC生产车间　　方针 摄

（孙欣欣）

SMC（中国）有限公司
董事长 赵彤

北京ABB低压电器有限公司

2020年，北京ABB低压电器有限公司（简称ABB低压）的总资产为7.22亿元，净资产为4.27亿元，营业收入为9.51亿元，净利润为2.12亿元，纳税0.94亿元，有员工662人。年内，ABB低压响应国家政策，实现复工复产，获央视《新闻联播》《新闻直播间》栏目的报道；获国家级绿色工厂、工业产品绿色设计示范企业称号，2020中国电气工业领军企业奖。

ABB低压成立于1994年11月5日，由ABB（中国）有限公司与北京京仪敬业电工科技有限公司共同投资创建，隶属于ABB中国智能建筑业务部，是ABB全球低压产品制造基地之一，总投资为2900万美元，注册资本为1710万美元。公司主要生产终端配电保护产品和建筑电器附件产品，产品核心技术来源于ABB中国、德国、意大利等公司。公司在共享ABB百年电器生产经验的同时，依托其先进技术，为中国市场开发一系列低压产品，应用于城乡建筑、工业及公共事业等自动化领域。公司将ABB终端电器产品和制造技术引入中国，相继引进及联合开发不同系列的多种模数化终端配电保护产品，包括微型断路器产品、电磁式及电子式剩余电流断路器产品、隔离开关及其他模数化终端配电产品、电涌保护器、智能电表等。基于ABB德国Busch-Jaeger电器公司的成熟技术，公司开发与生产出多系列满足中国市场需求、融合中外审美取向的高品质建筑电器附件产品，包括机械开关产品、插座产品、弱电插座产品、酒店功能控制产品。公司引进德国先进技术，结合流行趋势推出满足客户需求的智能楼宇控制产品，包括KNX智能驱动器、KNX智能面板。公司先后通过ISO 9002质量管理体系、ISO 14001环境管理体系、OHSAS 18001职业健康安全管理体系和ISO 50001能源管理体系认证，并获北京市质量管理奖、北京市实施卓越绩效模式先进企业和北京市智能制造标杆企业称号；产品通过中国强制性产品认证、CE认证，并获德国2018年度及2019年度红点设计大奖、中国创新设计红星奖等。

（席兆雨）

北京ABB低压电器有限公司
总经理 黄 翔（12月任）
杨文广（12月免）

北京供电福斯特开关设备有限公司

2020年，北京供电福斯特开关设备

有限公司（简称供电福斯特）实现销售额1.99亿元、纳税额1016万元，有员工220人。公司通过ISO 9001:2015质量管理体系、ISO 14001:2015环境管理体系、OHSAS 45001:2018职业健康安全管理体系认证。

供电福斯特成立于1996年7月9日，2002年入驻经开区，是原机械工业部和电力工业部定点的高低压开关设备生产厂家。公司占地面积为2.7万平方米，下设7个部门、3个车间，有大、中、小型设备16台（套），装备了从日本进口的58工位数控冲模回转头压力机、数控剪板机、数控折弯机等。公司主要产品为高低压开关柜及配电箱，主要生产KYN28A-12等高压成套设备、MNS等低压成套设备、XL等配电箱，产品应用于国家电网、火力发电、石油化工、配电等行业。

（陈林）

北京供电福斯特开关设备有限公司

总经理 孙廷芹

安川首钢机器人有限公司

2020年，安川首钢机器人有限公司（简称安川首钢）的总资产为10.5亿元，净资产为48685万元，销售收入为12.76亿元，纳税总额为0.6亿元，净利润为0.6亿元。公司下设2个分公司和3个办事处，共有员工747人，其中技术、研发人员241人，具有大专及以上学历人员695人。公司提出国家专利申请13件，其中发明专利申请2件、实用新型专利申请11件；获国家专利授权11件，其中发明专利1件、实用新型专利10件；获国家软件著作权授权5项。截至2020年年底，公司累计获66件国家专利和14项软件著作权授权。年内，安川首钢承接江铃新能源赣江新基地一期GSE焊装生产线项目、协展（福建）机械工业有限公司铝一铁混合冲压搬运生产线项目、中铁华隧联合重工装备有限公司刀盘多层多道焊测试样机项目、国内首个机器人炼铁炮泥自动装填系统项目等。公司自主研发协作机器人自动拧紧系统；开发冶金领域彩涂机器人三功能一体系统；借助YASKAWA Cockpit软件平台开发的新大洲本田机器人焊接数据采集系统投入运行；与天津中国科技研究院共同研发的国内第一条机器人炉具自动生产线通过验收；与德国雄克公司联合研发的非标夹具焊接用气爪投入使用；研发的机器人冷轧钢卷内圈点固系统在攀钢集团应用；研发的汽车脚踏板机器人去塑抛光智能打磨系统在山西卡每特工业机械有限公司投入使用；焊接追溯防错系统在原有基础上进行重构与优化，取得技术突破。公司成立张明创新工作室。在第六届恰佩克奖颁奖典礼上，公司入选智能制造系统解决方案供应商TOP10；获三一机器人科技有限公司最佳支持奖。员工张明获全国劳动模范称号、王为民获北京市劳动模范称号。

安川首钢的前身为首钢莫托曼机器人有限公司，于1996年8月23日在经开区成立，注册资本为700万美元，是北京首钢股权投资管理有限公司与日本株式会社安川电机、安川电机（中国）有限公司共同投资成立的合资公司，专业从事工业机器人及机器人自动生产线的设计、开发、制造。公司是北京市和中关村高新技术企业，通过ISO 9001:2015质量管理体系认证，安川首钢上海分公司通过ISO 14001:2015环境管理体系认证。公司被一汽轿车股份有限公司、上海通用汽车有限公司、东旭集团有限公司等客户评为优秀供应商。

（葛晨辉）

安川首钢机器人有限公司

总经理 前川昭一

博世力士乐（北京）液压有限公司

2020年，博世力士乐（北京）液压有限公司（简称博世力士乐）的营业收入约为28.6亿元，纳税总额为1.9亿元，有员工998人。公司获国家高新技术企业、北京市智能制造标杆企业（智能工厂）、国家级和市级绿色工厂、中国杰出雇主称号。

博世力士乐是由原德国曼内斯曼力士乐公司和北京华德液压集团有限责任公司于1996年投资兴建的合资公司。2002年博世力士乐股份有限公司和博世（中国）投资有限公司收购中方的全部股份，成为全资外商投资企业。公司于2006年10月入驻经开区，工厂投资总额为2.27亿元，占地面积为8.5万平方米。该工厂是博世力士乐集团在华最重要的投资项目之一，工厂各类设施的投资总额创下集团在华投资项目之最。公司产品包括液压泵和马达、液压控制、行走机械电子与系统、减速机及紧凑型液压系统，应用于挖掘机、装载机、叉车、推土机、农业机械、压路机、混凝土搅拌机、混凝土泵起重机、钻机、履带式装载机等，是国内外行业内多家企业的专用指定供应商。

（寇丽君 陈晴雪）

博世力士乐（北京）液压有限公司

商务总经理 王 茵（11月任）

林德曼（11月免）

技术总经理 贝瑞克

北京京诚瑞达电气工程技术有限公司

2020年，北京京诚瑞达电气工程技术有限公司（简称瑞达公司）的营业收入为3.6亿元，利润总额为1517.6万元。员工有215人，其中具有研究生及以上学历人员152人、中高级技术职称人员119人。年内，河钢乐亭钢铁公司供配电系统总包工程一期建设的变电所全部完成送电，是瑞达公司首次承揽千万吨钢铁企业供配电系统总包项目；中国首条航空级钛合金棒材生产线咸阳天成钛业小棒线项目辅传采用公司自主研发的CERI变频器；在南京市扬子江智慧管廊项目中，公司首次利用自主知识产权私有云平台、物联网平台、三维GIS平台等技术，承担南京市数百公里综合管廊的数据承载、综合监控、运维管理和数据分析。公司获6件发明专利、14件实用新型专利授权；通过国家高新技术企业复审。

瑞达公司的前身是成立于1998年4月的北京赛瑞斯达电气设计研究所，2004年改制为北京京诚瑞达电气工程技术有限公司，同年迁入经开区，是中冶京诚工程技术有限公司的全资子公司。公司提供技术服务与咨询、工程设计、设备集成、基础自动化、过程自动化、信息化系统集成，业务覆盖冶金、化工、港口、市政、发电、输配电、弱电智能化、新能源等领域。公司工程技术出口至白俄罗斯、孟加拉国、印度、伊朗等海外国家。

（侯东昊）

北京京诚瑞达电气工程技术有限公司

总经理 田淑杭（12月任）

李 铁（12月免）

航天长征火箭技术有限公司

2020年，航天长征火箭技术有限公

司（简称航天火箭公司）实现营业收入24.18亿元，利润突破2.05亿元，新增任务量首次突破50亿元，销售回款超过25亿元，全员劳动生产率为50.32万元/人年。公司获国防科技进步奖、航天系统科技进步奖17项，提交国防科技报告33篇，申报发明专利85件、国防专利76件、软件著作权5项；获国际QC铂金奖、中国创新创意大赛优胜奖等各类荣誉50多项。

航天火箭公司于1999年12月15日在经开区注册成立，注册资本为4.63亿元。

（张宁）

航天长征火箭技术有限公司

总经理 李凉海

北京京精医疗设备有限公司

2020年，北京京精医疗设备有限公司（简称京精公司）有员工330人，拥有一支涵盖光、机、电、信息、医学等学科的科技队伍，其中具有大专以上科技人员135人、研究开发人员58人。

京精公司成立于2000年6月28日，是集血液回收、血液净化、血液治疗及血液储存技术的研究、生产、推广、销售、服务、培训于一体的国家高新技术企业。3000P/3000N血液回收机系列产品是主打产品，满足临床自体血液回收需求；3000H型血液回收治疗机属国内首创，引入血浆置换、血液治疗功能；HS-9000/HS-9000B加温输液泵系列产品满足临床加温并快速输液需求；BX-A冰冻红细胞洗涤机适用于对解冻后的冰冻红细胞进行洗涤，满足备战需求。血液回收机产品被全国上千家大中型医院使用，年均血液回收10万余例，回收失血100多吨。公司通过并保持ISO 9001/ISO 13485质量管理体系认证，2012年通过ISO 13485医疗器械质量管理规范体系审核，2017年取得一次性使用血液回收罐装置和一次性使用血液收集装置产品CE证书。公司先后获国家重点新产品证书、国家科学技术进步奖二等奖、北京市科学技术进步奖一等奖、北京市高新技术企业证书等。

（高光普）

北京京精医疗设备有限公司

董事长兼首席执行官 黄帆

北京航天拓扑高科技有限责任公司

2020年，北京航天拓扑高科技有限责任公司（简称航天拓扑）的营业收入为2.51亿元，利润总额为1903万元，新签合同额为3.07亿元，有员工260人。

航天拓扑成立于2001年5月15日，位于经开区永昌南路21号，是中国运载火箭技术研究院下属民品公司，致力于烟机、燃气、热力、供水、配电、物流等领域的自动化控制和监控管理系统集成应用，以及军品配套产品和旋转机械故障诊断系统的设计、开发、生产和服务。公司在烟草、燃气和军工等领域有20多年的行业历史，承制多项重点工程，多次获部级（集团公司）、院级科技进步奖，具有计算机信息系统集成二级资质证书、电子与智能化工程专业承包二级资质证书、机电设备安装工程专业承包三级资质证书、安防工程企业三级资质证书、国家高新技术企业证书，通过CMMI 3级、ISO 9001质量管理体系、OHSAS 18001职业健康安全管理体系、ISO 14001环境管理体系认证。

（王建竹）

北京航天拓扑高科技有限责任公司

董事长 孙明宙

总经理 金小辉

北京宏达日新电机有限公司

2020年，北京宏达日新电机有限公司（简称宏达日新）的资产总额为26568万元，销售收入为9402万元，实际缴纳税费533万元，投资收益为86万元。从业人员有107人，其中在岗职工104人（专业技术人员18人）、日方派驻高级管理人员2人、中方派驻高级管理人员1人。

宏达日新成立于2001年9月29日，前身是北京北开日新高压开关设备有限公司，为中日合资有限责任公司，注册资本为6500万元。公司主要从事设计、生产销售气体绝缘开关及配套设备、零部件。公司主要技术和产品从日新电机株式会社引进和自主开发，主导产品包括126kV GIS、252kV GIS、72.5~168kV无功补偿专用开关（LBS）等。

（久保田圭司　池田守）

北京宏达日新电机有限公司

董事长　久保田圭司

总经理　池田守

赛维航电科技有限公司

2020年，赛维航电科技有限公司（简称航空工业赛维）的营业收入为3740万元，利润为1020万元。员工近100人，其中具有中、高级职称的专业技术人员占比超过60%。公司承担100多个项目的软件测评任务，软件测试规模达1000多万行。

航空工业赛维成立于2001年12月，注册资本为9000万元，隶属于中国航空工业集团有限公司，是中航机载系统有限公司的成员单位，拥有现代化办公场所1.28万平方米。公司作为中国航空工业集团有限公司计算机软件北京测评中心的挂靠单位，是国内首批独立从事软件第三方测试的单位，服务对象覆盖陆军、海军、空军战支和武警部队等。公司是空军重点型号技术支撑单位和陆航装备软件第三方测试单位，同时具备提供软件开发与工程化管理服务、测试保障设备研发能力。

（孔德艺）

赛维航电科技有限公司

董事长　梅方清

森特士兴集团股份有限公司

2020年，森特士兴集团股份有限公司（简称森特股份）有员工1200多人，其中技术研发人员占60%以上。年内，森特股份中标国家会展中心（天津）二期项目、北京京东东鸿管理咨询有限公司仓储物流园项目围护结构战采项目、杭钢遗址公园土壤修复等项目；通过北京市光彩事业促进会为疫情防控一线捐款200万元；承办第七届全国金属围护系统行业大会。公司承建的北京大兴国际机场、北京大兴国际机场南航基地项目获中国建设工程鲁班奖（国家优质工程），承建的北京大兴国际机场、深圳国际会展中心、郑州（东部）环保能源、西安吉利乘用车项目获2020年度建筑防水行业科学技术奖——工程技术奖（金属围护系统金禹奖）。公司入选第一批北京市专精特新“小巨人”企业名单、2020北京民营企业百强榜单、2019年度全国金属围护系统行业十强榜单等。

森特股份创建于2001年，注册资本为4.8亿元，在全国有25个分支机构，业务覆盖建筑金属围护系统和生态治理两大领域，是国内第一家在主板上市提供金属围护系统解决方案的专业公司。从金属围护系统专业咨询、科技研发、工程设计、材料加工到施工安装，公司为客户提供工业建筑及公共建筑高端金属建筑围护一体化解决方案。公司工程项目累计超过 2100 个，建筑面积累计达 1 亿平方米，涵盖机场、火车站、会展中心、商业展馆、文体场馆等公共建筑，以及航空航天、汽车、电子电器、物流、机械、电力、化工冶金等工业建筑。同时，公司以“投资引进、国产转化”的经营模式开拓第二主业，形成以土壤与地下水治理、噪声治理、矿山灾害治理为主的三大业务板块。公司在土壤及地下水污染修复、地质灾害防治和矿山治理领域，强化国际技术合作，引进德国旭普林集团在土壤修复领域的全部技术和关键设备，拥有世界领先的技术、装备和产品，并与国内外众多科研院所形成产学研合作体系。公司先后在钢铁、焦化、石化、化工、农药、电力电子、有色冶炼、矿山等行业领域承担众多土壤修复治理项目。

（宁珊珊）

森特士兴集团股份有限公司

董事长 刘爱森

北京利达科信环境安全技术有限公司

2020 年，北京利达科信环境安全技术有限公司（简称利达科信）的年产值为 866 万元，纳税额为 15.13 万元，有员工 33 人。年内，利达科信研发多参数水质自动监测微站、颗粒物监测模块、智能动态监管仪等产品，对数采仪进行升级改造；获 5 项中国环境保护产品认证、6 项软件著作权、3 件实用新型专利。

利达科信成立于 2002 年 7 月 5 日，注册资本为 1500 万元，主要从事环保在线监测设备的研发、生产、销售。公司是国家高新技术企业、北京市级企业科技研究开发机构、北京市瞪羚重点培育企业等，通过 ISO 9001 质量管理体系、ISO 14001 环境管理体系认证。

（陶素杰）

北京利达科信环境安全技术有限公司

总经理 陶素杰

北京蓝新特科技股份公司

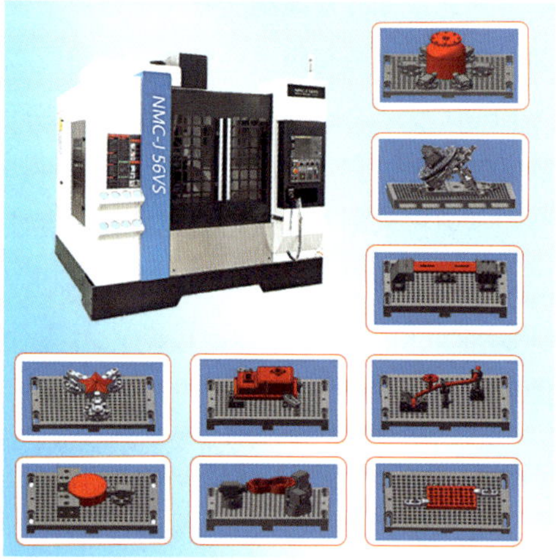

蓝新特夹立得工艺机床三代机　　企业提供

2020 年，北京蓝新特科技股份公司（简称蓝新特）的资产总额为 3733 万元，营业收入为 94.52 万元，纳税总额为 6.3 万元，有员工 11 人。年内，蓝新特自主研发的夹立得工艺机床三代机进入世界先进机床行列。公司获 1 件 PCT 国际发明专利和 5 件国内实用新型专利授权；获工业和信息化部 2020 中国工业创新示范单位称号。

蓝新特成立于 2002 年 7 月 18 日，注册资本为 4360 万元，位于经开区双羊路 7 号，是专业从事工装夹具技术研究、生产的国家高新技术企业、北京市级企业科技研究开发机构。公司是工业和信息化部国防科工局的先进制造工艺技术推广项目合作单位、教育部的校企合作项目支撑单位、人力资源社会保障部的“国家653科技人才继续教育工程”合作单位，以及国家六部委历届全国数控技能大赛、教育部中国职业教育技能大赛、全国总工会中国职工技能大赛的技术支持单位。公司为空军装备部研发的柔性航电试验台获2008年军队科技进步二等奖；与清华大学合编，由高等教育出版社出版的《组合夹具训练教程》被教育部评为创新示范教材。

（高志杰）

北京蓝新特科技股份公司

董事长 王　军

总经理 张勇毅

中国航空科技工业股份有限公司

2020年，中国航空科技工业股份有限公司（简称中航科工）实现营业收入501.17亿元。12月，中航科工收购完成中航直升机有限责任公司（简称中航直升机）100%股权项目。公司获2020年中国百强企业奖、2020中国证券金紫荆奖最具投资价值上市公司奖、第三届新财富最佳IR港股公司奖等。

中航科工成立于2003年4月30日，是军工集团首家经国务院批准将主营业务重组而设立的股份有限公司，注册资本为31亿元；10月30日，公司在香港联交所主板上市（股票代码：02357）。公司内资股股东为中国航空工业集团有限公司、中国华融资产管理股份有限公司、中国信达资产管理股份有限公司、中国东方资产管理公司，H股股东主要为空中客车集团。公司是中国香港资本市场唯一的航空高科技军民通用产品和服务上市公司，控股中直股份（股票代码：600038）、洪都航空（股票代码：600316）、中航电子（股票代码：600372）和中航光电（股票代码：002179）4家A股上市公司，主要从事航空产品的开发、制造、改进和销售，为国内外客户提供直升机、教练机、通用飞机、支线飞机，与国外的航空产品制造商共同合作开发、生产航空电子产品和航空零部件。公司业务分为航空整机、航空配套系统及相关业务、航空工程服务三大板块。

（贾鹏）

中国航空科技工业股份有限公司

董事长 王学军（10月任）

陈元先（10月免）

总经理 赵宏伟（10月任）

北京大基康明医疗设备有限公司

2020年，北京大基康明医疗设备有限公司（简称大基医疗）的产值为1000万元，有员工110人。

大基医疗成立于2003年9月1日，位于经开区永昌北路11号，是一家集核医学诊断设备［PET、PET-CT、PET-MRI、闪烁分层摄影仪（DS）、DS-CT、DS-MRI］、放射治疗设备医用电子加速器和医用机器人系统的研发、生产、销售和服务于一体的国际化高科技医疗集团。公司在美国、瑞典等国家设有子公司、研发中心和工厂。公司承担多项国家科技支撑计划项目、国家“863”计划项目、国家高性能医学诊疗设备专项等。公司被评为国家高新技术企业、北京生物医药产业跨越发展工程（G20工程）行业领军企业、北京市核医学工程技术研究中心等。

（翟巧波）

北京大基康明医疗设备有限公司

董事长 孙启银

欧必翼科技集团有限公司

2020年，欧必翼科技集团有限公司（简称OBE）的总资产达4.4亿元，实现营业收入1.5亿元，纳税520万元。疫情期间，OBE发挥智能安防及智慧安检的技术优势，捐赠并支持重点医院、校园、铁路、公路检查站以及企事业单位保障性项目80多个，被工业和信息化部科技司授予抗疫突出企业称号。年内，OBE子公司欧必翼太赫兹科技（北京）有限公司致力于军事成像雷达技术民用化，已突破多项核心关键技术及20多项设备专利及软件著作权，自主研发生产多型被动式太赫兹人体安检设备、主动式毫米波人体安检设备，构建融合边缘计算、区块链和云计算等前沿技术的智能化安检系统，不断强化终端计算力，实现核心组件、基础硬件和数据服务等领域的完全自主可控与国产化，有效保证数据和持续性应用的安全。

OBE创始于2003年，注册资本为5000万元，作为一家涉及门控安防、太赫兹、产业园、投资等业务板块的多元化企业集团，有全资子公司9家。OBE将继续在门控安防、安检领域深耕，以专业行业技术、全球化视野培育集团品牌。OBE自主研发的毫米波人体成像技术、异物自动识别技术、信号处理技术等多项核心技术的关键指标已达到国际领先水平。

（赵英学）

欧必翼科技集团有限公司

总裁 张建新

北京星网宇达科技股份有限公司

2020年，北京星网宇达科技股份有限公司（简称星网宇达）的总资产为17.36亿元，营业收入为6.85亿元。员工有547人，其中具有研究生以上学历人员占11%。公司有1家全资子公司、7家控股子公司、2家孙公司、4家参股子公司。年内，云南省贡山县强降雨致地质灾害，云南省自然资源厅利用彩虹-4无人机搭载星网宇达光电吊舱，实现对独龙江流域的遥感测绘；浙江首架民用领域的彩虹-4无人机搭载公司光电吊舱等传感器，在舟山普陀山机场进行首飞，实现远距离、大范围、全天候的应急测绘。公司获3件实用新型专利和3件外观设计专利授权、3项计算机软件著作权；下属子公司获25件专利授权、9项计算机软件著作权登记。公司通过知识产权贯标审核工作，获由中知（北京）认证有限公司颁发的知识产权管理体系认证证书。总裁徐烨烽获2019年度北京市科学技术奖人物奖——杰出青年中关村奖、第34届北京青年五四奖章。

星网宇达成立于2005年5月20日，注册资本为1.57亿元，是国家高新技术企业、北京市企业技术中心，设有博士后科研工作站，建有北京市工程实验室惯性导航与测控技术实验室，有4万平方米的惯性技术及测控产品产业化基地。公司以惯性技术产业化为中心，从事导航、测量与控制领域的技术开发，服务于国防军工和国民经济多个领域。

（刘苗苗）

北京星网宇达科技股份有限公司

董事长 迟家升

航天长征化学工程股份有限公司

2020年，航天长征化学工程股份有限公司（简称航天工程公司）完成营业额

20.7亿元、利润额1.95亿元。公司拥有从业人员629人，其中在岗人员607人（北京本部386人）。截至2020年年底，公司累计申请专利437件，获授权315件，其中国际发明专利47件，国内发明专利109件、实用新型专利159件。年内，航天工程公司在上海证券交易所2019—2020年度信息披露评价中获A级；获第十一届中国上市公司投资者关系天马奖——最佳投资者关系奖，第十届中国技术市场协会金桥奖等。公司“高效洁净含碳物质干粉加压气化装置及方法”发明专利获2019年度氮肥、甲醇行业专利奖特等奖；航天炉褐煤清洁高效转化技术获一院科技进步奖一等奖。公司董事长唐国宏获2019年度金牛企业领袖奖、2020“金质量”企业领袖奖。

航天工程公司成立于2007年6月22日，位于经开区经海路141号，注册资本为5.36亿元，隶属于中国航天科技集团有限公司中国运载火箭技术研究院，是以航天粉煤加压气化技术为核心，专业从事煤气化技术及关键设备研发、工程设计、技术服务、设备成套及工程总承包的工程公司。2015年1月，公司在上海证券交易所上市（股票代码：603698），总股本5.38亿股，市值约70亿元。公司是国内唯一一家专业从事煤气化技术研发和推广的上市公司，是国内首家、行业唯一的粉煤气化技术工程研究中心、国家企业技术中心。公司拥有自主知识产权的航天粉煤加压气化技术是中国第一个自主研发的粉煤气化技术，于2005年获国家专利授权，被誉为航天技术应用领域的“神七”。公司拥有化工石化医药行业专业甲级资质、压力容器A1/A2/A3级设计资质、压力管道GB类/GC类/GD类设计资质、工程咨询甲级资质。

（冷琎）

航天长征化学工程股份有限公司

董事长 唐国宏

总经理 姜从斌

北京焕大电气有限公司

2020年，北京焕大电气有限公司（简称焕大电气）的资产总额为1.12亿元，实现收入1161.58万元，纳税总额为207.95万元。

焕大电气成立于2009年10月13日，2012年入驻经开区，注册资本为1亿元，占地面积近7万平方米。公司拥有现代化的综合厂房及先进的数控生产、加工和测试设备，拥有专业的动态无功补偿成套装置全容量实验设备和测试手段。公司致力于加强智能电网、节能减排领域的技术创新，在电压无功控制、电能质量品质提升和节能降耗等方面为客户提供整体解决方案，在为用户提供增值服务的同时，实现企业与员工的共同发展。公司累计有12件专利；曾获经开区科技创新资金支持，设计开发的大型故障限流器技术填补国内行业空白；获国家高新技术企业证书、中关村高新技术企业证书。

（马彦华）

北京焕大电气有限公司

总经理 陈宜军

施耐德（北京）中低压电器有限公司

2020年，施耐德（北京）中低压电器有限公司（简称施耐德中低压）的销售额为38.65亿元，其中低压塑壳断路器开关业务比 2019 年增长 2.7%、中压开关柜业务比 2019 年增长 5.4%。3 月，施耐德中低压工厂已实现全面复工复产；截至 6 月，销售额同比已超过 2019 年。年内，施耐德中低压全面部署实施绿色制造工程，建设绿色工厂、绿色基础设施建筑，并建立相应的系统评价指标体系。绿色工厂的建设符合生态发展的需求，作为公司内部最大的光伏项目，年发电量超过 230 万千瓦·时，承担施耐德中低压工厂每年 30% 的能源供给，减少碳排放 1540 吨。此外，公司还利用微电网技术，将清洁电能储存起来，提高电可靠性、弹性和安全性，并提高电力需求响应和平衡能力，优化用电成本和清洁能源使用的渗透率。

施耐德中低压成立于 2009 年，前身为 1997 年成立的两家工厂，分别是施耐德（北京）中压电器有限公司和施耐德（北京）低压电器有限公司。公司总投资为 1750 万美元，其中施耐德电气（中国）有限公司占股 95%、亦庄控股占股 5%，工厂占地面积为 3.12 万平方米，主要生产低压塑壳断路器开关、中压开关柜等。

施耐德中低压生产车间　　方针 摄

（倪延云）

施耐德（北京）中低压电器有限公司

总经理 Vincent BRUNEAU

北京中航智科技有限公司

2020 年，北京中航智科技有限公司（简称中航智）的总资产为 9.43 亿元，净资产为 6294 万元，营业收入为 2.51 亿元，纳税总额为 2642 万元。员工有 315 人，其中技术、研发人员 156 人，具有大专及以上学历人员 245 人。年内，中航智完成某型号无人直升机首批（套）生产交付、某基地试验无人直升机装备交付。公司完成某部演训任务；从海外购置疫区急缺物资专业防护服 20000 件驰援武汉；为致敬战疫军嫂活动提供资金支持；帮扶新疆维吾尔自治区昆玉市养殖专业合作社；响应国家扶贫号召，以购代扶消费扶贫礼包。公司参加 2020 年中国国际服务贸易交易会、2020 第三届中国国际无人机系统博览会、2020 年中国智能科技产业博览会等活动。截至 2020 年年底，公司获美国、俄罗斯、澳大利亚、日本等国共 12 件发明专利授权，获国内发明专利 50 多件、核心软件著作权 15 项。

中航智成立于 2012 年 11 月 6 日，注册资本为 1.00 亿元，是一家专业从事无人机等无人智能装备系统研发、设计、生产、销售的国家和中关村“双高新”技术企业，是北京市重点扶持的“双创”明星企业。公司技术发展路线及研发产品具有明确的军民两用应用需求，符合国家产业升级的政策方针与国防安全建设的发展要求。公司研发出一批高性能的无人直升机，包括 TD5-280 公斤级共轴无人直升机、TD220-350 公斤级共轴无人直升机、

TD450-450公斤级共轴无人直升机，应用于国防建设、地质勘探、农业植保、应急消防、海关缉私、海警海事等领域。

（曹启斌）

北京中航智科技有限公司

董事长 田刚印

哈尔滨工大特种机器人有限公司

2020年，哈尔滨工大特种机器人有限公司（简称哈工大机器人集团特种机器人事业部）的营业收入为2.13亿元，净利润为98.88万元，有员工117人。年内，哈工大机器人集团特种机器人事业部的全资子公司哈工军立方机器人科技（北京）有限公司自主研发出管道探测机器人；参股公司北京科安智博科技发展有限公司发布行业大数据平台DataHybrid，旨在帮助客户实现业务数据闭环。公司董事长王猛获2020年"北京榜样"十大年榜人物称号。

哈工大机器人集团特种机器人事业部成立于2015年3月30日，是哈工大机器人集团下属一级子公司，注册资本为5083.7万元，有3家全资子公司、2家分公司。公司主要业务是开发、生产、销售在公安、消防、国防、军工、医疗等特种环境下的机器人产品和自动化装备，包括安防、消防、排爆、武装打击、查验类机器人，水下机器人，无人机。

（姜娜）

哈尔滨工大特种机器人有限公司

董事长 王猛

总经理 王大勇（11月任）

唐霄汉（11月免）

北京星际荣耀空间科技股份有限公司

2020年，北京星际荣耀空间科技有限公司完成PreB、B轮、"B+"轮融资，召开股份公司创立大会，完成股改的工商变更，变更为北京星际荣耀空间科技股份有限公司（简称星际荣耀），注册资本由2323.06万元增至3.6亿元。员工有246人，研发人员中具有研究生以上学历人员占85%、高级职称人员占50%；拥有航天研发设计师队伍和型号研制管理队伍，核心成员均拥有国内运载火箭全流程研制经验。年内，星际荣耀焦点一号（JD-1）发动机转为初样阶段，实现国内液氧甲烷发动机二次启动、连续变推力、变工况摇摆等多项技术"零"的突破；完成双曲线二号可重复使用运载火箭（SQX-2）反向风洞测力试验；开展双曲线二号可重复使用运载火箭（SQX-2）着陆装置伸缩杆末位锁定试验；完成双曲线二号验证型火箭（SQX-2Z）液氧/甲烷低温推进剂共底贮箱产品的生产；完成双曲线二号验证型火箭（SQX-2Z）主发动机传力结构产品生产和验收；完成火箭一子级回收过程的在线规划制导技术软硬件匹配验证；低成本化系列制导控制一体化装置猫头鹰-2应用于某型号，多次靶试，均获成功。公司是唯一受邀参与庆祝中华人民共和国澳门特别行政区回归祖国二十周年的澳门首颗科学与技术试验卫星"澳科一号卫星"发射服务项目运载火箭竞争择优评估活动的民营商业航天企业。公司获71件实用新型专利授权、11项著作权，累计拥有144件专利，其中发明专利38件。公司获北京市2020年度企业创新簇称号，入选2020年度第一批北京市"专精特新"中小企业名单、北京市民营企业科技创新百强榜单，获2020年中国海淀高价值专利培育大赛（海高赛）三等奖等，获市人力社保局授予设立北京经济技术开发区博士后工作站分站；“双曲线一号运载火箭发射”被评为2019年度中关村首台（套）重大技术装备试验、示范项目。公司通过GJB9001C—2017武器装备质量体系第二次年度监督审核、军友诚信组织的质量体系特殊审核一扩场所外部审核，获武器装备质量体系扩场所体系证书；陕西星际荣耀空间科技有限责任公司通过GJB9001C—2017武器装备质量体系第一次年度监督审核，取得武器装备科研生产备案凭证。

星际荣耀成立于2016年10月11日，位于经开区地盛南街9号，办公室和实验室总建筑面积约为1.20万平方米，防爆厂房总建筑面积约为3100平方米。公司是中国第一家完成运载火箭入轨发射任务的民营企业。公司致力于研发优秀的商业运载火箭并提供系统性的发射解决方案，服务于国内外商业卫星客户，为全球商业航天客户提供高效、优质、高性价比的发射服务。公司主要从事火箭和航天产业相关产品的设计与研发；在西安设有研发中心，配合北京进行火箭动力系统（液体发动机、固体发动机）、箭上电气设备的设计与研发，并已孵化密封研制中心，主要负责液体火箭发动机涡轮泵密封、阀门密封、高压管路密封的设计与研发，并为航空、船舶、核电、石油化工等领域提供动/静密封产品。

（蔡晶琦）

北京星际荣耀空间科技股份有限公司

总经理　彭小波

新兴产业

综述

2020年，经开区围绕“新技术、新模式、新业态”，抓紧布局战略性新兴产业，不断提升产业基础高级化、产业链现代化水平。

在新能源和新材料产业方面，北京京运通科技股份有限公司自主研发的JD-1600型全自动单晶炉拉制出首根12英寸单晶硅棒，标志着JD-1600型全自动单晶炉研制成功。北京金风科创风电设备有限公司研制的GW171-6.45MW海上风电机组在三峡新能源广东阳江沙扒二期项目中完成首台吊装，是南海海域已吊装项目中叶轮直径最大的海上风电机组；研制的GW155-4.5MW风电机组在国内首个陆地5MW级风电整机智能装备制造基地——兴安盟金风科技整机装备基地下线；研制的GW140-3.57MW陆地潮湿型风电机组在国家电投集团广西兴安风电有限公司界首项目完成首台吊装，是中国华南区域吊装的陆上单机容量最大机组。北京天诚同创电气有限公司首个风储配套项目——安徽灵璧一期50兆瓦风电和10兆瓦/10兆瓦·时储能项目升压站一次配套储能系统投入运行。

在“互联网+”产业方面，京东集团在香港联交所主板二次上市；京东健康在香港联交所主板上市。国富瑞数据系统有限公司成为全国首批物联网实训基地11家挂牌企业之一；拓展跨地区增值电信业务经营范围，具备了40个城市的IDC业务经营许可和24个省市的ISP业务经营许可，CDN、固定网国内数据传送业务、国内互联网虚拟专用网业务经营范围覆盖全国。中金数据系统有限公司旗下公司建设运营的江苏昆山花桥经济开发区数据中心产业基地被评为第九批国家新型工业化产业示范基地。

在文化创意产业方面，中国杂技团有限公司出品的《闹元宵——顶碗》《骨血——平衡倒立》节目在第十三届布达佩斯国际马戏节上获金奖第一名，《骨血——平衡倒立》节目在第二届“世界的语言”国际青少年马戏艺术节上获金奖。四达时代集团继续实施中国援助非洲“万村通”项目，其中贝宁项目完成交接、莫桑比克项目竣工；推出首个法语高清体育频道Sports Premium，实现全法语内容、全天候播出。数码辰星科技发展（北京）有限公司完成了辰星云系统在大地影院集团旗下电影院的远程云部署上线，实现了“零失误”无接触式纯线上系统切换，是中国影院行业首次“无感式”云化系统切换。中企动力科技股份有限公司产品全球门户上线，覆盖全球市场营销触点。

（万铁群）

新能源和新材料

天诚同创牵头制定的国际标准发布

3月6日，由北京天诚同创电气有限公司提出并牵头制定的国际标准《微电网 第3-1部分：技术规范－保护和动态控制》（IEC TS 62898—3—1）获国际电工委员会分布式电力能源系统分技术委员会（IEC/SC8B）以100%的赞成票率批准通过，并于9月21日发布。该标准于2016年由天诚同创向国际电工委员会电能供应系统技术委员会（IEC/TC8）发起立项，来自法国、德国、澳大利亚等国家的专家参与标准制定工作。该标准规定了适用于交流微电网的保护和动态控制要求，分别从微电网保护系统、暂态和动态扰动控制及其通信等方面提出了技术要求；打破了世界对微电网核心技术的传统认知，基于微电网保护和动态特性，赋予了保护和动态控制之间的强相关关系，首创性提出二者相结合的核心技术理念；填补了IEC微电网保护及动态控制标准化的空白，提升了天诚同创在微电网保护和控制技术领域的影响力。

（方张曙）

金风科创海上风电机组并网发电

4月16日，北京金风科创风电设备有限公司研制的首批GW171-6.45MW海上风电机组在灌云海上风电场并网发电，是长江口以北地区最大功率的海上风电机组。灌云海上风电场项目是江苏省连云港市的第一个海上风电项目，位于灌云县沿海的灌河口北部，风场水深约5~11米，场区面积约为65平方千米，采用金风科创研制的15台GW171-6.45MW、31台GW184-6.45MW及2台GW140-3.3MW风电机组。

灌云海上风电场　　企业提供

（方张曙）

金风科创GW155-4.5MW风电机组下线

7月20日，北京金风科创风电设备有限公司研制的GW155-4.5MW风电机组在国内首个陆地5MW级风电整机智能装备制造基地——兴安盟金风科技整机装备基地下线。该机组运用国际先进设计理念，是中国陆上机组新旗舰，额定功率为4.5兆瓦，叶轮直径为155米，轮毂高度有95米、110米、140米等规格（可按项目定制高度），切入风速为2.5米/秒，具有先进可靠、并网友好、设计适用、交付快捷、市场认可等特点。

（方张曙）

天诚同创与比亚迪达成战略合作

7月，北京天诚同创电气有限公司与比亚迪股份有限公司在深圳市比亚迪研发中心举行战略合作签约仪式，旨在通过双方在储能应用领域的深度跨界合作，共同为电源侧储能场景打造最优的储能解决方案和产品服务，为可再生能源在能源转型中扮演更重要的角色提供强大技术支撑手段。双方将集中优势资源，共同推动清洁能源储存应用的发展，实现跨界共赢。

（方张曙）

金风科创海上风电机组下线

8月，北京金风科创风电设备有限公司研制的GW171-6.45MW海上风电机组在阳江风电产业基地下线。该机组是金风科创自主开发设计、具有自主知识产权的6S产品平台代表机型之一，延续了金风科创直驱永磁全功率变流的特点，具有并网友好、运行稳定、安装高效、管理智能等优势。

（方张曙）

金风科创在华南最大容量机组完成吊装

界首项目首台GW140-3.57MW陆地潮湿型风电机组完成吊装　企业提供

8月，北京金风科创风电设备有限公司研制的GW140-3.57MW陆地潮湿型风电机组在国家电投集团广西兴安风电有限公司界首项目完成首台吊装，成为中国华南区域吊装的陆上单机容量最大机组。该项目位于广西壮族自治区桂林市兴安县界首镇，结合当地环境，共设计安装金风科创研制的16台GW121-2.0MW陆地潮湿型风电机组和19台GW140-3.57MW陆地潮湿型风电机组，总装机容量为100兆瓦。这2款风电机组均具备先进的智能感知、智能传输、智能控制能力，可通过柔性功率控制实现出力自动调节，保证正常最大出力；采用双线控制技术，在单一回路出现问题的情况下保障机组半功率运行，有效提升平均无故障运行时间。

（方张曙）

天诚同创开发的智慧校园光伏项目竣工

工程大“智慧校园3.3MW分布式光伏发电项目”　企业提供

9月29日，北京天诚同创电气有限公司开发的上海工程技术大学“智慧校园3.3MW分布式光伏发电项目”竣工。该项目利用31幢学生宿舍楼屋面建设自发自用、余电上网的分布式光伏发电系统，符合上海市的清洁能源政策，是上海高等院校中规模最大的光伏项目。天诚同创作为项目开发方，通过物联网数据采集、多维度数据分析、自有模型树配置等互联网技术，搭建适用于高等院校的智慧能效平台，对学校各类能源（电、水、燃气等）进行实时监测、分析、管理。

（方张曙）

金风科创在南海最大叶轮直径风机吊装

9月，北京金风科创风电设备有限公司研制的GW171-6.45MW海上风电机组在三峡新能源广东阳江沙扒二期项目中完成首台吊装。该项目装机容量为400兆瓦，其中31台机组选用金风科创GW171-6.45MW海上风电机组。该机型是金风科创6S产品平台的代表机型之一，已取得型式认证、高/低压穿越及并网测试全套认证，具有并网友好、运行稳定、安装高效、管理智能等优势，是南海海域已吊装项目中搭载叶轮直径最大的海上风电机组，其设计年平均风速为8米/秒，50年一遇最大风速达到57米/秒，具备良好的抗台风性能，特别适应极限风速较高、年平均风速较低的海域，在保证机组安全运行的前提下，能够获取更多风能，保证发电收益。

（方张曙）

天诚同创蓄冷解决方案支撑数据中心建设

10月，北京天诚同创电气有限公司完成深圳市特发数据科技信息股份有限公司智慧城市创展基地建设项目7台成套承压闭式蓄冷罐的吊装。该项目位于广东省深圳市南山区高科园特发信息产业园，主要为各类企事业单位提供互联网数据中心和其他互联网综合服务，是典型的改造型金融数据中心建设项目。天诚同创利用在风电领域累积的吊装经验和能力，为客户独家制订应急制冷设备建设方案和吊装保障方案，解决现场跨楼吊装的风险问题。7台成套承压闭式蓄冷罐到达项目现场后，天诚同创仅用24小时就完成了全部蓄冷罐的跨楼吊装工作。

（方张曙）

金风科创首台商业化机组并网发电

11月15日，中国电建集团新能源电力有限公司投资建设的贵州桐梓黄莲坝风电场实现首台机组并网发电，项目采用北京金风科创风电设备有限公司研制的GW155-4.5MW风电机组。该机组是金风科创并网的全球首台商业化GW155-4.5MW风电机组，也是中国南方山地区域并网的最大单机容量机组。黄莲坝风电场位于贵州省遵义市桐梓县黄莲乡，总装机容量为49.5兆瓦，采用7台GW155-4.5MW与9台GW121-2.0MW风电机组进行混排，机位点海拔高度在1795~1888米，与桐梓县的平均海拔高差达780米，是典型的南方山地项目。其中，GW155-4.5MW风电机组拥有较大单机容量，能够有效应对机位点数量对山地项目开发的限制，在控制投资成本的同时减少环境影响。

（方张曙）

天诚同创首个风储配套项目投入运行

安徽灵璧一期储能项目升压站　　企业提供

12月，北京天诚同创电气有限公司首个风储配套项目——安徽灵璧一期50兆瓦风电和10兆瓦/10兆瓦·时储能项目升压站一次配套储能系统带电运行成功。该项目是天诚同创首个正式运行的风电储能一体化示范项目，也是国内第一批风电场储能示范性项目。项目横跨安徽省宿州市灵璧县的禅堂乡、虞姬乡、冯庙镇3个乡镇，风电核准容量为50兆瓦，采用北京金风科创风电设备有限公司研制的16台GW140-3.0MW和1台GW121-2.0MW直驱永磁风电机组。天诚同创为该项目提供10兆瓦/10兆瓦·时储能系统，包括风储联合控制系统、5台40尺磷酸铁锂电池集装箱和 5 台储能变流升压一体电控预制舱等配套设施。项目投入运行后，风电场的运行调节能力和电网的整体调峰、调频能力可得到大幅提升，对保障大电网安全及新能源消纳发挥重要作用。

（方张曙）

亨特建材完成河北医大项目的供货任务

河北医大第一医院医技楼　　企业提供

年内，亨特道格拉斯建材（北京）有限公司完成河北医科大学第一医院医技楼工程的供货任务，为医技楼 1~5 层提供金属墙板。该项目于 10 月 29 日竣工，建筑面积为 10 万平方米，为河北省省属重点工程，单体建筑面积在河北省医疗单位中排名前列，投入使用后，医院总床位将达到 2000 张以上，可缓解现有的住院难和床位紧张问题，有助于提高人民群众的健康水平，带来快捷高效、高质量的医疗服务。

（盖莉）

·新能源和新材料企业（选介）·

北京牡丹联友环保科技股份有限公司

2020 年，北京牡丹联友环保科技股份有限公司（简称牡丹联友）的资产总额为 1.66 亿元，营业收入为 7697 万元，净利润为 60 万元，纳税总额为 765 万元，有员工 102 人。年内，牡丹联友中标内蒙古自治区运维工程项目，实现内蒙古自治区金山、阿拉善、新丰、锡林浩特、乌兰察布等市区的工程运维；作为第二参编单位撰写的《固定污染源废气恶臭排放自动监测技术指南》（T/ACEF 002—2020）团体标准发布实施。公司获 ISO 20000 信息技术服务管理体系认证证书、17 件实用新型专利证书。

牡丹联友成立于 1992 年 10 月 19 日，注册资本为 7170 万元。2015 年，公司在新三板上市（证券代码：832987）。公司专业从事环保领域污染源在线监测设备的研发、生产、销售和后期运营服务，生产设备在北京、天津、上海等 20 多个省、自治区、直辖市投入运行，建立长期稳定的技术服务站 20 多个。

（孟雨）

北京牡丹联友环保科技股份有限公司

董事长兼总经理　杨森

亨特道格拉斯建材（北京）有限公司

2020 年，亨特道格拉斯建材（北京）有限公司（简称亨特建材）有员工 24 人，均为大专及以上学历。公司完成河北医科大学第一医院医技楼工程的供货任务。

亨特建材是荷兰亨特集团（The Hunter Douglas Group）的全资子公司。亨特集团于 1994 年在北京设立办事处，为北京、吉林、辽宁、黑龙江、天津、河北等北方区域的客户提供产品和服务；2000 年 1 月，办事处升级为亨特建材（北京）有限公司；2010 年，亨特集团将亨特建材（北京）有限公司拆分为亨特建筑产品（北京）有限公司和亨特窗饰产品（北京）有限公司；2016 年，重组为亨特建材。公司为京津冀、山东、东北区域的客户提供乐思龙建筑吊顶和外墙产品介绍、项目配合、方案建议、客户服务、项目履约等服务。

（盖莉）

亨特道格拉斯建材（北京）有限公司
董事长 彭志伟
总经理 吕 凯

北京同益中新材料科技股份有限公司

2020年，北京同益中新材料科技股份有限公司（简称北京同益中）的资产总额为8.01亿元，营业收入为2.83亿元，利润总额为6556万元，有员工近700人。年内，北京同益中获4件境外专利授权，其中欧洲专利1件、美国专利1件、以色列专利2件；通过GB/T 29490—2013知识产权管理体系认证并取得认证证书。公司获“警盾-2019”防护装备公开比测活动二级警用防弹衣合格产品第一名、二级警用防弹头盔合格产品第二名。

北京同益中的前身是成立于1999年2月10日的北京同益中特种纤维技术开发有限公司，2018年7月5日更名为北京同益中新材料科技股份有限公司，注册资本为1.69亿元，位于经开区中和街16号901厂房，是一家专业从事超高分子量聚乙烯纤维及其复合材料研发、生产和销售的国家高新技术企业，是国内首批掌握全套超高分子量聚乙烯纤维生产技术和较早实现超高分子量聚乙烯纤维产业化的企业之一，拥有超高分子量聚乙烯纤维行业全产业链布局。公司坚持“技术向纵深发展，应用向纵横发展”的发展路径，成为国内少数可以同时实现超高分子量聚乙烯纤维及其复合材料规模化生产的企业。公司作为中国化学纤维工业协会下属超高分子量聚乙烯纤维分会副会长单位，参与起草多项国家和行业标准，获国家科学技术进步奖二等奖、中国专利优秀奖，获北京市高新技术成果转化示范企业等称号。

（潘超）

北京同益中新材料科技股份有限公司
董事长兼总经理 黄兴良

北京金源经开污水处理有限责任公司

2020年，北京金源经开污水处理有限责任公司（简称金源经开公司）的总资产为1.18亿元，营业收入为5604万元，有员工52人。年内，金源经开公司优化污泥脱水调理药剂配比，改善污泥脱水效果，将泥饼含水率稳定到60%以下。公司通过加大生产成本投入和加强工艺调控，合理利用外加碳源和除磷药剂，有效控制COD、氨氮、总氮、总磷等重要指标，进一步提高生产运行的稳定性，提高污染物去除效率，各项指标均明显优于出水限值。污水处理厂全年运行366天，处理污水2304万吨，出水指标均达到《城镇污水处理厂水污染物排放标准》（DB11/890—2012）表1中的B标准。全年安全稳定运行，主要污染物排放量COD为357.11吨、氨氮为8.13吨、总磷为2.14吨、总氮为183.74吨。公司为经开区再生水生产提供约700万吨优质源水，并提供1200万吨出水作为凉水河水体补充。

金源经开公司成立于2001年3月2日，注册资本为6400万元，由北京建工环境发展有限责任公司、亦庄控股、北京金州佳杰投资管理有限公司共同出资组建，属于中外合资企业。公司主营业务为城市污水处理、污泥处理处置，投资技术咨询、技术服务，化工产品销售，设备维修。公司有污水处理厂 1 座，污水处理能力为 5 万吨 / 日，是国内首家以有外商参与的 BOT 模式（“投资建设—运营—移交”模式）实施兴建的市政污水处理厂。公司承担经开区核心区、河西区的污水处理任务。污水处理厂采用 C-TECH 工艺，即循环式活性污泥法，具有占地面积小、投资少、自动化程度高、处理后水质好等特点，能实现同步脱氮除磷。公司先后被评为全国先进城市污水处理厂、全国环境污染治理设施市场化运营示范项目、国家重点环境保护实用技术示范工程、全国城镇污水处理厂优秀运营单位、全国城镇污水处理厂绩效考评优秀达标单位等，通过 ISO 14001 环境管理体系和 OHSAS 18001 职业健康安全管理体系认证。

（田宁）

北京金源经开污水处理有限责任公司

总经理　田宁

北京京运通科技股份有限公司

2020 年，北京京运通科技股份有限公司（简称京运通）的总资产为 168.7 亿元，净资产为 76.97 亿元，营业收入为 40.56 亿元，净利润为 4.4 亿元；有员工 2944 人，其中具有大专及以上学历人员占 50.88%；有 62 家全资子公司、5 家控股子公司、1 家参股子公司和 1 家分公司。

年内，京运通实施非公开发行股票事项，募集资金不超过 25 亿元，用于乌海 10 吉瓦高效单晶硅棒项目和补充流动资金；与四川省乐山市人民政府、乐山市五通桥区人民政府签署 24 吉瓦单晶拉棒、切方项目投资协议，该项目总投资预计为 70 亿元；参加第十四届（2020）国际太阳能光伏与智慧能源（上海）展览会暨论坛；获 3 件发明专利、7 件实用新型专利证书，获北京市“专精特新”中小企业称号。

京运通高端装备事业部技术中心研发的 JD-1600 型全自动单晶炉 12 英寸首棒晶体下线。

京运通新材料事业部——无锡基地 G12 大硅片项目全线贯通，首件下线；MES 系统全流程贯通试运行。无锡荣能半导体材料有限公司获两化融合管理体系评定证书、江苏省两化融合管理体系贯标试点企业称号。乌海市京运通新材料科技有限公司（简称乌海京运通）的乌海市大尺寸单晶硅棒研发创新中心被乌海市科技局认定为乌海市第一批“异地孵化、乌海转化”中心，被内蒙古自治区认定为自治区企业研究开发中心。乌海京运通、无锡京运通科技有限公司分别与包头晶澳太阳能科技有限公司、江苏新潮光伏能源发展有限公司签署长单销售框架合同。

京运通新能源发电事业部——固阳县京运通风力发电有限公司三期 49.5 兆瓦风电项目并网发电；邢台兴乔能源科技有限公司获河北省科技型中小企业称号。

京运通节能环保事业部——山东天璨环保科技有限公司（简称山东天璨）通过中国船级社质量认证公司质量管理体系、GB/T 24001—2016/ISO 14001:2015 环境管理体系和 GB/T 28001—2011/OHSAS 18001:2007 职业健康安全管理体系认证，入选 2020“淄博市瞪羚企业”榜单，获首届山东省新材料产业创新创业大赛创客组二等奖、2020“北极星杯”脱销催化剂影响力企业称号。

京运通成立于 2002 年 8 月 8 日，注册资本为 19.93 亿元，是一家以高端装备制造、新材料、新能源发电和节能环保四大产业综合发展的集团化企业。公司主导产品包括单晶硅生长炉、多晶硅铸锭炉、区熔炉等光伏及半导体设备，多晶硅锭及硅片、直拉单晶硅棒及硅片、区熔单晶硅棒及硅片等光伏产品，光伏发电和风力发电等新能源发电项目及蜂窝式中低温 SCR 烟气脱硝催化剂。

（王琪）

北京京运通科技股份有限公司

董事长兼总经理 冯焕培

比泽尔制冷技术（中国）有限公司

2020 年，比泽尔制冷技术（中国）有限公司（简称比泽尔中国）的销售收入为 14.5 亿元，销售制冷压缩机 13 万台。年内，比泽尔中国完成紧凑型螺杆 CSK71 项目，满足了国内客户的需求；在实验测试方面，建造了电机寿命测试装置。公司入选第九届中国制冷北极熊奖（制冷行业龙头企业）榜单，获中国肉类食品行业冷链物流十强企业、中国冷链物流行业年会冷链装备“质优、品优、价优”三优推荐供应商称号。

比泽尔中国成立于 2005 年 1 月 27 日，注册资本为 3205 万欧元，位于经开区经海四路 20 号，是德国比泽尔制冷设备集团有限公司的全资子公司。2014 年，比泽尔中国工厂二期竣工，生产面积为 3.8 万平方米，办公面积为 4700 平方米，是全球领先的独立压缩机制造厂。同时，公司完善了在中国的售后维保及配件网络，拥有特约维修中心 15 家、配件经销商 30 家，为用户提供及时、优质的原厂售后服务。公司产品包括半封闭活塞压缩机、开启式活塞压缩机、半封闭螺杆压缩机、全封闭螺杆压缩机、涡旋压缩机、压力容器等。公司通过 ISO 9001 质量管理体系认证；半封闭活塞压缩机、运输用铝制压缩机、半封闭螺杆压缩机通过 CRAA 认证，运输用铝制压缩机通过 CCAP 认证。

（滕博）

比泽尔制冷技术（中国）有限公司

总经理 冯飚

嘉纳尔科技（北京）有限公司

2020 年，嘉纳尔科技（北京）有限公司（简称嘉纳尔科技）的营业收入为 755 万元（税后），有员工 20 人。截至 2020 年年底，公司累计有发明专利 7 件、实用新型专利 3 件。公司自主研发的高效安全溶剂型清洗剂、飞机导管专用清洗剂和除胶型脱漆剂投产。

嘉纳尔科技成立于 2005 年 10 月 9 日，注册资本为 1000 万元，主要从事航空、船舶、铁路等领域的维修使用清洗材料、环保型建材、高分子过滤材料和相关专业设备的研发、设计、制造和推广，产品包括航空维修用化学品和配套设备、自熄型阻燃聚氨酯保温材料、PVF 高分子过滤材料、电子传感器和数控大型工业微波设备等设备的清洗剂材料。公司为航空制造及维修、船舶制造和维修、动车和机车制造及维修、交通设施制造和维修、工业设备技术改造及维修、公路设施制造及维修等领域研发的材料和设备被列入政府采购类新技术新产品。公司通过 ISO 9001:2015 质量管理体系认证和中关村高新技术企业认证，是市知识产权局认定的专利试点单位、市科委认定的自主创新产品单位、北京质量评价中心评审的长城杯质量信得过单位。公司自主研发产品均通过企业标准、国家化工行业标准、航空行业标准、美国宇航标准的检测，70% 的自行研发产品属高新技术产品和专利技术转化产品。公司的飞机脱漆剂系列产品入选《中国军工军需企业与产品物资采购目录》《中国军转民物资采购手册》《中国民航商务指南》等。

（王春时）

嘉纳尔科技（北京）有限公司

董事长 金　鑫

总经理 金文涛

北京金风科创风电设备有限公司

2020 年，北京金风科创风电设备有限公司（简称金风科创）的年产值为 70.48 亿元，销售收入为 110.13 亿元，纳税总额为 3.03 亿元，利润总额为 1.11 亿元。员工有 2120 人，其中具有研究生及以上学历人员 896 人、本科学历人员 1017 人，平均年龄为 34 岁。年内，金风科创研制的新一代直驱永磁平台 GP21 及系列高性能旗舰产品发布；研制的 GW171-6.45MW 海上风电机组在灌云海上风电场并网发电，在阳江风电产业基地下线，在三峡新能源广东阳江沙扒二期项目中完成首台吊装；研制的 GW155-4.5MW 风电机组在国内首个陆地 5MW 级风电整机智能装备制造基地——兴安盟金风科技整机装备基地下线；研制的 GW140-3.57MW 陆地潮湿型风电机组在国家电投集团广西兴安风电有限公司界首项目完成首台吊装。土耳其最大分散式风电项目 Yucel 项目采用金风科创研制的 2 台 GW140-3.4MW 风电机组；巴基斯坦开发商 ACT Wind（Pvt）Ltd. 采用 20 台金风科创研制的 GW121-2.5MW 高温型风电机组；阿根廷米拉马尔项目进入商业运营期，采用金风科创研制的 29 台 GW3S 智能风电机组；国家电投广西兴安严关风电场二期 50MW 项目投产运行，采用 25 台金风科创研制的 GW121-2.0MW 风电机组；贵州桐梓黄莲坝风电场实现首台机组并网发电，采用金风科创研制的 GW155-4.5MW 风电机组。公司首获中国标准创新贡献奖，2 个项目获北京市科学技术进步奖一等奖。

金风科创成立于 2006 年 2 月 13 日，注册资本为 10.44 亿元，是新疆金风科技股份有限公司的重要一级子公司。公司主营业务包括研发、生产、销售大型风力发电机组及其零配件等。公司具有自主知识产权的 1.5MW、2S、3S/4S、6S/8S 永磁直驱系列化机组可适用于高温、低温、高海拔、低风速、沿海等不同运行环境，已遍布全球六大洲。公司被评为国家高新技术企业、国家知识产权优势企业、北京市企业技术中心、北京市国际科技合作基地、北京市企业科技研究开发机构等，设有博士后科研工作站、院士专家工作站、北京市工程实验室，累计承担国家、北京市 30 多项科技项目。

（方张曙）

北京金风科创风电设备有限公司

总经理 李飞

北京龙源冷却技术有限公司

2020 年，北京龙源冷却技术有限公司（简称龙源冷却）的总资产为 4.98 亿元，营业额为 7283.4 万元，创利税 119.14 万元。员工有 95 人，其中工厂技工 41 人、研发人员 20 人、管理人员 34 人，具有本科及以上学历人员 21 人、具有高级职称人员 4 人。

龙源冷却成立于2006年5月22日，同年6月迁入经开区，位于经开区同济南路11号，注册资本为1.39亿元。创始股东分别为国电科技环保集团有限公司（2011年更名为国电科技环保集团股份有限公司，简称国电科环）、北京国际电气工程有限责任公司（简称国际电气）、北京嘉铭环保工程有限公司（简称嘉铭环保）；2009年9月，国际电气转让其持有的龙源冷却全部股份，新增股东为中电国际新能源控股有限公司（简称中电国际）；2011年，龙源冷却在美国成立益美高－龙源冷却空冷公司（Ev apco-Blct Drycooling,Inc.），在世界范围内销售电站空冷设备；2016年8月，龙源冷却股权改制，股东为嘉铭环保、中电国际；2018年5月，嘉铭环保收购中电国际持有的15%股份，成为龙源冷却唯一股东。公司主营业务包括发电厂空气冷却系统（空冷）设计、空冷系统核心设备制造、成套设备供货、空冷系统施工安装服务，具备1000MW机组直接空冷和间接空冷系统EPC总承包能力。公司空冷散热器生产基地占地面积为3.47万平方米，可生产制造大扁管直接空冷散热器、钢管钢翅片管间接空冷散热器、铝管铝翅片间接空冷散热器等新型电站空冷散热器。公司是国家高新技术企业、中国电力企业联合会AAA级信用企业，具有ISO 9001:2015质量管理体系、ISO 14001:2015环境管理体系、ISO 45001:2018职业健康安全“三标一体化”管理体系认证证书和英国UKS国际质量体系认证证书。公司累计有发明专利42件，包括核心产品专利41件。公司产品通过欧盟CE认证、美国ASME认证。

（呆继伟）

北京龙源冷却技术有限公司

董事长兼总经理 何森

康明斯排放处理系统（中国）有限公司

2020年，康明斯排放处理系统（中国）有限公司（简称康明斯排放）有员工约400人，产品在中国销量为51万台。公司获福田汽车优秀供应商合作共赢奖、福田奥铃事业部产品创新奖、福田欧马可业务创新驱动奖、东风商用车最佳供应商奖、一汽解放发动机事业部免检供应商和日野优秀供应商奖。

康明斯排放成立于2008年6月20日，注册资本为970万美元，位于经开区锦绣街18号2号楼1~2层，是康明斯（中国）投资有限公司的全资子公司。公司作为康明斯排放处理系统的在华独资企业，开发满足道路欧Ⅳ、欧Ⅴ、欧Ⅵ、国四、国五、国六和非道路国四及以上排放标准的排放处理系统，为客户提供全系排放处理解决方案，主要包括选择性还原催化器（SCR）、柴油氧化催化器（DOC）、部分流催化器（PFC）和柴油颗粒捕集器（DPF）等。公司致力于开发更高效、更兼容的产品，如碳氢喷射系统、尿素喷射系统、发动机与后处理控制模块、超低排放系统分解反应器和EcoFitTM系列后处理产品，其中后处理产品可兼容2.8~95升的发动机平台，应用覆盖中重型卡车、轻型卡车、中重型客车、工程机械、农用机械和大马力发电机组等。公司客户包括福田、一汽、东风、宇通、金龙等国内外企业。2009年9月，公司第一台后处理产品下线。2013年5月，公司与东风汽车在湖北省十堰市成立合资公司生产排放处理设备；11月，第10万台后处理产品下线。2014年11月，公司首个年度第10万台后处理产品下线。2015年12月，公司后处理系统的关键部件UA2尿素泵实现年度第10万台产品下线，产能为40万套。

（李雪）

康明斯排放处理系统（中国）有限公司

总经理 柴永全

北京天诚同创电气有限公司

2020年，北京天诚同创电气有限公司（简称天诚同创）的年产值为35.80亿元，销售收入为43.66亿元，纳税总额为1.92亿元，利润总额为2.27亿元。员工有619人，包括具有研究生及以上学历人员135人、具有本科学历人员265人，平均年龄为35岁。截至2020年年底，公司累计有556件（项）知识产权获授权，其中国际专利8件，国内发明专利147件、实用新型专利216件、外观设计专利19件、软件著作权166项。年内，天诚同创提出并牵头制定的IEC微电网国际标准发布；开发的上海工程技术大学智慧校园光伏项目竣工；为深圳智慧城市创展基地建设项目完成7台成套承压闭式蓄冷罐的吊装工作；首个风储配套项目投入运行。

天诚同创成立于2008年12月16日，注册资本为1亿元，是新疆金风科技股份有限公司的全资子公司，是集风电电控系统研发生产、微网及能源互联网核心产品研发、新能源与节能综合能源解决方案于一体的国家高新技术企业。公司主导制定国际标准3项，是国际电工委员会（IEC）微电网标准试验基地和中国法国国家级合作项目测试验证基地，被认定为新能源并网关键技术北京市工程实验室、北京市知识产权示范单位、北京市高新技术成果转化示范企业等，多款产品被评为北京市新技术新产品（服务）和中关村首台（套）重大技术装备试验、示范项目。

（方张曙）

北京天诚同创电气有限公司

总经理 胡江

“互联网+”

京东参加第50届世界经济论坛年会

1月21—24日，在第50届世界经济论坛年会上，京东集团与联合利华公司签署合作备忘录，双方将聚焦供应链可持续发展，在塑料回收、5G技术背景下的智能供应链解决方案、减碳运输计划等领域展开深度合作，共同建立和推动全球商业社会可持续发展生态；京东和可口可乐公司宣布，双方将利用各自领域的全球优势资源，以塑料瓶回收循环再生为切入口，探索循环经济新模式；京东“青流计划”与“跑步鸡”2个独立项目入选世界经济论坛“灯塔计划”名单，京东是国内唯一有独立项目入选的互联网企业。

（侯娟）

京东支持抗疫工作

1月24日，京东集团向湖北省慈善总会及武汉医院捐赠超过100万只医用口罩及数万件医疗物资。1月29日，京东旗下京东云与AI事业部推出自主研发的应急资源信息发布平台。该平台集成京东供应商、物流与技术优势，是智能供应链国家新一代人工智能开放创新平台的重要组成部分，可帮助政府和医疗机构实现医疗应急物资供求信息的精准对接。2月4日，京东云与AI事业部研发的智能疫情助理服务在“武汉市长专线”微信公众号上线。该服务采用多模态人机对话模式，提供7×24小时疫情相关问题的查询和解答服务，上线当天的日访问量达到25万次。2月11日，京东联合中国工业互联网研究院打造的国家疫情防控物资工业大数据公共服务平台上线，并免费向全国开放。该平台旨在推动生产要素供应链及电商采购物流大数据共享，增强疫情物资智能化调度能力。截至3月1日，京东累计承运7000多吨医疗应急物资到武汉，同时还累计为300多万人次配送了6000吨粮油、蔬菜等生活必需物资。3月，京东承建湖北省人民政府应急物资供应链管理平台。该平台针对抗击疫情急需的防护服、口罩、护目镜等物资的生产、库存、调拨、分配进行全程可视追踪和集中管控，实现对紧缺医疗物资的精准测算、科学调度和合理分配。年内，京东健康采取一系列有效举措，助力全民防疫抗疫。其中，全力保障口罩等防护用品物资供应，并向湖北省捐赠多批次物资；推出覆盖全部科室的免费在线问诊服务，截至4月12日，累计服务用户超过860万人次；上线湖北慢病用药求助信息公益平台，帮助解决湖北省慢病用户2万余个断药求助需求；联合北京大学第六医院打造心理疏导平台，为用户提供心理危机干预和心理疏导服务；发挥其在医疗健康领域的数字化、信息化、智能化能力，参与并助力政府、医院、企业的防疫体系建设；针对海外疫情严峻形势，推出全球免费健康咨询平台，上线英文服务等。

（张晓鹏 李晶磊 徐诺娅）

中金慈云上线新冠病毒感染风险评估系统

2月1日，中金数据系统有限公司下属子公司中金慈云健康科技有限公司（简称中金慈云）在慈云健康管理平台上线新冠病毒感染风险评估系统。该系统为患者提供咨询和评估服务，医生可根据患者反映的情况对其进行初步诊断，并做出健康指导，减轻了医院接待非疑似病症的压力，降低了健康人群在医院交叉感染的风险。该系统主要应用在抗击疫情第一线的医院和公安部门，包括航天中心医院、湖北省孝感市中心医院、长江航运总医院等30多家医院，以及佛山市公安局、长沙市公安局、中国海洋石油集团有限公司等政企单位。截至2月底，有近20万人次使用该系统。

（陈小娜）

中金云金融上线“畅融工程”微信公众号

2月4日，中金数据系统有限公司投资并控股的中金云金融（北京）大数据科技股份有限公司设计、研发和运营的“畅融工程”微信公众号开通。该公众号开设了“抗击疫情专区”，发布与疫情相关的举措、新闻，宣传介绍各金融机构针对疫情提供的金融产品和服务。通过该公众号，金融机构可在线发布各类金融产品，查看并响应企业用户的项目需求、贷款需求；企业用户可在线提交各类融资需求，查看金融机构在平台上发布的金融产品；金融机构和企业用户可通过邀约功能发起双向在线沟通。截至2020年年底，“畅融工程”微信公众号上注册的中小微企业有1988

家；注册的金融机构有 503 家，发布金融产品 20 个；促成融资 78 笔，融资金额为 56.04 亿元。

（赵祥国）

中金智汇上线疫情防控智能机器人系统

2 月 10 日，中金数据系统有限公司投资并控股的中金智汇科技有限责任公司（简称中金智汇）开发的疫情防控智能机器人系统在经开区上线。该系统由中金智汇向经开区管委会免费提供，通过预设的呼叫内容、呼叫对象、呼叫时间、重复策略及频次自动外拨电话，智能询问受访者的健康状况，并将对话内容录入后台数据库，自动生成统计分析报告，对高度疑似病人的信息进行重点跟踪并上报，可替代人工排查方式，快速完成人员健康信息采集与疫情摸底排查工作。全年累计采集了经开区 2 万家企业的员工信息。

（吴媛晶）

京东助力企业复工复产

2 月 11 日，京东集团企业业务携手联想、佳能、美的等合作伙伴发起“企业复工保障计划”。该计划从生产运营物资的快速寻源、远程在线协同等数字化转型技术支持、中小微企业专项帮扶 3 个方面提供重点支撑，帮助企业应对生产经营物资供给、疫情下安全高效运行及中小企业资金资源短缺等问题。截至 2 月中下旬，京东企业业务已累计为 131 万企业客户提供复工复产支持。2 月 21 日，京东启动“中小企业帮扶计划”。该计划从保复工、通销路、稳资金、企业帮扶联盟 4 个维度推出 13 项帮扶举措，累计投入近 5 亿元的资金资源补贴。2 月 27 日，京东家电推出“二四八”系列帮扶政策，从二大入驻门槛降低、四大费用减免、物流 / 广告 / 流量 / 工具等八大平台扶持 3 个方面，助推中小商家恢复正常经营。3 月 11 日，京喜推出“春雷计划”，通过打开产业供给端和用户需求端双通路，帮助中小企业商家恢复经营。截至 3 月 31 日，已有超过 1.2 万家中小企业通过“春雷计划”入驻京喜，开辟社交电商线上新渠道；超过 2.4 万家中小企业从中受益，开展直播的商家较疫情前增长 9 倍。

（金枫 路妍 周云）

京东全新升级“智联云”品牌

3 月 5 日，京东集团旗下京东云与 AI 事业部宣布品牌升级计划，对原京东云、京东人工智能、京东物联 3 个品牌及相关业务进行整合升级，面向技术服务领域推出全新的“京东智联云”品牌。此次升级后，“京东智联云”技术服务业务与零售、数字科技、物流并列为京东四大核心业务板块，为客户提供云计算、人工智能、物联网服务和一站式解决方案，推动全社会的数字化、智能化转型升级。

（张晓鹏）

中金昆山数据中心被评为国家级示范基地

3 月 5 日，工业和信息化部发布《关于公布第九批国家新型工业化产业示范基地的通知》（工信部规函〔2020〕44 号），将 39 个产业集聚区认定为第九批国家新型工业化产业示范基地。其中，中金数据系统有限公司旗下的中金花桥数据系统有限公司建设运营的江苏昆山花桥经济开发区数据中心产业基地（简称中金昆山数据中心）入选。中金昆山数据中心总建筑面积为 30 万平方米，一期项目于 2018 年 5 月投产，已形成了总规划 3.56 万个高等级、高可用性机柜的服务能力。

（申爽）

中金数据集团及下属公司获多项荣誉

3 月 11 日，2019《互联网周刊》年度人物、产品、品牌评选活动公布，中金数据系统有限公司控股的北京亦金数据科技有限公司（简称亦金数据）自主研发的中金智能化数据中心运维管理平台被评为 2019 年度数据中心人工智能应用最佳产品；中金慈云健康科技有限公司（简称中金慈云）的慈云健康管理平台被评为 2019 年度最佳健康管理平台。4 月 13 日，中国科学院《互联网周刊》和 eNet 研究院联合发布 2019 年度人工智能案例 TOP100 榜单，中金数据控股的 3 家公司案例入选，包括亦金数据的“智能化数据（中金华东数据中心中金智能运维管理平台）”、中金智汇科技有限责任公司(简称中金智汇)的“坐席助手（中金智汇同程艺龙智能坐席助手项目）”、中金慈云的“语义识别（中金慈云长沙市公安局项目）”。7 月 21 日，中金数据控股的中金汇融（昆山）信息科技有限公司入选第三批苏州市人工智能和大数据应用示范企业并获授牌。8 月 27 日，在 IDCC2020 长三角新基建（数据中心）产业发展论坛上，中金数据集团旗下的中金花桥数据系统有限公司获长三角数据中心新基建最具影响力奖。9 月 9 日，在 2020 中国数据中心产业发展大会暨数据中心十年成就展上，中金数据集团获数据中心行业十年突出贡献企业称号，公司总裁张利获数据中心行业十年突出贡献人物称号，控股的中金数谷科技有限公司建设的中金武汉数谷大数据中心获 2019—2020 年度优秀数据中心称号。9 月 10—12 日，在华为开发者大会 2020 上，中金慈云获华为运动健康优秀服务合作伙伴称号。9 月 23 日，在 2020 年第十六届呼叫中心产业发展峰会暨年度颁奖典礼上，中金智汇获十佳呼叫中心卓越技术应用奖。10 月 30 日，中金数据集团获华为中国政企业务部颁发的优秀数字企业突出贡献奖。12 月 18 日，在 2020（第十八届）中国互联网经济论坛上，中金慈云获 2020 年度数字化转型最佳医疗健康服务运营商称号。

（李晨）

京东联合业界推出 4 项标准

3 月 18 日，京东集团联合深圳市家具行业协会、深圳家具研究开发院标准研究中心、深圳市赛德检测技术有限公司以及深圳时尚家居设计周暨深圳国际家具展发布行业首个床垫优选标准《京东开放平台床垫类商品品质优选质量标准》。该标准对床垫的软硬度、贴合度 2 个核心指标进行量化，依据亚洲人的体型将床垫硬度分为 10 个等级，并将床垫与人体的贴合度形成百分比形式的评测体系。3 月 31 日，京东家电联合中国标准化研究院及主流空调企业成立健康空调联盟，并发布《京东健康空调系列标准》，以舒适性、抗菌净化、新风多维度建立起健康空调的评价体系。6 月，京东联合国内牛肉生产加工类企业出台国内首个牛排类商品质量标准，以牛排品质为核心，对牛排原料、生产、检验、命名等方面进行了整合规范。11 月 26 日，京东联合中国家用电器研究院推出《家用除湿机》新团体标准，在以往一系列品质指标基础上，对除湿机的待机功耗、噪声分级、除湿时间和推荐除湿面积进行了规范。

（王晓荣　周云　张誉元）

京东健康承担政府智慧医疗重点课题

3月31日，市科委发布《2020年度市科委第一季度项目（课题）立项项目公开清单》，由京东健康与北京大学第三医院联合申报的“AI+健康协同创新培育”项目“基于药学知识图谱的处方审核与临床辅助决策支持系统”课题立项，并获政府项目经费支持。该课题以京东健康与北京大学第三医院于2019年合作打造的PharmCoo人工智能药学知识图谱为基础，致力于搭建药学知识图谱，研发处方前置审核与临床辅助决策支持系统，以加速智慧医疗进程。

（张红亮）

“京东健康”App上线

3月，京东健康在苹果、安卓应用市场上线“京东健康”App。该App涵盖线上问诊、药品购买、保健品购买和健康管理等医疗健康相关的消费和服务场景，并基于疫情期间的用户消费需求，开设口罩和额温枪等防疫相关商品的购买通道。

（徐诺娅）

京东快递商务楼宇一站式服务中心落成

4月22日，京东快递开设的全国首个高端商务楼宇一站式取送服务中心——小蜜蜂智慧服务中心在北京远洋国际中心落成。该中心将依托京东快递的智能技术与多元生态，整合多家快递公司系统与资源，为高端楼宇、封闭社区等场所提供包含快递、外卖、洗衣、送菜等在内的综合取送服务，打造一站式末端服务体验。

（谭秀凤）

京东物流获多项荣誉

4月28日，京东物流集团武汉亚一城配青年车队获中国共产主义青年团中央委员会、中华全国青年联合会颁发的第24届中国青年五四奖章。7月28日，在2020新基建优秀项目征集活动中，京东物流被评为2020新基建与行业创新应用领军企业；京东物流5G智能物流园区被评为2020新基建与行业创新应用优秀产品。8月5—7日，中国物流与采购联合会冷链物流专业委员会发布2019中国冷链物流企业百强榜，京东物流入选，位列第二。9月7日，中国交通运输协会公布2020年度全国先进物流企业评选结果，京东物流被评为2020年度全国先进物流企业，同时获2020年度全国先进物流企业社会责任奖。9月10日，在第十三届全国现代物流科技创新大会暨2020年度中国物流与采购联合会科学技术奖颁奖大会上，京东物流5G智能园区AI视觉项目获科技进步奖一等奖，一种大件自动化仓库解决方案获科技进步奖二等奖，京东物流智擎调度平台和物流软件SAAS产品项目获科技进步奖三等奖。9月15日，中国物流与采购联合会第十次星级冷链物流企业评估委员会会议在线上召开，京东物流成为第十批星级冷链物流企业名单中唯一一家综合服务型的五星级冷链物流企业；在第14届世界零售大会上，京东物流“青流计划”获世界零售大奖年度可持续零售倡议大奖。9月21日，在湖北省抗击新冠肺炎疫情表彰大会上，京东物流被评为湖北省抗击新冠疫情先进集体。10月23日，在由HRoot举办的“2020大中华区人力资源管理卓越大奖”颁奖典礼暨2020中国人力资本论坛上，京东物流被评为2020大中华区卓越社会企业；在全国交通运输系统抗击新冠肺炎疫情表彰大会上，京东物流11人入选全国交通运输系统抗击新冠肺炎疫情先进个人名单，3个团体入选全国交通运输系统抗击新冠肺炎疫情先进集体名单。11月18日，在2020年“保尔森可持续发展奖”颁奖典礼上，京东物流获“绿色创新类别”优胜奖。11月24日，在2020年全国劳动模范和先进工作者表彰大会上，京东物流的快递员宋学文被评为2020年全国劳动模范。12月9日，京东物流智能快递车获2020年中国设计红星奖。12月14日，在全国交通运输行业精神文明建设工作视频会议上，京东物流被评为2018—2019年度全国交通运输行业文明单位。

（王晓东　申慧凯　李晶磊）

京东推出数字化采购解决方案

4月，京东集团推出具备多供应商管理能力的数字化采购商城解决方案京采云。京采云依托京东深厚的技术基础和运营经验，集需求管理、寻源招标、供应商管理、自助式商城、履约协同、财务结算六大管理能力于一体，通过智能化采购分析帮助企业自动匹配采购需求和采购方案，实现便捷、高效、透明、合规的供应链管理。

（姚燕科）

“京东新动能计划”启动

5月8日，京东集团发布服务企业数字化转型的项目“京东新动能计划”，整合输出技术能力，为企业数字化转型提供坚实的基础设施。该计划一期精选了京东多年来积累的零售基础设施和技术服务产品，场景覆盖全、企业复用率高、技术应用价值反馈好的六大技术能力组件，包括京采云、NeuFoundry智能中台、智能交互RPA、京东智联云会议、协同办公平台和京东专有云，组成“京东新动能计划”技术底层。企业客户可以通过“京东新动能计划”，快速调用京东的成熟技术模块，同企业现有的技术平台进行融合和应用，从而大幅降低开发成本及数字化转型门槛。同时，该计划将六大技术能力组件基于企业在不同场景需求进行个性化、定制化组合，形成“京东新动能计划”应用层——智能协同管理解决方案、智能采购解决方案、智能中台解决方案。

（姚燕科）

京东推出“新国品计划”

5月10日，京东集团联合旗下社交电商平台京喜共同推出“新国品计划”，投入12亿元资源扶持中小企业发展。其中，京东主站首期投入价值10亿元的资源进行扶持，让更多好国货走进百姓家；京喜则发挥自身产地供应链优势，从京喜产业带厂直优品计划中选拔出一批最优质的厂牌商家，加入“新国品计划”，将投入价值2亿元的资源孵化扶持，养成1000个优质的京喜厂牌，助力产业带中小企业成长。

（叶保秀）

京东“自营房产”业务上线

5月22日，京东房产与中骏集团达成战略合作。中骏集团成为首个在京东开设自营旗舰店的房产开发商，旗下北京楼盘——“中骏·云景台”的首批1000套房作为京东渠道专享房源，标志着京东上线“自营房产”业务。在“自营房产”业务模式下，京东将开发商直供房源纳入京东自营体系，为选购自营房源的用户提供京东渠道专属的五大购房权益，包括甄选房源、自营特惠、线上锁房、无理由退定、价格保护。6 月 1—18 日，下单购买自营房产五大购房权益的数量超过 5 万单。

（徐诺娅）

京东战略投资国美零售

5 月 28 日，京东集团宣布战略投资国美零售（00493.HK），以 1 亿美元认购国美零售发行的境外可转债。根据协议，双方将基于彼此线上、线下的优势，实现更高效的协同和商品供应链的整合互补，并将在物流配送安装服务上实现资源共享，合作开展包括金融服务在内的全方位业务等。

（张学光）

京东物流发布《智能物流 5G 应用指南》

5 月 29 日，京东物流集团发布《智能物流 5G 应用指南》，这是中国物流行业首个 5G 智能物流应用指南。该指南首次明确 5G 智能物流的业务功能和技术需求，提出 5G 智能物流的建设构想，并基于京东物流的实际应用探索和部署，针对典型物流应用场景提出建设需求和规划。该指南依托京东物流在相关领域的探索和实践，重点介绍三类核心智能物流 5G 应用场景，分别是智能物流园区安防和智能仓库立体监控视觉 AI 应用、智能仓库和智能枢纽的机器人作业、基于“5G+V2X”的智能交通。

（张志统）

中金慈云打造民警健康管理平台

5 月，中金数据集团有限公司下属子公司中金慈云健康科技有限公司（简称中金慈云）为北京市公安局昌平分局提供“健康昌警”平台服务项目。该平台通过“智能化平台 + 便携式设备 + 专业化服务 + 数据化运营”四位一体的建设方案，基于连续健康数据预警分析、智能手环监测防风险、线上与线下一体化服务、一体机常态巡诊查隐患、医警直通车助就医五大功能，为民警健康管理提供全流程服务。中金慈云为北京市公安局昌平分局配备 46 台便携式体检一体机，采购 5000 多件医用耗材，并为 2300 多名民警配发华为健康监测手环等。

（陈小娜）

京东廊坊“亚洲一号”智能物流中心投用

京东廊坊“亚洲一号”智能物流中心　　张泉 摄

6 月 1 日，京东物流集团宣布京东廊坊“亚洲一号”智能物流中心投入使用，这是亚洲电商领域首个针对大件商品应用自动化立体仓储系统的智能物流基地。该园区位于廊坊市经济开发区，毗邻首都七环，通过大型自动化立体仓库实现对家具、家电等大件商品的自动化存储、拣选一体化服务，效率较传统仓库提升 3 倍以上。

（李晶磊）

京东超市打造多个助农项目

6 月 6 日，京东超市与黑龙江省五常市人民政府达成战略合作，与五常市乔府大院农业股份有限公司共建京东超市五常大米产业基地，规划用地面积为 1333.33

万平方米，以实现五常大米产业带源产地基地直供，拉动源产地溯源产品销量。6月8日，京东超市与内蒙古自治区巴彦淖尔市临河区人民政府、内蒙古恒丰集团三方共建河套优质面粉产业带，由内蒙古恒丰集团提供万亩小麦合作专项用地，京东超市和临河区人民政府联合注入营销、供应链资源，便于京东用户购买河套平原优质面粉。6月10日，京东超市与湖北省罗田县人民政府、湖北大别山药业股份有限公司共同推进大别山金银花产业带，联合打造扶贫助农线上销售通路，为大别山的农产品产业带打通线上、线下销售渠道。6月12日，京东超市与中粮福临门在山东省祁蒙革命老区共建花生仁油合作联名基地，通过深加工提升农产品附加值，帮助沂蒙革命老区人民精准脱贫。6月16日，京东超市与福建省武夷山市人民政府、福建有福趣网络科技有限公司共同启动京东·武夷山原产地数字茶园项目，围绕茶产业数字化建设、品质茶采销和电商基础建设等方面开展合作。6月17日，京东超市与黑龙江农垦黑蜂开发有限公司达成战略合作，共建东北黑蜂雪蜜产业标准，联合打造扶贫助农项目，保证东北黑蜂雪蜜地标产品的原产地性。6月，京东超市与九三集团就共建黑龙江大豆油产业带项目达成战略合作，双方将在黑龙江省农垦北安管理局国家级生态示范区内共同打造面积约为3333.33万平方米的非转基因大豆种植基地。

（王中一）

京东健康中医院平台上线

6月7日，京东健康宣布在“京东”App上上线京东健康中医院平台，并成立中医会诊中心。京东健康中医院平台以“互联网+”手段赋能中医药发展，国医大师、国家级名老中医等中医专家及三甲医院的医生可通过此平台为患者提供线上问诊、线下绿色通道预约挂号等服务；中医会诊中心以团队会诊的形式面向患者，共同为患者提供线上、线下一体化解决方案。截至9月，京东健康在“京东”App上上线耳鼻咽喉智能医疗健康中心、口腔中心、呼吸中心、全科中心等16个聚焦不同疾病领域的互联网医疗中心。

（徐诺娅）

京东物流北斗新仓投入使用

6月17日，亚洲首个全流程智能柔性生产物流园——京东物流北斗新仓建成投入使用。该仓库位于天津市武清区，在软件、硬件及模式创新等方面拥有100%的自主知识产权，可进行极端复杂场景下高效率、高精度、高度自动化、密集波次、多种件型的拣选作业，实现了百万级SKU、数百种品类的并发式混合处理和高度柔性化的供应链。

（李晶磊）

国富瑞挂牌全国首批物联网实训基地

6月18日，由中关村物联网产业联盟举办的全国首批物联网实训基地授牌仪式在北京举行。经过物联网职业能力评审专家委员会的初评、现场调研和专家评审，国富瑞数据系统有限公司凭借在大数据基础设施、人才团队、行业经验、实训基地、职教资源等多方面的优势，成为全国首批物联网实训基地11家挂牌企业之一。国富瑞物联网实训基地将全面推行企业新型学徒制、现代学徒制培训，开展企业职工技能提升培训、转岗转业培训、适应岗位需求和发展需要的技能培训；发挥行业龙头企业和培训机构的作用，帮助中小微企业开展职工培训；围绕物联网新职业能力相关的技术领域，开展新职业标准研发；引进相关高职院校资源，共建产教融合基地。

（蒋黎 洪美花）

京东在香港联交所主板二次上市

京东集团香港上市庆祝仪式举行 方针 摄

6 月 18 日，京东集团于香港联交所主板二次上市（股票简称：京东集团 -SW；股票代码：09618），公开发行股票 1.33 亿股，发行价格为 226.00 港元 / 股，募集资金约 345.58 亿港元，用于投资以供应链为基础的关键技术创新，以进一步提升客户体验并提高运营效率。此次是京东继 2014 年在美国纳斯达克证券交易所上市后的回港二次上市。

（马宁）

中金天津大数据产业园落户武清

6 月 24 日，中金数据系统有限公司与天津市武清区京滨工业园签订投资协议，中金天津大数据产业园落户天津市武清区。中金天津大数据产业园项目是天津市重点发展的新基建项目，总投资约 102 亿元，将以基础资源建设、应用开发与产业研究齐头并举的模式，建设以数据处理中心、云计算、大数据、超算、区块链等产业为基础的产业园区，打造完整的大数据产业生态圈。项目建成后，将为京津冀区域内多个大中城市提供算力基础资源要素供给，并逐步建设成为华北地区金融后台服务基地和大数据产业集群地。

（李晨）

“京东服务 +”温泉社区服务中心开业

6 月 30 日，“京东服务 +”温泉社区服务中心在海淀区温泉镇开业，这是“京东服务 +”全国首家社区服务中心。该中心将为温泉镇 10 万居民提供安装、维修、清洗、保养、家政等各类专业服务。温泉镇所有小区的居民可以通过线上、线下等方式提出需求，服务中心的专业工程师将第一时间上门提供服务。服务中心的服务包括家电、家居、运动器材等的安装和维修，以及 3C 产品的维修服务、洗衣服务、清洗和保洁服务等。

（谭秀凤）

京东物流推出行业首个环保日

7 月 6 日，京东物流集团“青流计划”宣布再升级，推出物流行业首个环保日，旨在进一步推动和落实全供应链的环保理念与实践，主题聚焦末端回收再利用。同时，京东物流与宝洁宣布，双方将利用各自领域内的全球优势资源，以消费末端塑料包装回收循环再生为切入口，探索循环经济新模式。双方将尝试利用京东物流的供应链体系，更有效地协助回收饮料瓶等包装，借助宝洁的可持续发展实践经验与产业链资源，促进循环再生，倡导消费者进行有责任的消费，共同推动循环经济的发展。

（范香雨）

京东超市牵头成立多个联盟

7月17日，京东超市联合可口可乐、百事可乐、农夫山泉、依云、维他奶、屈臣氏等10个国内外水饮品牌成立水饮联盟。8月20日，京东超市举办有机生活战略发布会并成立中国首个有机联盟，包括特仑苏、贝拉米、圣牧等10多个国内外品牌成为首批联盟成员。8月31日，京东超市联合月饼头部品牌成立月饼共赢联盟，同时发布《月饼消费趋势报告》，并与各大月饼品牌发布上千款定制化礼盒。10月10日，京东超市、京东秒杀联合福建省安溪县人民政府以及八马茶业共同打造“中国茶品质联盟·安溪铁观音”产业联盟。10月，京东超市携手国内外个护品牌和供应链企业成立京东个护发展联盟。

（刘彬）

京东促进消费回暖

7月26日，北京市人民政府联合京东集团发放150万张政企消费券，其中线下餐饮购物券100万张、智能产品券50万张，在京消费者可以在“京东”App上领取。10月30日，上海市人民政府联合京东举行京东11·11大促上海消费券发放活动，投放20亿元消费券，在沪消费者可以在“京东”App上领取，享受购物折上折。11月3日，广州市人民政府联合京东发放20亿元政企联合消费券，在穗消费者可以在“京东”App、“京喜”App上领取，购买京东平台指定产品。12月29日，广西壮族自治区商务厅与京东联合发起广西“桂”酒消费券，面向全国投放5000万元消费券，用户可以在“京东”App上搜索“桂酒”“广西桂酒”“广西桂酒年货节”等关键词，直达广西桂酒活动会场进行领取。

（张晓鹏 刘彬）

中金武汉数谷大数据中心启用

7月，中金数据集团有限公司位于国家网络安全人才与创新基地的中金武汉数谷大数据中心启用运维楼A区，并入驻办公。中金武汉数谷大数据中心项目总投资105亿元，占地面积为20.67万平方米，规划建筑面积约为50万平方米，按国家A级和国际T4级机房标准建设。项目总体规划建设约4万个机架，装机容量达48万多台服务器，计算服务能力可达到1000万亿次/秒，存储容量可达20EB。该中心一期项目包含3栋大数据机房、4栋中数据机房和运维中心等设施，于2017年8月启动建设，于2020年12月具备交付能力。

（李晨）

京东与市体育局举办8·8体育消费节

8月1日，京东集团与市体育局联手举办的首届“8·8北京体育消费节”开启。消费节共设置“线上买”“线上订”“线上赛”三大板块。“线上买”板块，用户可以在“京东”App上搜索“体育消费节”“北京体育消费节”“8·8北京体育消费节”进入活动专属会场，有上千个知名运动品牌参与活动；同时，京东将发放超过1亿元的补贴优惠券，用户可于8月8日购买体育用品时使用。“线上订”板块，通过前期公开征集，共有418家体育健身场馆参与本次体育消费活动，其中公共体育场馆110家、经营性体育健身场馆308家，用户通过京东的体育场馆预订平台预订成功后，可于8月8日到现场进行免费运动体验。“线上赛”板块，启动“8·8 北京体育消费节”——北京国际长跑节系列活动，年满 18 周岁的跑步爱好者可以在 8 月 1—7 日内通过主办方渠道报名参加“跑向 2022”公园半程马拉松线上赛（第一期）等 6 项体育赛事活动。

（王晓荣）

京东物流发布《数字孪生供应链白皮书》

8 月 14 日，在 2020 全球物流技术大会上，京东物流集团与中国物流与采购联合会共同发布《数字孪生供应链白皮书》（简称白皮书），这是业内首个数字孪生供应链白皮书。白皮书包含认识数字孪生、数字孪生使能技术、数字孪生在供应链的应用、数字孪生推动供应链战略升级、应用实践和建议 5 个部分。同时，京东物流获中国物流与采购联合会颁发的 2020 年物流技术创新奖。

（张志统）

国富瑞拓展跨地区增值电信业务经营范围

8 月 14 日，工业和信息化部发布《领取〈中华人民共和国增值电信业务经营许可证〉通知 -（2020）第 29 批》，批准部分单位增值电信业务经营许可申请或经营许可变更申请。国富瑞数据系统有限公司互联网数据中心业务（IDC）的经营范围从北京、天津、上海等 8 个城市扩大到 40 个城市，互联网接入服务业务（ISP）的经营范围从北京、天津、浙江等 8 个省市扩大到 24 个省市，内容分发网络业务（CDN）的经营范围从北京、天津、福建 3 地扩大到全国。此次跨地区增值电信业务经营范围扩大后，国富瑞具备了 40 个城市的 IDC 业务经营许可和 24 个省市的 ISP 业务经营许可，CDN、固定网国内数据传送业务、国内互联网虚拟专用网业务经营范围覆盖全国。

（蒋黎　洪美花）

国富瑞中标公交数字化转型云平台项目

8 月 18 日，国富瑞数据系统有限公司中标北京公交数字化转型云基础平台及存储建设项目，中标金额为 4797 万元。该项目是北京公共交通控股（集团）有限公司基于信息化转型发展需要而启动的数字化云基础平台建设，旨在为新业务上线和旧业务升级提供灵活、易扩展的平台架构，以解决原有系统存在的统一运维桌面缺失、底层资源架构老旧等问题。项目建设内容包括云平台软硬件设备采购、一次性系统集成、云平台软件服务、托管运维服务以及网络安全等级保护测评等。

（蒋黎　洪美花）

京东健康推出“京东家医”

8 月 18 日，京东健康推出家庭医生服务产品“京东家医”。“京东家医”整合线上、线下医疗资源，为用户及其家庭提供全面、连续、有效、及时、个性化的医疗保健服务。“京东家医”首先以 4 亿京东活跃用户为服务对象，旨在为每一个京东用户家庭配备家庭医生；同时，京东健康将开放服务能力，补充到全国基层家庭医生的签约体系中，推动中国家庭医生服务体系的数字化、智能化和服务水平的提升。

（徐诺娅）

京东居家发布“省心装”服务

8 月 28 日，京东居家发布以保障“大件送装退”为核心的“省心装”服务。消费者在京东购买附有“放心购·省心装”

标识的床、沙发、浴室柜等大件居家商品，即可同步享受AR摆摆看、上门测量、免费送装、30天无理由退货、3年质保等11项服务。为了带给消费者更好的送装体验，京东集团构建起全国首个打通居家产品的商家、物流商、安装商和消费者之间信息流的服务平台——京东居家服务平台，实现物流全程可视化；同时，京东居家还携手京东物流集团探索“干支装一体化”的全新模式，实现京东买、京东送、京东装。

（王晓荣）

京东健康与湖北省卫健委达成战略合作

9月3日，京东健康与湖北省卫生健康委员会签订战略合作协议。双方致力于湖北省基层医疗卫生服务体系、疾病与预防控制体系建设，共同推进湖北省新冠肺炎治愈患者康复和心理疏导项目、助力湖北省公共卫生体系建设，发展心理健康、智能穿戴设备、医用防护物资等医疗健康产业。京东健康将在湖北省搭建心理疏导公益平台——京东健康湖北心理服务平台，汇集全国精神心理卫生医疗服务资源，搭建全国精神专科互联网医院总院，可为居民提供线上问诊、线上疏导、复诊购药及预约挂号等服务，并通过社区医生展开新冠肺炎治愈患者签约工作，把心理疏导“一人一档”“一人一策”落实到位。

（徐诺娅）

京东物流与雀巢的智能化仓配中心启用

9月15日，京东物流集团与雀巢联合打造的大型智能化仓配中心在天津启用。该中心面积近3万平方米，单日货物吞吐量超过1000吨，承接了雀巢商品的入库、分拣、末端直供、电商、线下门店的全部履约业务。

（李晶磊）

京东快递全国首个智享营业部落地运营

9月16日，京东快递全国首个智享营业部在北京站落地运营。作为北京城区面积最大的营业部，也是首个进驻北京火车站的快递站点，中铁快运·京东快递北京站智享营业部基于优化客户体验，旨在为终端最后一公里提供“人、货、车、场的互联互通及友好高效的交付”。

（顾利娟）

京东物流成立国内首个包装服务平台

9月22日，在第四届京东物流“青流计划”绿色包装论坛上，京东物流集团发起成立国内首个电商物流包装服务平台，10多家企业加入京东物流绿色包装联盟。该平台由京东物流包装实验室升级而成，整合包装方案定制、包装采销以及包装进销存线上管理等能力，为行业提供全链路包装解决方案，降低供应链成本，提升效率和体验。截至2020年年底，京东物流绿色包装联盟参与企业数量近100家，服务消费者超过数亿人次。

（范香雨）

国富瑞被评为职业院校教师企业实践基地

9月23日，市教委发布《关于公布北京市职业院校校企合作的“双师型”教师培养培训基地和职业院校教师企业实践基地名单的通知》（京教函［2020］394号），国富瑞数据系统有限公司凭借其在数据中心行业的领先水平、职教领域的校企合作基础、职业技术鉴定能力、产品技术研发及校企协同开展技术研发的能力、接纳教师培训的组织能力入选北京市职业院校教师企业实践基地名单。国富瑞将在市教委的指导下，建设北京市职业院校教师企业实践基地，落实相关工作，促进职业院校高素质“双师型”教师队伍建设。

（蒋黎 洪美花）

中金数据集团与滴滴出行达成战略合作

10月16日，中金数据集团有限公司与北京小桔科技有限公司（简称滴滴出行）在湖北省武汉市签署战略合作协议。根据协议，双方围绕数据中心、云计算和大数据在安全出行领域的应用建立战略合作关系。双方约定在中金武汉数谷大数据中心共同构建滴滴全球安全出行数据后台基地和滴滴全国慢行交通业务数据中心，推进武汉市数字智慧交通体系建设与经济社会的疫后重振。

（李晨）

“京心助农”发布成绩单

10月17日，京东生鲜助农战略项目“京心助农”发布成绩单，共计帮助130万款农产品上行，累计销售3亿件农产品，销售范围覆盖全国800多个农业产业带、近2100个贫困村，带动50万户农户增收。

（白沫飞）

京东主办2020全球智能物流峰会

10月22日，由京东物流集团主办，以“开放量能，共享增速”为主题的2020全球智能物流峰会（GSSC）以线上形式举办。会上，纽约大学教授保罗·罗默，经济学家、北京大学国家发展研究院名誉院长林毅夫，麻省理工学院运输与物流中心主任、宁波（中国）供应链创新学院荣誉院长尤西·谢费，克兰菲尔德大学市场营销与物流系荣誉教授马丁·克里斯托弗等经济、供应链、物流领域的专家就全球供应链发展展开对话，探讨在机遇和挑战并存的环境下，全球企业如何抓住供应链数字化升级的宏观环境和技术动能，推动行业量能释放和高质、高速增长。京东物流首席执行官王振辉发布京东物流科技品牌，并明确京东物流科技“以简驭繁”的科技品牌理念，推动创新技术服务与多元场景的有机结合。

（申慧凯 张志统）

京东超市开设首个葡萄酒原产地产区馆

10月26日，首家京东波尔多葡萄酒官方产区馆在京东上线开馆，这是京东超市与波尔多葡萄酒行业联合委员会（CIVB）达成战略合作，共同打造的第一个以葡萄酒为主导的原产地产区馆。线上产区为中国消费者打开了一个新的数字窗口，打通从了解、学习到购买的消费闭环。

（刘彬）

首批3家京东工业品智采优选店落地

11月23日，首批3家京东工业品智采优选店在江苏省苏州市、常熟市、张家港市同时开业。通过引入云货架、电子价签等智能硬件设备，以及“店务通”“京满仓”等数字化管理系统，对原有工业品门店进行数字化改造升级，门店运营管理效率大幅提升。

（郭青）

2020京东全球科技探索者大会

11月25日，JDDiscovery-2020京东全球科技探索者大会在北京召开。大会由京东集团主办，以“数智互联·共塑未来”为主题，采用线下及线上直播的方式召开，首次通过“1+6+N”（1场主论坛、6场分论坛及多场线上专题论坛）的模式，立体展示京东在产业数智化方面的探索与实践。主论坛包括重磅嘉宾解读产业数智化趋势、领军企业分享产业数智化实践、各界大咖共话产业数智化未来等板块，并发布泛零售技术服务平台“零售云”、数字化供应链平台“京慧”、智能客服与营销平台“言犀”和市域治理现代化平台“仑灵”四大企业级产品；分论坛内容涉及产业新基建、智能供应链、零售科技、数智健康、智能城市、金融行业数字化六大领域，围绕各领域的实践经验，探讨全球前沿技术，全方位展现京东的技术成果；多场线上专题论坛包含零售供应链、工业互联网、物联网、零售产品设计等技术应用领域的深度讨论。同时，京东探索研究院成立，将深耕人工智能、量子计算、数据科学、工程与管理、去中心化计算、伦理道德、科学与艺术六大数智技术领域。

（张晓鹏）

京东健康在香港联交所上市

12 月 8 日，京东健康股份有限公司在香港联交所主板上市（股票简称：京东健康；股票代码：06618），公开发行股票 3.82 亿股，发行价格为 70.58 港元 / 股，全球发售募集资金 269.5 亿港元。京东健康通过零售药房业务和在线医疗健康服务业务，打造了“医、药联动”闭环体系，致力于实现以供应链为核心、医疗服务为抓手、数字驱动的用户全生命周期全场景的健康管理平台。

（徐诺娅）

京东联合启动“满天星计划”

12 月 13—15 日，在 2020 年 APEC 中小企业工商论坛上，中国中小企业发展促进中心联合京东集团发布全国性中小企业服务行动“满天星计划”。“满天星计划”作为中国中小企业发展促进中心 2021 年赋能中小企业的系列活动之一，将通过与核心城市中小企业服务部门的对接，结合城市、行业特点，确定城市特色产业带、重点园区和“专精特新”等方面的需求，结合京东企业购的移动互联网、大数据、内容营销及电商资源，为产业带、园区企业和“专精特新”企业提供服务。

（郭青）

京东物流“京蜓”物流无人机首飞成功

12 月 16 日，京东物流集团全自主研制的“京蜓”自转旋翼支线物流无人机在四川自贡凤鸣机场完成首飞。这是京东物流自主研发的第二款原生支线物流无人机，是国内首款载重数百公斤级并具有舱内空投功能的无人机。与传统固定翼物流无人机不同，“京蜓”物流无人机是一种起降和飞行方式介于固定翼飞机与直升机之间的飞行器，以旋翼作为升力面、以螺旋桨推力为前进动力，只需要经过极短的助跑就能完成升空动作，摆脱了对机场和跑道的依赖，丰富了无人机的应用场景，拓宽了物流服务的范围。

（张志统）

中金数据集团推动数字化产业转型升级

12 月 18 日，中国电信股份有限公司江苏分公司与中金数据集团有限公司签署战略合作协议。根据协议，双方将以数据中心业务为合作基点，发挥各自优势，通过创新合作与协同共进，逐步向云计算、云网互联、物联网、5G 应用等业务覆盖，形成具有市场竞争优势的合力，共同在“新基建”的背景下推动江苏省数字化产业的转型升级，为江苏省数字经济社会做出贡献。

（李晨）

国富瑞获 1+X 职业教育培训评价组织称号

12 月 31 日，教育部职业技术教育中心研究所发布《关于受权发布参与 1+X 证书制度试点的第四批职业教育培训评价组织及职业技能等级证书名单的通知》（教职所〔2020〕257 号），国富瑞数据系统有限公司入选 1+X 职业教育培训评价组织，其数据中心 IT 系统运维管理证书入选职业技能等级证书名单。国富瑞将在教育部相关部门的指导下，在全国大数据产业园实训基地组织开展 1+X 证书的培训及考试工作，逐步形成高质量、有特色的 1+X 职业教育培训实践工作体系，推动职业教育由培养理论型人才向培养应用型技术技能人才转型落地。

（蒋黎　洪美花）

国富瑞自主研发产品为数据湖建设赋能

年内，国富瑞数据系统有限公司配合北京易华录信息技术股份有限公司（简称易华录）实施全国数据湖战略，将自主研发的综合运维管理平台（DCIM/DCOM/DCSM）和数据中心全过程建设咨询管理服务应用于数据湖建设工作。数据湖是易华录基于国家大数据战略和信息安全保障要求而建设的数字经济基础设施，以光磁融合存储为依托，以云计算、大数据资源平台、人工智能算法引擎等为支撑，提供海量数据采集、存储、价值挖掘、云计算、网络安全、数据容灾备份等专业服务。综合运维管理平台（DCIM/DCOM/DCSM）赋能数据湖的信息基础设施智能化部署应用，通过人工智能手段实现精细化管理，助力实现无人值守、节能降耗等目标；数据中心全过程建设咨询管理服务为数据湖建设全面赋能，基本完成天津大湖、株洲大湖、徐州大湖等近 20 个数据湖的建设咨询工作。

（蒋黎　洪美花）

京东物流助力打造全球首个智能配送城

年内，京东物流集团的首个城市级智能配送项目在江苏省常熟市落地运营，助力常熟市打造成为全球首个智能配送城。京东物流在常熟市投入无人配送车，无人配送车出发配送时，会发送消息提醒收货人，到达配送地点时则会通过语音电话或短信提醒收货，收货人只需在无人配送车的屏幕上输入运单号，相应的货柜门就会打开。同时，京东物流率先开创了无人配送车“领养计划”。在无人配送城所在区域里，京东物流配送员通过申请，可“领养”一定数量的无人配送车配合自己的工作。京东物流采用无人配送车与配送员协作运营的站点已经超过常熟市所有站点的 1/5。

（张志统）

·“互联网 +”企业（选介）·

国富通信息技术发展有限公司

2020 年，国富通信息技术发展有限公司（简称国富通）的资产总额为 9025 万元，净资产为 7522 万元。年内，国富通中标商务部培训中心（商务部国际商务官员研修学院）全国援外培训管理信息系统项目；与河北省巨鹿县发展和改革局签署巨鹿县 2017 年度电子商务进农村综合示范增拨资金项目（一标段）建设运营合同书；为博鳌亚洲论坛官方中英文网站提供技术支持、内容维护、系统安全等相关服务。

国富通成立于1998年7月24日，注册资本为2122.73万元，是中国国际电子商务有限公司的全资子公司，是专门从事计算机软件研发、应用、服务的智能密集型国家高新技术企业。公司旗下有6家子公司、1家分公司，专门从事电子支付、跨境物资交易、城市一卡通等专业化电子商务服务。公司以大型应用软件开发和服务为核心，集自主开发的行业软件和应用工具于一体，涵盖系统软件、支撑软件、行业应用软件等各个层次，形成以电子政务和电子商务研发、物联网应用、移动互联网应用为核心的三大主营业务。公司通过ISO 9001：2000质量体系认证、CMMI 3级评估，获工业和信息化部颁发的计算机信息系统集成企业资质证书和国家保密局颁发的涉密计算机信息系统集成资质证书。公司所有产品均获知识产权和软件产品证书。

（郑怡）

国富通信息技术发展有限公司

总经理 王颖

北京国富安电子商务安全认证有限公司

2020年，北京国富安电子商务安全认证有限公司（简称国富安）的总资产为7942万元，营业收入为4956万元，纳税总额为230万元。年内，国富安获2020北京软件企业核心竞争力评价（创新型）证书和2020年北京市诚信系统集成企业证书，获北京市诚信创建企业称号。公司基于国产化平台的电子认证系统获北京市新技术新产品（服务）证书；签名验签服务器（GFA SVS）、时间戳服务器（GFA TSA）、数字证书认证系统获商用密码产品型号认证证书。公司受邀成为中国电力发展促进会第四届理事会网络安全专业委员会会员单位、北京电子认证服务产业联盟链信专业委员会副理事长单位及北京软件和信息服务业协会会员单位。

国富安成立于1998年12月1日，注册资本为3000万元，位于经开区荣华中路11号，是中国国际电子商务有限公司的全资子公司，是中国权威电子认证与信息安全服务提供商，是国内首家拥有工业和信息化部颁发的服务许可资质的第三方电子认证服务机构，具有电子认证服务许可资质、电子政务电子认证服务许可资质、信息安全风险评估服务资质和信息系统集成及服务资质，是国家高新技术企业、北京市企业科技研究开发机构和北京市专利试点企业。公司作为信息安全服务提供商，业务涉及电子签约与证据保全、电子认证与数字签名、商用密码产品等服务，覆盖政府、电子商务、能源、金融、医疗卫生、电信等领域，并在电子政务、网上招投标、电子签收等重点新兴领域建立了市场优势。公司先后承接国家“九五”计划、“十一五”规划、国家“863”计划等国家级、省部级重大科研课题65项；累计建立技术标准30多项，发表规范与报告100多篇、论文30多篇，获软件产品著作权及专利60多件（项）。

（杨鹏武）

北京国富安电子商务安全认证有限公司

总经理 唐清文

京东集团

2020年，京东集团（简称京东）参与数字平台经济促就业助脱贫行动，向贫困地区开放7万个就业岗位；控股江苏五星电器有限公司，并成立京东五星电器集团有限公司；联合腾讯游戏、黑鲨、红魔等推出 JD Esports 计划，并成立手游战队 JD Esports；推出大型综合电商的首个鲜花交易小程序“京东花市”；上线“京东家”频道、自营房产业务。京东生鲜联合京东平台生态部建立京东生鲜云南省运营中心。七鲜首家以 OFC（Operational Field Consulting）模式对传统超市升级改造的超市七鲜·家万佳东湖店在河北省唐山市开业；七鲜超市大族广场店、北京华宇店、西安曲江大悦城店、成都花样年红唐店、广州琶洲保利店 5 家门店通过 FSSC 22000 食品安全管理体系认证。京东公益联合世界自然基金会（WWF）、深圳市一个地球自然基金会、中华慈善总会、京东物流、拍拍、爱回收在全国 94 个城市同步开启闲置衣物捐赠计划。京东集团党委在全国抗击新冠肺炎疫情表彰大会上被评为全国抗击新冠肺炎疫情先进集体和全国先进基层党组织；京东入选 2020 年《财富》世界 500 强排行榜，位列第 102。

年内，京东物流集团（简称京东物流）旗下京小仓上线时光胶囊产品；东莞医药器械仓库投入运营；成为国内首家设立碳目标的物流企业。京东物流参展 2020 年中国国际服务贸易交易会，5G 智能物流园区被评为 2020 年中国国际服务贸易交易会中国服务示范案例，联合中国电信集团有限公司共同发布《5G 赋能未来物流》白皮书。

京东成立于 1998 年，2010 年入驻经开区，位于科创十一街 18 号院。京东于 2014 年 5 月在美国纳斯达克证券交易所挂牌上市（股票代码：JD），是中国第一个在美国上市的综合型电商平台。

京东自 2007 年开始自建物流，2017 年 4 月 25 日成立京东物流。京东物流与社会各界共建全球智能供应链基础网络（GSSC），打造包括京东供应链、京东快递、京东快运、京东冷链、京东跨境、京东云仓等在内的全新产品体系，为客户、行业、社会提供供应链解决方案。

（张洁）

京东集团

董事局主席兼首席执行官 刘强东

国富瑞数据系统有限公司

国富瑞北京三号（通州）数据中心外观　　企业提供

2020 年，国富瑞数据系统有限公司（简称国富瑞，英文简称 CIDS）有员工 201 人，其中福建分公司 23 人。截至 2020 年年底，公司累计拥有自主知识产权近 60 项。年内，国富瑞引进国改双百发展基金管理有限公司、五矿创新投资有限公司等战略投资人，成为国企改革示范行动“双百企业”——北京易华录信息技术股份有限公司（简称易华录）的下属子企业，启动首次公开募股（IPO）工作。公司持续为政府及金融、健康、互联网等行业的重大项目、客户等提供云计算、信息化基础设施赋能服务；中标北京公交数字化转型云基础平台及存储建设项目、中国华录集团有限公司网络安全改造建设项目（二期），续签国家开放大学虚拟化资源租赁和服务项目。公司全面拓展跨地区增值电信业务经营许可范围；自主研发的“瑞云”云平台产品为易华录的“葫芦”App提供云服务支持；在疫情期间，向社会免费提供云、网、安全服务解决方案，解决企业对IT服务的需求。公司参加中国通信企业协会云数据专业委员会成立大会、2020绿色数据中心建设推动可持续发展论坛、2020·5G创新应用大会等。在2020中国数据中心产业发展大会暨数据中心十年成就展（DCIC2020）上，公司获数据中心行业十年突出贡献企业和数据中心行业优秀创新企业称号，副董事长张念录获数据中心行业十年突出贡献人物称号。

国富瑞成立于2003年11月28日，注册资本为1.99亿元。公司战略定位为安全智能的大数据基础设施运营服务商，依托核心技术，实现全国数据中心的互联互通、云网融合和下一代互联网技术全面升级，打造新型高附加值、高技术含量数据中心，已构建IDC、云计算、网络与安全、智能运维、咨询与培训等业务板块，形成了以数据中心为核心的业务布局，是国内知名的云数据中心和大数据服务提供商。公司十余年专注于建设和运营安全智能的大数据基础设施，在云计算、大数据、IPv6、SDN、网络安全、智能运维等新技术领域拥有核心服务能力，管理的近40个数据中心及服务网络遍布全国。公司技术团队拥有15年以上建设和运营国家“金关”工程主干网——外经贸专用网的经验，为商务部提供“两地三中心”数据灾备体系的建设和运维服务，助力商务部在国家各部委之间率先实现数据集中和大数据应用。公司是国家高新技术企业和中关村高新技术企业，通过ISO 9001质量管理体系、ISO 20000信息技术服务管理体系、ISO 22301业务连续性管理体系、ISO 27001信息安全管理体系、ISO 14001环境管理体系、OHSAS 18001职业健康安全管理体系等认证，获工业和信息化部颁发的IDC/ISP跨地区增值电信业务经营许可证及云牌照等。公司的北京光机电数据中心（BJ3）被工业和信息化部认定为首批国家绿色数据中心。

（洪美花）

国富瑞数据系统有限公司

董事长 林拥军

中金数据集团有限公司

2020年7月22日，中金数据系统有限公司更名为中金数据集团有限公司（简称中金数据集团）。年内，中金数据集团位于国家网络安全人才与创新基地的中金武汉数谷大数据中心启用运维楼A区。公司与北京小桔科技有限公司、中国电信股份有限公司江苏分公司签署战略合作协议。

中金数据集团成立于2005年5月10日，位于经开区博兴八路1号，占地面积为6.7万平方米，是数字基础设施综合服务商，依托开设在全国各地的绿色云数据中心，跨领域聚合产业，汇集行业数据，逐渐建立了以数据为核心的业务生态，形成了数据中心设施服务和行业数据应用服务两大业务体系，有下属成员单位10多家。公司是国家高新技术企业，是国内首家自主规划、投资、建设、运营Tier IV级（国际标准最高等级）数据中心的企业，开启了国内高等级数据中心社会化外包服务。公司在北京、烟台、昆山、武汉等城市建设数据中心园区，总占地面积为64.1万平方米，总规划机柜服务能力为10.76万台，为数据中心选址、规划、设计、建设、运维、网络服务的全生命周期提供服务，并自主研发了智能化数据中心运维管理平台，实现对资产、能耗、运维管理水平的自动化、全方位管理。公司基于绿色数据中心基础设施资源，在大健康、金融科技监管、出版发行及工业互联网等领域开展了云计算、大数据、人工智能等行业应用服务，为国家级政府机构、国有银行、互联网行业头部企业等数百家客户提供服务。公司参与编写数据中心、云计算、大数据、信息安全、IT 服务等领域的国家、行业和地方标准、规范 50 多项。公司是中国数据中心标准联盟的发起单位和常务副理事长单位、中国电子信息行业联合会常务理事单位、国家信息技术服务标准工作组全权成员单位、中国互联网金融协会会员单位等。

（李晨）

中金数据集团有限公司

董事长兼总裁 杨洁

酒仙网络科技股份有限公司

2020 年，酒仙网络科技股份有限公司（简称酒仙网）启动直播战略，打造拥有 421 万粉丝的酒类头部主播。年内，酒仙网智能新零售项目入选工业和信息化部发布的 2020 年新型信息消费示范项目名单。公司被中国酒类流通协会评为 2020 年放心酒工程示范企业，入选 2020 全球独角兽企业 500 强榜单、第 12 届“华樽杯”中国酒类品牌价值 200 强名单，并以 325.41 亿元的品牌价值连续 5 年位列中国酒类流通行业第一。

酒仙网于 2009 年创立于山西省，2010 年运营，2014 年入驻经开区，主要经营范围包括白酒、啤酒、葡萄酒、洋酒、保健酒等，有 1800 万名精准会员，与国内 500 多家酒企建立深度合作关系，与天猫、京东等多家电商平台实现深度合作。酒仙网在上海、广州、天津有三大仓储中心，仓储面积近 20 万平方米；在全国 60 多个城市可实现次日送达服务、200 多个城市可实现 3 日送达服务。酒仙网从酒类商品线上 B2C 起家，后推出重点核心项目酒业新零售及直播业务，通过战略布局，逐步建立起涵盖 B2C、B2B、VIP 大客户、品牌运营、新零售、直播等多个板块的酒类生态圈。

（李雯姝）

酒仙网络科技股份有限公司

董事长 郝鸿峰

北京惠买在线网络科技有限公司

惠买集团直播基地外观　　企业提供

2020 年，北京惠买在线网络科技有限公司（简称惠买集团）的总资产为 16.72 亿元，净资产为 3.57 亿元，主营业务收入为 13.32 亿元，纳税总额为 1053 万元。员工有 654 人，其中具有本科及以上学历人员 347 人。年内，惠买集团进军直播领域，董事长杜瑞勇打造了以“惠买兄弟”为示范号的抖音直播矩阵，通过超市式选品中心、商场式直播场景等形式进行直播，

3个月内粉丝数量超过500万，单场销售额多次超过1000万元，数次在“带货榜”上排名第一。公司的惠买直播电商基地挂牌中国电信·惠买集团5G直播基地。

惠买集团成立于2010年4月16日，2012年11月入驻经开区，占地面积为6.67万平方米，注册资本为1亿元，已发展成为一家集电视购物、IPTV、OTT、“惠买”App、话务中心、微信、第三方电商平台、MCN直播机构于一体的多渠道新型零售集团。公司倡行“惠买会生活”的新消费理念，致力于将国内外优质商品以极致性价比普惠大众，让更多的人享受高品质的生活。公司获北京市重点总部企业称号、中国电子商务百强企业称号、中国通讯营销行业十佳明星企业奖、中国互联网电商行业值得信赖品牌奖、亚洲移动购物杰出企业奖等。公司将以惠买自有直播矩阵为基础，链接全球品牌工厂，为更多明星、网红甄选提供全品类优质商品，并依托北京基地成套输出场地、设备、系统、技术和服务，打造独具优势的专业直播供应链企业，推动消费升级，助力行业发展。

（金瑛）

北京惠买在线网络科技有限公司

董事长兼总裁 杜瑞勇

北京云基地企业管理有限公司

2020年，北京云基地企业管理有限公司（简称云基地）在孵企业的产值为15亿元、利润总额为9700万元、纳税额为1000万元，入驻企业共70家，服务企业110家，组织活动16次，有320家企业、368人次参与活动。员工有20人，其中专职从事创业创新服务人员16人、管理人员4人，具有本科及以上学历人员占90%、接受孵化器专业培训的人员占70%。截至2020年年底，云基地在孵创业实体累计获发明专利25件、实用新型专利106件、外观设计专利39件及软件著作权63项。年内，云基地获2020中国百家特色载体、“创客北京2020”创新创业大赛初赛优秀承办单位称号。

云基地成立于2010年8月17日，注册资本为1000万元，位于经开区北工大软件园内，建筑面积为8961平方米，其中在孵企业面积为6273平方米、公共服务面积为2688平方米，在孵企业70家。公司是聚焦云计算尖端技术产业链的创业服务型孵化器，创立了“基金+基地”的云产业创新发展模式，同时具备投资、孵化、服务、管理和拓展功能。公司通过自有基金引导政府资金和民间资本，在国家对战略性新兴产业的政策支持下，为经筛选的创新创业企业提供融资、办公场地、创业辅导、创新支持等孵化服务。公司在孵企业涵盖云计算、大数据、人工智能、物联网等领域，依据经开区的产业形态特性及优势资源，以建设完整的云计算产业链并形成经济聚合效益为目标，最终为技术、品牌、产业的自主创新开拓新的商业与运营模式，打造云产业创新创业特色服务平台。公司设有院士专家工作站，是北京市“祥云工程”示范基地、国家中小企业公共服务示范平台、北京市中小企业公共服务示范平台、中国电子学会云计算专家委员会理事单位、中国云产业联盟理事单位、中国智慧城市论坛云产业创新单位。

（宋丹锋）

北京云基地企业管理有限公司

总经理 何苹

中经云数据存储科技（北京）有限公司

2020年，中经云数据存储科技（北京）有限公司（简称中经云）有员工约130人。

中经云成立于2013年8月15日，注册资本为1.45亿元，位于经开区科创9街15号院。公司作为由国家信息中心发起成立的新一代大数据基础设施服务商，探索下一代云服务平台，发展以应用为导向的通用化数据分析技术，为中国大数据、“互联网＋”战略提供绿色、安全、智能的下一代零碳数据中心基础设施服务。中经云通过传感器网络、可再生能源与创新节能技术的叠加应用，减少数据中心对地球环境的影响，实现绿色可持续发展。公司通过ISO 9001质量管理体系、ISO 14001环境管理体系、ISO 45001职业健康安全管理体系、ISO 27001信息安全管理体系、ISO 50001能源管理体系、ISO 22301业务连续性管理体系等的认证，获中国网络安全审查技术与认证中心颁发的信息安全服务资质认证证书（信息系统灾难备份与恢复三级）、工业和信息化部颁发的增值电信业务经营许可证。公司于2017年投入运营的中经云（北京）亦庄数据中心被中国质量认证中心评定为A级机房。

（朱恋）

中经云数据存储科技（北京）有限公司

董事长　孙茂金

中金云金融（北京）大数据科技股份有限公司

2020年，中金云金融（北京）大数据科技股份有限公司（简称中金云金融）在建设运营北京畅融平台（金融信息服务平台）的基础上，构建畅融平台智能服务中心，利用信息科学技术和金融专业服务团队，采用线上、线下相结合的方式，持续完善北京畅融平台的功能，提升运营和服务能力。公司新增5件发明专利，累计有发明专利12件、软件著作权35项、资质认证证书10项。

中金云金融成立于2015年7月29日，注册资本为5555.55万元，是国家高新技术企业，研发能力涵盖云计算、大数据、移动互联网、区块链、人工智能等领域，具备企业级平台的设计、开发、建设及运营能力。公司利用先进的信息科学技术，按照金融级云后台、云前台、云平台的建设路径，为政府和企业提供综合化科技解决方案，推动金融科技服务落地和监管科技应用落地，助力金融有效服务实体经济和金融风险的防范与管控。公司主要业务聚焦在金融服务实体经济和防范化解金融风险两大领域，陆续建设并运营了地方金融服务平台和地方金融监管平台两大平台。

（赵祥国）

中金云金融（北京）大数据科技股份有限公司

董事长　杨洁

文化创意

四达时代喀麦隆子公司开业

1月7日，四达时代集团在喀麦隆开设的子公司四达时代传媒（喀麦隆）有限公司在喀麦隆杜阿拉市召开新闻发布会，宣布在喀麦隆开展数字电视运营服务。频道和内容兼顾法语和英语2种语言，还提供以豪萨语等当地方言为主的本地频道及内容，以满足喀麦隆人民的收视需求。

（唐园园）

中杂公司 2 个节目获国际马戏节金奖

中杂公司《闹元宵——顶碗》节目表演现场　　企业提供

1 月 8—13 日，第十三届布达佩斯国际马戏节在匈牙利首都布达佩斯举行，共计 19 个国家、28 个节目参赛，中国杂技团有限公司出品的《闹元宵——顶碗》《骨血——平衡倒立》节目在本次大赛中获金奖第一名。11 月 30 日，第二届“世界的语言”国际青少年马戏艺术节在俄罗斯特维尔州落下帷幕，《骨血——平衡倒立》节目从 19 个国家和地区的 59 个参赛节目中脱颖而出，以总分第一的成绩获金奖。

（张玉阳）

大地影院集团启动疫情相关线上服务

2 月，大地影院集团联合善诊（上海）信息技术有限公司开启免费 24 小时健康顾问平台，为自行隔离期间出现身体不适症状的患者提供线上咨询服务；联合北京趣拿软件科技有限公司开设新型肺炎确诊同行程查询平台，方便在疫情暴发期乘坐过飞机、火车等公共交通工具的旅客快速查询是否与疑似病例或者确诊病例同行。

（郝美丽）

新辰星科技上线辰星云系统

2 月，数码辰星科技发展（北京）有限公司完成了辰星云系统在大地影院集团旗下电影院的远程云部署上线，实现了“零失误”无接触式纯线上系统切换，是中国影院行业首次“无感式”云化系统切换。此次系统切换由 7 个产研团队、200 多名工程师参与研发管理，经过 4 个月的持续开发、1 个月的封闭开发、1000 多次的数据匹配和建构，将近 2 亿元的会员及卡券资产一次性全量自动迁移至新型云系统，可支撑日均 500 万订单数量、年均 20 亿订单数量的交易库方案设计及实施，以应对影院黄金档期大客流量冲击考验。该系统应用于全国 500 多家影院，在国庆节假期期间的交易额达 2.3 亿元。

（叶常青）

四达时代移交布隆迪数字电视整转项目

5 月 12 日，四达时代集团向布隆迪政府移交全国数字电视传输设施仪式在布隆迪首都布琼布拉举行。布隆迪数字电视整转项目由中国进出口银行提供优惠贷款，由四达时代实施。四达时代已按期完成传输网和电视台数字化建设并通过验收。此次移交是应布方提议，将传输网资产移交布隆迪政府。该传输网将委托给四达时代和布隆迪国家电视台共同成立的合资公司四达时代传媒（布隆迪）有限公司进行经营。

（唐园园）

中企动力助力中小企业数字化发展

6 月 3 日，中企动力科技股份有限公司与中小企业合作发展促进中心全国区域经济发展工作委员会签署战略合作协议。双方将深入推动中小企业发展和数字化智能经营，提升服务质量和专业可持续发展，满足中小企业实际需求，解决中小企业数字化发展难题。

（李朋朋）

中企动力全球门户上线

7月21日，中企动力科技股份有限公司产品全球门户上线。全球门户是中企动力整合 SaaS 技术，专为企业数字化营销打造的产品。全球门户覆盖全球市场营销触点，企业只需一个门户即可兼顾内外贸市场。9月6日，在2020年中国国际服务贸易交易会数字经济创新发展论坛中，全球门户获组委会颁发的2020中国 SaaS 领域创新产品奖。

（李朋朋）

四达时代推出法语高清体育频道

9月1日，四达时代集团推出首个法语高清体育频道 Sports Premium，实现全法语内容、全天候播出。该频道的定位是体育综合频道，以转播西班牙足球甲级联赛（简称西甲联赛）为核心，囊括足球、篮球和搏击等赛事。2020—2021赛季西甲联赛于9月12日启动，Sports Premium 频道在为法语区观众转播380场西甲联赛比赛之外，还播出了法语版“La Liga World”“La Liga Show”“La Liga Highlight”等西甲联赛衍生节目，为观众不间断提供西甲联赛的比赛资讯、热点新闻和现场花絮等内容。

（唐园园）

2020全国戏剧人才系列选拔活动

9月24日，北京君立天地文化产业有限公司与北京市演出行业协会主办的2020全国戏剧人才系列选拔活动启动仪式举行。第一届选拔活动起止时间为2020年9月24日至2021年9月23日，以建设培养和吸引全国戏剧爱好者参与的大型系列活动平台为目标，面向8~60周岁的戏剧爱好者设计不同的参与形式。通过不同形式的选拔，培养一批具备潜力的优秀新人，参与托尼奖·中国（北京君立天地）为其量身打造的各种文艺活动，打造新时代的戏剧红人，并助力中华戏剧文化走向世界舞台。活动期间，托尼奖·中国（北京君立天地）与国内著名戏剧制作人王宝社达成合作，并成立了托尼奖·中国青少年国际艺术团。中央戏剧学院音乐剧系主任刘红梅、演员赵亮等数十位业内专家参加启动仪式。

2020全国戏剧人才系列选拔活动启动仪式举行　赵威 摄

（赵威）

四达时代助力莫桑比克广电数字化改造

10月8日，由中国人民政府提供优惠贷款、四达时代集团承建实施的莫桑比克广播电视数字化改造项目启动仪式在莫桑比克贝拉市举行。该项目包括覆盖全国的数字传输网络建设、国家电视台数字化改造、国家电视台制作中心大楼建设、全国数字电视终端建设和莫桑比克工作人员培训等内容。莫桑比克总统纽西为项目揭幕剪彩，中国驻莫桑比克使馆经商参赞刘晓光出席仪式并致辞。

（唐园园）

四达时代在非洲获多个奖项

10 月，四达时代集团获肯尼亚信息和通信技术部下辖的国家青年事务部颁发的荣誉证书；在尼日利亚 2020 年市场先锋品牌和杰出推广奖项评选中，获营销和广告出版物 ***Marketing Edge*** 杂志组织颁发的年度创新数字地面电视品牌奖。11 月，四达时代获加纳体育作家协会（SWAG）颁发的体育发展贡献奖。12 月，四达时代融合电商平台 StarTimes GO 获尼日利亚品牌记者协会颁发的 2020 付费电视品牌拓展创新奖；连续 2 年获 2020 年乌干达人民选择奖（People's Choice Quality Awards）——消费者最喜爱付费电视服务提供商奖。

（唐园园）

四达时代承办北京影视剧海外展播季活动

11 月 20 日，在全球云视听展播季高峰论坛暨 2020 北京优秀影视剧海外展播启动仪式上，四达时代集团副总裁郭子琪宣读北京新视听海外协作联盟倡议书，四达时代与乌干达国家电视台签署展播季赠播协议。11 月 20 日—12 月 31 日，由四达时代承办的 2020 北京优秀影视剧海外展播季 · 非洲活动以线上“云”展播的形式在肯尼亚和乌干达举办。四达时代结合非洲观众的收视喜好，挑选了反映中国当代故事、传统文化的影视作品，包括 7 部电视剧和 3 部动画片，并译制配音成英语、法语、斯瓦希里语等语种。展播平台包括四达新媒体 StarTimes ON、ST SinoDrama 频道、ST KungFu 频道、ST Swahili 频道、ST Kids 频道，以及肯尼亚国家电视台、乌干达国家电视台等平台，覆盖数亿观众。

（唐园园）

中国杂技团建团 70 周年杂技主题晚会

中杂公司《俏花旦——集体空竹》节目表演现场　　企业提供

12 月 15 日，为庆祝中国杂技团建团 70 周年，北京演艺集团及旗下中国杂技团有限公司出品的《我和我的青春——青春 ing》杂技主题晚会在北京保利剧院举办首场演出。中杂公司在获国内外重要赛场 66 枚金牌的作品中挑选《乘风破浪——杆技》《攀登者——摇摆高拐》《烈火雄心——地圈》等 8 个节目进行重新创排，在晚会上呈现出不同时代背景下杂技人和其他奋斗者们的群像姿态。在首场演出后，《我和我的青春——青春 ing》启动全国跨年巡演工作。

（张玉阳）

中企动力推出抗疫公益项目“天佑计划”

年内，中企动力科技股份有限公司针对中小企业推出抗疫公益项目“天佑计划”，解决中小企业面临的销售难、缺乏线上获客经验等问题。“天佑计划”为企业提供 1 元移动商城、1 元速成建站、网络营销等公益扶持政策、公益直播课，并联合好大夫在线、壹点灵心理咨询，7×24 小时为企业员工提供在线义诊及心理辅导服务，保障员工心理健康。

（李朋朋）

四达时代与教科文组织建立合作关系

年内，四达时代集团与联合国教科文组织西非区办公室签署谅解备忘录，建立合作关系。双方将在非洲地区协同合作，推进高效优质、容纳广泛的教育工作，提高青年群体在文化和创意产业中的参与度，促进加强体育领域中的性别平等意识，建设包容性知识社会。

（唐园园）

大地影院集团支持公益项目宣传

年内，大地影院集团全线影院的大银幕广告位及 LCD 广告位支持公益项目宣传，免费播放宣传片、投放公益海报，包括美丽中国发起的支教项目、深圳市一个地球自然基金会发起的“地球一小时 · 与自然共生”活动、世界自然基金会（WWF）发起的“雪域铲屎官喊你来数豹”活动、壹基金出品的《龙虾与鱼》公益微电影宣传活动等公益项目。

（郝美丽）

四达时代推出融合电商购物平台

年内，四达时代集团在泛非地区推出融合电商购物平台 StarTimes GO，即电视购物、网络购物和电话购物等的多渠道融合型服务。该平台已在乌干达、肯尼亚、南非、赞比亚、坦桑尼亚、尼日利亚、卢旺达、莫桑比克、加纳和科特迪瓦等 10 多个国家上线。

（唐园园）

四达时代实施“万村通”项目

年内，四达时代集团继续实施中国援助非洲“万村通”项目。11 月 20 日，“万村通”贝宁项目交接仪式举行。该项目为贝宁 10 个省 200 个村落的 4000 户家庭和 200 个公共区域提供清晰的卫星电视节目，有60万农村人口受益。12月11日，“万村通”莫桑比克项目竣工仪式举行。该项目使莫桑比克全国 1000 个村落的 20000 多户家庭及 3000 个公共区域受益。作为项目承建方，四达时代在完成项目工程的实施之外，还为每个项目村落培训了工程师，为项目运营和用户正常收看提供持续技术支持和保障。

（唐园园）

四达时代助力非洲防疫和抗疫

四达时代在疫情期间坚持运营　　李超 摄

年内，针对非洲多国因疫情停课停学的情况，四达时代集团利用自身优势和资源，采取一系列举措助力非洲防疫和抗疫。其中，制作 30 集防疫知识视频短片，介绍新冠病毒肺炎及防护方法；推出《新冠肺炎疫情特别报道》节目，向非洲民众分享中国在防疫方面的有效做法；在儿童频道新增动画片、科普和绘本故事等节目内容，丰富非洲儿童的居家抗疫生活；先后在加纳、肯尼亚、乌干达、刚果（金）和刚果（布）等国家上线与各国家教育体系相符的教育内容，帮助非洲学生“停课不停学”；于在线视频平台 StarTimes ON 上创建教育分区，提供700多个可供点播观看的视频教育内容等。

（唐园园）

·文化创意企业（选介）·

中国杂技团有限公司

2020年，中国杂技团有限公司（简称中杂公司）完成原创和复排项目10个，其中大型原创作品1个、中型原创作品1个、小型原创作品2个，大型复排作品1个、小型复排作品5个。北京演艺集团及旗下中杂公司出品的《我和我的青春——青春ing》杂技主题晚会在北京保利剧院举办首场演出。公司被市委、市政府授予北京市模范集体称号；节目《闹元宵——顶碗》《骨血——平衡倒立》在第十三届布达佩斯国际马戏节上获金奖，《骨血——平衡倒立》在第二届“世界的语言”国际青少年马戏艺术节上获金奖,《九级浪——杆技》获北京市文学艺术奖，青年演员谷建辰、周思宇自编的现代舞《失去与珍惜》在歌华传媒杯·2020北京文化创意大赛“网络戏剧秀赛区”获优秀作品奖。

中杂公司的前身是成立于1950年的中华杂技团，1953年更名为中国杂技团，是中华人民共和国成立后由中央政府组建的第一个国家级杂技艺术表演团体，也是第一个代表新中国出访的艺术表演团体。2006年，公司转企，改制为中国杂技团有限公司。2009年，北京演艺集团成立，中杂公司成为北京演艺集团旗下的龙头企业。公司历经70年的发展，会聚一大批杂技演员、教练，以及节目编导、道具研发、舞美及造型设计等创作人才。尤其是与北京市杂技学校形成的“团校一体”发展格局，使中杂公司具备了科学发展的基础、形成了可持续发展的机制。

（张玉阳）

中国杂技团有限公司
董事长 齐红

四达时代集团

2020年，四达时代集团（简称四达时代）有员工近5000人，其中外籍员工占70%以上。年内，四达时代推出全球首个非洲版新冠肺炎自测评估系统、融合电商购物平台StarTimes GO、首个法语高清体育频道Sports Premium；免费开放100多个频道；继续实施中国援助非洲“万村通”项目，其中贝宁项目完成交接、莫桑比克项目竣工；承办2020北京优秀影视剧海外展播季·非洲活动等。

四达时代成立于1988年10月18日，2012年12月底迁入经开区，是中国广播电视行业颇具影响力的系统集成商、技术提供商和网络运营商。截至2020年年底，公司在卢旺达、尼日利亚、肯尼亚、坦桑尼亚、乌干达、南非等30多个国家注册成立公司并开展数字电视运营，发展家庭用户超过1300万、移动端用户超过2700万，成为非洲重要的视频流量拥有者和家庭视频流量入口。公司搭建起可支持千万量级用户规模运营的庞大网络体系，节目中继、直播卫星、地面数字电视传输和互联网视频四大基础网络平台使节目信号覆盖全部非洲、欧洲和部分亚洲地区；拥有680多个频道，内容涵盖新闻、资讯、体育、影视、音乐、综艺、儿童、时尚等，频道使用语言包括汉语、英语、法语、葡萄牙语、斯瓦希里语、豪萨语、约鲁巴语、乌干达语等11种语言。公司拥有43个自办频道，年节目更新量超过 3 万小时。2011 年，公司成立译制中心，译制创作人员近百人，建成具备汉语、英语、法语、葡萄牙语、斯瓦希里语、豪萨语、约鲁巴语、特维语等 11 种语言，产能为 1 万小时的大型节目译制基地。公司连续 5 年进入《福布斯》中国潜力企业排行榜，获国家高新技术企业、国家文化产业示范基地、国家文化出口重点企业、全国文化体制改革先进单位等称号，获 2015 年世界质量管理金奖、欧洲质量研究会 2016 年最佳商业实践奖等奖项。

（唐园园）

四达时代集团

董事长 庞新星

中企动力科技股份有限公司

2020 年，中企动力科技股份有限公司（简称中企动力）在全国设有 80 家分公司，有员工 8000 多人。年内，中企动力获 2019—2020 年度产业互联网 SaaS 服务用户推荐品牌奖、中国互联网络信息中心颁发的最佳规范高效奖，获最受中小企业欢迎 SaaS 平台、企业互联网一站式服务用户推荐品牌、网站建设服务用户首选品牌称号，入选 2020 中国中小商业企业协会百家服务机构名单；产品移动商城和全球门户分别获 2020 移动电商领域创新产品奖和 2020 中国 SaaS 领域创新产品奖；总经理陈鸣飞获 2020 移动电商领域创新人物奖。

中企动力创建于 1999 年，是中国数码集团的全资子公司，为企业提供个性化、多样化的 SaaS 服务产品，致力于帮助企业实现数字化智能经营。公司业务涉及制造、服务、IT 互联网、建筑与房地产、外贸、物流、零售等 14 个主流行业、近百个细分行业，有 135 万余家企业客户。

（李朋朋）

中企动力科技股份有限公司

总经理 陈鸣飞

大地影院集团

大地影院集团旗下电影院恢复营业　　苗道亚 摄

2020 年，大地影院集团的含税票房收入和观影人数均在全国影院投资管理公司中位居第二，其中含税票房收入为 10.47 亿元，占全国市场份额的 5.2%；观影人数为 2745 万人次。大地影院集团拥有影院 469 家、银幕 2936 块，业务覆盖 29 个省、自治区、直辖市的 191 个城市；员工有 9421 人，平均年龄为 28 岁，其中总部员工具有本科及以上学历人员占 63%。1 月 23 日，大地影院集团宣布旗下影院全部暂停营业；7 月 20 日起，大地影院集团陆续恢复旗下影院营业。年内，大地影院集团旗下影院品牌新增悦影绘影城；支持多个公益项目的宣传、落地；获一起拍电影行业大会组委会颁发的 2020 年度最具行业价值影院品牌奖。

大地影院集团成立于 2006 年，是集影院投资、建设、经营及管理于一体的综合型企业。公司旗下拥有大地影院、橙天嘉禾影城、自由人影城、中瑞国际影城、悦影绘影城五大品牌。公司致力于为观众提供高品质的观影体验，坚持“电影+”核心理念、线上与线下融合（OMO）战略定位，全方位创新突破。公司以电影为基础，经营多元化消费场景，打造新型观影文化生活体验。公司旗下自有激光巨幕品牌“star-max”的整体放映设备、观影体验超过国际标准。公司旗下大地影院在二、三、四线城市的核心商圈布局与橙天嘉禾影城、自由人影城在一、二线城市的优势布局形成整合效益，成为中国部署范围较广的影院投资管理企业之一。

（郝美丽）

大地影院集团

董事长 刘荣

首席执行官 尚峰

数码辰星科技发展（北京）有限公司

2020年，数码辰星科技发展（北京）有限公司（简称新辰星科技）的总资产为2.43亿元，净资产为478万元，营业总收入为4819万元，纳税总额为79万元。员工有230多人，其中技术研发人员占65%以上。

新辰星科技成立于2009年9月21日，注册资本为1.5亿元，是南海智辰投资顾问（北京）有限公司的全资子公司，总部位于经开区地盛西路1号，有北京、广州2个研发中心。公司从影院硬件、设备集成服务起步，经过十余年的耕耘，成为中国影院行业领先的高科技互联网公司，致力于构建先进的影院数字媒体经济平台。针对高速发展中的中国影院行业，公司基于多年行业经验，采用云计算和大数据技术，推出符合影院行业发展趋势和客户需求的解决方案——基于影院场景的会员经济服务及应用平台。公司立足于“科技助力中国电影行业发展”的经营理念，于2011年自主研发了具有独立知识产权的数字电影服务器，并通过美国数字电影倡导组织（Digital Cinema Initiatives，DCI）认证。公司具有电影票务系统牌照，累计拥有发明专利25件、软件著作权50项，是北京市专利试点单位、北京市企业技术中心、中国电影发行放映协会电影技术分会理事单位、广电总局DRM技术标准委员会委员单位等。

（叶常青）

数码辰星科技发展（北京）有限公司

董事长 刘荣

总经理 陈鸣飞（2月任）

左　力（2月免）

北京君立天地文化产业有限公司

2020年，北京君立天地文化产业有限公司［简称托尼奖·中国（北京君立天地）］的资产总额为2000万元，有员工15人。公司与北京市演出行业协会主办2020全国戏剧人才系列选拔活动，承办歌华传媒杯·2020北京文化创意大赛“网络戏剧秀赛区”。

托尼奖·中国（北京君立天地）成立于2016年5月9日，注册资本为3000万元，位于经开区荣华中路10号，是美国百老汇托尼奖在大中华地区的唯一官方运营机构。托尼奖设立于1947年，是百老汇联盟和美国戏剧委员会共同设立的国际戏剧行业最高奖项，与电影奥斯卡奖、音乐格莱美奖、电视艾美奖并称美国艺术界四大顶级奖项。公司通过整合政府、企事业单位、演出公司、经纪公司以及各大艺术院校、媒体等资源，逐步形成了以托尼奖为龙头、以公司为主体、以北京演出行业协会为支撑的“三位一体”模式，为建设先进完备、高附加值的国际文化演艺交流平台打下基础。

（赵威）

北京君立天地文化产业有限公司

董事长 陈操

国研智库创新科学园投资股份有限公司

2020 年，国研智库创新科学园投资股份有限公司（简称科学园公司）以园区为载体，围绕园区招商、企业服务、论坛研讨等方面展开具体工作，创新合作模式，开展多渠道招商，集聚优质产业，逐渐形成具有智库特色的产业生态链。截至 2020 年年底，累计入园注册企业 171 家，入驻企业 130 家，其中科技文化类企业 93 家、年收入过亿企业 9 家、国家高新技术企业 14 家。年内，科学园公司不断完善园区服务保障配套设施及园区综合保障配套设施。其中，为园区中小企业减免房租；持续深化对入驻企业及经开区企业的服务，满足入驻企业的各项需求；加大园区的综合保障服务，为企业办理工商注册，提供政策解读、政策咨询、金融服务等专项服务；完善国研智库企业服务平台，开展多期企业服务系列讲座，为文化企业、科技企业、金融机构及相关智库机构提供信息共享和资源交流等服务。公司承办首届经济安全论坛。

科学园公司成立于 2016 年 7 月，注册资本为 5000 万元，位于经开区亦城科技中心，是国研文化传媒集团股份有限公司（简称国研智库）的控股公司，是国研智库创新科学园的运营主体。国研智库创新科学园于 2016 年 11 月开园，是由国研智库与经开区管委会、亦庄控股共同打造的，以智库产业为主体，以“三智一金”（“三智”即智库、智慧、智造，“一金”即智能金融）为主要业态的全国首家智库类园区。园区旨在通过整合市场、资金、人才、政策四大资源，在经开区着力打造全球高端智库集聚、文化与科技融合发展的全国首家以智库产业为核心的“中国创新智谷”，推动国家软实力的发展。园区以亦城财富中心 A 座、亦城科技中心 D 座 2 座 5A 级写字楼作为起步区与示范区，享受国家、北京市、中关村国家自主示范区、国家高新技术产业园区及园区“一企一策”的特殊政策待遇，政策优势集聚。亦庄园是国研智库创新科学园的首家园区，是具有国研智库体系特色的创新基地。写字楼硬件设施优秀，配套设施完备，满足国际企业高端商务的多元化需求，园区提供一键式办公服务，食堂、酒店、金融机构、学校等基本配套设施完备。

（赵雅超）

国研智库创新科学园投资股份有限公司

董事长 包月阳

总经理 张诗雨

支撑产业

综述

2020年，经开区支撑产业有序、平稳发展。都市工业方面，中粮可口可乐饮料（北京）有限公司推出纯悦果味水系列饮料、小宇宙AHHA系列饮料、芬达茉莉花饮料等新产品；亿滋食品（北京）有限公司推出樱花草莓和酸甜青梅口味奥利奥全新产品；和路雪（中国）有限公司超级可爱多甜筒、可爱多棒棒等新产品上市；宝健（中国）有限公司推出15款新产品，开发微信小程序“宝健i购”微商模式；北京章光101科技股份有限公司推出章光101F莹润养发精油、章光101F肽肽修护洗发水、章光101F盈润滋养精华液等18款自主研发的新品；北京中纺化工股份有限公司承担的中国纺织科学研究院有限公司项目“NMMO绿色合成工艺关键技术开发”结题，NMMO溶剂投产，打破进口产品的垄断局面；北京华联印刷有限公司印刷数字技术开发研究中心和数码中心挂牌。

都市服务业方面，中铁十九局集团有限公司在西藏玉龙铜矿改扩建工程实现超长续航纯电动非公路自卸车在国内高原矿山的首次应用；完成2.8米超大直径全套管全回转成孔灌注桩的施工，在国内陆地区域施建的工程中属首例；参与研发的中国黄金集团内蒙古矿业有限公司露天矿无人驾驶运输系统研究与应用项目实现乌山矿卡编组纯无人化运行，是国内首个实现矿用卡车编组纯无人化运行的项目。锋创科技发展（北京）有限公司获国家高新技术企业认定，锋创科技园被认定为2020年度国家小型微型企业创业创新示范基地，锋创科技园所在的北京经济技术开发区国家人工智能高新技术产业化基地被科技部认定为国家高新技术产业化基地。东港瑞云数据技术有限公司上线国内首个区块链电子档案平台——中小微企业档案管理云平台。国家智能汽车与智慧交通（京冀）示范区亦庄基地成为全国第七家由交通运输部认定的自动驾驶封闭场地测试基地。

（万轶群）

都市工业

资生堂丽源持续开展公益活动

3月，资生堂丽源化妆品有限公司落实资生堂集团的“爱心接力 Relay of Love”项目，通过中国妇女发展基金会向武汉抗疫一线的医务工作者及其他一线防疫工作人员捐赠2.8万支欧珀莱丝柔玫瑰护手霜和5000支欧珀莱润体霜，总价值为172万元；8月，通过北京青少年发展基金会向曾经捐建的分别位于北京市延庆区、河北省丰宁满族自治县、四川省蓬安县的3所“花之友”希望小学捐赠价值5000元的美术用品，并开展绘画比赛；9月，为北京市大兴区榆垡镇第一中心小学捐赠价值5000元的图书和防疫物资，并向困难家庭学生捐赠价值3000元的生活学习物品；12月，连续6年参与中国香料香精化妆品工业协会组织的“爱心书包”捐赠活动，向贵州省贫困地区学生捐赠价值9万余元的爱心书包。

（邢迪）

华联印刷2个中心挂牌

8月10日，北京华联印刷有限公司印刷数字技术开发研究中心和数码中心挂牌。印刷数字技术开发研究中心是市科委于2010年认定的。自2015年以来，华联印刷加大了在技术研发方面的投入，配置专业人员，建立印刷检测实验室，在数字化工作流程建设、工艺改进、职业安全保障、后道包装自动化生产线研发等方面进行探索，为印刷数字技术开发研发中心配备专门的产品开发实验室，满足研发各环节的硬件需求；在印刷标准化、印刷智能制造、印刷材料科学等方面进行深入研究，提供相应的技术解决方案。印刷数字技术开发研发中心以印刷技术研发推广、解决当前生产经营技术难点，服务营业、服务生产为己任，将研发成果转换为公司竞争力。数码中心按照国家保密局对甲级涉密印制资质管理的要求建设，是华联印刷业务拓展的新方向，主要工作内容是数字化的工作流程、数码印刷、安全保密印刷、设计排版等，推动华联印刷涉密印制业务全面展开。

（陈林林）

·都市工业企业（选介）·

北京百花蜂业科技发展股份公司

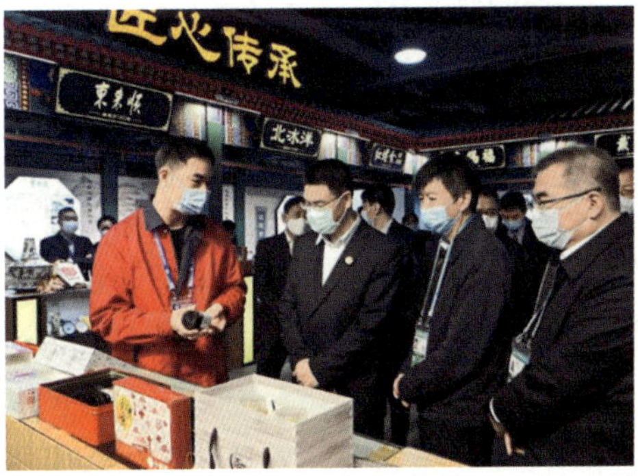

百花蜂业参展第三届中国国际进口博览会　　王大鹏 摄

2020年，北京百花蜂业科技发展股份公司（简称百花蜂业）的营业收入为13912.86万元，资产总额为37160.12万元，利润总额为−2186.12万元，纳税总额为284.18万元。公司有正式员工103人、劳务工47人。年内，百花蜂业通过湖北省鹤峰县国鑫家庭农场收购当地中蜂蜂蜜5088千克，价值65.13万元，帮助当地蜂农解决因疫情导致的农产品销售受阻问题，并收到湖北省供销合作总社的感谢信；参展第三届中国国际进口博览会；吉林省副省长李悦，中华全国供销合作总社理事会主任、党组副书记喻红秋分别到百花蜂业调研。

百花蜂业的前身是创建于 1919 年的李林园养蜂场；1999 年，北京百花蜂产品有限责任公司成立；2004 年 7 月，公司总部迁入经开区，建成符合国家标准的 GMP 保健品生产车间；2011 年，整体改制为北京百花蜂业科技发展股份公司。公司是一家具有百年历史的中华老字号企业，是集科研、生产、经营于一体的蜂产品高新技术企业。公司经营范围包括蜂蜜、蜂花粉、蜂王浆、蜂胶、日化、蜂产品制品六大类 140 多个品种，其中蜂蜜类产品销往全国 27 个省市；销售渠道包括商超、专卖店和电商。公司作为中国蜂产品协会副会长单位、蜂蜜专业委员会主任单位，参与蜂蜜、蜂王浆、蜂胶、蜂花粉等产品的国家标准制定工作。公司领导兼任中国蜂产品协会副会长、中国蜂协蜂蜜专业委员会主任。

（钟一鸣）

北京百花蜂业科技发展股份公司

总经理 闵才良

北京新华印刷有限公司

2020 年，北京新华印刷有限公司（简称新华印刷）的营业总额为 4.05 亿元，利润总额为 600 万元，负债总额为 8876 万元，资产负债率为 21%，所有者权益为 3.42 亿元。年内，新华印刷做到疫情防控和复工复产两不误，完成期刊《求是》《解放军画报》、“两会”文件等的印制工作。截至 11 月底，公司完成党和国家的重要政治印件 1145.68 万册、11.37 万令。公司获外语教学与研究出版社颁发的 2019 年度优秀合作伙伴奖，被外文出版社评为重大主题出版图书定点印制单位，被工业和信息化部评为绿色工厂，被北京印刷协会评为北京印刷质量知名品牌企业，通过国家秘密载体印制甲级资质、绿色印刷中国环境标志产品和 ISO 9001 质量管理体系、ISO 27001 信息安全管理体系的再认证。

新华印刷的前身是成立于 1949 年 4 月 24 日的北京新华印刷厂，是由中国出版传媒股份有限公司和中国文化产业发展集团有限公司共同出资组建的国有大型综合性印刷企业。2007 年 5 月，北京新华印刷有限公司注册成立，2010 年投产运营，注册资本为 2 亿元，固定资产为 5 亿元，占地面积为 3 万平方米，建筑面积为 5.4 万平方米。公司经营范围包括经典书籍、精美画册、期刊、商业广告、包装、证件等的制版、印刷、装订。公司作为国家印刷示范企业，长期承担国家重点图书和文件的印制工作，是中央国家机关、中直机关、中宣部政府采购定点印刷单位。公司通过 ISO 9001 质量管理体系、ISO 14001 环境管理体系、OHSAS 18001 职业健康安全管理体系和 ISO 27001 信息安全管理体系认证，获强制性清洁生产审核证书，拥有国家秘密载体印制甲级资质；获中环联合认证中心颁发的中国环境标志产品认证证书，是首批通过绿色印刷中国环境标志产品认证的企业；连续多年获质量管理十佳企业、印刷知名品牌企业、首都文化企业三十佳等称号；2019 年首批成为北京市出版物印刷服务首都核心功能重点保障企业；印制的图书多次获中华印制大奖等。

新华印刷大楼外观　　王冬温 摄

（王冬温）

北京新华印刷有限公司

党委书记 兰本立

中粮可口可乐饮料（北京）有限公司

2020年，中粮可口可乐饮料（北京）有限公司（简称中粮可口可乐北京厂），有员工1187人。年内，中粮可口可乐北京厂推出纯悦果味水系列饮料、小宇宙AHHA系列饮料、芬达茉莉花饮料、“可口可乐生姜+”饮料、怡泉桃汁苏打水、怡泉苦柠苏打水、美汁源汁汁桃桃饮料、魔爪龍茶饮料、魔爪龍之金饮料、淳茶舍系列饮料、唷茶系列冰摇白桃乌龙茶饮料等新产品。公司通过全国文明单位复查，继续保留该称号。

中粮可口可乐北京厂的前身是成立于1981年的北京可口可乐瓶装厂，1992年北京可口可乐饮料有限公司成立，1999年在经开区建成新厂，投资总额为4300万美元，注册资本为1950万美元，占地面积为7万余平方米。2018年1月23日，公司更名为中粮可口可乐饮料（北京）有限公司。公司股东是中粮可口可乐饮料有限公司和北京北粮国际经贸有限公司。公司是可口可乐在北京地区唯一授权的装瓶厂，也是中粮可口可乐饮料有限公司旗下装瓶厂之一。公司拥有易拉罐、塑胶瓶、BIB生产线、无菌线等6条生产线，具有国际先进的饮料生产能力。公司主要产品包括可口可乐、可口可乐零度、可口可乐健怡、雪碧、芬达、怡泉系列汽水、魔爪系列、美汁源果汁系列、爆锐系列、唷茶系列、美汁源奶优系列、美汁源酷儿系列、水动乐系列、乔雅咖啡系列、冰露、纯悦、Costa咖啡系列、阳光茶系列、小宇宙AHHA系列、淳茶舍系列等，产品销售范围为北京市行政区域，汽水饮料在北京市场份额中的占比超过60%，果汁饮料市场占有率第二。公司在生产和管理中，采用可口可乐在全球推行的全面质量管理系统。

中粮可口可乐北京厂外观　　企业提供

（张晗）

中粮可口可乐饮料（北京）有限公司

总经理 展在中

亿滋食品（北京）有限公司

2020年，亿滋食品（北京）有限公司（简称亿滋北京）向市场交付了7.3万吨饼干类产品，超出年度计划产量的22.6%，有员工600人左右。公司推出全新产品樱花草莓和酸甜青梅口味奥利奥。

亿滋北京是亿滋食品企业管理（上海）有限公司全资的外商投资企业，前身为纳贝斯克，成立于 1985 年，于 2007 年搬迁至经开区经海三路 148 号，注册资本为 3500 万美元，占地面积为 5.6 万平方米，建筑面积为 4.1 万平方米，年产能为 12 万吨。公司有 6 条生产线，总投资 6.4 亿元，主要生产各类饼干产品，包括“奥利奥”“闲趣”“乐之”等品牌，部分产品出口至澳大利亚、新西兰、日本和马来西亚等国家。

（王萌）

亿滋食品（北京）有限公司

厂长 宋湘涛（5 月任）

杨润东（5 月免）

资生堂丽源化妆品有限公司

2020 年，资生堂丽源化妆品有限公司（简称资生堂丽源，英文简称 SLC）的工业总产值为 18.44 亿元，主营业务收入为 16.67 亿元，纳税总额为 2.47 亿元。公司有 21 家分公司，有员工 3371 人。2 月 24 日，资生堂丽源位于北京亦庄的办公室和工厂复工复产。年内，资生堂丽源被中国香料香精化妆品工业协会授予抗击新冠肺炎疫情先进企业称号；污水在线监测系统项目入选经开区 2019 年度绿色发展资金支持项目。

资生堂丽源成立于 1991 年 12 月 9 日，是入驻经开区的首家企业，是日本株式会社资生堂与北京丽源有限公司的合资企业。公司以生产化妆品为主，是集生产、销售、服务于一体的大型企业。公司生产销售的“欧珀莱（AUPRES）”品牌化妆品在全国 900 多家中高端百货店设有专柜，在天猫、京东、唯品会等电商渠道设立官方旗舰店或品牌官方授权店，在大型购物中心设立直营店，以满足消费者的多元化需求。

（邢迪 刘潇）

资生堂丽源化妆品有限公司

董事长 藤原宪太郎

副总经理 侯政红

和路雪（中国）有限公司

2020 年，和路雪（中国）有限公司（简称和路雪）的总资产为 40.45 亿元，净资产为 40 亿元，营业收入为 8.2 亿元，利润为 1.2 亿元，纳税总额为 2.08 亿元，有员工 210 人。2 月，和路雪复工复产。年内，和路雪新产品超级可爱多甜筒、可爱多棒棒等试产成功并上市；直线 1 生产线新增双层传送带，可同时生产单支产品和加装产品，提高生产效率；直线 3 生产线隧道设备托盘改造，设计使用高低托盘，满足新工艺的投产；混料车间扩建小混料区域，新增储存罐、小巴氏系统等设施，满足生产需求；VKING2 生产线设备移机，由大可爱多改为迷你可爱多模式，增加迷你可爱多的投产量，满足国内市场需求；罗盘生产线整体移机，满足新增生产线设备的安装空间；围巾 2 生产线、可丽波生产线、直线 3 生产线、直线 4 生产线改变工艺模式，开箱机集中开箱，减人增效，优化空间；工厂新建维修间和库房办公室等。

和路雪成立于 1993 年 5 月 24 日，注册资本为 1.8 亿美元，位于经开区万源街 16 号，是由联合利华（中国）投资有限公司投资的外商独资企业。公司主要从事冰激凌、糖果制品、冷冻产品的设计、开发、生产，以及产品原辅材料的批发、佣金代理、商品进出口等，产品在中国、澳大利亚、南非等国家和地区销售。

（乔悦）

和路雪（中国）有限公司

厂长 杜蓉娟

北京金辰西维科安全印务有限公司

2020年，北京金辰西维科安全印务有限公司（简称金西公司）有员工近500人。公司中标国家部委安全防伪证件项目、军队证件项目等。

金西公司成立于1995年12月20日，注册资本为6640万元，位于经开区荣昌东街甲1号，占地面积为1万平方米。公司是专门从事国内外高安全防伪证卡、IC卡、票据、证券、防伪商标等防伪产品设计和印制的国家级专业高安全防伪证卡印制企业，是中央国家机关政府采购印制定点单位。公司通过ISO 9001质量管理体系、ISO 14001环境管理体系、GB/T 28001职业健康安全管理体系、ISO 27001信息安全管理体系和绿色印刷中国环境标志产品认证等，具有银联标识产品企业资质认证证书、印刷经营许可证等生产资质和行业许可。

（程砚春）

北京金辰西维科安全印务有限公司

总经理 王永捷

加多宝（中国）饮料有限公司

2020年，加多宝（中国）饮料有限公司（简称加多宝）有员工近1万人。年内，加多宝获中国食品工业协会品牌战略工作委员会颁发的2020“抗击疫情”·点赞中国食品品牌称号；获中国食品工业抗击新冠疫情先进单位称号；获中国质量检验协会颁发的全国饮料行业质量领先品牌、全国饮料行业质量领先企业、全国质量信誉保障产品称号；在2020博鳌全球饮品高峰论坛上，获年度消费者青睐品牌称号；在2020年（第十四届）中国食品产业成长之星评选活动中，获中国食品行业社会责任奖。

加多宝创立于1995年，是一家集原材料种植、饮料生产和销售于一体的大型企业，旗下产品包括罐装、瓶装、盒装“加多宝凉茶”“昆仑山雪山矿泉水”。1996年，首创并推出第一罐罐装凉茶；1998年，在广东省东莞市长安镇建立首个生产基地；2010年，获全球食品工业奖，成为中国首家获此殊荣的凉茶饮料民族品牌；2008年和2011年，均获民政部颁发的中华慈善奖；2012年，启用“加多宝”品牌；2015年，推出金罐凉茶；2016年，入选第十届中国品牌价值500强榜单；2017年，获中国食品工业协会授予的2017年度消费者喜爱的品牌之星称号；2018年，经典红罐重装上阵，入选中央电视台2018年“CCTV国家品牌计划”；2019年，获第26届中国国际广告节年度深度营销金奖和年度品牌塑造奖。

（吴建华）

加多宝（中国）饮料有限公司

董事长 王金昌

宝健（中国）有限公司

2020年，宝健（中国）有限公司（简称宝健）的总资产近40亿元。员工有261人，其中技术、研发人员34人，具有大专及以上学历人员242人。年内，宝健拓展产品线，推出15款新产品；销售渠道融合“互联网+”新模式，直播、短视频等方式让营销更生动；开发微信小程序“宝健 i 购”微商模式；推进公益项目，希望学校、关爱园丁、创业就业、精准扶贫等项目均有新进展。宝健多次捐赠湖北省、广西壮族自治区、北京市等地，累计捐赠超过 3000 万元物资，《中国消费者报》对宝健进行特刊专版报道；作为“企业抗疫优秀案例”入选由中国社会科学院编写的《中国企业抗击新冠肺炎疫情研究报告》；举办“关爱园丁 · 战疫行动”主题系列活动，为宝健希望学校的教师群体提供健康保障与爱心帮助；向湖南省汨罗市弼时镇李家塅宝健希望学校捐赠 100 万元建校资金，向新疆维吾尔自治区墨玉县十村捐资 100 万元用于精准扶贫。公司被中国质量检验协会评为全国产品和服务质量诚信示范企业、全国保健品行业质量领先企业、全国百佳质量检验诚信标杆企业、全国质量诚信标杆企业，获《公益时报》颁发的第十届中国企业社会责任卓越奖、2020 年度公益事业特别贡献奖和 2020 年度中国公益企业称号；宝健、宝萃健、宝芙、宝馨系列产品被中国质量检验协会评为全国质量检验稳定合格产品；实验室获中国合格评定国家认可委员会（CNAS）颁发的认可证书；宝健公益基金会被市民政局评为 AAAA 级社会组织，获中国红十字会颁发的奉献奖章和证书；在第四届 CSR 中国教育奖评选活动上，“宝健关爱园丁”项目获最佳年度 CSR 品牌称号、SDGs 联合国可持续发展目标特别奖以及公众认可度特别奖。

宝健于 1995 年进入中国，1996 年开始运营，是一家专业从事健康理念传播及健康产品生产、销售的大型高科技健康企业，产品横跨营养保健、美容护肤、日用护理、健康家居四大类别。宝健是宝健国际集团的全资子公司，2008 年宝健亚太营运总部在经开区落成，是集原料生产和产品研发于一体的综合园区。宝健在全国各地拥有 18 个基地，近 1500 家门店。宝健始终秉承“诚信经营，稳健发展”的经营原则，每年以超过 20% 的速度稳健增长。宝健还携手中国青年创业就业基金会开展精准扶贫、自主创业项目。宝健在十余年中帮助 12 万人就业、创业，成功率高达 95%。

（曾恕媛）

宝健（中国）有限公司

总裁 李道

葆婴有限公司

葆婴厂房外观　　企业提供

2020 年，葆婴有限公司（简称葆婴）的销售总额超过 31 亿元，纳税总额超过 7 亿元。年内，葆婴继续作为体育总局训练局的“体育 · 训练局赞助商”，为运动员提供备战保障产品；公益项目捐赠资金达 513.06 万元；获中国质量检验协会颁发的全国质量诚信标杆企业称号；在 2020 年 CSR 竞争力——中国企业社会责任评选中获精准扶贫典范奖。

葆婴成立于 1999 年 1 月 1 日，公司注册资本为 3000 万美元，总投资为 9000 万美元，总部位于经开区景园街 9 号，是一家专业从事健康理念传播以及健康产品研发、生产、销售和服务，为孕妇、婴幼儿等提供营养健康食品和全面系统健康资讯的外商独资企业。2016 年 11 月底，新工厂投产，建筑面积为 3 万余平方米，总产能达百亿元以上。公司在全国设有 29 个分支机构，其所有保健食品均获保健食品注册证书或保健食品备案凭证。公司产品包括针对母婴健康的葆婴系列、针对成人健康的葆苾康系列和优莎纳系列、唤醒肌肤健康活力的肌肤营养系列，全线 39 款产品。产品加工制造符合中国国家标准，工厂按照 GMP 标准进行生产。公司连续多年被评为食品安全示范单位、消费者信赖品牌、质量管理示范企业等。

（狄宇）

葆婴有限公司

总裁 聂怀禹

北京大宝化妆品有限公司

2020 年，北京大宝化妆品有限公司（简称大宝化妆品公司）的总资产为 3.6 亿元，净资产为 1.2 亿元，工业总产值为 6.96 亿元，营业收入为 6.55 亿元，纳税总额为 1.09 亿元。年内，大宝化妆品公司与拼多多（上海）网络科技有限公司合作，实现客户在“拼多多”App 下单后由工厂直发产品，减少传统销售模式中产品包装纸箱的使用及出厂转运过程中的碳排放，截至 2020 年年底，节省约 30 吨纸箱、减少 55 吨碳排放；启动大宝重塑项目计划，通过优化生产布局将能源消耗降低 5%。公司入选 2020 年中国美妆品牌足迹排行消费者选择最多的护肤品牌榜单，通过 ISO 14001:2015 环境管理体系的换证审核；员工崔雪莲获 2020 年北京市劳动模范称号。

大宝化妆品公司成立于 1999 年 1 月 29 日，位于经开区荣华中路 12 号，占地面积为 2.51 万平方米，建筑面积为 4.49 万平方米，2002 年投产。2008 年 7 月 30 日，强生公司完成对大宝化妆品公司的收购。公司主要产品包括大宝 SOD 蜜、SOD 蛋白蜜、SOD 滋润霜、美容洗面奶、美容日霜和晚霜等。公司通过 ISO 14001:2015 环境管理体系认证、国家清洁生产审核，获北京市安全文化建设示范企业、BrandZ™ 最具价值中国品牌 100 强、个人护肤品牌首位等称号，大宝 SOD 蜜升级的全新包装获 2014 中国可持续发展包装榜样大奖。

（王蔚）

北京大宝化妆品有限公司

厂长 杨京宜

北京章光 101 科技股份有限公司

2020 年，北京章光 101 科技股份有限公司（简称章光 101 公司）的营业收入为 11141 万元，利润总额为 1215 万元，纳税总额为 1141 万元。年内，章光 101 公司推出章光 101F 莹润养发精油、章光 101F 肽肽修护洗发水、章光 101F 盈润滋养精华液等 18 款自主研发的新品；章光 101 盈密防脱香波（G20200845）、瑞丝生姜防脱育发洗发水（G20200938）、瑞丝生姜防脱健发护发素（G20200249）、瑞丝生姜防脱健发免蒸发膜（G20200248）、章光 101 盈密防脱修复护发素（G20200247）5 款产品获国产特殊用途化妆品批件。公司参与中国香精香料化妆品工业协会组织的 2020 年度走进贵州——中国香化协会爱心校服公益活动、北京企业评价协会主办的“传

递书香 点亮阅读”爱心捐书活动等。公司在 2020 年全国商业科技质量大会上获 2020 年全国商业质量奖，被北京日化协会评为“五星级”诚信长城杯企业、2019 年度信息建设工作单位、2019 年度优秀科普工作单位，被中国香料香精化妆品工业协会评为抗击新冠肺炎疫情先进企业；章光 101 头皮护理系列产品及章光 101 洗护系列产品被北京市产品评价中心评为北京市优质产品；董事长赵章光在 2020 中国经济传媒大会上被评为 2020 中国经济新闻人物 · 健康产业领军者。

章光 101 公司成立于 1999 年 7 月 19 日，注册资本为 7500 万元，位于经开区永昌中路 4 号，以赵章光自主研发的章光 101 生发、防脱发和护肤系列产品等为主导产品。公司研发团队由药学、医学、化学、生物工程等方面的专业人员组成，临床研究人员的专业以皮肤病、毛发专业为主。公司产品包括生发、养发、防脱发和护肤 4 个系列 80 多个品种，除“章光 101”系列外，开发以养发为主的子品牌“瑞丝”系列产品，满足不同层次、不同类型头发亚健康人士的需求。公司有北京、乐清 2 个生产基地，产品行销 65 个国家和地区。公司被评为中国节能环保优势推动力企业、北京市信用企业和北京诚信经营承诺企业、北京市诚信创建企业、信用 AAA 级企业、国家安全生产标准化二级企业，获中医药服务突出贡献奖、中国绿效企业绿色责任奖、科技创新企业优秀奖等。

（郑伟涛 王亚娟）

北京章光 101 科技股份有限公司

董事长 赵章光

总 裁 赵旭良

北京中纺化工股份有限公司

2020 年，北京中纺化工股份有限公司（简称中纺化工）的总资产为 1.54 亿元，净资产为 1.05 亿元，营业收入为 1.83 亿元，利润总额为 654 万元，净利润为 684 万元，有员工 146 人。年内，中纺化工响应国家防疫要求，完成可重复使用防护面料的研究开发和市场投放，“可重复用 PET/PTFE 系列医用防护面料的技术开发与产业化”项目获中国纺织工业联合会科学技术进步奖二等奖。公司承担的中国纺织科学研究院有限公司项目“NMMO 绿色合成工艺关键技术开发”完成结题工作，NMMO 溶剂投产，打破进口产品的垄断局面。公司通过 ISO 9001 质量管理体系认证年度监督审核、北京市高新技术企业复审，获中关村高新技术企业认证；4 件发明专利获国家知识产权局授权；23 种产品通过国际纺织和皮革生态学研究和检测协会认证，25 种产品进入有害化学物质零排放缔约品牌联合会（ZDHC）推荐环保化学品清单。

中纺化工成立于 2000 年 8 月 1 日，注册资本为 5300 万元，是中国纺织科学研究院有限公司（简称中纺院）控股的高新技术企业，从事纺织化学品和生物酶制剂的研发、生产和销售，同时进行特种纺织品研发并提供技术服务。公司科研队伍由纺织、印染、高分子化学、精细化工、生物化工等领域的科技人员和专家组成，建有化工合成、化学分析、生物工程、纺织染整等专业实验室。公司先后在北京、绍兴、东莞建立生产基地，并建立了覆盖全国的市场营销网络。公司依托中纺院在技术、人才、信息和地域等方面的优势，完成苎麻脱胶助剂、油剂和脱胶工艺的研究等多项国家级重点科研项目。公司是北京市科技研究开发机构、北京市专利试点单位和纺织行业面料防水技术创新中心。公司曾获“九五”国家重点科技攻关计划优秀科技成果奖、国家科学技术进步奖三等奖、中国纺织工业联合会科学技术进步奖二等奖等。

（彭文）

北京中纺化工股份有限公司

董事长 李开占

总经理 朱清峰

北京盛通印刷股份有限公司

2020年，北京盛通印刷股份有限公司（简称盛通股份）的资产总额为25亿元，营业收入为20.4亿元，纳税总额为7623.32万元。公司有15家全资子公司，有员工近2000人。年内，盛通股份成立盛通教育研究院，与北京师范大学达成战略合作；与北京亦庄教育科技有限公司签订亦庄教育服务站合作协议。公司被工业和信息化部评为绿色工厂、绿色供应链管理企业；被市经济信息化局评为2019年度北京市智能制造标杆企业；获包装印刷行业VOCs综合治理标杆企业、2020北京民营企业文化产业百强企业、2020北京民营企业社会责任百强企业称号。

盛通股份成立于2000年11月30日，注册资本为5.48亿元，是一家以出版物印刷服务、儿童素质教育服务为主要业务的上市公司（证券代码：002599）。公司业务涵盖综合出版服务和素质教育培训服务两大板块。在综合出版服务方面，公司为客户提供自有产能加工、创意设计、装帧排版、产能管理、原材料供应链、图书仓配等全产业链综合解决方案；在素质教育培训服务方面，公司为中国青少年提供关注学习者自驱力和自我认知能力、适应未来的可迁移能力等方面培养的教学内容，以及个性化、大规模、高效率并存的教学场景相结合的素质教育服务和产品。公司蝉联4届中国出版政府奖（印刷复制奖），先后获国家高新技术企业、国家印刷示范企业、绿色印刷标兵示范单位称号。

（佟芳）

北京盛通印刷股份有限公司

总经理 栗延秋

北京华联印刷有限公司

2020年，北京华联印刷有限公司（简称华联印刷）的总资产为4.09亿元，营业收入为2.91亿元，纳税总额为1335万元，净利润为1211万元。员工有488人，其中一线生产人员302人，具有大专及以上学历人员107人。年内，华联印刷精装图书包装自动化生产线投产；完善技术研发立项实施管理办法，从制度层面支持新工艺、新技术、新产品、新项目的研发和落地；凭借公司涉密印刷资质中标多项保密印刷项目，推动公司对涉密印制区域的升级改造，新的涉密印制区域面积是原来的9倍，增加全新高品质的黑白和彩色数码印刷机、装订设备，能够实现每年4000万印的数码印刷产能；印刷数字技术开发研究中心和数码中心挂牌；与北京亦庄教育科技有限公司、北京长城研修学院举行亦庄教育服务站授牌仪式。公司获外语教学与研究出版社颁发的外研社2019年度最佳印装供应商奖，被市总工会评为市级职工创新工作室，通过北京市安全生产标准化二级企业评审；获中国印刷技术协会颁发的参与印刷全行业开展的助力“双决”、精准扶贫系列活动证书，中国印刷技术协会成立 40 周年致敬时代榜样活动特别贡献集体奖；获北京联合出版有限责任公司颁发的优秀合作伙伴称号；在 2020 年美国金墨奖的评比中，首次成为中华商务（香港）联合印刷有限公司获金奖数、获奖总数第一的公司。

华联印刷成立于 2001 年 4 月 29 日，注册资本为 3000 万美元，位于经开区东环北路 3 号，总建筑面积为 3.36 万平方米，厂区占地面积为 2.59 万平方米，2002 年 8 月 16 日开业投产，是中华商务联合印刷（香港）有限公司的全资子公司。公司是中国加入世界贸易组织（WTO）后由政府批准设立的大型现代化印刷企业，是国家印刷示范企业、国家文化出口重点单位、国家高新技术企业。公司以传承股东“中华商务”百年文化品牌为使命，将企业定位于精品印刷服务提供商，主要从事图书、期刊、广告、商标、安全保密产品、数码印刷产品及其他商业产品的全产业链印刷服务，为客户提供全方位的一站式印刷服务。

（陈林林）

北京华联印刷有限公司

董事总经理 朱敏

北京东港安全印刷有限公司

2020 年，北京东港安全印刷有限公司（简称北京东港）在应对疫情的同时恢复生产。公司副总经理冯海涛获第十四届北京印刷进步奖。

北京东港于 2004 年 8 月 25 日由东港股份有限公司投资成立，位于经开区经海四路 139 号，注册资本为 5000 万元。公司主要从事商业防伪票据印刷、数字印刷、数据处理和邮发封装等业务，专注于高新技术的研发与推广。公司是国家级印刷示范企业、国家高新技术企业、中关村高新技术企业、国家秘密载体印制甲级资质企业，通过绿色印刷中国环境标志产品资质认证，以及 ISO 9001 质量管理体系、ISO 14001 环境管理体系、GB/T 28001 职业健康管理体系、ISO 27001 信息安全管理体系等的认证。

（钱刚）

北京东港安全印刷有限公司

董事长 刘宏

总经理 高瞻

都市服务业

锋创科技与亦庄担保签订战略合作协议

1 月，锋创科技发展（北京）有限公司与北京亦庄国际融资担保有限公司签订战略合作协议。根据协议，亦庄担保将为锋创科技提供担保公司政策、行业等方面的资料和信息，锋创科技则向亦庄担保提供园区政策等方面的资料和信息；亦庄担保出台促进锋创科技园园区内企业信用体系建设和投融资服务的相关政策，建立企业信用激励机制，鼓励锋创科技园园区内企业以主动立信为基础，不断提升信用意识和融资能力。全年亦庄担保为园区 4 家企业筹得 2000 万元无抵押贷款。

（孔乐）

北京智能车联牵头编制的团体标准发布

2 月 10 日，由北京智能车联产业创新中心有限公司牵头，清华大学、北京千方科技股份有限公司、北京百度网讯科技有限公司、北京中交兴路信息科技有限公司联合编制的《自动驾驶车辆道路测试数据采集要求》（T/CMAX 43001—2019）团体标准发布，并于2月11日起实施。该标准规定自动驾驶车辆道路测试过程中数据采集的相关技术要求，用于自动驾驶车辆道路测试的安全监管与脱离、事故的分析和还原。8月18日，由北京智能车联牵头，北京三快在线科技有限公司、北京京东乾石科技有限公司、北京智行者科技有限公司等企业联合编制的《服务型电动自动行驶轮式车道路测试能力评估内容与方法》（T/CMAX 21001—2020）团体标准发布，并于8月19日起实施。该标准规定服务型电动自动行驶轮式车道路测试能力评估内容与方法，适用于对申请道路测试的服务型电动自动行驶轮式车自动驾驶能力的评估，评估结果可以作为服务型电动自动行驶轮式车能否进行道路测试的依据。

（张文乐）

锋创科技与北京扶正肿瘤医院达成合作

3月17日，锋创科技发展（北京）有限公司与北京扶正肿瘤医院签署战略合作协议。双方将基于各自专业领域的资源与优势，聚焦医疗科技创新，共同搭建临床服务平台。北京扶正肿瘤医院是经开区唯一一家集肿瘤诊疗、药物临床试验、生物样品检测、药品研发于一体的临床研究型三级肿瘤专科医院。根据协议，该医院将依托临床服务平台，为锋创科技园园区内的生物医药企业提供临床Ⅰ期、Ⅱ期试验服务，解决企业在研发和市场化过程中遇到的临床瓶颈问题等。此次合作为锋创科技园园区入驻企业引入先进医疗技术及稀缺资源，打造全新生态合作联盟，完善园区服务体系，为园区企业增添前进动力。

（孔乐）

中铁十九局承建的3条隧道贯通

4月7日，中铁十九局集团有限公司施工的国内首条高原冰碛层隧道——川藏铁路拉林段米林隧道贯通。7月1日，中铁十九局施工的中国铁建首条矿山工程公路隧道——井陉矿山项目南白花隧道贯通，该项目位于河北省石家庄市井陉县境内，是华北地区最大的在建绿色建材矿山项目，也是石家庄围绕传统产业升级改造高标准打造的矿山治理示范区。11月28日，中铁十九局施工的中老铁路第一长隧——安定隧道贯通。

（方迎春）

北京智能车联承担的课题通过验收

5月28日，由北京智能车联产业创新中心有限公司、赛迪检测认证中心有限公司和中国移动通信有限公司共同承担的“车辆道路测试自动驾驶能力评估规范方法研究及技术验证”课题（课题编号为：Z181100004618002）通过市科委组织的专家验收。该课题自2018年1月开展，至2019年12月结题，编制全国首套自动驾驶系列标准，为北京市自动驾驶道路测试提供关键技术支撑。

（张文乐）

北京智能车联支持开展国家标准验证实验

6月4—5日，由全国汽车标准化技术委员会智能网联汽车分技术委员会（SAC/TC114/SC34）牵头、北京智能车联产业创新中心有限公司支持的推荐性国家标准《智能网联汽车 自动驾驶功能场地试验方法及要求》首次验证试验在国家智能汽车与智慧交通(京冀)示范区亦庄基地开展。此次验证试验聚焦于验证标准场景选取和重要参数设置的合理性，分为关键参数选取方案测试和测试用例可行性试验两部分。北京智能车联作为标准编辑组成员单位，在标准编制过程中贡献了其在支撑推进北京市自动驾驶工作中取得的宝贵经验和体系化思考总结，并通过支撑本次验证试验有效推进标准制定，进一步完善标准内容，提升标准质量。

(张文乐)

中铁十九局参建的多个项目通车

6月30日，中铁十九局集团有限公司参建的喀赤高铁通车，标志着内蒙古自治区赤峰地区接入全国高铁网。7月1日，中铁十九局参建的沪苏通铁路通车，主持研发的“时速200公里客货共线预应力混凝土箱梁关键技术应用研究”是沪苏通铁路建设中的一项重要创新，为国内首次设计、试验并投入使用的23孔大吨位锚具施工技术预制整孔箱梁，形成了包括大吨位预应力张拉工艺等在内的成套箱梁施工技术，社会、经济、环保效益显著，达到国际先进水平。7月16日，中铁十九局参建的国务院扶贫重点公路工程建(始)恩(施)高速公路通车，将建始至恩施的车程缩短至1小时以内。9月27日，中铁十九局参建的衢(州)宁(德)铁路通车，该铁路是一条精准扶贫铁路，结束了浙江省遂昌县、松阳县、庆元县、龙泉市和福建省松溪县、政和县、屏南县、周宁县8个县市不通铁路的历史。9月30日，中铁十九局参建的坦桑尼亚乌本戈立交桥二层桥通车，该桥是坦桑尼亚境内第一座多跨多层立交桥。12月11日，中铁十九局参建的国家重点基础设施建设项目连镇高铁全线通车。12月26日，中铁十九局参建的环渤海能源新通道黄大铁路提前全线通车；参建的串联陕甘宁革命老区的首条高铁——银西高铁通车，使银川至西安的时间由原来的14小时缩短至3小时。12月27日，中铁十九局参建的京雄城际铁路全线通车，通车后北京西站至河北省雄安新区的最快旅行时间为50分钟、大兴机场至河北省雄安新区的最快旅行时间为19分钟。12月31日，中铁十九局参建的途经云南省威信县的首条高速公路——宜毕高速公路通车。12月31日，北京地铁16号线中段工程通车，中铁十九局负责全线屏蔽门系统工程安装调试。

(方迎春)

中铁十九局矿山工程开启绿色运输模式

6月，中铁十九局集团有限公司在西藏玉龙铜矿改扩建工程实现超长续航纯电动非公路自卸车在国内高原矿山的首次应用，将“绿色矿山”从构想带入现实，开启中铁十九局矿山工程绿色运输的新模式。超长续航纯电动非公路自卸车具有新能源产品节能环保、清洁低噪的特性，其电机制动系统的能量回收率超过10%，全工况下系统效率处于高效率区的时间超过80%。该车采用先进的控制逻辑，对电机、变速箱、电池高效区进行优化统筹，与同类产品相比可节约5%以上的能量；对重复运营路线进行车辆动力性的大数据采集，自行优化能量分配和换挡点，使节能效果更明显，符合矿山工程高效率、高质量的发展趋势。

（方迎春）

中泰德信推动档案数字化管理

大数据联合实验室 企业提供

6月，中泰德信（北京）档案管理有限公司全资子公司北京中泰德信科技有限公司与中国测绘科学研究院联合成立大数据联合实验室。该实验室总部设在经开区地盛中路2号院，占地面积为200平方米，以档案大数据应用为主要研究方向，致力于智慧档案软件研发、智慧档案馆（室）建设、档案资源数字化等档案数据应用场景的建设，为企业提供安全、便捷的档案数字化服务，业务范围辐射全国。

（杨晓云）

中铁十九局灌注桩施工技术取得突破

9月20日，中铁十九局集团有限公司组织实施的叙毕铁路鱼洞乡特大桥5#主墩桩径2.8米、桩长94米的全套管全回转成孔灌注桩，历时126天施工完成。全套管全回转成孔灌注桩工法是世界上三大成桩工艺中最先进的一种，2.8米超大直径全套管全回转成孔灌注桩工法的应用在国内陆地区域施建工程中属于首例，标志着中铁十九局再次刷新了国内陆地区域全套管全回转成孔灌注桩施工技术新高度。

（方迎春）

中铁十九局乌山项目实现无人化运行

10月，由中国黄金集团内蒙古矿业有限公司、徐工集团徐州徐工矿业机械有限公司、中铁十九局集团有限公司联合研发的中国黄金集团内蒙古矿业有限公司露天矿无人驾驶运输系统研究与应用项目实现乌山矿用卡车编组纯无人化运行，是国内首个实现矿用卡车编组纯无人化运行的项目。该项目形成一套完整的露天矿无人运输作业系统，可满足乌山露天矿对少人化、无人化作业的生产要求，提升作业安全性，实现露天矿山的安全、高效生产。

（方迎春）

中外运敦豪助力全球供应链稳定运行

中外运敦豪派送车辆冒雪为客户递送防疫物资 企业提供

年内，中外运－敦豪国际航空快件有限公司在疫情暴发后人力、运力各方面资源紧张的情况下，充分挖掘并最大化利用各项资源，支持政府、企业和个人等各类客户的进出口和发件需求，确保全球供应链“中国段”不断链。截至7月30日，中外运敦豪累计运送进出境医疗防疫物资超过9000吨。其中，公司配合多个政府部门，为中国驻海外使领馆工作人员和留学生承运紧急医疗防疫物资；针对个人客户推出面向美国、英国、德国等6个国家的“爱心防疫包”特惠服务，并在全国范围内推广，通过为期 1 个月的特惠服务，累计向海外运送超过 200 吨的个人防疫物资。11 月，“DHL 隔海不隔爱　海外留学生抗疫行动策略计划”项目（“爱心防疫包”项目）获 2020 金旗奖企业社会责任类案例金奖。

（黄怡）

中外运敦豪总部大楼被评为节能改造典范

中外运敦豪北京总部大楼外观　　企业提供

年内，中外运－敦豪国际航空快件有限公司总部大楼的玻璃幕墙改造项目作为典型案例，被市住房城乡建设委主编的《公共建筑节能绿色化改造北京案例详析》一书收录。该项目于 2019 年实施，采用遮阳智能控制系统用于大楼玻璃幕墙外遮阳，通过设定光感强度、回收窗帘，实现室内光线变化、季节性温度调控。改造完成后，每年可节省约 220 吨标准煤，综合节能率超过 25%。

（黄怡）

·都市服务业企业（选介）·

中铁十九局集团有限公司

2020 年，中铁十九局集团有限公司（简称中铁十九局）新签合同 311 项、总额为 730.79 亿元，其中集团母公司新签合同 149 项、总额为 518.57 亿元；营业总收入为 456 亿元，其中集团母公司营业收入为 278 亿元；利润总额为 1.8 亿元，其中集团母公司利润为 1.7 亿元。年内，在主要荣誉方面，中铁十九局获国家优质工程奖、鲁班奖各 1 项，省部级优质工程 12 项；全国建设工程优秀 QC 成果 4 个，省部级优秀 QC 成果 34 个；中铁十九局三公司兰渝铁路项目部三工区总工程师、工程师李绍杰获全国劳动模范称号。在工程荣誉方面，中铁十九局负责施工的广州地铁 18 号线和 22 号线获国家 AAA 级建筑安全文明施工标准工地和广东省房屋市政工程安全生产文明示范工地称号，朱溪水库获浙江省水利文明标化工地称号，敦当高速公路获甘肃省平安工地称号，御水澜湾房建获沈阳市安全生产标准化学习交流活动工地称号，射阳至盐城高速公路工程 SYJQ-2 标段获江苏省平安工地称号，无锡地铁 4 号线获江苏省安全星级工地称号，上海地铁 14 号线获上海市安全生产标准化工地称号，洛阳地铁 1 号线获河南省安全文明标准化示范工地称号，乌鲁木齐地铁 3 号线获新疆维吾尔自治区安全生产标准化工地称号，深圳地铁 16 号线获深圳市安全生产标准化工地称号，杭州地铁 5 号线获杭州市安全生产标准化管理优良工地称号。中铁十九局集团电务工程有限公司负责施工的无锡地铁 3 号线机电安装 03、04 工区获江苏省施工标准化星级工地称号。

中铁十九局的前身系中国人民解放军铁道兵第九师，1984 年 1 月 1 日集体转业并入铁道部，改编为铁道部第十九工程局，1999 年 12 月改称中铁第十九工程局，2000 年 9 月划归中央企业工委管理，2001 年 12 月企业改制后改称中铁十九局集团有限公司，归属国务院国资委管理，现为中国铁建的全资子公司。2009年7月，集团总部机关从辽宁省辽阳市搬迁至经开区荣华南路19号。公司为建筑行业大型施工企业，拥有铁路、公路、建筑、市政公用工程4个专业5项施工总承包特级资质、5项工程设计行业甲级资质，有爆破作业单位许可证（营业性）A级，同时拥有境外工程承包资质和对外经营权。公司涉及铁路、公路、轨道交通、矿山、房建、桥梁、隧道、市政、水利水电、机场、港口码头等诸多施工领域。公司下辖第一、二、三、五、六、七工程有限公司，电务工程有限公司，轨道交通工程有限公司，矿业投资有限公司，西藏工程有限公司，广州工程有限公司，华东工程有限公司，房地产开发有限公司，物资有限公司，工程检测有限公司，国际建设分公司，勘察设计院分公司，职工中心医院；设有东北、华北、西北、中原、华东、华中、西南、华南8个区域指挥部。公司施工领域遍及全国32个省、自治区、直辖市，以及东非、北非、中东、中亚、东南亚和南美洲地区。公司先后获全国优秀施工企业、全国先进建筑企业、全国质量管理先进单位、全国工程建设管理先进单位、全国守合同重信用企业、全国建设施工企业设备管理优秀单位、全国工程建设质量管理优秀企业、全国科技创新优秀企业、国家高新技术企业等称号。

（方迎春）

中铁十九局集团有限公司

董事长 杨哲峰

总经理 李华伟

中外运－敦豪国际航空快件有限公司

2020年，中外运－敦豪国际航空快件有限公司（简称中外运敦豪）全力确保全球供应链稳定运行。公司获中国物流与采购联合会授予的中国电子商务物流与供应链优秀服务商称号；获中国最佳客户联络中心与卓越客户体验评选组委会等颁发的“金音奖”2020中国最佳客户联络中心技术实践奖，中国公共关系网颁发的2020金旗奖企业社会责任类案例金奖，亚太顾客服务协会（APCSC）颁发的最佳客户联络中心、最佳效率顾客服务、最佳在线顾客服务及最佳顾客关系服务杰出奖，获CCCS客户联络中心标准委员会颁发的中国最佳客户联络中心奖。

中外运敦豪创建于1986年，由DHL和中国对外贸易运输（集团）总公司各注资一半成立，专注发展国际限时快递服务、全球范围的文件和包裹快递，是中国成立最早的国际航空快递领导者。公司已在中国建立起广阔的国际快递服务网络，遍及中国80%的人口聚集区和经济中心城市，拥有近8000名精通国际快递业务、熟悉本地情况的员工，为客户提供服务。公司的服务覆盖全国390个城市，在全国各主要城市建立100多家分公司和200多处办公设施；国际快递服务可直达其中159个主要城市，每周使用超过500架次商业航班和专机。

（兰嘉）

中外运－敦豪国际航空快件有限公司

董事总经理 吴东明

金鹰国际货运代理有限公司

2020年，金鹰国际货运代理有限公司（简称金鹰国际）在全国拥有18家子公司及办事处，有员工3000多人，启动运营站点220多个，覆盖3000多个终端配送网络。

金鹰国际成立于 1996 年 5 月 15 日，注册资本为 1428 万美元，位于经开区锦绣街 11 号。公司隶属于顺丰控股股份有限公司旗下专注供应链服务的板块“顺丰供应链”，业务覆盖中国内地、中国香港及中国澳门。公司结合德国邮政敦豪集团领先的供应链经验，以及顺丰控股股份有限公司在本地市场的丰富基础设施和客户基础，为跨行业企业客户提供优质一体化的供应链解决方案。公司致力于为客户提供基于行业运作特点的最优解决方案和运作经验，已为汽车行业、快消品和零售行业、高科技行业、生命科学与医疗行业、工程与工业制造行业、化工行业、能源行业、政府部门等领域客户提供全方位的供应链解决方案，以及仓储、运输及进出口关务等物流服务。

（马传伟）

金鹰国际货运代理有限公司

董事长 邹胤

北京嘉捷源技术开发有限公司

2020 年，北京嘉捷源技术开发有限公司（简称北京嘉捷集团）的总收入为 5.12 亿元，总资产为 47.44 亿元，纳税总额为 3046 万元，利润总额为 5115.9 万元。年内，北京嘉捷集团旗下北京明漫克斯科技有限公司获 2020 年“创客中国”北京市中小企业创新创业大赛暨“创客北京 2020”创新创业大赛初赛优秀承办单位称号；江西嘉捷鑫源科技有限公司“色温校正方法、系统及控制终端和计算机可读存储介质”（ZL 202010876438.1）1 件发明专利、北京嘉捷恒信能源技术有限责任公司“反峰电压消除电路和电机驱动系统”（ZL 202020729619.7）1 件实用新型专利获国家知识产权局授权。

北京嘉捷集团成立于 1998 年，1999 年进入经开区，从一家以电力电子为核心业务的高科技企业成长为横跨智能电力、军民融合、通用航空、大健康产业、产业园区建设及运营五大领域的综合性投资集团。

（李军辉）

北京嘉捷源技术开发有限公司

董事长 孔大航

总经理 任 彤

阿尔特汽车技术股份有限公司

2020 年，阿尔特汽车技术股份有限公司（简称阿尔特汽车）的营业收入达 8.21 亿元。在全球有员工 1600 多人，其中研发人员 1300 多人，具有硕士、博士学位人员近百名，具有本科及以上学历人员占 80%，同时拥有多名外籍技术专家。3 月 27 日，阿尔特汽车（股票简称：阿尔特；股票代码：300825）在深圳证券交易所创业板上市，是国内首家在 A 股上市的独立汽车设计公司。截至 2020 年年底，阿尔特汽车有 682 件专利（发明专利 28 件、实用新型专利 644 件、外观设计专利 10 件）及 23 项著作权。年内，阿尔特汽车通过北京市设计创新中心复核并换发认证证书；被评为北京工业设计促进专项设计领军机构；获 2020 年中国创新方法大赛北京赛区优秀组织奖、一汽轿车股份有限公司颁发的品质服务奖、江铃汽车股份有限公司颁发的 2020 年度优质服务奖等。

阿尔特汽车的前身是董事长宣奇武于 2002 年创立的北京精卫全能科技有限公司（简称精卫全能），精卫全能从事汽车整车、汽车总成和零部件研发。精卫全能核心团队接受红杉资本、金沙江创投、三井创投等公司投资后，于2007年创立阿尔特（中国）汽车技术有限公司，并于2012年完成股份制改制，更名为阿尔特汽车技术股份有限公司；2016年3月，公司成功挂牌新三板。公司服务于汽车生产企业，是国内率先开展整车研发“交钥匙”服务和发动机/动力总成研发制造的独立汽车设计公司，主营业务为新能源汽车和燃油汽车的全流程研发及与其他汽车行业相关的技术服务，在把握汽车未来发展趋势、整车结构布局变动、配套零部件应用方面具有优势，在强化整车研发业务的同时，持续开展汽车核心零部件研发设计制造等相关业务的积累，是国内技术领先的汽车整体解决方案供应商。公司是国家高新技术企业、北京高精尖产业设计中心、北京科技研究开发机构，也是工业和信息化部认证的国家级工业设计中心，设有博士后科研工作站，拥有新能源汽车整车控制系统技术北京市工程实验室和新能源汽车整车研发中试基地，在北京、上海、美国洛杉矶、日本爱知、意大利都灵设有五大创意研发中心。

（杨博）

阿尔特汽车技术股份有限公司

董事长 宣奇武

总经理 张立强

北京亦庄国际人力资源有限责任公司

2020年，北京亦庄国际人力资源有限责任公司（简称亦庄国际人力）的经营收入为2.09亿元（含子公司收入），净利润为3787.77万元，实现纳税5007.79万元，社会保险、公积金等缴纳财政约为1.76亿元。年内，亦庄国际人力配合国药集团中国生物北京生物制品研究所的新型冠状病毒肺炎灭活疫苗生产工作，为其提供人力资源外包服务。截至2020年年底，共招聘498名新增岗位员工。

亦庄国际人力成立于2005年9月7日，注册资本为1000万元。公司持有人力资源服务许可、劳务派遣、商业保险代理、质量管理体系、对外劳务派遣等服务资质，可提供中高端人才访寻、灵活用工、业务流程外包/服务外包、生产作业外包、人事代理、薪税管理、综合福利、劳动法律咨询等服务内容。公司已为超过600家跨国及中资企业、上市公司、中小型创新创业企业提供一站式人力资源服务。

（王巍）

北京亦庄国际人力资源有限责任公司

总经理 郑洁

华测检测认证集团北京有限公司

2020年，华测检测认证集团北京有限公司（简称北京华测）的资产总额约为1.31亿元，营业收入为1.84亿元，利润总额为1304.11万元，纳税总额为402.50万元。员工有466人，其中具有本科及以上学历人员占44%。年内，北京华测通过GB/T 29490知识产权管理体系、ISO 27001信息安全管理体系、GB/T 31950企业诚信管理体系的认证。公司入选2020年第一批北京市“专精特新”中小企业服务券服务商及服务产品名单，获2020年北京市模范集体称号。

北京华测的前身是成立于2007年5月14日的北京华测北方检测技术有限公司，2018年3月13日变更为华测检测认证集团北京有限公司，注册资本为5000万元，是华测检测认证集团股份有限公司的全资子公司，是一家专门从事环境、食品、电子产品、汽车、网络安全、计量校准和轨道交通等分析、化验、检测的第三方服务机构。公司是首都科技条件平台检测与认证领域中心优秀成员单位、北京市水利建设市场主体信用评价AAA级检测单位、国家高新技术企业、北京市诚信创建企业、北京市构建和谐劳动关系先进单位，通过ISO 9001质量管理体系、ISO 14001环境管理体系、OHSAS 18001职业健康安全管理体系的认证，获中国国家认证认可监督管理委员会颁发的CMA证书、中国合格评定国家认可委员会颁发的CNAS证书等。

（郑川立）

华测检测认证集团北京有限公司

总经理 吕小兵

大族环球科技股份有限公司

2020年，大族环球科技股份有限公司（简称大族环球）的资产总额为36亿元，营业收入近3亿元，纳税总额为5500万元。员工有114人，具有本科及以上学历人员占78%以上。年内，大族环球2个产业园项目签约企业46家，累计在签企业295家（大族企业湾“工业4.0”创新园入驻企业89家，整体入驻率为90%；大族广场“互联网＋创新园”入驻企业206家，整体入驻率为66%），服务入驻企业举办线上培训活动20多场。公司为入驻企业发放口罩96531只、手持测温仪1540支、消毒液800千克，购置测温门、智能消毒水机等硬件设备；为入驻企业发放消费券，减免物业费、停车费，总金额近100万元。大族广场“互联网＋创新园”在中国商务办公产业互联大会中获年度商办产业贡献“HOPE奖”。

大族环球成立于2007年12月17日，注册资本为4亿元，隶属于大族控股集团有限公司，是一家自持运营产业园区的综合大型企业，项目包括位于经开区内的大族企业湾“工业4.0”创新园和大族广场“互联网＋创新园”。大族企业湾“工业4.0”创新园位于经开区凉水河二街8号，占地面积为10.8万平方米，建筑面积为22万平方米，由18栋5~6层独栋写字楼和2栋10层配套公寓组成，立足四大主导产业，依托经开区产业政策优势和基础设施配套优势，统一规划、统一管理，推动特色产业园区的持续发展，形成智能制造、生物医药“一主一重”两大产业链条。大族广场“互联网＋创新园”位于经开区荣华南路2号，占地面积为6.7万平方米，建筑面积为31.7万平方米，由6栋22~26层呈舰队造型的甲级写字楼和8万平方米的商业综合配套空间组成，聚集区域工业经济服务要素，形成互联网技术核心区和现代服务业聚集区，打造“共享·共生·共赢”创新型智慧园区。

（王曼曼）

大族环球科技股份有限公司

董事长 高云峰

总经理 谢国栋

锋创科技发展（北京）有限公司

2020年，锋创科技发展（北京）有限公司（简称锋创科技）累计有近400家入驻企业，包括100多家高新技术企业，7000多名员工，拥有1000多件（项）知识产权，获13亿元实投股权基金。年内，锋创科技与北京扶正肿瘤医院签署战略合作协议，共同搭建临床服务平台；与北京亦庄国际融资担保有限公司签订战略合作协议，累计为园区4家企业筹集2000万无抵押贷款；通过自投、与机构合作投资等股权投资模式，帮助园区企业融资 6 亿元；于 2 月为园区企业减免 50% 的租金，获北京电视台《都市晚高峰》《北京您早》《特别关注》栏目的报道；组织 2020 年“创客中国”工业互联网中小企业创新创业大赛初赛、企业复工复产过程中的劳动用工注意事项及风险防范新闻发布会等活动 39 场。公司挂牌基层劳动人事争议调解中心，获国家高新技术企业认定；锋创科技园获 2020 年度国家小型微型企业创业创新示范基地认定；北京赛赋医药研究院有限公司、北京长木谷医疗科技有限公司、赫普能源环境科技股份有限公司等 5 家入驻企业入选 2020 年度第二批北京市“专精特新”中小企业名单；北京橡鑫生物科技有限公司入选 2020 年度中国科创企业百强榜单；北京零重空间技术有限公司入选 2020 投资界硬科技 Venture50 榜单等。

锋创科技成立于 2008 年 4 月 23 日，注册资本为 3000 万元，位于经开区科创十三街 18 号院，总建筑面积约为 17 万平方米，含总部办公、小企业研发生产、众创空间、商务配套等 31 栋楼。锋创科技园是“人工智能＋生物医疗技术”产业园区，独创“矩阵式科技产业生态”布局，已初步形成横向以互联网、大数据、人工智能（AI）技术为驱动引擎，纵向以生物医疗等应用模式为产业特色的科技园区生态，以自持空间为载体，打造科技、资本、政策、运营服务 4 个方面的软实力，为园区企业提供全生命周期成长服务。公司是国家高新技术企业、国家级科技企业孵化器。

（孔乐）

锋创科技发展（北京）有限公司

董事长 张寒燕

奥码拓（北京）科技有限公司

2020 年，奥码拓（北京）科技有限公司（简称奥码拓）的资产总额超过 500 万元，设备销售总额为 524.67 万元。年内，奥码拓向清华大学、中国科学院上海高等研究院捐赠 300 只 N95 口罩。公司与中国科学研究院金属研究所签订项目合作合同，就三球辊棒疲劳试验机项目达成合作意向，该项目填补了摩擦学行业以三球辊棒摩擦形式进行疲劳试验的空白。

奥码拓成立于 2010 年 5 月 13 日，注册资本为 100 万元，是一家集研发、生产、销售、技术服务、技术咨询于一体的专业从事材料检测设备的企业。公司主要产品有各类摩擦形式的摩擦磨损试验机、滚动接触疲劳试验机、万能手指磨耗仪等；研发中心服务于高等院校、科研院所、企业技术中心，为其提供材料学、摩擦磨损学等前沿技术和一站式解决方案。

（张一）

奥码拓（北京）科技有限公司

董事长 Wolfgang P. Weinhold

首席执行官 王杨

北京兴联顺达商业管理有限公司

2020 年，北京兴联顺达商业管理有限公司（简称兴联顺达）所运营的 BHG MALL 北京华联力宝购物中心累计举办 103 场促销活动及多场线下聚客活动。

兴联顺达成立于 2011 年 7 月 7 日，是北京华联商厦股份有限公司的控股子公司，主要从事该商业项目的租赁管理和广告经营；主营业务为与商业零售相关的商业地产投资、开发、租售，以及购物中心的运营和管理。公司在经开区内运营的项目为 BHG MALL 北京华联力宝购物中心，该中心是建筑面积达 8 万平方米的大型商业综合体，涵盖生活超市、影院、美食、快时尚消费品和生活服务等丰富业态。

（王文通）

北京兴联顺达商业管理有限公司

总经理 关筱玉

北京金色华勤数据服务有限公司

2020 年，北京金色华勤数据服务有限公司（简称金色华勤）的营业收入为 3.91 亿元，产品毛利率为 10.83%，净利润为 0.18 亿元，有员工 202 人。

金色华勤成立于 2011 年 10 月 19 日，注册资本为 2000 万元，是以人力资源为核心应用场景的技术创新型企业服务解决方案提供商。公司于 2015 年 11 月挂牌新三板（股票代码：834067）。公司凭借“平台 + 服务”发展战略，以及十余年人力资源外包管理服务实践经验和互联网技术创新优势，为中小微企业和自由职业者提供高效、便捷服务。公司在“互联网 +”人事服务平台的基础上，发展成为集手机 App、电脑客户端、网站服务平台、企业 SaaS 应用于一体的面向企业和个人（员工）的一站式管理和便捷服务平台，在全国 200 多个城市和地区建立网络和服务体系，实现全国跨地区、多渠道一体化服务管理与服务标准化、流程化、专业化和精细化。

（薛向东）

北京金色华勤数据服务有限公司

总经理 乐晓飞

北京亦庄国际生物试剂物流中心有限公司

2020 年，北京亦庄国际生物试剂物流中心有限公司（简称中关村国际生物试剂物流中心）的营业收入为 5693 万元。员工有 29 人，其中具有本科及以上学历人员占 48%。2 月，中关村国际生物试剂物流中心受中国医学科学院药物研究所的委托，在市药监局、北京海关和经开区管委会的协助下，用时 4 天完成美国吉利德科学公司新冠病毒肺炎临床试验药品瑞德西韦的进口审批、查验通关和赋码贴签，并派专车、专人将药品送达武汉市金银潭医院。

中关村国际生物试剂物流中心于 2012 年 7 月 30 日在北京亦庄生物医药园成立，注册资本为 1000 万元，是由行业联盟、监管部门和政府多方合作共建的第三方公共服务平台。公司经营范围包括货物、技术、代理进出口，仓储服务，货物运输代理，销售化学和生物试剂、化工产品，以及技术咨询、技术服务等。公司为企业提供生物试剂快速通关一站式服务，包括仿制药参比制剂、基因检测人体血样、生物试剂、体外诊断质控品、实验动物模式生物等。2014 年 1 月，公司打造的全国首条生物试剂进出口绿色通道——中关村国际生物试剂物流中心进出口一站式公共服务平台在北京亦庄生物医药园开通运行，为生物医药企业、科研单位、医院检验中心提供生物试剂和生物样本的进出口一站式服务。2018 年 3 月，由国家药监局药品审评中心、市药监局和经开区管委会三方共同建立的北京国际药品参比制剂服务中心公共服务平台在中关村国际生物试剂物流中心挂牌成立，该平台创新了生物试剂进出口的监管模式，提升了生物安全监管水平，缩短了生物试剂进出口周期，改善了生物试剂出入境的瓶颈问题，为北京及周边地区生物医药产业的创新发展提供了支撑，得到了监管部门和生物医药企业的认可。

中关村国际生物试剂物流中心将药品送达金银潭医院 企业提供

（王洪平 白菊）

北京亦庄国际生物试剂物流中心有限公司

董事长 兰宝石

中泰德信（北京）档案管理有限公司

2020年，中泰德信（北京）档案管理有限公司（简称中泰德信）的营业收入为1624.77万元，净利润为197.90万元，纳税总额为35.47万元，有员工75人。公司全资子公司北京中泰德信科技有限公司与中国测绘科学研究院联合成立大数据联合实验室。

中泰德信成立于2013年7月，注册资本为2000万元，位于经开区地盛中路2号院，办公面积为1000多平方米，并在平谷区设有占地面积为6000多平方米的档案保管中心。公司是全国第一家以“档案管理”命名的专业档案管理公司，秉持“推进中国档案事业发展”的宗旨，致力于档案信息化建设，主要从事档案馆库规划、档案展厅设计、智能库房建设、档案信息化咨询、数字档案馆、档案系统软件开发、BPO业务外包和实体档案寄存等，提供档案全生命周期服务，客户涉及国内各级机关、企事业单位、医疗、金融、建筑、生产业及服务业等领域。公司有1件档案保密专用折叠式纸箱专利和11项软件著作权。公司是国家高新技术企业，中国档案学会、北京市档案学会会员；有国家秘密载体印制乙级资质；通过ISO 27001信息安全管理体系、ISO 9001质量管理体系、ISO 14001环境管理体系、ISO 45001职业健康安全管理体系、ISO 20000服务管理体系认证。

（杨晓云）

中泰德信（北京）档案管理有限公司

董事长 王哲

东港瑞云数据技术有限公司

2020年，东港瑞云数据技术有限公司（简称东港瑞云）的营业收入为1.09亿元，净利润为2184.73万元，有员工161人。公司上线国内首个区块链电子档案平台。公司获信息化能力和信用评价三级证书和2项计算机软件著作权。

东港瑞云成立于2015年5月12日，由北京东港嘉华安全信息技术有限公司出资设立，注册资本为5000万元，位于经开区经海四路139号，占地面积为8600平方米。公司依托现有国家等级保护三级的标准机房，建立大数据存储中心和中央管理控制系统，同时在上海建立大数据备份中心和备用中央管理控制系统。公司拥有具有自主知识产权的档案防御系统，可实现对档案库房的安全保护。公司主要从事档案存储、软件研发、档案整理、数字化加工、数据处理和金融外包等业务。公司是国家高新技术企业，档案寄存托管类定点企业，档案数字化加工服务类定点企业，档案设备、用品与服务定点企业；是中国档案学会、北京市档案学会、上海市浦东新区档案学会、广州档案学会的会员；通过ISO

27001 信息安全管理体系、ISO 9001 质量管理体系、ISO 14001 环境管理体系、ISO 18001 职业健康安全管理体系认证。

（董海伦）

东港瑞云数据技术有限公司
董事长 刘 宏
总经理 李奎涛

北京智能车联产业创新中心有限公司

2020 年，北京智能车联产业创新中心有限公司（简称北京智能车联）的资产总额为 1.33 亿元，营业收入为 2988.94 万元，纳税总额为 75.91 万元，在职员工 36 人。截至 2020 年年底，北京智能车联支撑北京市自动驾驶开放道路测试总里程超过 221 万千米，开放测试道路 200 条，共计 699.58 千米。年内，北京智能车联牵头编制的 2 项团体标准发布；与中关村智通智能交通产业联盟联合编写的《北京市自动驾驶车辆道路测试报告（2019）》发布；作为技术支持单位参加 2020 年世界智能网联汽车大会（WICV 2020），利用自主研发的测试设备打造自动驾驶体验区；通过中国合格评定国家认可委员会（CNAS）认证；管理和运营的国家智能汽车与智慧交通（京冀）示范区亦庄基地成为全国第七家由交通运输部认定的自动驾驶封闭场地测试基地。

北京智能车联成立于 2016 年 10 月 26 日，注册资本为 6000 万元，由京冀地区通信、互联网、汽车与交通产业内的 9 家企业联合出资成立。公司是依照新兴产业创新主体模式设立的全国首家智能网联创新中心，也是北京市唯一一家智能网联测试与服务领域的市级产业创新中心。公司定位于打造智慧交通方向下国内领先的智能网联汽车“全生命周期”测试、验证、检测与评估机构以及应用示范的产业服务平台。公司聚焦解决钳制智能网联行业发展的测试难、评价难与上路难等问题，牵头组织行业内知名企业、科研院所编制自动驾驶能力评估、道路选取、试验场建设等 10 项团体标准。公司支撑北京市建设完成“场—路—区”三级试验与示范环境，包括约 43.33 万平方米的自动驾驶封闭试验场，可模拟京津冀地区 85% 的城市交通场景、90% 的高速交通场景和 80% 的乡村交通场景，并已在亦庄核心区域建设完成 40 千米的 V2X 测试道路，与产业伙伴合作建设虚拟仿真实验室、人机混驾实验室和 V2X 网联测试实验室。公司推进自动驾驶道路测试与示范工作，全面负责国家智能汽车与智慧交通（京冀）示范区的管理、建设与运营，以及全国首个车联网（智能网联汽车）和自动驾驶地图应用试点的支撑、推进工作。公司已具备自动驾驶与车联网测试评估方法与标准研制能力和测试评估服务能力，自动驾驶与车联网测试评估政策研究推动能力、测试管理能力、技术方案咨询服务能力，以及自动驾驶与车联网测试设备、系统软硬件的设计开发与研制能力。2018 年 3 月 15 日，公司被授权为北京自动驾驶车辆道路测试第三方服务机构，负责北京市自动驾驶车辆道路测试日常管理工作，构建全国首个自动驾驶道路测试管理服务平台，并连续两年发布《北京市自动驾驶车辆道路测试报告》。

（张文乐）

北京智能车联产业创新中心有限公司
总经理 孙亚夫

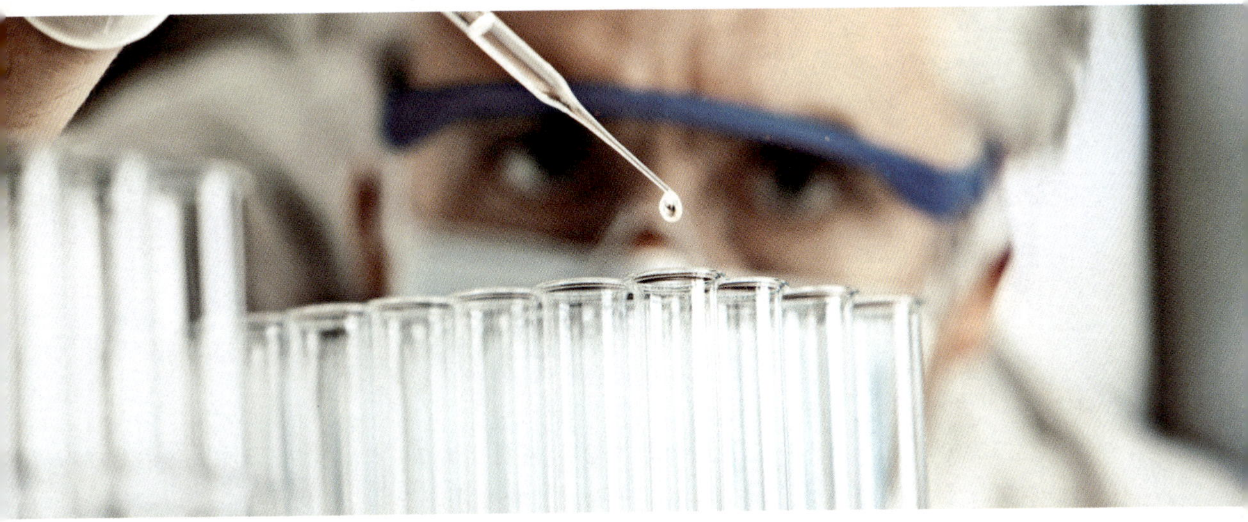

『三城一区』成果转化

综述

2020年，“三城一区”主平台建设取得进展。通过打造“一个基地、一个平台、一支基金、一个机制”，推动中关村科技成果产业化先导基地挂牌；发布“创新成长计划”“创新伙伴计划”，对接“三城”科技成果转化项目158项；建设产教融合示范区，形成全面战略合作项目8项，储备专利对接需求80项。

发挥“三城一区”科技成果转化基地作用，实施“白菜心”工程，建立“挂图作战”调度机制，创新采取知识产权共享等方式，首批支持10个关键核心技术研发项目；区内23家技术创新中心研发新技术109项、新产品115个，制定标准31项；拥有研发机构266家；3家企业获国家科学技术进步奖等。

高科技高成长企业梯队培育工程实施。通过“金种子—展翼—瞪羚—专精特新—小巨人—隐形冠军—独角兽”梯队培育工程，储备梯队企业223家，潜力“四上”企业51家，智能制造试点示范项目48个。拥有胡润大中华区独角兽指数企业3家；中国制造业隐形单项冠军企业1家、单项冠军培育企业1家；国家级专精特新“小巨人”企业10家，北京市专精特新“小巨人”企业12家；中关村瞪羚企业286家、展翼企业12家和金种子企业32家。

企业创新能力持续提升。获亦庄新城范围内高新认定赋权后，经开区首次实现高新认定工作的全覆盖，全年受理796家高新技术企业认定工作。国家高新技术企业新增136家，累计达1258家。

“三城一区”承接平台建设不断加强，“三城”科技成果转化服务环境持续优化。获批国家人工智能高新技术产业化基地和国家海外人才离岸创新创业基地；搭建10个“人工智能+”试点应用场景；建设全国首个网联云控式高级别自动驾驶示范区；搭建科技型中小微企业融通发展服务平台，构建以137家产业园区和13栋商务楼宇为载体的信息化创新服务生态。新布局16个公共技术服务平台，平台总数量达59个；打造14家中试基地，提供服务超过400家次，合同金额为9.6亿元；拥有孵化器15家、众创空间16家、企业创新簇49家；拥有北京市新技术新产品（服务）556项。

建设国家知识产权示范园区。全年专利申请量14665件，比2019年增长39.4%；获专利授权7210件，比2019年增长19.2%；申请PCT专利449件，比2019年增长72.7%。打造北方华创微电子高价值专利培育中心，高价值专利培育中心增至5家；34家企业被评为北京知识产权试点企业，16家企业被评为北京市知识产权示范企业，8家企业被评为北京市知识产权贯标企业；新增中国专利奖7项、北京市发明专利奖2项。

（蔡茜）

综合管理

概况

2020年，经开区切实承担“三城一区”主平台职责，大力实施“白菜心”工程，集中攻坚关键核心技术，强化企业自主创新能力。通过促进主导产业协同、促进大中小企业融通、促进现代服务业和先进制造业深度融合，催生经济发展的新动能。不断优化科技创新服务体系，持续培育科技创新生态，促进科技创新成果向现实生产力转化应用，全力建设具有全球影响力的科技创新中心。

（孔祥龙）

科技部国家重点研发计划项目启动

1月9日，由北方集成电路技术创新中心(北京)有限公司(简称创新中心)牵头，与北京大学等高校合作攻关的科技部国家重点研发计划“超陡摆幅极低功耗新原理器件及电路”项目启动。创新中心是由中芯国际集成电路制造有限公司于2017年9月联合集成电路全产业链组建的集成电路制造技术创新平台，该项目作为创新中心首个前沿技术合作研究及产业化验证项目，专注于热点研究领域，将基于标准CMOS生产线平台实现超陡摆幅新原理器件及电路验证作为研发目标的同时，探索集成电路领域产学研融合及人才培养合作模式。

（高金梅）

支持中小企业抗疫情云办公稳发展措施

2月7日，经开区管委会印发《关于支持中小企业抗疫情云办公稳发展的若干措施》。经开区通过“四鼓励一减免一服务”鼓励企业创新生产经营模式，以弹性办公、网络云办公等方式减轻疫情对生产经营的影响，支持中小企业稳步发展。“四鼓励一减免一服务”为鼓励网上办理政务、鼓励网络云办公、鼓励开发新产品、鼓励网上招聘，同时减免房屋租金，做好管家服务。

（张鹏宇）

发布“三新清单”推动科技战“疫”

2月11日，经开区发布《北京经开区科技企业抗击新型冠状病毒肺炎疫情首批新技术新产品新服务清单》(三新清单)，分为六大门类76项新技术新产品新服务。首批清单中的新技术新产品新服务包括抗病毒相关产品、企业平台服务、病毒检测产品、检测仪器、抗病毒药物研发及筛选、应急管理系统等，为疫情防控提供科技支撑。2月20日，经开区发布《经开区疫情防控新技术新产品新服务应用场景指南》，选取了包含大数据应用、云办公平台、智能测温系统和移动式体温筛查等产品组成的疫情期间防疫和办公场景。

（张萌）

攻关适配云公共支撑平台建设启动

攻关适配云公共支撑平台建设启动　　田艳军 摄

4月16日，国家信息技术应用创新核心基地攻关适配云公共支撑平台建设启动会在经开区信创园召开。攻关适配云公共支撑平台作为落户经开区信创园的重点项目，在市经济信息化局的推动下，由经开区信创园、工业和信息化部网络安全产业发展中心、统信软件技术有限公司等单位联合筹建，将建设支撑多个国家级产品或技术路线的适配集群，打造成为国内领先的信创领域攻关适配公共支撑和应用创新样板区。工业和信息化部信息技术发展司司长谢少锋、北京市人民政府副秘书长杨秀玲出席会议并致辞。市经济信息化局二级巡视员姜广智、经开区管委会副书记张继红、工业和信息化部网络安全产业发展中心主任付京波，以及经开区信创园等 6 家单位 50 多名代表参会。

（王希盛）

大中小融通型特色载体补贴支持

5 月 25 日，经开区管委会发布《北京经济技术开发区打造大中小企业融通型特色载体推动中小企业创新创业升级专项资金管理办法》《北京经济技术开发区打造大中小企业融通型特色载体推动中小企业创新创业升级专项资金实施细则》。专项资金专门用于支持大中小企业融通型特色载体、中小企业、第三方服务机构，扶持龙头企业牵引支撑特色载体升级、资源开放，带动大中小企业融通生态体系完善和中小企业创新发展。

（张鹏宇）

校企共建集成电路产品测试中试基地

6 月 17 日，北京电子科技职业学院与北京集创北方科技股份有限公司达成合作，共同建设集成电路产品测试中试基地，面向经开区集成电路产业提供集成电路产品检测及人员培训服务，开创校企共建中试基地新模式。基地建成后，不仅将为集创北方提供集成电路产品测试服务，还将形成经开区专业公共服务平台，每年为区内集成电路产业，特别是设计企业提供不少于 1 亿枚芯片的功能测试服务，并为区内企业提供集成电路技术培训和设计服务。

（李卫兵）

主线科技加速布局“5G+ 智能驾驶”

7 月 6 日，北京主线科技有限公司与中国移动通信集团新疆有限公司签署 5G 战略合作协议，双方携手推进“5G+ 智能驾驶”示范应用在新疆维吾尔自治区的落地，打造多个场景下的智慧交通应用。根据协议，双方将进一步探讨 5G 与智能驾驶相结合的商业合作，在解决方案、试点示范、运营服务等层面进行全面合作。合作内容包括打造 5G 与智能驾驶结合的先试先行平台，探索 5G、V2X、智能驾驶、车路协同等技术与行业的深度融合；推进基于 5G 网络建设的创新应用场景、方案研究及相关标准的制定工作；共同策划并建设5G车联网高速示范项目及研究院等。

（王煜阳）

第 26 届北京科技周活动

8 月 23—29 日，全国科技活动周暨第 26 届北京科技周活动举行。活动以“科技战疫 创新强国”为主题，围绕“科技战疫成效”，在展示北京新冠肺炎疫情科学防控的重要成效和科技攻关进展情况的同时，展示重大新型研发进展、“三城一区”主平台建设情况以及高精尖产业领域成果。经开区作为北京“三城一区”分会场之一，结合自身发展特点展示区域科技发展成就。经开区管委会主任梁胜在小米智能工厂通过连线方式介绍了智能工厂。为全面展示经开区抗疫成果、科技发展及科普环境，经开区分会场开展北京生物制品研究所疫苗研发历程展示、百度无人车现场体验、蓝箭航天发动机技术发展过程及凉水河科普长廊内容展示等活动，展示区域科技发展成就。

（张鹏宇）

北京市北斗产业创新基地揭牌

8月27日，市经济信息化局、经开区管委会主办的2020年北斗创新应用和产业发展研讨会暨北京市北斗产业创新基地启动仪式在合众思壮北斗产业园举行。仪式上，北京市北斗产业创新基地揭牌并启动运营，北京中科精图信息技术有限责任公司等多家首批入驻企业与基地签署入驻协议。该基地由北京合众思壮科技股份有限公司、北斗导航位置服务（北京）有限公司、环球新时空（北京）信息技术研究院有限公司等单位共建，位于经开区科创十二街8号，建筑面积为10万平方米，以“一院（北斗新时空研究院）、两馆（卫星导航应用体验馆及博物馆）、四平台（协同创新平台、快速制造平台、位置数据运营服务平台和众创空间平台）”为依托，以“建设高水平、国际化、智能化的北斗新时空产业基地，提供专业化的创新创业孵化平台服务，打造北京北斗产业生态的核心枢纽”为定位，将汇聚产业链各环节优势企业和机构力量，提供产品开发、产业孵化、国际合作、行业交流、应用体验等一体化服务。

（单宇）

14家企业获智能制造试点示范企业授牌

9月3日，经开区科技创新局举办经开区2020年度智能制造试点示范企业授牌仪式暨经验交流会，旨在构建新型制造体系，推进互联网、大数据、人工智能等与制造业深度融合，聚焦关键技术，加强重大技术装备研发创新、智能制造技术集成突破，推动具有自主知识产权的机器人自动化生产线、数字化车间、智能工厂建设。北方导航控制技术股份有限公司、北京和利时电子科技有限公司、利乐包装（北京）有限公司、北京金风科创风电设备有限公司、海斯坦普汽车组件（北京）有限公司、北京生物制品研究所有限责任公司、北京东方百泰生物科技股份有限公司、北京新光凯乐汽车冷成型件股份有限公司、瓦里安医疗设备（中国）有限公司、艾尼克斯电子（北京）有限公司、林克骨科（中国）有限公司、华清科盛（北京）信息技术有限公司、北京欣奕华科技有限公司、北京赛赋医药研究院有限公司14家企业获2020年度智能制造试点示范企业授牌。

（张萌）

第六届北京亦庄创新创业大赛总决赛

9月18日，“金风杯”第六届北京亦庄创新创业大赛总决赛举办。大赛由市科协、经开区管委会等主办，以“北京亦庄招募创业合伙人，共同攀登产业创新全球至高点”为主题，旨在加快推进“三城一区”科技创新中心主平台建设。大赛历时近2个月，共募集报名企业、项目816个，复赛路演项目186个，最终33个项目入围总决赛，结合线下评审专家打分和线上观众投票打分排名，第七元素（北京）新材料科技有限公司、北京中飞艾维航空科技有限公司、京东方玻璃基MIniLED技术项目等7个项目获一等奖，爆发（北京）生物科技有限公司、北京纽伦智能科技有限公司、北京翎客航天科技有限公司等7个项目获二等奖，北京丁宁文化传播有限公司、魔音智能项目、壹佰米机器人技术（北京）有限公司等16个项目获三等奖。

（张鹏宇）

12家企业成为市专精特新“小巨人”企业

9月21日，市经济信息化局发布《关于公布第一批北京市专精特新“小巨人”企业名单的通知》。共有100家企业入选，其中经开区有12家企业，包括北京京东方专用显示科技有限公司、北京集创北方科技股份有限公司、北京贝能达信息技术股份有限公司、森特士兴集团股份有限公司、北京星昊医药股份有限公司、赛诺威盛科技（北京）有限公司、北京诺康达医药科技股份有限公司、北京华海基业机械设备有限公司、心诺普医疗技术（北京）有限公司、富思特新材料科技发展股份有限公司、中晶环境科技股份有限公司、北京和利康源医疗科技有限公司。入选企业涵盖集成电路、生物医药、电子信息等行业，高精尖属性强，“小巨人”特征明显，或属于制造业核心基础零部件、先进基础工艺和关键基础材料领域，或主营产业链供应链关键环节及关键领域“补短板”产品，或属于国家和北京市重点鼓励发展的支柱和优势特色产业领域。

（张萌）

首都海智“创新链接”年会

9月25日，2020首都海智“创新链接”年度会议暨北京亦庄国家海外人才离岸创新创业基地发布在经开区举办。本届“创新链接”以“离岸双创·海智亦庄”为主题，链接亚太工程组织联合会、中国科协－FCPAE欧洲（比利时）海智创新创业基地、德国东威斯特法伦－利普智能技术尖端集群、香港工程师学会等组织的创新要素，围绕工程教育及其国际交流合作、“三城一区”科技创新、科创企业的阵痛与突破等议题举办专题研讨会。北京国际科技协作中心、北京市科学技术情报研究所共同发布市科协国际科技组织数据平台建设成果。同时，举办首都海智讲堂、生物健康科学委员会筹备研讨会等平行活动。中国科学技术协会和经开区领导为国家海外人才离岸创新创业基地揭牌，并发布离岸基地建设方案。首批11家北京·亦庄离岸创新中心也同步发布，包括北京经开国际产业发展中心、赛莱克斯瑞典离岸创新中心、伯纳德法国离岸创新中心等。来自市科协、市人才局、经开区有关部门的负责人，联合国教科文组织国际工程教育中心、“三城一区”管委会、首都科技社团代表，海内外科学家、工程师、企业家代表近300人参加活动，百度、科学加、今日头条等直播平台近170万网络观众同步收看。

北京·亦庄离岸创新中心发布及授牌仪式举行　孙玲 摄

（陈稳　毛峥）

北京超弦存储器研究院成立

9月，北京超弦存储器研究院在经开

区成立，总体定位为国际先进的存储器技术研发机构、政产学研对接平台和集成电路高端人才培养基地，致力于打造具备全球影响力的存储器研究院。该研究院将超前布局一批革命性创新技术，集中攻克一批关键核心技术，落地转化一批成熟技术，为高校、科研院所和企业提供工艺研发、流片及验证服务，并与高校进行人才联合培养，向产业持续输送人才。

（徐子鸣）

33个产品入选首台（套）创新产品名单

10月10日，经开区科技创新局在经开区政策兑现综合服务平台发布2020年经开区首台（套）重大技术创新产品认定及资金支持（第一批）企业的公示，7家企业产品入选，包括北京锐洁机器人科技有限公司的“CMP设备抛光清洗机械手系统”、北京中电科电子装备有限公司的“减薄抛光一体机”、北京博奥晶典生物技术有限公司的“恒温扩增微流控多病毒核酸检测芯片系统”等。11月27日，经开区科技创新局在经开区政策兑现综合服务平台发布2020年经开区首台（套）重大技术创新产品认定及资金支持（第二批）企业的公示，26家企业产品入选，包括北京中航智科技有限公司的“无人直升机”、北京华海基业机械设备有限公司的“集中泵站”、北京海联捷讯科技股份有限公司的“云资源运营服务平台”等。

（刘琳）

国家人工智能高新技术产业化基地获批

10月13日，科技部发布《关于认定2020年国家高新技术产业化基地的通知》（国科发高〔2020〕260号），经开区国家人工智能高新技术产业化基地等11家基地获认定。基地创建旨在落实国家《新一代人工智能发展规划》、国家高新技术产业化基地建设要求和北京市推动人工智能创新发展的决策部署，围绕“四区一阵地”的发展定位和功能布局，以产业升级、民生改善、城市治理等重点领域为核心，以促进人工智能新产品、新技术、新模式率先运用为主线，加快建设若干人工智能重大应用场景，带动基础研究创新、关键技术突破和重大项目成果转化。12月26日，北京经济技术开发区国家人工智能高新技术产业化基地揭牌，规划占地面积约为3.63平方千米。

（王丹丹）

丹大生物启动国家重点研发计划重点专项

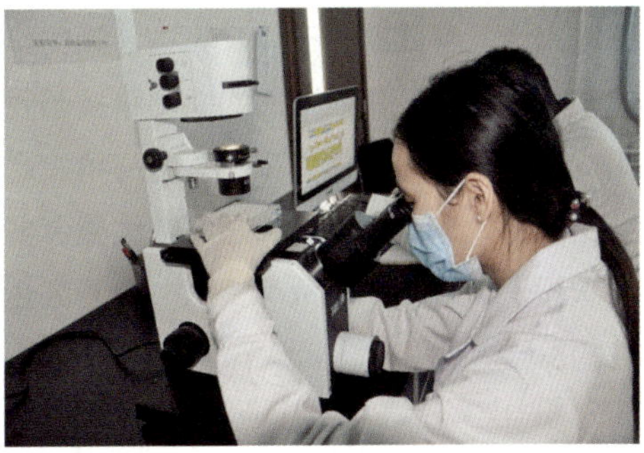

丹大生物研发项目“主动健康和老龄化科技应对”启动 方针 摄

10月23日，由北京丹大生物技术有限公司（简称丹大生物）承担，中国人民解放军总医院、北京大学肿瘤医院、深圳大学等多家单位参与的国家重点研发计划“主动健康和老龄化科技应对”重点专项启动。该专项旨在开发一批主动健康促进关键技术和产品，将针对主动健康关键技术和产品研发、老年常见疾病防控和康复护理技术研究，以及主动健康和老年服务科技示范与应用推广3个任务部署22个研究方向。

（褚巍）

京东方承接跨行业应用服务平台建设

10 月 30 日，京东方科技集团股份有限公司中标“2020 年工业互联网创新发展工程—工业互联网标识解析二级节点（综合型应用服务平台）—跨行业应用服务平台（招标编号：TC200A013）”，将建设面向显示、传感、钢铁、化工、半导体材料、供应链金融、物联网设备、半导体设备的标识解析二级节点跨行业应用服务平台。

（柴栋）

锋创科技园获小微企业双创基地认定

10 月 30 日，工业和信息化部发布《关于公布 2020 年度国家小型微型企业创业创新示范基地名单的通告》，共有 117 个基地入选，有效期为三年。其中，锋创科技发展（北京）有限公司的锋创科技园凭借成熟的园区运作模式和完善的高精尖产业生态链入选。锋创科技园将持续整合多层次投资、科技、政策等资源，为园区企业的发展提供平台。

（孔乐）

北京市市级产业创新中心项目通过论证

11 月 25 日，北方集成电路技术创新中心（北京）有限公司申报的北京市市级产业创新中心项目通过市经济信息化局组织召开的专家评审会论证。项目通过开展并推动装备、材料和零部件的国产化，半导体创新技术的产业化，为规划建设国家级综合性技术创新中心奠定基础。

（高金梅）

E-Town Bio 产业工程师学院成立

12 月 11 日，由北京亦庄国际生物医药投资管理有限公司牵头，北京石油化工学院、北京电子科技职业学院、生物医药园工会联合会、中关村现代医药生产力促进中心共同发起的 E-Town Bio 产业工程师学院在北京亦庄生物医药园成立。该学院作为公益性组织，以北京亦庄生物医药园现有的产学研合作为基础，发挥高校院所、服务机构、企业的资源优势，响应国家对产业技能人才的培养要求，与高校侧重基础教育的方向形成互补，做到产业技能人才联合培养，节约企业人才培训的投入，促进经开区生物医药产业的发展。

（吕菲）

经开区科学技术协会第三次代表大会

12 月 15 日，经开区科学技术协会第三次代表大会召开。会议审议并通过《北京经济技术开发区科学技术协会第三次代表大会工作报告》《北京经济技术开发区科学技术协会管理办法》，提出未来五年经开区科协将实施“凝心聚力”工程、智汇亦庄工程、科技引领工程、科普品牌工程、“科创中国”工程、海智助力工程六大工程，选举产生经开区科协第三届委员会委员 56 名。在科协第三届一次全委会上，选举产生第三届科协委员会主席、副主席、常委，推选常务副主席、秘书长。来自经开区科技战线的 160 名代表参会。

（李欢欢）

经开区入选第三批双创示范基地名单

12 月 24 日，国务院办公厅发布《关于建设第三批大众创业万众创新示范基地的通知》（国办发〔2020〕51 号），在部分地区、企业、高校和科研院所建设第三批共 92 个双创示范基地，其中创业就业方向 25 个、融通创新方向 27 个、精益创业方向32个、全球化创业方向8个。经开区入选第三批双创示范基地名单（精益创业方向），要求着力打造精益创业的集聚平台，加快培育成长型初创企业、“隐形冠军”企业和“专精特新”中小企业。

（张鹏宇）

中关村科技成果产业化先导基地揭牌

中关村科技成果产业化先导基地揭牌　　融媒体中心提供

12月24日，在中关村管委会、经开区管委会和海淀区人民政府三方的共同推动下，中关村科技成果产业化先导基地在经开区揭牌。该基地的启用将完善“三城一区”科技成果转化合作机制，打通自贸区高端产业片区与科技创新片区，打造具有国际竞争力的创新产业集群，为加快北京建设国际科技创新中心提供有力支撑，吸引一批优质的成果转化项目和服务机构，打造中关村亦庄园科技创新良好生态，支撑中关村亦庄园高精尖产业发展。活动中，中关村管委会和经开区管委会等领导共同为先导基地揭牌，为6家中关村生物医药平台和6家入驻先导基地的服务机构授牌，并举行先导基地“创新成长计划”项目的签约仪式，思纳福（北京）医疗科技有限公司、北京飞擎科技有限公司、北京思存通信技术有限公司、北京中科辅龙科技股份有限公司、新能动力（北京）电气科技有限公司、铨融（上海）医药科技开发有限公司6家企业与中关村亦庄园签署入驻发展协议。

（陈稳）

“白菜心”工程实施

年内，经开区实施“白菜心”工程，旨在面向产业技术前沿，服务国家战略需求，构建政产学研用相结合的技术创新服务体系，打造一批高端、智能、关键技术产业集群，吸引支持一批高层次科研人才和高水平创新团队，突破一批关键核心技术项目，打造具有国际影响力的科技创新高地。首批支持10个关键核心技术研发项目。截至2020年年底，10项“白菜心”工程项目均完成预定指标，申请国内专利30件、国际专利3件，研制样机7台，试制零部件及样品14种，实现技术突破3项，完成设计方案4个、研究报告3篇、临床研究3项，制定国家标准1项。

（李卫兵）

创新企业与“三城”合作的产业互融

年内，经开区对接清华大学高端装备研究院储备项目45项；储备北京交通大学产业化项目超过100项，储备专利550件；和北京中医药大学形成全面战略合作项目8项，储备专利对接需求80项。经开区和各高校已形成成果转化对接机制，梳理高校院所入库项目700多项。欧必翼太赫兹科技（北京）有限公司将太赫兹实验室建在首都师范大学，北京科益虹源光电技术有限公司探索与怀柔超快电镜大科学装置合作，通明湖信创园吸引统信软件技术有限公司、龙芯中科（北京）信息技术有限公司、北京鲲鹏大数据服务有限公司等 66 家信创头部企业落地。

（陈稳）

高级别自动驾驶示范区

概况

2020 年，北京市决定建设高级别自动驾驶示范区，为自动驾驶技术研发验证和推广应用搭建开放平台，加快实现 L4 及以上高级别自动驾驶的规模化运行。在支持单车智能继续迭代完善的基础上，重点建设全球首个网联云控式高级别自动驾驶示范区。此处“高级别”具有两层含义，既包含 L4 以上的高级别自动驾驶，又意味着云控是网联式的高级别。通过车网深度融合，实现车路协同，发挥网端作用，降低车端成本，促进汽车产品创新、技术迭代和产业转型。示范区以经开区全域为核心开展建设，将实现“智慧的路、聪明的车、实时的云、可靠的网和精确的图”五大体系建设，打通网联云控式自动驾驶的技术和管理关键环节，形成城市级工程试验平台，实现一系列应用场景商业化落地和一批中间产品推广应用。整合链接电子、通信、人工智能、大数据、汽车制造等多个领域，带动产业链上下游企业加速聚集，不断孵化新的市场主体。

（彭遥）

北京市自动驾驶车辆道路测试报告发布

3 月，由北京市自动驾驶测试管理联席工作小组指导，北京智能车联产业创新中心有限公司与中关村智通智能交通产业联盟联合编写的《北京市自动驾驶车辆道路测试报告（2019）》发布。该报告从自动驾驶的政策创新、标准完善、测试环境建设、路测牌照发放与路测开展以及应用示范几个维度，对北京市自动驾驶测试工作和产业发展状况进行总结和分析，为政策和标准的研制提供依据。

（张文乐）

北京市高级别自动驾驶示范区发布会

北京市高级别自动驾驶示范区启动仪式举办　　陈伟 摄

9 月 19 日，北京市高级别自动驾驶示范区发布会在经开区举行。会议宣布全球首个网联云控式高级别自动驾驶示范区将在经开区启动建设；发布《北京市高级别自动驾驶示范区建设方案》以及《北京自动驾驶车辆道路测试管理实施细则》修订情况、“智能汽车基础地图应用试点”有关举措和北京高速公路自动驾驶测试管理措施；北京赛目科技有限公司与北京车网科技发展有限公司签署关于共同推进北京市高级别自动驾驶示范区建设战略合作协议，双方将在自动驾驶测试与评价工具链、自动驾驶车辆模拟仿真测试等方面开展深入合作，推动示范区建设；还邀请工业和信息化部、清华大学、北京汽车集团有限公司、奥迪（中国）企业投资管理有限公司、北京移动通信有限责任公司等政产学研代表就高级别自动驾驶测试现状进行交流和探讨，促进高级别自动驾驶示范区科学建设。

（彭遥）

公共服务平台国家管理中心落户

9月19日，智能网联汽车数据交互与综合应用公共服务平台国家管理中心落户经开区。工业和信息化部装备中心、市经济信息化局、经开区将发挥各自优势，开展标准法规、准入监管、测试评价、数据应用等研究和实践，促进产业可持续健康发展。

（彭遥）

百度 Apollo 在经开区开放测试运营

10月10日，百度首次在北京面向公众无预约全开放 robotaxi 服务。首批开放经开区 11 个站点、海淀区 3 个站点，投放 20 辆林肯 MKZ 自动驾驶车辆，使居民可以真实地体验到科技发展带来的新场景应用，真切感受未来交通新模式，促进自动驾驶汽车产业进一步落地应用，带动产业跨越式发展。

（彭遥）

创新平台

中比两国企业设立联合实验室

1月，智慧地铁技术创新中心成员单位全图通位置网络有限公司与比利时 COMmeto 公司在经开区签订设立联合实验室的协议。全图通和 COMmeto 双方同意在中国－比利时科技园（CBTC）建立一个联合实验室，用于开展基于两个实体的技术和知识的合作活动，主要涉及导航定位、人工智能在非暴露空间领域的联合应用与人才培养等。

（石美浓）

IPv6 Enabled CDN Logo 认证发布

3月，下一代互联网关键技术和评测国家地方联合工程研究中心联合全球 IPv6 论坛（IPv6 Forum）发布面向内容分发网络（CDN）业务的 IPv6 国际认证——IPv6 Enabled CDN Logo 认证。阿里云旗下 CDN 与全站加速 DCDN 产品在静态资源、流媒体、文件下载、全站等加速业务场景上对 IPv6 支持度获全球权威认可，成为全球首家获 IPv6 Enabled CDN Logo 认证的 CDN 服务提供商。

（王子平）

产业互联网研究院开发衍生变量引擎平台

4月，大数据应用技术创新中心成员单位北京亦庄国际产业互联网研究院股份公司（简称产业互联网研究院）开发完成衍生变量引擎平台。该平台通过创新的变量衍生方法论，实现人行二代征信数据的衍生变量定义和执行生成，帮助用户提升人行征信数据价值发现的效率，实现数据驱动的业务创新。

（石美浓）

IPv6 Ready 核心协议测试规范 5.0.0

5月30日，下一代互联网关键技术和评测国家地方联合工程研究中心的全球 IPv6 测试中心和 UNH-IOL 实验室发布由双方共同牵头修订的 IPv6 Ready 核心协议测试规范 5.0.0 版本，并在全球范围内实施。IPv6 Ready Logo 测试认证是由全球 IPv6 论坛（IPv6 Forum）发起的全球权威的 IPv6 支持情况认证项目，该项目依据 IETF RFC 相关标准制定一致性测试和互通性测试规范。新版测试规范将 RFC2460、RFC1981 替换为最新的 RFC8200、RFC8201，并加入 RFC4191、RFC6980、RFC7217、RFC8106 标准的支持，以满足更多场景和网络功能的需求。经 IPv6 Ready Logo 委员会审核批准，测试规范版本号从 4.0.8 更新至 5.0.0。

（王子平）

工业互联网敏捷引擎平台研发

5 月，协同制造工业互联网创新中心牵头单位北京亦庄国际产业互联网研究院股份公司（简称产业互联网研究院）研发完成工业互联网敏捷引擎平台。该平台采用微服务架构，以边缘计算、大数据、云计算为支撑，以面向制造企业生产问题的核心应用为独立“引擎”，快速实现“小而精”的轻量级工业互联网平台的定制化开发部署，打造服务区域制造企业的区域级工业互联网平台，也面向特定行业打造行业级工业互联网平台。

（石美浓）

三维直点研发三维模型轻量化技术

5 月，协同制造工业互联网创新中心成员单位北京三维直点科技有限公司（简称三维直点）研发完成三维模型轻量化技术。该项技术支持从工业领域主流三维设计文件格式到自有平台模型格式的轻量化，支持轻量化后 10 万级大规模工业模型加载和实时渲染。

（石美浓）

2020 全球 IPv6 下一代互联网峰会

2020 全球 IPv6 下一代互联网峰会现场　　王子平 摄

7 月 30—31 日，2020 全球 IPv6 下一代互联网峰会在广州召开。峰会由全球 IPv6 论坛（IPv6 Forum）与下一代互联网关键技术和评测国家地方联合工程研究中心联合主办，澳门科技大学、下一代互联网 IPv6 新技术联合实验室共同承办，以“迈向网络新纪元，助力数字新基建”为主题，会聚全球产业专家、政府领导及产业相关人士，从政产学研用等不同维度，共议全球下一代互联网 IPv6 的创新发展和新型基础设施建设，探讨中国的机遇与挑战。会上，国内外专家向全球发布《推进 IPv6 规模部署向纯 IPv6 发展的联合倡议》。来自全球 IPv6 论坛、中国信息通信研究院、工业和信息化部中国电子信息产业发展研究院（赛迪研究院）、中国电信集团有限公司、清华大学、北京大学、华为技术有限公司、腾讯科技有限公司等的百余名专家学者参会。

（王子平）

太赫兹技术创新中心系统获软件著作权

8 月 10 日，太赫兹技术创新中心研制开发的情绪识别智能分析系统（公交司机岗前情绪分析系统）获软件著作权。该系统是基于情绪振动技术，结合生物量测学、人体热力学、脑神经学、影像视讯学等专业知识，通过视频流高帧间运动计算肌肉振幅，统计激动、压力、不安、怀疑、身心平衡、自信、能量、自控能力、负面抑制力和情绪稳定性等多个维度的情感度量模型，为公交驾驶员的身心监测提供新的技术手段，助力提升公共交通安全。

（石美浓）

云服务 IPv6 支持能力测评项目发布

8 月 28 日，下一代互联网关键技术和评测国家地方联合工程研究中心联合中国信息通信研究院发布云服务 IPv6 支持能力测评项目，并为腾讯云、阿里云、华为云以及移动云等云服务平台颁发云服务 IPv6 支持能力测评证书。该测评项目从服务功能性、服务可用性、网络介入性能、服务易用性、服务安全性、覆盖能力、IPv6 升级改造方案完备性 7 个指标对云服务 IPv6 能力进行测评，帮助企业定位云服务平台 IPv6 改造中出现的问题，促进云服务平台开展 IPv6 深度改造，扩大 IPv6 资源覆盖范围。

（王子平）

德诺杰亿开发出核酸提取专用试剂盒

8 月，创新医疗器械共性技术创新中心参与单位德诺杰亿（北京）生物科技有限公司（简称德诺杰亿）开发出针对新型冠状病毒检测常用鼻咽拭子样本的核酸提取专用试剂盒，可以实现 7 分钟完成病毒 RNA 提取流程。

（石美浓）

OBE太赫兹红外测温安检门获新产品认定

9 月 2 日，市科委发布《北京市科学技术委员会等部门关于公示 2020 年第一批（总第十二批）北京市新技术新产品（服务）名单的通知》（京科高发［2020］159 号），太赫兹技术创新中心成员单位欧必翼太赫兹科技（北京）有限公司（简称 OBE 太赫兹）自主研发的红外测温安检门被认定为新产品。该产品是集红外测温和金属探测于一体的安全检测门，内置高精度医疗级测温传感器，无接触式测量人体手腕或额头的温度，根据人体手腕或额头的温度与体温的关系得到人体的实际体温。检测仪的光学组件将额头或手腕发射和反射的能量汇集到传感器上，通过电子组件将此信息转化成温度读数并显示在显示面板上，当温度读数超过高温报警值时，仪器会发出报警声，报警温度可根据实际需求设置。

（石美浓）

全图通发布团体标准

9 月 24 日，智慧地铁技术创新中心成员单位全图通位置网络有限公司牵头设计的《非暴露空间超宽带安全应急定位系统技术规范》（标准号为 T/GLAC 0001—2020）发布，是中国卫星导航定位协会首批团体标准。该标准规定非暴露空间超宽带安全应急定位系统的基本架构及对相关设备的功能、性能、测试、网络传输、数据协议和信息安全等方面的要求，适用于非暴露空间超宽带安全应急定位系统的设计、施工、测试和验收。

（石美浓）

产业互联网研究院研发信息撮合平台

9 月，协同制造工业互联网创新中心牵头单位北京亦庄国际产业互联网研究院股份公司（简称产业互联网研究院）研发完成面向制造企业的信息撮合平台。该平台在技术、项目、产品、空间、资本、政策、市场七大领域为产学研各方以及产业链上下游企业提供需求发布、资源对接。

（石美浓）

车辆安全漏洞预警与分析平台发布

10月27日，在2020年中国汽车工程学会年会暨展览会上，国汽（北京）智能网联汽车研究院有限公司发布车辆安全漏洞预警与分析平台（CVVD）。CVVD由国汽智联牵头，与启明星辰信息技术集团股份有限公司、奇安信科技集团股份有限公司、杭州安恒信息技术股份有限公司、上海斗象信息科技有限公司4家企业联合运营，通过自主挖掘、社会提交、协作共享、网络搜集以及技术检测等方式，联合政府部门、行业用户、安全厂商、高校和科研机构等社会力量，共建车辆漏洞数据库，开发各类算法模型库，并对涉及国内外车辆主流网络架构、无线协议、应用软件、车载操作系统和车载嵌入式产品等软硬件系统的信息安全漏洞开展采集收录、测试验证、补丁发布工作，建立规范的漏洞研判处置流程、通畅的信息共享通报机制以及完善的技术协作体系，为中国ICV产业落地提供体系化的安全技术、数据及服务支持。

（林熙　黄星星）

中金智汇开发智能对话引擎

10月，大数据应用技术创新中心成员单位中金智汇科技有限责任公司（简称中金智汇）开发完成智能对话引擎。智能对话引擎研究并分析行业数据中的对话结构，总结归纳和抽象细分领域对话模式，通过将对话拆解成多个阶段并融合槽填充及深度学习递归网络相关技术，开发实现行业特定领域多轮次对话和上下文理解的功能，解决对话相关的业务问题。该项技术已局部集成到智汇文本分析平台，并在智能客服系统、智能坐席助手系统、智能语音外呼系统等多个产品中落地应用。

（石美浓）

合众思壮发布新产品

11月23—25日，在第十一届中国卫星导航年会（CSNC 2020）上，北斗新时空技术创新中心成员单位北京合众思壮科技股份有限公司发布首款支持北斗星基增强服务的航空接收机AIR20和北斗高精度+5G V2X机场站坪运行主动安全预警系统。其中，航空接收机AIR20内置合众思壮P40北斗三号高精度定位板卡，可接收全星座全频点GNSS信号，全面支持北斗三号卫星信号的接收，产品支持BDSBAS单、双频服务，符合RTCA和ARINC相关标准设计，支持RAIM接收机自主完好性监测功能，可满足航空用户的使用需求，并可用于测量测绘、形变监测、航空航海等高精度应用领域；北斗高精度+5G V2X机场站坪运行主动安全预警系统采用连接车辆、人员等多方的融合定位技术，配合精准时空位置服务平台，打造出一体化态势的感知系统，助力机场实现精细化、可视化的管理目标。

（石美浓）

GNTC 2020全球网络技术大会

12月22日，由下一代互联网关键技术和评测国家地方联合工程研究中心主办，以“新基建、新动能、新机遇”为主题的GNTC 2020全球网络技术大会在南京召开。大会聚焦IPv6、卫星网络、5G、

SDN、NFV、云、数据中心、网络 5.0 新基建前沿技术领域，涵盖 1 场全体大会、6 场专题峰会、多场专题会议及颁奖典礼等。会上，下一代互联网国家工程中心宣布全球首家纯 IPv6 公共 DNS 全球服务开通，将通过遍布世界各地的节点向全球用户提供纯 IPv6 免费解析服务；下一代互联网国际产业创新中心揭牌，该中心面向全球，探索新型数字基础设施的演进方向。来自 10 多个国家和地区、50 多个国际组织的近百名全球顶尖网络技术专家与 500 多名行业精英，通过线上、线下结合的方式为 4 万余名观众分享 200 多场前瞻性技术演讲。

（王子平）

科益虹源产品获重大技术装备认定

12 月，光刻机零部件技术创新中心牵头单位北京科益虹源光电技术有限公司（简称科益虹源）的“40W 4kHz KrF 光刻准分子曝光光源”产品在由市发展改革委牵头发起的评定中被认定为北京市首台（套）重大技术装备，并获认证证书。高能准分子激光器作为光刻曝光光源，是 DUV 光刻机的核心部件之一。科益虹源自主研制出高能准分子激光器，使中国成为全球第三个掌握该项核心技术并实现产品化的国家。

（石美浓）

汉天下开发出新产品

年内，微机电系统创新中心成员单位北京中科汉天下电子技术有限公司（简称汉天下）开发出满足市场需求的封装尺寸为 1.1 毫米 ×0.9 毫米的小型化 Wi-Fi 滤波器和 B40 滤波器、封装尺寸分别为 1.4 毫米 ×1.1 毫米和 1.1 毫米 ×0.9 毫米的大带宽 5G N41 频段滤波器、封装尺寸为 1.8 毫米 ×1.4 毫米的 B3 双工器。滤波器产品良率超过 85%。全年所有滤波器产品累计出货超过 5000 万颗。

（石美浓）

太赫兹中心生产线完成产品定型与批产

年内，太赫兹技术创新中心新建毫米波 / 太赫兹产品生产线，研制专用研发与生产测试设备。该生产线已完成 2 型毫米波安检设备产品定型与批量生产（ZHS-3/ZHS-4），在企业内保、地铁和民航等领域具有广泛应用前景。

（石美浓）

·创新平台（选介）·

下一代互联网关键技术和评测国家地方联合工程研究中心

澳门科技大学下一代互联网技术创新中心揭牌 王子平 摄

2020 年，下一代互联网关键技术和评测国家地方联合工程研究中心（简称下一代互联网国家工程中心，英文简称 CFIEC）的销售收入近 3000 万元，有员工 120 人，下设全球 IPv6 测试中心、全球 SDN 测试认证中心和超级算力中心。年内，在产业合作方面，下一代互联网国家工程中心召开 IPv6 产业发展研讨会暨 IPv6 新技术联合实验室工作会议；发布全球首份《推进 IPv6 规模部署向纯 IPv6 发展的联合倡议》；下一代互联网国际产业创新中心揭牌。在产品研发方面，中心发布 IPv6 Enabled CDN Logo 认证、云服务 IPv6 支持能力测评项目、IPv6 Ready 核心协议测试规范 5.0.0 版本；宣布全球首家纯 IPv6 公共 DNS 全球服务开通。在国际合作方面，中心联合澳门科技大学组建并成立的下一代互联网技术创新中心揭牌；中心主任助理刘帅出席全球数字在线峰会并代表亚太地区发表演讲。在市场推广方面，中心举办 2020 全球 IPv6 下一代互联网峰会和 GNTC 2020 全球网络技术大会。

下一代互联网国家工程中心于 2012 年 12 月由北京天地互连信息技术有限公司承建，被市发展改革委认定为北京市工程研究中心；2015 年，获国家发展改革委批复升级为国家地方联合工程研究中心。中心以 IPv6 下一代互联网、DNS 根服务器、SDN 软件定义网络、NFV 网络功能虚拟化，以及区块链、人工智能网络等先进网络技术为研究重心，搭建互联网基础技术公共服务平台，参与全球网络技术标准化和市场化工作，建设运营关键信息基础设施，开展网络安全、性能、一致性等第三方测试认证业务，推动全球网络互联互通。

（王子平）

下一代互联网关键技术和评测国家地方联合工程研究中心 主任 刘东

光刻机零部件技术创新中心

2020 年，光刻机零部件技术创新中心依托北京科益虹源光电技术有限公司（简称科益虹源）研发的“40W 4kHz KrF 光刻准分子曝光光源”产品被认定为北京市首台（套）重大技术装备。

光刻机零部件技术创新中心成立于 2017 年 5 月 10 日。科益虹源、北京华卓精科科技股份有限公司联合国家集成电路产业投资基金有限公司、中国科学院长春光学精密机械与物理研究所、上海微电子装备（集团）股份有限公司，通过建设光刻机创新中心、光刻机关键部件创新中心，承接国家重大专项任务，推动大学、研究机构与企业协同发展，形成光刻机人才、技术、资本和产业的集聚效应，进而打造国内首家光刻机产业化创新中心，奠定北京在国家极大规模集成电路制造装备产业实施战略中的核心地位，建设中国自主的光刻机零部件技术创新中心，逐步实现国产光刻机整机研发和制造的突破，打破国外对中国的技术封锁和垄断。

（石美浓）

光刻机零部件技术创新中心 主任 江锐

创新医疗器械共性技术创新中心

2020 年，创新医疗器械共性技术创新中心有 5 项在研新技术、18 项新产品（9 项获新技术新产品认定），获 17 件专利授权。中心参加第十三届中国北京国际科技产业博览会。中心组长单位北京诺康达医药科技股份有限公司（简称诺康达）、参与单位北京华益精点生物技术有限公司（简称华益精点）入选 2020 年度北京市第一批“专精特新”中小企业名单。

创新医疗器械共性技术创新中心成立于 2017 年 5 月 10 日。诺康达牵头，联合德诺杰亿（北京）生物科技有限公司、华益精点等经开区生物医药企业建立该中心，以强化医疗器械领域核心技术的创新发展。中心依托诺康达建设生物高分子新材料的共性技术创新中心，对临床上急需的骨科、组织、器官、栓塞支架等进行智能制造；以整合医药载体材料共性技术、国产高端专用设备、高端制剂智能制造全链条的“协同＋创新”机制，推动医药行业的产业升级和产品更新换代；以国际化合作企业为创新主体，建设审评、审批分中心，参与创新医疗器械相关法规的探讨和制定，并成为创新医疗器械行业相关标准的制定者和实践先行者。

（石美浓）

创新医疗器械共性技术创新中心

主任 陶秀梅

基因技术转化技术创新中心

2020年，基因技术转化技术创新中心研发新技术6项、新产品8项，新增创新资质4项，参与制定行业标准／国家标准2项，累计引进人才30人，合计投入研发经费近6000万元，完成科技成果转化5项，承担重大专项2项。以思路迪（北京）医药科技有限公司为代表的思路迪医药集团的核心产品3D229注射液（GAS6/AXL抑制剂）获药监局药品审评中心（CDE）颁发的临床试验通知书，获准加入全球国际多中心临床试验(MRCT)III期临床试验，这是该类产品在国内首个获批的III期临床试验。

基因技术转化技术创新中心成立于2017年5月10日。中心着力打造基于基因技术的成果转化创新体系，打造国家级基因技术转化医学创新中心，促进动能转换，将基因研究成果快速转化为医学新技术、新产品和新服务乃至新业态，促进医疗向精准化、个体化发展，提高疾病治疗和健康管理的技术水平。中心培育和发展高精尖产业，建设成为国际一流、引领全国基因技术转化创新的总部基地。

（石美浓）

基因技术转化技术创新中心

主任 徐慧敏

智能制造技术创新中心

2020年，智能制造技术创新中心研发新技术6项、新产品8项，申请专利20件，组织或参与编制国家标准5项；承担包括“基于边缘计算的智能控制器及其开发工具项目”在内的国家重点专项5项。中心联合并组织园区内企业北京和泰通科技有限公司，申报中关村国家自主创新示范区硬科技孵化平台获批并挂牌。

智能制造技术创新中心成立于2017年9月16日，依托中国电子技术标准化研究院、和利时集团、大族激光产业集团等科研机构、行业龙头单位共同注册成立创新中心实体公司。中心以国家智能制造战略需求为导向，围绕制造企业的自动化、数字化、智能化难点，发挥核心成员各自的产业能力优势，推进智能制造产业核心技术和关键前沿技术自主创新并推广应用，将建成智能制造产业发展战略智库、信息交互枢纽、技术创新桥梁、人才培养高地、成果展示窗口。中心组织创新资源面向智能制造技术未来发展需要，瞄准国际前沿技术和技术制高点，突破智能制造领域发展的共性关键技术瓶颈，构建开放的技术平台，融合上下游创新资源，持续开展技术和产品创新研究、标准编制、技术转让以及产业孵化，推动行业国内外技术交流。中心不断推广智能制造创新发展的新型通用技术、制订服务传统产业改造升级的系统解决方案、形成智能制造核心技术知识产权和标准，实现“赋能智能制造创新发展，支撑智能制造战略实现”的使命。

（石美浓）

智能制造技术创新中心

主任 吴光学

无人科技技术创新中心

2020年，无人科技技术创新中心成果“大型电商物流中心机器人及智能化调度系统研发与应用”通过中国机械工业联合会和中国机械工程学会鉴定，认为该成果总体技术达到国际先进水平，其中物流中心储位动态精准调配、任务优化调配和货物优化路径储运技术达到国际领先水平（鉴定证书编号：JK鉴字［2020］第2032号）。

无人科技技术创新中心成立于2017年9月16日。中心由京东集团牵头，联合清华大学、斯坦福大学、麻省理工学院、中国标准化研究院等国内外高校院所，重点面向智慧物流领域开展技术突破与创新，以无人机、无人车、无人仓、无人超市/无人便利店、无人园区等关键核心技术为研究内容，以产业化应用为核心目标。中心致力于突破人工智能算法，研发具有完全自主知识产权的核心智慧物流设备，打造定制化、系统化的整体物流解决方案，打破国外控制产品的垄断；凝聚和培养无人产业技术创新人才，孵化优质创新团队；开展行业标准制定与产业发展咨询，规范与统一中国智慧物流机器人的技术标准，形成更广泛的行业影响。

（石美浓）

无人科技技术创新中心

主任 肖军

新型显示技术创新中心

2020年，京东方科技集团股份有限公司投资10亿元建设的技术创新中心（先进技术实验室二期）投入使用，进一步完善新型显示技术创新中心的硬件功能，加速下一代显示技术研究的开展，是京东方最前沿的技术创新引擎，同时在Mini/Micro LED技术领域持续突破，推进背光与显示应用与产品化。

新型显示技术创新中心成立于2017年，由京东方联合下属子公司北京京东方光电科技有限公司、北京京东方显示技术有限公司共同建立，旨在推进显示产业关键前沿技术和工艺发展。中心在技术研发、专利申请、行业地位等方面均达到国际先进水平，在TFT-LCD技术方向、OLED技术方向、VR/AR显示技术方向等方面掌握关键核心技术。中心面向显示技术未来发展需要，瞄准国际前沿技术和技术制高点，构建开放的技术平台，推动上下游技术融合，协同技术、装备、人才、资金等各类资源开展共性关键技术研发，突破产业发展的关键技术瓶颈，提升行业竞争力，为推动中国显示产业由大变强提供支撑。

（石美浓）

新型显示技术创新中心

主任 董学

国家智能网联汽车创新中心

2020年，国家智能网联汽车创新中心组建国汽智控（北京）科技有限公司；推进太和桥基地建设项目，并获北京市绿色安全文明样板工地、北京市结构长城杯金杯等称号；承担北京高级别自动驾驶示范区顶层设计任务；基于中国标准智能网联汽车场景库建设专项初步形成面向市场的技术服务能力；编制发布《节能与新能源汽车技术路线图 2.0》《中国智能网联汽车产业发展报告蓝皮书（2020）》；联合汽标委智能网联汽车分标委牵头发布《智能网联汽车团体标准体系》，并与汽标委、中国通信标准化协会（CCSA）等机构签署全面合作备忘录。中心申请 46 件发明专利、2 件实用新型专利，完成 19 项软件著作权登记；发布 6 项团体标准，修订 1 项团体标准，立项 10 项团体标准；支撑国家 ICV 标准的研究与制定工作，牵头制定 4 项国家标准。

国家智能网联汽车创新中心成立于 2019 年 5 月 30 日。中心是经开区第二家国家级创新中心，以国汽（北京）智能网联汽车研究院有限公司为运营主体，联合中国智能网联汽车产业创新联盟，采用“公司 + 联盟”构成国汽智联核心运营模式，共同打造产业协同创新的枢纽和生态系统。中心集聚国内外高端专业人才，突破关键共性技术，提升创新能力，培育一批在智能网联汽车领域具有国际竞争力的企业，持续高效引领和支撑行业发展，提升中国智能网联汽车及相关产业在全球价值链中的地位，建设具有世界影响力的研发机构。

国家智能网联汽车创新中心　　张浩东 摄

（石美浓）

国家智能网联汽车创新中心

主任 李　骏

执行主任 张进华

微机电系统创新中心

2020 年，微机电系统创新中心新增 3 件发明专利；新增 2 款射频 MEMS 滤波器产品；“8 英寸 MEMS 国际代工线建设项目”开始量产，产能 1 万片 / 月；开发出满足市场需求的滤波器、双工器，滤波器产品良率超过 85%。

微机电系统创新中心成立于 2019 年 6 月 19 日。中心以赛莱克斯微系统科技（北京）有限公司（简称赛莱克斯北京）为基础，以“公司 + 联盟”的模式组建，形成以赛莱克斯北京为核心，股东单位为核心层，行业骨干企业、国内高校科研机构、关联企业为重要伙伴成员的国家传感器创新平台。中心的主要功能定位于产业服务，完善产业链，以虚拟集成设计制造（IDM）为核心，通过人才培养、成果扩散、行业服务、国际合作，加快实现科技成果的转化，提升中国 MEMS 工艺与微系统产业水平，使中心成为世界级 MEMS 工艺与微系统研发机构。

（石美浓）

微机电系统创新中心

主任 杨云春

太赫兹技术创新中心

2020 年，太赫兹技术创新中心申请发明专利 14 件、实用新型专利 3 件、外观设计专利 4 件，已授权发明专利 5 件、实用新型专利 3 件、外观设计专利 4 件。中心参与制定《毫米波全息成像人体安全检查设备通用技术要求国家标准》《被动太赫兹成像人体安全检查设备通用技术要求国家标准》，经过 3 轮评审，于 10 月进入报批阶段。

太赫兹技术创新中心成立于 2019 年

6 月 19 日。中心旨在汇聚多方力量，聚焦太赫兹科学和应用最新技术成果，打造面向国内外太赫兹科学与技术的高水平产学研平台，成为培养太赫兹高新技术的产业与人才基地。中心通过产学研协同创新，吸引国内一批相关企业落户经开区，研发生产太赫兹技术多领域应用产品，促进太赫兹产业在经开区做大做强，建设国家级的太赫兹技术转化创新中心。中心以毫米波太赫兹产业发展联盟为依托，聚合一大批该领域的优秀企业，荟萃科技、产业、人才、金融等系列元素，围绕“产业联盟 + 研究院 + 专利池 + 技术交易平台 + 基金 + 特色产业园”的科技创新服务链条，有效进行协同创新，支持企业在全球范围内获取创新资源，形成一批太赫兹行业的高精尖企业，做大经开区创新发展的增量。中心通过建立太赫兹产业技术基础创新与公共服务平台，开发移动 App 客户端，搭建技术标准、检测、认证服务系统建设，组织企业制定太赫兹 / 毫米波成像、光谱领域行业标准和企业标准。

（石美浓）

太赫兹技术创新中心

主任 李世龙

增材制造和新材料技术创新中心

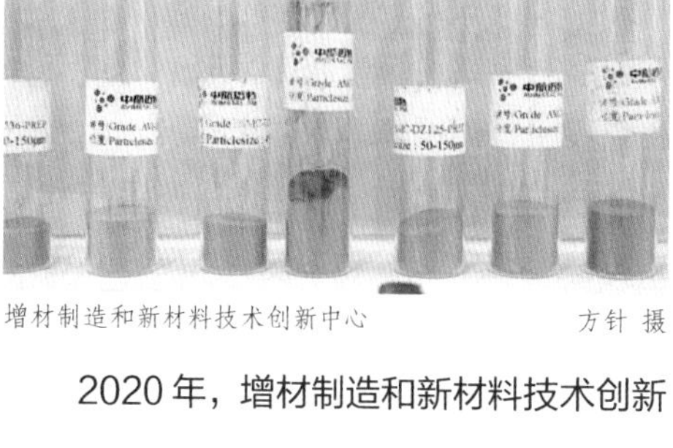

增材制造和新材料技术创新中心　　方针 摄

2020 年，增材制造和新材料技术创新中心突破等离子丝材熔炼制粉、高温合金粉末超高纯净熔炼、提高粉末细粉收得率、改善粉末形貌 4 项关键新技术，开发出满足增材制造使用要求的高温合金、钛合金、铝合金、模具钢、钴铬合金、激光熔覆用粉，发布 GH3536、GH3230、GH4099 及高强铝合金 4 种粉末产品；12 种产品实现批量化生产，交付航空航天、汽车模具、医疗等终端用户使用；参与制定多项标准，包括企业标准 4 项、装发标准 1 项、国家标准 1 项、团体标准 1 项。

增材制造和新材料技术创新中心成立于 2019 年 9 月 27 日。中心依托增材制造和新材料产业发展联盟，汇聚增材制造、新材料领域大批具有较好发展前景的优秀企业，围绕产业发展平台，开展增材制造和新材料科技创新服务。中心以“联盟 + 研究院 + 产业发展平台”为主线，联合高校、科研院所开展科技创新服务，孵化出一批成长性强、发展潜力大的产学研项目，为平台内企业提供资金支持、行业资讯、技术支持等服务。中心通过建立增材制造及新材料公共服务平台，开展行业技术标准、检测、认证及项目孵化等服务工作，打造一批具有国际影响力的创新型企业，形成产业集聚区，助力经开区增材制造产业发展。

（石美浓）

增材制造和新材料技术创新中心

主任 高正江

国际医学转化工程创新中心

2020 年，国际医学转化工程创新中心获国家企业技术中心认定；“有助于胃癌早诊的创新药链霉蛋白酶颗粒产业化和临床应用”项目获北京市科学技术进步奖二等奖；与中国医学科学院药物研究所建立长期战略合作关系，承接该所教授雷平生研制的骨关节炎 1.1 类新药在经开区进行转化落地；与北京大学医学部药学院教授张强团队合作，联合申报国家自然科学基金区域创新发展联合基金 2020 年度重点项目。作为国际医学转化工程创新中心的重要研究内容之一，肺病新药发现和高端制剂技术创新中心项目获市科委滚动支持，高选择性激酶抑制剂、神经离子通道受体拮抗剂、基于蛋白嵌合体降解技术的新药发现取得进展，其中开发原创新药 6 项，治疗特发性肺纤维 1.1 类新药 TDI01 同步获批中美临床，美国 I 期临床研究即将完成并实现海外授权。

国际医学工程转化创新中心成立于 2019 年 9 月 27 日。中心依托北京泰德制药股份有限公司，联合正大制药集团、国家心血管病中心阜外医院、中国生物医学工程学会、瑞典卡罗林斯卡皇家医学院下属公司，打造国际领先的创新医疗项目的研发和转化平台。中心引入国内外优秀创新医疗科技项目，通过提供一站式成果转化服务，打造创新药品、高端医疗器械等创新医疗技术领域的世界领先研发平台，锁定人工心脏、人工血管等具有重大创新前景、填补国内空白的医疗项目，推进国内外优秀创新医疗科技成果迅速产业化，提升中国医疗创新和研发产品的国际化水平。

（石美浓）

国际医学转化工程创新中心

主任　孙宇航

北斗新时空技术创新中心

2020 年，北斗新时空技术创新中心持续强化北斗高精度核心技术的发展和应用推广，进一步提升在高精度定位算法、星基增强、组合导航等方面的技术能力。“天琴二代”芯片实现对北斗 PPP-B2b 精密单点定位信号的捕获、跟踪和定位解算；推出多款高精度定位和测向板卡，并在测量测绘、形变监测、移动 GIS、智能交通、无人机、自动驾驶、精准农业、机械控制、航空航海等领域实现产业化的应用和推广；完成国内首个 BDSBAS 星基增强航空机载接收机 AIR20 的研制和系统联调，推动北斗星基增强系统在民航领域的深化应用。截至 2020 年年底，北京合众思壮科技股份有限公司累计申请专利 450 多件，包括 PCT 国际专利 21 件、美国专利 47 件、欧洲及其他发达国家专利 20 多件。中心联合建设单位中关村空间信息技术产业联盟发布 6 项团体标准、认定 3 项中关村标准。

北斗新时空技术创新中心成立于 2019 年 9 月 27 日。中心以合众思壮亦庄北斗产业园为基础，整合行业技术优势，通过开放共享的方式，搭建面向北斗新时空全产业链的协同创新平台、新时空产业展示和体验中心以及创新创业中心，集中突破一批制约北斗新时空产业发展的关键共性技术，形成一批达到国际领先水平的技术产品和系统解决方案。中心联合多方资源加强卫星导航技术以及应用领域的国内外专利池构建、国内外行业标准的申请与公布、产业基金及合作机构的完善与运作，建设面向复杂电磁环境下高精度北斗卫星导航与位置服务终端的公共检测平台，为北斗新时空领域的企业提供科学的检测方法和可靠的测试数据。

（石美浓）

北斗新时空技术创新中心

主任　郭信平

大数据应用基础创新中心

2020年，大数据应用技术创新中心完成新技术3项、新产品6项；新增创新资质1项、标准2项、专利3件；参与北京市朝阳区风险管理工作平台建设运营项目、北京市畅融工程、北京市互联网金融风险专项整治行动等重大专项。

大数据应用技术创新中心成立于2019年12月16日。中心联合中国科学院、北京系列高校重点实验室及世界范围内优质企业，通过建立大数据工程实验室、大数据应用龙头企业、大数据产业创新基金、区域大数据产业园区等方式，掌握人工智能分析技术和实现工程化应用；通过与国际接轨、自主研发等模式，掌握并突破多项关键核心技术，形成多项核心知识产权。中心依托中金数据集团有限公司和京东集团，建设北京市大数据科研成果转化基地、大数据创新成果交易平台、电子商务开放服务平台、电子商务技术与应用标准，形成具有全球影响力的大数据产业集群和全国大数据专业人才集聚高地。

（石美浓）

大数据应用技术创新中心

主任 杨 洁（8月任）

朱济顺（8月免）

协同制造工业互联网创新中心

2020年，协同制造工业互联网创新中心研发完成新技术3项、新产品4项；新增创新资质1项、专利3件；参与工业互联网标识解析二级节点能源行业应用服务平台建设项目、工业互联网平台基础及创新技术服务平台建设项目等重大专项。

协同制造工业互联网创新中心成立于2019年12月16日。中心以构建全国一体化协同发展的创新中心为主线，利用“互联网+”、大数据等信息化技术，通过政府引导、多方参与、市场运营、全社会收益的方式，构建安全可靠的互联网“众造”生态圈。中心以园区、基础设施企业、装备企业、平台企业、科研机构、风投基金等单位为核心要素，开展前沿技术和关键共性技术产品研发；搭建互联网协同制造平台、数据银行；通过引进和组建相关产业联盟、引进科研院所和高校等举措，引领企业智能制造、升级转型、创新发展，引领产业网络化协同，引领经开区走向高端化、国际化、智慧化，推动全国制造业协同发展。

（石美浓）

协同制造工业互联网创新中心

主任 崔玲

智慧地铁技术创新中心

2020年，智慧地铁技术创新中心承担科技部国家重点研发计划“超大城市轨道交通系统高效运输与安全服务关键技术”“超大城市轨道交通时空信息网络与无人化服务关键技术与应用研究”两项任务，还承担“基于北斗高精度导航定位的智能交通示范应用”“智慧列车超宽带车地通信与定位试验”“基于北斗的地铁公共安全应急管理系统”“城市轨道交通定位试验系统”等项目。

智慧地铁技术创新中心成立于2020年1月。中心依托北京地铁时空体系智能平台，完善智慧地铁空间数字化数据中心和非暴露空间导航定位算法中心，完成北京地铁空间数字化及管理平台建设、地铁北斗定位系统首都机场线示范应用、北京地铁GIS中台建设等项目申报工作。中心通过建设智慧地铁时空模拟仿真试验环境，整合行业创新资源，构建高效协作创新网络，推动智慧地铁产业发展。中心还致力于与产业界形成共赢、共生的合作伙伴关系，承担开发推广共性通用技术、推动先进技术跨界融合应用、提供产业公共技术服务和开展国际技术创新合作。中心将围绕“产业联盟＋研究院＋专利池＋技术交易平台＋基金＋创新基地”的科技创新服务链条，有效进行协同创新，支持企业在全球范围内获取创新资源，进而推动行业发展。

（石美浓）

智慧地铁技术创新中心

主任　蔺陆洲

科技创新

智飞绿竹生物 2 件发明专利获授权

1 月 3 日，北京智飞绿竹生物制药有限公司“一种 B 群脑膜炎球菌重组嵌合蛋白疫苗及其制备方法”获国家知识产权局发明专利授权（ZL 201711073721.5）。该发明提供 3 种重组嵌合蛋白的制备方法，通过将 P2 与 B 群脑膜炎球菌 fHBP 蛋白连接形成的重组嵌合蛋白，能够有效地诱导体液免疫应答，显著提高 fHBP 的免疫原性。该发明的疫苗能够有效覆盖所有 B 群脑膜炎球菌菌株，从而对由 B 群脑膜炎球菌引起的脑脊髓膜炎、菌血症、肺炎及心包炎等侵袭性疾病提供广谱的预防作用。11 月 27 日，智飞绿竹生物“人用水痘病毒灭活疫苗及其制备方法”获国家知识产权局发明专利授权（ZL 201710297864.8）。该发明提供一种人用水痘病毒灭活疫苗及其制备方法，将 β－丙内酯与水痘病毒浓缩液按体积比 1:2000~1:8000 混合，在 3~5℃条件下灭活 12~36 小时，随后在 34~37℃条件下水解 1.5~3 小时，得到灭活病毒液；灭活病毒液经纯化、分装、冻干后制备成灭活疫苗。制备的水痘病毒灭活疫苗安全、有效，接种反应轻微，对不适用减毒活疫苗的免疫功能低下人群更适用。

（赵维奇）

苍穹数码项目获 6 项软件著作权

2 月，由苍穹数码技术股份有限公司与黄山市不动产登记中心联合申报的 6 项计算机软件著作权获国家版权局授权，分别是不动产抵押登记业务申报系统 V1.0、黄山市不动产测绘成果共享服务系统 V1.0、黄山市房地产开发企业“互联网＋新建商品房登记”申报系统 V1.0、黄山市不动产登记“全自助”申报系统 V1.0、“徽易登”App 智能身份验证技术软件 V1.0、“徽易登”App 手机客户端不动产登记申请平台 V1.0。

（李斌）

易美 3 件发明专利获授权

4 月 7 日，北京易美新创科技有限公司“一种 LED 封装结构及其制备方法”获国家知识产权局发明专利授权（ZL 201810371067.4）。LED 封装结构通过在支架上喷涂白胶层，使支架碗杯作为反射杯，提高支架的反射率，从而提升 LED 封装结构的亮度，而且提高 LED 封装结构应用的灵活性，可以节约量子点材料的使用量，有效降低成本，减少对环境的影响。6 月 30 日，易美“LED 阵列结构及其制备方法”获国家知识产权局发明专利授权（ZL 201810787263.X）。该专利将控制LED结构通断的MOS管通过键合或粘结的方式进行连接，实现一对一的控制，在LED阵列结构中，简单方便地实现LED结构的独立工作，不影响阵列结构中其他LED结构正常工作。10月13日，易美“微型LED芯片巨量转移方法”获国家知识产权局发明专利授权（ZL 201910423763.X）。该专利简单方便，无须复杂的设备就能实现目的，节约成本。

（张云燕）

赛升药业2件发明专利获授权

5月，北京赛升药业股份有限公司的2件发明专利获国家知识产权局授权。其中，“一种长效整合素抑制剂及其应用”（ZL 201711099973.5）涉及一种长效整合素抑制剂或其生理上可接受的盐及其应用。该长效整合素抑制剂具有抑制肿瘤血管生成、阻断整合素结合的能力，经修饰后的多肽衍生物能够延长多肽的半衰期；多肽衍生物及其可用药盐可用于实体肿瘤的预防和治疗。“一种蛇毒纤溶酶的反相HPLC检测方法”（ZL 201810785786.0）基于蛋白药物疏水性不同来实现分离，建立更准确的分析测试方法，制定高技术水平的纤溶酶质量检测指标，提高纤溶酶品种质量标准，为同类型的降纤酶、蕲蛇酶等溶栓药的质量标准提高和工艺的控制提供参考。

（栾美丽）

舒泰神及子公司4件发明专利获授权

7月24日，舒泰神（北京）生物制药股份有限公司的“IL-17抗体”获国家知识产权局发明专利授权（ZL 201710184548.X）。该发明涉及IL-17抗体，属于生物医药领域，是一种热稳定性高，同时具有高亲和力、高抑制活性和疗效的抗体。9月25日，舒泰神和子公司北京诺维康医药科技有限公司共同发明的“凝血因子X激活剂活性标定的方法”获国家知识产权局发明专利授权（ZL 20161103743.X）。该发明公开一种凝血因子X激活剂活性标定的方法，属于生物技术领域，操作简单、反应速率稳定、标定精度和准确度高。9月29日，舒泰神和子公司北京舒泰神医药科技有限公司共同发明的“聚乙二醇电解质口服液及其制备方法”获国家知识产权局发明专利授权（ZL 201610881150.7）。该发明涉及一种聚乙二醇电解质口服液，属于医药领域，为溶液剂且不含防腐剂，患者无须自我配制，服用方便、安全。11月6日，舒泰神的“低痛神经生长因子突变体”获国家知识产权局发明专利授权（ZL 201710225746.6）。该发明涉及低痛神经生长因子突变体，属于生物制药领域，具有低疼痛性，可减轻疼痛副作用。

（段秋菊）

安川首钢厚板焊接技术获新突破

8月，安川首钢机器人有限公司承接中铁华隧联合重工装备有限公司刀盘多层多道焊测试研发项目。该项目采用一套AR2010机器人、一台线激光扫描仪和一套焊接系统，安川首钢根据客户需求开发定制的多层多道焊软件，使机器人实现焊接参数智能计算功能、多层多道程序自动生成功能，可以满足平焊、立焊和横焊的多位置焊接需求。机器人在焊接过程中，通过扫描坡口轮廓，识别坡口宽度和深度尺寸，根据第一道人工焊缝示教的程序，自动计算出多层多道焊接的层数和道数。安川首钢已将定制化多层多道焊软件升级为标准化工艺包，为进一步拓展厚板机器人多层多道焊项目奠定基础。

（黄斌）

蓝箭航天突破可回收火箭关键技术

12 月，蓝箭航天空间科技股份有限公司完成液氧甲烷针栓式喷注器试车，这是国内首个通过充分热试车验证的液氧甲烷针栓式喷注器。本次试车，产品累计点火 230 秒，试车过程中参数平滑，未发生烧蚀，燃烧稳定性良好，达到工程实用水平，标志着蓝箭航天在国内率先掌握液氧甲烷发动机深度变推力核心技术。该技术可使“天鹊”发动机推力变化范围大幅扩大，为“朱雀二号”火箭可回收提供更优秀的解决方案。

（王姝）

安川首钢焊接追溯防错系统取得技术突破

12 月，安川首钢机器人有限公司在原有机器人汽车排气产品的焊接追溯防错系统基础上进行重构与优化，设计出模块化架构，并成功应用于长春天纳克卡特项目。相比上一代产品，模块化架构追溯防错系统具有配置灵活、操作简便、适用范围更广等优势。一套客户端软件可以对应气密应用、装配应用、视觉检测应用和焊接应用等多种工况，可以免去或减少代码开发工作，直接进行应用调试，提高工作效率。

（范鲁玉）

中国生物研究院 6 件发明专利获授权

年内，国药中生生物技术研究院有限公司的 6 件发明专利获国家知识产权局授权，分别为“柯萨奇病毒 A16 型病毒株、用途、疫苗及其制备方法”（ZL 201310124257.3）、“纯化 CNTF 的方法和制备修饰型 CNTF 的方法”（ZL 201510257924.4）、“睫状神经营养因子突变体及其修饰型突变体和应用”（ZL 201510729368.6）、“睫状神经营养因子突变体及其修饰型突变体和应用”（ZL 201510734612.8）、“一种包含蝙蝠肝炎病毒核心蛋白的重组融合蛋白及其制备方法和应用”（ZL 201710111914.9）、“一种包含北极地鼠肝炎病毒核心蛋白的重组融合蛋白及其制备方法和应用”（ZL 201710112206.7）。

（彭晓瑛 蔡萌）

京运通 3 件发明专利获授权

年内，北京京运通科技股份有限公司的 3 件发明专利获国家知识产权局授权。其中，“区熔晶体的自动生长方法及系统”（ZL 201580000631.6）是一种区熔晶体的自动生长方法及系统，可以实现扩肩和等径生长阶段的自动生长，单晶可以按照配置好的生长参数的生长区间生长，以形成符合需求的晶体形状，增强单晶质量的稳定性，解决只能依靠人工拉晶的问题，有效降低原料及人工成本，提高生产效率；“基于风电机组温度的故障预警方法”（ZL 201910027340.6）提供一种基于风电机组温度的故障预警方法，综合考虑环境温度、气压等因素对风电机组温度的影响，解决多数风力发电机组温度监控过程中基于恒定单一温度阈值预警而导致误报警率高的问题，实现对风电机组设备早期异常情况的及时提醒，在规避严重故障的情况下，有效降低误报警率；“风电集中监控管理方法及装置”（ZL 201910335106.X）

建立一套通过统一的数据采集和数据转换展示风力发电机运行状态的系统，提供一种集中监控管理方法及装置，解决不同厂家的数据采集与监视控制系统在反馈风电机组运行状态时存在差异这一问题。

（王琪）

金风科创 446 件（项）知识产权获授权

年内，北京金风科创风电设备有限公司 446 件（项）专利获授权。其中，国际专利 105 件，国内发明专利 211 件、实用新型专利 83 件、软件著作权 47 项。截至 2020 年年底，金风科创累计 2218 件（项）专利获授权，其中国际专利 203 件，国内发明专利 711 件、实用新型专利 843 件、外观设计专利 62 件、软件著作权 399 项。

（方张曙）

中纺化工 4 件发明专利获授权

年内，北京中纺化工股份有限公司的 4 件发明专利获国家知识产权局授权。其中，“一种用于纺织品耐洗涤阻燃增效剂及其制备方法与应用”（ZL 201711058829.7）自主研发一种用于纺织品阻燃耐洗涤添加剂，降低阻燃剂在洗涤过程中的损耗，提高面料持久阻燃效果，实现阻燃面料的重复使用；“一种环保型合成单宁固色剂及其制备方法与应用”（ZL 201810366657.8）自主研发用于尼龙面料上的环保固色剂，解决尼龙加工黄变、储存黄变及色牢度问题；“一种超支化聚氨酯拒水整理剂及其制备方法与应用”（ZL 201810870603.5）自主研发一种具有树枝状的高效防水剂，使用较低添加量即可达到防水要求；“一种耐洗涤拒水增效剂及其制备方法与应用”（ZL 201810871173.9）自主研发一种防水剂专用耐洗涤交联剂，增强防水服装面料的耐洗涤效果，在多次家用洗涤烘干后仍具有一定的防水效果。

（李翔）

成果转化

苍穹疫情信息共享及人员管理系统推出

年初，苍穹数码技术股份有限公司利用自主研发的 KQGIS 地理信息平台，推出苍穹疫情信息共享及人员管理系统。该系统对全国新冠肺炎疫情分布情况做出详细表达，包括截止到当前时间，权威发布的确诊病例、疑似病例、死亡病例、治愈病例数量，根据各省确诊病例数量制作的分布热力图及各省排名等数据。

（李斌）

嘉纳尔新型环保型飞机脱漆剂投产

年初，嘉纳尔科技（北京）有限公司完成“一种新型脱漆剂制备”（ZL 201911337557.3）的实验室生产阶段，新型环保型飞机脱漆剂开始小批量生产，于 8 月完成现场小规模生产阶段。该产品采用的新型制备方法可有效地解决夏季挥发快和冬季脱漆效果不理想的问题，尤其适于在中国南方室外环境下进行脱漆作业。

（王春时）

苍穹疫情防控管理信息系统上线

年初，苍穹数码技术股份有限公司开发并上线苍穹疫情防控管理信息系统。该系统基于苍穹数码自主研发的国产地理信息平台 KQGIS 进行建设，实现下沉到社区/村庄的疫情数据层层上报、物联网数据实时抓取，确保社会公众及时获取准确的疫情地图、疫情政策、疫情焦点、防控措施等。北京市怀柔区已将该系统链接到怀柔通一政务服务平台上，陕西省网信办主办的网络经济公共服务平台发布该系统，并陆续在各级防控主管部门投入使用。

（李斌）

凯因科技 1 类创新药上市

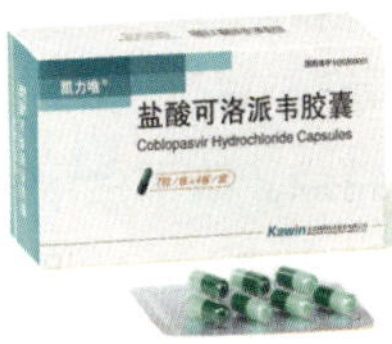

凯因科技药盐酸可洛派韦胶囊（凯力唯®） 企业提供

2 月 11 日，北京凯因科技股份有限公司慢性丙型肝炎治疗 1 类创新药盐酸可洛派韦胶囊（凯力唯®）通过药监局优先审评审批程序批准上市。凯力唯®是公司具有自主知识产权的 1 类创新药，是一种全新的针对 HCV 的泛基因型 NS5A 复制复合子抑制剂，可抑制 HCV 的组装和复制。该产品的上市有助于增加国内抗丙肝病毒药物的可及性，满足临床用药需求。

（陈喆）

德为智慧研发 12.1 寸终端 F121MK 样机

德为智慧 12.1 寸终端 F121MK 样机 企业提供

2 月，北京德为智慧科技有限公司为辽宁开普医疗系统有限公司定制开发的 ARM 嵌入式 12.1 寸终端 F121MK 样机研发成功，并达到客户交付标准。该终端包括嵌入式 Linux 系统、Qt-5.8 开发环境、嵌入式工控板以及集成客户第三方应用软件，可开机自动运行客户应用软件，并具备在 Linux+Qt 操作系统平台下应用软件的开发、升级、调试等功能。

（严亮）

凯因科技索磷布韦片上市

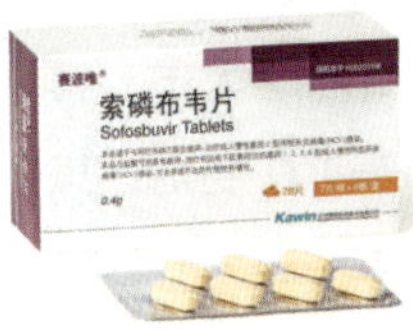

凯因科技索磷布韦片（赛波唯®） 企业提供

3 月 18 日，北京凯因科技股份有限公司的索磷布韦片（赛波唯®）获药监局批准上市。9 月，赛波唯®获补充申请批件，通过一致性评价，进入《中国药品上市目录集》。赛波唯®是国产首个获批上市的 NS5B 聚合酶抑制剂，是治疗慢性丙肝的临床一线用药，主要与其他抗 HCV 药物联用，具有治愈率高、安全性高、不易产生耐药性的优点。

（陈喆）

瓦里安高端医用直线加速器新产线落成

3 月，瓦里安医疗设备（中国）有限公司的高端医用直线加速器 TrueBeam 新产线落成，下线第一台国产高端医用直线加速器 TrueBeam。TrueBeam 是全世界首个可进行一键式非共面放射外科技术 HyperArc 的直线加速器，适用于对精准照射要求很高的脑部肿瘤，可为患者提供时间更短、无须开颅的放射治疗。该生产线的落成标志着瓦里安中国研发和生产基地超越瓦里安医疗系统公司总部所在的美国硅谷基地，成为瓦里安医疗系统公司在全球范围内产品线最齐全的研发和生产基地。该生产线落成后，瓦里安中国研发和生产基地第一季度直线加速器的发货量比2019年同期增长96%。

（杨雅奎）

泰德制药口服降糖药维格列汀片上市

4月13日，北京泰德制药股份有限公司开发的新型口服降糖药物维格列汀片（凯誉®）获药监局批准上市。维格列汀片是一种新型DPP-4抑制剂，其在体内通过阻断DPP-4对GLP-1的降解，提高体内内源性GLP-1水平和活性，促进胰岛素分泌，抑制胰高血糖素分泌，发挥降低空腹血糖、餐后血糖以及HbA1c的作用，在控制血糖的同时逆转糖尿病患者胰岛功能不断恶化的状况。

（郑雅丹）

罗特尼克研发出2.8倍音速碳纤维飞轮

5月16日，罗特尼克能源科技（北京）有限公司宣布其研发团队采用国产碳纤维成功研发出2.8倍音速碳纤维飞轮，并已应用于飞轮储能系统。该技术可以将产业化飞轮储能系统的能量密度提升一个新的高度，从而有效地降低储能成本，为大数据中心等新基建设施节能降耗。

（王顺丽）

东港瑞云上线区块链电子档案平台

6月9日，在经开区举行的区块链电子档案研讨活动和上链仪式上，东港瑞云数据技术有限公司上线国内首个区块链电子档案平台——中小微企业档案管理云平台，并与富智康精密组件（北京）有限公司、欧必翼科技集团有限公司、华测检测认证集团北京有限公司等7家入驻企业代表签约，加速区块链的应用落地。该平台包含档案资讯、咨询培训、系统集成、数字加工、寄存托管、保密销毁六大基础服务模块，业务系统支撑档案全流程工作。同时，该平台开创档案服务新模式，将“非接触式”档案云管理和区块链数据应用服务升级叠加，将区块链技术应用于档案数据管理领域，具有防篡改、多方共同验证、分布式存储等特点。该平台帮助中小微企业解决电子会计凭证入账、报销、归档过程中的关键问题，通过技术创新打通2个模块，实现档案由双套制向单套制的转变，为小微企业降本增效。

（董海伦）

安川首钢研发协作机器人自动拧紧系统

7月，安川首钢机器人有限公司自主研发成功协作机器人自动拧紧系统。该系统主要包含人机协作机器人HC10DT和拧紧装置，操作者可通过拖拽机器人进行程序示教和工具切换作业。该系统具备力限制功能、速度限制功能、逃避功能、远离功能、力作用保持功能，实现人与机器人协同作业，而且能够有效保障操作者的人身安全。拧紧装置能根据自定义的拧紧策略对各种螺钉进行拧紧作业，精确控制并记录拧紧过程的转数与扭矩，实现每颗螺钉拧紧数据的可追溯。

（郭超）

京运通全自动单晶炉12英寸首棒下线

8月5日，北京京运通科技股份有限公司自主研发的JD-1600型全自动单晶炉拉制出首根12英寸单晶硅棒，标志着JD-1600型全自动单晶炉研发成功。JD-1600型全自动单晶炉全自动化程度更高，热场可兼容32~42寸，设备具有先进性。其中，首次在JD-1600炉型上应用全新智能调温专家系统V2.0，缩短整体熔接时间，降低人工依赖性，成活率高，适应性强；利用高级人工智能自动化，将AI控制的等径晶体直径控制技术应用于JD-1600单晶炉；采用动态平衡配重的提拉头升降系统；预留CCZ硬件和软件接口，可在安装硬件后，直接开通使用，软件免费升级等。

京运通JD-1600型全自动单晶炉12英寸首棒下线 田甜 摄

（王琪）

瓦里安推出新一代Halcyon智慧放疗平台

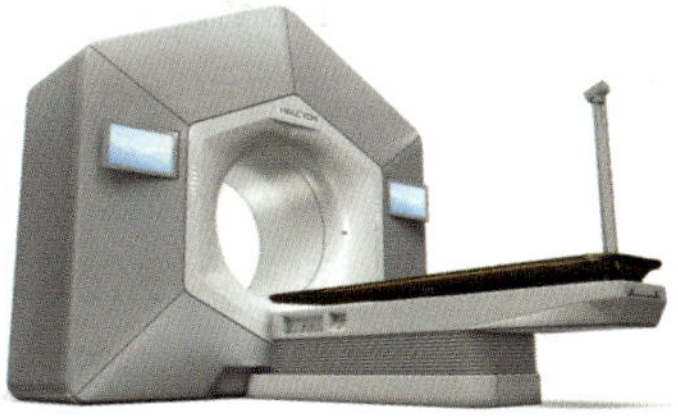

瓦里安全新一代Halcyon智慧放疗平台　　企业提供

8月22日，瓦里安医疗设备（中国）有限公司推出全新一代Halcyon智慧放疗平台。该产品由瓦里安中国研发和生产基地研发、生产，引入千伏级影像引导能力，采用瓦里安在全球屡获殊荣的专有技术iCBCT成像技术，提供更高的软组织显示分辨力，使医务工作者可以从相应投影图像中提取更多信息，确保治疗的精准度。

（杨雅金）

拜耳医药保健氯化镭[^{223}Ra]注射液上市

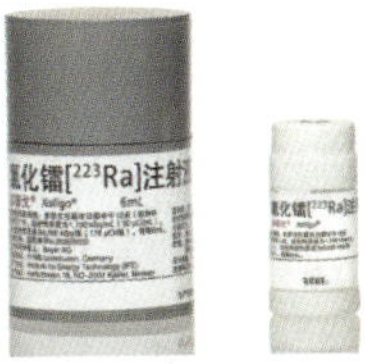

拜耳医药保健氯化镭[^{223}Ra]注射液　　企业提供

8月27日，拜耳医药保健有限公司的氯化镭[^{223}Ra]注射液（多菲戈®，Xofigo®）获药监局批准在中国上市，用于治疗伴症状性骨转移且无已知内脏转移的去势抵抗性前列腺癌（CRPC）患者。多菲戈®是一款发射α粒子的放射活性治疗药物，关键III期ALSYMPCA研究证明，与安慰剂相比，多菲戈®生存获益显著，具备良好的安全性，且能改善患者的生活质量。

（邹京）

北京首条MEMS芯片生产线通线投产

9月29日，赛莱克斯微系统科技（北京）有限公司投资建设的“8英寸MEMS国际代工线建设项目”通线投产运行，产能为1万片/月，标志着北京首条商业量产、全球业界最先进的8英寸MEMS芯片生产线进入实际生产阶段。该8英寸MEMS国际代工线设计总产能为3万片MEMS晶圆/月。微机电系统（MEMS）是指用微机械加工技术制作的包括微传感器、微制动器、微能源等微机械基本部分，以及高性能的电子集成线路组成的微机电器件与装置。

（边子风）

安川首钢研发的焊接用气爪投入使用

9 月，安川首钢机器人有限公司与德国雄克公司联合研发的非标夹具焊接用气爪投入使用。通过对大量定位数据进行总结归类，实现非标对夹单元的标准化，形成 YSR 独有的气爪产品。该产品解决不同项目、不同加工方式引起的夹具对夹定位单元易卡死、易损坏、备件时间长的问题，增加设计的选型多样性，缩短夹具设计周期，成本降低 30% 以上。该产品通用性好、定位精度高，有利于提高车桥产品的机器人焊接质量，具有广阔的应用前景。

（倪剑锋）

世纪金光推出车规级大功率全 SiC 模块

世纪金光车规级大功率全 SiC 模块　　企业提供

9 月，北京世纪金光半导体有限公司推出自主研发的车规级大功率全 SiC 模块。该产品的电压等级为 1200 伏，电流等级达到 600 安培，导通电阻低至约 2.5 毫欧，电路拓扑结构为六单元全桥结构。封装形式兼容传统的硅 IGBT 模块的 HPDrive 封装形式，可以使应用端快速地进行应用测试评估。与传统的硅 IGBT 模块相比，SiC 模块的开关损耗更低。

（赵岩）

金风科创新一代直驱永磁平台及产品发布

10 月 14—16 日，在 2020 北京国际风能大会暨展览会上，北京金风科创风电设备有限公司研制的新一代直驱永磁平台 GP21 及系列高性能旗舰产品发布，包括面向中低风速市场的 GW165-3.6MW 与 GW165-4.0MW 直驱永磁风电机组、面向中高风速市场的 GW165-5.XMW 直驱永磁风电机组。新一代直驱永磁平台 GP21 是金风科创研制的第三代直驱永磁平台。该平台基于金风科创 2S 与 3S 平台的轴系取长补短，大幅提升轴系承载能力，平台产品适应性更优；借鉴金风科创 2S 平台低风速高发电量设计理念，发挥金风科技 3S 和 4S 平台优秀的适应性与并网友好性；创新采用系统工程及平台化、模块化开发理念，是实现开发质量更高与度电成本更优的平价风电项目解决方案。金风科创为 GP21 平台产品构建“产能增效、环境友好、并网友好、安全控制、用户友好”五大智能模块，赋以仿生大脑，打造出全面智能化机组。GP21 平台产品可针对不同风资源环境和多元应用场景，对单机容量、叶片长度、轮毂高度、塔架形式、主机寿命、功能模块等提供定制化设计。平台中的 GW165-3.6MW 与 GW165-4.0MW 机型是面向新风电时代中低风速区域的旗舰产品，拥有 3 兆瓦至 4 兆瓦级的最大风轮直径，可在大幅提升发电能力的同时有效降低项目投资，突破机位点限制。

（方张曙）

星河动力自主研发的商业运载火箭发射

11 月 7 日，星河动力（北京）空间科技有限公司自主研发的“谷神星一号（遥一）”商业运载火箭在酒泉卫星发射中心成功发射，将国电高科天启 11 星精确送入预定轨道。“谷神星一号（遥一）”商业运载火箭是星河动力自主设计的四级固体运载火箭，一、二、三级采用固体发动机，四级为先进液体上面级，火箭直径为1.4米，全长19米，起飞质量为31吨，500千米太阳同步轨道运载能力为300千克，成为首个成功发射商业组网卫星的民营商业火箭。这是星河动力实施的首次发射任务，也是中国民营商业火箭首次进入500千米太阳同步轨道。此外，本次发射也是垂直自瞄准、矢量固体推力控制等技术在民营商业运载火箭上的首次应用。

（刘明月）

京东方推出55英寸主动式量子点显示屏

11月10日，京东方科技集团股份有限公司推出55英寸4K主动矩阵量子点发光二极管（AMQLED）显示屏。量子点技术在显示产品中的应用主要包括光致发光量子点背光技术和主动式电致发光量子点二极管技术（AMQLED）。与光致发光量子点背光技术不同，AMQLED显示无须背光源，注入电流即可使量子点发光，具有自发光、色域广、寿命长等优势，成为量子点显示的发展方向。

（田新宇）

GE医疗超高端CT生产线在经开区投产

11月15日，GE医疗北京影像设备制造基地Revolution CT下线仪式暨航卫通用电气医疗系统有限公司成立30周年活动举办，通用电气医疗集团（简称GE医疗）在中国市场超高端的256排Revolution CT生产线在GE航卫工厂投产。此次投产的Revolution CT是行业领先的超高端CT，树立CT扫描覆盖范围、扫描速度、图像质量、扫描剂量和舒适性的业界新典范。同时，GE航卫获经开区授予的北京医疗设备国产化示范基地称号。GE航卫与国药集团签署新30年战略合作协议，共建先进医械智造产业基地，促进全球顶尖医疗科技高端产品落地中国。

（董艺菲　韩煦）

蓝箭航天火箭发动机联合试车成功

蓝箭航天“朱雀二号”火箭发动机联合试车　　方针　摄

11月，蓝箭航天空间科技股份有限公司完成“朱雀二号”火箭二级发动机联合试车。本轮试车的火箭发动机由80吨和10吨级的“天鹊”液氧甲烷发动机组合而成，累计试验时长超过1200秒。这是国内首次由多台液氧甲烷发动机并联完成的试车试验，向“朱雀二号”整箭合体迈出重要一步。“朱雀二号”运载火箭是中国在研运力最大的液氧甲烷运载火箭产品，通过芯级并联可具备覆盖各类轨道发射的能力。

（王姝）

安川首钢开发彩涂机器人三功能一体系统

11月，安川首钢机器人有限公司成功开发彩涂机器人三功能一体系统。该系统集成机器人套筒安装、粘胶带、贴标三项作业功能，并配备安全防护系统和PLC控制系统。整个系统采用全自动运行模式，机器人配合激光测距传感器可兼容不同尺寸、不同种类的套筒和钢卷，自动修正粘胶带和贴标的作业程序，减轻操作人员工作负荷，提高生产效率。该系统集成模式开创国内冶金行业的先河。

（黄坤）

京东产生首单电商平台数字人民币消费

12 月 11 日，全国首单电商平台数字人民币消费在京东商城产生。本次数字人民币红包试点首次接入电商平台消费场景——京东商城。京东数字科技集团作为首批配合中国人民银行数字货币研究所展开“数字人民币试点”工作的科技公司之一，形成一套包含风险控制、安全策略、支付技术等在内的支付服务体系，短时间内高效对接运营机构与消费场景，成为首家与工、农、中、建、交、邮储六大行均开展合作并接入数字人民币电商平台消费试点场景的科技公司。

（刘昕玥）

泰德制药得泰安® 获批上市

12 月 22 日，北京泰德制药股份有限公司自主研发的肌松药苯磺顺阿曲库铵注射液（得泰安®）获药监局颁发的药品批准文号，且视同通过仿制药质量与疗效一致性评价。该药品属于国家医保目录品种，泰德制药是该品种国内首家通过一致性评价的制药企业。苯磺顺阿曲库铵是一种中效、非去极化、具有苄异喹啉酯结构的骨骼肌松弛剂，可作为全麻辅助用药或在重症监护病房起镇静作用。苯磺顺阿曲库铵凭借快速起效、无心血管副作用、无蓄积作用、应用范围广等特点，适用于老年、儿童、心脏和肝肾功能异常等特殊患者以及 ICU 患者等。

（郑雅丹）

安川首钢机器人焊接数据采集系统上线

12 月，安川首钢机器人有限公司借助 YASKAWA Cockpit 软件平台开发的新大洲本田机器人焊接数据采集系统运行。该系统由 1 台工控机、4 台弧焊机器人、1 台打磨机器人、5 台安全防护系统和 5 台 PLC 控制系统等组成。该系统可采集产量、保护气使用量、焊丝使用量、实际焊接电流、实际焊接电压等生产数据，并保存至本地数据库。系统支持对采集到的数据进行自定义查询，并将其导出为 CSV 文件，以便用户进行相应的数据分析，实现生产可视、过程可控、质量可溯，提升数字化、信息化水平。

（李永刚）

安川首钢机器人智能打磨系统投入使用

安川首钢汽车脚踏板机器人去塑抛光智能打磨系统 企业提供

12 月，安川首钢机器人有限公司研发的汽车脚踏板机器人去塑抛光智能打磨系统在山西卡每特工业机械有限公司投入使用。汽车超长脚踏板去塑抛光的作业难度极高，该系统通过打磨轮损耗自动检测功能和机器人轨迹自动补偿功能，确保打磨轮充分使用、打磨效果优良稳定，并可满足多种产品的混线生产需求。该系统实现国内首次对超长脚踏板（1.3~2.6 米）表面进行机器人去塑、抛光、拉丝等打磨作业，填补行业空白。

（姚鹏程）

国汽智联搭建安全芯片处理性能测试系统

年内，国汽（北京）智能网联汽车研究院有限公司自主创新搭建针对V2X应用场景的安全芯片处理性能测试系统，并完成国内首次针对V2X安全芯片处理性能的第三方测试。该测试不重复行业已有的车规级、安全性等针对芯片的专业测试，只聚焦V2X应用场景下的处理性能，填补国内测试领域的空白。

（林熙　黄星星）

北京生物成功研制新冠灭活疫苗

年内，北京生物制品研究所有限责任公司完成新型冠状病毒灭活疫苗（Vero细胞）（简称新冠灭活疫苗）的研制，并持续推动新冠灭活疫苗的生产和接种工作。2月18日，公司与中国疾病预防控制中心签订合作框架，确定疫苗研发工艺路线。在疫苗株筛选和毒种库建库方面，公司派工作人员进驻中国疾病预防控制中心的P3实验室，参与疫苗株筛选和毒种库建库工作，完成新冠灭活疫苗三级种子库的建立工作；在抗体制备研究方面，公司参与新冠灭活疫苗免抗体、豚鼠抗体的制备工作，保障疫苗研制工作中对抗体的需求；在质量研究方面，公司参与新冠灭活疫苗质量标准的研究，负责完成病毒抗原（S/N蛋白）检测方法、SDS-PAGE检测方法、电镜方法、WB检测方法、液质联用检测方法、解吸附方法的开发及方法学验证工作；在生产工艺研究方面，公司参与工艺路线的确立工作，承担下游工艺的研究任务，包括浓缩超滤、层析纯化、DNA去除等关键工艺模块的开发工作；公司完成动物安全性评价和动物保护性试验，获临床注册所需的关键性支持数据。4月27日，公司研制的新冠灭活疫苗获药监局临床试验批件（批件号：2020L00019），成为全球第3支获临床试验批件的新冠灭活疫苗。临床研究显示，新冠灭活疫苗可刺激机体产生抵抗新型冠状病毒的免疫力，用于预防新型冠状病毒引起的疾病，在各年龄组中均具有良好的安全性和免疫原性，为国家开展应急接种和大规模临床研究奠定基础。12月30日，北京生物新冠灭活疫苗的注册申请获药监局附条件批准，是国内首支附条件上市的新型冠状病毒疫苗。全年国内紧急接种北京生物新冠灭活疫苗975万剂次，未出现安全事故。

（于金铭）

表彰奖励

天空卫士入选数据防泄露代表性供应商

2月25日，Gartner发布2020年《企业数据防泄露市场指南》，北京天空卫士信息安全技术有限公司的数据防泄露（DLP）解决方案以优异而稳定的性能以及对产品的创新，成为该指南推荐的全球15家代表性供应商之一，是亚太地区唯一一家被推荐的厂商。作为“中国制造”的数据安全供应商，天空卫士数据泄露防护解决方案已经在银行、证券、保险、航空、互联网、政府机构等领域部署。

（林江）

15 件专利获经开区首届绿色高价值专利奖

4 月 26 日，经开区科技创新局发布经开区首届绿色（疫情防控）高价值专利奖评选结果。14 家单位申报的 15 件专利获奖，其中 5 件专利获高价值专利奖、3 件专利获专利创新奖、4 件专利获专利成果转化奖、3 件专利获专利特别贡献奖。

经开区首届绿色（疫情防控）高价值专利奖获奖名单

序号	奖项名称	申报单位	专利名称
1	高价值专利奖	北汽蓝谷新能源科技股份有限公司	车辆控制方法及系统
2		北京同益中新材料科技股份有限公司	一种用于制备超高分子量聚乙烯有色纤维的纺丝溶胀液及其纺丝原液
3		北京集创北方科技股份有限公司	LED 显示装置及其驱动方法
4		北京东方百泰生物科技有限公司	抗 EGFR 和抗 CD3 双特异抗体及其应用
5		北京博奥晶典生物技术有限公司	一种微流控芯片及其应用
6	专利创新奖	北京金风科创风电设备有限公司	风力发电机组的发电机转速测量设备和方法
7		北京赛升药业股份有限公司	用于血管生成治疗的小肽及其应用
8		北京康乐卫士生物技术股份有限公司	重组的人乳头瘤病毒 16 型 L1 蛋白及其用途
9	专利成果转化奖	北京京东世纪贸易有限公司	一种数据处理方法和系统
10		北京欣奕华科技有限公司	一种黑矩阵用改性黑色颜料液及其制备方法
11		北京凯因格领生物技术有限公司	C 型肝炎病毒复制的新型抑制剂
12		北京泰德制药股份有限公司	一种脂微球注射液中主药相分配系数的测量方法
13	专利特别贡献奖	北京博奥晶典生物技术有限公司	一种微流控芯片及其应用
14		赛诺威盛科技（北京）有限公司	一种超视野 CT 扫描图像的补偿重建方法
15		北京毅新博创生物科技有限公司	用于飞行时间质谱检测蛋白和核酸的通用芯片的制备方法

（张鹏宇）

7 件专利获中国专利奖

7 月 14 日，国家知识产权局发布《关于第二十一届中国专利奖授奖的决定》（国知发运字［2020］28 号）。经开区 6 家企业的 7 件专利获中国专利奖，包括中国专利银奖 2 项、中国专利优秀奖 5 项。

经开区企业专利获第二十一届中国专利奖一览表

序号	专利号	专利名称	专利权人
中国专利银奖			
1	ZL 201010205166.9	一种 Exendin-4 及其类似物融合蛋白	北京东方百泰生物科技有限公司
2	ZL 201510080570.0	一种像素排列结构、显示面板及显示装置	京东方科技集团股份有限公司

续表

中国专利优秀奖			
1	ZL 201611093768.3	一种综合管廊的天然气舱	中冶京诚工程技术有限公司
2	ZL201610618110.3	一种转向角传感器的校准方法和装置	北京合众思壮科技股份有限公司
3	ZL 201210196099.8	双相机的多光谱成像系统和方法	北京数字精准医疗科技有限公司
4	ZL201380014110.7	真空蒸镀源加热系统和真空蒸镀系统	北京铂阳顶荣光伏科技有限公司
5	ZL 201510536801.4	一种移位寄存器、栅极驱动电路和相关显示装置	京东方科技集团股份有限公司

（康蕊）

3 家企业项目获国家科学技术进步奖

8 月 3 日，国家科学技术奖励工作办公室公告第 96 号发布 2020 年度国家科学技术进步奖初评通过通用项目。经开区 3 家企业参与的项目获国家科学技术进步奖，包括中冶京诚工程技术有限公司参与的“连铸凝固末端重压下技术开发与应用”项目、中铁十九局集团有限公司参与的“高压富水长大铁路隧道修建关键技术及工程应用”项目、中国石油集团海洋工程有限公司参与的“深地复杂油气藏钻完井关键技术创新与工业化”项目。

（张鹏宇）

航天工程公司获行业专利特等奖

8 月 6—8 日，在 2020 年中国氮肥、甲醇技术大会上，航天长征化学工程股份有限公司研发的“高效洁净含碳物质干粉加压气化装置及方法”发明专利获行业专利特等奖。该发明专利利用专有的粉煤加压气化装置，可高效、洁净、低成本地将煤转化成气态的、洁净的一氧化碳和氢气混合物。该混合物可作为燃料发电，也可通过变换转化成氢气，用于航空航天、氢燃料电池、炼油加氢等。航天工程公司以获奖发明专利为核心的专利包已授权 14 家企业使用，通过普通许可方式签订的专利实施许可合同总金额近 2 亿元。同时，航天工程公司包含本专利技术的专利专有设备也获得较好收益。

（冷琎）

5 个项目获冶金科学技术奖

8 月 12 日，中国钢铁工业协会、中国金属学会、冶金科学技术奖奖励委员会联合发布《关于授予“大型转炉洁净钢高效绿色冶炼关键技术”等 101 个项目 2020 年中国钢铁工业协会、中国金属学会冶金科学技术奖的公告》（冶奖〔2020〕2 号）。经开区 5 家企业完成（参与）的 5 个项目获奖。

经开区获 2020 年冶金科学技术奖一览表

序号	等级	项目名称	完成单位
1	一等奖	柔性化 45m/s 高速棒材关键技术与装备的开发及应用	中冶京诚工程技术有限公司、北京京诚瑞信长材工程技术有限公司、北京京诚瑞达电气工程技术有限公司
2	二等奖	高强钢高速连续退火机组成套核心技术研究与工程应用	中冶赛迪电气技术有限公司（参与）

续表

序号	等级	项目名称	完成单位
3	三等奖	冶金原料场绿色高效储运工艺和即时平衡供料技术开发与应用	中冶京诚工程技术有限公司
4		集约型板矩坯复合连铸工艺和装备技术的开发与应用	中冶京诚工程技术有限公司（参与）
5		高效长寿型转炉废烟气余热回收技术开发与应用	中冶京诚工程技术有限公司、北京京诚科林环保科技有限公司

（陈伟）

集创北方 2 项产品获 LED 显示大奖

9月1日，在 ISLE 2020 显示技术与产业峰会上，北京集创北方科技股份有限公司 ICND6602 获 2020 ISLE-LED 显示新星产品奖、ICND2065 获 2020 ISLE-LED 显示优秀产品奖。ICND6602 是专为 LED 商业显示设计的全新控制应用方案，可应用于广告机、货架屏、灯杆屏、会议一体机等，使用标准视频接口，简化 LED 显示屏控制系统的设计难度，可实现更加轻薄化的 LED 显示屏产品设计；ICND2065 是一款专为全彩 LED 显示屏设计的驱动 IC，应用于小间距 LED 显示屏，内置灰度时钟技术，可极大降低整机系统的 EMI，同时可彻底解决小间距的高对比度干扰、一扫暗线、低灰麻点等问题，具备动态节能、黑屏节能、消除无用功耗等功能。

（温爱玲）

2 位科学家和 11 项成果获市科学技术奖

9 月 10 日，北京市科学技术奖励大会召开，11 位科学家和 154 项科研成果获 2019 年度北京市科学技术奖，奖项包括突出贡献中关村奖、杰出青年中关村奖、国际合作中关村奖、自然科学奖、技术发明奖、科学技术进步奖六大类。其中，经开区 2 位科学家和 11 项科研成果获奖。

经开区获 2019 年度北京市科学技术奖一览表

杰出青年中关村奖

序号	姓名	工作单位
1	徐烨烽	北京星网宇达科技股份有限公司
2	陈　鹏	北京北方华创微电子装备有限公司

技术发明奖

序号	等级	项目名称	完成单位
1	二等奖	新能源汽车整车综合控制关键技术与应用	北京新能源汽车股份有限公司

科学技术进步奖

序号	等级	项目名称	完成单位
1	特等奖	面向移动应用的高分辨率柔性可弯折 AMOLED 显示技术研发与产业化	京东方科技集团股份有限公司
2	一等奖	全球脊灰病毒根除阶段关键疫苗 sIPV 和 bOPV 的研发及应用	北京生物制品研究所有限责任公司
3		中药注射剂和有毒中药的安全性评价关键技术及其应用	北京同仁堂科技发展股份有限公司

续表

序号	等级	项目名称	完成单位
4	一等奖	电网友好型风电高效安全主动支撑关键技术及规模化应用	北京金风科创风电设备有限公司
5		轻量化超大叶轮风电机组与柔性高塔一体化关键技术开发及产业化	北京金风科创风电设备有限公司
6		新能源汽车网联大数据平台关键技术及国家监管体系建设	北京新能源汽车股份有限公司
7	二等奖	显示驱动与触控集成芯片关键技术研发及产业化	北京集创北方科技股份有限公司
8		超大规模计算集群智能弹性调度及数据路由关键技术研究与应用	北京京东世纪贸易有限公司
9		有助于胃癌早诊的创新药链霉蛋白酶颗粒产业化和临床应用	北京泰德制药股份有限公司
10		电动汽车高性能一体化电驱动总成的关键技术与产业化	北京新能源汽车股份有限公司

（资料来源：市科委）

（张鹏宇）

金风科创项目获市科学技术进步奖一等奖

9月10日，北京金风科创风电设备有限公司申报的“轻量化超大叶轮风电机组与柔性高塔一体化关键技术开发及产业化”“电网友好型风电高效安全主动支撑关键技术及规模化应用”2个项目获2019年度北京市科学技术进步奖一等奖。“轻量化超大叶轮风电机组与柔性高塔一体化关键技术开发及产业化”项目由金风科创牵头申报，其中金风科创首创大型风电机组风轮动态载荷精确控制的理论与方法、柔性高塔架动态阻尼加载与谐振点穿越控制技术、有效风速获取方法与疲劳载荷在线估算及精确控制技术等关键技术，突破叶轮动态载荷精确控制、柔性高塔谐振点穿越以及整机疲劳寿命在线预测等难题的制约，满足降低风电机组度电成本对风电机组大叶轮、高塔架的必须配置需求，推动风电平价上网（低于标杆燃煤电价）；“电网友好型风电高效安全主动支撑关键技术及规模化应用”项目由金风科创参与申报，其中金风科创提出基于多源协同的风电一次调频方法关键技术，将风电场的一次调频响应时间缩短至5秒以内。

（方张曙）

泰德制药项目获市科学技术进步奖二等奖

9月10日，北京泰德制药股份有限公司与首都医科大学附属北京友谊医院等3家三甲医院共同开展的“有助于胃癌早诊的创新药链霉蛋白酶颗粒产业化和临床应用”项目获2019年度北京市科学技术奖二等奖。该项目研发出首个国产化链霉蛋白酶颗粒，用于去除胃镜检查时胃部附着的黏液，提高微小病变的检出率，有助于胃癌的早期诊断，在北京建成2条生产线。该产品成为单品种年销售过亿的医药品种。

（郑雅丹）

2项产品标准获中国标准创新贡献奖

10月14日，市场监管总局、国家标准化管理委员会发布《关于2020年度中国标准创新贡献奖授奖的决定》（国市监标创［2020］160 号）。新疆金风科技股份有限公司及其位于经开区的 2 家子公司北京金风科创风电设备有限公司、北京天诚同创电气有限公司凭借 GB/T 31518.1—2015《直驱永磁风力发电机组　第 1 部分：技术条件》与 GB/T 31518.2—2015《直驱永磁风力发电机组　第 2 部分：试验方法》2 项产品标准获中国标准创新贡献奖。作为直驱永磁风力发电机组的首个国家标准，这 2 项产品标准首次系统制定直驱永磁风力发电机组整体技术要求以及相应的试验验证方法，并制定直驱永磁风力发电机组装配等技术要求，建立直驱永磁风力发电机组技术标准体系，填补国内相关领域的空白。

（方张曙）

重点工程

航天工程公司日投煤 3500 吨气化炉出厂

3 月 28 日，航天长征化学工程股份有限公司承担的科技部国家级重点研发计划“煤炭清洁高效利用和新型节能技术”重点专项“大规模干煤粉气流床气化技术开发及示范”项目的日投煤 3500 吨气化炉验收出厂。该气化炉是航天工程公司为大规模干粉煤气流床气化技术开发及示范项目研发的超大型粉煤气化炉。在研发过程中，进一步优化合成气除尘、渣水闪蒸的工艺流程，提高气化装置的安全可靠性和自动化程度，使其具有气化效率高、技术指标先进、废水排放量低等优点，具有产量更大、技术指标更优、一次性投资更省、运行成本更低、环保水平更高等优势，代表着现代煤化工业最先进的煤气化技术水平，是世界上最大级别的粉煤气化炉。

（冷琎）

北京泰豪中标 2 项重点工程

8 月，北京泰豪智能工程有限公司中标首钢冬奥广场智能化项目，该项目是北京 2022 年冬奥会重要配套项目之一，建成后将成为大型商业办公综合体，为冬奥会做好配套支撑服务。9 月，北京泰豪中标国家会议中心二期智能化项目，建成后将与现有的国家会议中心连为一体，形成世界一流、功能完善的会展综合体，总规模超过 120 万平方米。

（赵珍）

资质认证

国富瑞数据中心获三大认证评价证书

1 月 11 日，在第三届双态 IT 北京用户大会上，国富瑞数据系统有限公司的北京 3 号（通州）数据中心凭借在数据中心行业多年的建设与运维经验获中国质量认证中心和中国计量科学研究院颁发的数据中心基础设施运维评价证书、数据中心场地基础设施认证证书和数据中心能源计量审核评价证书。该数据中心成为全国首家获上述三大认证评价证书的数据中心。

（蒋黎　洪美花）

北京泰豪获信息安全服务资质

2 月 25 日，北京泰豪智能工程有限公司通过中国信息安全测评中心的审核和最终评审，获国家信息安全测评信息安全服务资质证书（安全工程类一级）。该认证是中国信息安全类的权威认证，标志着公司拥有高水准的信息安全风险评估、安全需求分析和设计、安全集成、安全应急响应等信息安全服务能力，能够为公司信息安全服务业务的拓展提供支持与保障。

（赵珍）

和利时通过多项资质认定

3 月，和利时集团获公安部颁发的信息安全等级保护安全建设服务机构资质。6 月，经过工业和信息化部电子五所赛宝认证中心和中国电子信息行业联合会审核，和利时获信息系统建设和服务能力等级证书，成为全国首批获优秀级（CS4 级）认证的 61 家企业之一；和利时自主研发的 AE2100 全自动核酸提取仪完成欧盟 CE 认证，具备进入欧盟市场的准入条件。

（刘曼）

京东方 7 款解决方案获德国莱茵 TÜV 认证

5 月 20 日，全球第三方检测、检验和认证机构德国莱茵 TÜV 集团与 Eyesafe 联合举办线上发布会。作为首批通过 Eyesafe 显示标准以及 TÜV Method2 认证的企业，京东方科技集团股份有限公司 7 款低蓝光显示解决方案获权威认证。京东方低蓝光显示解决方案通过采用长波 LED 方案，以及蓝光波峰红移技术，实现全色温范围内的低蓝光，在大幅降低 415~455 纳米波段的能量输出的同时，还能完美还原显示屏的色彩。

（田新宇）

博奥晶典空间转录组测序技术获认证

9 月 14 日，北京博奥晶典生物技术有限公司的空间转录组测序技术获 10x Genomics 公司颁发的 CSP 证书，这是继单细胞转录组测序、单细胞 ATAC 测序技术、单细胞免疫组库之后，博奥晶典获得的又一官方认证，成为同时拥有 4 种 10x 平台测序技术官方认证的服务商。空间转录组测序可以从一片完整的冰冻组织切片中获取切片不同位置细胞中的转录组数据，其基因表达的位置信息对于理解组织功能和病理变化具有重要意义，尤其在肿瘤研究、免疫研究、发育生物学、脑神经学、病理研究等方面极为重要，可应用于多领域研究多种组织空间基因表达的高新技术。

（康蕊）

加科思新药获 FDA 孤儿药资格认定

9 月 18 日，北京加科思新药研发有限公司的原创新药 JAB-3312 被美国食品药品监督管理局（FDA）授予治疗食管癌的孤儿药资格认定，可用于支持该药在食管癌适应证上的全球开发。JAB-3312 是加科思第二个自主设计开发、具有全球知识产权的小分子口服抗肿瘤药。JAB-3312 为 SHP2 磷酸酶抑制剂，可以阻断 KRAS-MAPK 信号通路，同时也可解除肿瘤免疫抑制微环境，增强现有肿瘤免疫疗法的功效。临床前研究显示，JAB-3312 可用于多种实体瘤的治疗。

（吴光耀　吕菲）

亦庄基地获评自动驾驶封闭场地测试基地

11 月 12 日，交通运输部办公厅发布《关于公布自动驾驶封闭场地测试基地认定名单的通知》（交办科技函［2020］1788 号），将由北京智能车联产业创新中心有限公司管理和运营的国家智能汽车与智慧交通（京冀）示范区亦庄基地认定为自动驾驶封闭场地测试基地，挂牌“交通运输部认定自动驾驶封闭场地测试基地（北京亦庄）”，成为全国第七家由交通运输部认定的自动驾驶封闭场地测试基地。该基地占地面积约为43.33万平方米，于2019年5月启用，可模拟京津冀地区85%以上的城市场景、90%的高速场景以及80%的乡村交通场景，除了可提供常见的测试场景外，还可提供隧道、雨雾、模拟光照、湿滑路面、收费站、服务区、铁路道口等特殊场景；具备全天候测试、天气测试等多种测试环境，能够全面支持北京市12米以下自动驾驶汽车T1~T5级别的能力评估以及自动行驶轮式车的相关测试需求。

（张文乐）

中冶京诚成为首家“三综一特”资质企业

12月4日，住房城乡建设部发布《关于核准2020年度第九批建设工程企业资质名单的公告》，中冶京诚工程技术有限公司获冶金工程施工总承包特级资质。中冶京诚成为全国首家“三综一特”资质企业，即国内首家同时拥有冶金工程施工总承包特级资质，工程咨询资信综合甲级、工程设计综合甲级、工程监理综合甲级资质的工程技术企业，构建强有力支撑公司业务发展的综合资质体系。

（陈伟　卢秀娟）

泰德制药获国家企业技术中心认定

12月28日，国家发展改革委发布《关于发布2020年（第27批）新认定及全部国家企业技术中心名单的通知》（发改高技［2020］1918号），认定97家国家企业技术中心和10家分中心。其中，北京泰德制药股份有限公司技术中心凭借突出的研发创新能力和机制被认定为国家企业技术中心。

（郑雅丹）

北京经济技术开发区年鉴 2021

BEIJING ECONOMIC-TECHNOLOGICAL DEVELOPMENT AREA YEARBOOK 2021

区属国有资产经营

综述

经开区推进国有企业改革，出台《北京经济技术开发区国企改革三年行动实施方案（2020—2022年）》《加快推进区属国资国企改革的实施意见》，成立尚亦城（北京）科技文化集团有限公司和北京亦庄国际人才发展集团有限公司，搭建“1+6+N”国有企业布局架构，加快推进亦庄控股综合改革和北京亦庄国际投资发展有限公司体制机制改革。

亦庄控股以习近平新时代中国特色社会主义思想为引领，坚决扛起国有企业政治责任、经济责任、社会责任，一手抓疫情防控、一手抓生产经营，积极应对风险挑战，实现疫情防控和生产经营“两手抓”“两促进”，为经开区实现防疫、发展“双胜利”做出了重要贡献。全年获2项国家级荣誉、29项市级奖项，实现营业收入43亿元、利润总额4.9亿元，国有资本保值增值率为102.05%。

亦庄国投全面落实经开区工委、管委会相关工作部署，集中力量投资和服务落地高精尖产业项目，全年新增产业投资174.2亿元，新增产业项目招商入库1237个，实现产业金融服务总额64.3亿元，完成产业项目落地超过100个，在国有资产保值增值基础上，全力推进升级版经开区和亦庄新城建设。

尚亦城集团致力于打造国际化、专业化、市场化的“科文融合”全产业链平台公司，以产出高水准融媒产品、培育国际一流会展品牌、打造高品质文旅产品、推进科文融合产业高质量发展为路径，发展亦庄新城文化产业和文化事业，实现国有资本保值增值。公司形成了以融媒为中心，覆盖面相对完整、具有经开区特色、科技与文化融合的“1+3+1”业务体系（“1”即融媒，“3”即科文融合产业、会展、文旅，“1”即城市文化塑造和表达）。

亦庄人才集团是经开区工委、管委会总体部署的高端人才服务机构，聚焦服务建设亦庄新城和升级版经开区的中心任务，立足经开区、服务北京市、面向京津冀，率先在全市推进人才体制机制改革试验区建设，探索人才工作产业化、市场化服务模式，以国资平台企业市场化手段服务经开区人才工作为基本原则，旨在建设成为服务区域战略发展、与市场紧密接轨、服务水平一流的人才工作服务商。

（康蕊）

票 3.77 亿股。

（汪鑫）

11 家单位获“无废之星”称号

4 月 24 日，亦庄控股对标对表经开区“无废城市细胞”建设实施方案中的各项基本申报条件，印发《北京亦庄投资控股有限公司争创“无废城市细胞”落实措施》，宣传动员集团各办公区、园区、工程建设项目等申报“无废城市细胞”。在经开区“无废城市细胞”创建工作中，集团包括总部机关在内共有 11 家单位获“无废之星”称号。

（李婧）

资产证券化融资项目启动

4 月，亦庄控股财务管理部启动资产证券化（CMBS）融资项目。资产证券化融资具有资金用途灵活的特点，有利于存量固化资产的盘活，实现未来收益的提前变现，同时能起到优化融资结构、丰富融资产品的作用。9 月 25 日，该项目获上海证券交易所的无异议函。

（宋晓梅）

“十四五”发展规划编制工作

5 月，亦庄控股全面启动亦庄控股“十四五”发展规划编制工作。亦庄控股“十四五”发展规划以打造“国际一流产业新城运营商”为主题，深化体制机制改革和提升市场化运营能力，分析“十四五”时期面临的发展形势，秉持“智慧、绿色、国际化”发展方向，围绕“科技 + 资本”两大抓手，构建“投融建营服”产业发展格局；并通过实施十大工程，抓好百个项目，推动规划稳步落地；旨在“十四五”时期全面提升亦庄控股的发展能力、发展水平和发展层次，实现集团转型升级，为

亦庄控股

概况

2020 年，北京亦庄投资控股有限公司（简称亦庄控股）的资产总额为 657 亿元，实现营业收入 43 亿元、利润总额 4.9 亿元，国有资本保值增值率为 102.05%，实现国有资产保值增值目标。全年获 2 项国家级荣誉、29 项市级奖项，2 名员工获北京市劳动模范称号，1 名员工获北京市抗疫先进个人称号。

亦庄控股成立于 1992 年，是经市委、市政府批准成立的市属国有企业，定位为“特色鲜明、管理卓越、高效运行、跨越发展，具有国际视野、一流水准的现代化、集团化、专业化产业新城运营商”。亦庄控股下辖全资、控股二级子公司 22 家，逐步构建起科技产业投资促进、科技创新成果转化、产业新城开发建设、智慧城市运营服务、城市公共服务保障五大业务板块，探索出产业新城运营管理的全产业链模式。产业促进服务和城市建设运营成为亦庄控股的核心竞争力，公司相继建成产业园区、定制厂房、特色楼宇等 44 个产业促进平台，承载科技创新企业超过 4000 家，其中世界 500 强企业 14 家、上市公司 64 家。

（张小燕）

转融通业务开展

1 月，亦庄控股投资发展部通过资本市场盘活公司金融资产，提升集团资产整体周转和盈利能力。截至 2020 年年底，通过开展转融通业务累计出借京东方 A 股

高质量发展奠定基础。截至 2020 年年底，已初步完成“十四五”发展规划文本的编制。

（张振楠）

推进集团内部控制评价检查工作

6 月，亦庄控股审计事务部对本部及 16 家所属单位开展内部控制评价检查工作，共识别 172 项内控缺陷。通过“以评促建、以评促政”，保障内部控制体系有效运转，推动完善制度建设，不断健全内部控制，增强风险防控能力，促进企业高质量发展。

（李杨）

维护企业 AAA 信用评级

6 月，亦庄控股财务管理部完成 2020 年的跟踪评级工作，评级机构维持集团主体长期信用等级为 AAA，评级展望为稳定。另外，为维持集团资本市场形象、维护企业 AAA 信用评级，做好企业信息披露工作存续期债券的本息偿还和兑付公告工作，多方配合完成年度报告的及时披露。

（宋晓梅）

国有资本收益上缴及经营预算工作

6 月，亦庄控股财务管理部完成 2020 年国有资本收益上缴工作，上缴国有资本收益 3325.42 万元。9 月，按照经开区财政审计局要求，上缴特殊利润 49516 万元；组织 2021 年国有资本经营预算编制工作，提出编制原则和重点要求，根据各子公司的编报情况，进行统筹平衡，向主管领导专题汇报重点事项，完成集团 2021 年国有资本预算编制、分析报告及申报工作。

（李璐阳）

经开区“两馆”展览展示工作

8 月 25 日，由亦庄控股区史馆专班设计策划完成的北京经济技术开发区史馆（简称区史馆）开馆。区史馆位于万源街 3 号，原址为经开区管委会首个办公楼“小红楼”，也是经开区首个自建楼，总面积为 8750 平方米，包括 2100 平方米的区史馆和 6650 平方米的国家级经济技术开发区创新发展特展两部分。区史馆集中展示经开区由诞生到成为产业新城的历史变迁；国家级经济技术开发区创新发展特展是国内首次系统展现国家级经开区的发展历程、阶段特点、重要事件、发展范式与经验路径的展览。

（张小燕）

建立违规经营投资责任追究工作机制

9 月，亦庄控股印发实施违规经营投资责任追究制度，建立完善责任追究工作体系，形成职责明确、流程清晰、规范有序的责任追究工作机制，全面推进依法治企，健全协调运转、有效制衡的法人治理结构，强化企业经营投资责任意识，规范企业经营投资行为，提高国有资本效率，增强国有企业活力，防止国有资产流失，促进实现国有资本保值增值。

（李杨）

化解政府隐性债务

10 月 15—16 日，市审计局财政处对亦庄控股开展政府隐性债务审计工作，重点涉及公司“12 平方公里”土地一级开发项目及南海子四片区土地一级开发项目。本次审计工作的主要目的是摸清债务单位情况、债务项目信息及用途、债务资金来源及融资协议情况，重点关注债务化解进展情况及偿债资金情况。年内，亦庄控股隐性债务 30 亿元已全部化解。

（康乐君）

与华为签订战略合作协议

11月9日，亦庄控股与华为技术有限公司（简称华为）签订战略合作协议。双方将在智慧园区、智慧社区、智能智造、企业数字化转型及信息化建设等智慧城市领域开展合作，并共同推进“智慧亦庄”模式的对外推广。北京亦庄智能城市协同创新研究院有限公司将作为集团接口部门与华为协商推进合作的具体事宜。

（张小燕）

国家技术标准创新基地工作会

12月15日，国家技术标准创新基地（国防科技工业军民融合）工作会暨军民融合标准创新联盟成立大会在经开区召开。会上，亦庄控股与国家国防科技工业局经济技术发展中心签署国家技术标准创新基地(国防科技工业军民融合)联合筹建协议，发挥双方各自资源优势，推动国家技术标准创新基地落户经开区，在履行标准化公益职能的同时，以政府服务、企业咨询、标准验证、成果转化、人才培训、国际合作为主营业务方向，打造具有国防科技工业特色的标准化服务共享平台。同时，国防工业标准创新联盟举行成立仪式。该联盟由国家技术标准创新基地发起，相关企事业单位联合组成的围绕标准的制定、实施、推广、应用、成果转化，汇聚行业优势资源的自发性民间非盈利组织。现已招募全国范围内军工单位、民口/民营企业、高等院校等110多家成员单位。

（孙继伟）

智慧集团一期智慧园区及物联感知平台

12月底，亦庄控股基于智慧园区数字化支撑平台能力，利用云计算、物联网、大数据、AI等技术，完成智慧集团一期智慧园区及物联感知平台开发建设。智慧园区覆盖综合安防、人员通行、设备设施、资产管理、能耗管理、环境监测等功能；通过“智慧园区”App实现员工的移动办公和服务体验。智慧化的应用及管理需要通过统一的数字化支撑平台进行支撑，物联感知平台作为一个数字化支撑平台，建设了统一的数据底座和集约化的平台架构，打通数据孤岛，实现数据共享和业务联动、统筹管理等相关功能。截至2020年年底，智慧集团一期共完成13个项目的建设工作。

（张小燕）

全力抗击疫情

年内，亦庄控股第一时间成立战“疫”指挥部，领导班子成员靠前指挥、挂帅分包，组建“一办六组”，统筹“四级联动”，保障3000名干部职工的生命安全和身体健康；率先组建党员突击队，设置党员先锋岗，明确党员责任区，抽调近300名干部、1100多名党员到疫情防控一线工作；坚持“一企一策、一园一策、一楼一策”，总结提炼安心回家“五步法”“亦城八法”“双楼长制”等举措，被新华社、人民网等媒体报道；24小时研发“一网通览”系统、48小时搭建企业护航报备平台、72小时完成“战疫金盾”App开发上线，实现疫情信息整合追踪；博大世通B型库为经开区“战疫”物资护航，永康酒店完成多轮集中隔离任务；制定《北京亦庄投资控股有限公司关于支持中小微企业控疫情稳增长的若干措施》《北京亦庄投资控股有限公司关于减免中小微企业3月和4月房租的措施》，减免金额共计1.05亿元；设立区级集中医学隔离点，服务保障重点疫区观察人员近千人；承担经开区24小时防疫物资供给重任，管理、购置、配送各类急需防疫物资 670 万件。

（张小燕）

干部队伍建设

年内，亦庄控股从 3 个方面着力建设高素质专业化干部队伍。在加强制度建设方面，学习市委组织部有关政策文件要求，修订《北京亦庄投资控股有限公司选拔任用中层领导人员办法》，研究制定《派出专职董事监事工作办法（试行）》《干部兼职管理办法》。在树立正确的选人用人导向方面，根据集团干部队伍建设总体情况，结合深化改革工作，加强对二级领导班子和领导人员的分析研判，研究制订干部队伍建设方案；对 6 个总部部门、17 个二级公司领导班子进行调整完善，参与 8 名子公司总经理助理及党群部门负责人考察工作；梳理形成中层领导人员选拔任用工作流程，整理形成干部选拔任用工作模板；制定中层领导人员试用期满考核办法，规范试用期满考核程序，完成 7 名试用期满中层领导人员考核。在加强干部培养锻炼方面，制订《干部和党员教育培训工作规划（2020—2022）》，制订 2020 年干部和党员教育培训方案并分级分类组织实施；深化“好干部”“领航者”“施工队”“先锋号”特色干部培训品牌；选派 2 名干部到新疆维吾尔自治区和田地区和辽宁沈阳地区挂职锻炼；建立 357 人的二级公司中层管理人员库和 56 人的基层党务工作人员库。

（刘莹　常冰）

改革创新成效明显

年内，亦庄控股纪委推进纪检监察体制改革，挂牌成立纪委、监察专员办公室，明确职责权限，完善工作机制，推动职能、人员、工作深度融合；优化“阳光纪检监察智慧监督平台”信息化建设，在完善日常监督、专项监督、巡察监督等板块的基础上，开发巡察整改反馈、电子廉政档案分类、子公司数字地图等内容，初步实现智慧监督大数据等功能，不断强化智慧监督；研究推出《关于建立巡审联动机制 扎实推进问题整改工作的实施意见（试行）》，发挥巡审监督叠加效应，推动各类监督主体协同贯通、形成合力。

（龚慧）

正风反腐业绩显著

年内，亦庄控股纪委、监察专员办公室坚持重遏制、强高压、长震慑，不断巩固反腐败斗争成果。全年受理问题线索 11 件，初步核实 7 人，立案审查调查 1 人，采取留置措施 2 人，谈话提醒、约谈函询、批评教育 6 人次，发出纪律检查建议书 1 份。同时，指导案发单位深入剖析案情，深挖案件症结和监管漏洞，认真落实整改。

（黄文卫）

综合改革工作

年内，亦庄控股编制完成《北京亦庄投资控股有限公司综合改革方案》，通过 21 项重点任务、50 条改革措施围绕“业务线、机制线、人才线”三条主线推进体制机制改革。同时，推进业务布局优化调整，按照“成熟一个实施一个”的工作要求，聚焦优势资源打造若干主业鲜明、专业能力突出、市场竞争力强的二级子集团及子公司，全新战略布局成果初现。

（张振楠）

国资专项审计专项工作

年内，亦庄控股财务管理部与企业运

营部密切配合、协作完成集团范围内六批次近百项内容的工作分解部署、集中汇总核对和统一报送；陪同市审计局第十六派出局审计组到北京亦庄置业有限公司、北京亦庄博润置业有限公司实地审计检查，协调被审计单位的工作对接、人员访谈、资料提供等工作，确保及时满足审计工作的各项要求；收集审计期间各项工作信息，撰写审计工作日报并报送集团领导和财政国资部门；审计结果及时报送集团领导并通知相关单位做好整改落实；按照经开区管委会工作要求，制订集团国资专项审计整改落实及专项整治工作方案，部署开展相关工作。

（康乐君）

财务信息化建设

年内，亦庄控股的网络报销与费用控制系统启用并实现费用控制功能，通过年度预算及月度资金计划两级预算控制，实现公司加强费用预算控制的目的；财务收费管理平台总部租赁业务试点项目于5月测试上线运行，实现由租赁合同登记到会计核算全流程自动化处理，提高工作效率和数据的准确性；推进网络报销与费用控制系统在北京亦庄盛元投资开发有限公司及北京亦庄智能城市协同创新研究院有限公司的推广上线工作，于6月底实现测试上线；扩展资金集中管理系统功能应用，加强报表数据分析及业务处理等，打通网报系统与资金系统接口，实现资金付款数据由报销系统自动生成并传输，提高工作效率，加强流程化管理。

（宋健）

经济责任审计工作

年内，亦庄控股财务管理部牵头制订集团经济责任审计对接工作方案，组建审计工作专班，明确工作内容及要求。自8月26日市审计局第十六派出局审计组进驻集团至9月30日审计现场调查取证工作基本完成，期间完成27期审计工作日报报送工作，为集团统筹安排提供信息支持。8月27日—9月3日，财务管理部协调安排集团13个部门、12家子公司接受市审计局第十六派出局审计组业务访谈，形成访谈内容摘要，协调安排市审计局第十六派出局审计组进驻5家子公司开展工作，期间多次到子公司了解掌握现场审计工作情况，关注子公司审计问题及审计取证。财务管理部按照市审计局第十六派出局审计组要求完成10批次、近百项材料的提供说明工作；协调集团相关部门及10多家子公司就审计问题与审计工作组沟通，取得较好效果。

（康乐君）

财务信息披露工作

年内，亦庄控股财务管理部向市财政局、市国资委报送2019年财务决算报表、国有资产统计报表、财务情况说明书及审计报告；向经开区财审局报送2020年季度财务报表；向市国资委、市财政局报送2020年月度国资快报、财政快报、统计报表。

（李璐阳）

麦克奥迪项目收购工作

年内，亦庄控股投资发展部推进麦克奥迪（厦门）电气股份有限公司股权收购工作，并完成项目的尽职调查、内部研判、收购谈判相关工作。12月19日，亦庄控股与麦克奥迪（厦门）电气股份有限公司原控股股东签署了股份转让协议，并进行了上市公司公告，项目进入交易过渡期。

（刘岑）

参股股权管理工作

年内，亦庄控股投资发展部统筹集团参股股权管理工作，累计承办参股股权事项报批共计 75 次；牵头制订并落实 11 家参股股权划转方案，累计完成 8 家参股公司股权划转至北京亦庄投资有限公司相关工作。

（刘劼）

“两区”建设推进工作

年内，亦庄控股投资发展部根据经开区“两区”办要求，落实集团“两区”发展工作任务，牵头梳理出北京亦庄保税物流中心（B 型）实施分类监管等集团“两区”创新政策。

（蒙乐）

推动集团业务升级发展

年内，亦庄控股投资发展部推进金源经开污水处理厂 BOT 项目到期移交、联港置业股权转让、网信公司股权划转和亦庄置业上市等相关工作。全年累计向北京星网工业园有限公司、北京亦庄盛元投资开发有限公司等子公司增资 7.5 亿元。

（汪鑫 陈宝）

固投统计调度工作

年内，亦庄控股投资发展部对集团 26 家二级子公司重点项目固投数据按月进行统计并编制分析表格及汇报材料。同时，牵头完成亦庄控股投资项目库系统开发工作。该系统于 8 月上线，可及时获取集团各子公司固定资产投资进度情况并进行调度管理。

（蒙乐 刘劼）

金融资产出售工作

年内，亦庄控股投资发展部根据集团年度预算与经营安排，负责京东方 A 股票减持工作。投资发展部深入研究算法交易，科学规划金融资产减持的时点、价格、数量，实现了在相对高位价格减持。截至 2020 年年底，累计出售京东方 A 股票约 3.86 亿股，产生利润约 8.13 亿元。

（刘岑）

推进重点项目建设

年内，亦庄控股推进重点项目建设工作。其中，高端汽车及新能源汽车关键零部件产业园等 5 个市级重点项目开工，开工面积为近 50 万平方米，完成投资 18 亿元；加快马驹桥智造基地土地一级开发，1.2 平方千米区域开工、入市，1 平方千米区域完成征地组卷申报；南海子项目 C 片区具备上市条件；达涅利等 4 个老旧厂房项目通过首批城市更新审批，推动产业用地提容增效；中国（北京）国际视听产业园项目取得各项前期手续，实现开工建设；超高清电视技术研究和应用实验室实现装修交付；“亦城客厅”项目完成北京华开有线电视网有限公司和中国联合网络通信集团有限公司机房的腾退工作，进入基础施工；牵头完成北京亦庄智能制造协同创新产业园项目、北京亦庄智通物联网产业园项目入区协议的签署，并已完成两个园区的土地摘牌准备工作；对接经开区管委会，落实市郊铁路亦庄线项目，明确项目实施主体，并于 9 月 30 日发布勘察设计招标公告；经开区展览馆项目外立面、展陈装修及室外景观工程全部完工，实现竣工备案并开馆运营。

（刘劼 汪鑫 王翠 彭勃）

拓展服务产业类项目工作

年内，亦庄控股投资发展部牵头组织与金风科技合资、施耐德二期厂房定制、中国建筑集团央地合作等项目进行商谈，确定合作方案与实施路径，并推动项目落地。截至2020年年底，亦庄控股与新疆金风科技股份有限公司完成战略协议的签署；与中国建筑集团就战略合作事宜达成共识，并完成战略合作协议的起草。

（蒙乐　王晓晖）

“无废城市”各试点任务

年内，亦庄控股开展绿色企业和节约型机关建设，并以生活垃圾强制分类、爱国卫生运动为重要抓手，组织集团各单位参与相关系列活动，并形成长效机制。北京亦庄置业有限公司与北京经开投资开发股份有限公司编制完成《经营性产业园区固体废物规范化管理试点方案（试行）》，并完成经营性产业园区（亦城财富中心项目和经开数字工厂项目）的无废试点工作，探索出“1+4”经营性产业园区固体废物统一管理模式。北京亦庄水务有限公司探索污泥减量取得阶段性成功，在《应用化学》《水处理技术》期刊上发表多篇论文，并获“一种污泥消减处理设备”1件实用新型专利授权；城市活性污泥原位减量工艺技术纳入生态环境部编制的“无废城市”建设试点先进适用技术汇编（第一批）。北京博大开拓热力有限公司低氮改造、太阳能光伏车棚和烟气余热回收3项清洁生产方案入选市发展改革委和节能环保中心编制的《北京市清洁生产案例汇编》；成立绿色工厂评价领导小组和绿色工厂评价工作小组，制订《北京博大开拓热力有限公司绿色工厂评价方案》，编制企业标准《北京博大开拓热力有限公司绿色工厂评价导则》，组织对各热源厂、锅炉房逐一进行现场评价等。北京亦庄生物医药园通过解决生物医药领域中小企业危险废物处理难题，形成危废处置管理“管家式”服务模式并制订《北京亦庄生物医药园危险废物管理试点工作方案》；配套建设危险废物暂存间，建筑面积为103.77平方米，贮存能力为60吨/年，可暂存18大类危险废物。

（李婧）

“12平方公里”项目法律服务

年内，亦庄控股法律事务部协助北京亦庄国际开发建设有限公司妥善处理“12平方公里”项目诉讼案件27件，其中审结25件；依法履行协助执行义务，协助北京市大兴区人民法院执行局执行案件5件。

（霍晓蕊）

开展安全生产专项整治三年行动计划

年内，为落实国务院、北京市、经开区安全生产专项整治三年行动计划，按照上级工作部署，亦庄控股安全生产委员会召开会议研究实施工作，制定发布落实安全生产专项整治三年行动的具体措施，梳理出41项目标任务清单，逐条逐项持续抓好落实，保障亦庄控股安全生产形势持续稳定。

（吴立忠　李贺营）

开展经济责任审计

年内，亦庄控股审计事务部完成3家所属单位领导人员的离任经济责任审计工作，促进领导人员履职尽责、担当作为，推动所属单位加强管理、提高效益、防控风险，保障企业健康可持续发展，有效发挥经济责任审计在加强干部监督管理中的重要作用。

（李杨）

加强重大项目法律支持

年内，亦庄控股法律事务部继续提供法律服务和法律支持，配合各部门和单位推进重大项目，具体包括广科院项目、陆道培定制厂房项目、视听产业园项目、国研考核项目、融工集团项目、星网增资项目、智能院增资项目、联港置业股权转让项目、经开股份收购经开张湾公司项目、亦庄置业公司上市项目、生物医药公司商业物业资产证券化项目等。

（霍晓蕊）

妥善处理诉讼案件

年内，亦庄控股法律事务部妥善处理资生堂分红纠纷案件。9月，双方在人民法院主持下达成调解书，北京丽源有限公司给付亦庄控股2010—2018年度股权分红款共计1.46亿元。

（霍晓蕊）

加强知识产权管理工作

年内，亦庄控股法律事务部持续加强集团知识产权管理工作。其中，在共计192个商品与服务类别上，对亦庄系列商标、南海子商标、军民融合商标、E鹿商标进行保护；协助北京亦庄水务有限公司进行“亦庄智水工厂”商标的申请工作；授权北京公交集团亦庄运营管理有限公司、北京亦庄水务有限公司、北京亦庄科技成果转化中心有限公司使用“亦庄”字样。

（霍晓蕊）

北京亦庄投资控股有限公司
党委书记、董事长 白　文
总经理 杨文良

亦庄控股子公司

亦庄置业控股组建亦庄安捷

1月2日，北京亦庄置业有限公司与天津安捷物联科技股份有限公司共同出资1000万元注册组建北京亦庄安捷物联科技有限公司（简称亦庄安捷），其中亦庄置业出资510万元成为控股公司。亦庄安捷位于经开区荣华南路9号院，其智能服务业务涵盖变配电、暖通空调、电梯、消防、安防、停车场、照明、IT设备等领域。年内，亦庄安捷为经开区近400万平方米楼宇、园区、住宅、商业等搭建智慧楼宇/园区综合管理平台，打造出北京首个集团式区域型智能楼宇集群；为42个园区107个高压配电室提供线上、线下全托管运维服务，为客户降低运维成本达80%以上；为12个园区提供给排水、消防、电梯系统智能化管理服务；完成中和工业园、北工大软件园、隆盛工业园、亦城科技中心、亦城国际中心、万源商务中心等22个园区、楼宇的智慧亦庄数字孪生系统搭建工作。

（姜美竹）

智能院助力疫情防控信息化建设

1月22日，北京亦庄智能城市协同创新研究院有限公司与控股子公司北京亦庄大数据科技发展有限公司启动疫情防控一网通览系统建设，该系统1.0版于1月25日上线，主要包括“疫情分布”“专家解惑”“北京快报”“实时通报”“科学防护”五大板块。1月27日，智能院成立助力经开区新冠肺炎疫情防控专项工作组，从人员、软件、硬件等方面协助经开区智慧防控工作的全面升级，形成4个方面共计12条疫情防控信息化工作任务。1月28日，智能院完成《经开区智能防疫建设方案与工作计划》初稿，并与经开区防疫部门对接，汇总防疫信息化支持需求，持续深化方案。1月30日起，智能院在京员工志愿提前上岗，并派专人进驻经开区管委会，配合推进疫情防控信息化建设工作。

（郭竞）

智能院协助政务创新与社区管理

2月13日，为满足博兴街道办事处的防疫需求，北京亦庄智能城市协同创新研究院有限公司派遣技术人员20多人下沉社区，仅用时7天便完成辖区出入口视频监控系统的部署，满足疫情防控需求。年内，为支持经开区管委会推行的“不见面”审批制，智能院运用行政审批“一网通办”管理平台实现审批事项“网上办+掌上办+自助办+邮寄办”，减少了经开区政务服务中心的人员聚集，提高了审批效率。

（仝宇曼）

亦庄盛元开发建设的重点项目实现开工

北京亦庄细胞治疗研发中试基地（N9）项目开工　　田艳军 摄

2月，北京亦庄盛元投资开发有限公司开发建设的北京亦庄细胞治疗研发中试基地（N9）、高端汽车及新能源汽车关键零部件产业园（N19）、北汽新能源高端智能生态工厂（N43）克服疫情影响，较原计划提前1个多月开工，是北京市在疫情期间第一批开工的重点项目。6月，在北京疫情反复的情况下，首药控股新药研发与产业化基地（66M2）和亦庄新药研发生产基地（C9）实现开工，至此5个市级重点项目全部实现当年开工。

（李嘉欣）

亦庄置业参与制定的国家标准实施

3月1日，由全国信息技术标准化技术委员会物联网分技术委员会牵头、北京亦庄置业有限公司参与制定的《信息技术　面向需求侧变电站应用的传感器网络系统总体技术要求》实施，标准编号GB/T 37727—2019。在充分调研传感器网络的发展现状及需求后，亦庄置业自2017年4月起参与此项标准的编写工作，研究将不同传感节点设备与各需求侧变电站的各种电力设施相关联，传感节点间组网获取相关信息，并使用专用通信方式即时传输至集控平台，实现配电室远程无人值守状态监控、集中调度、设备寿期管理、有序高效用电等功能。2019年8月30日，该标准被中国国家标准化管理委员会批准发布（公告2019年第10号）并纳入国家标准。该标准率先在亦庄置业服务的北京亦庄生物医药园项目应用，提升了配电室管理水平。

（姜美竹）

亦庄文化控股成立亦庄教育

3月2日，北京亦庄文化集团有限公司和北京华彬长城文化发展有限公司共同投资设立北京亦庄教育科技有限公司（简称亦庄教育），注册资本为1000万元，其中亦庄文化认缴金额为700万元。亦庄教育主要依托与北京长城研修学院合作办学，提供学历提升教育、职业教育培训、线上教育课程、人力外包服务、住宿后勤及政策咨询等综合服务。

（姚诚）

智能院智能化改造企业准入服务厅

3月28日，由北京亦庄智能城市协同创新研究院有限公司承接改造的经开区智能化企业准入服务厅投入使用。智能院自2019年10月起承接企业准入服务厅的智能化改造工作，从多方面、多维度进行智能化改造，主要包括智能引导机器人、查询引导一体机、全高清监控系统、多媒体分布式控制系统、全面升级的取号机、在透明与模糊之间随意切换的雾化玻璃洽谈室、定期自动净化空气的卫生间等。其中，由智能院主导研发设计的查询引导一体机，不仅能够提供政策法规、通知公告、实时进度查询等信息，还能帮助办事人员了解大厅整体布局等基本情况，进行路线指引；全高清监控系统通过功能各异的AI摄像头将大厅全部纳入监控范围内，在统计办事人员流量的同时，实现全程记录行动轨迹和对工作人员进行离岗监测；多媒体分布式控制系统可使工作人员根据需求通过平板电脑切换大厅所有屏幕上的显示内容。

（陈雷）

北京经开助力世洁卫仕选址投产

3月30日，世洁卫仕（北京）科技有限公司（简称世洁卫仕）在北京经开·数字工场举行口罩项目量产及交付发布会。世洁卫仕完成向北京教育工会捐赠150万只口罩的交付任务。世洁卫仕紧急建设口罩生产厂，北京经开投资开发股份有限公司在第一时间协助企业完成项目选址并入驻北京经开·数字工场。中国建筑一局（集团）有限公司用6天时间完成现场施工；工厂在10天内完成试产及投产。此外，世洁卫仕向北京市十六区民办学校和相关单位捐赠口罩5万只、向湖北省长寿镇疫情防控指挥部捐赠口罩1万只。

（朱晶晶）

博大建设公司多项承建工程获奖

4月7日，市住房城乡建设委发布《关于2019年度创建“北京市绿色安全工地”活动成果的通报》（京建发［2020］85号），其中北京博大经开建设有限公司承建的C1办公楼（首层为商业）等7项（数码科技园）［C1办公楼（首层为商业）、C2办公楼（首层为商业）、R1人防出入口］、DX1地下车库、员工餐厅、餐厅、设备用房及人防通道等2项（数码科技园）（DX1地下车库、员工餐厅、餐厅、设备用房及人防通道项目）工程，高端汽车及新能源汽车关键零配件产业园N20-1地块建设项目（1#厂房等6项），4-1厂房等30项（工业厂房及配套设施项目），1#厂房等8项，X88地块幼儿园新建工程被授予北京市绿色安全工地称号；神州细胞生物药品生产基地项目（1a综合车间等5项）被授予北京市绿色安全样板工地称号。年内，博大建设公司承建的北京新机场临空经济区市政交通配套工程永兴河北路（大广高速—磁大路）道路及综合管廊工程（三标段）被北京市政工程行业协会评为2019年度市政基础设施结构长城杯金质奖工程；1#住宅楼等16项（北京经济技术开发区X84R3地块自住型商品房项目）工程被北京市优质工程评审委员会评为2019—2020年度建筑长城杯银质奖工程；高端汽车及新能源汽车关键零配件产业园项目

N12-1 地块 1#~4#厂房、1#及 2#配套、1#及 2#门卫室工程，神州细胞生物药品生产基地项目 1a 综合车间、1b 仓库、危险品库、室外出入口、地下车库及地下一层车间工程被北京市优质工程评审委员会评为 2019—2020 年度结构长城杯银质奖工程。

（刘欢）

亦庄置业成立 2 家全资子公司

4 月 28 日，北京亦庄置业有限公司投资成立 2 家全资子公司，分别是北京亦庄智慧交通科技有限公司（简称智慧交通）、北京亦庄商业有限公司（简称亦庄商业）。智慧交通的注册资本为 5000 万元，位于经开区宏达北路 12 号，承担亦庄置业智慧停车板块运营职能。年内，智慧交通与经开区城市运行局签订 37 个公共停车场和 47 个空置地块委托管理合同，承接运营博大大厦西侧停车场；建设智慧停车管理平台，搭建“亦速泊”智慧平台，具有无人值守、运营管理、远程控制、数据交互、线上支付等功能，亦城财富中心、北京亦庄生物医药园、亦城景园等 17 个项目实现停车场智慧化管理。亦庄商业的注册资本为 3000 万元，位于经开区宏达北路 10 号，围绕打造“创新型城市生活服务商”的战略目标，构建符合经开区市场需求的城市商业创新服务体系，打造亦庄新城的生活服务平台。年内，亦庄商业承接亦城家园中心建设工作，通过亦城家园中心切入城市运营领域，探索公共服务模式；与经开区社会事业局、社会保险保障中心签订委托运营管理合同，促成亦城茗苑、国融国际、上海沙龙 3 家亦城家园中心于 12 月 26 日揭牌运营。

（姜美竹）

智能院主编或参编的 4 项团体标准实施

6 月 1 日，北京亦庄智能城市协同创新研究院有限公司主编的《智慧灯杆设计导则》、参编的《智慧灯杆总规范》和《智慧灯杆系统测试》3 项团体标准实施。这 3 项团体标准分别从智慧灯杆工程设计、相关产品及业务系统、功能性能测试等方面，为智慧灯杆行业的发展提供了标准层面的理论指导和参考，向全国输出智慧灯杆的“亦庄经验”，推动智慧灯杆标准化工作。7 月 24 日，智能院参编的团体标准《城市智能交通工程项目监理验收规范》实施。该标准针对城市智能交通系统建设的专有领域，旨在为城市管理者和交通参与者提供更加便捷高效的服务，提升信息系统工程监理服务供应方的服务能力，帮助城市智能交通工程业主单位降低信息系统工程实施风险，提高项目管理成效。

（马晓松 仝宇曼）

北京经开产业园智能光伏示范项目获批

7 月 21 日，根据工业和信息化部、住房城乡建设部、交通运输部、农业农村部、能源局、国务院扶贫办公告（2020 年第 32 号），共有 19 个项目入选智能光伏试点示范项目名单。其中，北京经开投资开发股份有限公司的北京经开产业园智能光伏试点示范项目是北京市入选的 3 个项目之一。该项目将在试点的 3 个园区年减少碳排放约 2870 吨，进一步提高园区清洁能源的消纳和使用比例，实现智慧园区建设升级。

（包佳鹤）

亦庄文化启动改革重组工作

7 月 27 日，北京亦庄文化集团有限公司启动改革重组工作。此次改革重组旨在优化亦庄控股的业务布局，将亦庄控股的3家全资子公司北京亦庄国际传媒有限公司、北京博大酒店管理有限公司、北京博大兴投资开发有限公司的股权无偿划转至亦庄文化，涉及员工283人。

（姚诚）

智能院成立全资子公司

8月21日，北京亦庄智能城市协同创新研究院有限公司投资1.5亿元设立的全资子公司——北京车网科技发展有限公司成立。该公司是针对北京市高级别自动驾驶示范区建设，唯一专项设立的运营平台公司，致力于无人驾驶、车联网等领域，主要负责示范区项目投资建设，持有和运营核心资产及数据。

（郭竞）

北京经开举办新个税专题培训

9月25日，北京经开投资开发股份有限公司联合北京市中小企业公共服务平台、经开区中小企业服务中心、北京云孵科技有限公司，在北京经开·E7创业鹰巢孵化器举办新个税筹划思路与稽查应对培训活动。北京东审财务有限公司的专家李妍围绕新个人税法下的筹划思路、巧用年终奖政策的筹划方法、工资与劳务报酬差异转化的筹划方法等要点，结合案例展开分析讲解。来自33家企业的40多人参加培训。

（温睿玚）

亦庄久筑公司建设市郊铁路亦庄线项目

9月29日，经开区管委会授权北京亦庄久筑工程管理有限公司作为项目主体，负责市郊铁路亦庄线项目的投资、建设和运营管理工作。项目规划自既有京沪铁路安定站北端引出，依次经过安定镇、魏善庄镇、青云店镇，后南北向接入亦庄新城南部北京奔驰汽车有限公司工厂南厂区，正线线路全长约11.91千米，设有2座车站，其中利用既有京沪铁路安定站，新建奔驰装卸站，预留青云店设站条件。初期为货运单线，预留远期双线、客货两用条件，预留远期向北延伸与S6线接轨条件。该项目于8月7日取得市规划自然资源委“多规合一”初审意见，10月完成交通影响报告书、环境影响报告书、水影响报告书等前期评价咨询报告的编制工作。

（王翠）

北京经开转让张湾公司股权

10月26日，北京经开投资开发股份有限公司的子公司张湾置业有限公司股权转让签约仪式在智汇园招商中心举行，北京经开与北京通州投资发展有限公司（简称通投公司）就张湾公司股权转让事宜签署合作协议。通投公司是通州区政府与北京城市副中心投资建设集团（简称北投集团）合作共建的国有全资企业。张湾公司开发建设的智汇园项目位于北京城市副中心通州区张家湾设计小镇范围内。此次将智汇园项目通过交易张湾公司股权的形式整体转让给通投公司，是北京经开落实市委、市政府要求，配合张家湾设计小镇规划的落地实施，服务通州区城市副中心经济文化发展大局的重要举措。

（朱晶晶）

亦庄文化收购东方亚港25.5%的股权

10月26日，北京亦庄文化集团有限公司收购北京东方亚港国际资讯有限公司（简称东方亚港）25.5%的股权。东方亚港成立于2001年，是中关村高新技术企业，拥有贸易合规咨询服务、大数据分析服务两大业务板块。亦庄文化在完成股权收购后，将充分利用东方亚港的核心业务优势，结合经开区“两区”建设工作，拓展国际文化贸易业务。

（姚诚）

亦庄科技公司设立区域性关键技术观察站

11 月 30 日，北京亦庄科技成果转化中心有限公司受市委军民融合办委托，开展关键技术观察站的设立工作，试点运营北京市第一家区域性关键技术观察站，编写关键技术观察站的运营方案和发展规划。该观察站将通过建设经开区企业技术供给库，与军方需求库进行对接，实现军地双方供给与需求的精准匹配，其服务范围覆盖整个经开区，为促进军民融合的供需对接奠定了基础。

（孙继伟）

亦庄科技公司完成亦庄研究院民办非登记

12 月 14 日，北京亦庄科技成果转化中心有限公司完成北京亦庄军民融合研究院（简称亦庄研究院）民办非企业单位的登记注册工作，推进亦庄研究院走向实体化运营。亦庄研究院是北京市首家正式注册的军民融合研究院，以市委军民融合发展委员会办公室为业务主管单位、经开区管委会为业务指导单位、亦庄科技公司为举办单位。亦庄研究院主要开展军民融合发展的课题研究和产业规划研究，军民融合创新资源整合、咨询与对接工作，军民两用技术认证、评估与转化工作，学术研讨、交流培训与展览展示，并承接政府委托业务。

（孙继伟）

智能院安装高速公路路测智能化设备

12 月 15 日，北京亦庄智能城市协同创新研究院有限公司全资子公司——北京车网科技发展有限公司以其负责实施的京台高速公路北京段为依托，建设高分辨率、无缝覆盖的智能路侧感知系统，建设点位达近百处。该系统对道路交通参与者的类型、运行轨迹等进行感知，并及时将数据传输至相关平台进行协同决策，支持交通管理应用等，为高级别自动驾驶示范区建设奠定基础。

（陈雷）

亦庄置业筑牢疫情防控防线

年内，北京亦庄置业有限公司落实经开区工委、管委会和亦庄控股关于疫情防控的各项工作部署，严格落实四方责任，成立疫情防控工作领导小组，发布《园区疫情防控工作方案》等文件，与园区企业、分包单位签订防疫工作承诺书，落实“双楼长制”，245 名楼长参与一线防疫工作；安排 90 多名干部员工支援博客雅苑、亦城科创家园等项目的一线防疫工作；选派 26 名员工，按经开区管委会统一部署进驻 BDA 国际企业广场、汇龙森科技园等重点园区，参与疫情防控工作；在公司服务的永康公寓、亦城财富中心等 40 个园区、楼宇、社区驻扎办公的 887 名员工投入一线抗疫工作；投入近 150 万元购置口罩、消毒液、智能测温摄像头等防疫物资、设备；开展亦庄控股所属园区 300 多家企业、永康公寓 7000 多人的疫情信息收集及监控工作；落实亦庄控股中小微企业租金减免政策，累计为 210 家企业减免租金 3000 多万元。

（姜美竹）

亦庄置业推进“无废园区”建设

年内，北京亦庄置业有限公司落实亦城财富中心经营性产业园区固体废物统一管理试点工作，编制《“1+4”固体废物统一管理运营手册》；上线垃圾分类全流程化登记排放系统，实现对公司管辖范围内 40 多个项目的固体废物实时全方位动态智能化监管；启动第二阶段“无废园区”推广工作，亦城科技中心、亦城财富中心、亦城国际中心、永康公寓、北京亦庄生物医药园 5 个经营性产业园区完成固体废物统一管理；亦城国际中心、永康公寓、亦城亦景家园及亦城财富中心 4 个项目完成“无废城市细胞”申报工作，亦城景园小区被评为 2020 年第一批北京市生活垃圾分类示范小区；与北京亦庄智能城市协同创新研究院有限公司、中国环保产业研究院及江苏和青环保科技公司达成初步合作共识，将携手打造“无废亦庄模式”。

（姜美竹）

亦庄置业推进高新视听产业园建设

年内，北京亦庄置业有限公司推进中国（北京）高新视听产业园建设，成立视听产业园专项工作组，开展产业研究、资源对接、市场拓展等工作。全年梳理完成国家级及地方级政策 130 多条，开展国内视听类园区（基地）比较研究；对接视听行业协会、联盟、专业媒体机构 25 家，与其中 4 家建立合作关系；参加 2020 年中国国际服务贸易交易会北京新视听展等活动，12 家视听企业客户在园区完成工商注册，拓展对接视听企业 100 多家，重点跟进落地企业 10 家。

（姜美竹）

亦庄置业构建技术专业服务模式

年内，北京亦庄置业有限公司利用片区化优势和智慧服务平台，构建“中心 + 站点 + 驻场”（“中心”即工程维修中心，为站点和驻场提供技术支撑、资源保障，对业务进行管控；“站点”即专业维保团队，负责设备专业维保，并为驻场提供技术支持；“驻场”即为物业项目提供日常维修、设备运行、设备维保等基础工程服务）的技术专业服务模式，利用智慧物业服务平台建立线上、线下融合的监督管理机制，工程师团队为站点和驻场提供技术支撑，建立维保团队、搭建管理体系，通过专业维保工作，有效降低故障率、节约成本，同时初步具备市场拓展能力。4 月，亦庄置业为亦城财富中心、亦城国际中心、亦城科技中心等 14 个园区提供专业空调维保服务。5 月，亦庄置业为亦城财富中心、亦城科技中心、亦城国际中心等 11 个园区提供驻场服务。

（姜美竹）

博大建设公司多个质量管理小组成果获奖

年内，北京博大经开建设有限公司的“提高环氧踢脚观感质量一次验收合格率”“外墙吊篮安装方法创新”“降低免拆奇氏筒式华夫楼板施工筒内漏浆率”“大跨度钢屋架液压设备的研制”“提高钢结构被动窗外挂安装一次合格率”“提高钢结构被动式建筑围护结构气密性”被北京市建筑业联合会评为 2020 年度北京市工程建设质量管理小组 Ⅰ 类成果，“提高 GRG 包柱一次验收合格率”“降低加固夹板墙施工对原有楼板的破坏率”被评为 2020 年度北京市工程建设质量管理小组 Ⅱ 类成果；“提高塑料雨水口一次验收合格率”获中国施工企业管理协会颁发的 2020 年度工程建设质量管理小组活动三等奖。

（刘欢）

博大网信改造宽带无线城市综合服务项目

年内，北京博大网信科技发展有限公

司完成经开区宽带无线城市综合服务项目Wi-Fi 6的改造工作。按照组织形式规范、网络技术提升、覆盖场景优化的原则，博大网信结合项目成效集中展开无线网络覆盖点位的优化调研和调整，利用成本低、范围广的数据搜集手段，实现对密集区域人群分布及动线情况的监控预测，并根据城市管理部门的需求设置预警，做出实时高效的人流预警，让城市管理部门可对区域内的人流情况做出有效的判断和预测。

（吴林杰）

博大网信拓展工地远程监控业务

年内，北京博大网信科技发展有限公司在经开区101个在施工地安装了监控摄像头，工地监控平均通视率达97%。博大网信与市住房城乡建设委实现大数据系统对接，完成“基于视频监控的智慧工地综合大数据平台”的研发，通过有线、无线物联技术监测施工现场施工安全及扬尘情况，提供在线实时监管数据，协助市住房城乡建设委和经开区建设管理部门提高工地管理的规范化水平和智能化管理效率。

（吴林杰）

博大网信开发完成“尚亦城”App

年内，北京博大网信科技发展有限公司受经开区工委宣传文化部委托，负责“尚亦城”App的软件架构设计、前后台平台开发、系统日常运维等工作。该项目分两期进行，一期项目包括本地新闻、视听体验、小亦互动、服务助手、家园社区五大特色功能内容板块，于4月完成开发建设并上线运行；二期项目增加创新发布、战疫金盾、E-pass卡、视频直播等重要功能，于12月底完成开发建设工作。

（吴林杰）

博大网信建设商务综合管理平台

年内，北京博大网信科技发展有限公司自主研发建设商务综合管理平台。该平台具有商务招标、供应商考核、合同应收款管理等功能。该平台的建设推动工作内容标准的统一、流程可控、工作过程留痕可追溯、数据统计汇总快速准确，实现公司各部门间共享项目及合作企业信息，为后续项目工作的展开提供参考及支持，以便公司内部实时掌握项目进展情况，及时发现和纠正项目推进过程中出现的偏差，提高公司的规范化、精细化、数据化管理。

（吴林杰）

博大网信研发首个自有品牌产品

年内，北京博大网信科技发展有限公司以经开区低压电网建设改造升级为基础，打造智能配电箱应用场景，完成首个网信品牌“智能物联网关”产品的研发。该产品用于对智能配电箱内所有高速联网设备和低速物联网设备进行数据采集与远程控制管理。

（吴林杰）

博大网信搭建通信资源管理平台

年内，北京博大网信科技发展有限公司完成通信资源管理平台一期开发建设工作。该平台具有通过地理信息系统（GIS）展示管井、管道、管孔、光缆资源，智能计算管道路线，建设流程管理等功能，为实现经开区通信管孔资源的平台化、图形化、可视化、规范化运营管理奠定基础。

（吴林杰）

博大网信建设无限亦庄运管展示平台

年内，北京博大网信科技发展有限公司完成无限亦庄运管展示平台建设并投入运行。该平台实现对经开区无线城市全网设备状态、网络运行情况、网络带宽使用、用户上网行为、场景环境等的实时监测、自动报警、可视化数据展现、智能化报表分析、运维派单、远程排障、策略控制和统一门户分角色管理等功能，基本达到全网可监测、可管理、可分析、可展示、可追溯的目标，确保无线网络的稳定运行和有序管理。

（吴林杰）

开发建设公司推进一级开发重点项目

年内，北京亦庄国际开发建设有限公司推进一级开发重点项目。马驹桥智造基地项目 1.2 平方千米区域实现开工、入市，1 平方千米区域已完成征地组卷申报，待取得征地批复；编制完成马驹桥智造基地项目拆迁实施方案、区域市政专项规划、安置房综合实施方案及户型设计等；经开区土储建设中心与开发建设公司签署长子营镇工业园区土地一级开发项目委托协议书，推进长子营工业园区土地一级开发项目征地、拆迁工作；南海子郊野公园土地一级开发项目 I 片区取得立项核准，M 片区取得多规合一初审意见；集贤回迁安置房项目完成地下基础部分五方验收，部分建设地上结构达到 12 层；完成东工业区项目 A6M2 地块、A11 地块、A12 地块前期手续代办。

（巨德慧　朱晓明）

开发建设公司推进“12 平方公里”项目

年内，北京亦庄国际开发建设公司代亦庄控股开发的“12 平方公里”项目按计划推进。“12 平方公里”亦柏路以东项目（3.3 区域）N57 包次取得征地批复，剩余 6 个包次（N57、N78、N47、N51、N54、N75）已申报征地组卷至经开区开发建设局；完成 3.3 区域华油燃气管线移改工作，保障了落地企业的开工；3.3 区域首条主干路融兴街取得项目立项（征地完成段），达到开工条件；完成“12 平方公里”项目融兴北四街等 4 项市政工程道路建设，瑞合东三路市政道路（管线）工程建设；完成路南区西侧临时路、融兴北一街、亦驰街等项目绿化、交通、照明工程施工，有效保障区域交通出行和环境治理需求。

（巨德慧　朱晓明）

博大世通推进服务优化升级

年内，博大世通国际物流（北京）有限公司以优化经开区产业服务环境为首要任务，不断优化 7×24 小时通关服务，做好园区资产及信息系统维护升级工作。全年北京亦庄保税物流中心进出口货物总值为 3.2 亿美元，服务车辆 7639 辆次，在全国 94 家保税物流中心中排名前列。同时，针对园区企业面临的经营困难，公司做好中小微企业减免及服务保障工作，共减免租金 100.3 万元。

（胡亚菊　孙宇飞）

博大世通承担防疫物资保障工作

年内，博大世通国际物流（北京）有限公司承担经开区防疫物资保障工作，成立物资保障组，制订工作方案，组建党员突击队，梳理防疫物资存储及发放流程。从防疫物资采购、存储、发放等方面，7×24 小时做好经开区防疫物资保障工作，保障企业 2660 家，操作防疫物资 600 多万件，捐赠物资 50 多万件，金额达 1800 万元。

（胡亚菊　孙宇飞）

亦庄盛元开展防疫工作

亦庄盛元巾帼突击队冒雪执勤　　单位提供

年内，北京亦庄盛元投资开发有限公司党支部在公司建设项目现场与运营园区成立4个临时党支部与3支青年突击队，扎根项目建设、守好园区大门、关心群众生活，参与运营园区复工体温监测工作，提供代订蔬菜服务。亦庄盛元党支部号召党员干部“下社区、上一线”，参与疫情防控工作，累计有554人次到天华园三里社区、汇龙森园区、中芯花园社区参与下沉工作，义务服务4024个小时，相关事迹被《人民日报》《北京新闻》《前线》杂志等13家媒体报道28次。

（李嘉欣）

亦庄盛元拓展园区招商工作

年内，北京亦庄盛元投资开发有限公司开发建设的亦城时代广场项目重点关注大客户和重点客户，实现租赁面积2.7万平方米；就高端汽车与新能源汽车关键零部件产业园项目与海斯坦普汽车组件（北京）有限公司、北京奥亨新能源电池科技有限公司等企业签约，促进主导产业集群化、组团化布局，实现租赁面积5万平方米，超额完成全年招商租赁面积目标。同时，响应市委、市政府和亦庄控股“控疫情稳增长”的政策，支持园区企业复工复产，为企业减免租金1010万元。

（李嘉欣）

亦庄久筑公司管理国望光学项目

年内，北京亦庄久筑工程管理有限公司负责管理国望光学项目，已完成项目立项和土地出让合同签署，确定了勘察环节的负责单位，以及水影响评价报告书、交通影响报告书、环境影响报告书等前期评价咨询报告的编制单位，各单位于12月起开展工作。该项目位于经开区0606街区YZ00-0606-0024地块，用地面积为7.33万平方米，总建筑面积为11.90万平方米，建设主体为北京国望光学科技有限公司，拟通过超精密光学工艺技术和生产光刻光学系统，提供以高端光刻机曝光光学系统产品为代表的高端光学产品，建设中国自主的高端光学产业。

（王翠）

亦庄置业建设全要素资产运营平台

年内，北京亦庄置业有限公司与北京赛西认证有限责任公司、北京华财会计股份有限公司等外部24家专业机构，以及世界超高清视频产业联盟、中国电子视像行业协会、虚拟现实产业联盟3家协会联盟建立合作关系。亦庄置业研究并发布《电子信息产业研究月报—视听产业信息专刊》12期、《产业园区市场信息月报》14期，每周更新资产经营系统上的政策信息内容，梳理与园区企业相关的产业政策、科技政策、补贴政策等信息30多条，举办18期内部产业研究和政策分享会，建立涵盖高新企业认定、银行贷款、法律服务等52项服务的企业公共服务体系，举办“光影亦庄梦·亦企贺新年”摄影作品人气评选活动、“后疫情时代”企业知识产权保护线上课程、高新技术企业培训班等线上、线下活动 20 场，覆盖园区 300 多家企业的近万名职工。亦庄置业通过“亦庄置业”微信公众号发布信息 142 条，涵盖企业风采报道、产业研究、线上招商等内容。亦庄置业开展 2020 年园区企业发展需求调研，挖掘出 21 项企业服务需求，并有针对性地进行服务机构合作对接，协助 40 多家企业开展高新技术企业认定申报工作。亦庄置业入选北京市 2020 年度创新创业服务机构名单，获政府专项资金支持 40 万元。亦庄置业自 2018 年起建设全要素资产运营平台，助力园区企业发展，加大对客户需求的服务力度，通过线上与线下联合推广、园区企业调研、创业专家导师辅导、产业活动对接等方式，将平台聚集的产业资源导入企业发展过程中。

（姜美竹）

亦庄置业开展智慧物业服务平台建设

年内，北京亦庄置业有限公司智慧物业服务平台建设公司移动门户，开通微信公众号，建设智慧支付通道，实现客户一键报修、在线缴费等多种物业服务功能；推进设备设施物联网建设，在亦城财富中心、听涛雅苑等 6 个园区试点，实现设备设施智慧运维管理模式；完善“一网统管”运营调度体系，在亦城科技中心、创新大厦等 7 个园区推进运营调度中心试运行工作；建立资产全生命周期管理体系，在永康公寓、经海产业园等 33 个园区推广维修维护管理系统，实施从维修、巡检到维保、检测的全生命周期管理；建设物业服务系统，在亦城国际中心、亦城景园等 37 个园区应用推广，实现合同管理、客户服务、仓库管理等各项业务上线运营，以业务流程为核心，规范业务流程，建立公司数字资产档案，实现人、财、物的统筹管理。亦庄置业通过智慧物业服务平台的多场景应用，取得维修维护管理系统软件著作权。亦庄置业自 2016 年起开展智慧物业服务平台建设，涵盖资产管理、物业服务、园区运营三大核心业务，充分整合客户、供应商、资产等多维度资源，构建智慧园区、智慧社区、智慧楼宇等多元化应用场景，实现“一张屏”集中管理多个园区的综合运营状态。

（姜美竹）

·下属企业·

北京亦庄科技成果转化中心有限公司

2020 年，北京亦庄科技成果转化中心有限公司（简称亦庄科技公司）实现营业收入 807 万元，利润总额为 202 万元，资产总额为 4262 万元。员工有 15 人，平均年龄为 34 岁，均具有本科及以上学历，包括高级经济师 1 人、具有中级职称人员 4 人。年内，在拓展科技服务业务方面，亦庄科技公司完成市、区两级政府交办的各项工作，不断提高政府服务能力。其中，配合经开区科技创新局开展中关村科技成果产业化先导基地方案工作，逐步完善经开区对接“三城”科技成果转化服务体系；承担经开区首台（套）重大技术创新产品专项评审工作、经开区 215 个园区项目和企业商务成本等课题研究和科技专项工作，承接园区升级和无人驾驶专班工作，搭建经开区知识产权运营服务平台，打造“亦知汇”培训体系。在军民融合方面，公司搭建军民融合服务平台，推动业务落地。其中，完成北京亦庄军民融合研究院民办非企业单位登记注册工作；在经开区开展北京市第一家区域性关键技术观察站的试点运营，探索常态化军地供需对接机制；推动国家技术标准创新基地（国防科技工业军民融合）落户经开区，与国防科工局经济技术发展中心签署基地共建运营协议等。

亦庄科技公司的前身是成立于2000年3月6日的北京必达劳务服务中心，于2019年10月12日变更为北京亦庄科技成果转化中心有限公司，注册资本为3421.79万元，是亦庄控股“科技创新成果转化”业务板块的平台公司。公司以科技服务和科技招商为抓手，以军民融合为引领，创新搭建科技成果转化的国企对接平台。公司通过资本纽带在“三城”建立对接渠道，建立与大学、大院、大所等创新主体全面对接的机制；集聚全球科技创新资源要素，健全科技创新服务体系，探索成果转化运营模式；统筹亦庄控股科技招商工作，促进重大科技成果和项目在经开区实现产业化，服务国际科技创新中心“三城一区”主平台建设。

（孙继伟）

北京亦庄科技成果转化中心有限公司

执行董事　孟彦

北京星网工业园有限公司

2020年，北京星网工业园有限公司（简称星网公司）的注册资本增至26.6亿元，资产总额为24.06亿元，营业收入为3402万元，利润总额为217万元，有员工46人。年内，星网公司持有的达涅利、安姆科、欧文托普及乐天包装4个项目通过经开区城市更新首批项目审批，其中达涅利项目实现工业用地容积率3.5、限高60米，安姆科项目实现工业用地容积率2、限高45米的突破。公司引入生物医药创新企业北京先通国际医药科技股份有限公司、微型燃气轮机研发与制造企业迅玲腾风汽车动力科技（北京）有限公司等项目，实现回购项目的有效利用。公司推动招商及运营体系建设，探索轻资产运营模式，除直接回购外，还探索通过仲裁回购、合资合作等方式挖掘亦庄新城范围内的低效闲置项目资源。公司根据城市更新业务需求，调整组织架构，建立健全从资源回购到规划建设、产业招商、管理运营的全链条业务体系，修订70多项制度，完善内控管理体系。

星网公司成立于2000年8月1日，是亦庄控股下属推进城市更新的特殊功能公司，是承担经开区城市更新任务的政策性国有企业平台，与亦庄控股协同推进亦庄新城低效项目的回购、盘活再利用，推进区域产业结构调整升级、城市高质量发展，助力经开区高精尖产业集聚。

（谷守宇　李元涛）

北京星网工业园有限公司

执行董事　谷守宇（5月任）

朱彦恒（5月免）

总经理　谷守宇

北京经开投资开发股份有限公司

2020年，北京经开投资开发股份有限公司（简称北京经开）开展低碳智慧园区开发、产业招商运营及孵化、智慧园区全生命周期服务等业务。年内，北京经开制订《新型冠状病毒感染的肺炎防控工作方案》《园区防疫工作方案》，成立防控应急领导小组和疫情防控监督工作组，各园区落实疫情防控工作“四方责任”；完成减免租金摸底工作，全年减免租金 4128 万元；园区公共服务平台建立“北京经开疫情采购群”，协助园区企业购置防控物资，提供视频会议技术支持及园区在线教育课程。在园区产业招商方面，公司探索“线上招商”模式，将线上招商平台、直接引流、云端会客厅等方式与线下招商结合，并在北京经开智慧园区云平台上增加在线 VR 看房功能，实现智慧化手段与招商业务的结合，园区初步形成智能制造、生物医药与大健康、科技服务、电子商务、软件与信息技术五大产业集群。在智慧园区全生命周期服务方面，公司不断提升园区智慧化建设，完成经开智慧园区云平台在北工大软件园的落地使用，“互联网 +”智慧能源项目通过市发展改革委的验收。公司与南京市溧水高新区签订合作协议，开拓外埠市场。公司连续 7 年获全国安全文化建设示范企业称号；北京经开 · E7 创享家被认定为北京市小型微型企业创业创新示范基地；北京经开 · 壹中心、北京经开 · 壹广场分别被评为 2020 年度中国产业园区金梧桐奖综合实力 10 强和创新活力 10 强；北京经开 · 数字工场获 2020 年北京 CED 互联网特色产业园区称号。

北京经开成立于 2000 年 9 月 29 日，注册资本为 10 亿元，是亦庄控股旗下产业承载和企业成长的重要平台。公司主营业务分为低碳智慧园区开发、产业招商运营及孵化、智慧园区全生命周期服务三大板块。公司累计开发园区 14 个，开发面积近 400 万平方米，自持资产为 100 万平方米。公司有全资和控股子公司 9 家，涉及开发、运营、招商、金融、互联网、能源等领域，分布在北京市、天津市、内蒙古自治区和深圳市等地。

（毛峥）

北京经开投资开发股份有限公司

董事长 郭广庆

总经理 周世义

北京博大网信科技发展有限公司

2020 年，北京博大网信科技发展有限公司（简称博大网信）的总资产为 2.65 亿元，净资产为 1.07 亿元，国有资产保值增值率为 114.13%，营业收入为 1.28 亿元，纳税总额为 412 万元，净利润为 1341 万元。员工有 50 人，其中具有中级职称以上人员 17 人。公司旗下有控股和参股企业各 1 家。年内，博大网信推进疫情防控和生产经营“双统筹”“双促进”。公司落实亦庄控股改革重组工作部署，聚焦主营业务，明确了中国智慧城市新型基础设施建设运营服务商的新发展定位。公司获国家版权局颁发的计算机软件著作权登记证书 6 项，国家知识产权局颁发的实用新型专利证书 3 项，市国家保密局颁发的涉密信息系统集成资质乙级证书，市住房城乡建设委颁发的机电工程施工总承包叁级证书，中关村管委会颁发的中关村高新技术企业证书，中国安全防范产品行业协会颁发的安防工程企业设计施工维护能力评价壹级证书，中国诚信信用管理股份有限公司颁发的 AAA 级信用企业资信等级证书。

博大网信成立于 2002 年 6 月 24 日，注册资本为 5988.78 万元。2016 年 2 月 2 日，公司在经开区财政局国资办和亦庄控股国企改革领导小组的支持与推动下，成为经开区首家完成国资国企股权多元化改革的高科技公司，股东单位由亦庄控股、北京泰豪智能工程有限公司、北京新航城控股有限公司组成。公司主营业务包括智慧城市基础设施建设与运营管理、智慧建筑的设计与施工、智慧通信与信息化，以及由旗下北京博大网通科技发展有限公司和北京博大数通科技发展有限公司所经营的以“三网融合”“智慧社区”“智慧园区”为代表的综合电信增值业务。

（范洪波）

北京博大网信科技发展有限公司

董事长 栾志海

总经理 吕珀华

北京博大坤元房地产开发有限公司

2020 年，北京博大坤元房地产开发有限公司（简称博大坤元）实现利润 9255 万元。员工有 63 人，其中高级经济师 1 人，具有中级职称人员 8 人、大专及以上学历人员 51 人。博大坤元下设 2 个子公司，落实京津冀协同发展战略，深耕于天津武清建设。年内，博大坤元全资子公司博大东方（天津）房地产投资发展有限公司（简称博大东方）武清重点项目建设取得重大进展，雅特广场项目一期取得销售许可证，二期项目主体、内外檐完成，室外消防、给中水、雨污水管网施工完成；博信广场项目二期竣工备案完成；橡树广场项目二期停车场地基、面层施工完成，换热站、门卫主体结构完成。博大东方创新打造艺术区营销亮点，引入北京元典美术馆，举办“驿动”美术展览。博大坤元控股子公司天和城（天津）置业投资有限公司推进天津土地一级回款，配合武清政府完成内部审计。

博大坤元成立于 2005 年 6 月 6 日，注册资本为 2928.5 万元，是亦庄控股旗下专业从事房地产开发的国有控股公司。公司主营房地产开发及销售、商业用房出租、物业管理、公共停车场服务等项目。

（杨瑞峰 杨凯文 杨晶）

北京博大坤元房地产开发有限公司

执行董事 蔡林生

北京亦庄置业有限公司

2020 年，北京亦庄置业有限公司（简称亦庄置业）的经营收入为 4.87 亿元，回款率为 100%；代管资产经营收入为 5.35 亿元，回款率为 100%。年内，亦庄置业完成组织架构调整，中标陆道培医院、有巢公馆等 6 个项目，新增物业服务面积 25.42 万平方米，新增租赁面积 6.2 万平方米，新签约客户 60 家，引进北京海步医药科技股份有限公司、微岩医学科技（北京）有限公司等生物医药产业企业，以及北京豪威科技有限公司、中国成套设备进出口集团有限公司等电子信息产业企业入驻经开区。公司组建北京亦庄安捷物联科技有限公司、北京亦庄智慧交通科技有限公司、北京亦庄商业有限公司。公司获 2020 首都应急管理创新案例一等奖，亦城景园小区获 2020 年第一批北京市生活垃圾分类示范小区称号，参与制定的《信息技术 面向需求侧变电站应用的传感器网络系统总体技术要求》被纳入国家标准。

亦庄置业成立于 2005 年 12 月 14 日，为国有独资企业。公司主要经营范围包括房地产开发、投资、投资管理、物业管理、写字间出租、园林绿化服务、机动车公共停车场服务、劳务服务，以及家用电器、机械设备维修，社会经济咨询，文化用品销售，票务代理，花卉租摆，汽车租赁，施工总承包、专业承包，设备租赁，热食类食品制售。

（姜美竹）

北京亦庄置业有限公司

执行董事兼总经理 张志祥

北京博大经开建设有限公司

2020 年，北京博大经开建设有限公司（简称博大建设公司）的总资产为 23.41 亿元，营业收入为 19.02 亿元，利润为 0.97 亿元，国有资产保值增值率为 111.02%，纳税总额为 0.79 亿元。开复工面积为 151.51 万平方米，承接市政道路工程 601.56 米。

博大建设公司成立于 2005 年 12 月 20 日，注册资本为 1.6 亿元，是由亦庄控股全资控股的建筑企业。公司形成以房屋建筑工程为主业，市政工程、工程维修、机械租赁、材料租赁、钢筋加工等多业务并举的多元化、多领域发展格局。公司具有国家建筑工程施工总承包、市政公用工程施工总承包壹级资质，北京市建筑装修装饰工程专业承包、钢结构工程专业承包、防水防腐保温工程专业承包、电子与智能化工程专业承包贰级资质，北京市机电工程施工总承包、建筑机电安装工程专业承包叁级资质，北京市建筑装饰工程设计专项丙级资质。

（刘欢）

北京博大经开建设有限公司

总经理 颜刚

北京亦庄文化集团有限公司

2020 年 1 月 10 日，北京亦庄文化有限公司更名为北京亦庄文化集团有限公司（简称亦庄文化），注册资本由 100 万元增至 6633.38 万元，全年实现营业收入 1.09 亿元，资产总额为 6.42 亿元，有员工 19 人。公司现有全资子公司 3 家、控股公司 2 家、参股公司（实际控制）1 家。

亦庄文化成立于 2009 年 12 月 11 日，为国有独资企业。公司经营范围包括国际文化贸易、创意策划与媒体经营、公寓及酒店管理、教育服务、艺术交流活动、产业园区运营等。

（姚诚）

北京亦庄文化集团有限公司

董事长兼总经理 李全兴

北京亦庄国际开发建设有限公司

2020 年，北京亦庄国际开发建设有限公司（简称开发建设公司）的营业收入为 0.63 亿元，利润总额为 0.26 亿元。年内，开发建设公司成立疫情防控领导小组，累计 350 多人次参与亦城景园社区“双报到”活动及“周末替岗”行动，服务时长约 450 小时；先后 7 批 30 名员工下沉至园区、机场、下沉干部考察组等防疫一线。公司按照亦庄控股的总体部署，配合编制完成开发建设集团改革重组实施方案；成立子集团重组工作领导小组，初步形成开发建设集团管理思路框架；组建“十四五”专项规划编制领导小组及编制小组，公司“十四五”规划的基本框架已经稳定；按照亦庄控股薪酬改革安排，组织开展公司薪酬、绩效考核等制度研究；全年无安全生产责任事故。

开发建设公司成立于 2010 年 3 月 19 日，注册资本为 19.2 亿元，专业从事土地一级开发，市政基础设施建设，房地产开发、建设与销售等经营活动。

（巨德慧 朱晓明）

北京亦庄国际开发建设有限公司

执行董事长 王晓军

总经理 窦建军

北京亦庄国际生物医药投资管理有限公司

2020年，北京亦庄国际生物医药投资管理有限公司（简称生物医药管理公司）的注册资本增至1.86亿元，营业收入为3732万元，代收租金收入为6844万元。年内，生物医药管理公司获市经济信息化局北京市中小企业发展资金、市科委2020年度创新创业服务机构建设促进专项等7项资金支持。北京亦庄生物医药园获2020中国百家特色载体、北京市中小企业知识产权集聚发展示范区称号。园区内企业北京百奥赛图基因生物技术有限公司、北京亦庄国际蛋白药物技术有限公司被中关村管委会认定为抗击疫情的第三方技术服务平台；北京康明百奥新药研发有限公司自主研发用于抗击乳腺癌的抗全人源抗体药KM118单抗注射液获药监局颁发的药物临床试验批件等。

生物医药管理公司成立于2010年6月18日，主要负责北京亦庄生物医药园的运营和管理，以园区管理与输出、投资孵化与服务、技术服务与创新为核心业务，主营业务为项目招商、项目孵化、技术服务和园区运营。

（吕菲）

北京亦庄国际生物医药投资管理有限公司

执行董事兼总经理 尹希杰

博大世通国际物流（北京）有限公司

2020年，博大世通国际物流（北京）有限公司（简称博大世通）的资产总额为3.77亿元，营业收入为1780万元，纳税总额为409万元。博大世通是北京亦庄保税物流中心（简称中心）的运营管理单位。年内，中心进出口货物总值为3.2亿美元，服务车辆7639辆次，服务企业330多家。公司与经开区商务金融局建立联合工作机制，配合经开区商务金融局完成亦庄综保区申报工作；开展二期用地项目策划，打造功能扩展区；编制完成《博大世通国际物流（北京）有限公司服务贸易发展规划》；推进公司深化改革工作等。

博大世通成立于2010年11月23日，注册资本为5000万元，截至2018年11月1日注册资本增至4.75亿元。公司主营业务范围包括仓储服务、物品包装、货运代理、分批包装、专业承包、房地产开发、物业管理、劳务服务、货物进出口、技术进出口、代理进出口等，具体负责北京亦庄保税物流中心项目的前期调研、开发建设和后期运营管理工作。

（胡亚菊 孙宇飞）

博大世通国际物流（北京）有限公司

董事长 黄建华

北京联港置业有限公司

2020年，北京联港置业有限公司（简称联港置业）的总资产为81389万元，营业收入为2026万元，有员工30人，全年安全生产零事故。年内，联港置业完成房屋资产销售785.29平方米，对外租赁10964平方米。按照市委、市政府关于支持企业控疫情稳增长工作要求，公司为商户减免租金约129万元。

联港置业成立于2010年12月27日，注册资本为8.5亿元。其中，亦庄控股出资5.1亿元，占全部股权的60%；北京生物医药产业基地发展有限公司出资3.4亿元，占全部股权的40%。由联港置业开发建设的大兴区北臧村镇居住及配套用地项目（又称联港嘉园项目）位于大兴区北臧村镇罗奇营村，项目总建筑面积约为 46.5 万平方米，包含住宅和商业区，配建回迁房、限价房、公租房，于 2015 年 3 月竣工。

（邢丽　郭欣）

北京联港置业有限公司

董事长　田德祥

总经理　禹　洋

北京亦庄盛元投资开发有限公司

2020 年，北京亦庄盛元投资开发有限公司（简称亦庄盛元）实现营业收入 5984 万元，纳税总额为 3476 万元，开工面积达 47 万平方米，完成固定资产投资 18 亿元，资产总额为 55.68 亿元，有员工 84 人。年内，亦庄盛元克服疫情影响，开发建设的 5 个市级重点项目实现开工，完成年度项目建设任务目标。

亦庄盛元成立于 2014 年 4 月 2 日，注册资本为 28.7 亿元，是亦庄控股下属的全资子公司，承担着经开区助推产业转型升级、打造高端创新平台、提升城市功能品质、服务区域经济发展的历史使命。

（李嘉欣）

北京亦庄盛元投资开发有限公司

执行董事兼总经理　高四龙

北京亦庄久筑工程管理有限公司

2020 年，北京亦庄久筑工程管理有限公司（简称亦庄久筑公司）的资产总额为 915.10 万元，营业收入为 216.98 万元，纳税总额为 34.40 万元，利润总额为 −212.70 万元。员工有 15 人，均为本科及以上学历。

亦庄久筑公司成立于 2014 年 7 月 18 日，注册资本为 1000 万元，是亦庄控股的全资子公司，公司经营范围包括工程项目管理、房地产开发、投资管理等。

（王翠）

北京亦庄久筑工程管理有限公司

董事长兼总经理　赵文达

北京亦庄智能城市协同创新研究院有限公司

2020 年，北京亦庄智能城市协同创新研究院有限公司（简称智能院）的总资产为 39979.11 万元，净资产为 35562.07 万元，营业收入为 14082.14 万元，纳税总额为 238.94 万元，净利润为 541.23 万元。员工有 29 人，平均年龄为 34 岁，其中具有本科及以上学历人员 27 人（博士学位人员 2 人、硕士学位人员 10 人），具有高级职称人员 4 人、中级职称人员 5 人、初级职称人员 1 人。公司下设 2 家子公司。年内，智能院联合主办“5G+”智慧安全融创发展论坛暨 2019 网络安全“金帽子”年度盛典；与中国电信股份有限公司北京分公司联合主办北京经开区工业互联网交流大会；副总经理、首席运营官颜敏受邀出席 2020 年中国国际服务贸易交易会数字经济创新发展论坛，发表题为“新型智慧城市建设模式的亦庄思考”的主题演讲。公司获国家高新技术企业、中关村高新技术企业证书，获软件著作权 40 多项；与京东城市联合开发的“战疫金盾”系统被央视《新闻联播》报道。

智能院成立于 2019 年 7 月 12 日，注册资本为 3.5 亿元，位于经开区荣华中路 10 号院，是亦庄控股下属的全资子公司，专业从事智慧城市和智慧园区的建设和运营。智能院承担经开区智慧城市建设及大数据工作的统筹实施任务，负责构建从设计、规划到建设、运营的全链条发展模式，致力于带动经开区智能产业聚集、亦庄控股智慧板块发展。公司自成立以来，首批规划并发布智能城市十大联合创新场景城市实验室，联合国家信息中心及有关单位共同研究5G时代新型基础建设课题；陆续与大专院校、科研院所及行业头部企业通力合作，立足国内外行业尖端科技成果，结合城市应用场景，共商、共建智能城市十大联合创新场景城市实验室，按照“实验室—试验区—示范区”的发展思路，促进科技成果转化落地，为经开区科技创新发展提供智力保障。为充分发挥行业内外的协同创新作用，公司发起倡议并成立智慧城市建设朋友圈——智能城市产业创新联合会，已吸引40多家企业加盟。

（仝宇曼）

北京亦庄智能城市协同创新研究院有限公司

执行董事兼总经理 赵延标

北京亦庄投资有限公司

2020年5月14日，北京亦庄投资有限公司（简称亦庄投资）成立，注册资本为20亿元，是亦庄控股的全资子公司。亦庄投资聚焦产业投资板块，打造产业投资与产业金融业务体系，投资方向主要包括新一代信息技术、集成电路、医药健康、智能装备产业、节能环保、新能源智能汽车、新材料、人工智能、软件和信息服务、科技服务业十大高精尖产业及其他重点新兴产业。截至2020年年底，亦庄投资实现营业收入64.81万元，净利润为150.17万元；自建的投资项目库中入库储备产业投资项目4个。员工有15人，其中具有硕士及以上学位人员12人。年内，亦庄投资牵头与市经济信息化局旗下的北京市中小企业创业投资引导基金、北京亦庄国际投资发展有限公司代管的经开区科技成果转化基金、北京赛升药业股份有限公司共同设立北京亦庄医药中小企业创业投资中心（有限合伙），基金规模为2.3亿元；参与设立国新科创股权投资基金（有限合伙）、嘉兴港区亦庄创业投资合伙企业（有限合伙）、上海航天京开如意股权投资合伙企业（有限合伙）3只基金；完成对集成电路设备细分领域的龙头企业——北京屹唐半导体科技股份有限公司的投资，认缴金额为1.05亿元，持股占比为0.52%。

（王梓哲）

北京亦庄投资有限公司

董事长 宋杰

亦庄国投

概况

2020年，北京亦庄国际投资发展有限公司（简称亦庄国投）的资产总额为832.6亿元，资产负债率为27.5%，营业收入为26.8亿元，净利润为5.1亿元。亦庄国投的注册资本由342.52亿元增至425.95亿元。公司累计完成投资项目157个，总投资额为672.6亿元；参与设立基金70只，涉及基金总规模超过6400亿元；支持区内中小企业发展，累计提供融资服务超过360亿元；通过产业投资、金融服务、园区招商等方式吸引高精尖产业项目落地共268个，落地投资额超过2370亿元。

亦庄国投成立于2009年2月6日，是一家以服务经开区科技创新和产业发展为使命的国有投资公司。公司下设11家二级子公司。公司定位为经开区产业金融、科技园区与资本运营创新服务商，结合政府资源与市场力量，吸引龙头企业入区发展，完善经开区上下游产业链，形成产业聚集效应。公司重点聚焦新一代信息技术、生物技术和大健康、新能源智能汽车、机器人和智能制造等主导产业，不断完善“重大项目带动、产业政策引导、产业基金引领、融资服务支撑、产业基地承载”产业服务体系，打造实体经济支持平台、金融服务平台、创新孵化平台，为升级版经开区建设和亦庄新城高质量发展提供有力支撑。

（李雪松　毕志超）

参与投资设立多只基金

4 月，亦庄国投出资 3 亿元参与设立北京华盖信诚远航医疗产业投资合伙企业（有限合伙），基金总规模为 30.67 亿元，基金重点投资医疗健康行业中的创新型、成长型和有并购价值的优质医疗大健康企业。7 月，亦庄国投联合航天投资控股有限公司、北京市科技创新基金（有限合伙）等设立北京航天二期产业投资基金（有限合伙），基金总规模为 20.65 亿元，基金主要投资高精尖产业中具有产业化前景的企业。10 月，亦庄国投联合北京电控产业投资有限公司、北京盛世智达投资基金管理有限公司等成立北京集成电路装备产业投资并购基金（有限合伙），基金首期规模为 17.3 亿元，围绕北京北方华创微电子装备有限公司开展投资并购业务，重点投资半导体设备和零部件领域的装备类项目及核心零部件、相关应用软件类项目等。12 月，亦庄国投联合四川企业改革发展股权投资基金合伙企业（有限合伙）、北京首钢基金有限公司成立北京明智倡新信息技术产业投资基金合伙企业（有限合伙），基金目标规模为 50 亿元，首期规模为 25 亿元，基金重点投资 5G 上下游企业，包括核心元器件、通信设备以及 5G 行业应用领域。

（李昊峰　毕志超）

支持重大产业项目落地建设

年内，亦庄国投围绕经开区主导产业及关键技术领域规划项目实施，推进重大产业项目投资落地，实现投资质量与效益双提升。亦庄国投落实国家集成电路产业发展战略，推动集成电路存储器重大专项工程实施，完成中芯京城集成电路制造（北京）有限公司项目首期出资，参与中芯国际集成电路制造有限公司科创板上市战略配售，通过股权投资、代建厂房等方式累计给予中芯国际集成电路制造有限公司 70 多亿元的资金支持。亦庄国投参与艾美疫苗股份有限公司的股票增发项目，支持企业在经开区建设世界先进水平的新型疫苗产业化示范基地；与区内企业北京赛升药业股份有限公司合作成立并购基金，提升区内企业作为科技创新主体的资源整合能力，提高经开区产业集中度。亦庄国投发挥纾困基金支持实体经济发展的作用，完成对北京神州泰岳软件股份有限公司、北京壳木软件有限责任公司等项目的投资，同步实现项目纾困、区域贡献、投资收益。全年完成股权投资项目 14 个，北京凯德石英股份有限公司、北京纽瑞芯科技有限公司、北京中铠天成科技有限公司等 100 个重点项目签约落地。

（李雪松　毕志超）

亦庄国投母基金获 16 项业内殊荣

年内，亦庄国投母基金获 16 项业内

殊荣，分别为第四届金汇奖年度盛典颁发的2019年度中国最具影响力产业投资母基金（TOP30），中国母基金联盟颁发的政府引导基金管理人守信红名单、2020政府引导基金最佳风控第4名、最佳LP TOP10、最佳母基金TOP10、2020中国最佳政府引导基金（市级）TOP30，《母基金周刊》颁发的中国投资机构软实力LP100科技力TOP10，清科集团颁发的2020年中国股权投资市场机构有限合伙人30强，融资中国颁发的2019年度中国最佳政府引导基金TOP10、2019—2020年度中国政府引导基金最佳投后管理TOP10，投资中国颁发的2020年中国最受GP关注的母基金TOP20、2020年中国最佳私募股权投资领域有限合伙人TOP20、2020年中国最佳母基金TOP20，“创客北京2020”创新创业大赛组委会颁发的初赛优秀承办单位称号，猎云网颁发的2020年最具吸引力政府引导基金，卓悦榜颁发的年度医疗健康最佳母基金。

（钱环宇）

北京亦庄国际投资发展有限公司

董事长 杨永政

总经理 张鹏（12月任）

叶斌（5月免）

亦庄国投子公司

亦庄担保推出创新产品“首贷通”

1月，北京亦庄国际融资担保有限公司与中国工商银行股份有限公司北京市分行加强合作、创新模式，针对“零信贷”企业推出了“首贷通”产品。该产品操作标准便捷，考虑了纳税信用评级、行业趋势、科研能力等因素，担保额度实时测算，最高可提供500万元的融资支持，无抵押信用贷款担保最高可达300万元，平均贷款综合费率仅为6%，符合“零信贷”企业群体的融资需求，帮助更多小微企业突破征信空白，建立初始信用记录并形成良性循环。截至2020年年底，有4家企业通过“首贷通”产品获390万元无抵押信用贷款担保。

（李雯）

人工智能抗疫产品测试工作启动仪式举行

4月27日，人工智能抗疫产品测试工作启动仪式在经开区信创园举行。该测试工作主要针对肺炎人工智能影像辅助诊断系统产品、AI人体测温系统、疫情防控（实体）机器人3类产品，对遴选掌握关键核心技术、具备优秀应用场景的抗疫产品，加快人工智能产业在抗疫场景中的深度融合，激发经开区人工智能企业活力具有重要意义。工业和信息化部科技司副司长朱秀梅指出，本次测试要以公正、公平、公开为原则；鼓励创新攻关为导向，促进相关技术升级迭代；以有力支撑抗疫工作为目标，加快优势产品的部署推广，把握时机，以防疫产品为突破口，推动中国智能产品走向全球，促进产业发展。市经济信息化局副局长潘锋、中国信息通信研究院总工程师胡坚波、经开区管委会副主任陈小男、北京旷视科技有限公司总裁付英波等出席启动仪式并发表讲话，共有50多名企业代表参加启动仪式。

（王希盛）

经开区信创园开园

5月8日，经开区信创园开园暨首批

入园企业签约活动在经开区信创园举行。经开区信创园选址通明湖环湖区域，总规划面积为3.9平方千米，按照“园湖风貌、国际风度、信创风范”的整体定位，为中国信创产业发展定制具有吸引力、凝聚力的城市环境和创新生态。首批签约落地的企业包括龙芯中科（北京）信息技术有限公司、北京鲲鹏大数据服务有限公司、统信软件技术有限公司等30家企业，涵盖芯片、整机、操作系统、数据库、中间件、办公软件、网络设备、集成服务等基础软硬件和5G、云计算等新兴业务。工业和信息化部党组成员、副部长陈肇雄，市委常委、副市长殷勇出席活动。工业和信息化部信息技术发展司司长谢少锋，市政府副秘书长杨秀玲，以及工业和信息化部有关直属单位负责人员和市经济信息化局、经开区负责人员150多人参加开园仪式。截至2020年年底，已聚集70多家“四梁八柱”信创企业，基本形成链条完整、生态完善、体系完备的产业创新格局。

（王希盛）

北京信息技术应用创新成果对接会

6月11日，北京信息技术应用创新成果对接会在经开区信创园召开。对接会由市经济信息化局等相关单位共同主办，中国电子工业标准化技术协会信息技术应用创新工作委员会联合工业和信息化部网络安全产业发展中心、经开区信创园具体承办，以“新基建、新场景、新应用”为主题，搭建企业和市场供需对接平台，促进信息技术应用创新成果在全市应用推广。活动现场集中展示了数百款最新产品和解决方案，参会人员现场体验信创产品，了解信创解决方案，并与信创厂商就产品特色、应用需求及实施经验等进行交流。来自15个市级委办局及30多家园区企业的100多人参会。

（王希盛）

亦庄租赁获政策奖励资金306万元

8月14日，市经济信息化局发布《关于2020年北京市支持中小企业发展资金拟支持项目公示的通知》，北京亦庄国际融资租赁有限公司入选2020年北京市支持中小企业发展资金改善中小企业融资环境拟支持项目，获306万元的补贴资金奖励，占同批融资租赁总补贴金的23%。年内，亦庄租赁为13家高新科技型客户企业申报中关村企业信用促进会的科技信贷和融资租赁支持资金、高新企业补贴资金共100多万元。

（杨颖）

信息技术应用创新解决方案研讨会

9月29日，信息技术应用创新解决方案研讨会在经开区信创园召开。研讨会由工业和信息化部网络安全产业发展中心主办，经开区信创园协办，围绕“应用驱动、创新发展”主题，开展信息技术应用创新产业发展交流研讨，并现场发布2019—2020年度电子政务优秀案例。全国人大、全国政协、中央组织部等45个中央国家机关、部委以及有关金融机构信息化部门的代表参会，统信软件技术有限公司、北京鲲鹏大数据服务有限公司、龙芯中科（北京）信息技术有限公司等32家信创企业的代表200多人参加交流活动并做典型案例发言。

（王希盛）

亦庄担保入选政府性融资担保机构名单

12月15日，市财政局、市地方金融监督管理局发布《关于确定我市首批17

家政府性融资担保机构的通知》（京财金融〔2020〕2461号），其中北京亦庄国际融资担保有限公司入选北京市政府性融资担保机构名单（第一批）。亦庄担保定位为中小微企业全周期普惠金融服务平台，始终聚焦实体经济、服务中小微企业，根植经开区打造核心竞争力，全面服务区域产业发展和中小微企业转型升级。

（李雯）

亦庄担保支持中小微企业复工复产

年内，北京亦庄国际融资担保有限公司作为经开区所属融资担保公司，落实落细“六稳”“六保”工作部署、北京市“16条”及“新9条”措施，支持中小微企业复工复产，切实“减费让利”，保持企业平稳发展。亦庄担保联合北京银行股份有限公司、中国邮政储蓄银行股份有限公司等合作银行，对服务企业进行全面摸底调查，梳理汇总具有防疫、纾困、生活服务类融资需求的企业110多家，其中经开区企业30家，并开展一对一融资服务，同时重点强化对北京市重点保障企业的融资支持。亦庄担保面向参与抗击疫情、民生保障工作及受疫情影响严重的中小微企业推出“亦企战疫”产品和“亦城稳促保”专项措施，提供绿色通道、优质服务，连续实施2次降费方案，为经开区55家企业减少担保费超过248万元，亦庄新城企业综合费率由1.5%降至0.7%。

（李雯）

亦庄租赁发挥融资租赁优势助推产业促进

年内，北京亦庄国际融资租赁有限公司作为隶属于经开区管委会的融资租赁企业，配合亦庄国投承载区域产业促进平台的职能。亦庄租赁利用融资租赁以固定资产为核心为企业融资的特质，使用转租赁模式、直租模式解决企业需求，与租赁同业紧密结合，发挥融资租赁相比股权融资模式决策时间短、相比其他债权融资模式期限长等优势，助力经开区产业战略项目落地。5月，亦庄租赁参与经开区与中国医药集团有限公司的生命健康战略合作项目，将转租赁作为多维度深入合作的手段，向该项目批复3亿元的融资授信额度，并于年内放款1亿元。

（杨颖）

亦庄租赁推出中小企业融资租赁产品

年内，北京亦庄国际融资租赁有限公司在控制风险管理的前提下，坚持服务经开区科技型中小企业，形成区别于租赁同业及银行的差异化、个性化服务。亦庄租赁研究针对科技型中小企业的风险辨识标准，推出适用于经开区战略新兴产业的标准化中小企业支持产品，并基于经开区产业促进基调，将产品适用范围扩大到拟从“三城”引入经开区的中小企业，为符合条件的企业提供价格优惠、审批快捷的优质服务，助力科技型中小企业技术改造和转型升级、“三城”科技成果项目在经开区转化落地。全年亦庄租赁重点支持北京贝来生物科技有限公司、北京华兴长泰物联网技术研究院有限责任公司、北京踏歌智行科技有限公司等5家适合该产品的中小企业。

（杨颖）

亦庄租赁推出抗疫金融服务产品

年内，北京亦庄国际融资租赁有限公司对服务企业进行了全面摸底调查，梳理汇总北京市抗疫企业100多家，其中经开区企业40多家。2月3日，亦庄租赁推出

“同舟共济”产品，累计精准审批抗疫降费项目6个，融资额为4600万元，其中为经开区企业平均降低综合成本超过2%。同时，亦庄租赁关注受疫情影响的中小企业融资需求，通过直租、售后回租、保理等模式，为12家中小企业提供超过1.53亿元的资金支持；对受疫情影响的存量客户企业，延缓收取当期租金，帮助企业渡过阶段性难关，共为12家企业制订还款展期方案。

（杨颖）

·下属企业·

北京亦庄国际融资担保有限公司

2020年，北京亦庄国际融资担保有限公司（简称亦庄担保）的资产总额为25.5亿元，净资产为22.2亿元。亦庄担保与20多家银行紧密合作，获得超过130亿元的银行授信，累计为千余家中小微企业提供近300亿元的支持；新增业务规模达58.7亿元，服务客户781户，分别比2019年增长16%和51%。年内，亦庄担保推出“首贷通”“亦企战疫”产品和“亦城稳促保”专项措施；与九大金融机构发起成立双创友好型科技金融服务联盟；入选北京市政府性融资担保机构名单（第一批）、市经济信息化局2019年小微企业担保降费奖补资金拟支持项目名单，获纳税信用A级企业称号。

亦庄担保成立于2010年2月5日，注册资本为19.61亿元，定位为中小微企业全周期普惠金融服务和市场化招商全流程配套金融服务平台，结合政府资源与市场力量，坚持发展与规范并重，致力于为中小微企业提供以融资担保为核心，涵盖工程保证担保等非融资担保、委托贷款、融资咨询等业务的融资服务。公司创建多元化精准服务体系，面向小微企业定制成本更低、审批更快的特色服务机制，全面服务区域产业发展和中小微企业转型升级。

（李雯）

北京亦庄国际融资担保有限公司

董事长 张文冬

总经理 杨 洋

北京亦庄国际小额贷款有限公司

2020年，北京亦庄国际小额贷款有限公司（简称亦庄小贷）的银行存款收益为185.14万元，上缴各项税费27.46万元。

亦庄小贷由亦庄国投于2010年7月19日发起成立，是经市金融局批准的经开区内第一家小额贷款公司，注册资本为1亿元。公司集金融产品开发、市场推广、贷款审批和贷后管理等专业化职能于一体，主要为经开区内中小企业、个体工商户和自然人办理各项小额贷款业务。

（李东）

北京亦庄国际小额贷款有限公司

董事长 张文冬

亦庄国际控股（香港）有限公司

2020年，亦庄国际控股（香港）有限公司（简称亦庄香港）按照中国香港特别行政区工商登记政策要求完成续牌手续，并更新商业登记证。

亦庄香港于2010年8月6日在中国香港注册成立，注册资本为16985.6万美元，主营业务为投资管理，主要投资项目包括北京汽车股份有限公司港股IPO项目、UT斯达康项目、鹏钛科技项目、亦庄租赁项目和启迪国际项目等。作为经开区境外资本运作平台，公司将建立起经开区与境外企业、投资机构的交流和合作渠道，促进经开区高精尖产业发展。

（张宏）

亦庄国际控股（香港）有限公司

董事 何悦

北京通明湖信息城发展有限公司

2020年1月17日，北京亦庄移动硅谷有限公司更名为北京通明湖信息城发展有限公司（简称通明湖公司）；9月15日，通明湖公司的注册资本由30亿元增至80亿元。年内，通明湖公司持续推动建设经开区信创园。经开区信创园开园暨首批入园企业签约活动举行，聚集70多家“四梁八柱”信创企业。经开区信创园一期项目完成土地摘牌、立项批复及勘察设计招标工作。

通明湖公司成立于2011年7月6日，主营园区开发、资产运营和科技服务业务。作为亦庄国投体系下的产业基地板块，公司定位于科技园区与资本运营创新服务商，是亦庄国投围绕招商引资、服务高精尖项目搭建的产业承载平台和产融一体发展平台，肩负形成技术策源地、产业示范区、经济增长极发展形态的发展目标。

（王希盛）

北京通明湖信息城发展有限公司

董事长 杨太恒

总经理 闫继东

北京亦庄国际产业投资管理有限公司

2020年，北京亦庄国际产业投资管理有限公司（简称亦庄产投）聚焦私募股权投资业务，业务主要包括引导基金和母基金投资，同时响应亦庄国投的“产业投资促进平台＋金融服务平台”双平台战略，落实亦庄国投投资工作与招商工作高度统一的目标，完成国家战略任务，有效管理政府引导基金，强化母基金投前、投后投资管理工作。其中，引导基金业务包括代持管理北京市中关村现代服务基金、北京市知识产权基金、经开区科技创新资金和领军人才资金；母基金投资业务包括天使（早期项目投资基金）、VC（风险投资基金）、PE（私募股权投资基金）、并购（上市公司并购基金）、纾困（上市公司纾困招商基金）、海外基金（海外项目并购基金）等。公司作为亦庄国投范围内的基金业务管理运营主体，根据北京市、经开区上级主管部门的要求，做好政府战略类基金项目的高效执行；开展对外募资工作；进一步做好做强投后管理工作，一方面完成基金业务日常管理工作，加强风险管控，另一方面对基金项目投资及项目退出进行监督管理，保障国有资产保值增值。

亦庄产投成立于2013年2月20日，注册资本为1亿元，是亦庄国投旗下唯一完成中国证券投资基金业协会登记的合规私募股权专业管理机构，承载经开区及亦庄国投赋予的以基金形式支持区域产业发展的使命。

（李昊峰）

北京亦庄国际产业投资管理有限公司

董事长 杨永政（7月任）

张建勋（7月免）

总经理 唐雪峰

北京亦庄国际融资租赁有限公司

2020年，北京亦庄国际融资租赁有限公司（简称亦庄租赁）在坚持疫情防控的同时，服务经开区企业并配合亦庄国投产业促进工作，助力企业复工复产及区域经济发展，通过评审项目28个，新增业务合同额5.62亿元，资产总额为23.19亿元，营业收入为1.13亿元，其中经开区投放合同额2.19亿元。公司获北京市诚信创建企业称号；在2020年度（第三届）中国融资租赁“腾飞奖”年度租赁企业评选及颁奖活动中，获合规经营租赁践行企业奖。

亦庄租赁成立于2013年7月24日，注册资本为1.54亿美元，是由经开区管委会批准设立的区内综合性、中外合资融资租赁公司，主要从事生产设备、通信设备、科研设备、检验检测设备、工程机械、交通运输工具及其附带技术的融资租赁、传统租赁业务，兼营与主营业务相关的保理业务。亦庄租赁始终以“产业规模化，领域专业化”作为公司战略发展目标，结合经开区四大主导产业布局及融资租赁行业特点，明确“区域”“行业”两个定位。“区域”定位即立足经开区、面向京津冀，服务经开区及京津冀区域产业升级和转移发展；“行业”定位即拓展高端装备制造、医疗健康、新能源及节能环保、电子信息行业。公司针对不同客户群体，采用直接融资租赁、售后回租、供应链融资租赁等融资租赁模式深入产业链，为客户量身定制金融方案。

（杨颖）

北京亦庄国际融资租赁有限公司

董事长 邢国峰

总经理 王东生（11月任）

晏宗敏（11月免）

北京集电控股有限公司

2020年5月7日，北京屹唐集成电路科技有限公司更名为北京集电控股有限公司（简称集电控股公司）。年内，集电控股公司重点推进北京集成电路重点项目。该项目于4月28日举行启动仪式，6月28日举行开工仪式，7月10日取得立项批复，12月8日取得配套气站项目B11M2地块土地成交确认书。同时，公司负责推进集成电路标准厂房（一期）项目建设，完成固定资产投资5000万元，累计完成固定资产投资14.64亿元。

集电控股公司成立于2016年8月23日，注册资本为5亿元。公司作为“特殊任务型”公司，聚焦中国集成电路产业，肩负国家重大战略部署和市委、市政府，经开区工委、管委会及亦庄国投赋予的职责使命，紧抓当前“窗口期”机遇，充分利用北京市集成电路产业发展综合优势和经开区产业发展基础，加快推进北京集成电路重点项目建设，助力关键核心技术突破、经开区高精尖产业能级提升及北京市“国际科技创新中心”建设。

（胡安）

北京集电控股有限公司

执行董事兼总经理 李瑞新

尚亦城集团

概况

电竞北京2020经开区展位 张浩东 摄

2020年7月30日，尚亦城（北京）科技文化集团有限公司（简称尚亦城集团）成立，注册资本为10亿元，位于经开区宏达北路12号，是由经开区管委会出资的国有独资有限公司。尚亦城集团围绕经开区发展大局，坚持以机构设置和制度建设为基础、以行政管理和创新提升为根本、以安全稳定和党建工作为保障，统筹兼顾疫情防控与经营管理，推进各项工作任务落实。截至2020年年底，尚亦城集团的总资产为11.56亿元，实现营业收入6556.04万元，利润总额为1337.28万元，实现纳税额231.02万元。员工有56人（不含融媒中心），其中具有本科及以上学历人员占91%。下属全资、控股、参股企业3家。年内，尚亦城集团承办电竞北京2020、2020年中国国际服务贸易交易会、2020第四届中国创新药论坛、2020通明湖信息技术应用创新论坛、亦城秋韵国庆中秋公益晚会等活动。尚亦城集团党支部与平谷区南独乐河镇北寨村党支部签订党建共建协议书。

（陈军）

北京智慧电竞赛事中心项目

年内，尚亦城集团对北京日报社印务中心西区地块投资1.98亿元，拟改造建设为京津冀地区规模最大、功能最全、级别最高的电竞赛事中心，并成为北京电竞赛事主场平台。园区规划建设电竞俱乐部赛训、电竞产业孵化、从业资格培训、“5G+8K”赛事直转播、青少年健康引导和电竞产业配套服务六大功能。截至2020年年底，已就该项目与京东星宇电竞（北京）文化传播有限公司达成战略合作，京东JDG俱乐部确认入驻并将其作为赛事和训练主场；腾讯电竞、人民电竞、嘉世汇安等18家电竞行业头部企业达成入驻意向。

（陈军）

北京智慧融媒创新中心项目

年内，尚亦城集团整体租赁经济日报社印务中心地块，以城市更新的形式投资2亿元，创建北京智慧融媒创新中心。该中心规划构建“四中心＋办公区”的组成结构，建设融媒指挥中心、融媒内容生产中心、融媒演播中心、融媒直转播中心和共享办公空间，推动融媒生产逻辑与空间逻辑全面整合，打造央地合作新样板、全国县域融媒新实践。截至2020年年底，北京科旭威尔科技股份有限公司、北京天工异彩影视科技有限公司、华韵文化科技有限公司等企业已经明确入驻，中央广播电视总台音频客户端云听等13家企业初步达成入驻意向。

（陈军）

尚亦城（北京）科技文化集团有限公司

董事长　边元松

亦庄人才集团

概况

2020年7月30日，经开区财政审计局全资出资成立北京亦庄国际人才发展集团有限公司（简称亦庄人才集团），注册资本为99.92亿元，为区属一级国有企业。亦庄人才集团坚持党管人才，以“政府引导、市场运作、服务人才”为指导思想，坚持“引进人才、投资人才、服务人才、成就人才”的发展理念，进一步整合人才服务资源、畅通人才服务渠道、优化人才服务环境、激励人才创造活力，为来经开区创新创业的各类人才和投资项目提供“项目引进、政策匹配、创业投资、创业载体、人才住房”等全链条精准服务，致力于构筑人才发展新高地、人才创新创业新生态。

12月15日，亦庄人才集团旗下二级公司北京亦庄人才服务有限公司完成注册；12月30日，亦庄人才集团完成北京博大新元房地产开发有限公司的股权划转。亦庄人才集团总部作为“战略中心”（引领、服务、监督），设置6个部门，有员工27人。集团拥有全资子公司2家。截至2020年年底，亦庄人才集团的资产总额为136.47亿元，所有者权益总额为128.61亿元，利润总额为−2.24亿元，资产负债率为5.76%，上缴税金1732.37万元。年内，亦庄人才集团完成1568套人才公租房配租及1144套共有产权房交付工作；完成5.03亿元固定资产投资（其中建安投资3.77亿元），产值29.15亿元；实现营业收入24.12亿元，比年初预计增加收入0.29亿元。亦庄人才集团承接经开区管委会机构改革后的部分职能，完成376人的人才政策兑现工作、2020年度区内“亦麒麟”人才体检工作、人才联系慰问工作、首届HICOOL全球创业者峰会参展工作，承接“亦麒麟”品牌知识产权及宣传工作、海外学人中心经开区分中心工作，参与组织人才评审工作、经开区新的社会阶层人士联谊会筹建工作。

（邹容）

为人才提供定制化出行服务

9月起，亦庄人才集团根据《北京经济技术开发区支持高精尖产业人才创新创业实施办法》中关于人才出行的相关政策，对接各大出行平台，为四类人才（亦城顶尖人才、亦城杰出人才、亦城领军人才、亦城优秀人才）提供小客车租车服务、机场贵宾室服务和机场快速安检通道服务。

（潘玥）

承办高层次人才疗养工作

9月24—26日、10月15—17日，亦庄人才集团承办经开区2020年度高层次人才疗养工作，分两次组织40多名高层次人才到门头沟区清水镇梁家庄村民宿疗养。在疗养过程中，亦庄人才集团组织开展两次座谈会，就参会人才所在企业的运营发展情况，人才在企业以及区内生活和工作实际需求，经开区体制机制改革开展情况、存在的问题和优化提升空间等方面进行探讨。

（杨陈）

参与人才评审工作

11月30日，根据《北京经济技术开发区支持高精尖产业人才创新创业实施办法》，经开区组织开展四类人才的认定和备案工作。12月，亦庄人才集团委派专项工作组4人进驻经开区政务服务中心，配合经开区工委组织人事部，开展亦城顶尖人才和亦城杰出人才的备案材料收取，以及亦城领军人才和亦城优秀人才申报材料的线上、线下审核等工作。截至2020年年底，亦庄人才集团已完成亦城领军人才申报材料的线上、线下审核工作。

（杨陈）

人才体检工作

11月，根据《北京经济技术开发区支持高精尖产业人才创新创业实施办法》中关于人才医疗的相关政策，由经开区工委组织人事部牵头，亦庄人才集团组织完成经开区2020年度人才体检工作。此次体检覆盖369人，应检尽检率达到100%。

（邹容）

领导任命

12月25日，根据《中共北京市委经济技术开发区工委关于张鹏等十二名同志职务变动的通知》（京开干［2021］1号）文件，任命叶斌为亦庄人才集团党委书记，提名为亦庄人才集团董事长人选；任命曹振国为亦庄人才集团党委副书记，提名为亦庄人才集团副董事长、总经理人选；任命郑文成为亦庄人才集团党委副书记，提名为亦庄人才集团董事人选。

（邹容）

打造定制化立体医疗保障体系

年内，根据《北京经济技术开发区支持高精尖产业人才创新创业实施办法》中关于人才医疗的相关政策，亦庄人才集团与第三方医疗机构对接，打造健康体检/筛查、网络健康咨询、就医绿通、海外医疗、定制化医疗、大健康增值服务6款自有医疗服务产品，并按照定制化的思路，将已有产品搭配组合，形成不同层次的健康医疗产品。

（杨陈）

搭建“人才服务大数据平台”App

年内，根据《人才服务大数据平台三年规划方案》，亦庄人才集团联合第三方开发机构，确定“人才服务大数据平台”App的实施架构。架构分两级，集团层面注重政策引导和品牌宣传，各子公司层面注重用户体验，实现业务便捷化、信息化。平台建设前期主要围绕人才安居、人才服务、人才出行、人才医疗、人才教育、人才投资等进行品牌宣传和业务拓展，实现部分线下业务线上化；后期将把“人才服务大数据平台”App构建成一站式服务的窗口。

（王睿彬）

扩展人才服务渠道

年内，亦庄人才集团对接市场资源，扩展人才服务渠道。其中，在协调好区内医院的基础上，对接第三方医疗机构，打造人才专业化、定制化的立体医疗保障体系；对接各大出行平台，为人才提供小客车租车服务及机场贵宾室服务和机场快速安检通道服务；调研“225平方公里”范围内闲置商业、科研等项目，对符合条件的房源建立工作台账，根据经开区重点企业及人才需求，启动项目收购，并计划改造、分割为成套或宿舍型房屋。

（邹容）

北京亦庄国际人才发展集团有限公司
董事长（提名） 叶　斌
总经理（提名） 曹振国

亦庄人才集团子公司

新元公司开发的共有产权房项目竣工交付

7月6日，北京博大新元房地产开发有限公司开发建设的经开区首个共有产权房项目——亦城亦景家园（X84R3）项目竣工，并于9月30日完成小业主房屋交付。项目位于经开区Ⅱ-6街区，东至X84R2实验小学，南至千顷堂街，西至四海路，北至X84B1、X84C1地块，占地面积为5.07万平方米，规划总建筑面积约为16.40万平方米，其中共有产权住房住宅建筑面积约为10.08万平方米，容积率为2.0。项目总套数1144套，均为单套建筑面积约87~89平方米的二居室，销售均价为2.30万元/平方米（含全装修）。项目于2017年9月29日开始施工建设。

（安宁）

新元公司完成亦城景园国际人才公寓建设

亦城景园国际人才公寓　　企业提供

年内，北京博大新元房地产开发有限公司负责实施的经开区国际人才住房试点项目落地，完成亦城景园（E18）国际人才公寓项目建设工作，提供高端人才公寓307套，可进一步满足经开区国际人才的住房需求，打造经开区高端人才居住服务体系，营造国际化的生活休闲氛围。

（安宁）

新元公司完成蓝领公寓升级改造工作

年内，北京博大新元房地产开发有限公司完成蓝领公寓1200套房源的升级改造工作。新元公司通过定位新一代蓝领工人的安居需求，对居住区进行功能分离，采用“上床下桌”结构，满足入住工人对学习、娱乐的需求，助力区内企业留住人才，提升一线员工的稳定性。

（安宁）

·下属企业·

北京博大新元房地产开发有限公司

2020年，北京博大新元房地产开发有限公司（简称新元公司）的资产总额为134.54亿元，营业收入为24.11亿元，有员工149人。12月30日，新元公司的全部股权划转至北京亦庄国际人才发展集团有限公司。截至2020年年底，新元公司运营、在建及回购的人才安居项目共18个，共2万余套房屋，总建筑面积约为2万平方米，形成了包括人才公租房、白领公寓、蓝领宿舍、国际人才公寓、共有产权住房在内的多层次人才保障房产品链；累计交付房屋13943套，为区域内300多家企业的4万余人提供人才公租房。

新元公司成立于2008年2月，注册资本为97.54亿元。公司作为亦庄人才集团旗下二级公司，从事人才住房开发建设和运营管理业务，承载经开区人才住房保障使命，服务宜居宜业绿色新城发展战略，为亦城顶尖人才、亦城领军人才、优秀青年人才提供高品质的人才住房产品。

（曹振国　安宁）

北京博大新元房地产开发有限公司

董事长　叶斌（4月任）

北京亦庄人才服务有限公司

2020年，北京亦庄人才服务有限公司（简称人才服务公司）开展了人才体检、人才评审、人才疗养和经开区管委会辅助用工招聘等业务。

人才服务公司成立于2020年12月15日，注册资本为2000万元，是北京亦庄国际人才发展集团有限公司的全资子公司，位于经开区荣华南路13号。公司重点聚焦于为人才和企业提供高质量、标准化的全链条综合服务，主要以人才保障、大健康医疗、出行服务为主，同时为各类企业提供高端人才访寻、代理招聘、灵活用工、人才测评、培训与开发等人力资源服务。

（梁菲）

北京亦庄人才服务有限公司

执行董事　曹振国

总经理　李　佳

金融

综述

2020年，经开区结合国家金融业开放发展战略，优化金融营商环境，推进区内金融产业集聚，丰富金融业态体系，创新金融服务供给。经开区初步汇聚了78家银行、证券、保险及其他地方金融机构，形成了以企业信贷为主，债券、股权投资基金、保险、担保等为补充的金融服务体系，以提升金融服务区域实体经济效能，为企业纾困解难，助力企业融资发展。

经开区共有24家银行类金融机构(含2家外资银行)、51个网点。截至2020年年底，经开区各银行机构本外币存款余额为2131.91亿元，比2019年增长18.44%；本外币贷款余额为1182.87亿元，比2019年增长16.65%。大部分信贷资金投向区内主导产业和实体经济，为经开区经济高质量发展提供了金融支持。

经开区已上市企业共有31家（按板块划分，上海证券交易所和深圳证券交易所上市企业各11家、香港联交所上市企业8家、美国纳斯达克交易所上市企业3家，其中两地上市企业2家；按行业划分，生物医药类上市企业10家、航空航天类上市企业3家、汽车制造类上市企业2家、新能源行业上市企业1家、其他各项分类15家）。经开区新三板挂牌企业共有38家。经开区完善拟上市企业培育库，拟上市后备企业105家，比2019年增加63家、增长150%。

经开区新增落地基金7只、基金管理公司12家，落地基金规模为131亿元。截至2020年年底，经开区累计落地基金58只、基金管理公司47家，落地基金总规模为6178.5亿元。在支持中小企业方面，北京亦庄国际融资租赁有限公司新增业务总量58.7亿元、项目781个，分别比2019年增长18.1%、51.9%；亦庄新城在保业务为30亿元，占在保业务总量的49%。亦庄租赁累计投放租赁资产规模33.7亿元，其中亦庄新城内投放18.8亿元，占总投放额的55.8%。

（马娜）

综合管理

概况

2020年，北京经济技术开发区商务金融局（简称经开区商务金融局）立足升级版经开区和亦庄新城建设，按照全市金融工作总体要求，优化金融营商环境，加大企业上市扶持力度，深化金融服务供给，推进经开区金融产业集聚，丰富金融业态；加强金融风险预警，强化地方金融机构监管，在守住金融风险底线的基础上，为经开区实体经济赋能；初步形成了涵盖银行、证券、保险、担保、私募股权投资基金等在内的综合金融服务体系，金融服务实体经济能力不断增强，金融发展环境不断优化。

（马娜）

经开区小微企业金融综合服务平台上线

4月2日，经开区小微企业金融综合服务平台上线试运行。该平台运用“互联网+大数据”手段，为有融资需求的小微企业和金融机构在线提供债权融资、股权融资、担保增信、政策咨询等一站式服务。截至2020年年底，平台有注册企业248家，发布融资需求185笔，融资需求金额为16.24亿元，落地金额为11.3亿元。

（马娜）

推动7家企业上市

年内，经开区商务金融局按照“政府引导、企业参与、政策扶持、优化环境”的总体思路，加大对企业上市的扶持培育力度，推动7家企业上市，比2019年增长250%，全市排名第四。其中，阿尔特汽车技术股份有限公司于3月27日在深圳证券交易所创业板上市（股票简称：阿尔特；股票代码：300825），成为A股首个独立汽车设计公司；京东集团于6月18日在香港联交所主板二次上市（股票简称：京东集团-SW；股票代码：09618），成为港股募资额最大的中概股回归企业；北京永泰生物制品有限公司于7月10日在香港联交所主板上市（股票简称：永泰生物；股票代码：6978.HK），成为港股第一只专注于细胞免疫治疗的生物科技股；北京京东健康股份有限公司于12月8日在香港联交所主板上市（股票简称：京东健康；股票代码：06618），成为港股募资额最大的智慧医疗企业。

（马娜）

加强上市服务体系建设

年内，经开区商务金融局加强上市服务体系建设，初步建成“三库”，夯实了企业上市服务基础。其中，建立已上市企业库，与市地方金融监管局对接，对照政务数据、国家高新技术企业和中关村高新技术企业数据、各板块上市披露信息，以及德勤—亦庄高科技、高成长20强申报数据，全面梳理已上市企业，掌握企业基本情况，形成包含31家已上市企业的信息库，跟踪服务企业发展，推动2家企业完成定向增发；建立完善拟上市企业培育库，制定拟上市企业入库标准，明确准入条件和限制性要求，挖掘有意愿、有能力、有计划上市的优质企业入库，形成包含105家拟上市企业的培育库，实现上市后备企业队伍的良性可持续发展；探索建立中介机构资源库，对接保荐机构、会计师事务所和律师事务所，形成包含 15 家上市服务中介机构的中介机构资源库，借助专业机构力量，提升上市服务专业化水平。

（马娜）

全方位服务企业上市进程

年内，经开区商务金融局按照全生命周期企业上市培育机制，完善拟上市企业“3+1”梯队化管理，采取“管家式”服务方式，以需求为导向，开展分阶段精准培育，全方位服务企业上市进程；与沪港深新四大交易所、中金公司、盛德律师事务所、启元资本等专业机构建立战略合作关系，联合开展上市培训 10 多场，实地走访企业 30 多家，为 10 多家企业协调解决问题 50 多个；推荐 26 家区内企业纳入全市重点企业“服务包”、4 家独角兽企业纳入市级培育计划、40 多家企业参加市级培训课程，助推企业上市进程。

（马娜）

金融支持稳企业保就业

年内，经开区商务金融局落实北京市金融支持稳企业保就业专项行动，建立工作协调机制，制订工作方案，按照优先、重点、普惠三类保障企业标准，梳理上报需保障企业融资需求 139.28 亿元，按照开户行直联、试点银行多头对接、线下对接“三步走”模式，分阶段推进银企对接。截至 2020 年年底，经开区商务金融局推动银行走访区内企业 25970 家次，放款 216 家企业，实际落地贷款 23.6 亿元，在全市银行对接情况排名中，贷款落地数排名全市第三。

（马娜）

银行

招商银行亦庄支行为中小企业提供授信

3 月，招商银行股份有限公司北京亦庄支行为支持康复之家医疗设备（北京）有限公司启动口罩生产业务，在企业无收入的情况下，利用一周时间完成从审批到放款的全过程，为企业发放贷款 200 万元，支持防疫企业的生产经营。

（王逸婧）

中国银行经开区支行支持“两区”建设

9 月 28 日，中国（北京）自由贸易试验区高端产业片区挂牌，中国银行股份有限公司北京经济技术开发区支行率先为经开区内企业提供金融服务，实现国际结算与跨境人民币业务首发，为 1 家外资电子科技企业办理首笔跨境人民币业务 30 万元，为 1 家高端制造企业办理便利化外汇付款业务 113 万美元。12 月 31 日，中国银行经开区支行辖区内网点中国银行股份有限公司北京经济技术开发区宏达北路支行更名为中国银行股份有限公司北京自贸试验区高端产业片区支行，成为经开区内首批自贸区专营机构，拟为自贸区内企业提供专业的产品服务和资金支持，推动经开区“两区”建设。

（黄玉莲）

工商银行经开区支行支持企业发展

10 月，中国工商银行股份有限公司北京经济技术开发区支行融智 e 信平台“亦庄创新发布”专区上线。该专区是经开区管委会宣传经开区高精尖技术和产业成果、发布企业产业合作需求和融资合作需求的宣传和服务平台，是经开区管委会在宣传领域第一次通过线上平台与银行开展合作，有助于提升经开区优质企业产业、金融撮合交易的成功率。

（刘园园）

工商银行经开区支行更名

12月29日，中国工商银行股份有限公司北京经济技术开发区支行更名为中国工商银行股份有限公司北京自贸试验区支行，是区内首家以“北京自贸试验区”命名的银行。工商银行自贸试验区支行抓住自贸试验区的新政机遇，率先启动中国（北京）自由贸易试验区高端产业片区的金融服务，开展政策传导，探索产品创新，推进便利化进程，支持区内重点项目，推广数字人民币，金融赋能区内企业高质量发展。

（刘园园）

北京农商银行经开区支行财富管理业务

截至2020年年底，北京农村商业银行股份有限公司经济技术开发区支行财富管理中心管理金融净资产余额达70亿元。该中心成立于2019年1月，可为高净值客户提供包括储蓄增值产品、理财、保险、基金、资产管理等产品和其他服务，提供定制化财富管理规划，涉及资产增值与投资管理、家族财富传承规划、婚姻财产规划、子女教育规划等。

（蔡馨颜）

中国银行经开区支行践行普惠金融政策

年内，中国银行股份有限公司北京经济技术开发区支行贯彻落实国家关于普惠金融支持中小企业发展的政策，响应中国银行股份有限公司总行的号召，践行中国银行股份有限公司北京市分行推出的“春雨行动”普惠金融政策，降低成本，优化流程，精准施策，为81家普惠型中小企业客户提供授信支持4.5亿元。

（黄玉莲）

北京银行经开区管辖行开辟绿色通道

年内，北京银行股份有限公司经济技术开发区管辖行为区内3家疫苗研发、采样筛查和检测仪器设备生产等与疫情相关的合规企业开设绿色通道，用最短的时间完成贷前调查并为企业设计贷款方案，提供融资服务。同时，配套介绍贷款到期后无还本续贷和永续贷等产品，运用多种金融产品组合，为3家企业提供金融服务。此外，根据前期制订的应急预案，北京银行经开区管辖行还为向疫情地区湖北省黄梅县慈善会捐款的1家区内对公客户免除汇款手续费用200元，助力疫情防控工作。

（赵威）

北京银行经开区管辖行践行社会责任

年内，北京银行股份有限公司经济技术开发区管辖行开展金融知识宣传——防范电信诈骗系列讲座，向经开区政务服务中心的工作人员讲解电信诈骗的手段及防范措施，30人参加讲座；配合天华路派出所对支行客户进行电信诈骗温馨提示，指导客户下载“全民反诈”App。同时，为周边商户提供便捷的现金服务，辖内支行与周边金融机构沟通，明确网格化管理区域，解决周边商户日常现金服务需求，开展整治拒收现金宣传活动。

（赵威）

兴业银行经开区支行开通绿色通道

年内，兴业银行股份有限公司北京经

济技术开发区支行开通民营企业绿色通道，加大对新能源装备制造行业、医药行业的支持力度，累计发放贷款 8.59 亿元；支持中小企业发展，扶持区内企业 79 户，累计发放贷款 4.75 亿元。

（童剑）

浦发银行经开区支行疫情期间金融保障

年内，上海浦东发展银行股份有限公司北京经济技术开发区支行在疫情期间服务对公企业 3100 多户，包括对公信贷投放 20 多户，对公中小企业普惠贷款客户数占对公企业客户总数的 60% 以上，普惠贷款放贷金额约为 5000 万元。针对经开区内的重点防疫企业，浦发银行经开区支行在为企业办理结算、授信等相关业务的同时，开辟绿色通道，配套相关金融产品，全面助力经开区内企业复工复产。

（李华）

浦发银行经开区支行推进普惠金融服务

年内，上海浦东发展银行股份有限公司北京经济技术开发区支行服务个人客户 15 万户，零售核心资产为 42.7 亿元，零售存款为 17.4 亿元；为 240 家企业提供薪资代发服务，惠及客户超万人，年代发额超过 10 亿元；为 36 家小微企业提供房抵快贷、个人经营贷、消贷易等融资产品，推进普惠金融服务。

（李华）

工商银行经开区支行支持实体经济

年内，中国工商银行股份有限公司北京经济技术开发区支行坚持“广覆盖、高时效、加大投放、价格优惠、科技赋能”的原则，支持区域经济在疫情期间保生产、促发展。2 月，工商银行经开区支行成立青年党员突击队，走访企业 200 多家，新审批融资百亿元，发放超百笔、金额超 50 亿元的抗疫发展贷款、风险参贷、票据贴现等款项。工商银行经开区支行在疫情中支持民营企业和制造业的举措被人民网等媒体采访和报道 10 多次。

（刘园园）

北京地区首个智慧政务项目投产上线

年内，在 2019 年打造北京地区首个产融结合智慧网点的基础上，中国工商银行股份有限公司北京经济技术开发区支行成为经开区智慧政务、智慧社保项目唯一合作银行，配合经开区管委会开展智慧政务大厅一体化建设工作与智慧政务大厅统一设计、规划工作，推动规划功能、设施设备及装修风格的一体化落地，实现业务互通、空间共享，将金融功能与政务服务有机融合，共同优化经开区营商环境。7 月，北京地区首个智慧政务项目投产上线，一期实现经开区管委会 20 个政府部门 826 项行政事项通过工行智能终端查询。

（刘园园）

北京农商银行经开区支行支持实体经济

年内，北京农村商业银行股份有限公司经济技术开发区支行做好“六稳”“六保”工作任务，支持实体经济发展。全年为 54 户小微企业投放贷款 1.68 亿元，包括为普惠中小企业发放抗疫再贷款 4470 万元、为企业复工复产发放普惠小微再贷款 4156 万元。

（张琳）

北京农商银行经开区支行发行中票

年内，北京农村商业银行股份有限公司经济技术开发区支行联席主承办亦庄控股 2020 年第一期中期票据发行工作。该中期票据的发行总金额为 15 亿元，北京农商银行经开区支行负责发行 4.5 亿元，并以自营资金投资 3 亿元本期中期票据。

（张琳）

北京农商银行经开区支行金融服务

年内，北京农村商业银行股份有限公司经济技术开发区支行践行普惠金融责任，统筹物理网点与金融便利店、社区便利店协调发展，扩展金融服务范围，在天通泰科技金融谷、泰和园七里社区分别建成并投入使用 1 家金融便利店及 1 家社区便利店，并定期开展移动金融服务。截至 2020 年年底，北京农商银行经开区支行在经开区内建成包括 5 家社区便利店、1 家金融便利店在内的全渠道便民服务网络。

（孟祥龙）

北京农商银行经开区支行养老金融服务

年内，北京农村商业银行股份有限公司经济技术开发区支行深化与区内两镇、两街道和辖区内 55 个社区居委会对接，并跟进区内养老助残卡发放工作。截至 2020 年年底，北京农商银行经开区支行发展养老助残卡客户 3.63 万户，养老助残卡客户资产总量达 35.8 亿元。同时，联合区域内多个社区，通过线上形式开展非接触普惠金融知识宣讲，完善养老金融服务体系和生态圈建设，依托社区养老服务驿站建设及区域优惠商圈搭建，延伸金融服务范围，构建“网点 + 驿站 + 商户”的服务格局，经开区范围内有 182 家商户可对持养老助残卡的客户提供相应折扣优惠。

（孟祥龙）

华夏银行亦庄支行推进零售业务转型

年内，华夏银行股份有限公司北京亦庄支行推进零售业务转型。其中，开展公私联动，组织员工通过电话、微信、短信等方式联络客户，维系客户关系；发挥产品优势，开展客户积分兑换、回馈老客户年宵花、线上抽奖等活动，带动储蓄存款及金融总量的增长。全年实现储蓄存款增长 25265 万元，金融资产总量增长 36453 万元，个人基础客户增加 1045 户。

（李菲）

华夏银行亦庄支行加强小微企业金融服务

年内，华夏银行股份有限公司北京亦庄支行为中小微企业提供金融服务。其中，为解决小微企业资金周转问题，推出无还本续贷、银税通等产品，对能提供有效房产抵押的小微企业客户，提供贷款期限最长可达 30 年的融资业务，打造小企业融资新通道。全年为区内 25 户小微企业解决融资问题，共计发放小微企业贷款 13861 万元，完成无还本续贷业务放款 2194 万元。

（李菲）

华夏银行亦庄支行推广“菁英贷”业务

年内，华夏银行股份有限公司北京亦庄支行以经开区内大型企业员工为主要营销对象，安排专人进行现场宣讲，推广“菁英贷”业务。该业务是华夏银行亦庄支行推出的纯信用个人综合消费贷款，可满足客户的个人及家庭日常消费需求。全年共立项“白名单”企业 20 户，办理消费贷款 97 笔，发放新增贷款近 3000 万元。

（李菲）

华夏银行亦庄支行支持四大主导产业发展

年内，华夏银行股份有限公司北京亦庄支行围绕经开区四大主导产业开展融资支持业务。全年对区内先进制造型企业累计投放贷款 10.3 亿元，发挥对区内经济建设和城市发展的支持作用。

（李菲）

·银行（选介）·

中国建设银行股份有限公司北京经济技术开发区支行

2020年，中国建设银行股份有限公司北京经济技术开发区支行（简称建行经开区支行）的全口径存款日均余额为382.5亿元，其中企业存款日均余额为248.5亿元、个人存款日均余额为133.9亿元；本外币各项贷款时点余额为137.8亿元，其中普惠金融贷款余额为11.54亿元。员工有201人，下设9个部室、8个营业网点（支行营业部、万源路支行、马驹桥支行、隆庆街支行、博兴七路支行、北环西路支行、经海路支行、天宝北街支行）。年内，建行经开区支行为经开区财务结算中心办理医用物资采购资金拨付汇划业务24笔，金额达1070万元；为医疗企业等新冠肺炎疫情防控全产业链中的企业，以及受疫情影响的小微企业及企业主、个体工商户等普惠金融客群推出“云义贷”专属服务，为中国人民银行疫情防控重点保障企业名单内企业授信12户、授信额度达6亿元，并为其投放疫情专项贷款4.1亿元，均为首贷投放；累计为188家受疫情影响的普惠性小微企业办理贷款延期，涉及金额达12240万元；为经开区1253名抗疫一线环卫工人免费赠送“战疫爱心保”保险保障服务，承保金额达2亿元。建行经开区支行新增大中型授信客户21户，其中新增经开区四大主导产业授信客户15户，新增授信额度30.45亿元；为12家生物医药企业申报14.5亿元授信额度。建行经开区支行与经开区行政审批局对接，在支行7个区内网点的智慧柜员机上上线一项区级政务服务事项，并与经开区行政审批局合作接通政务专线网络，提高办事效率。

建行经开区支行成立于1994年9月，位于经开区景园北街2号55幢。支行经营范围包括办理人民币存款、贷款、结算业务，办理票据贴现，代理发行金融债券，办理外汇业务、国际结算，代理保险等。

（余新飞）

中国建设银行股份有限公司北京经济技术开发区支行

行长 胡京平（8月任）

管　琳（8月免）

中国银行股份有限公司北京经济技术开发区支行

2020年，中国银行股份有限公司北京经济技术开发区支行（简称中国银行经开区支行）的本外币存款时点余额为157.12亿元，本外币贷款余额为97.63亿元，实现营业收入3.18亿元、拨备前利润2.34亿元。年内，中国银行经开区支行践行普惠金融政策，为81家普惠型中小企业客户提供授信支持4.5亿元等。

中国银行经开区支行成立于1994年，位于经开区荣京东街3号，辖区内有6个网点，包括支行营业部、北京自贸试验区高端产业片区支行、天华支行、亦庄文化园支行、旧宫支行、方庄东区支行。支行经营范围包括办理人民币存款、贷款、结算业务，办理票据贴现，代理发行金融债券，代理发行、代理兑付、销售政府债券，代理收付款项，办理外汇存款、外汇汇款、外汇贷款、外币兑换、国际结算、结售汇，代理国外信用卡付款，通过上级行办理代客外汇买卖，总行在中国银行业监督管理委员会批准的业务范围内授权的业务，代理保险业务。

（黄玉莲）

中国银行股份有限公司北京经济技术开发区支行

行长 罗　正（4月任）

白静峰（4月免）

中国农业银行股份有限公司北京经济技术开发区分行

2020年12月31日，中国农业银行股份有限公司北京经济技术开发区支行更名为中国农业银行股份有限公司北京经济技术开发区分行（简称农行经开区分行）。截至2020年年底，农行经开区分行的本外币存款时点余额为109.2亿元，本外币贷款余额为94.2亿元，实现营业收入4.0亿元，净利润为2.3亿元，缴纳税款2806.8万元，有7个区内网点。年内，农行经开区分行开通绿色通道，加快信贷审批及贷款投放速度，保障疫情民生物资和市场价格稳定；落实“两会”期间金融服务及防疫工作。

农行经开区分行成立于1997年2月，位于经开区中和街3号。分行经营范围包括办理人民币存款、贷款、结算业务，投资银行服务，国际金融业务，现金管理服务，电子银行服务等。

（慕旖文）

中国农业银行股份有限公司北京经济技术开发区分行

行长 丁大勇

交通银行股份有限公司北京经济技术开发区支行

2020年，交通银行股份有限公司北京经济技术开发区支行（简称交行经开区支行）有员工106人，下设9个二级部门，即支行营业室、东高地支行、文化园西路支行和旧宫支行4个综合性网点以及公司业务一部、业务二部、小企业部、零售信贷业务部、内控和经营管理部。年内，交行经开区支行将文化园西路支行和旧宫支行两个普惠网点升级为综合性网点；开展防诈骗金融知识普及宣教活动，堵截多起诈骗案件；成立高新产业服务中心；为区内医疗企业提供融资服务，完成交通银行股份有限公司北京市分行内首笔防疫项目贷款、首笔普惠防疫贷款的发放。

交行经开区支行成立于1998年6月，位于经开区隆庆街3号。支行在财富管理、融资支持、资金结算，以及投资银行服务、中小企业服务等领域为客户提供全方位金融服务；推进绿色信贷；参与和支持慈善事业及社会公益事业。

（鄢然）

交通银行股份有限公司北京经济技术开发区支行

行长 张伟

北京银行股份有限公司经济技术开发区管辖行

2020年，北京银行股份有限公司经济技术开发区管辖行（简称北京银行经开区管辖行）的本外币存款时点余额为142.43亿元，本外币贷款时点余额为38.69亿元。北京银行经开区管辖行下辖北京银行股份有限公司经济技术开发区支行、北京银行股份有限公司亦庄支行、北京银行股份有限公司富力又一城支行3个网点。

北京银行经开区管辖行成立于1999年7月14日，位于经开区宏达北路12号。管辖行秉持“服务地方经济、服务中小企业、服务市民百姓”的发展理念，支持经开区内的基础设施建设和园区企业成长。同时，作为医保业务承办行和工会互助服务卡发卡行，为区内职工、居民提供便捷高效的金融服务。管辖行经营范围包括办理人民币存款、贷款、结算业务，办理票据贴现，代理发行金融债券，代理发行、代理兑付、销售政府债券，代理收付款项，办理外汇存款、外汇汇款、外币兑换、结售汇业务等。

（赵威）

北京银行股份有限公司经济技术开发区管辖行

行长 赵雨佳（8 月任）

陈 婵（8 月免）

兴业银行股份有限公司北京经济技术开发区支行

2020 年，兴业银行股份有限公司北京经济技术开发区支行（简称兴业银行经开区支行）的对公存款余额为 103.20 亿元，较年初增加 32.69 亿元；储蓄存款余额为 10.85 亿元，较年初增加 0.63 亿元。

兴业银行经开区支行成立于 2001 年 12 月 28 日，位于经开区荣华南路 15 号。支行经营范围包括办理人民币存款、贷款、结算业务，办理票据贴现，代理发行金融债券，代理发行、代理兑付、销售政府债券，代理收付款项，办理外汇存款、外汇汇款、外币兑换、国际结算、结汇、售汇，通过上级行办理代客外汇买卖，总行在中国人民银行批准的业务范围内授权的业务。自 2015 年 5 月起，支行开始管辖兴业银行经开区支行营业部、兴业银行北京大兴支行、兴业银行北京大兴瀛海支行、兴业银行北京房山支行。2018 年 6 月，支行新建的兴业银行北京庞各庄支行、兴业银行北京礼贤支行、兴业银行北京榆垡支行 3 家机构开始营业。

（童剑）

兴业银行股份有限公司北京经济技术开发区支行

行长 张春明

中国工商银行股份有限公司北京自贸试验区支行

2020 年 12 月 29 日，中国工商银行股份有限公司北京经济技术开发区支行（简称工商银行经开区支行）更名为中国工商银行股份有限公司北京自贸试验区支行（简称工商银行自贸试验区支行）。截至 2020 年年底，工商银行自贸试验区支行的本外币存款时点余额为 468 亿元，本外币各项贷款时点余额为 298 亿元，拨备前利润为 8.09 亿元，中间业务收入为 1.9 亿元，个人客户总数为 57 万多户，对公客户总数为 7100 多户。

工商银行自贸试验区支行成立于 2003 年 8 月，位于经开区荣昌东街甲 5 号，辖区内有 10 个网点，包括支行营业部、宏达北路支行、十八里店南桥支行、光机电支行、荣华中路支行、北环西路支行、天宝园支行、隆庆街支行、金地格林小镇支行、马驹桥支行。支行经营范围包括办理人民币存款、贷款、结算业务，办理票据贴现，代理发行金融债券，办理外汇业务、国际结算等。

（刘园园）

中国工商银行股份有限公司北京自贸试验区支行

行长 方园

上海浦东发展银行股份有限公司北京经济技术开发区支行

2020 年，上海浦东发展银行股份有限公司北京经济技术开发区支行（简称浦发银行经开区支行）的存款日均为 103.8 亿元，贷款余额为 28.5 亿元，利润总额为 2 亿元。

浦发银行经开区支行成立于 2004 年 3 月 26 日，位于经开区荣华南路 10 号。支行经营范围包括办理人民币存款、贷款、结算业务，办理票据贴现，代理发行金融债券，代理发行、代理兑付、销售政府债券，代理收付款项，办理外汇存款、外汇贷款、外汇汇款、外币兑换、国际结算、结售汇业务，总行在中国银行业监督管理委员会批准的业务范围内授权的业务，保险法律法规和行政规章制度范围内的险种。

（李华）

上海浦东发展银行股份有限公司
北京经济技术开发区支行
行长 李佳琪（11月任）
张 映（11月免）

中国邮政储蓄银行股份有限公司北京经济技术开发区支行

2020年，中国邮政储蓄银行股份有限公司北京经济技术开发区支行（简称邮储银行经开区支行）的个人存款余额为4.15亿元，客户总数为6.35万户；公司存款余额为0.87亿元，客户总数为206户；小企业贷款结余额为1.9亿元，客户总数为26户。年内，邮储银行经开区支行与北京亦庄国际融资担保有限公司、北京亦庄置业有限公司合作，为区内8家企业提供融资支持，累计放款金额为4089万元，并提供无还本续贷业务服务；每月15日起为区内500多户老年客户提供养老金代发服务，年代发金额为3000多万元。

邮储银行经开区支行成立于2009年3月27日，位于经开区隆庆街4号西厅。支行主要从事公司业务、贷款业务和个人业务，吸收公众存款，办理小企业贷款，代理发行、代理兑付、销售政府债券。

（岳明）

中国邮政储蓄银行股份有限公司
北京经济技术开发区支行
行长 郭建忠

华夏银行股份有限公司北京亦庄支行

2020年，华夏银行股份有限公司北京亦庄支行（简称华夏银行亦庄支行）的一般性存款余额为23.11亿元，个人客户总数为14.91万户，公司客户总数为724户，个人金融总量为22.80亿元。

华夏银行亦庄支行成立于2009年12月，位于经开区荣昌东街甲5号。支行经营范围包括办理人民币存款、贷款、结算业务，办理票据贴现，代理发行金融债券，代理发行、代理兑付、销售政府债券，代理收付款项，办理外汇存款、外汇汇款、外汇贷款、国际结算，通过上级银行办理代客外汇买卖，总行在中国银行业监督管理委员会批准的业务范围内授权的业务。

（李菲）

华夏银行股份有限公司北京亦庄支行
行长 魏华（6月任）
刘皓（6月免）

北京农村商业银行股份有限公司经济技术开发区支行

2020年，北京农村商业银行股份有限公司经济技术开发区支行（简称北京农商银行经开区支行）的存款余额为129.34亿元，贷款余额为84.45亿元，客观经济利润为8908.56万元，有物理网点支行10家、社区便利店5家、金融便利店1家，覆盖经开区、亦庄镇和瀛海镇。年内，北京农商银行经开区支行开展稳企业保就业专项工作；完成亦庄控股2020年第一期中期票据发行工作；参与国道109新线高速公路（西六环路一市界段）政府和社会资本合作（PPP）项目；与北京市大兴区亦庄医院的银医合作项目落地；践行普惠金融责任等；辖内的瀛海支行回迁复业。

北京农商银行经开区支行成立于2010年，位于经开区荣华南路10号。支行业务范围包括吸收公众存款，发放短期、中期和长期贷款，办理国内结算、票据承兑与贴现，代理发行、代理兑付、承销政府债券，从事银行卡业务，代理收付款项及代理保险业务，提供保管箱服务，结售汇业务，总行在中国银行业监督管理委员会批准的业务范围内授权的业务。支行主要产品包括集体建设用地贷款、首都职工创业贷款、小微快贷、园区贷款等。

（南新旭）

北京农村商业银行股份有限公司经济技术开发区支行

行长 王迎

招商银行股份有限公司北京亦庄支行

2020年，招商银行股份有限公司北京亦庄支行（简称招商银行亦庄支行）有员工73人，下辖亦庄文化园支行和旧宫东路支行2个零售网点。截至2020年年底，招商银行亦庄支行的零售核心资产为122亿元，对公存款余额为55.15亿元，贷款余额为24.28亿元，有个人客户17.3万户、对公客户7000多户。年内，招商银行亦庄支行为中小企业提供授信服务；与经开区财政审计局开展“党建助力扶贫”联合党建活动等。

招商银行亦庄支行成立于2014年7月，位于经开区荣华中路8号。支行经营范围包括办理人民币存款、贷款、结算业务，办理票据贴现，发行金融债券，办理外汇存款、外汇汇款、外汇兑换等经中国人民银行批准的其他业务。

（王逸婧）

招商银行股份有限公司北京亦庄支行

行长 郭盈

证券

国泰君安北京亦庄营业部提供融资服务

截至2020年年底，国泰君安证券股份有限公司北京亦庄宏达北路证券营业部全年累计服务企业120多家，通过股票质押等方式为企业提供融资2.1亿元。同时，通过“国泰君安君弘”App投顾在线服务解答投资者的投资困惑，服务客户1万人次；开办线上投教专场活动16场，覆盖中小投资者1300人次。

（邢雷）

·证券·

国泰君安证券股份有限公司北京亦庄宏达北路证券营业部

2020年，国泰君安证券股份有限公司北京亦庄宏达北路证券营业部（简称国泰君安北京亦庄营业部）以客户为中心，加速财富管理转型，提升综合服务能力，同时通过公开募股辅导、债券发行、定向增发和股权质押等综合金融服务为中小企业提供多元化融资路径。

国泰君安北京亦庄营业部成立于2010年6月，位于经开区宏达北路16号，是国泰君安证券股份有限公司设立在经开区内的区域综合金融服务中心。营业部经营范围涵盖证券经纪、证券投资咨询，融资融券业务、证券投资基金代销，为期货公司提供中间介绍业务、代销金融产品业务。

（邢雷）

国泰君安证券股份有限公司北京亦庄宏达北路证券营业部 总经理 柴明

经济管理

北京经济技术开发区年鉴 2021
BEIJING ECONOMIC-TECHNOLOGICAL DEVELOPMENT AREA YEARBOOK 2021

综述

2020年，经开区面对错综复杂的外部环境和突如其来的新冠肺炎疫情，立足疫情防控与经济发展双统筹，坚定不移贯彻新发展理念，为“十四五”时期开好局、起好步奠定基础，工业总产值、工业增加值总量均位列北京市第一，为首都高质量发展做出重要的贡献。

经开区地区生产总值实现2045.4亿元，比2019年增长6.4%，增速排名全市第一，总量首次突破2000亿元。规模以上工业总产值完成4467.9亿元，比2019年增长8.3%，排名保持全市第一。规模以上第三产业营业收入实现10359.1万亿元，比2019年增长22.8%，排名全市第一。全年完成各项税费收入753.5亿元，比2019年增长20.8%；各项税收收入707.3亿元，比2019年增长17%；市级一般公共预算收入332亿元，比2019年增长17.3%。

经开区精准有序推动复商复市，多措并举促消费，贯彻落实市委、市政府《关于加快培育壮大新业态新模式促进北京经济高质量发展的若干意见》，制订《经开区促进新消费引领品质新生活工作方案》；依托北京市消费季组织经开区消费季活动，共计开展30多次活动；首次探索数字消费新模式，发放消费券3批共计2000万元，撬动消费超过4800万元；坚持包容审慎监管方式，简化备案流程，支持新兴消费形式发展，出台支持餐饮企业露天经营外摆政策，累计备案16家外摆商户；完善商业设施保民生，在全市率先试点移动餐饮售卖车项目，制定并印发《关于利用移动餐饮售卖车完善便民服务的指导意见（试行）》，运营餐车点位7处；保障中小微企业健康发展，制订《北京经济技术开发区商业综合体减免入驻商户房租奖励方案》，支持区内商业综合体资金共195.3万元。

经开区贯彻落实中央和市委、市政府决策部署，坚持以保促稳、稳中求进的工作基调，统筹推进疫情防控和经济社会发展，扎实推进“六稳”“六保”工作。经开区克服疫情不利影响，实际利用外资、新设外资企业数、进出口额等各项经济指标均实现正增长，且超额完成全年任务。经开区实际利用外资实现6.5亿美元，比2019年增长17.6%。新增外资企业55家，比2019年增长10%。进出口实现199.5亿美元。其中，进口实现141.1亿美元，比2019年增长1.9%；出口实现58.5亿美元，比2019年增长2.0%。

（王文勇 于江斋 袁云斐 刘佳俊）

综合调控

概况

2020年，北京经济技术开发区经济发展局（简称经开区经发局）贯彻落实习近平总书记关于打赢疫情防控的人民战争总体战阻击战的重要指示精神，统筹做好经济社会发展各项工作。其中，统筹协调复工复产防控总体工作，做好科学分析，建立复工复产防控保障，研判防控形势，保障复工复产平稳有序；坚持每月开展2次经济运行调度会，强化经济指标调度，重点关注产值、投资、研发投入等15类关键调控指标；坚持抓机制、抓服务、抓重点、抓政策，深入了解经济发展态势，促进亦庄新城高质量发展。

（张一凡）

惠企政策体系构建

2月3日，经开区率先出台《北京经济技术开发区关于支持企业控疫情稳增长若干措施》，提出全面防控疫情、提供餐饮保障、解决住宿困难等10项措施，即“控疫情稳增长10条”，加强对企业和项目的服务保障；4月20日，经开区发布《关于进一步统筹疫情防控和经济社会发展支持企业共克时艰的若干措施（2.0版）》，把“控疫情稳增长10条”中保障用工稳定、激励企业发展等5项企业反映效果突出的政策执行时间延续至全年，并根据企业诉求增加研发攻关、金融支持、促进消费等7项政策；6月22日，经开区出台《北京经济技术开发区关于加快四大主导产业发展的实施意见》，针对产业发展“项目、人才、技术、空间、市场、资金”六大要素提出具体工作及政策，推动产业高质量发展等。

（亢美卉）

重点企业服务保障力度加强

5月22日，经开区出台《开发区重点企业服务保障工作方案》，构建全方位、全覆盖的企业服务机制，建立500家重点企业常态化服务机制，制定有针对性的措施，持续追踪诉求落实情况，全年办理企业各类诉求500多项，办结率超过90%。9月12日，经开区印发《台马地区重点企业走访方案》，与32家台马地区重点企业建立联系，将台马地区重点企业纳入重点企业服务保障名录，配备服务部门，提供服务保障。

（张冰　边旭）

疫情防控工作

年内，经开区经发局发布“复工复产30问”“22个怎么做”等11个规范性指南；加强生产经营单位和经济社会活动中重点人群健康管理，规范各部门应对生产经营场所突发疫情的处置工作；建立企业问题清单，组织未复工企业推进会3场、促达产企业推进会10场、园区楼宇复工推进会2场；建立企业、涉疫人员台账，完成“应检尽检”工作；按照“流程简单化、成本最小化”的原则，围绕区内企业、园区、楼宇、工地等场所持续做好疫情防控工作，开展常态化环境检测工作，累计选取环境检测单位422家，检测环境样本3.8万份，检测结果均为阴性。

（彭春旺　孙研哲）

统筹谋划区域发展

年内，经开区印发《北京经济技术开发区高质量发展打造改革开放新高地行动计划（2020—2022 年）》，涉及战略规划引领行动、产业转型升级行动、核心技术攻坚行动等六大主要行动，从战略引领、产业升级、技术攻坚等 6 个方面增强发展动力。经开区经发局研究确定“433”城市功能组团布局，并以经开区管委会名义印发实施《亦庄新城城市功能组团的通知》（京技管〔2020〕50 号）；完成《“十四五”时期北京经济技术开发区发展建设规划》初稿。

（王秋余）

财政

概况

2020 年，北京经济技术开发区财政审计局（简称经开区财政审计局）发挥财政、审计、国资职能作用，深化财税体制改革，加大审计监督力度，提升国资国企监管，推进复工复产和经济运行各项工作，为经开区经济社会发展提供保障。全年地方级收入完成 344.7 亿元，比 2019 年增长 17.9%（在考虑新扩区域划转基数的情况下，增长 6%），稳居全市第五位；一般公共预算支出完成 281.5 亿元，比 2019 年增长 24%。

2020 年，北京经济技术开发区国企改革工作专班（简称经开区国企改革工作专班）设总干事和副总干事各 1 名组建机构开展工作。年内，经开区国企改革工作专班围绕《北京市人民政府关于加快推进北京经济技术开发区和亦庄新城高质量发展的实施意见》《北京经济技术开发区国有企业布局优化方案》以及专班重点工作，在经开区的土地开发、城市综合运营、产业招商、人才发展、科文融合、投融资服务等重点领域国有资本规划布局及开展亦庄新城范围内重点领域国有资本布局的研究；协调推进财政出资企业的改革重组工作，深化国企改革；协调推进财政出资企业健全法人治理机构，完善现代企业制度；协调解决财政出资企业改革、发展、稳定方面的重大问题等。

2020 年，北京经济技术开发区财务结算中心（简称经开区财务结算中心）主要负责职能部门及公共服务机构、其他单位（含街道）的财务会计核算和财务决算工作；负责会计档案和合同的管理工作；负责对接政府采购需求，组织政府集中采购，承担政府采购信息收集、项目对接、跟踪服务等工作，以及采购区域内创新产品的推荐工作。全年完成 27 家行政事业单位、7 家代记账单位和 47 个基建账套的财务核算工作；完成所有部门 2019 年决算报表的编制，独立上报 36 个部门的决算报表；完成 2 个工程项目的财务决算；完成会计凭证 1258 本，会计账簿、报表 784 册的归档；组织实施 2 个政府采购招投标项目；创新工资核算发放模式，配合人事制度改革，实现改革后人员工资分类核发、平稳运行。

（王杨　王舒　於妍菲）

盘活存量资金 44.4 亿元

年内，经开区财政审计局贯彻落实中央和北京市盘活财政存量资金有关精神，在全面掌握结转结余资金规模的情况下，分类处理、分步实施，消化盘活存量资金44.4亿元，消化率近100%。

（王杨）

市级政府专项债券发行146.19亿元

年内，经开区参与完成北京市专项债券3个批次的发行工作，发行债券总规模为146.19亿元，主要投向标厂建设、产业园区建设、棚户区改造等8个重大建设项目。

（王杨）

拨付重点项目资金107.98亿元

年内，经开区财政审计局拨付重点项目资金107.98亿元。其中，安排基建项目资金30亿元，拨付马驹桥智造项目资金62亿元，完成中央转移支付拨款金额9.99亿元，拨付疫情防控资金5.99亿元。

（王杨）

管理土地收入返还资金35亿元

年内，经开区财政审计局管理市财政局返还的经开区土地前期成本23亿元、土地收益12亿元。土地收入返还资金主要用于经开区固定资产投资、土地开发建设等项目支出。

（王杨）

疫情防控资金保障

年内，经开区财政审计局印发、转发《关于疫情防控资金预算有关问题的通知》等相关文件，提前下达涉及疫情防控的预算指标和用款计划7929万元，并先后追加疫情防控资金1.02亿元。

（王杨）

行政事业单位资产管理

年内，经开区财政审计局开展行政事业单位资产管理工作，做好资产处置审批备案工作，共调拨、处置资产7批次。其中，报废处置4批次，涉及金额308.76万元，共920件；捐献2批次，涉及金额8.06万元，共4778册图书；待北交所回单1批次，涉及金额14.97万元，共49件。

（王杨）

社保基金管理

年内，经开区缴纳机关事业单位养老保险基金财政补助资金504.34万元；上缴城乡居民基本医疗保险财政补助资金685.84万元；上缴城乡居民养老保险结余资金1.92万元。

（王杨）

部门预算评审情况

年内，经开区财政审计局开展部门预算项目评审工作，审核预算项目送审资料26个，审定项目21个，审减金额为4129.9万元。

（王杨）

预算绩效管理情况

年内，经开区财政审计局完成19个部门75个预算项目的财政绩效管理工作，其中财政事后绩效评价工作项目46个、事前绩效评估工作项目10个、政策绩效评价项目16个、成本预算绩效项目2个、绩效跟踪项目1个，共涉及资金27.91亿元。

（王杨）

推进新冠肺炎疫情防控工作

年内，经开区财政审计局落实北京市疫情防控要求，制发相关政策文件，开通政策解答专线，构建国资机构—平台企业—窗口单位三级工作网络；监管国有企业推出“亦企战疫”融资担保产品和“同舟共济”融资租赁产品，量身定制融资服务方案。全年累计为经开区 1000 多户中小微企业减免房租超过亿元，获市级补贴金额 1207.24 万元。

（王杨）

接受市级审计监督并落实整改

年内，经开区财政审计局牵头组织经开区管委会内部 27 个部门和管委会出资的 7 家国有企业接受市审计局对经开区国有企业资产管理情况专项审计工作。同时，建立审计整改台账，联合纪检等部门，逐条逐项督促各项问题的整改，对于整改到位的逐一销号，落实限时整改和专项整治。

（王杨）

经开区国有资本布局优化

年内，经开区按照资源相近、业务相关、优势互补、管理协同的原则，将区内国有企业重组为“六大板块”，包括城市综合运营板块——亦庄控股，定位为产业新城综合运营商；产业投融资板块——北京亦庄国际投资发展有限公司，定位为产业金融、科技园区与资本运营创新服务商；科技服务板块——北京亦庄科技有限公司，定位为科技产业综合投资服务商；人才发展板块——新设北京亦庄国际人才发展集团有限公司，定位为人才服务综合服务商；科文融合板块——新设尚亦城（北京）科技文化集团有限公司，定位为文化内容生产与运营服务商；资产处置板块——北京博大科技投资开发有限公司，主要负责资产清理和解决历史遗留问题。

（王杨）

国资监管工作

年内，经开区财政审计局编写《北京经济技术开发区国企改革三年行动实施方案（2020—2022 年）》（审议稿）、《北京经济技术开发区国有经济“十四五”发展规划》（审议稿）；印发《北京经济技术开发区重点监管国有企业年度绩效考核方案》，并制定部分企业 2020 年度考核目标；修订《北京经济技术开发区国有出资人权责清单（2020 年版）》，制发对外捐赠、公共租赁住房资产管理、土地房屋台账等方面文件；审批部分企业 2019 年度工资总额预算、企业负责人年度薪酬；完成资产评估核准 23 项、备案 7 项，产权登记 42 项；组织全级次 80 户国有企业编报 2019 年企业国有资产统计报表、企业财务决算；组织区内 7 家一级国有企业编制企业国有资产报告，并撰写完成 2019 年度经开区国有资产子报告。截至 2020 年年底，资产总额为 1410 亿元，比 2019 年增长 2.4%；负债总额为 582 亿元，比 2019 年下降 14%；所有者权益总额为 828 亿元，比 2019 年增长 18.3%；营业总收入为 83.12 亿元，比 2019 年下降 3%；利润总额为 7.19 亿元，比 2019 年下降 43.3%；净利润为 5.76 亿元，比 2019 年下降 44.3%。

（王杨）

国有资本经营预算管理

年内，经开区财政审计局编报完成 2019 年度经开区国有资本经营决算；国有资本经营预算收入为 4.21 亿元、支出为 4.21 亿元，全部为企业资本金注入；组织 2020 年国有资本收益收缴工作并按时入库。

（王杨）

国有企业划转部分国有资本充实社保

年内，经开区财政审计局完成经开区

国有企业划转部分国有资本充实社保基金工作。以2019年12月31日为基准日，亦庄控股10%股权划入市社保基金，并完成国家出资企业产权登记。

（王杨）

财源建设工作

年内，经开区工委、管委会联合印发《北京经济技术开发区财源建设工作方案》，财源建设机制逐步完善，财源建设专班开展财源建设工作，推动地方级财政收入取得6%的增长，增速排名全市第一。财源建设专班办公室收到市财源办推送“纳税异常”清单企业131户，已完成走访核实工作。

（王杨）

国资国企改革

年内，经开区国企改革工作专班统筹推进国资国企改革，完成《加快推进区属国资国企改革的实施意见》；多次协调经开区财政审计局、亦庄控股、北京亦庄国际投资发展有限公司以及北京亦庄国际人才发展集团有限公司和尚亦城（北京）科技文化集团有限公司推进国企改革。

（王舒）

课题研究工作

年内，经开区国企改革工作专班围绕亦庄新城国土空间规划及升级版经开区和亦庄新城建设，在土地开发、城市综合运营、产业招商、人才发展、科文融合、投融资服务等重点领域，研究亦庄新城范围内国有资本布局，完成调研报告《经开区和“亦庄新城”高质量发展中优化国有资本布局的研究》。

（王舒）

税务

概况

2020年，国家税务总局北京经济技术开发区税务局（简称经开区税务局）设有18个内设机构（正科级）、9个派出机构（正科级）、2个事业单位。在职干部职工有328人，平均年龄为38.96岁，其中具有大专以上学历人员323人、本科学历人员222人、研究生学历人员74人。年内，经开区税务局巩固减税降费成效，依法组织税费收入，加强信息治税能力，坚守税收执法规范，提升纳税服务精度，构建协同治税格局，实现疫情防控和税收工作“两不误”。全年完成各项税费收入753.5亿元，比2019年增加130亿元、增长20.8%；各项税收收入707.3亿元，比2019年增加102.7亿元、增长17%；市级一般公共预算收入332亿元，比2019年增加49亿元、增长17.3%。经开区税务局通过第六届全国文明单位复审，获2018—2020年度首都文明单位标兵称号；第一税务所所长康瑛获2020年北京市三八红旗奖章，第三税务所副所长丛林获北京市先进工作者称号。

（于江斋）

税收优惠政策落实

年内，经开区税务局建立疫情防控税收优惠措施实行情况及相关工作进程日报制度，推动政策落实的各个环节提速增效。全区由税务部门征收的税收和非税收入累计新增减税降费 34.65 亿元，其中出台的支持疫情防控和经济社会发展税费优惠政策新增减税降费 5.25 亿元、2019 年年中出台政策在 2020 年底新增减税降费 29.4 亿元；开展延期申报、延期缴纳税款工作，支持企业复工复产，累计为纳税人办理延期申报业务审批 3235 户次、延期缴纳税款业务 277 户次，涉及延期缴纳税款金额 2.87 亿元；开展疫情防控税费优惠政策落实情况自查等专项工作，推送减税降费任务 22 批次共 43 户次，确保减税降费红利直达市场主体。

（于江斋）

“非接触式”服务模式构建

年内，经开区税务局构建“非接触式”服务模式。其中，推行涉税辅导“线上行”，开展宣传辅导 116 场次；推行涉税服务“网上办”，承接全市征管优化项目 3 个，包括“票 e 送”申领发票 9 亿份，占全市办理量的 68.77%；推行出口退税“零接触”服务，为 2190 户次企业办理出口退税 44.39 亿元，平均审批办理时长提速 76%。

（于江斋）

深化数据服务大局

年内，经开区税务局强化以税咨政作用，组织区内纳税 50 万元以上 2988 户纳税人开展需求调查，了解具体涉税诉求；加大税收分析力度，建立多维度动态企业立体数据库，结合经济发展动态开展大数据分析，为经开区工委、管委会领导决策部署提供数据参考，报送的 9 篇专报获经开区工委领导肯定性批示。

（于江斋）

疫情防控工作

年内，经开区税务局成立疫情防控工作领导小组，完善防疫体系；实行层级负责，严格落实干部及第三方人员出京审批报备制度；调查干部与疫情中高风险地区及人员的接触情况，开展全局规模核酸检测；持续强化党建引领，成立区局社区疫情防控志愿队，组织志愿服务 356 次，227 名在职党员参加社区“双报到”“周末替岗”疫情防控值班等工作；组织党员、团员青年参加疫情防控捐款活动，捐款 2.24 万元。

（于江斋）

企业社会保险费征收职能划转

年内，经开区税务局完善组织体系，成立企业社会保险费征收职责划转工作领导小组，由区局一把手任组长，设 7 个专项工作组，拟订方案，倒排工期，压实责任；紧抓基础工作，做好数据切换、传输、信息共享等前期工作，抓好政策的内部培训，制定企业接收窗口设置方案及舆情应对预案；做实业务调研，与经开区社会保险保障中心等部门加强沟通联系，摸清管理基数，加强补缴业务量等特殊业务量的估算，建立联合会商、工单互转制度，完成企业社会保险费划转工作。全年累计征收社会保险费 266574 万元，其中企业职工基本养老保险 125968 万元、机关事业单位基本养老保险 8500 万元、基本医疗保险 125694 万元、失业保险 4285 万元、工伤保险 1960 万元、城乡基本养老保险 2.14 万元、城乡基本医疗保险 165 万元。

（于江斋）

营商环境优化

年内，经开区税务局立足区域实际，制订重点企业服务保障工作方案，以经开区工委12个亦企服务港为枢纽，加强业务部门党支部同产业园区的对接，做好重点税源企业服务保障；打造高效便民的税费服务品牌，落实绿色通道、“承诺制”“容缺办理”等便利化举措；优化咨询热线服务，全年解答纳税人电话咨询80639通，实现接通率95%、满意率99%，保持全市前列水平；增设远程交互手语设备，推出“纳税人办不成事服务窗口”“早晚弹性办”“午间不间断”等特色服务，纳税人满意度不断提升，办税服务厅窗口事项好评率超过99.7%；构建内容创新、渠道多维的税收宣传模式，推出系列有声漫画，举办“非接触式”税收知识竞赛，发挥正向宣传及舆论引导作用。

（于江斋）

征收管理质效提高

年内，经开区税务局完成区局管辖权变更工作，推行精细化管理，明确厅所分工，确保57783户涉及管辖权变更的纳税人“无感”过渡；进一步强化征管体制建设，建立沟通协调机制，持续优化办税流程，确保扩围地区不动产业务顺利衔接；构建科学风险指标模型，加强区级风险应对团队力量，持续强化风险防控工作，完成市局下发各类中级以上风险任务及16批次110户次应对工作。

（于江斋）

各税种管理

年内，经开区税务局狠抓增值税发票风险防控，制定统一工作规程，持续健全发票分类分级管理体系，全年累计完成增值税专用发票审批6258户次；成立个人所得税汇算清缴工作领导小组，实施网格化管理，全面抓好32446户扣缴单位的走访调研、政策辅导、操作指引，完成个人所得税首次年度汇算；加强企业所得税管理，全年办理企业所得税汇算清缴退税2255户次，比2019年增长336%；协同相关职能部门，及时掌握税源情况，持续推动土地增值税清算工作开展，完成10个项目土地增值税清算复审工作，累计清算金额8.84亿元；加强国际税收管理，助力12户境外投资者申请递延纳税股息金额合计8.9亿元，激励境外投资者持续在中国投资经营，同时加强对协定、企业重组及对外支付等的后续管理，有效防止税款流失。

（于江斋）

行政机关效能提升

年内，经开区税务局加强内部政务工作的规范化、制度化建设，提高办文、办会能力；定期开展保密检查，提高全局干部保密意识；完善局领导常态化调研机制，形成掌握实情、解决问题、改进工作的长效机制；完成瀛海税务所、旧宫税务所、采育税务所、马驹桥税务所4个税务所的资产调整和预算执行工作衔接，加强后勤保障调研，确保各项工作的稳定开展；严格预算编报、执行和决算编报，建立职责清晰、运行顺畅的财务管理制度；提高综治维稳工作水平，加强网络安全管理和涉税舆情应对，推动平安北京建设。

（于江斋）

审计

概况

2020年，经开区财政审计局开展领导

干部经济责任审计项目22个、预算项目专项审计项目3个、新启动投资审计项目67个。

（王杨）

对22名领导干部进行经济责任审计

年内，经开区财政审计局对22名领导干部进行经济责任审计，审计金额为50.87亿元，提出审计建议33条。

（王杨）

预算项目专项审计3项

年内，经开区财政审计局对洒水降尘项目、污水处理厂运营项目、2019年度部分外包服务项目开展专项审计调查，审计金额为0.8亿元，提出审计建议9条。

（王杨）

政府投资建设项目审计

年内，经开区财政审计局在做好142项延续性审计项目的基础上，新启动审计项目67项，其中跟踪审计项目5项、专项审计项目4项、结算及财务决算审计（审核）项目58项；完成经开区新冠肺炎疫情防控资金、物资专项审计工作，保障经开区新扩区域土地一级开发项目推进，全面开展新扩区域土地开发项目清算审计工作，同时围绕项目审批、征地拆迁、工程招投标等关键环节和内容合理确定审计重点，推动政策措施贯彻落实。

（王杨）

统计

概况

2020年，经开区经发局、北京经济技术开发区经济社会调查队（简称经开区调查队）围绕经开区重点任务和全市统计工作安排，做好疫情防控期间的统计保障，探索统计体制创新，承接新扩区域的统计管理。全年完成1924家单位涉及基本单位、生产、财务、科技、能源、劳动工资、信息化等超过6万张年定报表的数据收集、审核、评估、上报分析，编印《北京经济技术开发区统计年鉴（2020）》、2019年北京经济技术开发区国民经济和社会发展统计公报等统计资料，对外提供数据67万笔。

（吕华斌）

承接经开区扩区范围内统计工作

5月，市统计局统筹相关各区完成单位划转，全市基本单位名录库中各区转入经开区单位16167家，其中通州区转出7047家、大兴区转出7334家、其他区转出1786家，涉及规模（限额）以上单位613家。为加强对扩区单位统筹管理，经开区经发局、调查队面向613家规模（限额）以上划转企业召开11场对接宣讲会，告知统计管理机关变更事项，明确调查对象义务和报表填报要求；完成月报衔接，加强数据质量核查比对，建立重点关注企业清单，汇总分类数据，加强与市局相关处室沟通，总结上报平台操作、企业划转、数据共享方面的问题，探讨扩区后主要指标反馈和经济总量核算方法。

（吕华斌）

年定报培训

12月底，经开区经发局、调查队按照疫情防控要求，制定并启动不见面培训预案，组建年定报培训小组，利用腾讯会议平台，召开年定报培训会13场。培训包括基本单位、生产、财务、科技、能源、劳动工资、信息化等报表内容，涉及工业、建筑业、商业、服务业、房地产业、金融业等行业企业2072家次。为企业印制一套表统计制度，并结合统计普法宣传，发放邮寄制度、填报指南和普法宣传品1915份。

（吕华斌）

疫情防控下的统计保障

年内，经开区经发局落实防疫主体责任，以党支部为单位组织党员干部下沉社区参与一线防疫，经开区经发局党支部、调查队党支部29名党员累计参与社区职守124人次。经开区经发局、调查队发挥数据库优势，开展企业调查和调研，完成各类企业生产经营情况的快速抽样调查20次、涉及企业1.8万家次；开展工业、批发和零售业、住宿和餐饮业等行业的专项调研20多次，提升早期监测预警能力，及时为制定企业疫情防控预案、促进企业复工复产等工作提供数据支撑。

（吕华斌）

“七人普”全面普查阶段工作

年内，经开区经发局、调查队按照全市第七次全国人口普查工作要求，结合扩区后的区域管理和部门机构调整，借助防疫大数据应用，完成两员选聘、试点、普查区域划分及绘图、户口整顿和摸底、物资准备、登记等工作；综合运用传统宣传媒介和新媒体渠道，开展人口普查进社区、机关、企业主题宣讲活动和线上答题活动；采用电子化采集方式完成全面普查，自主填报率居全市前列，完成市级事后质量抽查，数据质量得到市人普办认可。

（吕华斌）

编印“四经普”资料

年内，经开区经发局、调查队组织编印《北京经济技术开发区第四次全国经济普查主要数据公报》《北京经济技术开发区经济普查年鉴（2018）》，记载经开区单位情况、经济规模、结构分布，反映区域发展成就、质量和优势。其中，汇总整理北京市第四次全国经济普查数据，结合经开区产业特点和发展规划，明确“四经普”资料开发和应用重点；加强各专业人员培训，明确细化工作思路和工作内容，做好经普数据与各专业年度数据的衔接等。

（吕华斌）

制定《开发区统计质量全过程管理办法》

年内，按照市统计局统一要求，经开区经发局、调查队学习《北京市统计质量全过程管理办法》（2019年版），按照分专业统计数据质量控制办法和业务流程及风险点防控要求，结合经开区实际，制定《开发区统计质量全过程管理办法》，明确各专业基本单位管理、数据采集、数据审核、数据评估等各阶段质量控制要点和要求，并抓好管理办法的落实和监督检查，明确岗位职责，及时封堵业务流程风险点，提高经开区数据质量管理水平。

（吕华斌）

市场监督

概况

2020年，北京经济技术开发区商务金融局（简称经开区商务金融局）在商务服务、金融服务、外资外贸相关职责的基础上，承担区级市场监督管理部门相关职责，主要负责市场监管领域消费者的投诉举报、质量管理、计量等工作。9 月 30 日和 10 月 30 日，经开区商务金融局分别接收大兴区、通州区划转过来的 8 个区域，合计面积为 165.4 平方千米，其中大兴区划转市场主体 17569 户、通州区划转市场主体 23998 户。截至 2020 年年底，经开区市场监管职能覆盖“225 平方公里”区域内市场主体 73711 户。

2020 年 3 月 31 日，根据市局直属机构改革领导小组办公室《关于北京经济技术开发区相关市场监管职责划转有关事项的通知》，4 月 1 日起，北京市食品药品监督管理局经济技术开发区分局（简称市食药监管局经开区分局）停止对外履行市场监管职责。11 月 30 日，新组建的北京市药品监督管理局第三分局（简称市药监局第三分局）为北京市药品监督管理局直属机构，负责管辖区域内药品、医疗器械和化妆品生产，以及药品批发、零售连锁总部，药品医疗器械网络交易服务第三方平台、化妆品电子商务平台经营者监管等工作。1—3 月，市食药监管局经开区分局办结食品流通和餐饮环节行政审批 123 件，开展抽检 63 批次，专项整治行动 10 项，受理投诉举报 382 件，办结 709 件（含上年结余），办结行政处罚案件 12 件。市药监局第三分局履职后，按职责完成管辖范围的监管工作，全年监督检查药品生产企业 85 家次、医疗器械生产企业 202 家次、化妆品生产企业和化妆品经营平台 8 家次，对防控新冠肺炎疫情药品、医疗器械生产企业实施全覆盖检查，对 2 家疫苗生产企业进行 54 次共 450 批生物制品批签发抽样，化妆品生产企业抽检 141 批次。

（王贺年　郑海峰）

节前生产环节质量安全集中检查

1 月 13 日，市食药监管局经开区分局对辖区药品生产企业开展春节前质量安全集中检查工作。重点检查药品生产企业的安全生产管理、不良反应监测、冷链运输及市场保障等方面情况，督促企业加强安全意识，从生产源头抓起，保障药品质量稳定可靠。截至 1 月 17 日，市食药监管局经开区分局出动执法人员 20 人次，监督检查企业 8 家次，其中包含 1 家疫苗生产企业，未发现存在违法违规的生产行为。

（李青）

婴幼儿辅助食品专项检查

1 月 15 日，市食药监管局经开区分局对辖区婴幼儿食品经营企业开展婴幼儿辅助食品专项监督检查。其中，结合食品经营许可系统信息库，建立基础信息，掌握工作底数；现场查看所售婴幼儿食品标签标识、宣传内容等，不定期对网络平台进行巡查，严查有无不适宜婴幼儿的普通食品冒充婴幼儿辅助食品的销售行为；通过现场告知等方式，督导食品经营者严守规定，严防虚假宣传销售。截至 1 月 20 日，市食药监管局经开区分局出动执法人员 26 人次，监督检查婴幼儿食品经营企业 12 家次、网络巡查 7 家次，未发现经营婴幼儿辅助食品的违法行为。

（郑海峰）

市场防疫工作落实

1 月起，按照市市场防疫组要求，经开区商务金融局牵头组织与协调市场防疫的各项工作，通过建立完善疫情防控方案、加强市场监督管理和细化防疫工作措施等 23 项机制，层层压实责任，稳定市场秩序。经开区商务金融局通过战疫金盾系统、短信平台等方式，发送各类信息 30 万余条、疫情防控宣传资料 3 万余份，对落实防疫制度不到位的餐饮单位，现场一对一指导培训 2000 多次，全覆盖督促检查 4500 多个重点场所，督促整改发现的问题隐患 600 多条次。经开区商务金融局对 4500 多家经营场所的从业人员 14422 人（餐饮服务 3322 人、外卖快递 2378 人、食品流通领域 3353 人、食品生产企业 5064 人、美容美发行业 305 人）进行核酸检测，检测结果全部为阴性。

（董海宁）

投诉举报工作

1—11 月，经开区商务金融局接到投诉举报 17.3 万件，其中投诉 15.24 万件（已办结 11.92 万件，办结率为 78%）、举报 2.05 万件（已办结 1.64 万件，办结率为 80%）。各类投诉中，京东投诉 13.48 万件，占 88%，比 2019 年增长 43%；非京东投诉 1.76 万件，占 12%，比 2019 年增长 60%。各类举报中，京东举报 1.78 万件，占 87%，比 2019 年下降 3%；非京东举报 2767 件，占 13%，比 2019 年增长 53.5%。全年接收各种渠道转来的行政投诉 1790 件，比 2019 年增长 30%。其中，经开区管委会“12345”市民服务热线转办诉求 1294 件、网上信访受理平台 145 件、市局“12345”市民服务热线转办诉求 340 件、市局机关纪委 4 件、驻经开区管委会纪检监察组 7 件，响应率达 100%。

（王贺年）

市药监局领导到经开区督查疫情保障工作

2 月 5 日，市药监局副巡视员陈福刚一行 3 人到经开区督导检查疫情防控所需的药品和医疗器械生产企业。督查组先后到北京凯因科技股份有限公司和北京联合康力医疗防护用品有限公司生产车间监督检查。陈福刚对企业克服困难、保障抗疫药品和医用口罩生产供应的大局意识表示肯定，并要求企业严把质量关，确保质量安全；慰问市药监局驻厂监督的技术人员，表扬监管人员和生产人员为疫情防控舍小家顾大家的忘我精神。市食药监管局经开区分局局长唐庆军参加检查。

（康健）

“五类场所”之外市场主体监督检查

3 月 2 日，为推动“五类场所”（商务楼宇、商场超市、餐馆、工业企业、建筑工程参建单位）之外市场主体疫情防控措施落实，市食药监管局经开区分局持续加强监督检查。其中，执法人员分区域、逐街道排查市场主体，对未经营店铺通过核对信息库逐个确定市场主体，做到检查全覆盖；对开工单位逐项进行现场检查，重点核查企业落实疫情防控主体责任、从业人员和经营场所管理等情况；向开工单位发放《新型冠状病毒肺炎流行期间“七小场所”经营防控指引》，对检查发现的问题指导现场整改。截至 3 月 18 日，市食药监管局经开区分局出动执法人员 182 人次，检查市场主体 91 家次，发放防控指引 63 份，指导现场整改问题 3 个。

（郑海峰）

餐饮业智能体温计管理工作

4 月 20 日，经开区商务金融局加快推进落实餐饮重点行业智能体温计的安装、使用、核查、预警处置等工作，组织辖区 110 家集体用餐配送单位、单位食堂需接触食品的 791 名从业人员开展疫情期间餐饮业测温工作。为确保工作落实到位，经开区商务金融局明确专人负责督促智能体温计使用单位落实主体责任，并通过微信面对面视频、电话等方式，指导餐饮从业人员安装佩戴智能体温计，确保设备安装调试到位。针对经开区部分餐饮单位存在的设备操作困难问题，经开区商务金融局安排执法人员到现场指导操作流程，并进行现场演练，确保每个从业人员都能正确佩戴和使用设备。疫情期间，经开区餐饮业日活率持续保持在 90% 以上。

（李彤）

“两会”期间特种设备检查

5 月 14 日，经开区商务金融局协调市局特设处、市特检中心人员上门对重点保障区域特种设备进行保障性检验，确保设备安全运行。重点检查“三落实、两有证、一检验、一预案”（“三落实”即落实管理机构、落实管理人员、落实管理制度；“两有证”即设备有使用证、人员有操作证；“一检验”即设备依法检验合格；“一预案”即有应急预案并演练，有演练记录）。先后两次对保障区域开展保障检查，对驻地外围 200 米范围内 18 家企业进行检查，出动执法人员 36 人次，要求对维护保养的电梯进行安全检查，消除安全隐患和异常情况。同时，加强“两会”保障期间巡查、维护和驻场，确保及时消除故障。“两会”期间特种设备运行正常，未发生特种设备安全事故。

（曾高）

“两会”期间食品药品安全保障

5 月 21—27 日，全国“两会”在北京召开，经开区商务金融局采取多项措施，确保食品药品安全环境。其中，对食品消费密集区域增加监督检查频次，重点检查食品经营者资质和进货查验、索证索票等食品安全制度落实情况，查看是否存在无证经营、证照过期的问题，督导食品经营者发挥主体责任，严防发生食品安全问题；会同第三方检测机构对部分预包装食品进行抽检，加强食品安全风险防控。“两会”期间未发生传染病疫情病例、食物中毒事故、特种设备安全事故，驻地餐饮服务食品安全状态良好，特种设备运行正常。

（王璐）

“两会”期间食品药品保障督查工作

“两会”期间食品药品保障企业检查　　尹莉　摄

5 月 24 日，市药监局按照市市场监管局“两会”食品药品保障督查工作要求，成立督导组，对经开区商务金融局“两会”期间药品安全保障相关工作进行督查。检查中发现，北京同仁堂连锁药店有限责任公司经济技术开发区药店防疫用相关产品种类齐全、供应充足、购买有序，能够严格落实疫情防控工作要求，药品管理制度完善、经营管理规范，能够有效落实主体责任。

（尹莉）

线上化妆品安全使用宣传活动

5 月 25—31 日，市食药监管局经开区分局开展以“安全用妆、伴您同行”为主题的线上化妆品安全使用宣传活动。该活动在“北京亦庄”微信公众号转发科普短视频《你好，化妆品》，组织企业、分局职工、社会公众2000多人次参与市药监局“打破护肤谣言”答题活动，组织相关企业200多人次参加国家局化妆品安全科普宣传公益网络培训，向化妆品生产企业发放化妆品科普宣传周海报100多份，接待咨询群众150多人次。

（黄文佳）

大兴区市场监管职权交接会

5月29日，经开区商务金融局召开大兴区市场监管职权交接会。会议交接经开区“60平方公里”范围内质量监管职权，经开区商务金融局、行政审批局、综合执法局简要介绍所属部门主要工作内容、工作现状等；大兴区市场监管局具体介绍两区交叉工作、监管流程、系统对接等内容；大兴区和经开区就进一步做好职权交接后的行政许可和安全监管工作，以及形成有效的沟通机制等具体工作内容进行交流和探讨，并达成一致意见，力求在过渡期确保质量监管工作的时效性、连续性。大兴区、经开区相关负责人26人参会。

（郝晴）

食品安全监督抽检工作

5月29日，经开区商务金融局开展疫情期间食品安全监督抽检工作。重点对食用农产品、粮食加工品、食用油、乳制品、糖果制品、茶叶及相关制品、速冻食品、饮料、酒类、婴幼儿配方食品、保健食品等共十六大类52个食品样本进行抽检，重点监测项目包括农/兽药残留、重金属、食品添加剂、致病菌等。检验结果全部合格。

（李彤）

安全生产月宣传活动

经开区商务金融局开展安全生产月宣传活动　苏双俭 摄

6月9日和12日，经开区商务金融局开展两场安全生产月宣传活动，分别为安全教育“进园区”和安全教育“进社区”宣传活动。活动分别在国盛科技园和上海沙龙社区举行，结合2020年安全生产月“消除事故隐患，筑牢安全防线”的主题，采取设置咨询台、发放宣教品、讲授安全知识3种形式，向园区内企业和社区内居民宣传商务安全知识，累计发放宣传品160多份、宣传材料300多份。

（曾高）

商务行业从业人员核酸检测

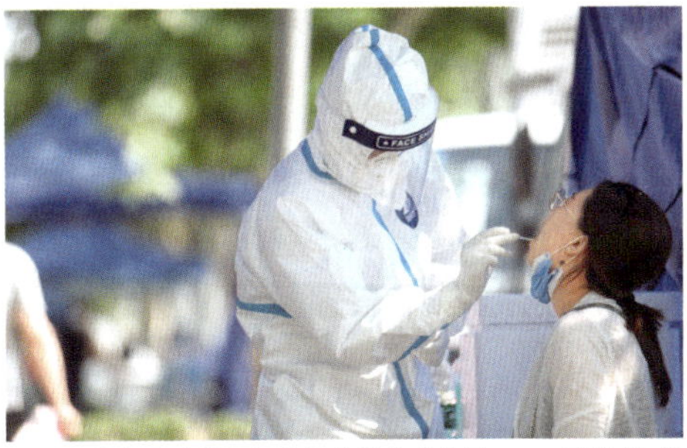

经开区商务金融局组织人员进行核酸检测　张笑嫣 摄

6月17—20日，经开区商务金融局组织区内商务行业3类企业的6795名从业人员进行咽拭子核酸检测。其中，商场企业3309人，超市经营单位2183人，餐饮企业 1303 人。检测结果均为阴性。

（郝晴）

新型冠状病毒核酸检测试剂专项抽检

6 月 19 日，经开区商务金融局根据市药监局《关于开展新型冠状病毒核酸检测试剂专项抽检工作的紧急通知》的要求，开展新型冠状病毒核酸检测试剂专项抽检工作。本次抽检涉及 5 家检验医疗机构。根据品种分解及企业实际生产情况，经开区商务金融局对辖区内 3 家医疗机构检验单位按照专项要求进行抽检，共抽检 3 批次产品，现场检查未发现存在违法违规行为。

（尹莉）

疫情防控和药品 GMP 符合性检查

6 月，市食药监管局经开区分局在机构改革期间，以保障人民用药安全为己任，做到监管不缺位、工作不断档。根据市药监局的工作部署，选派经验丰富的检查员参加 GMP 符合性检查。抽调 GMP 检查员 3 人次，参加 3 家药品生产企业现场检查工作。检查员查找企业生产质量管理过程中可能存在的风险隐患，对人员培训、物料管理、质量管理等方面所发现的 12 个缺陷项，督促企业及时整改，并持续对整改完成情况进行核实。针对企业疫情防控工作的落实情况，着重强调企业应严格落实市政府疫情防控的各项要求、做好职工疫情防控的宣传和管理，严防群体性疫情发生。

（李青）

诚信体系建设

6 月，经开区商务金融局开始收集《北京经济技术开发区诚信管理办法》相关方面的法律法规和资料，围绕适用范围、信用评级和分级分类等核心问题，邀请相关部门和企业座谈，开展调研工作。12 月，经开区商务金融局完成经开区公共信用档案规范标准的撰写、“信用亦庄”门户网站总体框架的开发、信用综合管理平台的设计和开发、系统整体框架的搭建、“一库”“三系统”的开发工作。信用综合管理平台项目主要建设内容包括“一库（大数据库）、一网（经开区公共信用信息服务网‘信用亦庄’门户网站）、三平台（企业信用积分平台、综合信用监管平台、公共信用数据管理平台）、五系统（信用档案系统、信用评价系统、业务协同系统、地理信息系统、大屏展示系统）和六标准（公共信用数据目录标准、公共信用数据归集标准、公共信用档案格式标准、公共信用评价标准、公共信用行为标准、公共信用应用标准）”，统筹推进“三体系”（信用评价体系、信用管理体系、信用应用体系）。

（隗力）

无菌和植入性医疗器械质量监管

7 月 6 日，市食药监管局经开区分局围绕专项检查范围和重点，综合采取产品抽验、日常监督、行政审批、第三方质量体系认证、飞行检查相结合的检查形式，完成 8 家植入性医疗器械生产企业的专项检查工作，对生产管理、质量控制等方面所发现的 9 个缺陷项，要求企业及时整改。通过此次专项检查，市食药监管局经开区分局准确收集企业及产品的安全风险信息，及时规范企业生产行为，促进产品质量安全。

（闫欢）

中考考点特种设备专项检查

7 月 13 日，为确保中考期间特种设备安全运营，给考生营造安全舒适的考试环境，经开区商务金融局对人大附中北京经济技术开发区学校的13部电梯使用情况开展专项检查。检查人员重点检查在用电梯是否安全运行，是否注册登记并进行定期检验，使用单位是否建立档案、事故应急救援预案、设备安全管理制度及操作规程等。同时，现场为学校设备负责人提供安全技术咨询，着重讲解雷电、高温等天气因素对特种设备安全的影响。督促学校负责人及时关注特种设备使用情况，在中考期间增加维保人员配备数量，并安排专人在相关场所驻点待命，以确保特种设备安全运行。

（曾高）

新冠试剂生产企业接受药监局飞行检查

7月20—23日，药监局组织专家对经开区2家新冠病毒检测试剂生产企业各开展为期2天的飞行检查。检查组根据医疗器械生产质量管理规范相关要求，对执行情况进行全面梳理，同时督查市食药监管局经开区分局日常监管情况。经查，2家企业未发现重大缺陷项，检查组对市食药监管局经开区分局监管工作给予肯定。

（朱珠）

高风险电梯隐患治理工作推进会

8月17日，经开区商务金融局组织召开高风险电梯隐患治理工作推进会。经开区商务金融局通报《北京经济技术开发区2020年高风险电梯隐患治理工作方案》，再一次明确与会单位的职责分工、工作推进的时间节点和具体工作要求；与会的3家电梯使用单位对电梯的使用现状和存在的问题进行汇报，相关部门及属地街道对工作进展情况及后期可能发生的问题进行阐述，并提出下一步高风险电梯隐患治理工作的思路。经开区商务金融局要求与会单位要进一步提高政治站位，增强安全意识，制订明确的电梯治理方案，在加大电梯维保力度的同时，加快工作进度，并发动社区力量共同推进此项工作，力争在年内完成72部高风险电梯隐患治理工作，保障电梯安全平稳运行。经开区开发建设局、城市运行局、荣华街道办事处、3家电梯使用单位及其维保单位参会。

（郝晴）

化妆品生产企业非特备案检查工作

9月1日，市食药监管局经开区分局完成辖区内5家化妆品生产企业62件国产非特殊化妆品的备案检查工作。执法人员根据产品实际销售包装和纸质备案资料与网上备案资料，核对产品配方和规格，检查包装标签、生产工艺、产品技术要求、检验报告、风险物质评估及安全性承诺。经查，所有化妆品生产企业均能提供翔实的产品安全性风险物质评估资料，未发现违法违规情况。

（刘惠媛）

定量包装商品净含量专项抽检工作

定量包装商品净含量专项抽检工作开展　郝晴 摄

10月27日，经开区商务金融局联合北京市计量检测科学研究院对区内超市开展定量包装商品净含量专项抽检工作。本次抽检在小食品、调味料、饮料、卫生用品等 21 种定量包装商品中选取抽查商品，主要针对定量包装商品净含量的标注和定量包装商品净含量的检验 2 个指标。抽检按照依法监管、公正公开、风险管控、协同推进的原则，共抽取 10 类商品，由北京市计量检测科学研究院检测。检测结果均合格。

（郝晴）

重点领域企业标准“领跑者”工作部署会

10 月 28 日，经开区商务金融局召集区内 28 家重点单位召开“百城千业万企对标达标”提升专项工作和重点领域企业标准“领跑者”工作部署会。会议对重点企业达标工作、申请企业标准“领跑者”等工作进行部署，鼓励和引导企业参与对标达标专项行动，号召企业主动制定并实施先进的企业标准，以先进标准引领产品和服务质量水平提升，同时邀请企业代表传授建标工作经验。经开区重点领域企业的标准负责专员 29 人参会。

（郝晴）

预防诺如病毒感染防控工作

10 月 30 日，为进一步加强经开区诺如病毒疫情防控工作力度，按照市领导诺如病毒及流感等秋冬季传染病防控工作会议要求，经开区成立诺如病毒防控教育专项领导小组，制订《北京经济技术开发区关于加强诺如病毒疫情防控的工作方案》。10 月 28—30 日，经开区商务金融局联合经开区社会事业局针对辖区内 8 所学校、17 所幼儿园开展联合大检查工作，对学校、幼儿园食堂以及疫情防控工作开展现场隐患排查及指导工作，并就新冠肺炎疫情常态化下的秋冬季疫情防控及传染病防控提出具体工作要求，确保学生和幼儿的环境卫生安全及食品安全。

（李彤）

疫情防控用医疗器械专项检查

10 月，市食药监管局经开区分局对新型冠状病毒检测试剂、呼吸机、红外体温计、咽拭子采样器等疫情防控用医疗器械生产企业开展专项监督检查。检查重点针对企业生产条件保持情况、原材料采购是否符合要求、是否按照经注册的产品技术要求组织生产等，结合对 2 家新型冠状病毒检测试剂企业、2 家呼吸机企业、5 家咽拭子采样器生产企业的驻厂监督检查实施情况，均未发现违法违规行为。

（李学达）

行政提示典型案例

10—12 月，经开区商务金融局开展保健食品网络销售检查，执法人员发现京东商城部分第三方店铺商家保健食品专营店销售的辅助降压以及辅助降血糖产品存在较大风险。该功能保健食品的商家设计的产品展示页面涉嫌误导消费者，产品用于辅助或调节血压、血糖等内容未在网页明显位置呈现，产品包装也存在涉嫌误导消费者的情况。执法人员给予京东商城相关负责人行政提示，避免老年消费者对此保健食品的功能产生误解。

（赵伟）

119 消防宣传月宣传

11 月 5—9 日，经开区商务金融局开展 119 消防宣传月宣传活动。其中，区内商务行业企业开展消防实操演练 4 次，出动消防车辆 8 台，累计近 1000 人参与活动；开展消防隐患排查，检查重点企业 8

家，督促各企业开展自查，加强用火、用电、用气安全隐患排查，及时清洗烟道油污设施；多渠道开展宣传活动，通过微信群发送 119 消防宣传月活动最新要求，督促各企业加强消防隐患自查，利用各类宣传媒介，集中播发消防公益广告、安全提示，通过多种途径扩大影响力。

大族广场开展消防实操演练 张浩东 摄

（郝晴）

第 27 项《重要民生实事》工作

11 月 10 日，经开区商务金融局完成第 27 项《重要民生实事》工作。其中，围绕百姓生活密切相关的食品，针对群众反映突出的食品安全问题，紧盯高风险食品、高风险指标、高风险区域，持续加强食品安全抽检监测，开展抽检监测 13 次，覆盖食品生产、经营、餐饮、网络销售等领域，覆盖食用农产品、大米、小麦粉、食用油等三十四大类食品共计 220 批次样本，完成全年任务总量，合格率为 100%。

（李彤）

市药监局第三分局挂牌成立全面履职

11 月 30 日，市药监局第三分局成立暨授牌活动以视频会形式召开，12 月 1 日起正式履职。根据市委编办批复，市药监局第三分局职责是在市药监局职权范围内，负责管辖区域内药品、医疗器械和化妆品生产，以及药品批发、零售连锁总部，药品医疗器械网络交易服务第三方平台、化妆品电子商务平台经营者监管等工作，管辖范围包括房山区、通州区、大兴区和经开区。办公地点在经开区朝林大厦 5 层、17 层，内设 6 个科室，编制 38 人。

（郑海峰）

商务行业安全生产工作部署会

12 月 17 日，经开区商务金融局召开商务行业安全生产工作部署会。会议分为两大议程，包括开展教育宣贯，观看安全宣传警示片《北京市应急管理局一事故警示一石景山区喜隆多购物广场“10·11”较大火灾事故警示教育片》，学习《北京市生产经营单位安全生产主体责任规定》［第 285 号令］，增强企业的忧患意识、风险意识、责任意识；部署 2021 年重点工作，主要涉及推行安全总监制度、安全生产标准化、安责险和冬春火灾防控等工作，要求各企业加大必要的安全生产投入，提高企业内部宣传教育频次，加强隐患排查整治力度，突出抓好隐患关键环节，做好巡查检查。经开区商务金融局与参会的 54 家单位签订 2021 年经开区安全生产、消防安全责任书，确保经开区商务行业安全稳定。区内 54 家商场、超市和餐饮服务单位的安全主要负责人参会。

（郝晴）

疫苗流通企业检查监督

12 月 24 日，为保障辖区流通环节疫苗质量，市药监局第三分局到经开区疫苗仓储、配送企业北京华卫骥生物医药有限公司进行重点检查。该公司为市卫生健康委疫苗仓储、配送项目中标的 3 家企业之一。检查人员首先查验该企业的疫苗经营资质、疫苗管理人员资质，同时随机抽调企业进货、验收、出库、运输全过程，以及各环节的温湿度记录，并查验 2020 年设备设施的验证、校准报告。重点查看企业在运输过程中的应急预案，最后实地检查疫苗库存的管理状态。检查人员就企业的硬件设备、设施提出改进意见和建议，促进疫苗流通环节做到全闭环、零风险。

（郑艳茹）

专项核酸检测工作

12月下旬，经开区商务金融局按照《关于进一步规范冷链食品、生产经营环境和从业人员常态化监测预警工作的实施方案》的要求，组织开展常态化核酸检测工作。经开区商务金融局结合市场防疫工作实际，组织市场防疫 21 类人员开展人员、物品和环境全覆盖核酸检测，累计核酸检测市场主体 1678 户，核酸检测 31486 人，环境核酸检测 13040 个点位，检测结果均为阴性。

（董海宁）

常态化核酸检测

年内，按照市市场防疫工作组要求，经开区商务金融局组织对 35 家企业开展进口冷链食品和环境常态化核酸检测，由经开区经发局负责纳入经开区常态化核酸检测，经费由经开区经发局统一协调支付。人员核酸检测工作按照“五混一”（取五个样本放在一个试管中）的方式，对高、中、低风险企业进行核酸检测工作，经费由经开区商务金融局负责支付。对进口冷链食品每周开展 1 次核酸检测，对从业人员和环境每两周开展 1 次核酸抽检。

（董海宁）

保健食品行业专项清理整治行动

年内，经开区商务金融局开展保健食品行业专项清理整治行动工作。累计出动执法人员 110 人次，检查生产企业 9 家、经营企业 46 家，抽检保健食品 20 批次（保健食品生产企业 10 批次、保健食品经营者 10 批次），合格率为 100%，通知辖区保健食品生产企业参加市局组织的培训会 2 场。

（赵伟）

投诉举报工作

年内，经开区商务金融局为做好新冠肺炎疫情期间投诉举报分类和分析工作，做到精准判断问题种类和高发点位，保障疫情防控期间市场秩序稳定。经开区商务金融局对涉及疫情工单 24 小时快速查办，建立甄别工单、专项分派、优化规程等机制，采取工单层层分派、专人承办、及时反馈等措施，提高诉求办理质量；建立《商务金融局投诉举报工作流程》《商务金融投诉举报工作规范》等 4 项措施，确保“接诉即办”工作稳步推进；开展内部培训交流工作，制作《投诉举报工作指南》《业务手册》系列内部材料，规范业务流程；定期召开“接诉即办”疑难解析和业务培训会 23 次，总结疑难投诉举报处理技巧，交流分享工作经验，提升解决问题的能力。

（赵强）

安全生产专项整治三年行动

年内，经开区商务金融局继续做好安

全生产督查检查工作，进一步督促企业落实安全生产主体责任，助力区内安全生产工作良好运行。在督查检查方面，全年累计督查检查特种设备生产和使用单位 314 家次、商务行业企业 175 家次，发现隐患近百处，全部落实整改；在宣传教育方面，开展线下培训 2 次、线上微信群宣传 30 多次，发放宣传材料 300 份，接受业务咨询 2000 多次，发送宣传短信近万条。

（郝晴）

海关

概况

2020 年，中华人民共和国亦庄海关（简称亦庄海关）设有 11 个科室，在编人员 88 人。亦庄海关管辖范围包括经开区、大兴区，主要业务包括加工贸易监管、企业管理、减免税审核、稽核查、卫生检疫、动植物检疫、进出口食品检验、商品检验、北京亦庄保税物流中心监管等海关监管工作。

（陈浩林　杨延泽）

疫情防控工作

1 月 27 日，亦庄海关召开支援一线人员赴现场电话动员会，赞扬支援人员的无私奉献精神，叮嘱支援人员增强自我防护意识，坚决服从口岸单位安排管理，完成各项支援任务。首批支援一线的 10 人到首都机场、大兴机场等口岸开展旅客检疫和航空器检疫等疫情防控工作，其他报名参与支援的 51 人处于随时待命状态。1 月 29 日，亦庄海关成立疫情防控工作组，制订《亦庄海关疫情防控工作方案》，选派骨干 27 人支援机场口岸和社区防控，与地方政府、区内企业做好协调，宣传相关措施，安排专人负责进口防疫物资和国外捐赠物资快速通关工作，协调 1 家区内生产企业的紧急采购货物快速通关，协调采购部分消毒、防护用品。

（陈浩林　杨延泽）

快速验放抗疫用呼吸机 5 批次

2 月 3—5 日，亦庄海关快速验放 5 批次抗击新冠肺炎疫情用医疗器械。该 5 批次货物为呼吸机，国内实际收货人为山东省济宁市第一人民医院、山东省平阴县人民医院等新冠肺炎定点医院以及韩红爱心慈善基金会等单位。

（陈浩林　杨延泽）

“主动披露”制度落实

4 月 22 日，亦庄海关推广“主动披露”制度，宣传和引导辖区企业在新冠肺炎疫情期间以线上方式“主动披露”企业违反海关监管规定的行为。亦庄海关首次通过“互联网 + 稽查”模式受理企业“主动披露”申请，帮助企业在疫情期间安全高效享受“主动披露”政策红利，助力企业复工复产。全年解答企业咨询 8 次。该制度将过去以“海关为主”的监管模式转变为发挥企业自主管理意识、推动信用管理体系建设的“综合治理”模式。

（陈浩林　杨延泽）

应对疫情支持地区经济发展

6 月 16 日，北京市公共卫生事件应急响应级别调整为二级。亦庄海关为确保辖区企业正常经营，采取多项措施为企业提供帮助。其中，第一时间调整核查作业方式，保证物料流转“全合规、零延误”；通过总结新冠肺炎疫情初期的工作经验，制定《亦庄海关网上核查作业指南》，按照核查任务的风险等级提前进行研判，遵循分类处置、动态调整原则，对具备条件的企业采用远程视频连线、文件数据电子传输等非现场方式实施核查。

（陈浩林　杨延泽）

政策宣讲会

12 月 17 日，亦庄海关召开视频政策宣讲会，对属地 20 家企业进行年底综合治税工作、两步申报、原产地证智能审单、检疫证书无纸化、海关信用管理政策等方面的政策宣导。

（陈浩林　杨延泽）

减免税业务管理

年内，亦庄海关安排专人了解企业发展状况，倾听企业需求，解答企业免表办理中遇到的原产地、归类等疑难问题，协调企业免税物资在口岸的通关，为企业临时进口需求办理加急征免税证明。

（陈浩林　杨延泽）

营商环境优化

年内，亦庄海关进一步优化营商环境，提高进出口货物通关速度。其中，以提高属地企业规范申报水平为突破口，专门组织工作小组，学习规范申报手册，审核关税处下发数据，发现规范申报方面的问题 6198 条；结合防疫实际要求，采用微信等形式对相关企业进行无接触、针对性的宣传辅导，提升企业规范申报意识，同时组织企业学习规范申报课程，提高企业规范申报水平。

（陈浩林　杨延泽）

企业原产地证书自助打印

年内，亦庄海关推进企业原产地证书自助打印，提高企业通关便利化水平，对具备原产地证书自助打印条件的 40 家企业进行宣传，通过现场讲解、在通关柜台摆放操作手册、电话答疑等方式，使企业快速了解证书打印流程，让企业少跑腿，给企业带来便利。全年现场讲解 56 人次，电话答疑 104 次。

（陈浩林　杨延泽）

支持企业抗疫复工

年内，亦庄海关发挥北京亦庄保税物流中心作用，全力保证通关时效，完善营商环境。其中，安排综合业务岗关员法定节假日加班加点，快速通关保税物流中心一线入区货物，确保辖区企业进口生产所急需原材料快速通关；保障现场业务无接触，启用服务区内企业微信群，对区内企业疫情期间各项业务答疑解惑，及时上报未解决的问题，并将进度、结果及时反馈；协调运营方，适当减免北京亦庄保税物流中心区内企业疫情期间仓储租金。

（陈浩林　杨延泽）

三区协同共建新城

北京经济技术开发区年鉴 2021

BEIJING ECONOMIC-TECHNOLOGICAL DEVELOPMENT AREA
YEARBOOK 2021

综述

经开区按照“联合调研、联促项目、联解问题、联建新城、联抓党建”的五联工作原则，大力推进亦庄新城发展建设，亦庄新城建设总体实现高位开局、持续发力。

经开区完成亦庄新城2019年度城市体检研究，持续保持基本没有“城市病”，同时建立常态化的城市体检评估机制；编制完成《亦庄新城“亦城之心”地区控制性详细规划（街区层面）（2020—2035年）》等6个区域街区控制性详细规划、《南海子公园及周边地区城市设计》等城市设计、《亦庄新城轨道交通优化提升规划研究》等交通体系规划研究。全年完成行政审批事项565项。

经开区出台《亦庄新城工业用地先租后让实施办法（试行）》《关于促进城市更新产业升级的若干措施》，制定《亦庄新城工业用地红线保护办法》《土地精细化管理办法》等；完成马驹桥智造基地2.20平方千米区域土地一级开发，腾退亦庄镇东工业区国有工业用地，启动长子营镇、采育镇工业区腾退工作；支持瀛海、青云店等镇23个基础设施项目建设，通过发行20亿元专项债券的方式，支持旧宫镇南街地区棚户区改造。

经开区全年出让公共管理与公共设施用地5宗2.54公顷、工矿用地20宗107.54公顷、商服用地1宗26.53公顷、住宅用地2宗13.54公顷。经开区完成46家企业864套房的人才公租房发放工作、X13项目1400多套公租房回购工作；河西区X90R1、X90S1地块共有产权住房项目预售启动；启动国际人才公寓建设项目，完成亦城景园小区300套住房装修改造工作等。

经开区开复工项目363个，建筑面积为1084.05万平方米；竣工项目106个，建筑面积为209.1万平方米。经开区16个建设项目获北京市各类结构长城杯奖项，建筑面积为152.25万平方米；1个建设项目获国家优质工程奖，建筑面积为8.9万平方米。

（成翎）

三区协同

概况

2020年，北京经济技术开发区地区协同事务局（简称经开区地区协同事务局）按照“联合调研、联促项目、联解问题、联建新城、联抓党建”的五联工作原则，发挥三区协同发展工作专班作用，加强统筹协调调度，推进亦庄新城发展建设。

（张永浩　宋吾省）

加强专班调度和工作推进

年内，经开区地区协同事务局加强三区协同发展工作专班调度和工作推进。全年三区主要领导会商2次，分管领导会商调度19次，部门沟通400多次，沟通交流效果良好，协同机制发挥明显。在协同发展工作上，经开区地区协同事务局重点围绕建立健全协同机制、加快推进重点土地开发项目、开展基础设施建设、推动职能职权行权交接等方面开展工作，推动促进一批重要事项的协调解决。

（张永浩　宋吾省）

发挥专班协调作用

年内，经开区地区协同事务局发挥三区协同发展工作专班协调作用。按照经开区绩效考核管理办法，三区协同发展工作专班围绕重点工作和经开区各部门任务指标，为新扩区域八镇设定具体任务和考核方式，以“资金支持＋考核政策”的方式有效提高属地积极性，促进各项工作的开展。全年累计支出涉及八镇的支持奖励资金约2.3亿元，与属地政府形成共建、共治、共享的良性互动机制。

（张永浩　宋吾省）

规划

概况

2020年，北京市规划和自然资源委员会经济技术开发区分局（简称经开区规自分局）主要负责亦庄新城国土空间规划编制、规划实施管理、工程建设项目规划核验等工作，下设北京经济技术开发区城市规划和环境设计研究中心（简称规划设计中心）。全年完成行政审批事项565项，其中“一书一证”（“一书”即建设项目选址意见书及用地预审意见合并办理，“一证”即建设工程规划许可证）319项、规划验收45项、建筑物名称核准9项、地名命名6项、服务类事项186项。

（李金龙　江敏　马圆圆）

经开区国家信创园项目综合实施方案获批

5月，经开区国家信创园项目综合实施方案获经开区管委会批复。信创园是工业和信息化部与市政府联合部署建设的国家网络安全产业园。经开区以移动硅谷为核心区域，依托通明湖生态资源，结合信创园产业定位及信创产业的空间需求，通过编制项目综合实施方案，优化用地空间布局，提出集约利用土地措施，并针对信创产业的能源需求及产业人口的出行需求，开展基础设施承载力分析，保障基础设施服务能力，构建聚集、便捷并具有良好生态的产业环境。信创园总用地面积为 26.53 万平方米，总建筑规模为 66.6 万平方米，规划用地性质为 F3 其他类多功能用地。

（王陆通）

中芯国际南区项目综合实施方案获批

6 月，中芯国际南区集成电路大项目综合实施方案获经开区管委会批复。该项目是北京市双“1+1”工程之一，计划建设月产 20 万片的 4 个厂（每个厂 5 万片），涵盖 28~7 纳米以下技术产品。为满足项目建设需求，保障能源供给的可靠性，开展用地规划研究工作，并与各专业公司对接合作，研究能源供给方案。综合项目生产工艺流程、厂房建筑布局、建设规模指标及能源需求后，编制完成项目规划综合实施方案。项目总占地面积为 47.1 万平方米，总建筑规模为 94.2 万平方米，规划用地性质为一类工业用地。

（王陆通）

经开区 E16C-4 地块综合实施方案获批

9 月，经开区 E16C-4 地块综合实施方案获经开区管委会批复。该实施方案能够更好地促进产业园区和城市街区融合发展，推进落实年度土地供应计划。为营造产业聚集效应，依托轨道微中心打造区域的活力核心，提升土地价值，同时优化学校周边用地，对项目地块进行规划布局及指标的优化调整。在此基础上，从区域角度出发，结合现状已建及在建项目，在公共空间、建筑形式、地下空间利用和停车配建等方面提出城市设计管控要求，助立项目的落地与审批。项目总用地面积为 1.14 万平方米，总建筑规模为 3.42 万平方米，用地性质为 F3 其他类多功能用地。

（张艾琳）

亦庄新城 2019 年度城市体检工作

年内，经开区规自分局开展亦庄新城 2019 年度城市体检研究，建立常态化的城市体检评估机制。结合亦庄新城特征和实际，在功能、产业、空间等 10 个板块建立面向常态化体检的分级、分类工作方法。通过多源大数据分析、部门调研与市民反馈、专家评议等方式，梳理形成亦庄新城建设的六大成效及经验、存在的三大问题和“区”“城”建设的四大难题，并提出四大解决策略。

（张颖帅）

编制亦庄新城“亦城之心”地区控规

年内，经开区规自分局编制完成《亦庄新城“亦城之心”地区控制性详细规划（街区层面）（2020—2035 年）》。该规划围绕城市有机更新，从盘活存量空间资源、完善公共服务设施、提升城市空间品质 3 个方面，发挥试点编制引领作用，打造城市更新和产业升级发展示范区。

（王松）

编制亦庄新城路南 -2 区域控规

年内，经开区规自分局开展《亦庄新城路南 -2 区域控制性详细规划》编制工作。该工作从产业构成、空间形态、景观视廊、公共服务、区域结构、用地功能及布局等方面入手，总结分析区域特点，同时借鉴国内外汽车城及国际人才社区的规划建设经验，结合街区城市设计，提出区域定位、空间结构等方面内容，并建立规划实施指标库，为区域后续建设提供指导依据。

（刘佳）

编制亦庄新城台湖 -4 区域控规

年内，经开区规自分局开展《亦庄新城台湖 -4 区域控制性详细规划（街区层面）（2020—2035 年）》编制工作。该工作通过梳理上位规划要求、综合评估区域现状，提出区域发展目标与定位，落实核心指标；加强控制性详细规划与各类发展要素的融合，重点从土地集约利用、区域产业联动、市政深化研究、轨道微中心构建、重大项目保障及蓄涝区景观价值提升 6 个方面开展工作，明确规划内容、管控体系和管控要求；以城市设计为引领，激发区域活力，塑造富有特色的城市风貌；细化落实土地资源梳理，合理匹配空间资源与时序路径，保障统筹实施、智慧管理。

（王松）

编制 69M1 地块城市更新综合实施方案

年内，经开区规自分局为加快推进城市更新项目建设进度，组织编制核心区 69M1 地块（达涅利）城市更新综合实施方案。该项目作为“工业上楼”的试点项目，在产业空间定制、补足公共服务短板、全生命周期管理等方面均具有示范意义。

（孙雨）

编制亦城客厅项目综合实施方案

年内，经开区规自分局组织编制完成《亦庄新城 13C3 地块亦城客厅项目综合实施方案》。该项目主导功能为商务办公，辅配经开区政务服务中心，总用地面积约为 1.41 万平方米，地上总建筑规模约为 5 万平方米。该实施方案落实《亦庄新城规划（国土空间规划）（2017—2035 年）》及项目所在区域相关研究；结合上位规划要求及项目建设需要，在保障基础设施服务能力的基础上，对超规划部分建设量按照“总量控制，街区动态平衡”的原则进行建设指标统筹。

（刘佳）

编制“DRAM 存储器”项目综合实施方案

年内，经开区规自分局对东区“DRAM 存储器”工艺流程、用地布局及市政能源需求等方面进行研究，开展“DRAM 存储器”项目综合实施方案编制工作。该项目总用地面积约为 22.75 万平方米，地上总建筑规模约为 48.18 万平方米。该实施方案落实《亦庄新城规划（国土空间规划）（2017—2035 年）》及亦庄新城控制性详细规划街区指引对区域功能定位的要求；在保障基础设施服务能力基础上，对超出原规划建设量按照“总量控制，街区动态平衡”的原则进行统筹平衡。同时，为保证区域承载力及项目市政、能源供给，结合“S 项目”开展双“1+1”市政能源专题研究，并制定实施策略。

（刘佳）

编制《南海子公园及周边地区城市设计》

年内，经开区规自分局编制完成《南海子公园及周边地区城市设计》。该设计通过对南海子公园及周边地区进行再定位，形成以南海子公园为中心的中央生态活力区。从文脉传承上，延续南苑传统文化肌理；从生态修复上，修复历史水系，预留生物通道，以南海子公园为中心，打通一、二道绿化隔离带；从提升服务上，在南海子公园周边植入科技文化和国际文化设施，同时重点补齐公园在高端酒店、特色商业、休闲娱乐方面的不足。

（张艾琳）

编制《亦庄新城路南 -2 区域城市设计》

年内，经开区规自分局编制完成《亦庄新城路南 -2 区域城市设计》。该设计从区域空间形态、景观视廊、用地功能结构的合理性着手，延续区域本地水系脉络，激活城市滨水空间，联系城市生活，形成“双心三区四廊”空间结构。根据区位、用地性质的不同，形成“城市活力心”及“创新服务心”两个重点地区设计导则，从公共空间、建筑控制、交通组织等方面进行相关引导，指导后续区域建设。

（刘佳）

编制重点地区交通一体化研究

年内，经开区规自分局编制完成《北京经济技术开发区荣华中路重点地区交通一体化研究》。该研究从功能、交通、公共空间三大方面展开，为后续开展总体城市设计、公园绿地的景观环境提升、文化设施用地的开发建设、交通一体化设计、地下空间利用等做好刚性约束和弹性引导工作。研究内容主要包括解读区域背景、对标契合案例、评估现状问题、提出完善策略、详列具体任务清单和建议建设实施时序。

（杜春兰）

编制轨道交通优化提升规划研究

年内，经开区规自分局编制完成《亦庄新城轨道交通优化提升规划研究》。该研究在京津冀协同发展战略要求下，结合北京市、亦庄新城的城市空间结构布局和发展特点，构建“城际铁路 + 区域快线（含市郊铁路）+ 地铁快线 + 地铁普线 + 中低运量 + 预留廊道”的轨道交通体系。

（张建利）

编制步行和自行车交通规划研究

年内，经开区规自分局编制完成《亦庄新城步行和自行车交通规划研究》。该研究通过调研亦庄新城步行和自行车系统的现状，分析优势与不足，借鉴国内外经验，提出发展愿景，建设步行和自行车友好新城；构建“一主、两辅、二特色”三网融合的步行和自行车道路网络。最终形成亦庄新城步行和自行车交通设计导则，指导亦庄新城步行和自行车系统的建设。

（高琳）

编制《亦庄新城绿道体系规划研究》

年内，经开区规自分局编制完成《亦庄新城绿道体系规划研究》。该研究在对绿道规划理论进行深入研究的基础上，调研亦庄新城自然环境和文化环境情况，构建亦庄新城绿道体系。重点梳理生态要素，为战略性留白的生态绿道预先做出生态廊道的划定；深入挖掘亦庄新城文化，让绿道成为承载绿道文化的空间载体之一；对绿道系统进行分级分类设计，形成设计导则，为亦庄新城范围绿道体系的打造提供规划引导。

（高琳）

编制《亦庄新城 225 范围内道路方案研究》

年内，经开区规自分局编制完成《亦庄新城 225 范围内道路方案研究》。该研究坚持以《北京城市总体规划（2016—2035 年）》为纲领，以《亦庄新城规划（国土空间规划）（2017—2035 年）》为指导，强化经开区特色；坚持分类施策，引导理性发展；坚持协同共享，加强资源整合；坚持精细智慧，确保科技前瞻；坚持问题导向，深化综合治理；坚持探索机制，保障实施落实；坚持动态开放，确保不断完善方案研究成果。最终形成一个指导亦庄新城“225 平方公里”范围内城市道路治理的技术性文件。

（张建利）

编制《三海子东路增设过街设施研究》

年内，经开区规自分局编制完成《三海子东路增设过街设施研究》。该工作对三海子东路（凉水河一街—凉水河路）及周边区域的土地利用、道路建设、道路运行、公共交通、慢行交通、市政管线设施进行分析，测算过街需求，论证建设过街设施的必要性，同时针对过街设施的形式、设置条件、位置等给出建设性意见。

（张建利）

Ⅶ -2 街区南部区域低压电网规划

年内，经开区规自分局开展Ⅶ -2 街区南部区域低压电网规划工作。该工作总结经开区现状公共低压供电设施建设及运行情况，针对现状问题，结合Ⅶ -2 街区南部规划发展，进行需求预测，编制低压电网规划。通过箱变位置规划，明确供电范围，确保箱变供电电压满足用户需求，提供良好电能质量，满足路灯及用户电力供应，同时预留一定量的用电设施和充分的开关储备；提供充足的管井资源，减少拉链工程。

（龙莹洁 王金燕）

金桥产业基地二期供热方式研究

年内，经开区规自分局开展金桥产业基地二期供热方式研究工作。该工作结合经开区 20 多年来的供热需求发展展开，经开区集中供热系统规划实施情况较好，已建热源厂、供热管网能满足已入驻用户的实际供热需求，且运行情况良好。随着经开区发展定位的变化，经开区供热系统呈现多种变化趋势，用户自采暖、多能源互补的采暖形式不断涌现，各区的供热系统规划应进行相应的调整。参考路东工业区的用热特点及供热能力，建议设置街区式集中燃气供热热水锅炉房，近期作为园区起步区配套，远期配合分散式可再生能源供热模式做调峰热源。结合初步负荷计算，提出建设 3 个集中供热厂的方案。

（龙莹洁 王金燕）

亦庄水厂至台湖总部基地供水管线规划

年内，经开区规自分局开展亦庄水厂至台湖高端总部基地供水管线规划工作。该工作结合区域供水设施规划建设和台湖高端总部基地用水需求，提出亦庄水厂至台湖高端总部基地的供水干线路由，在解决台湖高端总部基地供水问题的同时，为经开区、马驹桥预留供水系统联通的条件，提高亦庄新城供水系统的供应能力和保障水平。

（郭光伟 马贺）

亦庄新城污水再生水流域再造研究

年内，经开区规自分局开展亦庄新城污水再生水流域再造研究工作。该工作在确定需求总量、挖掘流域能力、合理确定需求缺口、确保一期使用、合理安排建设时序、确定节点任务的基础上，提出亦庄新城污水再生水流域再造方案。亦庄新城高品质再生水总需求量为 22 万吨 / 天，小红门现状来水管线能力满负荷可达到供水 7 万吨 / 天，亦庄新城自身可挖掘流域能力为 9 万吨 / 天，原水缺口 6 万吨 / 天，需修建第二条管线，按照马驹桥智造基地产业落地及保障重大项目需求，第二条外部调水管线应于 2021 年 12 月底具备通水条件。

（龙莹洁）

Ⅶ -2 街区南部地块项目综合

年内，经开区规自分局开展Ⅶ -2 街区南部地块项目综合工作。亦庄新城Ⅶ -2 街区 YZ00-0702-0203 等地块位于亦庄新城的路南西区。该项目规划范围北起融兴街、南至亦通街、西起红凤路、东至同义路；规划用地的功能定位为汽车制造及产业发展用地，用地性质以 M1 一类工业用地为主，地块内西南部和东南部分别布局供热设施用地和供电设施用地。

（龙莹洁 王金燕）

东合盛街东段和融兴街管线设计综合

年内，经开区规自分局开展东合盛街东段管线综合、融兴街管线设计综合工作。本次随道路规划新建管线包括给水、雨水、污水、电力、电信、有线电视、天热气、中水、燃气管线。

（龙莹洁 王金燕）

架空线杆与市政管线规划位置校核

年内，经开区规自分局开展架空线杆与市政管线规划位置校核工作。该工作通过测绘、调研等方法，掌握经开区市政道路红线范围内架空线杆的布设和使用情况；结合架空线杆布局、架空线用户、地下空间使用和市政管线规划情况，提出架空线入地可行性和实施建议。

（郭光伟 王金燕）

编制《亦庄新城生态水系规划研究》

年内，经开区规自分局编制完成《亦庄新城生态水系规划研究》。该研究在对水系演变历史、文化脉络梳理的基础上，分析水系现状特征、水系相关规划；通过借鉴国内外水系统规划设计理念，分别从水安全、水资源、水生态、水休闲和水空间五大方面，全面构建亦庄新城生态水系空间格局，最大限度地提升城市滨水空间的价值；聚焦亦庄新城提升改造和近期重点建设区域，提出具有针对性和实操性的水系统建设策略与实施建议。

（高琳）

亦庄新城市政资源循环利用中心规划研究

年内，经开区规自分局开展亦庄新城市政资源循环利用中心规划研究工作。该工作通过引入新技术理念，创新再生水、再生资源与能源循环利用模式，打造可持续发展的智慧市政城市地标。其中，再生水厂模块为亦庄新城提供再生水利用等潜在资源；资源回收模块包括垃圾转运、再生资源分拣、绿植处理及能源循环利用，提升可再生资源利用占比。

（郭光伟 王金燕）

编制《河西区雨水防涝优化方案》

年内，经开区规自分局委托北京博瑞华宏科技有限公司、规划设计中心编制完成《河西区雨水排涝优化方案》。基于对建成区现状的评估，该方案提出建设城市网状蓄排水系统。通过雨水管道间的短线连接、敷设蓄水管道、利用具有蓄水功能的现状蓄水湖等防涝措施，使区域现状雨水管道的重现期从 1 年提高到 3~5 年；利用和提高现有雨水管道及导水涵等雨水设施的排水能力，为市政排水设施集约高效建设发展创造了优化领先的典型。

（杨海燕 龙莹洁 马贺）

7-2 街区南部地区网状雨水系统研究

年内，经开区规自分局开展 7-2 街区南部地区网状雨水系统研究工作。该研究通过网状雨水连接技术，对 7-2 街区枝状雨水进行链接，调整管道坡度及规模，起到高峰雨水不同汇水区域联通排水的作用。研究结果表明，城市建设区树状雨水管道按 3~5 年排水标准规划设计，最大过水量能满足 26 年一遇降雨不积水，而网状雨水管道最大过水量能满足 90 年一遇降雨不积水。网状雨水系统用管道连接，不存在技术难度和特殊性，随正常管道施工进行，工程易实施；利用管道间水压平衡下的水量互补和排水过程中管道间的空隙容量，具有水压平衡、互补排水的优势，以及低成本、高效率、易实施的特点。

（龙莹洁　马贺）

街道空间风貌提升设计导则研究

年内，经开区规自分局开展经开区街道空间风貌提升设计导则研究工作。该工作通过对现状建设特点和空间提升需求的分析，结合经开区特色，深化、细化设计要求，从营造分区风貌、侧重分类引导、融入精细设计、塑造特色空间 4 个规划策略入手，提出街道空间品质提升的规划实施建议。

（王松　陈凌晨）

编制《亦庄新城地下空间专项规划研究》

年内，经开区规自分局编制完成《亦庄新城地下空间专项规划研究》。该研究对亦庄新城“225 平方公里”地下空间的规划、建设、利用情况进行全面梳理，厘清现状，对标先进，提质创新，研提策略。通过现场踏勘、项目台账、电子档案等，调研分析约 410 个项目（总面积占已出让用地的 65%），从规模、功能、联通等方面开展现状评估；基于“目标 + 问题”双导向，提出分区域、分重点的地下空间发展策略，以及下一步专项规划编制、实施管理、信息化等方面的工作建议。

（杜春兰）

亦庄新城道路模型建设

年内，经开区规自分局完成亦庄新城道路模型建设工作。该工作主要内容包括模型功能设计、模型输入输出设计、外业调研与资料收集和基于 GIS 的路网模型表达。最终形成《亦庄新城道路模型建设》报告以及 GIS 数据 4218 条，每条数据包含 43 条信息，共计约 18.14 万条信息，涉及道路里程约 1563 千米。

（高赫）

交通流量调查

年内，经开区规自分局完成 2020 年度交通流量调查工作，调查 69 个点位、190 个道路断面，覆盖亦庄新城“225 平方公里”范围的现状对外联络通道和内部各组团之间的联络通道。调查显示，受新冠肺炎疫情影响，进出经开区的交通流量大幅下降，早高峰进出经开区总交通流量为 51201 标准小汽车 / 小时。其中，进经开区交通流量为 35622 标准小汽车 / 小时，比 2019 年下降 5%；出经开区交通流量为 15579 标准小汽车 / 小时，比 2019 年下降 29%。现状 33 条对外通道，18 条通道因交通流量大或道路条件差，易发生交通拥堵，尤其北部与中心城方向的连接通道，交通拥堵已呈常态化。五环路、六环路为主要货运通道，通州物流基地进出六环路的马驹桥 6 号桥更是以货运交通为主。新扩区“165 平方公里”道路网实施率不高，现状公路和老旧道路较多，建设标准低，道路条件差，各组团间通道交通压力大，现状 36 条组团间通道，18 条通道易发生交通拥堵，其中除了河西区与核心区的 4 条通道外、其余 14 条通道均为周边新扩区组团的通道。

（张建利）

编制经开区“十四五”物流发展规划

年内，经开区规自分局编制完成《北京经济技术开发区“十四五”物流发展规划》。该规划是经开区“十四五”规划的重要组成部分和“十四五”时期物流业发展的重要指导性文件，在对经开区的物流现状和形势进行研判，总结物流发展贡献、问题与不足，以及对经开区“十四五”时期物流量预测分析的基础上，结合“十四五”时期物流量预测分析，提出“十四五”时期经开区物流发展的总体思路、基本原则、发展目标和主要任务、重点工作和保障措施等。

（张建利）

N86M1、N87M1 地块项目工程证获批

年内，经开区路南区 N86M1、N87M1 地块智能网联汽车制造业创新中心能力建设项目研发生产楼建设工程规划许可证获批。其中，N86M1 地块总用地面积为 3.27 万平方米，总建筑面积为 4.38 万平方米（均为地上），容积率为 1.49，建筑密度为 42.5%，绿地率为 16.51%，停车位 154 个（均为地上），用地性质为 M1 一类工业用地；N87M1 地块总用地面积为 7.48 万平方米，总建筑面积为 9.80 万平方米（地上建筑面积为 7.84 万平方米、地下建筑面积为 1.97 万平方米），容积率为 1.32，建筑密度为 43.78%，绿地率为 15.04%，停车位 679 个（地上 154 个、地下 525 个），用地性质为 M1 一类工业用地。

（王婧 何航）

河西区 X61M4 地块项目工程证获批

年内，经开区河西区 X61M4 地块中科九微半导体真空核心设备研发生产基地项目研发生产楼建设工程规划许可证获批。项目总用地面积为 1.07 万平方米，总建筑面积为 2.79 万平方米（地上建筑面积为 2.15 万平方米、地下建筑面积为 0.64 万平方米），容积率为 2.0，建筑密度为 49.5%，绿地率为 15%，机动车停车位 94 个（均为地下），用地性质为 M1 一类工业用地。

（王婧 何航）

核心区 66M2 地块项目工程证获批

年内，经开区核心区 66M2 地块首药控股新药研发与产业化基地项目建设工程规划许可证获批。项目总用地面积为 2.61 万平方米，总建筑面积为 4.83 万平方米（地上建筑面积为 3.74 万平方米、地下建筑面积为 1.09 万平方米），容积率为 1.5，建筑密度为 43.36%，绿地率为 15%，机动车停车位 166 个（地上 41 个、地下 125 个），非机动车停车位 100 个，用地性质为 M1 一类工业用地。

（王婧 何航）

路南区 N19M1 地块项目工程证获批

年内，经开区路南区 N19M1 地块高端汽车及新能源汽车关键零配件产业园

N19-1 地块建设项目建设工程规划许可证获批。项目总用地面积为 8.47 万平方米，总建筑面积为 10.92 万平方米（地上建筑面积为 9.32 万平方米、地下建筑面积为 1.61 万平方米），容积率为 1.59，建筑密度为 52.35%，绿化率为 15.09%，停车位 388 个（地上 193 个、地下 195 个），用地性质为 M1 一类工业用地。

（王婧 何航）

F5F1、F5M1 地块项目工程证获批

年内，经开区路东区 F5F1 地块集成电路装备研发及测试项目、F5M1 地块集成电路材料及装备中试及产业化项目建设工程规划许可证获批。其中，F5F1 地块总用地面积为 3.02 万平方米，总建筑面积为 9.67 万平方米（地上建筑面积为 7.55 万平方米、地下建筑面积为 2.12 万平方米），容积率为 2.5，建筑密度为 40%，绿地率为 30%，停车位 363 个(均为地下)；F5M1 地块总用地面积为 9.89 万平方米，总建筑面积为 17.98 万平方米（地上建筑面积为 14.83 万平方米、地下建筑面积为 3.14 万平方米），容积率为 1.5，建筑密度为 54%，绿地率为 15%，停车位 877 个（地上 152 个、地下 725 个）。用地性质均为 M1 一类工业用地。

（王婧 何航）

路南区 N5M1 地块项目工程证获批

年内，经开区路南区 N5M1 地块北理工高动态载体导航产品研发生产基地项目建设工程规划许可证获批。项目总用地面积为 1.78 万平方米，总建筑面积为 3.96 万平方米（地上建筑面积为 2.63 万平方米、地下建筑面积为 1.33 万平方米），容积率为 1.49，建筑密度为 40.37%，绿地率为 15.2%，停车位 190 个（均为地下），用地性质为 M1 一类工业用地。

（王婧 何航）

路南区 N43M1 地块项目工程证获批

年内，经开区路南区 N43M1 地块北汽新能源高端智能生态工厂定制厂房项目建设工程规划许可证获批。项目总用地面积为 10.65 万平方米，总建筑面积为 34.73 万平方米（地上建筑面积为 32.85 万平方米、地下建筑面积为 1.88 万平方米），容积率为 0.82，建筑密度为 44.02%，绿地率为 18.69%，机动车停车位 1412 个（地上 1041 个、地下 371 个），用地性质为 M1 一类工业用地。

（王婧 何航）

路南区 N9M2 地块项目工程证获批

年内，经开区路南区 N9M2 地块诺康达药品研发及智能化生产项目建设工程规划许可证获批。项目总用地面积为 4.78 万平方米，总建筑面积为 13.09 万平方米（地上建筑面积为 9.41 万平方米、地下建筑面积为 3.68 万平方米），容积率为 1.97，建筑密度为 30.89%，绿化率为 17.44%，停车位 445 个（地上 8 个、地下 437 个），用地性质为 M1 一类工业用地。

（王婧 何航）

X46R1、X46R2 地块项目工程证获批

年内，经开区河西区 X46R1、X46R2 地块项目建设工程规划许可证获批。项目总用地面积为 8.51 万平方米，总建筑面积为 26.27 万平方米（地上建筑面积为 20.15 万平方米、地下建筑面积为 6.12 万平方米）。其中，X46R1 地块用地面积

为 7.85 万平方米，建筑面积为 25.73 万平方米（地上建筑面积为 19.61 万平方米、地下建筑面积为 6.12 万平方米），容积率为 2.5，建筑密度为 30%，绿化率为 32.2%，总人口 2445 人，总户数 998 户，机动车停车位 1263 个（均为地下），非机动车停车位 2093 个（地上 1060 个、地下 1033 个），用地性质为 R2 二类居住用地；X46R2 地块用地面积为 0.67 万平方米，建筑面积为 0.54 万平方米（地上建筑面积为 0.53 万平方米、地下建筑面积为 44.78 平方米），容积率为 0.8，绿地率为 36.7%，建筑密度为 30%，机动车停车位 39 个（均为地上），非机动车停车位 13 个（均为地上），规划 18 个班，用地性质为 A334 托幼用地。

（王婧　何航）

国家车联网产业基地项目工程证获批

年内，通州区台湖镇 4-1-034、4-1-036 地块国家车联网产业基地项目建设工程规划许可证获批。项目总用地面积为 1.92 万平方米，总建筑面积为 5.57 万平方米（地上建筑面积为 3.36 万平方米、地下建筑面积为 2.21 万平方米），机动车停车位 328 个（地上 15 个、地下 313 个），非机动车停车位 720 个（地上 252 个、地下 468 个），用地性质为 F3 其他类多功能用地。其中，4-1-034 地块用地面积为 0.96 万平方米，建筑面积为 1.92 万平方米，容积率为 2.0，绿地率为 15.4%；4-1-036 地块用地面积为 0.96 万平方米，建筑面积为 1.44 万平方米，容积率为 1.5，绿地率为 30.7%。

（王婧　何航）

河西区 X92R2 地块项目工程证获批

年内，经开区河西区 X92R2 地块项目建设工程规划许可证获批。项目总用地面积为 3.57 万平方米，总建筑面积为 13.45 万平方米（地上建筑面积为 7.85 万平方米、地下建筑面积为 5.60 万平方米），容积率为 2.2，建筑密度为 21.06%，绿化率为 30%，机动车停车位 1014 个（地上 16 个、地下 998 个），非机动车停车位 1838 个（地上 919 个、地下 919 个），用地性质为 R2 二类居住用地。

（王婧　何航）

E9R3、E9R4 地块项目工程证获批

年内，经开区路东区 E9R3、E9R4 地块项目建设工程规划许可证获批。项目总用地面积为 5.47 万平方米，总建筑面积为 23.96 万平方米，用地性质为 R2 二类居住用地。其中，E9R3 地块用地面积为 1.83 万平方米，建筑面积为 7.90 万平方米（地上建筑面积为 5.13 万平方米、地下建筑面积为 2.77 万平方米），容积率为 2.8，绿地率为 30%，建筑密度为 30%，规划总人口 1284 人，总户数 524 户，机动车停车位 653 个（均为地下），非机动车停车位 1098 个（地上 751 个、地下 347 个）；E9R4 地块用地面积为 3.64 万平方米，建筑面积为 16.06 万平方米（地上建筑面积为 10.20 万平方米、地下建筑面积为 5.86 万平方米），容积率为 2.8，绿地率为 30%，建筑密度为 30%，规划总人口 2720 人，总户数 1110 户，机动车停车位 1365 个（均为地下），非机动车停车位 2302 个（地上 1680 个、地下 622 个）。

（王婧　何航）

E9R2、E9A2地块项目工程证获批

年内，经开区路东区E9R2、E9A2地块项目建设工程规划许可证获批。项目总用地面积为4.25万平方米，总建筑面积为17.59万平方米（地上建筑面积为10.89万平方米、地下建筑面积为6.70万平方米）。其中，E9R2地块用地面积为3.74万平方米，建筑面积为17.19万平方米（地上建筑面积为10.48万平方米、地下建筑面积为6.70万平方米），容积率为2.8，建筑密度为30%，绿地率为30%，机动车停车位1392个（地上10个、地下1382个），用地性质为R2二类居住用地；E9A2地块用地面积为0.51万平方米，建筑面积为0.41万平方米（均为地上），容积率为0.8，建筑密度为30%，绿地率为35%，机动车停车位26个（均为地上），用地性质为A33基础教育用地。

（王婧 何航）

路南区N35M1地块项目工程证获批

年内，经开区路南区N35M1地块北京亦昭生物医药中试研发生产基地项目建设工程规划许可证获批。项目总用地面积为8.30万平方米，总建筑面积为21.72万平方米（地上建筑面积为13.15万平方米、地下建筑面积为8.57万平方米），容积率为1.6，建筑密度为42%，绿地率为15%，停车位1036个（均为地下），用地性质为M1一类工业用地。

（王婧 何航）

路南区N5M4地块项目工程证获批

年内，经开区路南区N5M4地块新型生物药研发及产业化基地项目建设工程规划许可证获批。项目总用地面积为3.50万平方米，总建筑面积为12.12万平方米（地上建筑面积为8.19万平方米、地下建筑面积为3.93万平方米），容积率为2.37，建筑密度为41.57%，绿地率为15.02%，机动车停车位365个（均为地下），非机动车停车位880个，用地性质为M1一类工业用地。

（王婧 何航）

核心区76M2地块项目工程证获批

年内，经开区核心区76M2地块环保专有设备研发制造基地项目建设工程规划许可证获批。项目总用地面积为1.09万平方米，总建筑面积为2.29万平方米（地上建筑面积为1.61万平方米、地下建筑面积为0.69万平方米），容积率为1.47，建筑密度为46.42%，绿地率为15.04%，机动车停车位118个（地上3个、地下115个），非机动车停车位90个，用地性质为M1一类工业用地。

（王婧 何航）

路南区N31M1地块项目工程证获批

年内，经开区路南区N31M1地块MFA（奔驰前驱车型）厂区物料库及生产辅助设施建设项目危险品区（467）建设工程规划许可证获批。项目总用地面积为145.41万平方米，总建筑面积为85.99万平方米（地上建筑面积为82.81万平方米、地下建筑面积为3.18万平方米），容积率为0.94，建筑密度为46.42%，绿地率为19.07%，机动车停车位2215个，非机动车停车位1170个，报审的危险品区（467）建筑面积为0.05万平方米（均为地上），用地性质为M1一类工业用地。

（王婧 何航）

河西区 X72M1 地块项目工程证获批

年内，经开区河西区 X72M1 地块 MRA（奔驰后驱车型）厂区生产辅助设施区建设项目电池和整车观察区（182）建设工程规划许可证获批。项目总用地面积为 198.33 万平方米，总建筑面积为 123.85 万平方米（地上建筑面积为 120.43 万平方米、地下建筑面积为 3.42 万平方米），容积率为 0.995，建筑密度为 47.18%，绿地率为 15.90%，机动车停车位 3479 个，非机动车停车位 1759 个，报审的电池和整车观察区（182）建筑面积为 51.35 平方米（均为地上），用地性质为 M1 一类工业用地。

（王婧 何航）

中国生物研究院亦庄二期项目工程证获批

年内，经开区路东区 B6M1 地块中国生物研究院亦庄二期项目建设工程规划许可证获批。项目总用地面积为 4.50 万平方米，总建筑面积为 8.89 万平方米（地上建筑面积为 6.78 万平方米、地下建筑面积为 2.11 万平方米），容积率为 1.36，建筑密度为 40.1%，绿地率为 15.13%，机动车停车位 320 个（地上 31 个、地下 289 个），用地性质为 M1 一类工业用地。

（王婧 何航）

河西区 X62M4 地块项目工程证获批

年内，经开区河西区 X62M4 地块卡达克新能源汽车技术检测评价项目建设工程规划许可证获批。项目总用地面积为 6828.9 平方米，总建筑面积为 6324.11 平方米（均为地上），容积率为 1.26，建筑密度为 41.67%，绿地率为 20.1%，机动车停车位 23 个（均为地上），用地性质为 M1 一类工业用地。

（王婧 何航）

亦庄新药研发生产基地项目工程证获批

年内，经开区路东区 C9M2 地块亦庄新药研发生产基地项目建设工程规划许可证获批。项目总用地面积为 4.09 万平方米，总建筑面积为 9.53 万平方米（地上建筑面积为 7.34 万平方米、地下建筑面积为 2.19 万平方米），容积率为 1.8，建筑密度为 32.5%，绿地率为 15.28%，机动车停车位 365 个（均为地下），非机动车停车位 169 个，用地性质为 M1 一类工业用地。

（王婧 何航）

钣金生产加工基地项目工程证获批

年内，经开区路东区 E1M1 地块钣金生产加工基地项目建设工程规划许可证获批。项目总用地面积为 4.78 万平方米，总建筑面积为 7.60 万平方米（地上建筑面积为 7.16 万平方米、地下建筑面积为 0.43 万平方米），容积率为 1.5，绿化率为 15%，建筑密度为 49.3%，停车位 249 个（均为地上），报审的二号厂房、三号厂房 2 项建筑面积为 0.84 万平方米（地上建筑面积为 0.58 万平方米、地下建筑面积为 0.26 平方米），用地性质为 M1 一类工业用地。

（王婧 何航）

核心区 60M1 地块项目工程证获批

年内，经开区核心区 60M1 地块永昌中路 16 号一期厂房装修、改造及扩建项目建设工程规划许可证获批。项目总用地面积为 5.97 万平方米，总建筑面积为 5.76 万平方米（均为地上），容积率为 0.97，绿地率为 22.68%，建筑密度为

46.24%，机动车停车位114个（均为地上），报审的废水处理池1项建筑物及水箱间、废水处理池—地下水池2项构筑物建筑面积为251.50平方米，用地性质为M1一类工业用地。

（王婧 何航）

路东区D8M5地块项目工程证获批

年内，经开区路东区D8M5地块北京曼可顿食品科技有限公司烘焙生产线技术升级改造项目建设工程规划许可证获批。项目总用地面积为5037平方米，总建筑面积为2.17万平方米，容积率为1.33，建筑密度为53.13%，绿化率为16.12%，停车位52个，报审的消防室及泵房建筑面积为238.34平方米（地上建筑面积为52.66平方米、地下建筑面积为185.68平方米），用地性质为M1一类工业用地。

（王婧 何航）

亦庄新城站前区2个地块项目工程证获批

年内，通州区台湖镇亦庄新城站前区YZ00-0401-0056、YZ00-0401-L0055-02地块项目建设工程规划许可证获批。项目总用地面积为2.75万平方米，总建筑面积为7.31万平方米。其中，YZ00-0401-0056地块用地面积为2.35万平方米，建筑面积为6.94万平方米（地上建筑面积为4.71万平方米、地下建筑面积为2.24万平方米），容积率为2.0，建筑密度为16.33%，绿化率为30.12%，总人口1093人，总户数446户，机动车停车位547个（地上1个、地下546个），非机动车停车位916个（地上633个、地下283个），用地性质为R2二类居住用地；YZ00-0401-L0055-02地块用地面积为4000平方米，建筑面积为3695.84平方米（地上建筑面积为3195.9平方米、地下建筑面积为499.94平方米），容积率为0.8，绿地率为30.42%，机动车停车位6个，非机动车停车位15个，规划9个班，用地性质为A334托幼用地。

（王婧 何航）

路东区A6M2地块项目工程证获批

年内，经开区路东区A6M2地块亦庄生命健康产业区生物医药标准厂房开发建设项目建设工程规划许可证获批。项目总用地面积为1.15万平方米，总建筑面积为3.32万平方米（地上建筑面积为2.31万平方米、地下建筑面积为1.01万平方米），容积率为2.0，建筑密度为35.5%，绿化率为15.03%，停车位140个（地上10个、地下130个），用地性质为M1一类工业用地。

（刘美琪）

亦庄龙湖天街项目工程证获批

年内，经开区河西区X78C2地块亦庄龙湖天街项目建设工程规划许可证获批。项目总用地面积为4.23万平方米，总建筑面积为16.27万平方米（地上建筑面积为8.46万平方米、地下建筑面积为7.82万平方米），容积率为2.0，建筑密度为40.44%，绿化率为20%，停车位1478个（均为地下），用地性质为B4综合性商业金融服务业用地。

（刘美琪）

核心区13C3地块项目工程证获批

年内，经开区核心区13C3地块综合体建设项目建设工程规划许可证获批。项目总用地面积为 1.41 万平方米，总建筑面积为 7.63 万平方米（地上建筑面积为 4.95 万平方米、地下建筑面积为 2.69 万平方米），容积率为 3.5，建筑密度为 40%，绿化率为 20%，停车位 494 个（均为地下），用地性质为 B4 综合性商业金融服务业用地。

（刘美琪）

通州区马驹桥镇 3 个地块项目工程证获批

年内，亦庄新城通州区马驹桥镇 YZ00-0500-6007、YZ00-0500-6011、YZ00-0500-6009 地块项目建设工程规划许可证获批。项目总用地面积为 9.90 万平方米，总建筑面积为 34.66 万平方米（地上建筑面积为 22.02 万平方米、地下建筑面积为 12.64 万平方米）。其中，YZ00-0500-6007 地块用地面积为 4.89 万平方米，建筑面积为 18.20 万平方米（地上建筑面积为 11.75 万平方米、地下建筑面积为 6.45 万平方米），容积率为 2.4，建筑密度为 30%，绿化率为 30%，总人口 3058 人，总户数 1248 户，机动车停车位 1511 个（均为地下），非机动车停车位 2535 个（地上 1615 个、地下 920 个），用地性质为 R2 二类居住用地；YZ00-0500-6011 地块用地面积为 4.48 万平方米，建筑面积为 15.96 万平方米（地上建筑面积为 9.85 万平方米、地下建筑面积为 6.12 万平方米），容积率为 2.2，建筑密度为 30%，绿化率为 30%，总人口 2548 人，总户数 1040 户，机动车停车位 1281 个（均为地下），非机动车停车位 2217 个（地上 1007 个、地下 1210 个），用地性质为 R2 二类居住用地；YZ00-0500-6009 地块用地面积为 5325.14 平方米，建筑面积为 4980 平方米（地上建筑面积为 4260 平方米、地下建筑面积为 720 平方米），容积率为 0.8，建筑密度为 30%，绿化率为 30%，机动车停车位 8 个（均为地上），非机动车停车位 8 个（均为地上），用地性质为 A334 托幼用地。

（刘美琪）

南海子体育休闲产业园项目工程证获批

年内，南海子郊野公园 B 片区 B-04、B-06、B-11 地块南海子 B 片区体育休闲产业园项目建设工程规划许可证获批。项目总用地面积为 5.17 万平方米，总建筑面积为 16.27 万平方米（地上建筑面积为 8.46 万平方米、地下建筑面积为 7.82 万平方米），用地性质为 F3 其他类多功能用地。其中，B-04 地块用地面积为 1.49 万平方米，建筑面积为 4.07 万平方米（地上建筑面积为 2.23 万平方米、地下建筑面积为 1.84 万平方米），容积率为 1.5，建筑密度为 36%，绿化率为 35.01%，停车位 311 个（均为地下）；B-06 地块用地面积为 2.89 万平方米，建筑面积为 7.65 万平方米（地上建筑面积为 4.33 万平方米、地下建筑面积为 3.32 万平方米），容积率为 1.5，建筑密度为 38.18%，绿地率为 35.01%，机动车停车位 481 个（均为地下）；B-11 地块用地面积为 0.80 万平方米，建筑面积为 2.96 万平方米（地上建筑面积为 1.60 万平方米、地下建筑面积为 1.36 万平方米），容积率为 2.0，建筑密度为 37%，绿地率为 35.01%，机动车停车位 162 个（均为地下）。

（刘美琪）

集创北方封测基地项目工程证获批

年内，集创北方显示驱动芯片设计和

先进封测基地项目建设工程规划许可证获批。项目总用地面积为3.51万平方米，总建筑面积为12.16万平方米（地上建筑面积为5.85万平方米、地下建筑面积为6.30万平方米），容积率为1.67，建筑密度为41.79%，绿地率为15.06%，停车位794个（地上6个、地下788个），用地性质为M1一类工业用地。

（陈庚）

中芯国际技术创新中心项目工程证获批

年内，中芯国际集成电路工程技术创新中心项目建设工程规划许可证获批。项目总用地面积为2.27万平方米，总建筑面积为5.07万平方米（地上建筑面积为3.84万平方米、地下建筑面积为1.23万平方米），容积率为1.80，建筑密度为44.58%，绿地率为15.01%，停车位180个（均为地下），用地性质为M1一类工业用地。

（陈庚）

集成电路标准厂房项目工程证获批

年内，集成电路标准厂房（一期）项目建设工程许可证获批。项目总用地面积为9.95万平方米，总建筑面积为19.33万平方米（地上建筑面积为15.08万平方米、地下建筑面积为4.24万平方米），容积率为1.52，建筑密度为48.3%，绿地率为16.39%，停车位872个（地上106个、地下766个），用地性质为M1一类工业用地。

（陈庚）

北京精测3个项目工程证获批

年内，北京精测半导体设备及准分子激光器项目、半导体装备零部件全工艺智能制造生产基地项目、集成电路核心零部件及耗材制造基地项目建设工程规划许可证获批。其中，北京精测半导体设备及准分子激光器项目总用地面积为3.32万平方米，总建筑面积为6.15万平方米（地上建筑面积为4.88万平方米、地下建筑面积为1.26万平方米），容积率为1.50，建筑密度为40.82%，绿地率为15.27%，停车位277个（地上26个、地下251个）；半导体装备零部件全工艺智能制造生产基地项目总用地面积为2.57万平方米，总建筑面积为2.40万平方米（地上建筑面积为2.37万平方米、地下建筑面积为0.03万平方米），容积率为1.36，建筑密度为52.40%，绿地率为15.28%，停车位98个（均为地上）；集成电路核心零部件及耗材制造基地项目总用地面积为1.46万平方米，总建筑面积为1.93万平方米（地上建筑面积为1.88万平方米、地下建筑面积为0.05万平方米），容积率为1.32，建筑密度为54.58%，绿地率为15.71%，停车位69个（均为地上）。用地性质均为M1一类工业用地。

（陈庚）

溅射靶材及溅射设备项目工程证获批

年内，溅射靶材及溅射设备关键部件产业化项目建设工程规划许可证获批。项目总用地面积为2.02万平方米，总建筑面积为2.50万平方米（地上建筑面积为2.42万平方米、地下建筑面积为0.08万平方米），容积率为1.20，建筑密度为35%，绿地率为15.00%，停车位110个（均为地上），用地性质为M1一类工业用地。

（陈庚）

高端石英制品产业化项目工程证获批

年内，高端石英制品产业化项目建设工程规划许可证获批。项目总用地面积为1.47万平方米，总建筑面积为4.34万平方米（地上建筑面积为2.91万平方米、地下建筑面积为1.43万平方米），容积率为1.98，建筑密度为44.92%，绿地率为15.00%，停车位171个（地上4个、地下167个），用地性质为M1一类工业用地。

（陈庚）

8英寸MEMS国际代工线项目工程证获批

年内，8英寸MEMS国际代工线项目建设工程规划许可证获批。项目总用地面积为3.47万平方米，总建筑面积为5.20万平方米（地上建筑面积为5.04万平方米、地下建筑面积为0.16万平方米），容积率为1.45，建筑密度为41.66%，绿地率为15.72%，停车位189个（均为地上），用地性质为M1一类工业用地。

（陈庚）

华卓精科零部件研发制造项目工程证获批

年内，华卓精科半导体装备关键零部件研发制造项目建设工程规划许可证获批。项目总用地面积为2.0万平方米，总建筑面积为4.55万平方米（地上建筑面积为3.0万平方米、地下建筑面积为1.55万平方米），容积率为1.5，建筑密度为42%，绿地率为18.8%，停车位200个（地上34个、地下166个），用地性质为M1一类工业用地。

（陈庚）

旧宫镇5个地块项目工程证获批

年内，旧宫镇YZ00-0801-0018、0019、0024、0025、0026地块项目建设工程规划许可证获批。项目总用地面积为7.87万平方米，总建筑面积为27.37万平方米（地上建筑面积为18.8万平方米、地下建筑面积为8.56万平方米），停车位1646个（地上9个、地下1637个）。二类居住用地容积率为2.5，建筑密度为23.01%，绿化率为30.2%；基础教育用地容积率为0.8，建筑密度为30%，绿地率为30.1%。

（陈庚）

9条路共41个项目工程证获批

年内，太平顺兴路（富民路—生态公园西路）、太平龙腾路（崔家窑南街—亦庄北小营中路）等9条路共41个建设工程规划许可证获批。规划道路全长4.81千米，包含道路工程及燃气、电力、排水、给水、再生水等市政管线工程。

（陈庚）

6个地块获供地意见函

年内，经开区规自分局向经开区开发建设局核发路东区G4F-4、G6F-1、G6F-5、G7F-1、G7F-2、G7F-3地块的供地意见函。规划指标为用地面积约26.53万平方米，用地性质为F3其他类多功能用地。该供地意见函用于经开区国家信创园项目（二期）。

（陈庚）

联合监督执法

年内，经开区规自分局联合城管、街道等相关部门巡查违法建设现场300多次，认定违法建设57处。通过巡查及群众举报发现并处理7处，包括违法建设3处。全年规劝督促违法建设相对人自拆违法建设87处，自拆面积约为1.2万平方米；完成

45个项目209个单体建筑的规划验收工作，验收面积为167.07万平方米；根据市规划和自然资源执法总队发送的卫星查违结果对185处涉嫌违法建设现场进行检查核实，将发现的22处违法建设依据职责移交经开区综合执法局查处；完成4件信访案件回复和1件诉讼案件。

（鹿剑光）

建设

征地拆迁

概况

2020年，北京经济技术开发区开发建设局（简称经开区开发建设局）开展市政府赋予经开区市级关于集体土地征收和农用地转用、建设项目用地预审、土地权属审查、拆迁等相关工作职能。面对全新业务，在做好新冠疫情防控的同时，先后到市规划自然资源委、市规划自然资源委通州分局、市规划自然资源委大兴分局调研，梳理土地相关工作流程。

（马岩）

瀛海镇工业区和镇区土地开发项目开工

11月，瀛海镇工业区和镇区改造土地一级开发项目开工。项目总投资17.5亿元，开发面积约为47.67万平方米，开发完成后可提供产业用地约25万平方米。截至2020年年底，已完成投资2亿元。生物医药产业项目用地征地工作通过区级土地审查小组会审查；其余地块推进拆除腾退的谈判工作，其中2家企业约2.5万平方米建筑物的拆除工作已完成签约。项目开发主体为经开区土储建设中心，实施主体为瀛海镇政府。

（姜波 杨廷君）

马驹桥智造基地土地开发项目推进

年内，马驹桥智造基地土地一级开发项目完成其中“2.2平方公里”区域的开发，累计完成投资约84亿元。其中，“1.2平方公里”区域取得征地批复，并实现挂牌和出让土地7宗，总面积约为68.88万平方米；“1平方公里”区域正在推进区、市两级建设用地审查程序，待取得征地批复后，陆续安排土地上市。西部4平方千米区域完成综合实施方案编制，已启动涉及40万平方米非住宅和设施农业用地腾退的招投标工作。项目开发主体为经开区土储建设中心，实施主体为北京亦庄国际开发建设有限公司。

（姜波 杨廷君）

长子营工业区土地开发项目启动

年内，长子营工业园区土地一级开发项目启动。项目总投资18.10亿元，开发面积约为50.70万平方米，开发完成后将整体提升长子营工业区产业承载力和基础设施建设水平，可提供产业用地约36万平方米。项目开发主体为经开区土储建设中心，实施主体为北京亦庄国际开发建设有限公司。

（姜波 杨廷君）

美达公司搬迁腾退

年内，占压经海九路规划红线的北京美达龙源环保电气有限公司房屋搬迁和土地腾退工作完成。本次腾退涉及征收国有土地约 9413 平方米，拆除房屋面积约 5758 平方米。经开区地区协同事务局与通州区相关部门、属地政府密切协同攻关，推进搬迁腾退补偿谈判，协调解决企业的燃气迁改、电力迁改、租户纠纷等多项矛盾。

（姜波）

南郊农场西毓顺路项目搬迁腾退

年内，占压规划市政主干路——西毓顺路长达 9 年的南郊农场西毓顺农业队职工宿舍区搬迁腾退工作完成，打通西毓顺断头路工程。9 月，经开区管委会提供拆迁资金 1.77 亿元，经开区地区协同事务局与旧宫镇政府、南郊农场密切协同，历时 2 个月的时间，完成位于南五环路与西三路交口的占地面积为 7000 多平方米、建筑面积为 5800 多平方米、38 户居民的西毓顺农业队职工宿舍区的补偿签约、腾退搬迁。截至 2020 年年底，38 户居民全部办理完成安置房选房回迁工作。

（苏亮　毕雪瑜）

农用地转用及集体土地征收

年内，经开区开发建设局编制完成《关于承接征地、农转用赋权的工作方案》，建立健全经开区农用地转用及集体土地征收工作流程；完成马驹桥智造基地 75-01-(03、05)地块、75-01-(06、11、13)地块、75-01-(08、09、14)地块、75-01-(18、19、21)地块土地一级开发项目的农用地转用及集体土地征收工作，征收总面积为 120.70 万平方米，农用地转用面积为 8.94 万平方米，通过跨省域增减挂钩节余指标解决耕地占补平衡面积 100.81 万平方米（含可调整地类面积），经市政府批准，取得征地批复，保障重大项目落地。

（马岩）

建设项目用地预审

年内，经开区开发建设局根据经开区管委会机构调整和工作分工，与市规划自然资源委行政审批协调处、经开区规自分局沟通协调《建设项目用地预审与选址意见书》合并办理流程，在项目审批系统中实现“一次申报，分开办理，合并出证”的工作机制。全年办理市政交通基础设施工程类建设项目用地预审 5 个，其中与经开区规自分局合并办理《建设项目用地预审与选址意见书》3 个、单独办理建设项目用地预审 2 个，总面积为 2.08 万平方米。

（马岩）

土地权属审查

年内，经开区开发建设局依据《北京市国土资源局土地权属审查办法》，建立健全经开区土地权属审查工作流程，完成 25 个项目申请的土地权属审查工作，共 42 宗土地，总面积为 256.47 万平方米，其中国有土地 49.70 万平方米、集体土地 206.77 万平方米。

（马岩）

拆迁相关工作

年内，经开区开发建设局对接市住房城乡建设委相关处室、大兴建委、通州建委，建立健全拆迁、裁决等各项工作流程，初步进行裁决流程及组卷研讨；受理 6 个项目 13 次拆迁许可证延期手续办理以及张贴延期公告；对“225 平方公里”范围内所有一级开发项目进行安置房房源统计；针对信访、“12345”热线等舆情风险，进行现场调查以及答复。

（马岩）

政府投资建设项目

概况

2020年，北京经济技术开发区土地储备与建设服务中心（简称经开区土储建设中心）承担经开区管委会固定资产投资任务54个，包括重点工作项目23个、拟办实事4个，全年完成固定资产投资28.24亿元。在道路交通建设方面，T1线沿线道路、信创园周边道路、核心居住区道路等13条道路工程竣工；在公共服务设施建设方面，路东区E13地块十二年一贯制学校新建工程、旧宫医院加固改造工程、通明湖信创园展示中心3项工程竣工；在资源能源保障方面，中芯国际电力沟1项工程竣工。

（魏建环）

移动硅谷创新中心项目工程竣工

1月13日，移动硅谷创新中心项目工程竣工。工程位于经开区路东区G4-1地块，包括7栋综合办公楼、1栋酒店，总建筑面积为25.39万平方米，工程造价为9.15亿元，框架剪力墙结构。建设单位为北京亦庄移动硅谷有限公司，设计单位为中国建筑科学研究院，施工单位为北京万兴建筑集团有限公司，监理单位为北京中城建建设监理有限公司、北京伟泽工程项目管理有限公司。2015年10月15日工程开工建设。

（梁珍）

京东方实验室二期工程北京总部项目竣工

5月12日，京东方先进技术实验室二期工程北京总部项目竣工。工程位于经开区核心区55M4-2地块，包括ATL2厂房、门房及消防水泵房、货物运输连廊等7个单体，总建筑面积为8.79万平方米，工程造价为1151.02万元，框架结构。建设单位为北京京东方光电科技有限公司，设计单位为世源科技工程有限公司，施工单位为中建－大成建筑有限责任公司，监理单位为北京希达建设监理有限责任公司。1月20日工程开工建设。

（何坤）

E9R1地块小学新建工程项目竣工

6月22日，经开区路东区E9R1地块小学新建工程项目竣工。工程包括教学楼、变配电室、门卫室3个单体，总建筑面积为2.57万平方米，工程造价为1.52亿元，钢结构。建设单位为经开区基建办公室，设计单位为北京市住宅建筑设计研究院有限公司，施工单位为中集建设集团有限公司，监理单位为北京方正建设工程管理有限公司。2018年11月19日工程开工建设。

（程洁）

X84R3地块共有产权住房项目工程竣工

7月6日，经开区X84R3地块共有产权住房项目工程竣工。工程包括1#住宅楼、2#住宅楼、3#住宅楼等16个单体，总建筑面积为16.40万平方米，工程造价为5.50亿元，剪力墙结构。建设单位为北京博大新元房地产开发有限公司，设计单位为北京中建建筑设计院有限公司，施工单位为北京博大经开建设有限公司，监理单位为北京中城建建设监理有限公司。2017 年 9 月 29 日工程开工建设。

X84R3 地块共有产权住房　　单位提供

（何坤）

数码科技园工程竣工

7 月 13 日，数码科技园工程竣工。工程位于经开区路东区 D1C1 地块，包括 4 栋办公楼（首层为商业），总建筑面积为 13.16 万平方米，工程造价为 4.73 亿元，框架结构。建设单位为北京经开工大投资管理有限公司，设计单位为中国建筑设计院有限公司，施工单位为安徽三建工程有限公司、北京博大经开建设有限公司，监理单位为北京华达建业工程管理有限公司。2016 年 9 月 12 日工程开工建设。

（梁珍）

中芯国际配套电力沟道工程竣工

7 月 30 日，中芯国际配套电力沟道工程竣工。工程全长 1.12 千米，总投资为 1.10 亿元，在三海子东路新建 2.6 米 ×2.9 米单孔电力沟道，主要内容包括施工图纸范围内的拆除工程、电力隧道、照明工程、光纤测温系统、环境监测系统、井盖监测系统、机械通风工程、机械排水工程及穿凉水河暗挖导流等。建设单位为经开区基建办公室，设计单位为北京京电联合建筑规划设计有限公司，施工单位为北京翔鲲水务建设有限公司，监理单位为北京中城建建设监理有限公司。3 月 15 日工程开工建设。

（魏建环）

8 英寸集成电路研发产业化项目工程竣工

9 月 2 日，8 英寸集成电路研发产业化及封测平台建设项目工程竣工。工程位于经开区路东区 B15M1 地块，包括生产厂房、生产测试楼、员工宿舍等 18 个单体，总建筑面积为 11.91 万平方米，工程造价为 6.20 亿元，框架结构。建设单位为北京燕东微电子科技有限公司，设计单位为信息产业电子第十一设计研究院科技工程股份有限公司，施工单位为北京博大经开建设有限公司，监理单位为北京希达建设监理有限责任公司。2017 年 9 月 30 日工程开工建设。

（梁珍）

经海一路南段道路改造工程竣工

经海一路南段道路改造工程竣工　　张浩东 摄

9 月 30 日，经海一路南段道路改造工程竣工。道路全长 3.80 千米，总投资为 2 亿元，改造为两辅路形式，中央分隔带宽 6 米，两侧设置四上四下 8 条机动车道和非机动车道，外侧分别设置 4 米宽的人行步道。建设单位为经开区基建办公室，设计单位为北京市市政工程设计研究总院有限公司，施工单位为北京鑫旺路桥建设有限公司、北京建工路桥集团有限公司、北京市市政二建设工程有限责任公司、北京市常青市政工程有限公司、北京市市政四建设工程有限责任公司，监理单位为北京正宏监理咨询有限公司。2019 年 5 月 30 日工程开工建设。

（魏建环）

信创园周边道路改造工程竣工

9 月 30 日，信创园周边道路改造工程——科谷一街、科谷二街、经惠东路竣工。道路全长 2.17 千米，总投资为 6600 万元，主要改造内容为进行道路病害处理，增加慢行系统，实施机非分离。建设单位为经开区土储建设中心，设计单位为北京市市政工程设计研究总院有限公司，施工单位为北京万兴建筑集团有限公司、北京市市政二建设工程有限责任公司，监理单位为北京银建建设工程管理有限公司。8 月 10 日工程开工建设。

（魏建环）

通明湖信创园展示中心工程竣工

9 月 30 日，通明湖信创园展示中心工程竣工。工程位于经开区路东区 G9S-1 地块，用地面积为 4847 平方米，总建筑面积为 1.70 万平方米，总投资为 2.24 亿元，建筑内容包括展览展示用房、学术洽谈和交流用房、配套服务用房、设备用房、弱电机房及地下车库等。建设单位为经开区土储建设中心，设计单位为中国建筑科学研究院有限公司，施工单位为北京天恒建设集团有限公司，监理单位为北京中城建建设监理有限公司。3 月 19 日工程开工建设。

（魏建环）

核心居住区道路改造工程竣工

10 月 10 日，核心居住区道路改造工程——天华西路、天华东路、天宝北街、科慧大道竣工。道路全长 4.86 千米，总投资为 5000 万元，主要改造内容为进行道路病害处理，增加慢行系统，条件允许情况下实施机非分离。建设单位为经开区基建办公室，设计单位为北京市市政工程设计研究总院有限公司，施工单位为北京市市政三建设工程有限责任公司、北京市市政二建设工程有限责任公司，监理单位为北京方正建设工程管理有限公司。4 月 10 日工程开工建设。

（魏建环）

T1 线沿线道路改造工程竣工

T1 线沿线道路改造工程竣工　　张浩东 摄

11 月 15 日，T1 线沿线道路改造工程竣工。工程包括有轨电车 T1 线沿线瑞合路、博兴路、荣昌西街、荣昌东街、科创街 5 条道路提升改造。道路全长 11.50 千米，总投资为 4 亿元，改造为四辅路形式，机非分行，中央为有轨电车 T1 线。建设单位为经开区基建办公室，设计单位为北京市市政工程设计研究总院有限公司，施工单位为北京城建亚泰建设集团有限公司、北京政平建设投资集团有限公司、北京城建远东建设投资集团有限公司、北京万兴建筑集团有限公司、北京市市政二建设工程有限责任公司、北京市市政四建设工程有限责任公司、北京天恒建设集团有限公司，监理单位为北京中城建建设监理有限公司。4 月 10 日工程开工建设。

（魏建环）

北京同仁医院亦庄院区扩建工程竣工

12 月 23 日，北京同仁医院经济技术开发区院区扩建工程竣工。工程位于经开区核心区 62 # 街区 62C2 地块，包括感染楼、医疗综合楼、动物实验楼 3 个单体，总建筑面积为 15.18 万平方米，工程造价为 8.68 亿元，框架结构。建设单位为首都医科大学附属北京同仁医院，设计单位为中国中元国际工程有限公司，施工单位为中国建筑第八工程局有限公司，监理单位为北京国金管理咨询有限公司。2016 年 2 月 3 日工程开工建设。

（何坤）

E13 地块十二年一贯制学校新建工程竣工

12 月 30 日，经开区路东区 E13R1 地块十二年一贯制学校新建工程竣工。工程用地面积为 6.64 万平方米，总建筑面积为 9.36 万平方米，总投资为 7.81 亿元，建筑内容包括教学楼、宿舍楼、食堂、游泳馆、室外操场等。建设单位为经开区基建办公室，设计单位为北京市住宅建筑设计研究院有限公司，施工单位为北京城建七建设工程有限公司、北京城建远东建设投资集团有限公司、江苏省建筑工程集团有限公司、北京城建八建设发展有限责任公司、北京城建五建设集团有限公司，监理单位为北京华厦工程项目管理有限责任公司。2018 年 11 月 26 日工程开工建设。

（魏建环）

亦庄新城现代有轨电车 T1 线竣工

亦庄新城现代有轨电车 T1 线试运营　　张磊 摄

12 月 30 日，亦庄新城现代有轨电车 T1 线（简称 T1 线）竣工。T1 线南起规划瑞合路南延段与规划新南区南街交叉口南侧，沿瑞合路向北过南六环后，进入河西区，沿瑞合路向北敷设，过凉水河后，进入核心区，沿荣昌西街、荣昌东街敷设，下穿京沪高速后进入路东区，沿科创街敷设，终点位于科创街与经海八路交叉口，定海园二里北侧。全线设站 15 座，全部为地面站，其中一岛一侧车站 1 座、岛式车站 9 座、交错侧式车站 4 座、标准侧式车站 1 座。设房屋式变电所 3 座、箱式变电所 5 座。南端设车场 1 处，占地面积约为 10.31 万平方米，北端设停车线。正线全长13255米，含新建桥梁1座、改造桥梁1座，出入段线长50米。T1线建设期间共办理8个施工许可证，其中正线4个、变电所3个、临时车辆段1个。工程于2018年4月1日全线开工，2019年5月31日车站主体结构完成，2019年10月22日路基贯通。

（程洁）

大兴区旧宫医院加固改造工程竣工

12月31日，大兴区旧宫医院加固改造工程竣工。工程位于大兴区旧宫镇，总用地面积为1.53万平方米，总建筑面积为1.30万平方米，总投资为9924.29万元，改造内容包括结构加固、建筑节能、装饰装修、消防设施、无障碍设施、医院规范及机电节能等。建设单位为经开区基建办公室，设计单位为北京市住宅建筑设计研究院有限公司，施工单位为北京京西建设集团有限责任公司，监理单位为北京华厦工程项目管理有限责任公司。2019年7月12日工程开工建设。

（魏建环）

时翼航化总部项目获国家优质工程奖

年内，时翼航化总部及研发制造基地项目获国家优质工程奖。工程位于经开区河西区X54F1地块，总建筑面积为8.96万平方米，工程造价为4.94亿元，框架剪力墙结构。建设单位为北京时翼航化科技有限公司，设计单位为中国电子工程设计院，施工单位为中建三局集团有限公司，监理单位为北京京航联工程建设监理有限责任公司。2015年3月10日工程开工建设，2019年8月9日竣工。

（梁珍）

土地与房屋管理

概况

2020年，经开区开发建设局出台并实施《亦庄新城工业用地先租后让实施办法（试行）》；完成46家企业864套房的人才公租房发放工作、亦城景园小区300套住房装修改造工作和X13项目1400多套公租房回购工作。全年出让公共管理与公共设施用地5宗2.54公顷、工矿用地20宗107.54公顷、商服用地1宗26.53公顷、住宅用地2宗13.54公顷。

（赵靖云）

出台《先租后让办法》

1月，经开区开发建设局在原来弹性用地的基础上，在全市率先出台并实施《亦庄新城工业用地先租后让实施办法(试行)》（简称《先租后让办法》），经开区建立起高效集约模式。《先租后让办法》主要内容为“先租后让，达产出让”，即项目入区时，先采用直接租赁的方式向企业供地，租赁期5年，在公开招拍挂成交后与企业签订土地租赁合同，收取相应租金(租金总额为20年地价款的25%)，租金缴纳后登记颁发租赁用地《不动产权证》，如项目在入区协议约定时间内达到达产承诺的产值、税收，再以协议方式出让土地，缴纳相应地价款(前期租金可抵扣地价款)，租赁期和出让期年限之和不超过20年。经开区全面施行工业用地20年弹性出让，除国家战略性安全类项目外，累计共37个项目148公顷工业用地实行弹性出让。全年 18 个项目 62.6 公顷按“先租后让、达产出让”方式落户经开区，其中已挂牌供应 13 个项目 37.2 公顷。

（赵靖云 朱晓楠）

出台《更新措施》

3月16日，经开区开发建设局出台《关于促进城市更新产业升级的若干措施》（简称《更新措施》）。《更新措施》适用于亦庄新城范围内，原生产无法继续实施的或项目在满足生产外尚余空闲用地或用房（面积不小于 2000 平方米）的工业项目，在不改变工业用途的前提下的盘活利用。更新升级主要有 3 种方式，包括鼓励产业升级，经经开区管委会批准后，土地使用权人可以通过产业升级的方式提高土地节约集约利用水平，鼓励提容增效；允许工业项目转型为产业园区，建成时间不少于 6 年的工业项目，经批准可以转型为产业园区，同意以出租房屋的方式引进产业项目；提倡政府收储、回购，原项目无法继续实施的，提倡以合理的补偿价格收储回购的方式盘活重新利用。

（朱晓楠）

出台城市更新配套机制和文件

年内，经开区开发建设局在实施《关于促进城市更新产业升级的若干措施》过程中，形成城市更新专班联席会、主任专题会、主任办公会、工委会逐级审核机制；将实施流程中的关键性文件进行规范化，制订《城市更新产业升级方案》模板以及《城市更新产业升级园区协议》等一整套规范化文件；印发《城市更新调度机制》，进一步明确专班成员职责分工、项目审定及决策机制、项目实施阶段调度机制；加强城市更新工作组织领导、统筹协调、监督等工作；在管理思路层面，制定《城市更新产业升级空间供应方案规划图》；在政策实施层面，制定《城市更新产业升级实施流程图》；形成《北京经济技术开发区产业园区管理办法（试行）》，对园区实行年度评估制度，建立奖惩机制。

（朱晓楠）

城市更新产业升级项目推进

年内，经开区推进城市更新产业升级，累计有 90 多个意向项目，其中 36 个项目已进入分层分批审批实施阶段。36 个项目共盘活工业用地 156 公顷，提供 298 万平方米高品质产业发展空间，在经开区核心区、路东区、河西区和扩区范围内均有分布，涵盖多种盘活方式。其中，平台公司回购后盘活利用 5 个、平台公司回购后提容增效 2 个、涉法涉诉低效项目盘活 1 个、国企老厂转型升级 2 个、企业自主升级 1 个，现有园区升级提升 14 个，转型为产业园区 11 个。更新转型方向包括生物医药和大健康、新一代信息技术、高端装备制造等经开区鼓励发展的重点产业。

（朱晓楠）

空置土地处置

年内，经开区开发建设局加大闲置土地处置力度，收回富智康精密组件（北京）有限公司 42M1 地块国有建设用地使用权。另外，与百度云计算技术（北京）有限公司达成一致，于 6 月收回其 N15、N16 街区未开发的空置土地，共计 11 公顷。

（朱晓楠）

制定《亦庄新城工业用地红线保护办法》

年内，经开区开发建设局制定《亦庄

新城工业用地红线保护办法》。该办法根据经开区功能定位、产业发展趋势及用地现状，合理测算工业用地规模，确定工业用地保护红线，在资源总量上保障产业发展，对经开区工业用地进行严格管理。

（朱晓楠）

不动产登记

亦庄新城不动产证办理现场　　张泉 摄

年内，经开区开发建设局落实市规划自然资源委不动产登记优化营商环境3.0政策，推进各项改革政策落地；升级窗口服务，提供延时服务、不限号服务、免费复印、免费邮寄；推广不动产登记领域网上办事服务平台。全年办理各类业务22723件，发放证书17425本，咨询45362次，开具缴款书13025张。

（李国庆）

制定《土地精细化管理办法》

年内，经开区开发建设局制定《土地精细化管理办法》。该办法通过探索分层出让等精细化供地方式，充分挖掘空间潜力，建立合理、可量化的建设周期测算标准。

（朱晓楠）

土地出让

年内，经开区“225平方公里”内总计出让土地150.15公顷。其中，公共管理与公共设施用地5宗2.54公顷，分别为展示中心工程项目、经开区路东区E9A2地块A33基础教育用地项目、经开区核心区33号地块社区卫生服务中心工程、北京市大兴区旧宫镇YZ00-0801-0024地块基础教育用地项目、北京市通州区台湖镇亦庄新城站前区YZ00-0401-L0055-02地块A334托幼用地；工矿用地20宗107.54公顷，包括智能网联汽车制造业创新中心能力建设项目（N86M1）、智能网联汽车制造业创新中心能力建设项目（N87M1）、环保专有设备研发制造基地项目等；商服用地1宗26.53公顷，为经开区信创园一期项目；住宅用地2宗13.54公顷，分别为经开区河西区X46R1、X46R2地块R2二类居住用地，A334托幼用地项目、北京市大兴区旧宫镇南郊农场棚户区改造项目DX05-0200-0037/0038/6002等地块R2二类居住用地，均为普通商品房用地。

（赵靖云）

房屋市场管理

年内，经开区开发建设局办理房地产交易预售许可15件（住宅项目14件），批准销售用途以住宅为主，总建筑面积约为94万平方米，其中住宅面积约为82万平方米；办结房产实测绘成果审核业务73件，总审核建筑面积约为388万平方米。

（韩芳）

住房保障

年内，经开区开发建设局按照北京市

疫情防控相关要求开展保障房疫情防控工作。其中，出台相关工作方案；提前启动人才公租房配租，完成 46 家企业 864 套房的人才公租房发放工作；为区内企业提供 1000 间蓝领公寓作为周转住房，紧急筹集酒店解决住宿困难，并给予实际价格 50% 的住宿补贴；累计为 13 家企业 218 人分配周转用房 48 套，为 11 家企业 70 多人办理酒店入住，为企业解决复工面临的员工住宿困难问题；启动河西区 X90R1、X90S1 地块共有产权住房项目预售，该项目地上建筑面积约为 8.73 万平方米，容积率为 2.0，住宅总数 994 套，均为单套建筑面积 80~90 平方米的二居室，销售均价为 3 万元 / 平方米（含全装修费用）；完成集体建设用地建设租赁住房项目合作协议签订工作；对亦庄新城范围内可建租赁用房的集体建设用地进行摸底，制订集租房建设方案；启动国际人才公寓建设项目，完成亦城景园小区 300 套住房装修改造工作；开展人才公租房建设筹集工作，完成 X13 项目 1400 多套公租房回购工作等。

（刘伟）

物业服务企业动态监管

年内，经开区开发建设局完成物业管理项目合同备案 10 个、合同变更 29 个、合同注销 3 个。截至 2020 年年底，经开区物业管理项目合同备案总数 177 个。

（王涛）

普通地下室备案和物业项目安全检查

年内，经开区开发建设局巡视清理违法使用地下室以及地下室存在的事故隐患，治理普通地下室安全隐患，消除地下室违法违规使用行为。春节期间共巡视检查普通地下室 75 个，出动检查人员 150 人次，在巡视检查过程中发现 4 处普通地下室安全使用责任人普通地下室制度不健全，要求其立即进行整改。物业项目各项检查 126 次，共计 201 次。

（王涛）

住宅专项维修资金管理

年内，经开区开发建设局共审批住宅专项维修资金 5 笔，涉及电梯和消防系统维修工程，维修款总额为 730.52 万元。

（王涛）

汛期防汛

经开区开发建设局汛期防汛安全检查　　方针　摄

年内，经开区开发建设局于汛期前对经开区范围内住宅小区进行全覆盖检查，出动人员 80 人 / 次，通过工作平台向各物业服务企业发出汛情信息 16 次，累计 3424 条。在雨中、雨后加强重点小区巡查，出动人员 20 人 / 次，汛期查房 10 多次。平稳度过汛期。

（王涛）

施工现场质量安全管理

概况

2020 年，经开区开复工项目 363 个，建筑面积为1084.05万平方米。其中，房建项目153个，建筑面积为933.75万平方米；装修项目158个，建筑面积为150.30万平方米；市政项目52个，造价24.43亿元。经开区竣工项目106个，建筑面积为209.1万平方米。其中，房建项目37个，建筑面积为170.25万平方米，造价69.40亿元；装修项目61个，建筑面积为38.85万平方米，造价4.64亿元；市政项目8个，造价4.68亿元。经开区在监建筑工程项目施工许可证352个，建筑面积为1142.66万平方米。其中，房建在施项目施工许可证116个，建筑面积为763.5万平方米（住宅项目施工许可证29个，建筑面积为307.48万平方米）；装修在施项目施工许可证97个，建筑面积为66.46万平方米；完工未验项目施工许可证80个，建筑面积为102.03万平方米；停工项目施工许可证59个，建筑面积为237.67万平方米。经开区在监市政工程86个，造价合计35.89亿元。其中，在施市政项目施工许可证44个，工程造价总计19.75亿元；完工未验市政项目施工许可证42个，工程造价总计16.14亿元。经开区16个建设项目获北京市各类结构长城杯奖项，建筑面积为152.25万平方米；1个建设项目获国家优质工程奖，建筑面积为8.9万平方米。

（徐存柱）

质量监督工作

年内，经开区开发建设局开展质量监督执法检查493次，发现各类质量问题1219项，下发监督检查整改通知书377份、责令限期改正通知书28份，对监督检查中发现存在违法、法规行为的责任单位及个人移送处理20件，处理质量问题信访件28件。

（徐存柱）

推进重大项目开工

年内，经开区开发建设局对全区产业项目建立工程项目建设调度机制，协调、指导、调度产业项目建设过程，及时解决企业存在的问题和困难，缩短工程项目建设工期。全年推进北汽新能源高端智能生态工厂厂房定制项目、高端汽车及新能源汽车关键零配件产业园、北京亦庄细胞治疗研发中试基地等，均有显著进展。全年新开工项目216个，建筑面积为536.9万平方米。其中，房建项目71个，建筑面积为468.13万平方米；装修项目120个，建筑面积为68.76万平方米；市政项目25个，造价9.86亿元。

（李国庆）

绿色施工

年内，经开区开发建设局在全区工地推行绿色安全标准化工地，开展扬尘防治工作。其中，全区在施工地扬尘摄像头、洗轮机安装率实现100%，现场洒水降尘及裸露土方覆盖效果良好；加大对施工现场远程视频监控系统管理，定期开展非现场执法检查，全年共计视频检查1866次；推动使用高效洗轮机；加强建筑垃圾土方砂石运输管理；强化拆除工程、裸露地面和土方的扬尘治理；加强非道路移动机械管理，全区工地精细化管理。全年经开区共有4个项目通过北京市样板工地评审，18个项目通过北京市绿色安全工地考评。

（李国庆）

绿色建筑

年内，经开区开发建设局推进绿色建筑高星级建设，取得绿色建筑高星级标识认证项目 12 个，总建筑面积达 154 万平方米。其中，民用绿色建筑二星级以上项目 8 个，建筑面积为 127 万平方米；工业绿色建筑二星级以上项目 4 个，建筑面积为 27 万平方米。截至 2020 年年底，经开区已取得绿色建筑高星级标识认证的项目总建筑面积为 423 万平方米，其中民用绿色建筑标识认证的项目总建筑面积为 311 万平方米、工业绿色建筑标识认证的项目总建筑面积为 112 万平方米。经开区开发建设局推动既有建筑绿色化改造，兴基铂尔曼、隆盛大厦、亦城国际大厦和亦城科技中心 4 个项目通过验收，改造总面积为 51.4 万平方米。经开区开发建设局推动超低能耗示范建筑，包括 X88 地块幼儿园项目和东方雨虹宿舍 2 个项目，其中东方雨虹项目获市级奖励资金 900 万元（已拨付 450 万元）。

（李光伟）

两项基金返退

年内，经开区开发建设局对经开区企业新型墙体材料专项基金和散装水泥专项资金进行返退。其中，新型墙体材料专项基金返退 10 家单位，共 548.59 万元；散装水泥专项资金返退 11 家单位，共 47.48 万元。

（徐存柱）

施工安全检查情况

年内，经开区开发建设局开展施工现场质量安全检查 2181 家次，发现安全、防疫方面问题 4956 项，向执法局移交 10 家，行政处理 21 家。

（李国庆）

建筑起重机械管理

年内，经开区开发建设局加强建筑起重机械管理，全年安全生产无事故。截至 2020 年年底，全区共有使用中的起重机械 226 台，其中塔式起重机 170 台、施工升降机 35 台、物料提升机 3 台、卸料平台 18 台。经开区开发建设局委托国家建筑城建机械质量监督检验中心对经开区内起重机械设备进行检测。其中，检测塔吊 67 台，合格 57 台，合格率为 85%；检测施工升降机 21 台，合格 20 台，合格率为 95%。全年起重机械使用登记备案 210 台，其中塔式起重机 119 台、施工升降机 85 台、物料提升机 6 台。

（李国庆）

安全生产培训

年内，经开区开发建设局在经开区体验式安全培训基地对 263 家单位进行体验式培训，共 1.65 万人参加培训；利用安全月、防灾减灾日及消防日等节点，开展宣传工作，发放安全生产、食品安全、防火等各类宣传材料，组织消防演练、防汛演练等各类活动 10 多次。

（李国庆）

劳务市场管理

年内，经开区开发建设局完成检查 200 多次，约谈隐患项目参建单位 30 多家；监督指导施工项目劳务管理工作；印制劳务管理宣传条幅、保障农民工工资支付条例宣传海报、宣传展板等，对区内 2 万余名工人进行普法宣传，使用经费 4.5 万元；参与处理涉及工程款、工资纠纷的突发事件55起，涉及工人1582人，涉及金额1.03亿元。

（李国庆）

民防工作

概况

2020年，经开区开发建设局受理人防工程质量监督17项，面积为12.61万平方米；受理人防工程竣工验收10项，面积为1.87万平方米。经开区开发建设局鼓励引导使用单位将人防工程加以适度改造，用于改善社区服务、提升企业文化等，在全区域进行两次防空警报鸣响。

（刘毅）

全域防空警报试鸣

4月4日、9月19日，经开区开发建设局完成两次全域防空警报鸣响。经开区开发建设局和市人防办对接，在鸣响日前完成全区所有警报器的安装和调试工作，做好全民国防教育宣传和防空防灾意识普及，制订经开区鸣响工作方案、实施程序和保障措施，完成警报鸣响工作。

（刘毅）

人防工程管理

年内，经开区开发建设局开展人防工程调查摸底和隐患排查，健全人防工程管理台账，加大巡视检查力度和对违法违规行为的查处力度，消除安全隐患，打击违规使用人防工程行为；鼓励引导使用单位按照规划要求将空置人防工程加以适度改造，用于改善社区服务、提升企业文化等；加大民防宣传力度，联合相关部门在“3·1”国际民防日、“5·12”防灾减灾日、安全生产月等重点节点开展法制宣传活动，以广场宣传、知识讲座、演练观摩等形式为群众讲授民防知识及法律法规，传授防护救护技能。截至2020年年底，经开区开发建设局检查人防工程430次，现场提出各类整改要求近90处。

（刘毅）

信息化建设

概况

2020年，经开区行政审批局进一步贯彻国家大数据战略和北京市大数据发展相关政策，加快落实经开区工委、管委会领导提出的大数据、智慧亦庄和数字经济建设要求，着重开展经开区大数据建设规划研究，开展大数据建设2020重点应用实践项目建设，为打造升级版经开区做好大数据服务支撑和保障。年内，经开区行政审批局启动并完成《亦庄新城大数据创新提升发展规划》编制工作；启动《北京经济技术开发区政府投资信息化项目管理办法》编制工作。

（王砚海）

5G基站和Wi-Fi热点建设

截至2020年年底，经开区建成并开通5G基站达到1079个；在政府服务场所、文教医疗与体育场馆、城市景观道路、市政公园绿地、地铁站点周边、社区服务站6类区域建成公共Wi-Fi热点超过4000个。

（王砚海）

经开区政务云服务建设

年内，经开区行政审批局通过企业建设、政府购买服务的方式，完成经开区政务云服务项目。该项目构建经开区集约化的云资源服务，提供专属机房、机柜、云主机、云存储、视频云、互联网带宽、云安全等服务，同时满足各部门对于政务外网、互联网、行业业务专网的业务系统入云需求，为经开区行政事业单位信息化系统提供统一的云服务平台。

（王砚海）

虚拟城市地理信息服务平台上线运行

年内，经开区行政审批局搭建的虚拟城市地理信息服务平台上线运行。该平台提供亦庄新城“225 平方公里”高清卫星影像、二维 GIS、三维实景和三维建模四种 GIS 地图，为城市运行综合管理、城市综合执法、网上政务服务等平台运行提供技术支撑。

（王砚海）

政务大数据平台上线运行

年内，经开区行政审批局搭建的经开区政务大数据平台上线运行。该平台承担区内所有政务数据接入、汇聚功能，各业务系统产生的数据实时、全量接入平台并无条件共享。

（王砚海）

公共视频平台资源建设

年内，经开区行政审批局启动公共视频平台资源建设，通过公共视频平台资源，承担区内公共视频监控资源的接入、共享和管理功能。截至 2020 年年底，完成平台主体功能开发。

（王砚海）

路东区城市窨井监控项目

年内，经开区行政审批局完成路东区超过 1 万个井盖状态监测管理设备安装和荣华路、荣京街、永昌路所有管线探测入图任务，搭建的城市窨井监控管理平台和“城市窨井监控系统”App 上线试运行，所有井监数据接入经开区大数据平台和虚拟城市地理信息服务平台。

（王砚海）

统一运维工作启动

年内，经开区行政审批局启动并整合政务网络、视频监控、办公终端运维工作，推动政务网络运维工作标准、服务内容、运维团队队伍的统一管理。

（王砚海）

城市运行

综述

经开区生态环境质量持续改善。4项主要污染物持续下降，其中细颗粒物（$PM_{2.5}$）年均浓度为37微克/立方米，比2019年下降15.9%，首次低于全市年均浓度；地下水环境和地表水环境均保持稳定，无黑臭水体；土壤环境质量总体良好，无污染地块和疑似污染地块，土壤安全利用率达100%。

经开区水环境再树立新标杆。污水处理率保持100%，再生水回用率达100%，再生水厂严格按照准Ⅳ类标准排放，持续为河道提供优质水源；坚持"分质供水"，工业企业节水目标达成，万元GDP水耗4立方米，用水效率达到国际先进水平；完成海绵项目约240个，占地面积约为800万平方米，海绵城市建设达标面积超出全市平均水平的70%；完成区内800多家企业的用水指标下达工作，经济社会运行新水用水总量控制在4360万立方米以内。凉水河经开区段被推选为全国首批17个示范河湖之一，成为华北地区唯一的国家级示范河湖。

经开区绿化工作年度目标完成。栽植全市推荐彩叶树407株，布置花卉3.2万平方米；完成东区3条道路绿化隔离带植物更新、改造5.8万平方米；推进"增彩延绿，增花添彩"，启动北侧绿化带公园等的提升改造。经开区公园绿地500米服务半径覆盖率达96%，优于全市平均水平。南海子公园获批市级湿地公园，成为亦庄新城唯一的市级湿地公园。

经开区加强区域交通及出行环境建设。优化调整兴31路、兴59路公交线；与单车企业开展合作，推进电子围栏建设；增加路边停车位；完成全区39条道路优化提升，新建慢行系统110千米，建成全市首批慢行系统示范区；建设12.1千米的全国首条车路协同的高级别自动驾驶道路实现试车；与北京公共交通控股（集团）有限公司完成区域公交整合，530多名职工全部平稳转岗；区内公交全部更新为新能源车辆，同步纳入市级公交线网。

经开区推进垃圾分类工作。所有党政机关及32个居住小区均与专业单位签订收运协议；对党政机关及企事业单位垃圾分类情况开展3次监督检查，对32个居住小区每日开展监督检查。全年开展15次垃圾分类专项宣传教育活动。亦城景园小区被评为2020年第一批北京市生活垃圾分类示范小区。

（左燕 李欣怡）

公用事业

综合管理

概况

2020年，北京经济技术开发区城市运行局（简称经开区城市运行局）负责能源行业日常管理，指导协调水、热、电、气、网等驻区专业公司做好能源保障工作，强化统筹协调，保障经开区日常能源稳定供应。国网北京市电力公司亦庄供电公司继续开展地区电网建设，华康110千伏扩建工程按期竣工发电、标厂110千伏输变电工程投产，为亦庄地区新增主变容量20万千伏安、10千伏馈线70回，供电可靠性达到99.9995%。北京博大开拓热力有限公司完成燃气报警系统的更换检测、电气防火安全检测、建筑消防设施检测等工作。北京市燃气集团有限责任公司第四分公司完善制度体系，发挥“制度创安”，修订25项制度；年度维检修计划完成率为100%，全年未发生设备故障，故障率保持为0%。北京北燃港华燃气有限公司全年召开专项安全会议11次、组织各类检查及督查共77次、自查发现隐患和问题21项；累计完成泄漏检测80多千米，覆盖率为100%，未发现泄漏情况；完成过滤器滤芯更换、安全阀定期校验、压力表定期校验等工作；优化SCADA系统，增加监控站点，实现了全部次高压调压站及8处大型工商业用户的实时工况监测；深化TMS-SOM系统的应用，提升生产运营完整性管理水平。北京华油联合燃气开发有限公司完成经开区3.3平方千米燃气管道改移工程，运行情况良好；更新通州区马驹桥场站内的5台压力变送器（上传数据的二次仪表），保证数据上传的安全及时有效性；居民安检入户19912户，发现漏气隐患93处、其他隐患234处，隐患均处理完成。

（李森）

气瓶管理安全培训会

10月28日，经开区城市运行局组织区内16家城市运行保障企业的24名相关负责人，开展气瓶管理安全培训会。会上，对气瓶安全管理的相关内容进行了学习，重点介绍了气瓶采购、验收、运输、装卸以及使用和储存等方面知识。同时，要求各专业单位结合本单位实际情况，开展隐患自查，提升气瓶管理质量，确保气瓶使用安全。会后，经开区城市运行局现场检查企业落实情况，督促相关单位整改安全用气隐患。

（李森）

凉水河经开区段获全国首批示范河湖称号

11月20日，凉水河经开区段通过水利部专家组验收，获全国首批示范河湖称号。经开区的成功创建，展现了“水清、岸绿、景美、人和”的河湖管理要求，成为海河流域8个省市唯一的示范河道，为全国河长制、湖长制管理打造了又一“样板间”，形成了可复制、可推广的经开区经验，向全国推广。

（孙月）

天然气

北京燃气集团第四分公司调整天然气价格

2月22日，北京市燃气集团有限责任公司第四分公司根据市发展改革委印发的《北京市发展和改革委员会关于阶段性调整本市非居民用天然气销售价格的通知》（京发改〔2020〕444号）文件精神，对本市非居民用管道天然气销售价格进行调整。其中，自2月22日—3月15日，工商业用气城六区销售价格为2.83元/立方米，其他区域销售价格为2.62元/立方米，发电用气销售价格为2.44元/立方米，供暖、制冷用气城六区销售价格为2.61元/立方米，其他区域销售价格为2.38元/立方米；自3月16日—6月30日，工商业用气城六区销售价格为2.58元/立方米，其他区域销售价格为2.37元/立方米，发电用气销售价格为2.27元/立方米，供暖、制冷用气城六区销售价格为2.45元/立方米，其他区域销售价格为2.21元/立方米。7月1日，北京燃气集团第四分公司根据市发展改革委印发的《关于调整本市非居民用天然气销售价格的通知》（京发改〔2019〕1544号）和《北京市发展和改革委员会关于阶段性调整本市非居民用天然气销售价格的通知》（京发改〔2020〕444号）文件精神，对终端用户价格进行调整。其中，工商业用气城六区销售价格为2.87元/立方米，上调0.29元/立方米；其他区域销售价格为2.63元/立方米，上调0.26元/立方米。发电用气销售价格为2.29元/立方米，上调0.02元/立方米。采暖制冷用气城六区销售价格为2.47元/立方米，其他区域销售价格为2.23元/立方米，均上调0.02元/立方米。11月15日，北京市燃气集团第四分公司根据市发展改革委印发的《关于调整本市非居民用天然气销售价格的通知》（京发改〔2020〕1600号）文件精神，自11月15日至2021年3月15日对执行非居民天然气价格的用户进行价格调整，上调0.31元/立方米。其中，工商业用气城六区销售价格为3.18元/立方米、其他区域销售价格为2.94元/立方米，发电用气销售价格为2.60元/立方米，采暖制冷用气城六区销售价格为2.78元/立方米、其他区域销售价格为2.54元/立方米。自2021年3月16日起，取消上调。

（张天娇）

华油联合承建工程竣工投产

10月30日，北京华油联合燃气开发有限公司承建的经开区“3.3平方公里”燃气管道改移工程竣工投产。该项目完成DN300钢制次高压管道敷设1186米、新建DN300钢制阀门井1座、拆除DN300钢制管道1700米、焊接106道口、拍片530张，一次合格率为99.1%。项目于3月31日获立项批复，9月16日开工建设。

（刘烁）

华油联合分公司开展热线服务进社区活动

11月8日，北京华油联合燃气开发有限公司马驹桥分公司联合经开区管委会开展“听民意、解民忧”经开区市民热线服务进社区主题活动。活动现场收集了居民的意见以及本次活动的效果反馈，共接受现场咨询35人，发放宣传资料140份。通过现场互动问答、一对一交流的形式进行燃气知识答疑，为社区居民讲解安全用气知识、剖析燃气事故典型案例，指导居民防范和处置燃气突发事故的应急措施和方法。同时，在两周内为瀛海名居社区共697户居民免费更换物联网气表。

（刘烁）

华油联合分公司与经开区签署合作协议

12月28日，北京华油联合燃气开发有限公司马驹桥分公司与经开区城市运行局签署应急队伍建设合作协议。此次合作主要围绕明确指挥调度机制，将华油联合分公司维抢修队伍纳入经开区应急救援协作队伍，统一指挥，协调运行；加强应急队伍建设管理，提高应急处置救援能力；加强应急物资保障，在现有资源的基础上，不断充实物资配置，确保维抢修设备等应急物资处于良好备用状态；强化应急培训演练，提升实战演练效果，不断提高员工的应急意识和专业水平等内容。

（刘烁）

北燃港华提升信息化水平

年内，北京北燃港华燃气有限公司为实现地下管网全生命周期管理，加强信息化工具在管网运行中的应用，发挥数据采集与监视控制系统（SCADA）、地理信息系统（GIS）及安全运行管理系统（SOM）功能，实现对燃气系统进气、计量、调压、输配全过程的监测、管理和调度。同时，建立管网运行的预警机制，利用系统的分析判断功能，快速生成应急抢修方案，为科学决策提供依据。全年实现全部次高压调压站及8处大型工商业用户的实时工况监测，以及市政燃气设备设施的信息化管理，提升了生产运营完整性管理水平。

（杨军）

北燃港华提升服务品质

年内，北京北燃港华燃气有限公司以公司网上客户中心（VCC）系统为依托，开通线上业务办理功能，采用线下“非接触”作业方式，满足用户的用气需求。同时，为方便用户购气充值，在居民小区增设燃气充值用“圈存机”安装点3个，实现所辖区域各小区的全覆盖，惠及用户近万户。

（杨军）

·燃气公司·

北京华油联合燃气开发有限公司

2020年，北京华油联合燃气开发有限公司（简称华油联合）销售气量突破6.14亿立方米，其中经开区销售气量为3.34亿立方米。公司在经开区有天然气管网143.77千米，其中次高压及以上管线24.37千米、中压管线45.50千米、低压管线73.88千米。经开区管辖区域北至开拓5号厂，南至瑞和路，东至永昌中路，西至南海子东路；辖区内有场站4座、高中压调压柜13个、中低压调压柜（箱）139台、钢制阀门井43个、PE阀门井93个，累计有通气用户5689户。

华油联合成立于2001年6月22日，注册资本为1000万元，位于经开区宏达南路7号。公司主要负责经开区、门头沟区、通州区、大兴区、昌平区、山东齐河开发区和绥中开发区等地区的天然气供应，是一家集项目投资、开发、建设、运行管理于一体的综合性、专业化燃气公司。

（刘烁）

北京华油联合燃气开发有限公司

总经理　王涛

北京北燃港华燃气有限公司

2020 年，北京北燃港华燃气有限公司（简称北燃港华）实现天然气销售 6613 万立方米，利润总额为 2913 万元。截至 2020 年年底，公司通气居民用户有 9500 户、工商业客户有 249 户，建设市政燃气管线 50.36 千米。公司设有 8 个职能部门，有员工 57 人，其中具有中、高级职称人员 11 人。

北燃港华成立于 2005 年 1 月 26 日，注册资本为 4440 万元，位于经开区荣华中路 19 号，主要从事管道天然气经营。2005 年 3 月 16 日，公司与北京市原市政管理委员会签署北京市经济技术开发区东部区天然气特许经营协议，特许经营年限 25 年，成为北京市第一家获燃气行业特许经营权的企业。2006 年 6 月，公司获质量、环境、职业健康安全管理体系的认证证书；8 月，获北京市燃气经营许可证，具备了在特许经营区域内开展燃气生产经营活动的资质。2015 年 10 月，公司获北京市燃气供应企业二级安全生产标准化证书。

（杨军）

北京北燃港华燃气有限公司
董事长 冯　健（9 月任）
张春华（9 月免）
总经理 刘晓刚

北京市燃气集团有限责任公司第四分公司

2020 年，北京市燃气集团有限责任公司第四分公司（简称北京燃气集团第四分公司）的管辖面积约为 1300 平方千米，管辖范围为莲花池东路、莲石路、南二环以南的丰台区、大兴区、亦庄新城；辖区内共有管线 4802.84 千米、调压站 74 座、调压箱 5113 座、闸井 4768 座，有家庭用户约 133.29 万户、公服及各类生产用户 8245 户。公司设有 12 个职能部门、9 个所属机构，有员工 1124 人，其中具有中、高级职称人员 59 人。年内，北京市燃气集团第四分公司被评为北京市安全生产先进单位、首都拥军优属拥政爱民模范单位；组织出演的情景剧《牢记使命　守土有责》获 2020 年北京市应急管理青年情景剧大赛优秀作品奖。

北京燃气集团第四分公司成立于 2009 年 6 月 16 日，位于经开区宏达北路 5 号。公司经营范围主要包括供应与销售燃气（管道天然气）；销售燃气设备用具、燃气专用设备和施工材料；检测、检修、安装燃气设备；燃气和热力技术开发、技术转让、技术咨询、技术服务；销售电气设备、家用电器、日用百货、厨房用具、卫生间用具、五金交电（不含电动自行车）、家具、装饰材料。公司担负着市场开发管理，新用户发展管理，用户服务管理，燃气销售管理，区域内管网的运行、维护、带气作业及急抢修作业（中压 A 级以下压力级别）、外线拆改迁工程以及部分外线技改工程管理等职责。

（张天娇）

北京市燃气集团有限责任公司第四分公司
总经理 段卫东

电力

亦庄供电公司助力疫情防控

年内，国网北京市电力公司亦庄供电公司第一时间成立专项工作组，先后召开 20 次领导小组会，统筹部署上班模式、细化各项保障措施；勇担园区整体防疫责任，组织完成两轮 2964 人次核酸检测、1053 人次疫苗接种；常态化开展重点线路运维和状态检测，重点医院、医药企业、隔离场所等 29 个重要用户供电始终保持万无一失，调控人员连续封闭值守 93 天，区内 2.3 万余户居民享受“欠费不停电”服务；支出专项党费 5.24 万元、专项工会经费 8.65 万元，全体党员捐款共计 9030 元，全部用于一线防疫；执行国家降电价政策，全年累计为企业节省用电成本 2.43 亿元，占北京地区总减免电费的 9.89%；率先实现北京地区首个“三省”（省力、省时、省钱）项目（北京亦庄细胞治疗研发中试基地）发电；快速响应轨道交通项目要求，提前 1 个月实现有轨电车 T1 线全线送电，确保项目按时具备空载试运行条件；主动对接“3 个 100”市政府重点工程涉及企业，了解用户需求等。全年累计“三省”发电 17 户，占北京公司“三省”项目总量的 10.4%；接电容量 1.37 万千伏安，平均接电时长为 20 个工作日，为企业节省投资约 1300 万元。

（梁勇）

亦庄供电公司电网规划与建设

年内，国网北京市电力公司亦庄供电公司完成地区“十四五”110 千伏及以上网架优化分析；主动对接地区重大项目需求，及时调整亦芯城站规划时序及规模，将标厂 3 号 110 千伏输变电工程投产时间提前至 2024 年，新增 1 项标厂站扩建工程；配合国网北京市电力公司（简称北京公司）开展 2.20 平方千米智造基地电力专项规划编制和亦庄新城 500 千伏变电站选址、选线工作；完成博兴站扩建工程可研批复、立项核准；华康站扩建工程竣工发电，标厂 110 千伏输变电工程零缺陷投产，为亦庄地区新增主变容量 20 万千伏安、10 千伏馈线 70 回；完成 21 路瑞新站、华康站配套 10 千伏切改送电，缓解博兴、泰河重载压力；推进 23 个历史遗留项目实施完成；在路南区利旧新建架空线路 5.5 千米，实现待开发地块增量布局，落实“电等发展”部署；全年取得项目前期政府支持性重要文件 15 份，土地证、建设用地规划许可证等工程许可手续 27 项，实现基建工程依法合规建设；加强全流程造价管控，通过分部结算促进工程与资金支付进度匹配，实现“工完、量清、价实”；在北京公司范围内首家完成农民工工资支付。

（姚志璋）

亦庄供电公司经营管理

年内，国网北京市电力公司亦庄供电公司提高资金收支匹配度，通过内部协调、精准预测，保证公司整体支付精确到日，资金管控规范执行率达到 98% 以上；落实提质增效专项行动，通过 30 项举措、45 项工作，齐抓共管、开源节流；按月分析内部利润及资产负债率“双模拟”指标，及时解决经营难点；协助用电客户快接电、多用电，完成神州细胞工程有限公司、悦康药业集团股份有限公司等重点工程，解决了首都医科大学附属北京同仁医院经济技术开发区院区等重要用户的用电需求；全年受理报装 53 户，完成接电 33.02 万千伏安；结合经开区 929 户企业用能情况普查，逐户走访开展业务推广，完成腾龙数据中心能效提升等 4 项综合能源重点项目，综合能源服务收入 1780 万元；接收用户资产原值 6.38 亿元；通过大力增供扩销，公司售电量及利润保持逆势上涨，完成售电量 71.91 亿千瓦·时，实现内部利润 9.49 亿元；组织实施高压液相色谱法（HPLC）改造工程，换装集中器 106 台、载波模块 24237 个，更换电池欠压表 4300 多块，采集抄通率名列北京公司前茅；严格成本管控，全年非生产性支出压减 7.69%；开展资产清查工作，累计梳理卡片 18293 张，延寿使用有效资产 4.85 亿元，降低折旧费用；推进智慧供应链系统模块应用，提升物资库存可利用率；全年完成 519 吨废旧物资处置工作，创效金额为 1373 万元；首次实现后付费用户电费回收率 100%，居民用户电费回收率为 99.96%，追补违约使用电费 46.4万元；拓展智能代维业务市场，推广用户试验；主动支援北京奔驰汽车有限公司变电站紧急处缺，入选北京奔驰企业电力培训业务服务商框架；促进产业单位由施工为主的单一型企业向管理、施工、“新基建”建设并重的发展模式转变，为产业发展寻得新业务方向和利润增长点。

（徐晓萱　竺林）

亦庄供电公司安全生产

亦庄供电公司保障团队查看设备运行情况　　张博宁 摄

年内，国网北京市电力公司亦庄供电公司开展安全生产专项整治三年行动和“查风险、治违章、抓落实”专项安全大检查；在国网北京市电力公司（简称北京公司）范围内首家迎接安全巡查并完成 29 项问题整改；持续开展安全管理“九抓”（抓施工作业重点人、抓重点安全工器具和施工设备、抓重点工程现场、抓重点工作时段、抓典型违章、抓施工单位的分包管理、抓管理人员到岗到位、抓监理人员的作用发挥、抓消防安全管理要求的落实）工作，完善 30 项重点举措；修订安全责任清单 116 项，确保全员覆盖；部署开展配电自动化系统专项治理，完成 266 张电源图的校核与优化；持续加强外包单位安全同质化管理；开展应急和信息安全专项提升；完成“两会”、十九届五中全会、北京市中考等 14 项保障任务；明确 43 项度夏重点任务并按周推进；实施家电研究院、瑞得盛等度夏工程，解决 5 对不满足 N-1 运行线路；开展 21 次多专业联动负荷管控，保障大负荷期间地区电网安全运行；梳理 148 家度冬重点保障用户，制定 21 项保障措施；开展输电通道隐患集中整治，修剪移栽高大树木 341 棵，清理输电塔下坟头杂草、易燃杂物面积约 2 万平方米，完成 15 处塔基硬化；累计通过智能供电服务系统下发配网巡视工单 4227 张，比 2019 年增长 188%；对存在运行环境恶劣、负荷较重等问题的电缆开展精准分析，筛选出 82 条进行有针对性的诊断性试验，及时发现并消除 25 处严重缺陷；在北京公司范围内率先完成配变智能融合终端（TTU）接入工作，415 台终端在线率名列前茅；完成景园街站保护改造、2 座开闭站保护家族性缺陷处置等一批消防隐患工程；加强现场安全巡检，安全巡检及安全监控中心工作质量明显提升；制定并落实《关于加强现场人员及设备安全管理的通知》，发挥实训基地效用，进行工程开工前实景演练62次；在北京公司职能部门总结推广的23条安全亮点工作中，入选4条，数量位居属地公司第二。

（张立涛）

亦庄供电公司营销与优质服务

经开区交直流充电桩　　单位提供

年内，国网北京市电力公司亦庄供电公司打造重点用户红线外“零投资”典型案例，协同经开区经发局、营商合作局制订2项实施计划并加快推进；配合完成世界银行及国内营商环境评价工作，在北京市优化营商环境“千人千题”考试中获第二名；累计为791户用户提供“三零”（零上门、零审批、零投资）服务，平均接电时长4天，为用户节省投资约570万元；打造占掘路免审批“三零”案例2项；配合完成46户第三批市场化用电客户准入核查工作；发挥区域优势，开拓新兴市场，首批成立综合能源事业部；明确四类重点挖掘用户，制订典型综合能源方案；与国网北京市电力公司（简称北京公司）经研院合作，完成经开区综合能源规划编制；创新打造“千桩计划”，三年计划建设1000台以上充电桩，在经开区内市场占有率提升至55%，已投运375台；联合国网（北京）新能源汽车服务有限公司、北京静态交通亦庄建设运营有限公司，构建公交场站、停车场、园区、企事业单位等多种业态充电基础设施网络；深化用电客户服务业务管控，每日召开优质服务会商；建立“12345”工单满意度三级回访机制，快速精准响应服务诉求；制订“服务提升月”专项行动工作方案；完成一栋洋房623户居民“一户一表”改造，解决长达6年的历史遗留问题；推进老旧小区改造工程，根据居民需求制订个性化停电施工方案，完成天宝家园等8个小区改造现场施工并按时推进工程决算，实现了户均容量从不足3千瓦·时提升至6千瓦·时，并同步建设公共充电桩，实现有序充电。

（崔小磊）

亦庄供电公司科技与信息化

年内，国网北京市电力公司亦庄供电公司落实“新跨越行动计划”，联合创新工作室、实训基地，打造“众创空间”新格局；完成4项年度项目验收工作；“标准化有限空间作业多维度智能管控平台研发与应用”创新课题被国网北京市电力公司（简称北京公司）推荐为一等奖项目，参加北京公司2020年度科技创新成果奖审定会，获北京公司科技创新成果二等奖；千里眼QC小组的“时型电缆终端头快速拆卸装置的研制”课题在2020年电力行业优秀质量管理小组成果交流活动中获电力行业二等奖；申请8件专利；加装30套输电通道自动语音告警装置；创新“母子箱”新工艺，应用新型充电桩专用电缆配电箱和可扩展表箱，总体积减少 65%，总投资降低 68%。

（杜佳）

亦庄供电公司精神文明建设

年内，国网北京市电力公司亦庄供电公司对标国网北京市电力公司“夯基础、提质量”16 项重点任务，推进 61 个党建工作节点；实施消费扶贫，累计采买 1.9 万元的农产品和各类扶贫物资；实施“抓整改、除积弊、转作风、为人民”专项行动 60 项具体措施；开展巡视巡察整改“见底清零”工作，汇总梳理 194 项问题整改实证；常态化开展日常监督，细化“八项规定”监督检查，依托纪委书记月报开展专项检查 17 次；对车辆运行 GPS 轨迹进行跟踪监管，累计抽查车辆 195 台次；构建“核心层—骨干层—基础层”三级审计监督管理体系；完成工程项目结决算审计、成本审计 101 项，实现内部审计全覆盖；在各级媒体发布稿件 400 多篇，刊登《新闻 30 秒》6 条；首次接受中央电视台媒体采访；累计为公司 64 名职工解决实际居住困难等。

（温亦冰）

·电力公司·

国网北京市电力公司亦庄供电公司

2020 年，国网北京市电力公司亦庄供电公司（简称亦庄供电公司）实现营业收入 1.45 亿元、利润总额 550.39 万元、新签合同额 2.18 亿元，在下达指标基础上超额完成 10%。公司设置 9 个职能部门、2 个业务支撑机构、其他机构 1 个（数据运营管理中心）。公司全口径用工 234 人，其中全民职工 133 人、集体职工 9 人、直聘职工 92 人。全民工平均年龄为 36 岁，其中具有本科及以上学历人员占 94.74%，具有中级职称及以上人员占 61.65%，高级工程师及以上人员占 42.86%，管理岗位人员占 51.13%，技术、技能岗位人员占 48.87%。截至 2020 年年底，亦庄供电公司实现连续安全生产 5998 天；完成售电量 71.91 亿千瓦·时，比 2019 年增长 6.02%，较国网北京市电力公司（简称北京公司）整体增速高 6.4 个百分点；固定资产原值为 36.77 亿元，比 2019 年增长 23.46%；内部利润总额为 9.49 亿元，超额完成北京公司下达指标的 30.13 个百分点；城市供电可靠率为 99.9995%，在北京公司排名第一；实现全年电力服务“零投诉”，居全国地市级公司前列，获全国文明单位称号。

亦庄供电公司成立于 1993 年，是北京公司直属供电企业，负责经开区 60 平方千米范围内的电网规划建设、运行管理、电力销售和 10.97 万客户的供电服务工作。公司逐渐发展成为集发展规划、电网建设、调度运行、营销服务和安全生产于一体的区域性供电公司。

（梁勇）

国网北京市电力公司亦庄供电公司

经理 张心阳

热力

开拓热力完成安全生产评估工作

1 月 21 日，北京博大开拓热力有限公司配合其委托的专业机构开展 2019 年企业落实安全生产主体责任情况评估工作。评估专家组检查文件，并抽取 3 个基层单位实地检查具体工作落实情况。检查成绩优秀，得到了专家组的肯定。

（董迪）

开拓热力启动安全生产月活动

开拓热力开展“云演练” 朱秀立 摄

6月，北京博大开拓热力有限公司启动安全生产月活动。活动采取以视频为主的“云课堂”形式，开展“双宣讲”活动；采取腾讯视频“云演练”形式，开展应急演练周活动，增强全员的安全意识，提高自救互救、应急处置和防灾减灾能力。

（董迪）

开拓热力开展绿色工厂对标工作

11月30日，北京博大开拓热力有限公司参照绿色工厂相关标准规范，编制企业标准，组织完成对各热源厂、锅炉房的现场评价，并出具《绿色工厂评价报告》，分析未达标的原因，提出整改、改进和提高的建议，持续推进节能、降耗、减污和增效。

（董迪）

开拓热力开发能源管控平台

年内，北京博大开拓热力有限公司完成能源管控平台功能模块的开发，将各热源厂和区域锅炉房数据实时上传，自主完成外网用户仪表箱设计、组装和网络搭建等工作，并进行调试。该平台可以对各热源厂、区域锅炉房、换热站、外网用户的能源数据进行集中采集，并对数据做统一专业的分析，积累公司能耗数据。通过对能耗数据进行分析，辅助公司建立和推行各项节能制度、改造和措施，实现能源利用数据可视化、管理动态化，对公司能源利用进行精细化管理，从源头削减污染。

（董迪）

开拓热力节能减排项目

年内，北京博大开拓热力有限公司7个锅炉房完成烟气余热深度回收的节能技术改造，总装机容量为57.79兆瓦，每年节约天然气420万立方米，减少二氧化碳排放9080.4吨，减少氮氧化物排放7858.2千克；太阳能光伏发电站已遍布公司5个热源厂，全部完成并网发电，光伏电站总装机1350.95千瓦，总光伏板面积为7855平方米，年发电量约为147万千瓦·时，可减少二氧化碳排放887.88吨；在用的62台燃气锅炉完成低氮改造，采用更换低氮燃烧器、烟气再循环等技术，氮氧化物排放浓度由原来的100毫克/立方米降低至30毫克/立方米以下，远低于北京市《锅炉大气污染物排放标准》中在用锅炉的氮氧化物排放80毫克/立方米的标准限值，每年可减少氮氧化物排放约70吨。

（董迪）

·热力公司·

北京博大开拓热力有限公司

2020年，北京博大开拓热力有限公司（简称开拓热力）的营业收入为5.09亿元，实现利润3548万元。员工有441人，平均年龄为39岁，其中高级工程师8人、注册安全工程师 5 人，具有中级职称人员 24 人、大专及以上学历人员 224 人。公司下设 6 家专业分公司，所辖 5 个热源厂、6 个区域锅炉房，蒸汽产量为 93.62 万吨，热水产量为 451 万吉焦。截至 2020 年年底，公司总供暖面积为 1446.98 万平方米，拥有企业用户 306 户，供热居民小区 34 个，居民用户 38146 户；供热区域包括经开区的核心区、路东区、路南区、河西区和经开区以外区域 5 个部分；拥有区域热网 4 个（核心区、路东区、路南区、河西区），总管网长度 364.45 千米，换热站 33 个，窨井 1951 座。年内，开拓热力新增企业用户 8 户，新增供热面积 51 万平方米；获经开区和通州区居民供暖燃料补贴及相关款项共 1905.26 万元；用户服务满意度为 99.9%；完成经开区 X90R1、X90S1 地块共有产权住房锅炉房 BOO 项目安装工程；完成公司 76 千米的蒸汽管线及高温热水管线检测工作，并出具《公用管道定期检验报告》；北京市供热协会秘书长胡葆久一行 6 人到公司慰问一线员工；被市应急管理局评为北京市安全文化建设示范企业。

开拓热力位于经开区宏达北路 6 号，前身为成立于 1993 年 10 月 30 日的北供热厂，1995 年更名为开发区热力公司，1996 年 1 月 10 日更名为北京开拓热力中心，2011 年 8 月 23 日改制更名为北京博大开拓热力有限公司，注册资本为 5.78 亿元。公司作为经开区的城市基础设施单位，承担着经开区内企事业单位及居民的生产和生活用热保障。同时，负责经开区市政管网应急抢险抢修工作和北京市供热应急接管、代管工作，是北京市 39 支供暖应急抢险队之一。

（王宁　董迪）

北京博大开拓热力有限公司

执行董事兼总经理　李树栋

热电

华润协鑫制冷扩容工程投产

华润协鑫制冷扩容工程现场　　张雪龙　摄

10 月 28 日，华润协鑫（北京）热电有限公司完成制冷扩容工程 2 台溴冷机组、水泵、管道、电气等设备的安装。公司对外供冷能力增加至 2646 冷吨 / 小时，每年可为用户节电 4100 万千瓦 · 时，可减少二氧化碳排放 1.01 万吨，具有良好的社会效益和经济效益。

（谭艳）

· 热电公司 ·

华润协鑫（北京）热电有限公司

2020 年，华润协鑫（北京）热电有限公司（简称华润协鑫）完成发电量 6.92 亿千瓦 · 时、供热量 158.29 万吉焦。员工有 88 人，其中具有初、中、高级职称人员 15 人，注册安全工程师 2 人。年内，华润协鑫开展相关方人员入厂安全教育及再教育 116 次、培训 356 人，制止违章行为 21 次；组织各类 EHS 大检查、专项检查 16 次，开展应急预案演练 15 次，114 人次参与；开展疫情防控检查 102 次，发现问题隐患 119 项，全部完成整改；完成 4 台机组的 C 级检修以及设备预防性试验、技术监督重点工作 47 项、反事故技术措施 17 项、技术改造 18 项，提升了设备可靠性，实现节能降耗；1 件实用新型专利获授权；履行社会环保责任，各项污染物指标的排放均在规定限值标准以下。截至 2020 年年底，公司累计实现连续安全生产 5306 天。

华润协鑫成立于 2004 年 9 月 9 日，注册资本为 2.47 亿元，是港澳台与境内合资企业，主营业务为在经开区内投资建设、经营、管理天然气联合循环热电厂，提供供电、供汽服务，维护、技术服务，货物进出口、技术进出口、代理进出口。

（谭艳）

华润协鑫（北京）热电有限公司

总经理　齐寒

水务

亦庄水务智能制水项目工程完成竣工验收

9 月 10 日，北京亦庄水务有限公司建设的智能制水项目工程完成竣工验收。该项目将生产过程自动化、智能化与管理信息化紧密结合，提高水厂整体智能化水平，降低水厂综合能耗，优化水厂的运营及管理，并凭借该项目入选 2020 年北京市智能制造标杆企业名单。该项目的投产使亦庄水务再生水生产能力在 6 万吨 / 日的基础上提升至 7 万吨 / 日，提高了经开区水资源的绿色、智慧化供应管理水平。

（赵柏森）

亦庄水务生产再生水 1316 万吨

年内，北京亦庄水务有限公司负责运营的经开再生水厂、东区再生水厂 2 座再生水厂采用双膜法（微滤 + 反渗透）工艺，对污水进行深度处理，全年生产再生水 1316 万吨（约占经开区总供水量的 1/3）。

（赵柏森）

亦庄水务处理污水 2278 万吨

亦庄水务污水处理厂　田艳军　摄

年内，北京亦庄水务有限公司自主运营的东区污水处理厂（一、二期）（含提级工程）和南区污水处理厂全年处理污水 2278 万吨，经开区污水处理率为 100%。

（赵柏森）

自来水公司亦庄管理所检修市政消火栓

年内，北京市自来水集团禹通市政工程有限公司亦庄管理所配合经开区消防救援支队，全覆盖、周期性地开展经开区范围内市政消火栓巡查、检修工作。截至 2020 年年底，累计巡检 3013 次，包括清井 26 处，出动人工 688 人次、车辆 172 车次。

（张然）

自来水公司亦庄管理所服务保障工作

年内，北京市自来水集团禹通市政工程有限公司亦庄管理所处理百姓诉求，开展“接诉即办”工作，接收并解决诉求211件，其中水微56件、无水44件、水质调查68件、其他服务类咨询43件。

（张然）

自来水公司亦庄管理所自来水维修业务

年内，北京市自来水集团禹通市政工程有限公司亦庄管理所进行零活修理185处，包括更换DN100以下阀门56座；更换消火栓30座；保养维修消火栓19座；安排专人专车完成查找暗漏78处、修漏83处；更换井圈井盖12套；更换井盖18个；处理无水、水微、水质等用水问题999件；出动人工4038人次、车辆1346车次。

（张然）

自来水公司亦庄管理所完成配水管线工作

年内，北京市自来水集团禹通市政工程有限公司亦庄管理所完成北京亦庄水厂一期工程配水管线工程（三标段）管线的工作任务，安装DN2000管线、DN1400管线共计3890米。北京亦庄水厂一期工程配水管线工程（三标段）施工完成后，将为亦庄水厂运行及缓解经开区乃至南部地区的供水压力提供有力保障。

（张然）

自来水公司亦庄管理所监控供水管网

年内，北京市自来水集团禹通市政工程有限公司亦庄管理所利用帕玛劳监控分别监控林肯公园、南海家园三里、鹿海园五里、南海家园五里、贵园南里丁区、贵园北里甲区、三羊东里7个小区，每个小区30台帕玛劳设备各收数1次，共收数232个；完成DN300以上破损管线漏失监测，在经开区内布设7个帕玛劳点位，监测周期每5天1次，历时25天，收数35个；在经开区同济路、兴盛街等主干道进行水质监测，监测浊度、余氯指标，监测5个点位，监测周期55天，每天2次，共收数550个。全年累计收数817个，出动人工400人次、车辆200车次。为保障管网安全稳定运行，自来水公司亦庄管理所在经开区核心区主管线设备井统一安装智能井盖设备，安装2039个，共安装60天，出动人工480人次、车辆120车次。

（张然）

·水务公司·

北京市自来水集团禹通市政工程有限公司亦庄管理所

2020年，北京市自来水集团禹通市政工程有限公司亦庄管理所（简称自来水公司亦庄管理所）有员工56人。公司接受入区企业用水咨询服务32户，代用户报装43户；完成节假日供水保障任务，出动人员260人次、车辆208车次；保障“两会”与会人员驻地供水安全，在丰大国际大酒店周边布设帕玛劳监控14处，每天专人专车进行收数检测，并对丰大国际大酒店周边300多座设备井进行逐一掀盖检查；对北京新华印刷有限公司周边主管线进行水质监测，监测浊度、余氯指标，监测点位4个，监测周期9天，共收数80个；完成康定街18号博大永康公寓自备井置换和改造工程。

自来水公司亦庄管理所成立于1996年，位于经开区宏达北路甲5号，负责应对经开区范围内自来水管网突发事故和供水管网维修抢修，确保供水管网的安全稳定运行。

（张然）

北京市自来水集团禹通市政工程有限公司
亦庄管理所 负责人 吕超

北京亦庄水务有限公司

2020年，北京亦庄水务有限公司（简称亦庄水务）有员工214人，其中生产专业技术岗位人员占65%以上。全年生产再生水1316万吨，处理污水2278万吨。

亦庄水务成立于2008年5月9日，由亦庄控股独资设立，位于经开区西环南路5号，注册资本为5.61亿元，下属全资、控股、参股企业3家。公司专注于再生水生产、污水处理等环保领域投资及运行管理，力求为客户提供综合水环境改善整体解决方案。公司自主运营经开再生水厂、东区再生水厂、东区污水处理厂、南区污水处理厂、核心区和东区再生水管网，参股运营金源经开污水处理厂、东区污水处理厂（三、四期）、北京新航城东区再生水厂和北京新航城西区再生水厂。公司采用双膜法（微滤+反渗透）、序批式活性污泥法（SBR）、膜生物反应器（MBR）、移动床生物膜反应器（MBBR）等多种水处理工艺，拥有25万吨/日的污水处理能力（含大兴新航城地区2座再生水厂污水处理能力共计8万吨/日）、7万吨/日的再生水生产能力和10万吨的再生水输配能力，市政设施服务范围覆盖经开区。

（赵柏森）

北京亦庄水务有限公司

董事长　蒋玉明

总经理　范青如

通信

亦庄电话局利用大数据分析防控疫情风险

3月，中国联合网络通信有限公司北京市七区分公司亦庄电话局与经开区管委会下属职能局制订专项大数据集成方案。该方案为经开区管委会及下属职能局提供了重点区域大数据定向统计分析，可以更精确地对相关区域进行防疫部署。同时，通过大数据精准定向推送业务，为区内所有企业的返京复工人员推送各类防疫提示短信约200万条。

（田迅铭）

亦庄电话局保障网络及通信服务

“两会”网络及通信保障服务现场　　刘杨　摄

4月，中国联合网络通信有限公司北京市七区分公司亦庄电话局利用云数据中心优势，建立经开区管委会“接诉即办”平台；在18小时内协调网络建设部、网络维护部等部门，紧急开通经开区疫情防控隔离点的数据业务；为经开区内主要企业、工业园区提供热成像系统数据分析、保存、上传的一体化服务；为相关企业提供5G数据服务，满足经开区17个小区的疫情回传需求；为客户提供调试服务，坚持24小时服务保障。5月下旬，亦庄电话局调拨1辆应急通信车、2名信号工程师以及4名网络工程师保障代表团驻地在“两会”期间的网络畅通。

（康齐）

经开区邮政支局邮政特殊服务

5月，中国邮政集团公司北京市经济

技术开发区邮政支局参与“两会”服务保障工作，成立临时邮局，选派9名员工为“两会”驻地提供邮件收寄、邮件投递、集邮服务等，累计投递报刊31215份，收寄EMS、快递包裹175件。

（刘明明）

亦庄电话局与经开区管委会共建一号通办

6月，中国联合网络通信有限公司北京市七区分公司亦庄电话局与经开区管委会共同建设政务服务一号咨询平台（简称一号通办）。该平台以亦庄电话局IDC数据机房作为网络核心节点，实现项目网络的集中出入口，同时在IDC本地部署录音、数据服务器、中继网关，确保数据安全。网络核心节点通过语音中继和互联网专线分别与公众电话网和云客服平台连接。经开区政务服务大厅作为业务核心节点，按照平台规划作为咨询服务的统一接入点，根据需要将咨询呼叫在内部网络中进行转接。在业务核心点将呼叫转接至业务分支点——专业分支机构座席进行解答后，同步将咨询工单派发给转接座席。民众只需拨打一个号码就可以与多个机构进行沟通，解决问题，达成一号通办的效果。

（孙羿）

经开区邮政支局树立品牌形象

年内，中国邮政集团有限公司北京市经济技术开发区邮政支局为湖北省武汉大学中南医院免费捐赠防护服580套、口罩1500个，组织专人配送、专车直达送到指定医院；开通抗击新冠肺炎疫情绿色通道，承运来自马来西亚的捐赠防疫物资1000箱；主动承担教材寄递工作，与5所中、小学校签署合作协议，为1230名中、小学生寄发新学期全套教材，共计1166件包裹，开启专人揽收、专人分拣、专人消毒、专人配送的绿色通道，保证了特殊邮件的时效性。

（刘明明）

经开区邮政支局落实安全生产责任

年内，中国邮政集团有限公司北京市经济技术开发区邮政支局落实安全生产责任，与下属9个网点签订安全生产责任书，制订“安全月”工作计划，累计检查支局、网点150多次；领导带队夜查网点安全工作落实情况27次，查出安全隐患2处，并及时予以解决；完成“两会”等重大活动期间的安全保卫工作；定期组织金融网点开展防抢、防火、防盗、防诈骗等安全演练，提升员工应对突发事件的能力；强化安全管控，做到寄递渠道安全保障到位，逐级签订安全保障承诺书、责任书、保证书；做到消防安全保障到位，采取集中学习或逐一培训的方式，将电器使用方法、电池充电要求及灭火器的正确使用方法等培训送到基层。

（刘明明）

亦庄电话局发展5G基础设施建设

年内，中国联合网络通信有限公司北京市七区分公司亦庄电话局落实发展5G基础设施建设的指示，进行5G基站、5G室分的建设。截至2020年年底，完成区内363家企事业单位的5G覆盖，5G网络覆盖率为72.2%。此外，区内普通道路基站覆盖率为98.8%，用户光纤覆盖率为97.2%。全年新敷设108条光缆链路，链路总长度约为55.87千米。

（田迅铭）

·通信公司·

中国邮政集团有限公司北京市经济技术开发区邮政支局

2020年8月13日，中国邮政集团公司北京市经济技术开发区邮政支局更名为中国邮政集团有限公司北京市经济技术开发区邮政支局（简称经开区邮政支局），企业类型由全民所有制分支机构转变为有限责任公司分公司。全年实现业务收入5553万元，有员工264人，有邮政网点5个、营业部5个、投递部2个。在“双十一”期间，经开区邮政支局累计进口快递包裹、标快、约投挂号22.32万件。全年收到表扬信38封。

经开区邮政支局成立于2002年5月15日，位于经开区隆庆街4号，为经开区内企事业单位及居民提供全方位的邮政服务。

（刘明明）

中国邮政集团有限公司北京市经济技术开发区邮政支局 局长 刘东霞

中国联合网络通信有限公司北京市七区分公司亦庄电话局

2020年，中国联合网络通信有限公司北京市七区分公司亦庄电话局（简称亦庄电话局）继续建设5G基站和5G室分等基础设施，与经开区管委会共建政务服务一号咨询平台，利用大数据分析防控疫情风险。此外，亦庄电话局还多次参与和保障重大节日、活动等的网络及通信服务。

亦庄电话局成立于2008年，是经开区通信主导服务运营商，主要负责区内企事业单位、政府机构和公众用户的基础通信服务业务，以及针对政企用户提供定制化通信集成服务方案业务。亦庄电话局服务面积约为56平方千米，服务区域北起南五环东马路，向西经公园北环路、博兴十路往南至新凤河路，自新凤河路、博兴三路、西环南路向东至科创十七街，东起经海九路向北经科创十一街、经海七路、科创九街、经海路、科创一街至经海一路与东马路交界处。

（田迅铭）

中国联合网络通信有限公司北京市七区分公司亦庄电话局 局长 刘杨

北京华开有线电视网有限公司

2020年，北京华开有线电视网有限公司（简称华开有线）完成万源街4号华开电视播出总机房的搬迁腾退工作。截至2020年年底，公司建设的有线电视传输网络覆盖经开区50多个居民小区、20多个工业园区，全网线缆敷设总里程为900千米、接收端口总数量超过13万个，覆盖各类电视用户总计3万多户，包括路东区5000多户、核心区1.5万多户、河西区近9000户，并为100多家驻区企业提供有线电视节目信号，网络覆盖经开区60平方千米。公司累计为经开区居民用户或企业用户发放和置换标清、高清数字电视机顶盒近3万台，在网传输100多套数字电视节目信号，包括20多套高清电视节目；长期为驻区政府部门、公务机构、学校、幼儿园、医院减免有线电视工程费、收视费用。公司在经开区超过10个居民小区内持续开展基于有线电视CABLE电缆的宽带上网业务，CABLE方式上网服务的居民户接入率约为10%，为居民提供50M和100M两种速率的宽带接入服务，维持、发展个人宽带上网用户约2000户。

华开有线 1994 年获北京市广播局行文批准，受经开区管委会委托，负责经开区全区范围内有线电视传输网络的建设运营。

（席志斌 刘伟）

北京华开有线电视网有限公司

董事长 焦志祥

总经理 赵 龙（10 月任）

席志斌（10 月免）

北京歌华有线电视网络股份有限公司经济技术开发区分公司

2020 年，北京歌华有线电视网络股份有限公司经济技术开发区分公司（简称歌华有线经开区分公司）的有线电视注册户数为 33751 户，覆盖 40 多个居民小区、5 个工业园区。年内，歌华有线经开区分公司为辖区内用户传输模拟网中电视节目 60 套、广播 1 套，标清数字网中有模拟节目 12 套、数字节目 140 套、广播 12 套、服务 2 套，高清交互数字网中可收看数字节目 223 套、模拟节目 12 套，广播 12 套、服务 5 套、4K 节目 1 套；为政府和区域内各企事业单位提供网络建设、系统集成等方面的信息化高质量服务；春节、“两会”等重大节日和活动期间，启动重要保障期安全传输保障机制，完成有线电视安全传输保障和用户服务工作。

歌华有线经开区分公司成立于 2007 年 9 月 5 日，位于大兴区兴华南路 25 号。公司负责推进经开区有线电视用户数字化、高清化；有线广播电视网络的经营管理和维护；广播电视节目收转、传送；广播电视网络信息服务。

（李倩）

北京歌华有线电视网络股份有限公司

经济技术开发区分公司

总经理 田秋

市政设施建设

概况

2020 年，经开区城市运行局主要负责经开区范围内 168 条道路及桥梁的市政道路养护、市政路灯及亮丽工程养护、轻轨亦庄线沿线公共电梯维修和养护及部分未出让地块管护等养护类项目。年内，经开区城市运行局完成科创十一街、科创十四街 2 条道路的景观提升改造，对区内 18 座独立公共卫生间进行整体改造，开展并完成经开区人行步道无障碍设施的排查及改造；加快推进高级别自动驾驶示范区建设，完成 12.1 千米自动驾驶路段配套设施建设；在林肯公园社区重点打造国际化特色示范街区，建设标志性景观，开展实施国际人才社区城市家具项目。全年完成区级重点工作 11 项，为企业居民拟办实事 2 项。

（高新伟 崔经纬）

市政设施养护

4 月 1 日，经开区城市运行局开展市政道路养护、路灯及亮丽工程养护的招投标工作并确定了养护单位。市政道路养护单位为北京大富源建筑市政工程有限责任公司、北京市瀛海市政工程服务中心，负责经开区范围内 168 条道路及桥梁的养护及中小规模维修，养护费用为 4405.92 万元；路灯及亮丽工程养护单位为北京兴亦新市政工程管理服务有限公司、北京市瀛海市政工程服务中心，负责对经开区范围内市政路灯及迎宾广场等亮丽景观的巡查养护及维修工作，养护费用为989.65万元。各养护单位每日三班对经开区内道路及路灯等设施进行巡查养护，每班次5人，包括司机2人。全年完成17条道路沥青混凝土路面中修及集中修补、8条道路人行步道中修。巡查过程中发现并维修完成路灯照明设施故障900多次，亮丽工程修复36次，更换路灯井井盖147套，经开区路灯及亮丽工程整体亮灯率达98%以上。

（高新伟 崔经纬）

公厕改造

5月12日，经开区公厕改造项目通过竣工验收并投入使用。该项目位于经开区内部分公共卫生间，改造数量为18座，总改造建筑面积为1880.35平方米，改造后有一类公厕5座、二类公厕13座。项目总投资1380.82万元，于2019年10月开工建设。建设单位为经开区城市运行局，管理单位为北京市工程咨询公司，施工单位为北京双盈达建设有限公司，监理单位为北京方正建设工程管理有限公司。

（高新伟 崔经纬）

国际化特色示范街区建设

经开区国际化特色示范街区导视牌　　单位提供

5月25日，经开区国际人才社区城市家具项目通过竣工验收并投入使用。该项目位于经开区林肯公园社区，施工内容包括安装导视牌4个、指示牌7个、自行车架8组、垃圾箱2个、智能井盖5个、座椅6个、配电控制柜2台、隔离桩50个（含100个标识），以及电缆电线600米、弱电线及网线400米。项目总投资185万元，于4月27日开工建设。建设单位为经开区城市运行局，设计单位为绿盟（北京）国际工程设计有限公司，施工单位为北京博大经开建设有限公司，监理单位为上海宏波工程咨询管理有限公司。

（高新伟 崔经纬）

道路景观提升改造工程

道路景观提升改造工程　　单位提供

10月31日，经开区路东区科创十一街、科创十四街道路景观提升改造工程通过竣工验收并通车。该项目位于京沪高速路以东，南五环路与南六环路之间，科创十一街西起经海一路、东至经海九路，道路全长约2.84千米，科创十四街西起经海一路、东至经海路，道路全长约1.14千米；主要建设内容包括道路工程、交通工程、排水工程、照明工程及绿化工程。项目总投资估算为1.29亿元，于2019年7月15日开工建设。建设单位为经开区城市运行局，设计单位为北京市市政工程设计研究总院有限公司、中邦汇泽园林环境建设有限公司，施工单位为北京市常青市政工程有限公司（一标段）、北京城建华宇建设工程有限公司（二标段）、北京鑫实路桥建设有限公司（三标段），监理单位为北京政泰隆工程管理有限公司。

（高新伟　崔经纬）

高级别自动驾驶示范区建设

10月，经开区城市运行局启动高级别自动驾驶示范区（1.0阶段）项目。该项目位于经开区荣京街、科创五街、荣华路、宏达北路等路段，对核心区12.1千米28个路口进行车路协同智能化改造，安装悬臂式监控杆及监控设备、雷达、通信终端、基站、交换机等设施设备，搭建支撑L4级自动驾驶车辆测试运行的基础环境。项目总投资1.4亿元，于10月初开工建设。建设单位为经开区城市运行局，施工单位为北京百度网讯科技有限公司、北京博大经开建设有限公司、北京市市政工程设计研究总院有限公司，监理单位为北京京博通工程咨询有限公司。截至2020年年底，该项目已完成路口全量数据上传，优化场景功能，自动驾驶自主泊车（AVP）系统启动车场联调。

（高新伟　崔经纬）

公共电梯项目

11月30日，经开区公共电梯项目通过竣工验收并投入使用。该项目位于轻轨亦庄线（经开区段）沿线，共有10部过街天桥电梯。本次电梯维修更换了老旧的零部件，并加装了紧急呼叫系统。同时，委托电梯厂家对10部电梯进行日常维护保养，每日进行巡视、清扫等工作，做好巡视、保养维修记录，发现并维修完成电梯故障3次。项目总投资49万元，于9月进场维修。建设单位为经开区城市运行局，施工单位为北京九州电梯安装工程有限公司。

（高新伟　崔经纬）

无障碍设施改造项目

12月，经开区城市运行局开展实施经开区无障碍设施改造项目。该项目对经开区范围内主干路、次干路、区间路等区域道路存在盲道被占用、盲道距离建筑物不够250毫米、路缘石坡道高低差高于10毫米、未设置盲道、未设置提示砖等问题的人行步道进行改造。项目总投资99.8万元，于12月开工建设。建设单位为经开区城市运行局，施工单位为北京博大经开建设有限公司，监理单位为上海宏波工程咨询管理有限公司。截至2020年年底，该项目完成人行步道盲道改造3408.63平方米、人行步道坡道改造174平方米。

（高新伟　崔经纬）

市容环境秩序整治

概况

2020年，经开区城市运行局负责垃圾分类、扫雪铲冰、环卫保洁、广告牌匾等工作，通过经开区城市环境建设管理委员会等议事协调机构，逐步构建了分工明确、职责清晰、沟通快捷、办事高效的城市运行管理体系，完成市城管委和经开区管委会交办的各项工作任务。

（杜梦雨）

春节景观布置

博大公园灯笼墙装置　　陈伟 摄

1月22日，经开区城市运行局完成经开区2020年春节景观布置工作。项目总投资193.42万元，于1月14日开始布置。在道路两侧灯杆上悬挂灯笼、中国结；在生活区节点适当布置小雕塑，丰富街道夜间景观，并兼顾白天效果；在迎宾广场将经开区的LOGO结合地图形态进行布置，凸显区域特征；博大公园延用灯笼墙装置，局部增加节庆装饰，树木适当用点灯、串灯装饰；在各重要节点及过街天桥等处开展景观亮化布置工作，兼顾美观性和实效性，增强经开区居民的归属感和幸福感。

（杜梦雨）

生活垃圾分类推进工作指挥部成立

8月，经开区生活垃圾分类推进工作指挥部（简称指挥部）成立，并发布《北京市经济技术开发区生活垃圾分类推进工作指挥部组织架构》，旨在采取战时机制，强化社会动员，加快推进力度，解决点位问题，及时回应关切，高位协调、部门联动、重点突破、统筹协调推进全市生活垃圾分类工作开展。由经开区管委会副主任袁立洪担任指挥部总指挥，各相关部门、街道办事处、北京亦庄国际投资发展有限公司、亦庄控股安全生产管理部主管领导为指挥部成员。办公室设在经开区城市运行局，负责指挥部日常工作。办公室主任由经开区城市运行局局长刘文庆兼任。根据工作职责，指挥部办公室设立9个工作组。

（杜梦雨）

生活垃圾分类示范小区创建工作

9月，经开区城市运行局开展生活垃圾分类示范小区创建工作。其中，召开垃圾分类工作部署会，明确工作要求，并在垃圾分类设施配备等方面进行现场指导；联合博兴街道办事处对创建小区进行检查。经过区级评议、现场核验、市级综合评议等工作程序，经开区亦城景园小区于12月被市生活垃圾分类推进工作指挥部评为2020年第一批北京市生活垃圾分类示范小区。

（杜梦雨）

生活垃圾分类专项检查

12月，经开区城市运行局为落实北京市生活垃圾分类相关工作部署，对经开区32个居住小区开展生活垃圾分类工作现状检查工作。本次检查垃圾桶站157个、垃圾容器2422个，桶站设施达标率为100%，容器完好率为100%。从调查结果来看，经开区生活垃圾分类工作情况总体较好，部分居住小区存在厨余垃圾分类不纯净、公示牌不规范、垃圾容器满冒等现象。

（杜梦雨）

扫雪铲冰工作

年内，经开区城市运行局督促各养护单位做好扫雪铲冰准备工作，并多次组织检查，确保车辆、设备、人员、融雪剂等全部落实到位。年初降雪期间，累计出动清扫保洁人员1.44万余人次，参与扫雪铲冰作业的各类车辆、设备超过545台次；

市容环境处全体人员深入一线，做好巡查、指挥、调度及数据报送工作，确保降雪后第一时间将区内主要道路融通打透。

（杜梦雨）

户外广告拆违工作

年内，经开区城市运行局治理违规户外广告。其中，协同街道办事处，自主开展违规牌匾标识整治工作，共开展 230 多次检查，出动 510 多人次，上半年累计发现并拆除违规牌匾标识 38 块；针对市城管委发布的问题台账，联合经开区综合执法局、街道办事处开展拆违整顿工作。截至 2020 年年底，拆除工作全部完成，同时未发生任何舆情风险。

（杜梦雨）

市政交通建设

概况

2020 年，经开区城市运行局负责交通基础设施、交通运输行业的行业管理，以及交通综合治理工作。年内，经开区城市运行局制订并出台《2020 年北京经济技术开发区交通综合治理行动方案》，采取多种举措确保精准化防控措施落实到位、大力提升公共交通系统服务能力、不断改善慢行系统出行品质、持续推进区域堵点治理、强化巩固交通执法整顿、深入推动智慧交通加快发展等措施，提升区域交通的综合治理能力。全年经开区交通运行状况良好，高于预期；交通行业未发生较大以上等级安全生产责任事故，交通运行总体安全平稳有序。

（宋萍）

公交整合优化资源

亦庄公司运营启动仪式举行　　方针 摄

3 月，经开区与北京公共交通控股（集团）有限公司（简称北京公交集团）签订公共交通合作协议；8 月 10 日，亦庄新城区域公交的资源整合工作启动；8 月底，北京公交集团与北京博域通客运有限公司（简称博域通公司）完成业务整合，实现区内和市区公交资源的整合、博域通公司员工的安置，经开区公共交通运行平稳有序；10 月 9 日，北京公交集团承接经开区区域公交暨亦庄公司运营启动仪式举行，北京公交集团亦庄运营管理有限公司承接运营亦庄新城 8 条区域公交线路，经开区区域公交纳入北京公交线网管理。

（宋萍）

疫情防控阻击战

年内，经开区城市运行局整合重点企业和员工出行需求，组织公交运营公司开通员工复工“通勤线”，共开通 4 条定制公交线路和 12 条预售线路，累计服务区内企业员工通勤 3.2 万人次。同时，为保障区内企业的防疫物资、生产物资和医疗用品运输需求，打通到疫区的“货运线”，为企业即时办理绿色货运通行证并送证上门，共办理 48 张次应急物资及疫苗研发人员车辆通行证，其中 5 张绿色通道通行证主要服务于将瑞德西韦等疫苗药剂运抵武汉市金银潭医院。

（宋萍）

慢行系统建设

年内，经开区城市运行局通过加强规划设计、优化节点彩铺、加强局部改造、完善信号标识、强化路面执法等措施，新建慢行系统 110 千米；加快绿色慢行廊道建设，凉水河 44 千米绿道面向步行、骑行者开放。同时，结合《亦庄新城慢行系统规划》《亦庄新城绿道体系规划》的要求，按照“一保两优化，三无四加强”的整治标准，结合道路优化提升工程，制订慢行交通系统品质提升工作方案，提高经开区绿色出行比例。

（宋萍）

交通基础设施服务能力提高

年内，经开区城市运行局完善轨道网。其中，加快推进有轨电车 T1 线建设及沿线道路优化提升工程并于年底开通；改造道路网，实施多条道路的交通配套设施优化提升工程，天华东路、天华西路、科慧路等 17 条道路完成改造提升工作，对标线不清、标志褪色等交通设施，及时更换修复；采用机非隔离、路面彩铺等禁止机动车驶入；引入导流岛、安全岛，保证过街安全；使用新型材料、下凹式绿地等措施改善出行体验；通过布置智慧灯杆，提升道路科技含量。

（宋萍）

共享自行车管理

年内，经开区完成共享单车管理，完成哈罗和美团（摩拜）单车数据的接入工作，对异常单车行为进行跟踪、处理全流程管理；完成规范经开区互联网租赁自行车停放秩序工作，加强对互联网租赁自行车投放、使用、停放的管理，完成“入栏结算”试点项目实施，主要包括 12 个试点点位的线框施划、安装蓝牙道钉和停车引导牌。

（宋萍）

推动智慧交通发展

年内，在经开区城市运行局的统筹管理和支持下，北京百度网讯科技有限公司启动高级别自动驾驶车路协同项目方案研究，项目建设以“1+1+2+N”[一张城市感知神经网络、一个城市智能云平台、两个中心（大数据中心、AI 计算中心）、N 个业务场景应用]为总体框架，支撑打造全球首个城市级尺度高级别自动驾驶车路协同示范高地。项目一期拟覆盖 20 千米道路、51 个路口，投资额约为 2.4 亿元，于 10 月开工建设。

（宋萍）

园林绿化

概况

2020 年，经开区城市运行局负责园林绿化工作，承担园林绿化生态保护修复养护和城市绿化美化工作。截至 2020 年年底，经开区绿地实现率为 28.14%，公园绿地 500 米服务半径覆盖率为 96%。

（李欣怡）

绿化养护水平提升

年内，经开区城市运行局提高绿化队

伍的管理。其中，绿化养护公司全部通过政府采购模式确定，严格按照合同约定实施绿化养护等工作；完善检查考评制度，细化检查考评方式，按照月检查、专家考核、专项检查等方式，定期、定项对绿地养护开展检查考核、评比打分，并加大绿化养护奖惩力度；建立健全专业技能培训机制，组织一线养护作业人员培训，提高养护人员作业水平。同时，聘请专业技术人员对绿化养护情况进行管理。其中，为使病虫害防控工作精准、有效，引入第三方机构对病虫害防控进行监管，重点从防治方案、防治措施、防控手段等方面重点把控，提升防控效果，保障经开区良好的绿地生态环境；为减少融雪剂对园林植物的损害，防止绿地土壤盐渍化，对区内 32 条重点道路、易发生盐害路段的分车带绿地安装挡盐板，共计安装 18.40 万延米；对区内未绿化区间路、边角地等未绿化区域进行全面梳理，完成绿化整治 2.2 万平方米，并将 4.1 万平方米无人管护区域纳入日常看护管理范畴，消除绿化死角。

（李欣怡）

推进“城市色彩”建设

更新后的经海三路绿化带隔离栏　　田艳军　摄

年内，经开区城市运行局按照“夏季增花、秋季添彩、冬季延绿”的工作原则，实施彩叶树种更新和优化工作。其中，企业文化园、博大公园、荣华路等重要区域示范性种植工作启动，在现有园林绿化的基础上，优先在关键转角点位、重点视觉观赏区域增植银红槭、银白槭、红栌等观赏价值高、适应性强的秋季彩叶树种，共计栽植各类彩叶树木 470 多株。全年对重点路段布置 3 次、一般路段布置 2 次，营造“三季有花、四季常绿”城市景观；为营造国庆节气氛、中秋节气氛，荣华路、荣京西街、东环路等重要路段及点位“增花添彩”工程实施，增设花坛和花境 6640 平方米，在花卉栽植的基础上，更换时令花卉 1.75 平方米。截至 2020 年年底，经开区花坛和花境面积共 2.2 万平方米，花箱及容器花卉 4124 个。经海路、经海三路、经海四路隔离带景观提升工程完成，更新、改良隔离带植物 5.8 万平方米，栽植崂峪苔草、麦冬、藤本月季等久绿型乡土地被，延长绿化隔离带绿期及花期。

（李欣怡）

绿化资源循环利用模式

经开区实施绿化资源循环利用模式　　田艳军　摄

年内，经开区城市运行局实施绿化资源循环利用模式。其中，通过安装龙骨、增设立体滴灌等措施对博大公园灯笼墙框架灵活变换搭配，“一架多用”盘活资源，在春节期间悬挂灯笼，其他季节摆放时令花卉，使墙体景观与周边环境相适应；“五一”过后，将博大公园广场摆放的花卉，栽种到西环路绿化隔离带，栽种面积为1600平方米，对企业文化园、博大公园树木进行疏植，并配合区内道路改造，将疏植、闲置树木栽种到空闲区域，共计移植乔木、灌木1150株，增加绿化面积1.8万平方米，累计节约资金206万元。

（李欣怡）

暂未出让地块分类应用

居民体验向日葵采摘　　单位提供

年内，经开区城市运行局综合各地块出让计划、土地性质、所处区域等综合因素，对暂未出让地块进行分类应用。一是播种花卉，为区内企业职工、居民提供休闲新去处，包括在临近居民区的X40地块内，种植向日葵2.9万平方米，并组织区内居民体验向日葵采摘乐趣；在临近企业的X44地块内，种植了1万多平方米的环形花圃，并面向公众开放。二是疏植树木，扩大绿色资源面积，将面积较小的地块合理利用，为公园疏植、道路改造临时闲置树木提供了“歇脚地”，增加绿化面积1.8万平方米，在美化辖区环境的同时，也起到了绿色生态环境建设作用。通过巧用区内暂未出让地块，使12万平方米空地在美化辖区公共环境、惠及民生方面发挥了“临时效用”。

（李欣怡）

杨柳飞絮治理

年内，经开区城市运行局按照市园林绿化局《关于做好城镇绿地杨柳飞絮综合治理的通知》，成立杨柳飞絮综合防治工作专班；完善杨柳雌株台账；加强湿化作业，全年园林绿化养护单位共出动水车3168车次，环卫作业单位共出动保洁、清洗车辆10584车次；对辖区台账内的1.50万余株杨树、柳树雌株进行“抑花一号”打孔注射工作。

（李欣怡）

林木有害生物防控

年内，经开区城市运行局完成经开区区域范围内约1290.6万平方米绿化面积美国白蛾病虫害防控工作，全年打药5次。为预防重大林木有害生物灾害和疫情发生，对经开区林木有害生物进行监测，定期向北京市林保站汇报测报工作。

（李欣怡）

绿地认建认养专项整治工作

年内，经开区城市运行局按照北京市绿地认建认养专项整治工作要求，将河西区6处绿地内建筑拆除，累计5295平方米，并同步对拆除地块实施复绿；启动绿地精品化提升工作，考虑异质人群需求和差异，打造“一园一特色”，构建服务于周边百姓的城市绿色空间。

（李欣怡）

公园绿地和湿地建设

年内，经开区城市运行局协助亦庄控

股为南海子公园申报市级湿地公园并获批。截至 2020 年年底，经开区已规划公园绿地 260 处、面积为 818.62 万平方米，已建成公园 180 处、面积为 625.02 万平方米，公园建成率为 76.35%。经开区城市运行局借鉴深圳公园城市和通州城市绿心公园经验，结合经开区绿地现状，启动“59.6 平方公里”范围内公园城市规划方案编制研究工作。

南海子公园　　卢金曦 摄

（李欣怡）

生态环境

概况

2020 年，经开区城市运行局负责生态文明建设和生态环境保护工作。年内，经开区城市运行局打赢三大污染防治攻坚战，落实减排措施，持续深化“一微克”行动，经开区环境质量持续向好，4 项主要污染物持续下降，空气质量中细颗粒物（$PM_{2.5}$）累计浓度为 37 微克 / 立方米，比 2019 年下降 15.9%；加快形成绿色发展方式，发挥绿色发展资金引导作用，推动 3 家企业通过绿色供应链评选、9 家通过绿色工厂评选；加强疫情期间重点单位污水处理管理以及危险废物帮扶管理；完成环境监测、排污许可证、环境统计、固定源和移动源各类专项检查等环保工作。

2020 年，北京经济技术开发区“无废城市”建设工作专班（简称经开区“无废城市”建设工作专班）按照“无废城市”建设试点实施方案，明确任务分工建立考核工作机制，定期统筹调度形成联动工作机制；创新完善政策支撑体系，制定涉及 14 项 81 类常见工业固体废物的一般工业固体废物分类名录，试点危险废物管理实施细则，实行危险废物集中收运体系，解决企业危险废物管理难、成本高的问题；构建绿色制造体系，12 家企业入选第五批绿色制造名单，逐步实现全产业链条减废提质；启动绿色技术创新大赛，推动固体废物市场化服务，培育引进节能环保产业，以市场化服务模式推动“无废城市”建设；重点打造示范工程，一般工业固废管理平台投入使用，完成环保主题公园设计方案国际征集工作；着力打造“无废”名片，承办并参与多项国内外活动，评选产生 78 颗“无废之星”；形成的“六大经验模式”“十大典型案例”作为试点建设重要成果，得到生态环境部的高度评价，成为对外宣传介绍的“亦庄经验”。

（赵莘莘　付铠）

“无废城市细胞”创建工作

4 月，经开区“无废城市”建设工作专班主办的“无废城市细胞”创建工作启动，面向区内绿色企业、节约型机关、节约型学校、绿色社区、绿色家庭等征集典型“无废”案例。12 月 31 日，经开区“无废城市细胞”创建工作落下帷幕，在众多征集案例中评选出 78 颗“无废之星”，其中绿色企业 10 家、无废项目 12 个、节约型机关 1 个、绿色街道 2 个、绿色社区 14 个、节约型学校 4 个、绿色商业综合体 1 个、绿色餐饮酒店 4 家、绿色家庭 14 个、无废个人 16 个，助力经开区“无废城市”试点建设。

（付铑）

实验室危险废物暂存间启用

北京亦庄生物医药园实验室危险废物暂存间　　卢金曦　摄

7 月 22 日，北京亦庄生物医药园实验室危险废物暂存间揭牌并启用，标志着北京亦庄生物医药园危险废物集中收运体系启动。该危险废物暂存间按照国家相关标准对生活垃圾房进行扩建，成为经开区首个危险废物暂存间。暂存间投资 80 万元，建筑面积为 103.77 平方米，危险废物、废液按规定码放在暂存架上，年最大中转各类危险废物 291 吨。作为经开区“无废城市”建设探索的危险废物管理路径，北京亦庄生物医药园危险废物集中收运体系将帮助企业解决危险废物收集、贮存、转运等管理过程中面临的一系列难题。经初步统计，与单独委托进行危险废物处置相比，实行危险废物集中收运体系，可使区内企业的危险废物管理成本降低 40% 以上。

（付铑）

生态环境部领导调研“无废城市”建设

8 月 1 日，国家“无废城市”建设试点部际协调小组副组长、生态环境部副部长庄国泰带队到经开区就“无废城市”建设工作开展情况进行调研。调研组一行到经开区重点“无废城市”建设试点企业、项目开展实地考察，了解企业绿色工厂、绿色供应链建设及经营性园区固体废物管理模式等情况，对经开区“无废城市”试点建设各项工作取得的成效给予肯定。经开区工委书记王少峰、管委会主任梁胜等领导参加调研。

（付铑）

12 家企业入选第五批绿色制造名单

10 月 16 日，工业和信息化部办公厅发布《关于公布第五批绿色制造名单的通知》（工信厅节函［2020］246 号），认定绿色工厂 719 家、绿色设计产品 1073 种、绿色工业园区 53 家、绿色供应链管理企业 99 家。其中，经开区利乐包装（北京）有限公司、北京北汽李尔汽车系统有限公司、拜耳医药保健有限公司、赛诺菲（北京）制药有限公司、北京 ABB 低压电器有限公司、富智康精密组件（北京）有限公司、北京盛通印刷股份有限公司、中粮可口可乐饮料（北京）有限公司、北京新华印刷有限公司 9 家企业入选绿色工厂名单，北京京东方显示技术有限公司、北京奔驰汽车有限公司、盛通股份 3 家企业入选绿色供应链管理企业名单。

（付铑）

环保主题公园设计方案征集工作

10月20日，经开区环保主题公园设计方案征集应征设计方案评审会议召开。经过专家评审，法国TER（岱禾）景观与城市规划设计事务所（AGENCETER）提交的方案获第一名、德国雷瓦德景观建筑事务所（Rehwaldt Landschaftsarchitekten）提交的方案获第二名、北京土人城市规划设计股份有限公司提交的方案获第三名。环保主题公园位于经开区河西区Ⅱ-6街区，包括X93与X97地块，其中X93地块占地面积为8.85万平方米、X97地块占地面积为15.03万平方米，总占地面积为23.88万平方米，预计总投资超亿元，将在总体定位、空间结构、功能布局以及自然能源利用等方面展现低碳、绿色、节能、无废的建设理念。

（付铊）

一般工业固废管理平台投入使用

11月，经开区一般工业固废管理平台通过专家评审并投入使用。该平台集基础统计、数字监管及可视化分析为一体。该项目自2019年第四季度启动，于2020年第二季度完成开发并进入试运行阶段，总投资350万余元，依托政务云部署。全年该平台累计统计产废企业312家，年产一般工业固体废物20万余吨。2020年下半年，电子联单功能投入使用后，有产废企业102家、物资回收或资源综合利用企业41家应用，共发起电子联单2247单，关闭联单1353单，转移一般工业固体废物约5万吨。通过“目录+平台+联单”的管理模式，利用信息化手段，经开区逐步构建起“一规完善分类、一网数据尽统、一单全程跟踪、一键资源匹配、一表分级评价”的服务于工业固体废物全生命周期的数字化管理模式。从而最大限度地把控一般工业固体废物流向，促进源头减量、提升循环利用效率，并不断为经开区产业布局规划、政策决断提供参考信息和判断依据。

（付铊）

“无废城市”建设市场体系专题座谈会

11月28日，由生态环境部指导，生态环境部环境发展中心、经开区管委会主办的“无废城市”建设市场体系专题座谈会在经开区召开。会议讨论认为，要通过构建规范开放的市场，强化环保产业支撑，创新环境治理模式，健全价格收费机制，加大财税金融支持力度等手段，加快构建更加有效的市场体系。国家“无废城市”建设试点部际协调小组副组长、生态环境部副部长庄国泰和经开区工委副书记张继红分别致辞。来自相关领域的专家学者100多人参会，共同探讨“无废城市”市场体系建设路径，并针对运用市场机制推动试点工作开展讨论。

（付铊）

绿色制造体系构建

年内，“无废城市”建设工作专班推动绿色制造体系构建，以规划、政策服务绿色园区建设，以龙头企业构建绿色供应链体系，以重点企业推动绿色工厂建设，以全产业链促进绿色产品研发，使绿色制造体系更加完整，初步形成“绿色工业园区—绿色供应链—绿色工厂—绿色产品”的完整绿色制造体系。依托北京奔驰汽车有限公司、北京京东方显示技术有限公司以及北京盛通印刷股份有限公司等企业，构建起3条完整的绿色供应链，建立适用于不同类型企业和不同阶段产品的绿色供应链体系。通过核心产业绿色升级，带动全产业链条降低资源消耗、实现固体废物减量和高质量发展。同时，不断完善绿色供应链建设体系标准，推动更多的供应链企业建设成为绿色供应商，促进全产业链实现绿色发展。

（付铠）

生活垃圾分类回收体系建设

社区垃圾分类　　张笑嫣 摄

年内，“无废城市”建设工作专班开展生活垃圾分类回收体系建设工作。其中，针对区内两个街道，探索建立“互联网+源头分类”“撤桶并站、站边指导、定时投放、积分奖励、全程管理”等多种模式，形成各具特色的生活垃圾分类模式，居民小区垃圾分类实现全覆盖，居民知晓率达100%，小区参与率达100%，居民参与率达94%以上；依靠智能化手段，促使回收行业转型升级，建设16处可回收物自主投放站，推出垃圾分类参与积分兑换平台，构建起2千米生活服务圈；借助互联网技术手段，提供大件家具预约上门回收服务，引导闲置物品循环利用，打造固体废物处置与智能科技融合发展的新兴业态。

（付铠）

经营性产业园区固体废物管理

年内，经开区以亦城财富中心和北京经开·数字工场两个园区为试点，探索经营性产业园区生活垃圾统一管理模式。亦城财富中心试点通过前端垃圾分类和专业垃圾处理设备引进，实现了生活垃圾精准分类，使可回收物出售收入达到20~30元/天；实现生活垃圾体积压缩，使日清运成本降低51%；实现厨余垃圾就地处置，解决传统垃圾房的卫生问题，降低垃圾清运成本。北京经开·数字工场园区试点通过固体废物源头减量和精准分类，使格拉默汽车内饰部件（北京）有限公司与北京日伸电子精密部件有限公司年包装废弃物产生量分别减少57%和33%。试点过程中，倡导企业主动践行固体废物源头减量和垃圾精准分类，形成经营性产业园区固体废物统一管理的长效机制，逐步实现经济效益和环境效益的有机统一。

（付铠）

绿色发展资金项目

年内，经开区城市运行局根据《北京经济技术开发区2019年度绿色发展资金支持政策》（京技管〔2019〕46号），累计接收绿色发展资金申请项目120个，经过项目初审、现场核验、专家评审、财务复审环节，通过评审的项目数量为82个，支持资金共1049.44万元，带动企业总投资6958.87万元，实现二氧化碳减排4846.96吨、氨氮减排36.13吨、化学需氧量减排23.58吨，有效促进区域环境质量改善。

（王君丽　王欣）

做好疫情防控常态管理

年内，经开区城市运行加强疫情期间

重点单位污水处理管理，每周对 4 家污水处理厂和 6 家医院进行监测，监测结果显示 10 家单位污水处理设施运行正常，消毒措施到位，污水排放达标。同时，做好危险废物帮扶管理，加强区内 10 家核酸诊断单位医疗废物贮存、转移工作，协调转移单位及时清运；帮助北京京东方显示技术有限公司、中芯国际集成电路制造有限公司等重点企业解决危险废物转移困难。

（赵荦荦　龙庆华）

污染防治攻坚战行动计划

年内，经开区城市运行局牵头编制并印发《北京经济技术开发区污染防治攻坚战 2020 年行动计划》，涵盖大气污染防治、水污染防治和土壤污染防治。大气污染防治方面，在降低移动源排放、推进扬尘精细化管理、生产生活排放减量、清洁能源消费、重污染应对和基础能力保障六大方面提出具体措施 26 条。截至 2020 年年底，经开区空气质量中细颗粒物（$PM_{2.5}$）年均浓度为 37 微克 / 立方米，比 2019 年下降 15.9%，创有监测记录以来历史最优。水污染防治方面，在防止地下水污染、水污染治理、水生态保护、完善水环境管理机制四大方面提出具体措施 9 条。截至 2020 年年底，经开区地表水水环境质量、地下水水质总体稳定。土壤污染防治方面，在推进详查监测、土壤污染源头管控、建设用地环境风险和保障措施四大方面提出具体措施 15 条。截至 2020 年年底，经开区无污染地块和疑似污染地块，土壤安全利用率为 100%。

（齐琦　赵荦荦）

秋冬季大气污染综合治理

年内，经开区城市运行局落实《北京经济技术开发区 2019—2020 年度秋冬季大气污染综合治理攻坚方案》，监管重型柴油车、管控工地道路扬尘、治理挥发性有机物，秋冬季空气质量中细颗粒物（$PM_{2.5}$）平均浓度为 54 微克 / 立方米，重污染天数为 11 天，完成秋冬季任务指标。全年累计启动空气重污染黄色预警 1 次。空气重污染期间，经开区管委会领导多次深入一线督导检查，各单位、街道按要求第一时间启动应急响应，落实停工、停驶、停限产等保障措施，最大限度发挥“削峰”“降速”作用。

（齐琦　赵荦荦）

污染物减排

年内，经开区城市运行局推进污染物减排工作。全年推动实施挥发性有机物减排工程单位 9 家，其中结构减排 2 家、工程减排 7 家，实现挥发性有机物减排 166.71 吨，比 2019 年下降 7.6%。

（齐琦　赵荦荦）

生态工业园区建设评审

年内，经开区城市运行局牵头开展 2019 年度国家级生态工业园区评审，从经济发展、产业共生、资源节约、环境保护和信息公开等方面进行系统回顾，完成 2019 年度国家生态工业示范园区建设评价报告。

（齐琦　赵荦荦）

绿色园区自评

年内，经开区城市运行局牵头开展 2019 年度国家级绿色园区自评，系统梳理经开区绿色发展水平及能力状况，完成 2019 年度国家级绿色园区自评报告，并通过审核。

（齐琦　赵荦荦）

“十四五”时期生态环境建设规划编制

年内，经开区城市运行局编制完成“十四五”时期生态环境（保护）建设规划初稿编制。该规划总结“十三五”期间生态环境建设所取得的成果，针对“十四五”期间生态环境所面临的形势、主要工作目标、环境质量、低碳发展、生态空间、环境风险管理及治理体系等方面提出措施和目标。

（齐琦　赵荦荦）

环境管理检查

经开区城市运行局环境监察现场　　龙庆华　摄

年内，经开区城市运行局强化环境监察工作，制定《2020年北京经济技术开发区生态环境执法重点工作》，明确重点企业清单、污染源状况、检查频次；从水、大气、土壤、辐射等方面强化监管，针对大气污染开展锅炉、印刷、汽修、餐饮、工地等专项检查，清查经开区辐射源单位，确保放射源账物相符。全年出动执法人员3238人次，检查污染企业1619家次。

（龙庆华）

环境信访案件处理

年内，经开区城市运行局组织接办环境信访。全年受理信访案件332件，信访案件处理率、及时办结率100%，未出现因环境信访排查调处不力而造成群体访、集体访和越级访等现象，有效化解环境纠纷。

（龙庆华）

环境质量监测

年内，经开区城市运行局加强环境质量监测工作，完成《开发区2019年环境质量报告书》《2019年北京经济技术开发区环境状况公报》编制工作，分析经开区2019年度环境质量状况和污染物排放情况。监测地表水监测断面7个、湖泊水质点位2个、地下水监测井位4个、降尘监测点位1个、土壤监测点位20个、噪声监测点位25个，获得有效监测数据1918个。

（龙庆华）

空气质量监测网络建设

年内，经开区城市运行局加强空气质量监测网络建设。全年布设空气质量中细颗粒物（$PM_{2.5}$）趋势监测点位100个，搭建$PM_{2.5}$趋势网格监测平台，分析分布状况，加强2个环境空气质量自动监测站点运维；开展噪声环境质量监测点位25个。

（龙庆华）

重点排污单位监督监测

年内，经开区城市运行局加强重点排污单位监督性监测工作。全年水环境重点排污单位监测20家次、大气环境重点排污单位监测22家次、土壤环境重点排污单位监测4家次，废气执法81家次、废水执法58家次，信访监测62家次，其他环境重点排污单位监测10家次，餐饮油烟监测160家次，锅炉监测93家次174台，监测完成率100%。经开区城市运行局加强监督性监测信息公开。全年完成公开39家重点排污单位监督性监测，完成率、公开率均为100%；督处39家重点排污单位公开自行监测，完成率、公开率均为100%；加强环保监控体系建设，加强对

39 家单位自动监控站的运维管理。

（龙庆华）

移动源排放监管

经开区城市运行局移动源排放监管现场　　龙庆华 摄

年内，经开区城市运行局完成移动源排放监管任务。全年人工路查重型柴油车 8534 辆次，移送公安处罚 92 辆次；入户检查重型柴油车 6957 辆次；夜查重型柴油车 740 辆次。其中，重型柴油车 OBD 检测 4276 辆次，氮氧化物检测 565 辆次。

（齐峰）

检测检验机构管理

年内，经开区城市运行局完成与北京德凯达机动车检测有限公司联网，加强网络数据监控及分析，对比分析过程数据、视频图像和检测报告，重点核查定期排放检验初检或日常监督抽测发现的超标车、外省（区、市）登记的车辆、运营 5 年以上的老旧柴油车等，年度核查率达 80% 以上；加强检测机构的现场检查力度，抽查被检车辆的唯一性、净化装置以及 OBD 的读取情况等，现场监督出租车、驾校车、复检车、柴油车的检测过程，全年检查 102 场次。

（齐峰）

非道路移动机械监管

年内，经开区城市运行局落实《北京市机动车和非道路移动机械排放污染防治条例》和配套出台的非道路移动机械登记办法等要求，完成 4664 台非道路移动机械编码、登记工作，基本实现区内机械全覆盖；按照《关于划定禁止使用高排放非道路移动机械区域的通告》（京政发〔2019〕10 号）等要求，规范施工现场非道路移动机械管理，开展执法检查，累计检查非道路移动机械 250 台次，不透光烟度检测 44 台次。

（齐峰）

应急管理

概况

2020 年，经开区城市运行局全面统筹协调安全生产各项工作任务，加大专项整治检查力度，坚决遏制安全生产事故，整体安全生产形势持续稳定。全年监督检查 8202 家次，整改消除区级挂账隐患 396 条，销账率为 100%；完成 2 家体育运动设施、80 家工业企业和普货运输企业、887 家商业零售餐饮企业城市安全风险评估工作；组织专家指导 22 家涉爆粉尘企业开展隐患排查，建立 3 家经开区涉爆粉尘示范企业，完成 20 家涉爆粉尘企业的治理验收；开展安全生产第二次条件普查 16478 家；组织安全生产宣传“五进”活动，发放安全手册和海报等宣传材料 4000 多份、火灾风险隐患指南手册及系列挂图 18000 多份。年内，经开区城市运行局开展防灾减灾宣传教育和演练培训活动，委托应急管理部研究中心开展“十四五”时期应急管理专项规划编制工作，启动经开区突发事件总体应急预案修订工作，强化应急队伍建设和应急处置能力，做好应急值守和突发事件信息报送工作，推进新应急指挥平台系统建设，全力做好防汛各项工作，实现全区安全度汛，完成节假日和重要活动期间安全服务保障任务。

（孙月　王燕平）

“两会”保障联合检查

5月11日，经开区安委办组织经开区工委宣传文化部、城市运行局、开发建设局、商务金融局、社会事业局、综合执法局、消防救援支队、属地街道相关人员和水、电、气、热公司专业人员，到“两会”驻地进行安全保障联合检查。重点对主体结构、配电室、特种设备、消防设备设施、燃气等重点部位进行详细检查。同时，经开区安委办相关负责人就做好“两会”期间安全生产工作，对企业提出要求：要高度重视，强化安全管理，周密部署，层层落实安全生产企业主体责任，加强对从业人员的安全教育，提高安全意识；要加强安全检查和隐患排查，落实落细各项安全监管要求，及时发现和消除安全隐患，实现闭环管理；要建立、完善专项应急预案，并加强应急演练，确保“两会”期间安全稳定。

（孙光勇）

安全生产宣传“五进”活动

6月，经开区城市运行局开展“进企业、进学校、进工地、进社区、进家庭”的安全生产宣传“五进”活动。活动通过发放安全手册、海报、宣传品及现场咨询的方式，提高广大群众的安全意识，为企业送去安全手册、海报等宣传材料4000多份，发放火灾风险隐患指南手册、系列挂图18000多份；围绕防灾减灾日、安全生产月等重要节点和防灾减灾、消防安全、危险化学品管理等工作，共制作发布安全教育宣传短片10多个，提升职工群众的常识技能；企业开展安全文化建设工作，落实企业安全生产主体责任，构建“政府推动、部门负责、社会参与、企业落实”的安全文化建设格局，增强群众的安全生产意识和能力。

经开区城市运行局开展安全生产宣传“五进”活动　史晓雨 摄

（史晓雨）

安全生产专项整治三年行动推进部署会

7月22日，经开区安全生产专项整治三年行动工作部署会召开。会议要求经开区安委会全体成员要抓好疫情防控常态化下安全生产各项工作，做好汛期安全防范工作，夯实安全监管基层基础。下一阶段，经开区安委会各成员单位将结合风险隐患情况，对本行业领域和重点场所、关键环节进行细致摸排，依托城市安全隐患治理三年行动信息系统建立问题隐患清单，逐一明确整改责任单位和整改要求，并将有关情况报经开区安委办，推动隐患治理取得初步成效，力争通过三年努力，实现对经开区安全生产事故的有效防范和遏制。

（孙光勇）

危险化学品生产经营单位专项工作部署会

7月24日，经开区城市运行局组织召开危险化学品生产经营单位专项工作部署会，区内 15 家企业、加油站等主要负责人参会。针对票据经营单位规模小、风险意识不强，以及危险化学品上游采购、中间委托储存及运输、下游销售等环节安全底数不清等问题，会上通报“7 · 7”台湖镇非法储存危险化学品燃爆事故，部署为期 2 个月的危险化学品“打非”专项检查工作，涉及危险化学品生产经营单位储存管理、危险化学品运输车辆资质、运输资质企业人员培训等方面。此外，针对汛期危险化学品管理，做出 10 个夏季安全生产提示，要求相关单位要强化工艺过程控制、加强储存管理、强化气瓶安全管理等。

（冯丽颖）

安全生产条件普查工作

年内，经开区城市运行局采取多种措施，推进经开区第二次生产经营单位安全生产条件普查工作。全年开展安全生产条件普查业务培训 6 次，累计培训 246 人次；印刷海报 400 份，发送短信 1000 多条，发放工作通知 700 多份；每月召开例会，及时把握普查工作进度；组织普查服务机构，走访荣华街道和博兴街道 16478 家单位。

（张宇鑫）

危化品企业安全整治

年内，经开区城市运行局对区内 10 家涉及危险化学品重大危险源、危险化学品经营带储存、危险化学品生产等危险化学品重点企业，围绕电气、工艺、设备与消防、仪表、重点危险化学品管控 5 个方面进行“体检式”筛查回头看专项检查。根据本次筛查结果，逐一梳理企业在安全管理方面存在的问题隐患，按照《应急管理部关于印发危险化学品生产储存企业安全风险评估诊断分级指南（试行）的通知》（应急［2018］19 号）的要求，对企业进行“红、橙、黄、蓝”安全风险评估分级，并根据分级有针对性地对危险化学品重点企业制定相应的监管措施。

（陈光）

有限空间专项治理

年内，经开区城市运行局对 59 家工业企业进行有限空间专项治理工作。该工作对企业有限空间作业制度、台账、人员培训记录、作业审批及记录、安全警示标志设置情况、有限空间作业及应急救援设备、应急预案制定及演练、承包安全管理、特种作业人员取证情况进行检查，已完成 59 家企业第一轮检查，查出隐患 249 项。经开区城市运行局将继续加大安全教育培训及监管力度，建立安全管理长效机制，对检查出的问题进行规范整改，落实各项安全防范措施，闭环操作；提高企业相关人员的安全素质，落实有限空间作业审批，提升突发事件处置能力。

（柴景涛）

涉爆粉尘企业事故隐患“清零行动”

年内，经开区城市运行局对区内重点涉爆粉尘企业开展事故隐患“清零行动”。其中，行动依托前期化工、医药制造企业危险化学品安全专项整治工作成果，对照台账摸排企业粉尘爆炸安全风险，建立基础台账；对已纳入监管台账完成整改的企业，要求其自身针对火花探测及熄灭装置、磁选器和泄爆、隔爆、抗爆、抑爆等安全装置的运行情况，以及作业场所的粉尘清扫情况，加强安全检查；对重点涉爆粉尘企业是否存在粉尘防爆十大问题和隐患，以及 6 项重点检查内容进行重点检查。

（柴景涛）

防灾减灾宣传教育和培训演练活动

年内，经开区城市运行局结合疫情防控形势，开拓线上、线下宣传途径，组织开展“5·12”防灾减灾宣传周、配合做好安全生产月等宣传教育活动，打造公共安全文化，提升全社会的安全应急意识和防灾减灾能力；重点针对洪水、地震、火灾等情景，会同北京北排建设有限公司、北京亦利和电力工程安装有限责任公司、中芯国际集成电路制造有限公司和经开区消防救援支队等部门开展危险化学品事故综合实战应急演练，磨合检验新部门、新体系的综合应急处置能力。

（王燕平）

突发事件总体应急预案修订

年内，经开区城市运行局参照《北京市突发事件总体应急预案》修订情况，结合扩区发展和机构改革情况，启动经开区突发事件总体应急预案修订工作，准确把握区域风险和部门职责现状，提高预案的科学性和可操作性，完成了意见征求和专家评审工作。同时，推进各专项和部门应急预案修订工作，已于汛前修订印发防汛应急预案。

（王燕平）

应急队伍建设

年内，经开区城市运行局根据市政府办公厅《关于加强全市应急队伍建设的意见》，结合实际工作需要，分别与8家专业公司签署经开区应急队伍建设合作协议，强化防汛、工程、热力、电力、供水、燃气等专业应急队伍建设，确保城市运行安全平稳有序。同时，会同街道办事处完成应急小分队建设，强化应急队伍体系。

（王燕平）

信息报送工作

年内，经开区城市运行局落实《北京市应急值守工作管理规范》，执行局级、处级、值班员三级24小时带班值班制度；通过处室周例会，组织全体干部职工对上级文件进行集体学习，针对突发事件信息报送、设备操作等定期开展培训，提高各项业务水平；修订完善经开区应急值守和信息报送制度，加强对各部门、各街道抽查力度，加强各社区灾害信息员队伍建设，提高信息报送能力。全年报送信息24条。

（王燕平）

新应急指挥平台系统建设

年内，经开区城市运行局结合智慧城市大脑项目，开发基于“超级地图”的应急大数据联合应急指挥信息系统，实现各类数据可视化、应急处置高度协同化、灾情分析多维度自动化，提升应急指挥调度和辅助分析决策能力。同时，按照全市统一部署，完成视频会议调度系统升级改造，搭建单兵和云视频会议系统，提高现场图像采集和应急指挥调度保障能力。此外，对安全生产、防汛、应急和救灾等物资进行清查统计，90种1495件物资数据已按要求录入应急管理部应急资源管理平台，确保准确掌握和动态调整救灾物资储备。

（王燕平）

交通管理

概况

2020年，北京市公安局公安交通管

理局开发区交通大队（简称开发区交通大队）机构规格为副处级，下设综合中队、勤务指挥科、事故处理中队和天华路中队4个中队，主要承担经开区路面交通秩序疏导、依法纠正交通违法行为、驾驶人管理、交通安全宣传教育和道路交通事故处理等工作。年内，开发区交通大队完成春节、“两会”、疫情防控等重大交通安保任务，执行勤务路线保障任务79次，出动警力3300人次。纠正各类交通违法行为25.96万起，办理驾驶证业务2.31万笔、临时号牌业务1.58万笔；发生亡人交通事故8起、亡8人，处理一般交通事故60起、简易程序事故3836起。增设、调整交通标志177面，拆除8.5千米交通护栏，复划交通标线6.5千米，对有轨电车T1线沿线、科创十一街等道路更换交通信号机46台、调整信号灯配时54次，优化渠化路口路段3处。开发区交通大队1个集体获集体嘉奖，10人立个人三等功，27人获个人嘉奖，被评为北京市安全生产先进单位。

（闫盼娜）

交通安全目标管理考核评价结果

1月16日，市交通委印发《关于对区系统单位个人2019年度交通安全目标管理考核评价结果的通报》。其中，经开区被评为市级交通安全优秀地区，经开区党政办、工委宣传文化部、北京新洁环卫服务有限公司、招商局公路网络科技控股股份有限公司京津塘高速分公司、北京经开工大投资管理有限公司5家单位被评为市级交通安全先进单位，曹铮、吉少泉、刘俊裕、柴良、闫浩5人被评为市级交通安全优秀管理干部。

（闫盼娜）

智慧交通科技建设

自动驾驶警务创新实验室揭牌仪式现场　　张伟 摄

3月，开发区交通大队将经开区管委会视频专网与市公安局交管局视频专网安全打通，接入477路视频监控应用非现场执法工作，建设打造视频警务室，将视频巡检、信息核查、违法录入等功能融合，同时搭建智能非现场执法平台，实现普通监控AI智能分析，在重点路段配套安装夜间可视化投影交通标志，运用视频监控治理京东集团等网约车违法行为，采集违法停车等7000多起。5月，开发区交通大队在博兴七路和泰河路交汇口开展“智慧路口”实验，综合复用违法监测设备，加装MEC和毫米波雷达等检测计算装置，对特定路口进行指标化态势分析和画像，新增21项具体交通参数指标，实现路口实时流量、流向实时可视化以及流量监测、交通组织优化评估、异常车辆秒级报警等前端算力功能。10月14日，开发区交通大队联合北京百度网讯科技有限公司举办开发区交通大队·百度APollo-自动驾驶警务创新实验室揭牌仪式。实验室分别设立在开发区交通大队视频警务中心及百度Apollo Park，依托经开区高级别自动驾驶示范区建设，实现智慧交通技术创新与应用落地的有效结合，将开发交通信号检测分析、交通异常事件举报等程序。

（闫盼娜）

校园安全宣传教育

开发区交通大队开展“开学第一课”交通安全知识讲座 刘磊 摄

4 月 20 日，开发区交通大队联合荣华街道办事处、经开区消防救援支队等职能部门到人大附中北京经济技术开发区学校开展交通安全检查工作。4 月 27 日，开发区交通大队为学校学生、教职工及接送家长发放《致在校师生及学生家长的一封信》、交管 12123 宣传折页等宣传材料。5 月 7 日，开发区交通大队到人大附中经开学校进行实地走访检查，针对初三学生人数、出行方式、停车位需求、开学第一天校园周边秩序维护等方面进行座谈，指导校方制定交通应急保障预案，为全体学生印制《2020 年春季初三开学关于交通安全及交通秩序问题致学生及家长的一封信》295 份。5 月 11 日，开发区交通大队在人大附中经开学校、北京市中芯学校门前设置秩序维护疏导岗，并向接送家长发放社区交警安全小报 161 张，提示学生家长遵章守法。5 月 28 日，开发区交通大队组织辖区 5 所大、中、小学校召开“交通安全副校长”聘任仪式暨第一次交通安全工作会，向与会学校主管领导通报市公安局交管局《本市学校“交通副校长”工作机制》要求，为 4 名领导干部和 1 名安监民警颁发交通安全副校长聘书。9 月 1 日，开发区交通大队组织人大附中经开学校新入学的 30 多名小学生开展“开学第一课”交通安全知识讲座，并发放《致学生及家长的一封信》、跳绳等宣传材料 30 多份。9 月 3—4 日，开发区交通大队联合经开区社会事业局、城市运行局、消防救援支队，北京市公安局大兴分局等职能部门到北京市大兴区亦庄第四幼儿园、北京市大兴区二十一世纪实验幼儿园等 10 家幼儿园开展开学交通安全大检查工作。9 月 14 日，开发区交通大队“一区一警”民警主动配合“社区交警”到北京市建华实验亦庄学校集中组织 60 多名学生开展交通安全宣传教育活动，悬挂横幅 1 条，摆放展板 20 块，发放《致学生及家长的一封信》、跳绳、反光玩偶等宣传材料 60 多份。12 月 10 日，开发区交通大队到中芯学校组织 200 多名在校学生开展交通安全宣传教育活动。

（闫盼娜）

“分虫”打击行动 8 次

5 月 5 日、6 月 9 日、8 月 7 日、8 月 11 日、8 月 21 日、9 月 2 日、9 月 7 日和 9 月 16 日，开发区交通大队分别与北京市公安局大兴分局亦庄、青云店等派出所联合成立买卖交通违法记分专项打击小组，在执法站开展“分虫”打击执法行动。买卖交通违法记分专项打击小组通过前期摸排取证，掌握“分虫”出没时间、活动规律和主要违法事实，出动警力 50 人次，迅速锁定目标，采取便衣贴靠、制服警力设岗拦截方式，现场抓获“分虫”15 人。

（闫盼娜）

“两会”交通安保工作

5 月 21—27 日，开发区交通大队制订全国“两会”应急处突、勤务管理、事故应急处置、安全监管等 5 个安保方案，出动警力 400 人次；围绕“两会”驻地丰大国际大酒店周边开展设施排查，增设伸缩护栏 20 处、防撞桶 3 个，更换交通信号机 1 台，调整地面标志牌、隔离护栏等设施 12 处，摆放反光锥筒 100 个，施划人行横道标线 6 处；约谈 49 家驻地周边企事业单位以加强配合，发动交通志愿者对非机动车、行人交通违法行为进行纠正、劝阻，完成“两会”交通安保任务。

（闫盼娜）

交通安全宣传日活动

2020 年经开区交通安全宣传日活动开展　　张笑嫣 摄

12 月 2 日，开发区交通大队联合经开区工委宣传文化部以“知危险会避险 安全文明出行”为主题，集中组织辖区 20 多个职能部门及 150 家企事业单位代表开展 2020 年经开区交通安全宣传日活动。活动采取多个会场直播的方式，分别由“一区一警”联合“社区交警”深入中芯花园社区开展宣传教育活动；执勤民警在路口开展“礼让斑马线”“一盔一带”宣传教育工作；事故民警在经开区信创园园区内开展事故现场模拟教育；“一区一警”联合区内企业开展“12 · 2”主题宣传活动。

（闫盼娜）

疫情防控交通保障

年内，开发区交通大队制订《应对新冠病毒疫情期间区内复工企业提供保障工作方案》，每周组织召开疫情和复工应对专题会，完善工业园周边秩序维护、重点路段秩序管理等 11 项工作措施；结合防疫和复工需求对警力原有岗位进行调整，划分交通网格管理，设置防控岗位 4000 多个，出动警力 8000 多人次，排查车辆 4 万余辆次，排查人员 3 万余人次，纠正各类交通违法行为 6 万余起；成立抗击疫情宣传小组，深入 1000 多家工业园区、重点单位及居民社区，宣传网上办理流程、减少人员聚集风险；开放 24 条疫情期间单侧临时停车路段，解决部分企业职工停车难问题。

（闫盼娜）

122 接处警接收警情 1.03 万起

年内，开发区交通大队 122 接处警接收各类警情 1.03 万起，比 2019 年下降 34%。其中，交通事故报警 6309 起，比 2019 年下降 43%；拥堵报警 42 起，比 2019 年下降 75%；群众反映 3988 起，比 2019 年下降 13%。开发区交通大队出动警力 1.8 万余人次，接受群众咨询 2 万余次，为群众提供帮助 6000 多次，获群众赠送锦旗 17 面，收到群众表扬电话 30 多个。

（闫盼娜）

“一盔一带”安全守护行动

年内，开发区交通大队开展“一盔一带”安全守护行动。该行动依托区内大型广告牌，在科创五街、凉水河桥 2 处大型广告牌发布以“幸盔有你、带上安全”为主题的宣传教育提示；联合城乡世纪广场、锋创科技园、亦庄控股、北京京东物流有限公司等70多家企业，为企业员工配发安全头盔、发放宣传折页，推动辖区企业员工、快递、外卖行业开展佩戴头盔示范活动；到中芯花园等27个居民社区张贴宣传海报、发放宣传折页；发动北京赶趟出行科技有限公司、北京京东物流有限公司等50多家企业捐赠安全头盔4500个。全年向辖区企事业单位、社区居民等发放安全头盔8000多个、宣传折页2万余份。

（闫盼娜）

规范占路施工监管

年内，开发区交通大队加强占路施工管理，采取施工前严格审批、施工期加强现场维护、施工后认真检查验收、严格落实安全责任制、严肃查处违规行为等措施，受理道路开设道口25个，审批占道施工12个，临时施工65个。

（闫盼娜）

交通安全宣传活动

年内，开发区交通大队围绕“知危险会避险　安全文明出行”“生命无价、拒绝酒驾”等主题，以开展交通安全教育培训、知识讲座、座谈会、签订安全责任书等形式，到学校、社区、企事业单位以及地铁站周边等开展交通安全宣传教育活动147场，印制发放各类交通安全宣传材料8万余份，受教育群众累计达11万余人。

（闫盼娜）

交通安全检查

年内，开发区交通大队到储存放射性危险化学品单位、生产危险化学品企业及加油站开展安全检查12次，对企业交通安全防范责任制度及应急预案、企业资质及经营范围、道路运输许可证及从业资质等方面进行全面检查，对车辆刹车系统、电路系统、油路系统、轮胎等部位进行督导检查。开发区交通大队会同经开区城市运行局、综合执法局以及朝阳运输管理局开发区运管科等部门，集中对学校和企事业单位主体责任落实情况、车辆安全性能等开展联合检查10次，对校园的交通环境、交通信号灯及安全标志配备情况逐一进行普查登记，并针对检查中个别单位存在的问题，依据《开发区交通安全防范责任制》规定，向36家单位下发《交通安全隐患通知书》，要求企业认真查找问题原因，立即整改，制定并落实整改工作措施。开发区交通大队以大货车、企业班车、危险化学品运输车、校车和七座以上金杯车为重点，对严重交通违法突出的36家单位、交通违法超标的129辆机动车，严格执行停运、停驶、消减通行证办理数量等管理措施，对发生酒后驾车、亡人监管事故的2家单位采取罚款1万元的安监执法措施。

（闫盼娜）

消防

概况

2020年，北京经济技术开发区消防救援支队（简称经开区消防救援支队）内设9个科室，下设3个消防救援站，配有20部执勤备战车辆，主要承担经开区社会面火灾防控及各种灾害事故的处置。年内，经开区消防救援支队开展“高层建筑专项治理”“大型商业综合体专项治理”“两个通道专项治理”等专项工作，完成“两会”、2020 年中国国际服务贸易交易会、国庆等重要活动期间的安保任务；指导经开区 368 栋公共建筑、32 个居民小区按照相关标准完成消防车道划线工作。全年检查单位 5470 家，发现并督促整改火灾隐患 5882 处，下发责令改正通知书 2003 份，临时查封 52 处，责令“三停”（停止施工、停止使用、停产停业）单位 30 家，罚款 242.74 万元，辖区未发生有影响的火灾事故。经开区消防救援支队获 2020 金佛山 · 绳命 LifeLine 绳索救援交流赛第三名、北京市消防救援总队执法质量考评第二名，亦庄消防救援站被评为北京市应急先锋号和北京市消防救援总队先进党支部；1 人被北京市消防救援总队评为先进个人，1 人被市应急管理局评为应急值守工作先进个人，1 人被北京市消防救援总队评为优秀党务工作者，2 人被评为优秀共产党员，4 人立个人三等功。

（李菲菲）

“两会”驻地救援演练

经开区消防救援支队开展灭火救援演练　　单位提供

5 月 12 日，经开区消防救援支队对“两会”驻地丰大国际大酒店开展灭火救援演练。预案设定酒店 5 层 528 客房因客人吸烟，导致房间起火，火势较大，蔓延至 6 层客房，有人员被困。接到报警后，经开区消防救援支队立即启动应急预案、微型消防站和内部消防设施，随即组织人员进行灭火和对被困群众进行疏散。亦庄消防救援站、博兴路消防救援站迅速赶往火场，到场询问情况后，迅速展开火情侦察，发现火势较大且处于猛烈燃烧阶段，消防站前方指挥下达作战命令，迅速成立侦查组、灭火组，消防站前方指挥带领 5 名战斗员迅速穿戴好个人防护装备，携带热敏成像仪、无齿锯、水枪水带进入火场进行灭火和人员疏散。经过指战员近 20 分钟的紧张作业，“大火”被扑灭，被困人员被救出，此次火灾演练工作完成。

（赵旭东）

重大活动消防安保任务

5 月，丰大国际大酒店为全国“两会”政协驻地，经开区消防救援支队紧抓驻地及周边、行车路线两侧核心管控区域。经开区消防救援支队挑选政治和业务素质过硬的干部提前进驻，完成 3 遍以上全面检查，发现并整改动态隐患问题 39 条；对 75 名驻地武警和 300 多名服务保障人员进行消防安全和火灾扑救专项培训，明确细化巡查任务和应急处置职责；协调驻地房间电视内置开机消防安全提示画面，在每个房间放置消防安全提示卡、火灾风险指南折页，配备简易防护面罩、消防专用水瓶，全方位健全防控体系；持续开展动态巡查和检查指导，针对驻地地下二层设置临时宿舍的隐患，制定专人 24 小时值守、加装远程监控设施、取消宿舍内强电插座等 9 项精细管控措施，提高消防安全系数。

年内，在2020年中国国际服务贸易交易会、十九届五中全会等重大活动期间，经开区消防救援支队严格落实监督员“每日一查”工作要求，机关下沉2/3警力充实基层一线，集中组织监督力量对突出隐患场所进行检查；提请经开区防火委下发《社会面火灾防控11项管控措施指导意见》等文件，明确细化行业主管部门以及街道消防安全管理职责。安保期间，经开区消防救援支队启动社会面网格化防控模式，派员进驻街道发动微型消防站、专职安全员、治保积极分子等群防群治力量2000多人开展动态防火巡视、可燃物清理、警示宣传提示等工作，确保重大活动安保期间社会面火灾形势稳定。

（吴鹏）

高空救援演练

经开区消防救援支队开展高空救援演练　　单位提供

8月14日，经开区消防救援支队组织高空绳索培训人员开展高空救援演练。参演指战员对所需的器材装备进行严格细致的检查，演练内容为模拟塔吊司机高温中暑被困于20米高的驾驶舱，接到警情后，高空救援队立即前往现场开展高空救援，利用双钩升高至驾驶舱，通过滑轮吊升系统将担架运至驾驶舱，救援人员将司机放置于担架内，又利用滑轮将担架绕过下方的钢筋障碍进行下降，并转移至安全地带。经过1个小时的救援，将塔吊司机安全地从驾驶舱转移至地面。

（赵旭东）

生产企业消防安全标准化管理试点创建

10月，经开区消防救援支队在拜耳医药保健有限公司完成生产企业消防安全标准化管理试点创建工作，形成“七化”（制度档案规范化、标准管理精细化、火灾防控智能化、巡查检查常态化、重点部位警示化、设施器材标识化、培训演练经常化）工作机制，建立五项消防安全操作规程、六项消防工作制度、七项消防管理制度、八类消防工作档案。

（吴鹏）

消防执法档案规范管理

10月，经开区消防救援支队在消防执法档案规范化管理工作中全面升级硬件设施、建立健全规章制度、规范档案管理程序，组织拍摄消防执法档案规范化管理示范片，制作《消防执法档案规范化管理手册》，在全市作为先进经验进行推广。

（郑瑞峰）

119消防宣传月活动

经开区第三十届119消防宣传月活动启动仪式现场　张笑嫣　摄

11月5日，经开区第三十届119消防宣传月活动启动仪式在亦城财富中心举行。该活动部署经开区今冬明春火灾防控工作，运用5G技术在会场大屏连线大族商业综合体综合演练、林肯公园“一警六员”实操实训培训、卡尔社区入户宣传3个现场；宣读《关于表彰开发区2020年度消防工作先进单位、先进社区、先进个人和优秀微型消防站的决定》，为相关单位发放新配发微型消防车钥匙，并为受到表彰的单位、社区和个人代表颁发荣誉证书。经开区消防救援支队分别与京东集团、区融媒体中心相关负责人签署战略合作协议。北京电视台、《北京青年报》《北京日报》等市区级媒体对此次活动进行现场采访报道，共发放电动自行车火灾隐患警示海报、火灾风险隐患指南等各类宣传材料8000多份，发放雨伞、扑克牌、消防钥匙扣等宣传品2000多份。经开区防火委成员单位、公安派出所分管领导，全区消防安全重点单位、工业园区、社区的负责人、消防安全管理人及相关先进代表约500人参加活动。

（黎军）

危险化学品事故综合应急实战拉动演练

经开区消防救援支队开展应急实战拉动演练　　单位提供

12月22日，经开区消防救援支队联合经开区城市运行局、社会事业局、交通大队、博兴街道办事处、急救中心等多个部门开展危险化学品事故综合应急实战拉动演练。演练模拟法美高新气体（北京）有限公司氧气长输管线由于施工过程中违规开挖路面导致氧气供应管道破裂，氧气大量泄漏，距泄漏点约10米处便携式气体检测仪报警，事故可能导致经海一路部分路段断路、泄漏点区域附近可能发生富氧燃烧，情况十分危急。事故发生后，该企业立即报警求助，随后组织人员关闭上下游阀门，进行初期堵漏，并疏散人员至安全区域。经开区消防救援支队指挥中心接到突发事故报警后，要求企业立即启动应急预案，并立即赶赴现场开展处置工作，启动应急联动预案，调派相关部门赶赴现场开展应急处置工作；利用侦检仪器检测现场氧气浓度并进行喷雾稀释，对附近可燃物进行喷水降温，对氧气泄漏点进行堵漏。开发区交通大队对现场进行交通疏导，街道人员进行人员疏散管控，各个部门紧密协同配合，现场泄漏情况得到有效的控制。

（赵旭东）

消防警情接处330起

年内，经开区消防救援支队接警330起，比2019年减少149起。其中，辖区内警情178起，比2019年减少46起；辖区外警情152起，比2019年减少103起。辖区内火警78起（误报9起、真实警情69起），比2019年减少14起。按火警类型分析，到场无须处置29起，占辖区内火警总数的37%；杂草、杂物、垃圾类27起，占辖区内火警总数的35%；

电气类 8 起，占辖区内火警总数的 10%；生活类 7 起，占辖区内火警总数的 9%；车辆类 5 起，占辖区内火警总数的 6%；建筑堆场类 2 起，占辖区内火警总数的 3%。

（张志超）

抢险救援和社会救助警情接处 100 起

年内，经开区消防救援支队接处辖区内社会救助、抢险救援警情 100 起，比 2019 年减少 32 起。从接警类型分析，轻生营救 38 起，占总数的 38%；取戒指 16 起，占总数的 16%；交通事故 11 起，占总数的 11%；困电梯 10 起，占总数的 10%；破门 10 起，占总数的 10%；肢体被困 8 起，占总数的 8%；摘蜂窝 2 起，占总数的 2%；送水 1 起，占总数的 1%；锯树 1 起，占总数的 1%；抓蝙蝠 1 起，占总数的 1%；倒汽油 1 起，占总数的 1%；救助动物 1 起，占总数的 1%。

（张志超）

火灾分析

经开区消防救援支队灭火　　单位提供

年内，经开区发生火灾 10 起，与 2019 年持平。其中，电气火灾 6 起，占总数的 60%；垃圾起火 2 起，占总数的 20%；生产作业火灾 1 起，占总数的 10%；吸烟乱扔烟头、火柴火灾 1 起，占总数的 10%。

（张志超）

消防车通道联合处置和应急联动工作机制

年内，经开区消防救援支队依托《消防车通道联合处置和应急联动工作机制》，与开发区交通大队做实机制实施应用，建立消防车通道联合处置和应急联动工作机制，明确每季度开展不少于 3 次的联合执法行动、1 次联合宣传活动。全年共开展全区商业综合体、居民小区等重点区域专项联合执法 5 次，劝阻、清理违规停放车辆 36 辆，开展警示宣传活动 3 次，发放宣传提示材料 1700 多份。

（张雷）

涉疫企业消防技术服务

经开区消防救援支队对涉疫企业进行指导　　单位提供

年内，经开区消防救援支队成立消防技术服务队对涉疫企业进行指导服务，在掌握单位消防安全现状、隔离人员数量等信息基础上，进一步完善涉疫三类场所的“一场所一对策”等火灾防范措施，对发现的 76 处隐患问题逐一上账、帮扶整改，全年涉疫企业未发生起火冒烟事故。

（吴鹏）

电动自行车充电设施建设

年内，经开区消防救援支队指导博兴街道完成亦城景园社区 40 个电动自行车充电桩安装工作，并对 15 个社区完成《关于明确电动自行车集中充电设施建设有关工作的通知》宣贯工作。截至2020年年底，已推动全区32个居民小区、34家企事业单位累计完成340个充电桩安装工作，可支持700辆电动自行车同时充电。

（吴鹏）

指导重大火灾隐患单位完成隐患整改

年内，经开区消防救援支队指导荣华街道办事处、相关物业单位完成卡尔生活馆和新康家园商业楼重大火灾隐患销账工作。其间，累计对荣华街道、相关物业单位开展指导8次，完成市区两级重大火灾隐患单位隐患整改工作。

（吴鹏）

上门入户宣传消防安全

年内，经开区消防救援支队联合街道，结合人口普查工作，由班子成员分别带队组成4个检查组，上门入户对一品亦庄、鹿鸣苑等10多个社区开展“敲门行动”。检查组对照《社区、家庭火灾风险隐患指南》，向社区居民及百姓讲解日常用火、用电基础常识以及火场逃生自救方法，开展“面对面”入户宣传，发放消防宣传品100多份，督促清理可燃物10多处。

（黎军）

消防基础宣传教育培训

年内，经开区消防救援支队将全民消防大培训列入经开区管委会2020年为民办实事工程项目，完成2万人的培训。培训采取“自主培训＋购买服务”的形式，在消防监督员每周开展半天宣传教育培训的基础上，聘请第三方专业机构，对全区200多家消防安全重点单位和居民社区的负责人、消防安全管理人、重点岗位员工、社区居民等开展消防基础宣传教育培训。

（黎军）

“五进”消防宣传活动

经开区消防救援支队开展“五进”消防宣传活动 单位提供

年内，经开区消防救援支队组织开展消防宣传“进企业、进社区、进家庭、进工地、进学校”的“五进”消防宣传教育培训活动。通过经开区消防救援支队消防宣传员、消防车、宣传车走进大族广场、拜耳医药保健有限公司、亦城茗苑等50多家单位、场所，将消防知识有针对性地送到单位员工、社区居民面前，不断强化理解，增强消防安全意识。

（黎军）

社会事业

综述

2020年，经开区社会事业局聚焦民生、服务发展，围绕打造升级版经开区，持续提升教育、医疗卫生等公共服务质量，完善社会保险保障，提高劳动关系协调和社会管理能力。

在教育方面，完成2020年义务教育入学工作，安排区内2496名居民、职工子女入学，比2019年增长50.36%；推进人大附中亦庄新城学校、北京第二中学经开区学校机构和编制获批；引导经开区内3所小区配套民办幼儿园转为普惠性幼儿园，新增普惠学位880个；新增开班12个、小学学位492个。

在医疗卫生方面，适应职能转变新形势，统筹抓好防疫情、促改革、强基层、优服务、保廉洁等各项工作。引进北京急救中心在经开区67M3地块建立直属分中心；促进北京同仁医院亦庄院区二期建设，首都医科大学附属北京同仁医院经济技术开发区院区新门急诊楼开诊运行；完善北京中医药大学东方医院经开区院区功能科室设置，增加体检中心、口腔科、血液科等；支持北京同仁医院亦庄院区、北京爱育华妇儿医院提供国际医疗服务；拟定《国际学校发展三年行动计划》，谋划“国际医疗服务试点区”建设。

在劳动就业方面，新增3285名大兴区和通州区劳动力、409名平谷区劳动力在经开区实现就业；加强劳动力市场供需信息收集发布力度，推进重点企业与258家人力资源服务机构建立渠道，支持京东集团等企业招聘“共享员工”；开展各类线上招聘活动共计58场，参会企业840家次，提供岗位12844个。

在体育方面，开展各类全民建设体育运动，参与群众达20多万人次。举办全民健身体育节等区级活动38场次、基层活动近百场次；举办经开区冰雪文化节活动，开展冰雪运动推广活动，推进冰雪公益体验课，参加冰雪运动人数达15万人；完善“一刻钟”体育健身服务圈建设，完成2处广场建设和10处全民健身路径更新；公共体育设施免费或低收费开放率为100%；社体指导员有800人。

在社区建设方面，经开区3家“亦城家园中心”挂牌并运营；创建1个市级议事厅和4个楼门院治理示范点；推进博兴街道7个社区设立居民委员会；开展第二届“社区邻里节”，组织线上、线下各类活动55场；加强社工队伍建设，新招录32名社工，指导街道组织社工培训20多次，1500多人参加。

（范晓萌）

社会保险保障

概况

2020年，北京经济技术开发区社会事业局（简称经开区社会事业局）完成退休人员养老金正常调整工作，调整职工养老保险8829人，人均调增196.65元/月；全年核准退休职工待遇1123人；工伤认定590件，完成建筑业工伤保险参保84项、新开工项目参保52项，参保率均为100%；组织32场劳动能力鉴定，涉及375人，安排工伤康复3人。

2020年，北京经济技术开发区社会保险保障中心（简称经开区社会保险保障中心）作为经开区新组建的公共服务机构，承担社保、医保的经办服务及基金管理，流动人员人事档案管理以及社区公益教育活动开展。截至2020年年底，经开区社会保险保障中心服务经开区参保单位1.86万家、参保人员53.46万人，缴费单位1.39万家、缴费人员35.26万人；全年精准核定社保、医保基金收支，规模达172.4亿元；人事档案委托存档单位2200家，单位和个人委托存档近3万份，管理集体户口2224人。

（陈学海　李家妍）

社保服务大厅全面开展延时服务

年初，经开区社会保险保障中心设立延时自助服务区域。9月，经开区社会保险保障中心服务大厅全面开展延时服务，通过“早晚弹性办”“午间不间断”“周末不休息”等举措，实现工作日早、中、晚全事项业务预约办理，以及非工作日个人高频业务预约办理，推动服务便民化。全年提供人工延时窗口服务及自助机服务24662人次。

（杨乐）

经开区社保微信公众服务平台上线

2月，经开区社会保险保障中心搭建完成“北京经开区社会保险保障”微信公众服务平台，以“互联网+社保服务”模式，不断完善非现场服务业务的线上办理。8月，该平台上线业务预约系统，企业可预约包含社保、医保、户口档案等八大类55项业务，引导企业群众分时段办理社会保险保障业务，在疫情常态化防控形势下减少人员聚集，提高办事效率。截至2020年年底，该平台关注量达2.4万人，通过与经开区官网、融媒体中心等官方媒体形成宣传合力，发布信息857篇，线上访问量达20多万人次，提供线上预约服务3.2万人次。

（杨乐）

社保费减免缓助力万余家企业复工复产

2月，根据人力资源社会保障部《关于切实做好新型冠状病毒感染的肺炎疫情防控期间社会保险经办工作的通知》（人社厅明电［2020］7号）和北京市关于新冠疫情期间社会保险经办工作的相关要求，经开区社会保险保障中心落实社保费减免缓工作。全年减免89家区内大型企业、1.3万余家中小微企业社保费47.9亿元，5100多家企业缓缴社保费近6.4亿元，为中小微企业返还失业保险、发放临时性岗位补贴等各类政策补贴2.25亿元。

（李琳）

“双线作战”抗击疫情

2—8 月，经开区社会保险保障中心坚持党建引领“双线作战”抗击疫情。其中，一条战线是 19 名下沉干部在社区和企业园区累计服务 9776 小时，党员社区“双报到”143 人次服务 429 小时；另一条战线针对社会保险保障服务不能停的业务特点，大部分干部职工在窗口服务中精准防控，开展线上、线下服务工作，社保、社服各项业务有序进行，同时为经开区疫情防控提供了精准的社保数据。

（李家妍）

第二、三批国家药品集中采购和使用工作

4 月，在北京市第二、三批国家药品集中采购和使用工作中，经开区社会保险保障中心学习政策知识，成立集采工作小组，制订药品集中采购和使用工作的实施方案，指导辖区内 8 家定点医疗机构升级信息系统，签订集采工作医保协议，督导完成目录对照及维护工作。通过全年集中采购药品，共 112 个中选药品价格平均降幅达 53%、最高降幅达 96%。

（王勇）

个人养老保险补缴及失业补助金发放工作

6—10 月，经开区社会保险保障中心制订个人养老保险补缴专项和失业补助金申领专项工作服务方案，设专人对此项业务进行政策解答及业务办理，共完成个人登记补缴受理 235 人次，累计补缴金额为 270 多万元；失业补助金申领 175 人次，累计申领待遇金额为 22 万元。

（李琳）

老年大学首创线上与线下教学新模式

8 月 31 日，公益教育老年大学重新开学。首创线上“互动直播 + 课程回看”、线下分批次预约现场听课相结合的立体化教学模式，开设国画、书法、英语等 9 门课程。同时，为满足疫情期间老年人的居家学习需求，经开区社会保险保障中心“北京经开区社会保险保障”微信公众号发布老年大学“微课堂”视频总计 100 节、总时长为 696 分钟，并将所授课程制作成视频，在公共视频平台（优酷网）发布回看视频 185 节、总时长为 9575 分钟。

（李家妍）

“亦城家园中心”上海沙龙站服务强化

“亦城家园中心”上海沙龙站　　王怡 摄

8 月，“亦城家园中心”上海沙龙站场地有序恢复预约开放，经开区社会保险保障中心加强疫情防控常态化下“亦城家园中心”上海沙龙站的公益教育、康养服务、活动场地的管理和服务能力。公益教育老年大学线上、线下听课学员超过 7500 多人次，发布线上视频 285 节 1 万余分钟；养老照料疫情期间不打烊，累计提供养老照料服务 4 万小时；7000 多平方米的公共区域及活动场地为居民提供现场服务文化活动 524 场次，1.1 万人次参与活动。

（李家妍）

劳动能力鉴定受理申请 375 人

年内，经开区社会事业局受理 375 人的劳动能力鉴定申请，其中工伤鉴定申请 362 人、因病鉴定申请 13 人。开展日常

鉴定19场、专场鉴定12场、上门鉴定1场。工伤鉴定中1~4级4人、5~6级5人、7~10级281人，职业病1人，护理依赖3人，致残率为82.2%。因病鉴定申请13人中，完全丧失劳动能力13人。按劳动能力鉴定类型划分工伤评残353人、配置辅助器具4人、延长停工留薪期5人。因病鉴定指导性指标执行情况为指导性指标人数50人，完成鉴定13人、指标结余37人。

（许大川）

工伤认定受理申请590件

年内，经开区社会事业局受理工伤认定申请590件，其中个人申请工伤认定29件，因工伤认定引发的行政复议4件、行政诉讼3件，全部胜诉。工伤认定业务前台接待咨询量为2200人次/年，接待电话咨询量为3000人次/年。经开区已开工项目建筑业工伤保险参保84项、新开工项目参保52项，参保率均为100%；新增工伤康复3人。

（许大川）

改革整合平稳有序

年内，经开区社会保险保障中心落实经开区工委、管委会机构改革和人事改革工作部署，完成各项改革任务。其中，完成内部整合，进行一室三处职责重组，工作人员划转分流；应对业务叠加和基金管理风险加大的压力，强化干部责任担当，开展千余次业务培训，确保基金安全运行和窗口服务质量的稳定；建立并完善市、区、中心行政和业务执行体系建设，实施流程再造，累计减免材料243项，优化办事环节143个，实现110项“一网通办”事项，综合服务窗口增至21个，161项业务可在综合服务窗口办理。

（杨乐）

社保和医保基金管理

年内，经开区社会保险保障中心精准核定社保、医保基金收支，规模达172.4亿元；强化内外检查保障社保、医保基金监管实效，进行12次社保基金内控检查；通过日常巡查、现场约谈、筛查10万余条记录、开展打击欺诈骗取医保基金专项治理工作等加强对辖区内15家定点医药机构的医保基金监管；完成市级对经开区社保资金的审计检查和北京陆道培医院的新增定点医疗机构审核工作。

（李琳　王勇）

“一线工作法”瞄准企业需求提供服务

年内，经开区社会保险保障中心通过走遍新城行动、重点企业服务保障工作，到企业一线宣讲法规政策、听取意见建议、了解企业情况，为企业提供社保、医保、人事档案相关业务支持，全年为22家企业协调和解决问题45个；企业群众需求“接诉即办”，全年受理“12345”市民热线465件（含表扬件2件）、信访件4件，其中有5个月的接听率、满意率、解决率均达到100%，在区内月度考核排名第一；建立重点项目专人负责制，针对区内北京奔驰汽车有限公司等几十家重点企业，设立微信专管员，针对企业提出的政策及经办问题及时回复，形成一对一“管家式”服务，并且设立重点企业联系专员，对京东集团等65家重点企业，提供业务办理绿色通道。

（李家妍）

推进档案规范化和数字化管理

年内，经开区社会保险保障中心对流动人员人事档案、社保和医保类业务及财务档案进行整合，建立三合一数字档案系统。该系统对存档的近百万份档案实现统一管理，数据“一口进一口出”，通过信息化手段加快档案数字化进程，提高档案影响的权威性，实现信息安全共享。

（杨晓燕）

劳动就业

概况

2020年，经开区社会事业局紧盯和谐稳定，妥善协调处理劳动关系。其中，为企业编写劳动用工政策汇编、定制服务包，宣传解读疫情期间政府出台的相关文件及规定，指导企业合理、合法、合规地用工；成立人力资源经理协会，发挥行业协会桥梁纽带作用，促进人力资源开发；与经开区综合执法局共同加强劳动用工行业领域监管，开展针对工资支付、劳动合同签订、社会保险缴纳等方面的执法检查活动，严厉打击恶意欠薪等违法犯罪行为。全年指导区内9家企业依法进行经济性裁员，共涉及235人，做好职工安置分流、生活保障、劳动关系处理等工作，保障劳资双方合法权益。

经开区社会事业局紧盯复产复工，做好人力资源精准对接。其中，多渠道满足企业用工需求，与智联招聘等合作，将招聘会搬到网上，免费为企业和劳动者提供信息发布渠道，实现用工招聘不见面、就业服务不打烊；加强劳动力市场供需信息收集发布力度，推进重点企业与258家人力资源服务机构建立渠道，支持京东集团等企业招聘“共享员工”；开展各类线上招聘活动共计58场，参会企业840家次，提供岗位12844个；帮助有就业愿望的周边地区劳动力到经开区就业，新增3285名大兴区和通州区劳动力、409名平谷区劳动力在经开区实现就业；引导企业稳定劳动关系，通过失业保险稳岗返还、稳岗补贴、培训补贴等措施，向2000多家次企业拨付各类支持资金7765万元，帮助分担稳岗成本，减轻经营压力，促进复工复产。

（范晓萌）

“春风行动暨就业援助月”专项活动

1月14日—3月31日，经开区开展“春风行动暨就业援助月”专项活动。活动期间，组织线上招聘会8场，服务、指导企业90家次，提供招聘岗位5816个，点击浏览量达19560人次，收到简历352份，达成初步就业意向人数为60人。

（王宁）

根治欠薪工作

年初，经开区社会事业局牵头成立经开区解决企业工资拖欠问题协调小组。7月，制订经开区保障农民工工资支付2020年度工作计划，明确小组成员单位的职责分工，加强部门之间协作；形成欠薪突发事件应急处置机制，妥善处理、及时上报本地区发生的群体性事件。全年共召开根治欠薪协调会4次，以推进案件及时解决。年内，通过“社会事业局”微信公众号推送系列文章等方式，宣传《保障农民工工资支付条例》，增强农民工依法理性维权意识。

（崔冰心）

高校毕业生就业服务季活动

5月14日—6月30日，经开区开展高校毕业生就业服务季——线上招聘专项活动，经开区社会事业局开展2场网络招聘会，共有6家企业发布41个岗位，线上点击浏览量达2586人次，达成初步就业意向人数为8人。

（王宁）

和谐劳动关系建设

5—6月，经开区社会事业局举办和谐劳动关系先进单位（园区）及个人评选活动，评选出17家先进企业、13位先进个人。其中，北京利达华信电子有限公司与北京北方华创微电子装备有限公司2家企业入选市人力社保局印发的2020年度“培育助推和谐劳动关系企业共同行动”和谐企业名单。年内，经开区社会事业局对受疫情影响企业的劳动用工加强指导，主动靠前服务。全年指导9家企业依法进行经济性裁员，涉及员工235名。

（崔冰心）

“亦就业”微信小程序开发

6月19日，经开区依托“战疫金盾”平台开发“亦就业”微信小程序，为各类求职者和辖区内各企业提供求职登记、企业招聘计划定制、职位需求发布、人才简历库、专题招聘会以及相关政策解读等全方位的公共就业服务。截至2020年年底，累计注册用户5062人，共有438家公司发布1081个岗位、招聘6110人，共5315人次投递简历。“亦就业”微信小程序获北京市优秀公共就业服务成果三等奖。

（王宁）

“民营企业招聘月”专项活动

7月7—28日，经开区开展“民营企业招聘月”专项活动，包括“助企用工”“暖心送岗”“就业援鄂”3场线上招聘服务活动。活动期间，共有43家企业参加，提供就业岗位589个，收到简历305份，达成初步就业意向人数为40人。

（王宁）

高校毕业生专场招聘活动

9月22日—10月23日，经开区开展2021年应届高校毕业生校园招聘会——西安线、东北线活动。此次活动组织47家区内企业到西安电子科技大学、西北工业大学、哈尔滨工业大学等7所院校组团招聘2021届应届高校毕业生，提供招聘岗位5714个，收到简历932份，达成初步就业意向人数为508人。

（王宁）

职业技能提升试点区建设

9月，经开区管委会、市人力社保局、市财政局联合印发《北京经济技术开发区打造职业技能提升试点区建设方案（2019—2021年）》（京技管［2020］73号）。经开区社会事业局逐步开展该方案中关于支持和鼓励企业开展职业技能等级认定、共享优质培训资源、技能人才联合培养等相关政策的发布和奖励申领工作。

（梅晓丹）

直播带岗活动

10月15日，经开区开展“亦企等你远航”直播带岗活动，为2021届高校毕业生提供招聘岗位。首次直播带岗活动，共有包括北京奔驰汽车有限公司、京东集团在内的10家区内企业参与，13所全国各地高等院校近8000名学生参与直播互动，询问投递简历及福利待遇相关问题，反响良好。

（王宁）

“金秋招聘月”专项活动

10月15日—11月14日，经开区开展以“稳就业政策助力 保就业服务筑桥”为主题的“金秋招聘月”专项活动，包括8场招聘会。活动期间，共有117家次企业参会，提供就业岗位2348个，参会应聘人员403人次，达成初步就业意向人数为71人。

（王宁）

“就业扶贫日”专项招聘活动

10月16日，经开区社会事业局开展“就业扶贫日”专项招聘活动。活动通过“亦就业”微信小程序开展，共有14家企业参加，提供392个就业岗位，17人投递简历，7人达成就业意向。经开区社会事业局为区内低收入农户劳动力和来京务工的建档立卡贫困劳动力送温暖、送政策、送服务，促进稳岗就业。

（王宁）

提升区域技术技能人才水平

12月底，经开区出台《北京经济技术开发区促进职业能力提升补贴管理办法》（京技管〔2020〕106号），扩大职业能力提升补贴范围，包括职业资格、职业技能等级、特种作业、学历学位、高级职称等方面，鼓励企业职工提升技能水平。年内，经开区社会事业局审核拨付职业能力提升补贴资金662.35万元，惠及2988人次。

（梅晓丹）

引导校企深度合作

12月底，经开区出台《北京经济技术开发区校企合作管理办法（试行）》（京技管〔2020〕110号），鼓励区内企业开展校企合作，通过专项定制化，破解技能人才缺口，推动优质人才、科研力量和科研成果与经开区对接等。截至2020年年底，经开区共有校企合作人才联合培养基地24家。年内，经开区社会事业局拨付9家人才联合培养基地2017—2020年度资助资金600.65万元。

（梅晓丹）

职业技能等级认定工作

年内，经开区社会事业局推进建立符合经开区产业特点的职业技能等级评价体系，京东集团、中芯北方集成电路制造（北京）有限公司、中芯国际集成电路制造（北京）有限公司、SMC（中国）有限公司、神州细胞工程有限公司5家区内行业龙头企业率先开展职业技能等级认定工作，以形成区域示范带动效应。8月，推进5家企业完成职业技能等级认定工作的市级备案，涉及半导体芯片制造工、车工、药物制剂工等14个工种。12月，经开区发布《北京经济技术开发区关于支持企业开展职业技能等级认定工作的通知》。全年经开区累计开展职业技能等级认定工作7071人次，累计拨付奖励资金共计700万元。

（梅晓丹）

推动中高级人才招聘专区建设

年内，经开区继续通过经开区中高级人才招聘专区，为企业提供智联招聘和猎聘网站运营、招聘平台的宣传和推广、平台企业群管理、招聘平台结果跟踪报告等相关服务。截至2020年年底，经开区中高端招聘平台参与企业155家，共发布职位3076个，浏览量近200万次，收到简历28万余份，面试人数1.5万余人。

（王宁）

鼓励龙头企业共享优质培训资源

年内，经开区鼓励龙头企业通过高技能领军人才工作室和职工培训中心共享优质培训资源。北京奔驰汽车有限公司挂牌经开区首家优质培训资源共享基地，并免费对外共享培训资源。全年首药控股（北京）有限公司等50多家区内企业参加共享培训课程。

（梅晓丹）

吸纳大兴区和通州区3943人就业

年内，经开区通过扩大宣传等举措，加大企业岗位和公共服务岗位的开发，向周边镇街提供适宜的就业岗位；通过经开区就业工作QQ群，与周边镇街就业部门时时共享就业信息；通过实行重点镇街就业先行的举措，与瀛海镇在大学生就业、职业指导、公益性岗位招聘等方面达成共识，优先推进。全年共吸纳2632名大兴区劳动力、1311名通州区劳动力到经开区就业。

（王宁）

吸纳平谷区536人就业

年内，为进一步加强经开区和平谷区结对协作工作计划的实施，经开区对平谷区实行精准就业帮扶。1—6月，举办平谷区线上专场招聘会1场，参与企业10家次，提供岗位730个，达成意向90人。1—10月，每月通过网络实时传输，与平谷区共享99家次企业的各类就业岗位1220个。8月，经开区和平谷区就业部门与京东方科技集团股份有限公司沟通，共同推进高校毕业生定制招聘工作，举办平谷籍高校毕业生—京东方专场招聘会，京东方提供生产助理岗若干，50多名平谷籍高校毕业生参与面试，达成初步就业意向人数为11人。10月底，根据平谷区电商师资培训需求，联系平谷区开源职业技术学校，就地取材、聘请师资，举办两期经开区—平谷区结对协作电子商务培训班，50多名平谷籍学员参加培训。全年经开区向平谷区传输共享招聘会信息14场，平谷区采用并发布用工单位信息120家次、岗位1440个，共吸纳平谷区536人到经开区就业。

（王宁）

合规性审查

年内，经开区社会事业局依法对用人单位遵守劳动法律、法规和规章情况进行合规性审查。全年受理集体合同备案记录累计635条，完成155家劳务派遣单位的年检工作。同时，利用北京市劳动用工风险监控平台，提前介入核实调查风险企业30家。

（崔冰心）

博士后科研工作站建设

年内，经开区出台《北京经济技术开发区博士后工作管理办法》（京技管［2020］31号），为开展博士后工作提供保障和指导。经开区新增设园区类博士后科研工作站分站8家（北京经济技术开发区产经政策研究院、北京枭龙科技有限公司、北京星际荣耀科技有限责任公司、北京华卓精科科技股份有限公司、北京博清科技有限公司、北京浦丹光电股份有限公司、东方雨虹民用建材有限责任公司、北京踏歌智行科技有限公司）、博士后科研工作站2家（北京数字精准医疗科技有限公司、中国石化催化剂有限公司），新招收进站博士后14人，拨付经开区博士后工作专项经费资助共计420万元。截至2020年年底，经开区共有园区类博士后科研工作站分站55家、博士后科研工作站4家，累计培养博士后研究人员 108 人。

（梅晓丹）

劳动力职业技能提升

年内，经开区社会事业局组织区内企业职工开展“援企稳岗”职业技能培训。截至 2020 年年底，经开区社会事业局完成技能提升行动专项资金审核拨付合计 2593.6 万元，惠及 23410 人次。其中，拨付岗位适应性培训补贴 68.6 万元，惠及 1372 人次；企业职工技能提升补贴 2509.25 万元，惠及 21993 人次；企业新型学徒培训 15.75 万元，惠及 45 人。

（梅晓丹）

创造有利就业环境

年内，经开区社会事业局落实 48 家企业招用征地拆迁农村劳动力岗位补贴资金 366.45 万元；落实 7 个镇、42 辆劳动力就业班车补贴资金共计 618.60 万元；落实劳务派遣单位招用大兴区劳动力补贴资金共计 158.23 万元，惠及 6 家单位总计 5484 人次。

（梅晓丹）

教育

综合管理

概况

2020 年，经开区社会事业局以教育职能赋权为契机，秉持以人为本的教育理念，积极回应企业和群众美好期盼，办好群众“家门口”的学校，让教育更好地服务区域经济社会发展，努力将经开区打造成为与世界一流产业综合新城相适应的教育高地。其中，推进人大附中亦庄新城学校、北京第二中学经开区学校机构和编制获批；完成义务教育入学工作，安排区内 2496 名居民、职工子女入学；区内 3 所小区配套民办幼儿园转为普惠性幼儿园，新增普惠学位 880 个；加快教育基础设施建设，E13 地块建华实验亦庄学校新建工程、X39 地块达到交付条件，X95、X96 地块完成主体结构施工。截至 2020 年年底，经开区共有学校 7 所，其中公办学校 4 所、民办学校 2 所、中外合作办学机构 1 所；幼儿园 17 所，其中公办园 5 所、普惠园 7 所、民办园 5 所；职业教育学校 2 所。

（范晓萌）

承接“60 平方公里”范围内教育职权

10 月 9 日，经开区根据《北京市人民政府关于由北京经济技术开发区管理委员会行使部分行政权力和办理部分公共服务事项的决定》（京政发〔2019〕23 号）相关要求，与大兴区教育委员会就两区教育职权划转进行专题研讨，决定自 2020 年 10 月 1 日起，经开区“60 平方公里”范围内（含 9 所中小学、18 所幼儿园）教育职能主体转为经开区社会事业局行使。

（刘欣）

普惠性幼儿园

年内，经开区社会事业局继续开展小区配套幼儿园普惠规范工作，与拟纳入普惠制规范的民办办学主体沟通协商并给予政策指导。全年北京市大兴区春蕾幼儿园、北京市大兴区大地双语幼儿园、北京市大兴区东方蒙特梭利亦城幼儿园 3 所小区配套民办幼儿园转为普惠性幼儿园，新增普惠学位 880 个。

（刘欣）

中小学生校外科普实践基地

年内，经开区社会事业局联系区内企业，与京东方科技集团股份有限公司和北京金风科创风电设备有限公司达成合作，签署相关协议，建成经开区中小学生校外科普实践基地。其中，京东方通过自身大尺寸液晶屏技术优势，为区内中小学生打造创新展厅，通过场景化展示和沉浸式体验等方式，培育中小学生创新意识；金风科创为再生能源领域先行者和领跑者，其智慧园区位于经开区区域内，占地面积为 9.12 万平方米，集成了可再生能源、智能微网智慧水务、绿色农业等功能板块，并针对中小学生设计“追风的故事”等科普课程，助力培养青少年的环保、节能意识。

（刘欣）

中小学冰雪运动普及和发展

年内，经开区社会事业局做好冰雪运动在中小学校中的普及和发展，加大冰雪项目推广力度，开展“冰雪进校园”系列活动，助推芬兰凯撒卡里奥体育学院到经开区开展交流研讨活动。全年共开展 2 次“冰雪运动进校园”、2 次线上“冰雪运动人才培养”活动，共 2110 人参加“北京冬奥吉祥物故事征文”活动，约 1770 人参与“冰雪体验活动”，约 820 人参加“冰雪特色体育课程”等系列活动。

（刘欣）

国际教育资源提升

年内，经开区社会事业局为落实《北京市国际学校发展三年行动计划（2019—2021 年）》，切实提升区域内国际教育资源，根据相关文件及审核标准，对人大附中北京经济技术开发区学校和北京亦庄实验中学上报的中外合作办学项目进行审核。人大附中经开学校中外合作办学项目通过区级审核、亦庄实验中学中外合作办学项目通过年检，经开区社会事业局将审核结果报送至市教委进行最终审核。

（刘欣）

学前教育

中芯幼儿园首次开展爱心义跑及义卖活动

12 月 12 日，北京中芯幼儿园首次开展“感恩绽放　爱传四方”爱心义跑及义卖活动。活动分为 3 个场次，1 个场次 4 个班，每场义跑时长 1 小时 20 分钟。义跑场地设在北京市中芯学校足球场，全程 1.2 千米，并在行程中设置平衡木、毛毛虫、大小钻网等 12 个挑战环节；义卖场地设在中芯学校 1 号楼一层大厅，由幼儿园食堂制作美食，孩子们制作手工艺品。此次活动共筹得善款 7.56 万元，全部捐赠给儿童希望救助基金会——亦庄助医小家，用于外地肿瘤患儿来京的医疗救助。

（庞露露）

亦庄五幼教师多项成果获奖

年内，北京市大兴区亦庄第五幼儿园教师的多项成果获奖。其中，王岩飞撰写的《以爱育爱，用爱心托起明天的太阳》获 2019 年研用《北京教育丛书》优秀论文二等奖，江思文撰写的《手捧师爱，憧憬明天》、李艳玲撰写的《学管理重引领，打造和谐团队》获 2019 年研用《北京教育丛书》优秀论文三等奖；韩笑撰写的论文《小班积木搭建游戏——绿得金生态园》、李艳玲撰写的论文《提升园所文化建设，打造园所文化品牌》被北京市教育学会评为北京市首届教师“基本功与智慧”教育教学研究成果二等奖，薛宏旭撰写的论文《做有温度的教育——做好家园共育》、王岩飞撰写的论文《我们的家园》被评为北京市首届教师“基本功与智慧”教育教学研究成果三等奖；在学前教育杂志社举办的第二届“张雪门行为课程与幼儿园课程游戏化”学术研讨会征文活动中，白天晴的作品《巧妙利用教育资源帮助幼儿学习古诗》获二等奖，薛宏旭的作品《传统节气在幼儿园的实践研究》获优秀奖；此外，薛宏旭负责的“区域活动中培养幼儿学习习惯的策略”课题、韩笑负责的“通过区域活动提高幼儿自主探究能力的实践研究”课题经审核准予结题。

（闫炎）

·幼儿园（选介）·

北京市大兴区亦庄镇中心幼儿园

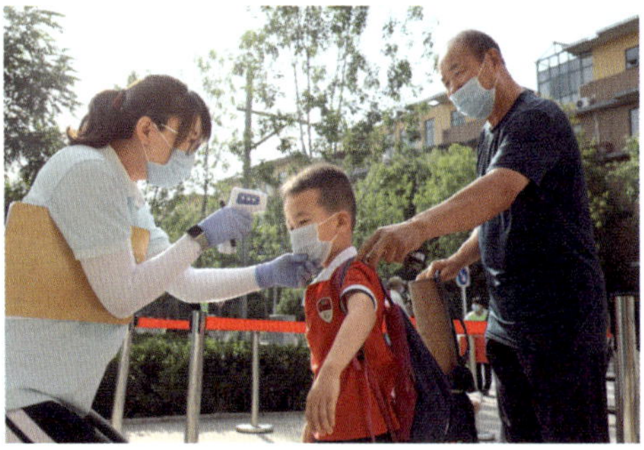

亦庄中心幼儿园大班复园现场　　单位提供

2020 年，北京市大兴区亦庄镇中心幼儿园（简称亦庄中心幼儿园）为一级一类日托制公办幼儿园，占地面积为 7600 平方米，建筑面积为 6590 平方米，固定资产为 349 万元。全年教育经费投入 973 万元，均为国家拨款。幼儿园拥有舞蹈、美术和多媒体等专用教室 4 个，普通教室 13 个。教室内配有钢琴、电脑和一体机等教学设施。教职工有 76 人，包括教师 50 人（均为专科以上学历，具有中级以上职称人员 8 人）、保健员 4 人（具有专科以上学历人员 2 人）。幼儿园开设教学班 13 个，其中小班 5 个、中班 5 个、大班 3 个。幼儿入园 157 人、离园 101 人、在园 412 人。6 月 8 日，亦庄中心幼儿园大班复园。年内，亦庄中心幼儿园开展“致敬最可爱的人”开园主题活动、社会领域教育教学评比活动、“科学分类，知行合一”垃圾分类培训活动等。区级学科带头人张翠、王玲玲，区级骨干教师刘芳以及保健医李静到内蒙古自治区察右前旗启智幼儿园开展送教帮扶工作。

亦庄中心幼儿园成立于2005年8月，位于经开区广德中巷 3 号，是经开区首个公立幼儿园。幼儿园始终坚持以“尊重、和谐、包容、求真、敬业”为原则，立足于“为师幼个体化生命成长搭建适宜平台”的办园宗旨，推行“探索生命教育，关注幼儿终生发展”的教育。

（褚茹萍）

北京市大兴区亦庄镇中心幼儿园
园长　李媛媛

北京市大兴区亦庄镇第二中心幼儿园

2020 年，北京市大兴区亦庄镇第二中心幼儿园（简称亦庄二幼）为一级一类全日制公办幼儿园，占地面积为 7899 平方米，建筑面积为 5739.2 平方米，固定资产为 1370 万元。全年教育经费投入 1701.25 万元，均为国家拨款。幼儿园拥有多功能厅、报告厅、小会议室各 1 个，专用教室2个，配有多媒体设备2套、LED显示屏设备3套；拥有普通教室20个，其中12个教室内配有电脑、电视、钢琴、录音机、照相机、摄像机、空气净化器各1台（架）。教职工有65人，包括教师36人（均为专科以上学历，具有中级以上职称人员8人）、保健员3人（均为本科学历，具有高级职称人员1人）。幼儿园开设教学班12个，其中小班5个、中班4个、大班3个。幼儿入园142人、离园79人、在园332人。年内，亦庄二幼以德育课程为切入点，在幼儿居家学习的过程中开展德育教育在中国传统教育中的研究；采取线上教研、培训等形式，带领教师研究适合幼儿园开展的德育内容并开展传统节日活动。为落实上级做好新冠肺炎疫情防控期间血液保障工作，有4名教职工参与无偿献血。

亦庄二幼成立于2010年9月1日，位于大兴区亦庄镇博兴八路东侧。幼儿园坚持“服务亦庄，和谐发展，创优质学前教育”的办园宗旨，立足于“让每个生命绽放光彩”的办园理念，以培养健康、快乐、自立、自信的幼儿为目标，致力于打造一所快乐自主、开放创新的幼儿园。

（李艳秋）

北京市大兴区亦庄镇第二中心幼儿园

园长 李艳秋（8月任）

王　娜（7月免）

北京市大兴区亦庄第三幼儿园

2020年，北京市大兴区亦庄第三幼儿园（简称亦庄三幼）为一级一类日托制公办幼儿园，占地面积为7408.17平方米，建筑面积为5947.52平方米，固定资产为287.9962万元。全年教育经费投入1698.86万元，均为国家拨款。幼儿园拥有音乐专用教室2个、普通教室21个。教室内配有电子触摸屏、投影仪和电脑等教学设施。教职工有76人，包括教师45人（均为专科以上学历，具有中级以上职称人员6人）、保健员3人（均为专科以上学历）。幼儿园开设教学班15个，其中小班6个、中班5个、大班4个。幼儿入园184人、离园112人、在园443人。年内，亦庄三幼基于亦庄三幼的绘本阅读和体育教育两大办园特色，继续开展阅读季系列活动及各类体育活动，并将垃圾分类、光盘行动、普通话推广渗透到日常活动当中。为了保障园所师幼安全，幼儿园开展复园应急演练、消防设施使用演习、消防应急疏散演练、传染病疫情防控应急演练等活动。在北京市首届教师“基本功与智慧”教育教学研究成果评比活动中，1人获一等奖、3人获二等奖、4人获三等奖。

亦庄三幼成立于2012年9月，位于经开区东渠路开泰东里25号。幼儿园坚持贯彻落实《幼儿园教育指导纲要》精神，以“促进幼儿发展是教师价值唯一体现”为宗旨，以“培养有可持续发展能力的幼儿”为目标，遵循教育发展规律，重视幼儿内在能力的培养，不断丰富校园教育特色内涵，深入研究幼儿健康与科学领域教育，形成“激发和培养幼儿读书兴趣的阅读教育”“改进和加强幼儿运动健康的体育教育”两大办园特色。

（张怡）

北京大兴区亦庄第三幼儿园

园长 王洪靖

北京市大兴区亦庄第四幼儿园

2020年，北京市大兴区亦庄第四幼

儿园（简称亦庄四幼）为一级一类日托制公办幼儿园，占地面积为 3162 平方米，建筑面积为 2157 平方米，固定资产为 497 万元。全年教育经费投入 1339 万元，均为国家拨款。幼儿园拥有保健室、会议室、资料室和多功能厅等专用办公用房 4 个，普通教室 8 个。教室内配有多媒体、电脑和钢琴等教学设施。教职工有 60 人，包括专任教师 23 人（具有专科以上学历人员 23 人、中级以上职称人员 3 人）、保健员 3 人（均为专科以上学历，具有中级以上职称人员 1 人）。幼儿园开设教学班 10 个，其中小班 2 个、中班 4 个、大班 4 个（北京市大兴区瀛海镇第二中心幼儿园借址扩班，共计 2 个大班）。幼儿入园 80 人、离园 101 人、在园 292 人。年内，亦庄四幼落实疫情防控、教育教学、家园沟通等工作。幼儿园在课程建设中确立“E+”课程体系；成立大型活动策划、园所宣传、资料收集和课题研究 4 个学习共同体；成立幼小衔接课程构建小组，家园合作进行幼小衔接能力培养；成立小喇叭广播站；开展垃圾分类从“我”做起系列活动、秋季运动会等。幼儿园 3 人次获第十七届“当代杯”全国幼儿教师职业技能大赛一、二等奖；3 人次获北京市首届教师“基本功与智慧”教育教学研究成果二、三等奖；1 人获北京市学前儿童保教工作者协会、张雪门学前教育思想研究专业委员会、学前教育杂志社颁发的第一届“张雪门杯”幼儿园教师专业及技能展示活动优秀奖等。

亦庄四幼成立于 2012 年 8 月，位于经开区鹿海园四里 10 号楼。幼儿园以“创建环境和谐、快乐发展、保教质量一流的园所”为发展方向，以瑞吉欧项目教学和探究式综合主题活动的教育理念为理论基础，以“为孩子的成长提供环境、为孩子的发展提供支持”为办园理念，开展园所教育教学工作；将探究式综合主题活动、外出实践活动、体能游戏、创意美术和生态式艺术无稿剪纸等特色活动作为园所课程的实施载体，让幼儿在系统的、连贯的、真实的游戏活动中与同伴合作进行探究式游戏活动，在发现问题、分析问题和解决问题的过程中实现多维度的学习；利用家园资源，鼓励家长参与园所建设，实现家园共建，为幼儿的终身学习和发展奠定基础。

亦庄四幼开展垃圾分类从“我”做起活动　　单位提供

（曹晨露）

北京市大兴区亦庄第四幼儿园
园长　谭亚静

北京市大兴区亦庄第五幼儿园

2020 年，北京市大兴区亦庄第五幼儿园（简称亦庄五幼）为一级一类日托制公办幼儿园，占地面积为 9067.69 平方米，建筑面积为 7229.61 平方米，固定资产为 515 万元。全年教育经费投入 1780 万元，均为国家拨款。幼儿园拥有美工坊、绘本馆、舞蹈教室、多功能厅等专用教室 5 个，普通教室 24 个。教室内配有液晶电视、钢琴、空气净化器等教学设施。教职工有 86

人，包括教师37人（均为专科以上学历，具有中级以上职称人员10人）、保健员5人（均为专科以上学历）。幼儿园开设教学班16个，其中小班8个、中班5个、大班3个。幼儿入园505人、离园6人、在园499人。年内，亦庄五幼完善幼儿园的各项规章制度、园所设施等硬件建设。在教师队伍建设中，幼儿园将夯实教师基本功作为重点，通过集中培训、业务学习、教研活动等形式提升教师的理论知识水平，组织教师参观学习，同时为教师搭建展示平台。在教育教学方面，坚持艺术教学活动，为幼儿创设良好的艺术氛围。幼儿园形成自己的音乐特色课程，构建音乐主题课程框架，教师可利用框架进行音乐主题课的梳理与总结，同时在实践过程中，形成16个主题儿童音乐剧，并创编部分与音乐剧内容相匹配的儿歌。幼儿园举办“增强体质，抵抗病毒”（线上）春季运动会，开展“居家工作、秀出幸福”系列活动等。新疆维吾尔自治区和田市教育同人到亦庄五幼交流考察。

亦庄五幼成立于2013年4月，位于经开区四合路10号院。幼儿园以“做本真教育，为幼儿幸福人生奠基”为办园宗旨，以“尚美涵养天性，心爱滋润成长”为办园理念，以“培养健康活泼、阳光自信、快乐自主的幸福儿童”为育人目标，以“肩并肩前行，心连心成长”为园训，初步形成和谐、敬业、进取、创新的良好园风，致力于打造一所幼儿幸福、教师乐业、家长满意、社会信赖的高品质幼儿园。

（闫炎）

北京市大兴区亦庄第五幼儿园

园长　李艳玲

北京市大兴区二十一世纪实验幼儿园

二十一世纪幼儿园开展复园准备工作　　王琳　摄

2020年，北京市大兴区二十一世纪实验幼儿园（简称二十一世纪幼儿园）为日托制民办幼儿园，占地面积为2.50万平方米，建筑面积为1.57万平方米，固定资产为268万元。全年教育经费投入100万元，均为自筹。幼儿园拥有风雨操场1个、艺术宫1个、琴房8个、圆弧教室9个、普通教室44个、托育教室2个。教室内配有电子琴、录音机和电脑等教学设施。教职工有189人，包括教师74人（具有专科以上学历人员49人、本科以上学历人员18人、中级以上职称人员7人）、保健员9人（均为专科以上学历，具有中级以上职称人员1人）。幼儿园开设教学班36个，其中小班11个、中班10个、大班10个、国际班5个。幼儿入园310人、离园290人、在园877人。9月8日，二十一世纪幼儿园复园并举行开学典礼。年内，二十一世纪幼儿园开展“世纪杯云端英文口语大赛”活动、云课间操活动、植树节云种植活动等。

二十一世纪幼儿园成立于2003年9月，位于经开区天宝中街5号，是北京市最早的民办寄宿制幼儿园，也是最早以双语教育和多元文化为基本特色的幼儿园。

幼儿园以“蹲下来讲话，抱起来交流，牵着手教育”为教学理念。

（王琳）

北京市大兴区二十一世纪实验幼儿园

园长 崔立新

北京市大兴区美格双语幼儿园

2020 年，北京市大兴区美格双语幼儿园（简称美格幼儿园）为日托制民办幼儿园，占地面积为 1980 平方米，建筑面积为 1340 平方米，固定资产为 278.47 万元。全年教育经费投入 608.31 万元，均为自筹。幼儿园拥有普通教室 6 个。教室内配有电脑和多媒体一体机等教学设施。教职工有 34 人，包括教师 10 人（均为专科以上学历）、保健员 2 人（均为专科以上学历）。幼儿园开设教学班 5 个，其中小班 2 个、中班 2 个、大班 1 个。幼儿入园 30 人、离园 35 人、在园 130 人。年内，美格幼儿园开展反恐、消防演习，万圣节、感恩节、圣诞节活动，故事大王比赛等。

美格幼儿园成立于 2002 年 8 月，位于经开区天华园三里 1 栋。幼儿园坚持“学中玩，玩中学，快乐每一天”的办园宗旨，立足于“尊重、独立、自信、合作”的办园理念，以“打造儿童乐园，让孩子们在乐园里快乐地成长”为目标，致力于打造一所幼儿喜欢、家长认可的幼儿园。

（叶立华）

北京市大兴区美格双语幼儿园

园长 陈虹

北京市大兴区大地双语幼儿园

2020 年，北京市大兴区大地双语幼儿园（简称大地双语幼儿园）为日托制普惠型民办幼儿园，占地面积为 1927 平方米，建筑面积为 2513 平方米，固定资产为 67 万元。全年教育经费投入 50 万元。幼儿园拥有形体教室和电脑室专用教室 2 个、游戏室 1 个，普通教室 10 个。教室内配有电视、电脑和玩具等教学设施。教职工有 52 人，包括教师 20 人（均为大专以上学历）、保健员 3 人（具有本科学历人员 1 人、大专学历人员 2 人）。幼儿园开设教学班 10 个，其中小班 5 个、中班 2 个、大班 3 个。幼儿入园 130 人、离园 56 人、在园 270 人。年内，大地双语幼儿园开展“感恩成长，梦想起航”大班云上毕业典礼活动；全体教职工参与北京市温暖基金会组织的抗击疫情“温暖武汉”捐款活动，捐款 6800 元。

大地双语幼儿园成立于 2002 年 9 月 1 日，位于经开区天华园二里二区。幼儿园坚持“以国际视野培养身体、智能、人格全面和谐发展的完整儿童”的办园宗旨；立足于“教育活动游戏化，环境布置教育化，活动形式多样化，保教结合，因材施教，适度超前，全面发展”的办学理念；以国际化为目标，致力于打造一所“全世界小朋友手拉手”的幼儿园。

（李萍）

北京市大兴区大地双语幼儿园

园长 刘桂玲

北京市大兴区春蕾幼儿园

2020年，北京市大兴区春蕾幼儿园（简称春蕾幼儿园）为一级二类日托制民办幼儿园，占地面积为 3000 平方米，建筑面积为 2600 平方米，固定资产为 65.66 万元。全年教育经费投入 70.11 万元，其中国家拨款 26.18 万元、自筹经费 43.93 万元。幼儿园拥有绘本馆、多功能厅和会议室等专用教室 5 个，普通教室 9 个。教室内配有一体机、音响和电脑等教学设施。教职工有 58 人，包括教师 18 人（具有本科学历人员 5 人、大专学历人员 13 人，二级教师 4 人、三级教师 7 人）、保健员 3 人（均为本科学历人员、二级教师）。幼儿园开设教学班 9 个，其中小班 3 个、中班 4 个、大班 2 个。幼儿入园 3 人、离园 81 人、在园 289 人。6 月 8 日，春蕾幼儿园开园。年内，春蕾幼儿园通过录制视频和网络直播的方式与幼儿进行线上“温暖沟通”，通过线上和线下相结合的形式开展各项家园互动活动；投资 20 万余元，完成楼道、大厅、教室的装修工程及户外操场的改造工程；开展“云毕业”典礼等。

春蕾幼儿园成立于 2013 年 5 月，位于经开区新康家园小区。幼儿园秉承“用心呵护、用爱浸润、用情滋养”的办园理念，以“家文化”为切入点，以“引领人、凝聚人、发展人”为育人理念，形成“以仁爱之心，铸育人之魂”的“德爱勤精新”五字精神引领，营造“人和园美、人园和谐”园所氛围，培养符合未来社会发展的接班人。

（杨帆）

北京市大兴区春蕾幼儿园

园长　霍艳方

北京中芯幼儿园

中芯幼儿园开展秋季户外徒步活动　　李兴欢 摄

2020 年，北京中芯幼儿园（简称中芯幼儿园）为全日制民办非企业幼儿园，占地面积为 5800 平方米，建筑面积为 4479 平方米，固定资产为 332 万元。全年教育经费投入 1854 万元，均为自筹。幼儿园拥有美术和英语等专用教室 4 个，普通教室 17 个。教室内配有交互式电子白板、电脑和电钢琴等教学设施。教职工有 85 人，包括教师 51 人（均为专科以上学历，具有初级职称人员 29 人）、保育员 18 人（具有专科以上学历人员 16 人）。幼儿园开设教学班 17 个，其中蒙氏混龄班 13 个、国际班（EK）4 个。幼儿入园 199 人、离园 162 人、在园 477 人。9 月 8 日，中芯幼儿园举行以“璀璨夏日，相约回家”为主题的开学日活动。年内，中芯幼儿园在疫情常态化管理下加强保教并重，在教育教学活动中重视个人防护能力的培养。教师依据原有各区域教学活动的具体数量指标，合理安排蒙氏教育教学活动内容。幼儿园坚持开展多种形式的品格教育，以品格故事、品德秀、慈善活动、主题展板、书香阅读等方式进行，每月 1 个品格主题，将品格传承融入日常教学；组织幼儿到南海子公园麋鹿苑开展秋季户外徒步活动。

中芯幼儿园成立于 2005 年 8 月 15 日，位于经开区泰河园四里三区，由中芯国际集成电路制造（北京）有限公司投资兴办。幼儿园坚持蒙氏教育与主题教学相结合的混龄双语教学模式，让幼儿充分自我发现和成长，坚持“品格第一”的办学宗旨与目标，以幼儿健康成长为己任，发展具有中芯特色的教学之路。

（陈相京）

北京中芯幼儿园

园长　白桦

北京市大兴区中芯南海子幼儿园

2020 年，北京市大兴区中芯南海子幼儿园（简称中芯南海子幼儿园）为日托制民办非企业幼儿园，占地面积为 6000.2 平方米，建筑面积为 5589.68 平方米，绿化面积为 1000 平方米，固定资产为 116 万元。全年教育经费投入 1525 万元，均为自筹。幼儿园拥有英语、美术和音乐等专用教室 6 个，普通教室 18 个。教室内配有交互式电子白板、电子钢琴和电脑等教学设施。教职工有 78 人，包括教师 46 人（均为专科以上学历，具有初级职称人员 26 人、中级职称人员 1 人）、保育员 18 人（具有专科以上学历人员 17 人）。幼儿园开设教学班 18 个，其中双语混龄班 10 个、中文普惠班 8 个。幼儿入园 216 人、离园 160 人、在园 534 人。年内，中芯南海子幼儿园开展“感恩绽放 爱传四方”爱心义跑活动，筹得善款 4.67 万元，全部捐赠给儿童希望救助基金会——亦庄助医小家。

中芯南海子幼儿园是北京中芯幼儿园分园，成立于 2016 年 9 月，位于经开区南海家园五里。幼儿园以“品格第一，勇敢自信，健康活泼，快乐成长”为办学理念，注重园所文化建设，以研促教，结合园本蒙特梭利教育特色，发扬教师的创新精神，通过骨干教师榜样引领，“一对一帮扶”带领年轻教师深入教学研究，探究互动式蒙氏主题教学形式和内容，挖掘园本课程内涵，提升幼儿园教育水平。

（王燕　黄雯婷）

北京市大兴区中芯南海子幼儿园

园长　王春利

北京市大兴区爱乐恩幼儿园

2020 年，北京市大兴区爱乐恩幼儿园（简称爱乐恩幼儿园）是中国教育电视台教育产业旗下集团化办园中的一所日托制民办幼儿园，占地面积为 6000 平方米，建筑面积为 5000 平方米，室内面积为 3000 平方米，户外操场面积为 2000 平方米，固定资产为 2355 万元。全年教育经费投入 1076 万元，均为自筹。幼儿园拥有图书馆、音体室、多功能厅等专用教室或区域 5 个，普通教室 11 个。教室内配有多媒体教学设施，以及新风系统、空气净化器等健康保障设施。教职工有 55 人，包括教师 24 人（均为专科以上学历）、保育员 11 人、保健员 2 人（均为专科以上学历）。幼儿园开设教学班 11 个，其中小班 5 个、中班 4 个、大班 2 个。幼儿入园 57 人、离园 80 人、在园 197 人。

爱乐恩幼儿园成立于 2016 年 7 月，位于经开区文化园东路 6 号高校创意总部 C 区 3 层，坚持“为孩子的幸福生活奠基”的办园宗旨，立足于“教育创造幸福的未来”的办园理念，以“友爱、快乐、好奇、担当”为使命宣言，致力于打造一所温馨自然，有温度、有品质的幼儿园。幼儿园课程的核心框架内容是国际文凭组织（IBO）授权的 PYP 幼小教学项目。

（袁欢欢）

北京市大兴区爱乐恩幼儿园

园长　王立新

基础教育

中芯学校参加 2 项数学竞赛获奖

1 月 4—5 日，北京市中芯学校九年级学生林雨轩和王馨心参加 2020 ASDAN

（美式）初中数学竞赛（AMT-J），暨美国加州伯克利初中数学竞赛（中国赛区），约翰斯·霍普金斯大学初中数学竞赛（中国赛区），两人在个人赛和团队赛中各获8枚奖牌。11月，2020年澳大利亚数学思维挑战赛（AMC）成绩公布，中芯学校各等级平均分均高于全国平均分。中芯学校有270名学生参赛。其中，1名学生获卓越奖，全国排名前0.3%；6名学生获一等奖，全国排名前3%；56名学生获二等奖，全国排名前20%；116名学生获三等奖，全国排名前55%；74名学生获数学技能奖，全国排名前64.7%。

中芯学校学生在ASDAN(美式)初中数学竞赛中获奖　苗刚 摄

（黄晶晶）

亦庄实验小学开通答疑解惑热线

3月9日，北京亦庄实验小学开通校级专家及优秀教师团队答疑解惑热线，旨在帮助学生解决居家自主学习困难、提升学习效果、加强家校沟通。成员由获特级教师、市区级学科带头人、学科骨干称号的教师，各年级学科教研组组长共36人组成，每个年级都安排了答疑解惑教师，学生可根据自身需求，在相应时间段自愿、自主选择教师进行咨询。全校2000名师生参与。

（王会娜）

亦庄实验中学举行云上艺术节活动

3月29日—4月4日，北京亦庄实验中学初一、初二和高一年级相继举办以“希望在春天”为主题的云上艺术节活动。3个年级共计50多名同学表演节目，如诗朗诵《我看到了爱》、歌曲《特别的冬天》、快板《众志成城抗疫情》等。3个年级师生共计300多人参与活动。

（赵亚）

亦庄实验小学开发亦小延学课程

3月，北京亦庄实验小学开发亦小延学课程。6个年级在“德育活动板块”“疫情防控板块”“名师教学板块”“精品阅读板块”“体育锻炼板块”“艺术教育板块”“科技创新板块”“心理疏导板块”“家校协同板块”9个板块的指导下，有效整合资源，链接不同年龄段学生的真实体验和发展需求，通过读一读、写一写、画一画、做一做、练一练等具体形式，丰富学生的居家体验。全校2000名师生参与。

（王会娜）

中芯学校学生参加全球AP课程考试

5—6月，北京市中芯学校首届英文部高中生11人参加全球AP课程考试。8月，全球AP课程考试公布，其中91%的学生通过所报科目的AP考试［40%的学生满分（5分）通过一门或者两门AP科目、40%的学生在所报考的科目中获优秀（4分）］。

（黄晶晶）

人大附中经开学校与芬兰学校达成合作

6月5日，人大附中北京经济技术开发区学校与芬兰马克林尼体育高中签署缔结姐妹学校合作备忘录。根据协议内容，双方同意开展两校间的国际交流与合作，如教师互访，学生交换，组织学术、体育、科技、艺术等冬 / 夏令营活动。通过相互交流教育理念，共享“体教融合”的教育经验和育人模式，增进两国青少年友谊。

（程菁菁 侯萱）

亦庄实验小学开展暑期家庭实验室项目

7 月 8 日，北京亦庄实验小学开展暑期家庭实验室项目。学生通过寻找研究伙伴、寻找探究线索、制订研究计划、记录与反思、项目成果展示等方式参与项目。项目研究成果将在开学季通过学校数字平台进行展示和优秀研究成果评选，优秀成果将被推荐参加教育部认可的全国中小学生科技类比赛和活动。暑期家庭实验室项目中“小鸡孵化与饲养研究”研究报告从孵化小鸡需要的条件与方法、小鸡孵化过程中的变化、孵化的周期等 10 个方面展开探究。该项目在经开区金鹏科技论坛活动中获二等奖，并被推选参加北京市中小学生金鹏科技论坛。全校 2000 名师生参与。

（王会娜）

亦庄实验中学“亦述”工作室揭牌

7 月 9 日，北京亦庄实验中学“亦述”工作室举行揭牌仪式。“亦”即亦庄实验中学，“述”意味着讲述同学们的艺术经历和艺术故事。该工作室由国际部 2017 级毕业生郭鼎宇、王策、张驰、李沛航和吴非洋共同创办，教师丁宁负责指导，展示了这些同学在校期间所创作的艺术与工艺作品，内容涉及国画、书法、电影、产品和建筑设计等。该工作室将为在校学生提供创作和参观机会，策划展览以及讲座等各种活动，丰富同学们的艺术体验。

（赵亚）

人大附中经开学校被评为全国特色单位

人大附中经开学校科技社团举办展示活动　　单位提供

7 月 13 日，人大附中北京经济技术开发区学校被评为 2020 年度全国青少年人工智能活动特色单位。该评比活动由中国科协青少年科技中心、中国青少年科技辅导员协会主办，经省级审核、资格审查和专家评选，北京地区共有 47 所单位入选，大兴区仅人大附中经开学校位列其中。2018—2020 年，该校在实践中不断优化人工智能课程。

（王佳婧 侯萱）

亦庄实验小学开展援疆推普帮扶公益活动

7 月 15 日，北京亦庄实验小学与新疆维吾尔自治区阿克陶县小胡杨小学举行线上推普帮扶公益活动结对启动仪式。北京市语言文字协会白焱老师，新疆维吾尔自治区阿克陶县小胡杨小学书记以及 98 名学习教师，亦庄实验小学校长史丽英和 42 名项目指导教师参与活动。活动旨在推动国家通用语言文字的规范化、标准化及健康发展。两校老师结成对子，通过线上平台，落实周周学、半月谈、月末赛、双月展、季度结等学习活动任务，学习方式为“教学视频 + 绕口令练习”。

（王会娜 袁典）

人大附中经开学校承担中考考点校组考

7 月 17—19 日，人大附中北京经济技术开发区学校首次承担中考考点校组考工作。该考点考试机构包括考务组、监控组、宣保组、后勤组、疫情防控组。该校在完成考务工作的同时，做好中考疫情防控各项工作，安排救护车驻点，做好教室、校园全面消杀和防雨棚的搭建，考前14天参考教职工测温和健康管理，完成考前7日内核酸检测，完成2020年中考考点任务。该考点主要涉及经开区内人大附中经开学校、北京亦庄实验中学、北京市中芯学校3所学校的考生，考生有543人，共设考场28个，另设备用考场3个。28名主监考员由该校初中非毕业年级教师担任；28名副监考员由亦庄实验中学初中非毕业年级教师担任；6名备用人员由该校和亦庄实验中学教师担任。

人大附中经开学校中考考场　　张笑嫣 摄

（侯萱　张燕妮）

人大附中经开学校中高考再创佳绩

7月，人大附中北京经济技术开发区学校2020年中高考再创佳绩。2020届高考，参考学生80人，高考本科上线率为98.7%，过特招线40人，占本校参考总人数的50%。武席萱同学高考总分为699分，位列大兴区第一名，被北京大学光华管理学院录取；王泰骐同学高考总分为679分，位列大兴区第二名，被北京航空航天大学录取。2020届中考，参考学生281人，是大兴区参考人数排名第二的学校。该校3名学生位列大兴区前十名，570分以上4人，550分以上52人，500分以上172人。该校中考总平均成绩位列大兴区第四名。

（侯萱　李雪）

人大附中亦庄新城学校借址办学

人大附中亦庄新城学校借址办学　　刘洋 摄

8月，因人大附中亦庄新城学校校舍未完成建设，2020—2021学年度人大附中亦庄新城学校在人大附中北京经济技术开发区学校借址办学，招收一年级8个班、学生313人、教师19人，借用教室8间和办公室1间。人大附中经开学校负责人大附中亦庄新城学校的招生、教师招聘及日常的教育教学和行政管理工作，两校课程共享。借址校扩班费由经开区社会事业局拨付。

（侯萱　李雪）

亦庄二小开展干部周调研课活动

9月14日，北京市大兴区亦庄镇第二中心小学开展干部周调研课活动。该活动是校级领导深入教学一线的一种活动形式，每月每周一的第一节课所有干部共计9人走进班级共听一节课，每位干部从各部门的工作重点出发，从不同视角发现班中的优势与不足。各部门干部通过亲身体验课程内容，发现教师教学中的问题，开展课后会议，将观察到的情况进行讨论、汇总，由教导处、德育处就调研课的情况向授课教师予以反馈，帮助教师解决问题，提高教学水平。截至 2020 年年底，共开展干部周调研课活动 20 次。

（李占旭）

亦庄实验小学课程获建设优秀成果一等奖

9 月，北京市基础教育课程教材改革实验工作领导小组公布 2019—2020 学年度北京市基础教育课程建设优秀成果评选结果，北京亦庄实验小学提交的“始业课程”“小学走班选课模块课程”获一等奖，由教师王婷婷、梁音子、高丽君撰写的《亦庄实验小学事业课程研究报告》被北京教育科学研究院列入《北京市基础教育课程建设优秀成果选辑》。该研究报告作为典型的融合课程改革案例，将一、二年级“始业课程”的实际案例进行梳理、总结，由实践经验到理论论证，自下而上地系统反思“始业课程”在理论指导、课程设计、课程实施和评价方面的特色。

（王会娜）

人大附中经开学校举办“小鲁班奖”评选

10—12 月，人大附中北京经济技术开发区学校举办首届校园“小鲁班奖”评选活动。该评选活动以北京中轴线非遗元素为表现内容，并以完全手工制作的形式完成作品。该校在小学部一至六年级 3400 多名学生中征集作品共计 1667 件，于 12 月 1—25 日在校内分 6 个展区进行展示。12 月 28 日，该校举行首届校园“小鲁班奖”评选活动颁奖典礼，46 名学生分别获小鲁班奖、小鲁班提名奖、最具创意奖、最佳制作奖、特别奖等，401 件作品获优秀作品奖。

（高鹏 侯萱）

亦庄一小与北京修实公益基金会签约

11 月 14 日，北京市大兴区亦庄镇第一中心小学与北京修实公益基金会签约合作，将位于经开区朝林广场的时光老相机展览馆作为学校的第二课堂，让孩子们更多地参与志愿服务。该展览馆由欧美相机厅、日本相机厅、科普研习厅、中苏相机厅、时光隧道和古董相机珍藏厅 6 个部分构成，馆内共收藏 300 多件藏品。

（张璐）

亦庄一小发布“三主”课程

11 月 25 日，北京市大兴区亦庄镇第一中心小学发布“三主”课程。“三主”课程包括学科“三主”课程和德育“三主”课程。其中，学科“三主”课程体系包括基于学科的主体课程、基于项目的主题课程、基于兴趣的主动性课程；德育“三主”课程体系包括基于学科的主体课程、基于综合的主题课程、基于实践的主动性课程。截至 2020 年年底，学校基于项目的主题课程组有 15 个，如电影课程、阅读课程、绘本课程等；基于兴趣的主动性课程组有 42 个，如剪纸、足球、啦啦操等。

（张璐）

亦庄一小成立学生自主管理学院

11 月 25 日，北京市大兴区亦庄镇第一中心小学成立学生自主管理学院。该学院由学生发展中心和少先队组织管理，施行以“学生自己管理自己，自己管理班级，参与学校管理”为特征的自主德育模式，面向学生招募垃圾分类小小引导员、失物招领员、志愿者服务团、校园广播站、摄影小分队、文明环保小使者等岗位。全校960多名学生根据兴趣自主选择，绝大多数同学主动报名参加了一项或多项志愿服务。

（王欣）

人大附中经开学校引进芬兰线上冰雪课程

人大附中经开学校引进芬兰线上冰雪课程　单位提供

12月7—28日，人大附中北京经济技术开发区学校引进芬兰线上冰雪课程，包括冰球、旱地冰球和旱地冰壶，采取“线上＋线下”的学习模式，由该校体育教师带领学生完成线上课程的理论学习，结合理论知识，延展至线下学习并掌握冰球、冰壶的基本动作要领、技巧及规则。该校小学部三年级学生820人、体育教师13人参与活动。该课程是由芬兰茂邦（Mobie）有限公司开发研制的一套课程，已制作成中文版，结合视频和文字分项介绍冰雪运动的规则、技巧等。

（程菁菁　王帅）

人大附中经开学校获跆拳道比赛17枚金牌

年内，人大附中北京经济技术开发区学校跆拳道队参加全国、市级4项跆拳道比赛获17枚金牌。10月17—22日，该校获2020年中国中学生跆拳道联赛（南部赛区——总决赛资格赛）暨2020年世界中学生运动会跆拳道选拔赛金牌4枚、银牌1枚、铜牌7枚。10月30日—11月1日，该校获2020年北京市青少年U系列跆拳道冠军赛金牌6枚、银牌7枚、铜牌4枚。11月7日，该校获2020年北京市青少年跆拳道锦标赛金牌4枚、银牌1枚、铜牌1枚。11月11—15日，该校获2020年中国中学生跆拳道联赛总决赛暨2020年世界中学生运动会跆拳道选拔赛金牌3枚、银牌5枚、铜牌10枚。

（侯萱　周小明）

·中小学·

北京市大兴区亦庄镇第一中心小学

2020年，北京市大兴区亦庄镇第一中心小学（简称亦庄一小）的占地面积为2.21万平方米，建筑面积为1.49万平方米，运动场地面积为4940平方米。图书馆（室）藏书34323册。固定资产总值为5557万元。全年教育经费投入4571万元，均为国家拨款。学校信息化经费投入50万元，拥有计算机374台、多媒体教室座位1470个，信息化设备资产514万元，校园网出口总带宽40Mbps，数字资源量320GB，信息技术课程1课时/周。学校拥有普通教室30个、专用教室12个、实验室2个。教职工有88人，包括具有高级职称人员14人、中级职称人员39人，专任教师74人（北京市特级教师1人、学科骨干教师7人、骨干班主任3人），具有本科及以上学历人员86人。学校开设教学班30个。毕业生141人、招生232人、在校生961人。学校有社团42个。6月1日，亦庄一小举行“让爱回家”返校复课庆六一活动。年内，亦庄一小成立学生自主管理学院；发布“三主”课程；校长徐辉参加“数智时代教师专业发展”校长研讨会；10名学生登上央视舞台，与“抗疫天团”——钟南山、张伯礼、张定宇、陈薇同台演唱《我和我的祖国》。学校入选北京2022年冬奥会和冬残奥会奥林匹克教育示范学校名单。学校全年获10项国家级奖项，72项市、区级奖项。教师个人在全国、市、区获奖473人次，学生个人在全国、市、区获奖766人次。

亦庄一小始建于1997年9月，位于经开区“60平方公里”核心区域。学校遵循“以爱育爱，以行导行”的理念，秉承“孩子成长的事就是最大的事”的教育哲学，践行“把孩子捧在手心，把老师放在心上”的教育信仰，以聚焦“发展”为根本，以可持续发展理论为导向，以创造适合学生发展的教育为目标，培养具有学习力、表现力和创造力的“阳光少年”，力争将学校办成一所“学生喜欢、教师幸福、受人尊敬”的卓越学校。

（张璐）

北京市大兴区亦庄镇第一中心小学

校长 徐辉

北京市大兴区亦庄镇第二中心小学

亦庄二小五、六年级军营礼开营仪式举行　　陈盼龙 摄

2020年，北京市大兴区亦庄镇第二中心小学（简称亦庄二小）的占地面积为1.63万平方米，建筑面积为8760平方米，运动场地面积为5450平方米。图书馆（室）藏书13467册。固定资产总值近2671万元。全年教育经费投入近2500万元，均为国家拨款。学校信息化经费投入近4万元，拥有计算机152台、多媒体教室座位1280个，信息化设备资产近100万元，网络信息点数212个，校园网出口总带宽1000Mbps，数字资源量5000GB，信息技术课程1课时/周。学校拥有普通教室24个、专用教室8个、实验室2个。教职工有74人，包括具有高级职称人员7人、中级职称人员31人，专任教师64人（高级教学能手10人、区级骨干教师8人），具有本科及以上学历人员53人。学校开设教学班24个。毕业生108人、招生167人、在校生829人。学校有社团17个。年内，亦庄二小借助大兴区“一三一五”教科研支持项目科学名师工作坊为教师搭建平台，便于教师之间交流、学习；开展两期青年驿站活动、“研用统编教材 唤醒学生思维”生态课堂语文教研活动等；举办五、六年级军营礼，并邀请中华人民共和国成立70周年阅兵方队官兵刘康做分享。学校花样跳绳项目在2020年北京市中小学生民族传统体育节花样跳绳比赛（小学组规定套路）中获三等奖。

亦庄二小成立于1998年6月20日，位于经开区博兴八路东侧。学校遵循“为人生梦想而奔”的办学宗旨，立足于“多彩教育”的办学理念，以“做最好的自己”为目标，用义务教育学校管理达标工作标准规范办学行为，优化育人环境，提升办学水平，致力于打造一所人民满意的学校。

（李占旭）

北京市大兴区亦庄镇第二中心小学

校长 沈玉新

北京亦庄实验小学

2020年，北京亦庄实验小学（简称亦庄实验小学）的占地面积为3.73万平方米，建筑面积为2.58万平方米，体育场（馆）面积为1.27万平方米。图书馆（室）藏书72532万册。固定资产总值为4260万元。全年教育经费投入6028万元，均为国家拨款。学校信息化经费投入200万元，拥有计算机866台、多媒体教室座位95个，校园网出口总带宽1000Mbps，数字资源量100GB，信息技术课程1课时/周。学校拥有普通教室76个、专用教室13个。教职工有214人，包括具有本科以上学历人员206人，具有高级职称人员13人、中级职称人员26人，专任教师191人（特级教师8人）。学校开设教学班76个。毕业生188人、招生471人、在校生2347人。年内，亦庄实验小学春季学期延期开学，开启线上学习。延学期间，学校“五育并举”（德、智、体、美、劳），发挥亦小课程优势，构建亦小延学课程，关注学生的身心健康、社会情感及科学认知。学校各年级构建了多个线上探究单元，如“‘疫’起大作战”“一座叫‘身体’的城堡”“亦小人的抗‘疫’故事”等；“北京亦庄实验小学”微信公众号开设多个线上专栏，如《阅读篇》《心理篇》《运动篇》等；开通校级专家及优秀教师团队答疑解惑热线；开展暑期家庭实验室项目、“我为亦小代言”三年级PBL项目课程等；40名党员参与社区值守、4名党员参与无偿献血等活动；市教委委员冯洪荣带领中小学返校复课工作评估检查组对亦庄实验小学返校复课工作进行指导验收。学校被评为北京市冰雪特色校一类校、北京市奥林匹克示范校；在北京青少年科技创新大赛组委会举办的“少年同行，共战疫情”科学幻想画作品征集活动中，7人获一等奖、10人获二等奖、9人获三等奖；花滑队在第六届大众冰雪北京公开赛花样滑冰队列滑比赛、第十二届北京体育大会花样滑队列滑比赛等赛事中夺冠。

亦庄实验小学于2012年开始筹建，2013年9月1日开班办学，是市政府2012年35件实事工程中教育均衡工程之重点项目，位于经开区四合路1号。学校建立之初由北京市十一学校全面接管，是北京市十一学校直属分校。学校课程设计对接北京市十一学校的课程改革理念，在全国首倡跨学科课程融合的理念，全面推行教育实验改革，全面重构与变革学校管理和课程。学校以“引导学生立志成为某一领域的领军人物或杰出人才，致力于创办受人尊敬的伟大学校”为办学理念。

（王婷婷 王会娜）

北京亦庄实验小学

校长 史丽英

北京市中芯学校

2020年，北京市中芯学校（简称中芯学校）分经开区凉水河二街9号（小学、初中部）和大兴区旧宫镇庑殿路13号（高中部）两址办学，总占地面积为4.13万平方米，建筑面积为3.17万平方米，体育场（馆）面积为1.3万平方米。图书馆（室）藏书7.64万册，包括电子图书976册，订阅杂志、报刊26种。固定资产总值为

956 万元。全年教育经费投入 9856 万元，均为自筹。学校信息化经费投入 211 万元，拥有计算机 340 台、多媒体教室座位 200 个，校园网出口总带宽 555Mbps，数字资源量 12000GB，信息技术课程 1 课时/周。学校拥有普通教室 91 个、专用教室 27 个、实验室 10 个。教职工有 277 人，包括具有高级职称人员 16 人、中级职称人员 22 人，专任教师 196 人（特级教师 3 人），具有本科及以上学历人员 238 人。学校开设教学班 67 个，其中小学 49 个、初中 13 个、高中 5 个。毕业生 213 人，其中小学 172 人、初中 41 人；招生 362 人，其中小学 203 人、初中 91 人、高中 68 人；在校生 1581 人，其中小学 1228 人、初中 224 人、高中 129 人。学校有社团 8 个。年内，中芯学校中考获佳绩，学生唐琪杰取得 575 分（满分 580 分），在校考生平均分为 522 分；首届英文部 11 名高中生参加全球 AP 课程考试，其中 91% 的学生通过所报科目的 AP 考试。学校开展爱心慈善义卖、慈善义演等活动，累计募款 30 多万元，全数捐赠给北京市仁爱慈善基金会——儿童救助部和儿童希望救助基金会——亦庄助医小家。在第四届国际化学校行业年会暨教育资源博览会上，学校被授予 APEC 未来之声未来领袖培养基地称号；校董周宪明获新学说第五届 2020 最具影响力国际学校校长奖、中国人气名校长奖；在北京市中小学生羽毛球比赛中，6 名学生获小学混合团体第三名、2 名学生获小学甲组女子双打第三名、1 名学生获小学甲组女子单打第五名、2 名学生获初中组混合双打第四名。

中芯学校始建于 2005 年 9 月，在“品格第一，追求卓越，胸怀世界，快乐成长”办学理念的引领下，坚持以学生发展为本位，全面实行个性化、小班化培养模式。以全人教育为目标，发展中西合璧的特色课程，致力于培养学生自主探索和终生学习的能力，尊重学生的个性发展，鼓励孩子有世界性的眼光和批判性思维，培养有社会责任感的世界公民。建校以来，学校坚持“爱心与责任”的教育操守，与家庭共同关注和陪伴孩子成长，是家校共育的典范。

（黄晶晶）

北京市中芯学校

校长 郭悦沙

人大附中北京经济技术开发区学校

人大附中经开学校开学　　于晓玲 摄

2020 年，人大附中北京经济技术开发区学校（简称人大附中经开学校）分本部和北校区两址办学，总占地面积为 11.74 万平方米，建筑面积为 11.79 万平方米，体育场（馆）面积为 2.47 万平方米，风雨操场建筑面积为 1.31 万平方米。图书馆（室）藏书 10.07 万册。固定资产总值为 8261.19 万元。全年教育经费投入 2.59 亿元，均为国家拨款。学校信息化经费投入 366.8 万元，拥有计算机 1500 台、网络多媒体教室 208 个，校园网出口总带宽 400Mbps，数字资源量 450GB，信息技术课程2课时/周。学校拥有教室255个，其中普通教室158个、走班教室5个、专用教室55个、实验室37个。教职工有632人，包括具有高级职称人员115人、中级职称人员136人，专任教师502人(正高级教师5人、特级教师17人、北京市学科教学带头人1人、北京市骨干教师3人)，具有本科及以上人员502人。学校开设教学班150个(小学班88个、初中班46个、高中班16个)。毕业生771人(小学371人、初中297人、高中103人)；招生1558人(小学683人、初中653人、高中222人)；在校生5398人(小学3432人、初中1522人、高中444人)，包括寄宿生270人、外省市借读生1576人。高中录取分数线为520分，本科上线率为98.7%。学校有社团73个。年内，人大附中经开学校提出“具身五育”的“抗疫育人”理念，推出以“居家抗疫”为主题的一系列涉及德、智、体、美、劳方面的居家抗疫微课。2—6月，学校经历4次复学，以年级为单位组织复学返校第一课。建立学校、班级、教师、学生、家长五级防控工作联系网络。学校组建“导师团”，开展“云家访”，自3—9月“云家访”近2500个家庭。学校党委发起“晨读+奋斗，暮省+超越”活动，共推送“晨读暮省”学习内容300篇。学校举办第二届“人开·芬兰日”活动，引进芬兰线上冰雪课程；推出中国首部航天科普舞台剧《太空历险记》。学校获国家级荣誉5项、市区级荣誉46项；被北京电视台、《北京晚报》等媒体报道达54条次。学校跆拳道队参加全国、市级4项跆拳道比赛获17枚金牌；各学段学生参赛获国家级荣誉19项、市区级荣誉108项；教师参加评比获国家级荣誉24项、市区级荣誉427项；2020届高三学生武席萱获北京市优秀学生称号。

人大附中经开学校始建于1998年，名为北京市惠东育仁中学；2001年更名为北京经济技术开发区实验学校，由亦庄控股联合北京市第二中学、史家小学共同举办，是集小学、初中、高中为一体的全日制寄宿、走读民办学校，其教育教学隶属东城区教委管辖；2011年9月1日，转制为公办学校并更名为北京市第二中学亦庄学校；2017年7月12日，北京市大兴区亦庄中学并入北京市第二中学亦庄学校，成为该校北校区；2017年10月30日，大兴区政府、经开区管委会与中国人民大学附属中学联合学校总校和中国人民大学附属中学签署联合办学项目——人大附中北京经济技术开发区学校；2019年1月15日，学校更名为人大附中北京经济技术开发区学校。学校以“做有使命感的中国人”为校训，以追求“温暖的、负责任的、舒展生命的幸福教育”为办学理念，依托中国人民大学附属中学联合学校总校资源，借鉴融合先进国际教学理念和课程，建设魔力课程，构建引力课堂，塑造魅力教师，践行“具身五育”，培养具有家国情怀、国际视野、科学素养和人文精神的高品质人才，以创新与新时代同频共振，面向未来，办更有力量的教育。

（侯萱 李雪）

人大附中北京经济技术开发区学校

校长 王教凯

北京亦庄实验中学

2020年，北京亦庄实验中学(简称亦

庄实验中学）的占地面积为9.86万平方米，建筑面积为11.78万平方米，体育场（馆）面积为2.52万平方米。图书馆（室）藏书5.83万册。固定资产总值为7382.11万元。全年教育经费投入11769万元，均为国家拨款。学校信息化经费投入596万元，拥有计算机701台、多媒体教室座位5160个，校园网出口总带宽1000Mbps，数字资源量300GB，信息技术课程2课时/周。学校拥有普通教室130个、专用教室50个、实验室47个。教职工有261人，包括具有高级职称人员16人、中级职称人员14人，专任教师186人（特级教师1人、北京市学科带头人1人、北京市骨干教师2人），具有本科及以上学历人员234人。学校开设教学班89个，其中初中50个、高中39个。招生526人，其中初中368人、高中158人；在校生1364人，其中初中946人、高中418人，包括寄宿生668人。高中录取分数线为556分。学校有社团78个。4月27日，亦庄实验中学高三学生迎来"试开学"；9月1日，举办"不凡之年，'亦'往无前"秋季学期开学典礼。年内，亦庄实验中学严格落实国家和北京市、大兴区规定的各项疫情防控措施，同时改进教育教学方式，各项工作取得进展。在学校管理方面，完善管理体系，在各部门、各年级推行试用OKR目标管理法。在教育教学方面，各学科围绕"概念为本的教学"进行新的探索，制定相应的课程细目，推动学校整体由"教"到"学"的转变。在学科竞赛方面，共有70多名同学在国家、市、区级的竞赛中获奖。其中，在2020年全国青少年信息学奥林匹克省级联赛（NOIP）中，3名学生获一等奖，高二年级学生赵子潇在北京市排名第五；在2020年全国高中数学联赛中，高一年级学生徐友鲲获北京赛区一等奖；高三年级学生樊宜萱以复赛第一名的身份入选北京中学生生物学竞赛省队，并在第29届全国中学生生物学奥林匹克竞赛决赛中获金牌，入选第29届全国中学生生物学奥林匹克竞赛国家集训队。在学校荣誉方面，获"美国学术五项全能中国站"卓越成就奖和最佳组织奖，获"美国学术五项全能中国站"通识教育新秀学校、北京市冰雪运动特色学校称号。在升学考试方面，高考高分率、重本率、本科上线率均处于大兴区领先地位，中考总平均分、优秀率均居本区同类公办学校榜首。高一年级学生贾惟琳被共青团中央评为全国优秀共青团员。

亦庄实验中学由北京市十一学校与大兴区政府及经开区三方合作共同创办，经市教委批准为综合教育改革实验校，于2016年9月1日开学，位于经开区四合路12号，可容纳3000多名学生。学校以"引导学生立志成为某一领域的领军人物或杰出人才，致力于创办受人尊敬的伟大学校"为办学理念；秉承北京市十一学校的教育理念和课程体系，实行选课走班、"一制三化"（"一制"即导师制，"三化"即小班化、个别化、国际化）的育人模式。

（赵亚）

北京亦庄实验中学
执行校长 徐友礼（10月任）
李长青（9月免）
法人校长 李希贵

北京市第八中学亦庄分校

2020年，北京市第八中学亦庄分校（简称北京八中亦庄分校）分东、西校区两址办学，总占地面积为3.43万平方米，建筑面积为2.34万平方米，运动场地面积为9541平方米。图书馆（室）藏书5.08万册。固定资产总值为3277.63万元。全年教育经费投入3562.04万元，均为国家拨款。学校信息化经费投入15.77万元，拥有计算机358台、多媒体教室座位900个，校园网出口总带宽35Mbps，数字资源量300GB，信息技术课程4课时/周。学校拥有普通教室35个、专用教室35个、实验室8个。教职工有78人，包括具有高级职称人员18人、中级职称人员29人，专任教师78人，具有本科及以上学历人员77人。学校开设教学班29个，其中小学23个、初中6个。毕业生118人，其中小学76人、初中42人；招生254人，其中小学186人、初中68人；在校生960人，其中小学792人、初中168人。学校有社团78个。年内，北京八中亦庄分校通过大兴区《义务教育学校管理标准达标》、养成教育达标验收工作。学校开展第九届科技节活动、8期教师沙龙系列活动等；针对教师专业化发展，开展线上读书分享活动、班主任基本功校本培训与展示活动、骨干教师示范课等。

北京八中亦庄分校于2011年在大兴区“优先发展，提高质量，优质均衡，改革创新”的教育发展思路下创办，位于大兴区亦庄镇开羊路7号，是由北京市第八中学承办的一所初中学校。学校遵循“着眼于未来，着力于素质”的办学指导思想，秉承“勤奋、进取、和谐、致美”的校训和“志向高远、素质全面、基础扎实、特长明显”的育人目标，在务实传承中高举德智体美劳“五育”并举大旗，重在求真创新、立德树人，培养社会主义接班人。

北京八中亦庄分校开展教师课堂教学展示活动　何建春　摄

（江培英）

北京市第八中学亦庄分校

校长　江培英（2月任）

马一平（2月免）

职业教育

电科职院实施小学期管理模式

1月16日，北京电子科技职业学院开始实施小学期制，全年共开设五大类51个模块课程。小学期原则上安排在第一、二学年第二学期，为期3周。教学内容分为2类，其中通用能力课程包括人文素养、科技素养、沟通交流、自我管理、团队合作5类模块，专业能力课程包括专业实践、技能竞赛、技术支持、专业创新4类模块。每年4月，各二级学院（部）提交小学期拟开设课程教学设计方案；5月，教务处公布小学期工作安排；6—7月，组织学生进行小学期选课并开展教学。学校印发《北京电子科技职业学院小学期管理办法（试行）》并成立小学期工作领导小组。

（王琴）

电科职院启用数字课程教学平台

2月1日，北京电子科技职业学院与

北京超星尔雅教育科技有限公司合作搭建的智慧数字课程教学平台启用，组织师生通过电脑和智能手机开展线上教学。疫情防控期间，该平台为全校 538 名教师和 5539 名学生提供在线教学支持，全校 39 个专业共建在线课程 1616 门（含贯通培养），建设课程资源 452670 个，教学平台页面浏览量达 5.1 亿人次。

（王琴）

杂技学校完成线上教学任务

2 月 24 日，北京市杂技学校（北京市国际艺术学校）线上教学如期开课。学校结合各专业的教学特点、筛选学习资源、制订明确的教学方案，引导学生在家自主学习和自我管理。全校学生及留学生均参加线上教学，专业课与公共基础课按照课表上课，发挥线上教学优势，保证学生停课不停学。

（高云鹤）

电科职院智能科技魔术专业方向首届招生

4 月 11 日，北京电子科技职业学院李宁魔术艺术学院广播影视节目制作专业智能科技魔术专业方向招收第一届学生，招生人数 20 人，在京具备高考资格的学生均可报考。该专业开设“近景魔术”“舞台魔术”“魔术艺术概论”等课程，通过专业课程培养掌握魔术表演技巧、节目和道具研发技能，满足文化创意产业要求的创新应用型人才。截至 9 月，首届共录取 10 名学生。

（王琴）

电科职院案例入选首批高职院校典型案例

4 月 29 日，教育部教师工作司发布《关于公布首批全国职业院校“双师型”教师队伍建设典型案例的通知》（教师司函［2020］17 号），其中北京电子科技职业学院“产教融合 德技并修 打造新时代‘双师型’教师队伍”案例入选首批高等职业学校“双师型”教师队伍建设典型案例名单。该案例从实施师德建设工程、提升教师职业素养、建设高端人才队伍等 7 个方面介绍了电科职院开展“双师型”教师队伍建设的具体举措及工作成效。

（王琴）

电科职院入选产业技能提升培训机构目录

5 月 6 日，市科委发布《关于公布高精尖产业技能提升培训项目和培训机构目录的通知》（京科专发［2020］80 号），其中北京电子科技职业学院培训中心入选首批高精尖产业技能提升培训机构目录，培训方向为新能源智能汽车。5 月 11 日，市经济信息化局发布《关于发布北京市高精尖产业技能提升培训机构和第二批培训项目目录的通告》，其中电科职院培训中心入选北京市高精尖产业技能提升培训机构目录，培训方向为智能装备。

（王琴）

电科职院新版人才培养方案制订

7 月 14 日，北京电子科技职业学院完成学校新版人才培养方案制订工作。该方案分为七大专业群共 30 个专业，构建以校企双元育人为主线的“SCI”系统化人才培养体系，整体设计 3 类人才培养路径，包括引入职业技能等级证书，培养具有较高技能水平和就业能力的书证融通型技术技能人才（S 型）；依托产业学院和技能大师工作室等新型产教融合载体，按照专业群培养一专多能的专业复合型技术技能人才（C 型）；依托企业现代学徒制教育中心、企业或研究院所研习生岗位，基于实际生产任务或研发项目，由产教研合作培养产业急需、技艺高超的创新实践型技术技能人才（I型）。

（王琴）

电科职院建立奇安信工程师学院

7月22日，北京电子科技职业学院与奇安信科技集团股份有限公司（简称奇安信集团）签署共建奇安信工程师学院战略合作框架协议，有效期5年。根据协议，双方依托电科职院教学、科研和培训所需人员及场地等基础条件，融合奇安信集团人员、技术、产品、服务等内容，成立奇安信工程师学院校企合作委员会，采用委员会聘任学院院长及副院长的运行管理机制，共建奇安信工程师学院，开展学历教育、社会培训等工作，形成以学院为平台、以服务北京信息化安全建设为基础、以满足京津冀网络安全人才需求为方向的网络空间安全学院品牌。8月15日，电子职院与奇安信集团举行奇安信工程师学院揭牌仪式。

（王琴）

电科职院首届贯培学生进入本科教育阶段

7月底，北京电子科技职业学院首届贯通培养试验项目共770名学生进入本科教育阶段。其中，外培项目170名学生被德国杜伊斯堡－埃森大学、法国巴黎第五大学科技学院等院校录取；内培项目600名学生被北京工业大学、北方工业大学等5所本科院校录取。2015年，北京市启动“2+3+2”高端技术技能人才贯通培养试验项目，电科职院作为项目首批试点校共录取首届贯通培养试验项目学生913名，其中外培学生500名、内培学生413名，采取“2+3+2”模式，在该校完成“2+3”基础教育阶段和职业教育准备阶段学习，通过考核者进入本科院校进行2年职业本科阶段学习，考核合格后获得全日制本科学历。

（王琴）

电科职院与经开区签订全面战略合作协议

8月5日，北京电子科技职业学院与经开区管委会签订新一轮全面战略合作协议。根据协议，经开区管委会将电科职院事业发展纳入经开区“十四五”发展规划，支持“双高”项目实施；双方协同申报国家产教融合型城市建设试点，推动形成兼具人才培养、生成服务、技术研发等功能的校企命运共同体；优化专业对接产业布局，培养经开区产业紧缺的专业化人才；推动学习型亦庄新城建设，共建“亦城工匠学院”及开放型企业职工培训平台；开展科技协同创新合作，共建北京市工程师学院等。合作期限为5年。

（王琴）

电科职院获批国家级科研项目2项

9月7日，全国教育科学规划领导小组办公室发布《全国教育科学“十三五”规划2020年度课题立项名单》，其中北京电子科技职业学院“职业教育类型特征及其与普通教育‘双轨制’‘双通制’体系构建研究”课题获国家重大项目立项，为该校首次获批国家级重大科研项目和全国教育科学规划项目。全年共立项436项，其中国家重大项目6项。10月20日，全国哲学社会科学工作办公室发布《2020年度国家社科基金高校思政课研究专项立项名单》，其中电科职院“现代学徒制背景下高职思政教育嵌入实训的路径探索及模式比较研究”课题获立项，为该校首次获国家社科基金项目立项。全年共立项 151 项，其中高职院校 4 项。

（王琴）

电科职院签订校企合作协议

9 月 17 日，北京电子科技职业学院与北京市闽龙世纪建材市场有限公司签订战略合作协议，双方共同为闽龙集团文化创意产教融合示范中心和电科职院创新实践基地揭牌。根据协议，双方将共同研发陶瓷线上视频课程、开发线上艺术馆视频、搭建师生教育实习实践平台、开展文创产品研发等。

（王琴）

2 所学校入选第二批特色高水平建设项目

9 月 28 日，市教委、市人力社保局发布《关于公布第二批北京市职业院校特色高水平骨干专业（群）和实训基地（工程师学院、技术技能大师工作室）建设名单的通知》（京教职成〔2020〕13 号），其中北京电子科技职业学院飞机及空港设备维修专业群、艺术设计专业群，北京市杂技学校（北京市国际艺术学校）杂技与魔术表演专业入选第二批北京市职业院校特色高水平骨干专业（群）建设名单；电科职院北京亦庄药品生物技术工程师学院、张晋芳 LED 显示芯片技术技能工作室和袁鲲水处理技术技能大师工作室入选北京市职业院校特色高水平实训基地（工程师学院、技术技能大师工作室）建设名单。

（王琴　高云鹤）

电科职院入选示范性职业教育培育单位

10 月 15 日，教育部发布《关于公布第一批示范性职业教育集团（联盟）培育单位名单的通知》（教职成司函〔2020〕33 号），全国共有 150 个职教集团入选。其中，北京电子科技职业学院牵头成立的北京现代制造业职教集团入选第一批示范性职业教育集团（联盟）培育单位名单。该集团成立于 2012 年，是电科职院牵头，由职业院校、行业协会、相关企业、科研院所等 74 家单位组成的具有联合性、互利性、非营利性的产教研联合体。

（王琴）

电科职院课题获"十三五"规划课题立项

10 月 29 日，北京电子科技职业学院"新时代首都职业教育转型与发展研究""'1+X 证书'制度建设中技能评价方法研究""职业院校数学课程教学模式改革研究""'城教融合'背景下校企实践共同体建构案例""高职院校职业教育与培训体系构建的关键要素研究""基于大数据的高职院校教学诊断与改进系统重构的研究"6 个课题获北京市教育科学"十三五"规划 2020 年度课题立项，其中优先关注课题 3 项、一般课题 3 项。

（王琴）

电科职院课程获精品在线开放课程认定

11 月 25 日，教育部办公厅发布《关于公布 2020 年国家精品在线开放课程（高职）认定结果的通知》（教职成厅函〔2020〕18 号），全国共 86 个职业学院 99 门课程获认定。其中，北京电子科技职业学院"工业机器人实操与应用技巧"和"自动化生产线安装与调试"2 门课程被认定为 2020 年国家精品在线开放课程（高职）。

（王琴）

电科职院通过国家标准样品研制立项审查

11 月 29 日，北京电子科技职业学院召开全国标准样品技术委员会天然产物标准样品专业工作组 2020 年标准样品研复制计划项目审查会，该校生物工程学院教授辛秀兰牵头的“甘草次酸”等 8 项天然产物国家标准样品研制项目通过立项审查。这是全国高职院校首次参与国家标准样品研制工作，是该校“双高建设”科研涵养项目“天然产物国家标准样品研制及产品开发技术研究（CJGX2020-018）”的重要组成部分，为后续产品开发和质量控制提供了重要实物标准。

（王琴）

电科职院参加全国职业院校技能大赛获奖

12 月 12 日，2020 年全国职业院校技能大赛教学能力比赛决赛在湖南化工职业技术学院落下帷幕，北京电子科技职业学院教师团队李兴娟、章宇宁、高博、刘泽楠的参赛作品“核酸的提取与检测”获 2020 年全国职业院校技能大赛教学能力比赛高职组专业课程一组一等奖，刘泽楠代表全国高职组现场进行教学展示，讲授核酸提取过程和检测途径。本次大赛由教育部主办，分为中职组、高职组和军事职业组，共收到来自地方 37 个代表队和军事职业组的 985 件参赛作品，历时 4 个月，中职组、高职组共决出一等奖 82 个、二等奖 185 个、三等奖 258 个。

（王琴）

杂技学校成为首都体育学院优质生源基地

12 月 15 日，经首都体育学院招生办公室和武术与表演学院对北京市杂技学校（北京市国际艺术学校）的办学理念及运动训练（武术）专业建设的考察，杂技学校成为首都体育学院首家优质生源基地。两校合作将充分发挥各自的优势，拓展双方合作新领域，形成长期合作的新机制，取得人才培养的新发展。合作双方已多次开展学术讲座、文化交流及职业生涯规划指导和培训等活动。

（刘晓霞）

电科职院理事会成立大会召开

12 月 16 日，北京电子科技职业学院理事会成立大会暨第一届理事会第一次全体会议召开。会议审议通过《北京电子科技职业学院理事会章程》和第一届理事会理事长、副理事长、理事、秘书长、副秘书长名单。电科职院党委书记楚国清当选第一届理事会理事长；经开区工委委员、管委会副主任袁立洪，亦庄控股副总经理孙德锐当选副理事长。理事会由政府、学校、企业、校友、社会人士等各方代表 22 人组成，旨在促进学校与社会各界建立长效合作机制，丰富社会参与支持学校办学方式与途径，深化学校、政府、企业、行业四方合作的高职教育体制机制改革，增强学校办学能力和活力。

（王琴）

电科职院入选教师党支部书记工作室名单

12 月 31 日，教育部办公厅发布《关于公布第二批高校“双带头人”教师党支部书记工作室建设名单的通知》（教思政厅函［2020］15 号），共有 80 个公办本科院校、10 个民办本科院校、10 个高职高专院校的党支部入选。其中，北京电子科技职业学院汽车工程学院汽车制造技术系党支部入选第二批高校“双带头人”教师党支部书记工作室建设名单。

（王琴）

·职业学校·

北京电子科技职业学院

2020 年，北京电子科技职业学院（简称电科职院）的占地面积为 45.67 万平方米，产权校舍建筑面积为 33.7 万平方米，图书馆建筑面积为 2.28 万平方米。图书馆（室）藏书 119.17 万册、电子图书 120 万册、电子期刊 8500 册、学位论文 330 万册、音视频 9900 小时。固定资产总值为 23.1 亿元，其中教学、科研仪器设备资产值为 7.8 亿元。全年教育经费投入 6.42 亿元，其中国家拨款 5.92 亿元、自筹经费 5032.64 万元。学校拥有计算机 10084 台、网络信息点 25350 个，上网课程 261 门，电子邮件系统用户 884 个，管理信息系统数据总量 310GB。学校由市政府举办、市教委主管，为理工类院校，设有 3 个校区，设置 8 个直属院（系），开设 44 个专业。教职工有 847 人。专任教师 504 人，包括教授及教授级高级工程师 28 人、副教授及高级工程师 166 人，具有博士学位人员 73 人、硕士学位人员 361 人，“双师型”教师 287 人。聘请校外教师 31 人。毕业生 2657 人，其中高职生 1723 人、中职生 686 人、成人教育专科生 248 人。毕业生一次就业率为 91.53%，一次签约率为 87.06%。招生 2456 人，其中高职生 1962 人、中职生 494 人。在校生 7331 人，其中高职生 5647 人、中职生 1363 人、成人教育专科生 321 人。学校高考北京地区提档线不限选考专业组 251 分。

电科职院位于经开区凉水河一街 9 号，前身为创建于 1958 年的北京邮电工业学校，2004 年与北京轻工职业技术学院合并成立北京电子科技职业学院。2007 年，北京二轻工业学校、北京市机械工业学校（北京市机械工业管理局职工大学）、北京市仪器仪表工业学校、北京市汽车工业学校（北京汽车工业总公司职工大学）并入电科职院。电科职院是国家首批独立设置的高职学院、全国百所示范性高职院校、全国职业教育先进单位、国家高等职业教育综合改革试验区建设单位、全国首批百所现代学徒制试点院校。学校坚持以服务为宗旨、以就业为导向，围绕职业教育的发展与改革，确立“立足经开区，面向首都经济，服务京津冀，走出环渤海，培养适应现代制造业和现代服务业需要的高技术技能人才”的办学定位。学校校训是“求实、创新、厚德、重艺”。学校坚持“人才培养高端化、校企合作品牌化、教育标准国际化”的“三化”战略，形成独具特色的“产学协同”培养高素质技术技能人才的新模式、新方法，推进现代职业教育改革，建成首善标准、中国特色、世界一流的高等职业学院。

（王琴）

北京电子科技职业学院

党委书记 楚国清

院长 姚光业（12 月任）

孙善学（7 月免）

北京市杂技学校（北京市国际艺术学校）

2020 年，北京市杂技学校（北京市国际艺术学校）（简称杂技学校）的占地面积为 5.2 万平方米，建筑面积为 5.1 万平方米。图书馆（室）藏书 5 万册。固定资产总值为 18092 万元。全年教育经费投入 6055 万元，其中国家拨款 6003 万元、自筹经费 52 万元。学校信息化经费投入 21 万元，拥有计算机 364 台、多媒体教室座位30个，信息化设备资产21万元，网络信息点数500个，校园网出口总带宽400Mbps。学校拥有专业、文化课教室71个。教职工有132人，包括具有高级职称人员21人、中级职称人员44人，专任教师108人，北京市职业院校青年骨干教师2人，专任教师具有本科及以上学历人员87人。招生115人；毕业生153人，其中杂技与魔术专业14人、美术绘画专业42人、戏剧表演专业20人、舞蹈表演专业55人、运动训练（武术）专业22人；在校生760人，另有来自俄罗斯、缅甸、韩国、日本、孟加拉国等30多个国家和地区的多名留学生在校学习。学校有社团5个。年内，杂技学校举办中国杂技团建团70周年展；成立师德师风建设领导小组和考核工作小组。市教委职成处处长王东江到学校调研检查复学复课前防控工作；市教委副主任黄侃以“四不两直”（“四不”即不发通知、不打招呼、不听汇报、不用陪同接待，“两直”即直奔基层、直插现场）方式到学校检查疫情防控工作；市委教育工委副书记、市教委主任刘宇辉一行到学校就高考疫情防控、毕业生离校等工作进行检查指导。学校参加2020年北京市青少年武术套路锦标赛，获单项前三名35人次，25名学生通过二级运动员认证；参加2020年北京市中小学生武术比赛，获单项前三名，16人获高中组团体总分第三名。

杂技学校于1998年经市教委批准成立，1999年增挂北京市国际艺术学校校牌，位于经开区建安街，是北京市最早具备国际交流职能的艺术类国办中等专业学校、北京市重要的艺术人才培养基地、北京市重点中等职业学校、北京市职业教育先进单位、全国教育科研先进单位及杂技紧缺人才培训基地、北京市非物质文化遗产传承教学基地，同时也是中国艺术职业教育学会常务理事单位，被教育部、人力资源社会保障部授予全国教育系统先进集体称号。学校的办学目标为培养中专学历人才，促进杂技艺术事业发展；为高等艺术院校输送高质量的生源，为专业艺术院团、企事业单位输送实用的专业人才。学校具有面向全国和国际招生的资格，并可按政策为外地非农户口学生办理北京市临时城市集体户口，学生毕业时可作为北京生源参加高考。学校开设杂技与魔术表演、美术绘画、戏剧表演、舞蹈表演、运动训练（武术）五大专业。杂技与魔术表演专业作为学校龙头骨干专业，被评为北京市中等职业学校示范专业。

（刘晓霞）

北京市杂技学校（北京市国际艺术学校）
党委书记　齐红

卫生

综合管理

概况

2020年，经开区社会事业局贯彻党的十九大提出的健康中国战略，落实市委、市政府决策部署，适应职能转变新形势，统筹抓好防疫情、促改革、强基层、优服务、保廉洁等各项工作。在市卫生健康委的关心和指导下，以及大兴区、通州区卫生健康委的支持和帮助下，经开区社会事业局各项工作有序开展。新冠肺炎疫情发生后，经开区社会事业局迅速转入战时状态，在第一时间建立应急指挥机制，24 小时随时响应。1 月 21 日，经开区社会事业局召开新型冠状病毒感染的肺炎疫情通报专题会，学习市级会议精神，并部署相关工作，切实提高工作人员对此工作的重视程度，确保应对得力。体卫健康处全体工作人员自 1 月 21 日开始全部停休，部分人员放弃回乡与亲人团聚的机会，坚守工作岗位，积极应战。1 月 22 日，经开区社会事业局研究制订《北京经济技术开发区新型冠状病毒感染的肺炎防控工作方案》，发布《关于加强新型冠状病毒感染的肺炎防治工作的通知》，制作应急指挥部工作手册、防控指导手册等疫情防控文件。全面部署经开区疫情防控工作，明确各部门职责分工，确保防控无死角、全覆盖。

（樊新蕊）

隔离人员医学观察工作

1 月 30 日，经开区启用区级集中隔离医学观察点博大永康商务酒店。1 月 31 日，经开区社会事业局向北京中医药大学东方医院经开区院区发出《关于选派医务人员协助做好开发区医学观察点医疗保障工作的函》，明确东方医院经开区院区作为经开区医学观察点医疗指导管理机构。3 月 28 日，经开区启用锦江富园大酒店作为区级集中隔离医学观察点。全年经开区社会事业局累计对集中隔离医学观察点 1484 人进行医学观察，每日监测体温等，做好记录，有不适症状及时转运救治。同时，有针对性地开展心理疏导，做好人文关怀，收到多封感谢信。

（樊新蕊）

密接人员管理

3 月 13 日，经开区紧急征用北京中医药大学东方医院经开区院区作为密接隔离点；4 月 6 日，北京中医药大学东方医院经开区院区隔离人员清零并恢复正常诊疗服务。4 月 2 日，亚朵酒店荣京西街店完成污水无害化系统增设工作，该酒店作为经开区密接隔离点启用。经开区社会事业局及时联系 120 急救车，对密接人员开展转运工作；同步通知所在街道，落实属地管理职责。全年经开区社会事业局累计管理密接人员 95 人。

（樊新蕊）

境外输入确诊病例的转运救治工作

3 月 14 日，经开区出现 1 名境外输入病例，租住在林肯公园，从泰国回京，转运至首都医科大学附属北京佑安医院治疗。经开区社会事业局将该病例密接人员 11 人全部转运至集中隔离点进行医学观察，并定期开展核酸检测。3 月 29 日，该病例治愈并出院，经开区社会事业局协调经开区 120 急救站将其接回荣华街道集中隔离医学观察点，进行 14 天的隔离观察和健康监测。4 月 13 日，该病例到佑安医院复诊，结果无异常。所有密接人员均解除隔离。

（樊新蕊）

推进核酸检测全覆盖

6 月 19 日起，按照北京市统一要求，扩大核酸检测能力和范围，经开区有序安排区内企业从业人员进行全员核酸检测，于 6 月 22 日完成 16 万愿检尽检人员核酸检测采样工作。针对风险人群、涉疫相关人员，经开区开设专门通道优先组织检测，确保动态清零。

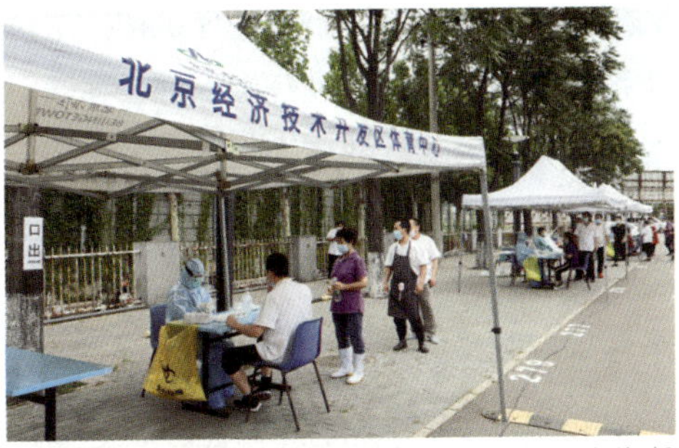

经开区体育馆核酸检测点　　方针 摄

（樊新蕊）

无偿献血活动

6月23日，经开区社会事业局完成经海路献血方舱迁址工作，献血方舱全年累计献血40多万毫升。年内，经开区社会事业局组织北汽新能源汽车股份有限公司等5家单位开展团体无偿献血活动，共计献血90400毫升；与团工委联合组织区内各单位党团同志参与团体无偿献血活动，共计献血35400毫升。全年共计近千名企业职工参加无偿献血活动，累计献血125800毫升。经开区社会事业局根据企业实际献血情况为献血者准备慰问品。

（李丰）

天宝园社区卫生服务站装修改造

8月初，为解决天宝园社区卫生服务站业务用房不足的问题，经开区社会事业局经研究决定，对天宝园社区卫生服务站停诊并进行装修。11月，天宝园社区卫生服务站完成装修并适度扩建，同时对布局进行优化调整，经专家验收合格后重新开诊。

（樊新蕊）

爱国卫生运动

8月，经开区增设爱国卫生运动工作组，办公室设在经开区社会事业局。8—12月，经开区社会事业局先后制定《北京经济技术开发区关于深入开展新时代爱国卫生运动的三年行动方案》《北京经济技术开发区关于加强新时代爱国卫生组织体系建设工作的通知》《北京经济技术开发区关于开展周末大扫除活动的方案》《北京经济技术开发区关于进一步开展周末大扫除活动的通知》《关于转发〈关于进一步加强机关企事业单位和非公经济组织爱国卫生组织体系建设的通知〉的通知》，发送至各相关部门及单位。爱国卫生运动工作组组建微信工作群，定期督促各单位按照方案要求报送数据信息；督促区内各单位建立爱国卫生组织1300多个；落实《北京经济技术开发区深入开展新时代爱国卫生运动三年行动方案》，进一步开展周末大扫除、控烟、病媒生物防治等爱国卫生专项行动，同时进一步加大爱国卫生宣传教育力度。

（陈琪）

开展疫情防控相关慰问

9月，在各单位的支援下，经开区各项防控工作完成。为表示对相关单位的感谢，经开区社会事业局对大兴区、通州区、北京急救中心，以及首都医科大学附属北京同仁医院经济技术开发区院区、北京中医药大学东方医院经开区院区、国家康复辅具研究中心附属康复医院等9家在疫情防控工作中给予经开区大力支持和服务保障的单位相关人员开展慰问，送出慰问品共计1371份。

（樊新蕊）

2个中心建设项目开工

9月，经开区核心区67号地块北京急救中心亦庄分中心建设工程开工。该项目总建筑面积为 1.12 万平方米，总投资额为 9924.29 万元。建成后将实现 120 调度指挥、人员培训、应急救援等主要功能。12 月 31 日，经开区核心区 33 号地块社区卫生服务中心建设项目开工。该项目总建筑面积为 1.57 万平方米，总投资额为 1.44 亿元。

北京急救中心亦庄分中心建设工程项目开工　　范维娜 摄

（王倩倩）

小型医疗机构专项整治行动

10 月 9 日，经开区社会事业局印发《北京经济技术开发区小型医疗机构专项整治行动方案》（京开防指发［2020］45 号），明确重点任务、部门职责、工作要求，要求各小型医疗机构对照系统开展自查。10 月下旬，经开区社会事业局邀请专家对小型医疗机构负责人 60 多人开展依法执业培训。10 月 22 日—12 月 21 日，经开区社会事业局联合综合执法局加大医政管理和执法监督力度，对全区 65 家小型医疗机构进行全覆盖专项检查。其中，2 家已注销医疗资质、9 家处于停业状态；其余 54 家小型医疗机构经检查未发现严重疫情防控漏洞，但仍存在部分工作细节落实不到位的情况，已要求立即整改。

（樊新蕊）

依法执业培训会

10 月 28 日，经开区社会事业局组织区内小型医疗机构负责人 60 多人开展依法执业培训会。针对小型医疗机构依法执业和传染病、疫情防控开展培训，强调小型医疗机构落实“四方责任”，依法报告传染病疫情的主体责任。

（樊新蕊）

组建紧急救援队伍和流调小组

10 月、12 月，经开区社会事业局从首都医科大学附属北京同仁医院经济技术开发区院区、北京中医药大学东方医院经开区院区、国家康复辅具研究中心附属康复医院、北京爱育华妇儿医院、北京振国中西医结合肿瘤医院抽调人员，分别组建一支 30 人的综合类紧急医学救援队伍和一个包括 30 人的流行性传染病调查小组（流调小组）。经开区社会事业局组织救援队伍和流调小组开展相关培训，制定职责分工和管理制度，进行工作部署。经开区社会事业局将根据工作需求，在专业疾控部门的指导下开展工作。通过组建救援队伍和流调小组，全面提高经开区应对突发公共卫生事件的快速反应及应急处置能力。

（樊新蕊）

加强公卫应急管理体系建设

11 月 18 日，经开区社会事业局牵头制订的《加强北京经济技术开发区公共卫生应急管理体系建设三年行动计划（2020—2022 年）》，经经开区工委、管委会审议通过并印发。经开区相关部门将共同配合，建立健全联动衔接机制，推动相关任务和项目落实落地，从而提升经开区应对突发公共卫生事件的能力，完善重大疫情防控体制机制，加快推进公共卫生治理体系和治理能力现代化。

（樊新蕊）

北京同仁医院亦庄院区感染楼启用

北京同仁医院亦庄院区感染楼启用　　张笑嫣　摄

11月29日，首都医科大学附属北京同仁医院经济技术开发区院区感染楼完成整体改造。11月30日，经开区社会事业局联合专家对北京同仁医院亦庄院区感染楼进行现场评估。经评估，感染楼符合“三区两通道”（“三区”即清洁区、半污染区和污染区，“两通道”即医务人员通道和病人通道）、负压病房、感染楼专用PCR实验室、专用CT建设标准。12月15日，感染楼启用，新发热门诊开诊，进一步提升经开区医疗服务能力。感染楼一层配备5间门诊诊室、2间隔离抢救室，集合筛查、诊查、检验、检查、留观和治疗六大功能，实现全方位服务；二层除了临时输液室、PCR实验室和员工休息室外，还设置6间隔离病房共9张病床，其中2间为负压隔离病房。感染楼还增加自助药房、可视对讲、远程会诊系统3项智慧化建设，在提升患者就医体验的同时减少交叉感染风险。

（樊新蕊）

公共卫生培训

12月17日，经开区社会事业局组织区内部分企事业单位主要负责人、公共卫生、职业卫生管理人员300多人开展2020年度卫生管理人员培训。培训围绕常见传染病的预防与控制、职业卫生法律法规以及国家宏观政策开展，这是经开区社会事业局首次利用线上方式举办的大型继续教育类培训。

（樊新蕊）

疫情防控指导

年内，经开区社会事业局对辖区内120多家企业及80多个隔离点进行督导与培训，及时关注市疾控网站，转发各类疫情防控指引130多个，编发各类防疫提醒短信10万条，从人员返京、通勤、工作、就餐等20多个方面指导企业、职工更好地落实防控制度。对500多家规模以上企业进行“线上+线下”指导，以工作环节的全方位防控，保证产业链通畅，确保疫情可防。

（樊新蕊）

核酸检测能力提升

年内，经开区新增北京爱普益医学检验中心、北京安诺优达医学检验实验室、北京艾迪康医学检验实验室有限公司等14家具备核酸检测资质的医疗机构。14家机构每日最大检测能力共计125100样本，全年服务全市共计检测317.9万人。

（周雪佳）

经开区院前急救体系完善

年内，经开区社会事业局推进经开区院前急救体系建设，与北京急救中心达成战略合作，在经开区67号地块建立北京急救中心亦庄直属分中心。经开区社会事业局完成经海路消防急救工作站、东方医院急救工作站项目建设，并与北京急救中心签订合作协议，实现120急救站的多点布局，进一步提升经开区的院前急救与突发事件应急救援保障能力。

（李丰）

医疗保障和防疫指导工作

年内，经开区社会事业局为第二十三届京台科技论坛、2020 文化创意大赛全国总决赛颁奖典礼暨北京文创之夜、北京市劳模和先进工作者表彰大会等 10 多项活动和疫情突发事件保障任务提供医疗保障。同时，对北京市普通高中学业水平考试合格性考试、北京市初中学业水平考试、国家统一法律职业资格考试等各类考试提供防疫相关工作指导，确保全年各类活动平稳开展，未发生因保障不利和因疫情而造成的不良影响。

（樊新蕊）

安全检查工作

年内，经开区社会事业局共计开展春节燃放烟花爆竹、危险化学品、燃气、石油气专项检查、加强有限空间作业等 10 多项安全相关检查工作；多次联合大兴区卫生健康委、安监局等单位对区内医疗机构进行联合执法检查；协同公安部门督促各医疗机构根据《医院安全秩序管理规定》的相关要求，安装一键式报警、安检门等设施，确保各医疗机构平稳运行，未出现安全相关事故。

（陈伟）

医疗工作

亦庄医院为养老机构提供“急速”服务

3 月 4 日，北京市大兴区亦庄医院与辖区亦庄养老照料中心、泰福春老年公寓等 4 家养老机构实现对接，建立医养结合微信交流群，为老年人提供“急速”服务，包括就医指导、送药上门服务并开辟入院“绿色通道”。全年累计服务 340 人次。

（李煊）

亦庄医院设贴心办公桌

4 月 15 日，北京市大兴区亦庄医院成立医患办公室。5 月，亦庄医院启动“医”心为您——群众的贴心办公桌工作，由医院领导干部亲自带队值守，立足“七有五性”（“七有”即幼有所育、学有所教、劳有所得、病有所医、老有所养、住有所居、弱有所扶；“五性”即便利性、宜居性、多样性、公正性、安全性）和未诉先办，摸排解决群众关心的难点、热点问题。全年收集摸排群众诉求 12 件，均已解决。

（李煊）

亦庄医院发热筛查哨点投入使用

9 月 18 日，根据疫情常态化工作要求，北京市大兴区亦庄医院发热筛查哨点开始改造建设，10 月底投入使用。该发热筛查哨点占地面积为 160 平方米，主要筛查有发热等 8 个症状但排除可疑流行病史的患者。患者登记信息后前往发热筛查哨点进行必要的初筛隔离，哨点工作人员根据病情给予必要处置，避免交叉感染风险。

（何霞）

北京同仁医院亦庄院区举办义诊咨询活动

10 月 16 日，首都医科大学附属北京同仁医院经济技术开发区院区举办大型义诊咨询活动。来自医院眼科、耳鼻咽喉头颈外科、心血管中心等 21 个科室的医护人员参与活动，共为 567 人次提供医疗咨询，为 134 人次测量血压。

（陆长峰）

北京同仁医院亦庄院区新门急诊楼开诊

北京同仁医院亦庄院区新门急诊楼开诊运行　单位提供

11 月 20 日，首都医科大学附属北京同仁医院经济技术开发区院区新门急诊楼开诊运行；12 月 15 日，北京同仁医院亦庄院区新感染楼投入使用。作为非首都核心功能疏解和京津冀协同发展的市级重点工程、市政府的惠民服务工程，北京同仁医院亦庄院区二期扩建工程项目于 2016 年 6 月开工建设，2020 年 9 月完成竣工验收，扩建面积为 15.20 万平方米，竣工后拥有床位 1400 张。项目投入使用后，实现涵盖眼科、耳鼻咽喉头颈外科、变态反应（鼻过敏）科等国家重点学科的临床全学科覆盖，大幅增加了城市东南部和亦庄地区的优质医疗资源。

（陆长峰　王倩倩）

亦庄医院开展集中采样

年内，为做好新冠肺炎疫情防控工作，北京市大兴区亦庄医院全院动员，建章立制，与镇街协调配合，开展集中采样，密接人员管理、流调、入户采样、隔离观察点管理等工作。全年完成 7 万余人的采样工作；入户采样 600 件，向隔离观察点派驻医务人员 31 人次；为亦庄镇 90 家、经开区 800 多家企业审核疫情防控方案。

（何霞）

北京振国医院开展疫情防控工作

年内，北京振国中西医结合肿瘤医院开展疫情防控工作，克服了医护人员经验不足、人手短缺、物资紧张等不利因素，打破医院固有的管理结构，因需设岗、按岗设人、合并科室，在抗疫的同时，正常开诊，确保了医院的诊疗运营，参与北京市、经开区和医院疫情抗击工作，支援新发地和北京市直航开通隔离人员隔离点流调工作、经开区复工复产、核酸检测、冬春季疫情防控、疫苗接种等疫情防控工作。同时，组织员工为武汉疫情献血和捐款。2 月，11 名在籍党员为疫情自愿捐款 2.3 万元。4 月，9 名员工参与献血 1800 毫升。

（阿支子罗）

北京振国医院引进微波消融治疗技术

年内，北京振国中西医结合肿瘤医院开展 15 例介入栓塞术，以及 DSA 引导下食管支架植入术等新技术；开展超声引导下 PICC 穿刺新技术 26 例。同时，各病区推广“介入 + 热疗”技术、节拍化疗、中医诊疗等技术，为患者争取最好的治疗效果。

（阿支子罗）

国家康复医院编撰的专著出版

年内，国家康复辅具研究中心附属康复医院秦泗河矫形外科团队编撰的中国首部英文版《下肢畸形外科》（***Lower Limb Deformities*：*Deformity Correction and Function Reconstruction***）由科技图书出版公司施普林格（Springer-Verlag）出版。整部专著共 18 章，附图 2600 多张，以各类下肢畸形残缺为主题，涵盖 200 多个病种。该书首次向国际同行公布秦泗河矫形外科手术病例数据库，为世界各国的矫形外科医生提供学术资源，对整形外科、神经外科等相关临床学科也有较高的参考价值。

（王文佼）

北京同仁医院亦庄院区疫情防控工作

北京同仁医院亦庄院区改造后的发热门诊自助服务区 单位提供

年内，首都医科大学附属北京同仁医院经济技术开发区院区按照北京市疫情防控工作的总体部署，开展各项防控工作。其中，形成院领导决策部署、职能部门实地督查指导、临床不断改进的防控机制，制定疫情防控相关制度 25 个，修订 100 多次；改造发热门诊，建立隔离病房，并设立发热门诊一站式自助服务区，将自助挂号、自助取药柜、自助胶片打印、自助检验报告打印等功能统一在固定区域；解决预检分诊、物资储备、院内布局改造、人员培训、病例监测上报、院感防控、核酸门诊、新冠疫苗接种等关键问题；定期组织疫情诊疗与防控全员培训、应急演练；建成新冠核酸采样方舱，提升新冠病毒核酸检测能力，在保障院内核酸检测工作的基础上，做好市级检测基地工作；新感染楼投入使用，建立核酸筛查门诊自助服务区，建立发热门诊患者无接触的探视及自助取药服务模式。全年经开区管委会累计为医院投入 50 万元现金及 50 多万元防控物资；医院共接诊疑似病例 30 例，确诊病例 7 例，实现院内疫情相关零感染。

（陆长峰）

·卫生单位（选介）·

北京市大兴区亦庄医院

2020 年，北京市大兴区亦庄医院（简称亦庄医院）的总资产为 1.21 亿元，业务收入为 1.38 亿元；建筑总面积为 1.13 万平方米，固定资产为 5190.35 万元；拥有 CT 机、DR 数字影像、飞利浦彩超等医疗设备 660 台，总价值 3704.94 万元。员工有 319 人，专业技术人员有 280 人，其中具有正高级职称人员 2 人、副高级职称人员 17 人、中级职称人员 101 人、初级职称人员 160 人，具有研究生学历人员 10 人、本科学历人员 121 人、大专学历人员 79 人。医院全年接待门急诊 34.07 万人次，比 2019 年下降 21.53%，其中门诊 33.76 万人次、急诊 3082 人次，急诊抢救 19 人次（抢救成功率为 100%）；出院 323 人次，比 2019 年下降 67.37%；病床使用率为 25.35%；手术 69 人次，比 2019 年增长 80.34%。年内，亦庄医院落实北京市第二批和第三批国家药品集中采购和使用工作，涉及 49 个品种，64 个品规的药品；位于大兴区鹿华路 10 号院 10 号楼的中信院区装修改造工程开工；被市卫生健康委评为北京市 2020 年老年友善医疗机构、北京市老年健康服务示范基地，通过市区两级优质服务基层行复核。

亦庄医院建于 1958 年，前身为亦庄乡卫生院，2000 年 8 月迁至亦庄镇广德北巷 6 号。2004 年 4 月，经大兴区机构编制委员会办公室批准，更名为北京市大兴区亦庄医院，并挂牌北京市大兴区亦庄镇社区卫生服务中心。2009年10月，亦庄医院与原鹿圈卫生院实行卫生资源整合。整合后，亦庄医院分为南、北两院；11月25日，亦庄医院南院搬入亦庄镇泰河园小区新址。2015年6月1日，亦庄医院和鹿圈社区卫生服务中心实行一体化管理。亦庄医院是北京市大兴区卫生健康委下属的非营利一级综合性、基本医疗保险定点医疗机构。医院设有内科、外科、妇科、中医科、口腔科、儿科、眼科、五官科、急诊医学科、体检科、超声科、放射科、检验科、药剂科14个临床医技科室，预防保健科、妇幼保健站、卫生监督站3个公共卫生科室；下设贵园、三羊、天宝园、林肯4个社区卫生服务站；另有2个病区，35张床位。医院主要承担亦庄地区居民基本医疗、公共卫生、社区卫生及院前急救等服务。医院与首都医科大学附属北京同仁医院经济技术开发区院区、北京市大兴区人民医院、北京市大兴区中西医结合医院建立双向转诊“绿色通道”，免费为急、危、重症患者及早、妥善地安排转诊；与北京同仁医院亦庄院区为医联体，与北京市大兴区中西医结合医院为康复医联体，与北京大学人民医院建立医疗服务共同体合作。医院聘请首都医科大学附属北京同仁医院、首都医科大学宣武医院、中国中医科学院广安门医院、北京市大兴区人民医院、北京航天总医院、望京医院等医院的内科、中医科、放射科、康复科专家到院出诊、会诊。

（何霞）

北京市大兴区亦庄医院

院长 高静民（8月任）

陈宝军（8月免）

北京复兴博爱眼科中心

2020年，北京复兴博爱眼科中心（简称博爱眼科中心）有员工43人、医生13人。截至2020年年底，复兴博爱眼科中心累计为近50万患者提供了全方位的眼科诊疗服务。

博爱眼科中心始建于1996年，是经原国家卫生部批准的中外合作眼科专科医疗机构。2018年从西城区迁至经开区朝林广场A座。博爱眼科中心开展的诊疗项目包括飞秒激光近视手术、高度近视ICL晶体植入手术、白内障手术、青光眼综合治疗、干眼症、眼底病、角膜病等。博爱眼科中心拥有博爱医疗集团眼科各专业的优秀专家团队，以及全国知名的眼科专家，秉承“博大精深、爱心永存”的宗旨，为广大患者提供更为优质和专业的全眼科诊疗服务。

（谢华）

北京复兴博爱眼科中心

院长 沈文财

首都医科大学附属北京同仁医院经济技术开发区院区

2020年，首都医科大学附属北京同仁医院经济技术开发区院区（简称北京同仁医院亦庄院区）的总资产为30111万元，业务收入为69038万元，固定资产为29780万元。员工有1240人，包括具有正高级职称人员86人、副高级职称人员134人、中级职称人员506人、初级职称人员392人，具有本科及以上学历人员占77.6%、大专学历人员占17.7%。医院全年接待门急诊579794人次，比2019年降低33.97%，其中门诊436166人次、急诊143628人次，急诊抢救4758人次，抢救成功4590人次；入院21948

人次；出院 22069 人次，比 2019 年降低 29.37%，床位周转 42.24 次；病床使用率为 72.26%；手术 13148 人次，比 2019 年降低 11.28%；平均住院日 6.27 天，比 2019 年减少 0.38 天。年内，北京同仁医院亦庄院区启用新门急诊楼，共 5 层，设有眼科、耳鼻咽喉头颈外科、变态反应科（鼻过敏）、内科、外科、心血管科、神经内科、妇产科、儿科、皮肤性病科、口腔科、麻醉科、急诊科等科室；新感染楼投入使用，内设感染科。

北京同仁医院亦庄院区于 2004 年 5 月 18 日开诊运行，位于经开区西环南路 2 号，是以眼科学、耳鼻咽喉科学为国家重点学科的大型综合三甲医院。

（陆长峰）

首都医科大学附属北京同仁医院经济技术开发区院区院长　张罗

北京振国中西医结合肿瘤医院

2020 年，北京振国中西医结合肿瘤医院（简称北京振国医院）的总资产为 2327 万元、流动资产为 1640 万元，业务收入为 4956 万元，其中中成药收入为 918 万元、中药饮片收入为 51 万元。医院占地面积为 4 万平方米、建筑总面积为 10230 万平方米，固定资产为 602 万元、净资产为 887 万元，包括医疗设备 43 台，价值 661 万元。员工有 147 人，包括医护人员 92 人，执业医师 37 人（具有正、副主任医师 10 人，中级职称人员 22 人，初级职称人员 5 人），护士 43 人，药技人员 12 人。医院实际接诊医保患者 2309 人次，门诊 1806 人次，住院结账 503 人次（北京医保 165 人、异地医保 338 人）；费用结算总金额约 3104.7 万元，其中门诊约 129.2 万元、住院约 2975.5 万元。住院结账总人次比 2019 年下降 31.75%，北京医保病人住院结账人次下降 1.79%，异地直报住院结账人次下降 40.6%，北京医保门诊就诊人次下降 7.35%；结算总金额与 2019 年同期相比，下降 34.4%；病床周转次数 6.22 次，病床使用率为 69.26%；平均住院日 31.06 天，住院天数 30.1 天。医院未开展手术治疗、新技术和新疗法治疗，仅开展介入治疗。医院全年开通电话预约。全年门诊处方 8444 张、中药饮片处方 4872 张、抗生素处方 523 张、麻醉药品处方 3300 张、精神药品处方 1661 张；全年无医疗纠纷、无不良事件上报率和整改率。年内，北京振国医院在医院亏损的情况下，全年救助患者累计 202 人次，救助金额为 222.39 万元。院长王振国开通网络远程会诊 21 次，并对就诊患者进行微信视频会诊；发明的参威口服液获 2020 年度中国大健康产业杰出产品奖。肿瘤三科主任唐洪成在《中外医疗》杂志发表论文《白花蛇舌草注射液在中晚期肺腺癌治疗中的作用及对血清中 mir-155 的影响研究》；被市委、市政府授予北京市劳动模范称号。医院收到表扬信 16 封、锦旗 17 幅。

北京振国医院前身为北京振国肿瘤康复医院，始建于 2008 年 4 月 20 日，2009 年成为北京市基本医疗保险定点医疗机构，2011 年更名为北京振国中西医结合肿瘤医院，是一所集医疗、教学、科研、康复、预防于一体的大型二级肿瘤专科医院。医院地处北京东南五环路沿线，经开区西环南路 6 号，交通便利、地域宽阔、花园式环境，是肿瘤患者治疗康复的温馨家园。医院设有 1 层门诊楼、4 层病房楼、

4 个病区、300 张床位。临床科室设有肿瘤科、内科、外科、中医科、儿科、耳鼻咽喉科、康复医学科。医技科室设有药剂科、医学检验科、医学影像科、超声室、介入治疗室、热疗室、高频聚焦超声治疗室等。医院配有彩超、CT 机、大型血管造影机、全自动生化仪、深部热疗机、超声聚焦治疗机、臭氧治疗仪等大型医疗设备。

（阿支子罗）

北京振国中西医结合肿瘤医院

院长　孟凡辉

国家康复辅具研究中心附属康复医院

2020 年，国家康复辅具研究中心附属康复医院（简称国家康复医院）有员工 245 人，包括具有正高级职称人员 10 人、副高级职称人员 14 人、中级职称人员 58 人、初级职称人员 129 人，具有本科及以上学历人员占 78.6%。年内，国家康复医院主办 3D 打印临床应用研讨会暨民政部重点实验室课题启动会；在 2020 中国外固定与肢体重建高峰论坛上，矫形外科主任秦泗河牵头成立 2023 年北京世界外固定大会筹备委员会和中国外固定讲师团。作为第二完成单位，国家康复医院与广西壮族自治区江滨医院、国家卫生健康委北京老年医学研究所共同完成的“基于遗传病因识别的老年性痴呆早期诊断方法及干预新技术”项目获广西科学技术奖（科学技术进步类）二等奖。

国家康复医院成立于 2011 年 12 月 19 日，位于经开区荣华中路 1 号，隶属于民政部国家康复辅具研究中心，是一所以“大专科、强综合”三级康复医院为建设目标的公立医院。医院是北京市医疗保险定点医疗机构，业务用房 10 万余平方米。医院设有综合内科、矫形外科、神经康复科等 20 多个临床科室。医院配备有 3.0T 磁共振、128 层 CT 机、高端彩色多普勒超声诊断仪、康复机器人等检查检验设备 100 多台（套）。医院近年承担了国家科技支撑计划项目、国家重点研发计划项目（课题）、国家自然科学基金项目、首发基金课题等 10 多项。医院与英国、德国、美国等国家建立了交流与合作，开展人才培养、科研合作、技术援助等。

（王文佼）

国家康复辅具研究中心附属康复医院

院长　吕泽平（11 月任）

樊瑜波（7 月免）

体育

概况

2020 年，北京经济技术开发区公共资源管理服务中心体育场（简称经开区公共资源管理服务中心）负责运营经开区体育场。经开区体育场全年承办经开区“健康企业行”职工运动会、亲子运动会、合生汇趣味运动会、信诺团建运动会 4 场，参赛人数 3000 多人；举办平板支撑挑战赛、咏春拳体验活动、全民健身瑜伽汇活动，共计参与人数 2000 多人；举办国家体育锻炼标准、国民体质监测活动；承办 2020 年经开区“博大杯”七人制足球赛；专项球类场地免费对外开放 600 小时，惠及区内 5 万余人；开设零点体育、课后一小时等活动。经开区公共资源管理服务中心做好各类服务保障，完成经开区内中考考点停车保障和北京市初中学业水平考试的停车保障工作；配合人大附中北京经济技术开发区学校日常接送学生的管理和停车保障工作。体育场作为群众体育活动的主要场所，除组织各类体育赛事外，每日免费开放 8 小时以上为群众晨晚练提供场所，每天近千人次参与各类群众锻炼活动。

（马致和）

“南海子杯”职工健步走活动

经开区“南海子杯”职工健步走活动启动　徐健 摄

6 月 6 日，由市总工会、市体育局和经开区管委会主办，经开区总工会、社会事业局承办的以“筑梦亦庄　建功新城”为主题的 2020 年经开区“南海子杯”职工健步走活动在南海子公园举行。来自区内企事业单位的劳模、职工、社区居民 4000 多人参与活动。

（张茹）

承接核酸检测任务

6—7 月，经开区公共资源管理服务中心体育场主动承接区内出入新发地人员、餐饮人员等 8000 多名高风险人员的核酸检测任务，以及中考考点停车管理服务等工作。中心连夜启动场地布置，做好场地规划、安全提示等各种保障措施，并做好事后场地全面消毒清理工作。

（徐伊慰）

第三届平板支撑挑战大赛

经开区第三届平板支撑挑战大赛举行　于晓玲 摄

8 月 8 日，由市社会体育管理中心支持，经开区社会事业局、总工会、商务金融局和公共资源管理服务中心联合主办的“北京记录”经开区第三届平板支撑挑战大赛暨“点亮”经开区　共同抗“疫”全民健身日体育夜市活动在经开区公共资源管理服务中心体育场举行。活动包含市民喜闻乐见的亲子体育、全民体质监测、国家体育锻炼标准测试赛、体育推介会及平板支撑挑战大赛。在全民体质监测活动中，现场专业教练根据市民的体质测试报告，出具运动处方和饮食搭配建议，指导市民如何做好日常营养进补和针对性体育锻炼。国家体育锻炼标准测试赛按照国家体育总局《国家体育锻炼标准评分办法》壮年组标准评判，从 8 个测试项目中精选 5 个简单易练、可操作性强的项目作为本次测试赛项目，包含 30 秒跳绳、立定跳远、十字象限跳、坐位体前屈和 200 米折返跑。经开区内 200 多名市民参与活动。

（张茹）

“全民健身日”系列活动

8 月 8 日，由经开区社会事业局主办的“亦城新貌　全民悦动”2020 经开区“全民健身日”系列活动启动，同时拉开经开区全民健身体育节的序幕。作为疫情防控级别降低后经开区举办的全民性体育赛事，开幕当天的低碳骑行、儿童平衡车、平板支撑等20多项活动，吸引区内近200名市民参与。

（张茹）

第十四届“和谐杯”乒乓球比赛

8月15日，由经开区社会事业局主办的经开区第十四届“和谐杯”乒乓球比赛在金风科技智慧大厦体育馆举行。第十四届“和谐杯”乒乓球赛事作为经开区全民健身体育节系列活动之一，具有广泛的参与度和良好的群众基础。来自区内企业、机关、街道76支代表队伍的324名运动员参赛。

（张茹）

北京市第二届第九套广播体操展示大赛

9月11日，由市体育局主办，市社会体育管理中心、市直属机关工会和市职工体育协会承办的北京市第二届第九套广播体操展示大赛在地坛体育馆举行，经开区选派诺兰特移动通信配件（北京）有限公司代表队、北京新能源汽车股份有限公司代表队、北京北汽李尔汽车系统有限公司3支企业代表队参赛。3支代表队分获各区组一等奖，市职工系统一等奖、三等奖。

（张茹）

健身气功交流展示大赛

9月19日，由市社会体育管理中心主办，经开区社会事业局、公共资源管理服务中心承办的2020年全国百城气功交流展示系列活动暨经开区“全民健身体育节系列活动”健身气功交流展示大赛在金风科技篮球馆举办。活动吸引经开区14支优秀队伍300多人参赛，展示项目除健身气功以外，囊括了健身腰鼓、柔力球、太极拳、太极剑以及太极功夫扇等项目。上海沙龙太极健身气功辅导站队、上海沙龙博大公园柔力球队、赢海庄园社区太极队均获一等奖。

（张茹）

健身操舞大赛

9月19日，由市体育局、市体育总会主办，市社会体育管理中心、市体育基金会、经开区社会事业局和公共资源管理服务中心承办的2020北京市体育公益活动社区行暨经开区健身操舞大赛在金风科技智慧大厦体育馆举办。大赛吸引了经开区各企事业单位、街道、社区团体的20支代表队300多名健身操舞爱好者参与，比赛项目包括健身秧歌、广播体操、广场舞、健身操舞等。亦城茗苑亦美舞蹈队、亦城茗苑青葱社队、西里社区梦飞扬舞蹈队获一等奖。

（张茹）

“博大杯”职工羽毛球比赛

9月19日，由经开区社会事业局、总工会主办，北京金风体育文化有限公司承办的经开区“博大杯”职工羽毛球比赛在金风科技智慧大厦体育馆举办，共有43家企业的450多名职工参赛。比赛采取混合团体赛形式，通过小组赛和淘汰赛决出胜负。北京金风科创风电设备有限公司获冠军，经开区管委会获亚军，南水北调中线信息科技有限公司获季军。

（张茹）

“博大杯”职工三人制篮球比赛

9月26—27日，由经开区总工会、

社会事业局共同主办的2020年经开区“博大杯”职工三人制篮球比赛在弘赫国际体育中心举办，共有28家单位的200多名职工参赛，其中北京大宝化妆品有限公司6名听障人士组成的“大宝”队与手语老师共同参与，赢得在场人员一致称赞。北京京东方显示技术有限公司获冠军，北京东方惠尔图像技术有限公司获亚军，北京奔驰汽车有限公司获季军。

（张茹）

“全民健身瑜伽汇”展示活动

经开区“全民健身瑜伽汇”展示活动举办　　詹贺怡 摄

10月17日，由经开区社会事业局、总工会和公共资源管理服务中心联合主办的经开区“全民健身瑜伽汇”展示活动在经开区公共资源管理服务中心体育场举办。经开区内200多名市民参与活动。

（张茹）

社会体育指导员培训

10月26日，经开区社会事业局举办的2020年经开区二、三级社会体育指导员培训在经开区党群服务中心开班。此次培训由国家级社会体育指导员唐克明、孙秀荣、张英燕、刘葆郁4名老师为学员们授课，培训内容包括健身气功、广场舞、柔力球等健身技能培训。来自荣华街道、博兴街道的130多名二、三级社会体育指导员参加培训。

（张茹）

五人制足球比赛

10月30日，由经开区“两新”组织工委主办，全民健身体育协会承办，经开区党群服务中心协办的2020年经开区五人制足球比赛在经开区党群服务中心足球场举办，共有30家单位的400多名职工参赛。中芯国际集成电路制造（北京）有限公司获冠军，SMC（中国）有限公司获亚军，北京京东世纪贸易有限公司获季军。

（张茹）

营造安全舒适的运动环境

11月2日，经开区公共资源管理服务中心体育场对外开放投入使用，新装体育器材提拉训练器、太空漫步机、滑雪训练器、上肢牵引器、太极揉推器、健身车、划船器、钟摆扭腰器、腰背按摩器、伸背器等。经开区公共资源管理服务中心通过升级、维修、改造等方式，翻新体育场中心场地草皮、完善无障碍设施、优化场内标识导向、维护维修设备设施、提升园林绿化景观等，进一步满足群众多样化、多层次的体育运动需要，营造安全、舒适、美观的场内运动空间。

（郭心怡　徐伊慰）

第四届“BDA”杯慢投垒球邀请赛

11月7—8日，由经开区社会事业局、总工会、公共资源管理服务中心和全民健身体育协会主办，北京甲子棒球俱乐部承办的经开区第四届“BDA”杯慢投垒球邀请赛在金风科技智慧大厦体育场举行。比赛共设快乐组和竞技组两个组别，采用联赛积分制。共有12支球队300名职工参赛。天津泰立五金贸易有限公司、一冠（北京）体育文化发展有限公司、鼎桥通信技术有限公司分别获甲组第一、二、三名，北京中科联城软件股份有限公司、富士康精密组件（北京）有限公司、北京陌陌科技有限公司分别获乙组第一、二、三名。

（张茹）

“博大杯”职工五人制足球联赛

11月19日，由经开区总工会、社会事业局共同举办的2020年经开区“博大杯”职工五人制足球联赛在经开区体育中心开赛。职工五人制足球联赛共进行47场，持续到11月26日，来自中芯国际集成电路制造（北京）有限公司、SMC（中国）有限公司、北京北汽李尔汽车系统有限公司等单位的27支经开区企业职工代表队参赛。北汽李尔获冠军。

（张茹 郭心怡 徐伊慰）

第三届游泳救生技能比赛

11月20日，由经开区社会事业局主办，北京星光鸿普骐文化发展中心协办的经开区第三届游泳救生技能比赛在北京格兰云天国际酒店游泳馆举办。大赛设个人赛、团体赛和2019年版心肺复苏（CPR）教学。个人赛包括20米速游、20米潜泳和40米直接赴救、拖带3个比赛项目；团体赛为4×20米运送接力。来自经开区13个游泳场馆的60多名游泳救生员参赛。北京尚杰骄泳体育咨询有限公司获团体总分第一名，长新阳光（北京）国际健身俱乐部有限公司获团体总分第二名，北京和益文化发展有限公司获团体总分第三名。

（张茹）

首届5K健康跑

11月21日，由市社会体育管理中心、经开区社会事业局和总工会联合主办的“健康路上一个不掉队”经开区首届5K健康跑在企业文化园东园开幕。该项赛事以团队跑的形式完成5千米赛程，不以竞速为主要比拼方式，而是将团队的整体形象、凝聚力、创造力及运动参赛的科学性作为主要评分因素。来自区内企事业单位、社区等共计50个跑团的700多位跑步爱好者参与活动。赛维航电科技有限公司获第一名，北京亦庄国际生物试剂物流中心有限公司获第二名，富智康精密组件（北京）有限公司获第三名。

（张茹）

体育场通过国际足联FIFA认证

经开区公共资源管理服务中心体育场　　郭心怡 摄

11月，经开区公共资源管理服务中心体育场通过国际足联FIFA场地质量认证检测，成为区内唯一通过该项质量认证的足球场。此次11人制足球场草坪改造工程面积为7800平方米，工程改造将原有草坪拆除，并使用全新的环保型颗粒及人造草对场地进行全面翻新，在足球场原有基础上增加了可移动围网，可以满足5人制、7人制及10人制的不同场地需求，可以承接省级赛事及国家队的训练赛。

（徐伊慰）

冬奥冰雪文化节

11月，经开区社会事业局与北京市文化投资发展集团有限责任公司（2022冬奥组委文化活动官方赞助商）共同举办经开区冬奥冰雪文化节。文化节由“冰雪冬奥教育文化宣传”“冰雪技能体验”两大主题组成。文化节惠及经开区人口达15万余人，向经开区学校、幼儿园、医院及企业发放免费亲子冰雪体验券10万余张，其中5万余人参与冬奥展厅知识普及、5万余人参与雪场现场体验、3000多名经开区学生参与滑雪体验课。通过公众号、微博、抖音等线上平台开展冬奥冰雪文化节互动宣传、冬奥知识文化宣传，累计上传宣传稿、视频100多次，媒体总阅读量、点击量累计达到300万次。

（张茹）

“博大杯”经开区职工第五届毽球比赛

12月2日，由经开区总工会、社会事业局、全民健身体育协会和职工毽球协会联合主办，北京金风体育文化有限公司承办的“博大杯”经开区职工第五届毽球比赛在金风科技智慧大厦体育馆举办。比赛邀请了中华全国总工会机关代表队、中国建设银行代表队、北京烟草代表队、北京铁路信号代表队，共100多人参赛。

（张茹）

做好各项疫情防控措施

年内，经开区公共资源管理服务中心做好各项疫情防控措施，针对对外开放场所的实际情况因地施策。其中，发布《关于做好疫情防控期间公共资源交易服务的工作提示》，并在全市范围内率先制定《招投标服务场所疫情防控期间服务保障及应急处置工作细则》，结合招投标工作特点，采取承诺、测温、保持间距、动态管理跟踪去向等措施，在防控措施到位、服务水平不降的前提下，确保了招投标服务工作的有序开展和招投标服务场所疫情防控形势的平稳；对作为对外公共开放场地的体育场实行封闭管理，提前于市体育局相关政策部署。疫情初期物资紧张，中心协调各方，做好场内人员疏导和场内消毒，确保了疫情相关零感染。

（徐伊慰）

发挥公共资源效能

年内，经开区公共资源管理服务中心体育场累计服务区内职工30多万人次，免费时段服务人群不完全统计约8万余人次。在疫情时期，联合第三方运营单位，开展包括全民健身日系列主题活动、公益课程咏春拳大讲堂、2020年北京足协E级教练员培训班以及为周边社区健身团体提供场地服务等不同类型的线下和线上活动40多场，满足区内企事业单位员工及社区居民的健身需求。在开学季，为人大附中北京经济技术开发区学校提供日均约500车次的停车管理服务。

（徐伊慰）

民政

概况

2020年，经开区社会事业局以增强

群众获得感为宗旨，以加强社区建设为抓手，严格落实工作职责，推进经开区民政各项工作有序进行。在推动和谐社区建设方面，创建1个市级议事厅和4个楼门院治理示范点；设立7个居民委员会，提升经开区基层议事协商及群众自治能力；组织、指导荣华街道、博兴街道开展经开区第二届“社区邻里节”活动；评选2020年度和谐社区，进一步夯实群众基础。保障基层服务力量，招录社区工作者并组织、指导开展培训；在疫情期间为一线社区工作者发放疫情防控补助、“北京消费券”兑换码并免费投保。完善“一刻钟便民服务圈”公共服务和配套设施，建设3家“亦城家园中心”，为区内群众打造一站式社区商业便民服务综合体。做好行业管理，推动完成行业协会商会与行政机关脱钩改革；在疫情期间加强养老机构的统筹协调和管理指导；统筹推动社会事业相关行业垃圾分类工作。做好各项赋权承接准备工作。

（金薇）

关心关爱一线社区工作者

3月起，按照市区两级要求，经开区社会事业局开展一系列面向一线社区工作人员的关心关爱工作。其中，指导各街道做好疫情防控补助发放相关数据统计工作，协调经开区财政审计局完成资金拨付工作，补助于3月底、6月中旬分两批完成发放，共有补助对象184名，合计金额149.11万元；为经开区203名社区工作者及44名党建工作者免费投保；为疫情防控一线社区工作者发放“北京消费券”兑换码190个。

（金薇）

经开区第二届“社区邻里节”活动

10月17日，经开区社会事业局指导荣华街道、博兴街道举办经开区第二届“社区邻里节”，并将10月17—25日定为“邻里节活动周”。在荣华街道、博兴街道的18个社区（含1个员工公寓），围绕“邻里守望相助 共建美好家园”的主题，组织开展线上、线下各类活动55场，内容涉及垃圾分类、社区抗疫、全民健身等。

（金薇）

经开区社区工作者培训班

10月28日，经开区社会事业局面向经开区120名社区工作者骨干和新招录人员，举办社区工作者培训班。培训班采取理论学习、案例分析与座谈交流相结合的形式，围绕基层政权建设、社区治理、社区动员等内容开展社区工作实务和社区治理能力提升教学培训，让新招录的社区工作者对社区工作有了初步的认识，并为即将开展的第十一届社区居民委员会换届选举工作做好准备。此外，全年共指导荣华街道、博兴街道开展社区工作者培训20多次，1500多人次参与培训。

（金薇）

经开区和谐社区评选

12月初，经开区2020年度和谐社区建设评估验收工作启动，荣华街道、博兴街道共18个社区（含1个员工公寓）参与综合考评。荣华街道金地格林小镇社区、天华园二里社区和卡尔百丽社区，博兴街道赢海庄园社区、中芯花园社区和亦城茗苑社区6个社区被评为经开区2020年度优秀社区。

（金薇）

3 家“亦城家园中心”挂牌

“亦城家园中心”亦城茗苑站点　　臧鹏 摄

12 月 26 日，位于亦城茗苑、国融国际、上海沙龙的 3 家“亦城家园中心”挂牌。“亦城家园中心”以“便民、利民、惠民”为服务宗旨，通过完善“一刻钟便民服务圈”公共服务和配套设施，优化社区便民商业布局，为区内群众打造步行 5~15 分钟可达的一站式社区商业便民服务综合体，提高保障和改善民生水平，增强群众获得感。此次挂牌的 3 家“亦城家园中心”各有特点。其中，亦城茗苑站点以蔬菜生鲜、手机维修、便民理发为主要业态，建筑面积约为 480 平方米；国融国际站点以老年餐厅、手机维修、便民理发、家政服务为主要业态，建筑面积约为 1700 平方米；上海沙龙站点依托经开区社区服务中心，可为周边人群提供图书馆、教室、活动室、会议室等功能区，建筑面积达 5000 多平方米。这 3 家站点将作为试点，通过扶优扶强、典型示范引导，逐步确定标准，为全面推动“亦城家园中心”建设树立样板，并将在亦庄新城范围内推广。

（金薇）

市级议事厅和楼门院治理示范点创建

年内，依照市区两级议事协商工作安排，经开区博兴街道中芯花园社区建成市级议事厅示范点 1 个；荣华街道天华园三里社区、上海沙龙社区，博兴街道中芯花园社区、通泰文园社区建成楼门院治理示范点 4 个，均已通过市级测评验收。

（金薇）

7 个社区居民委员会设立

年内，经开区社会事业局根据博兴街道办事处提交的拟新设立社区居民委员会的申请，对亦城茗苑社区、通泰文园社区、观海苑社区、赢海庄园社区、博客雅苑社区、亦城景园社区、科创家园社区 7 个社区进行实地调研，经经开区工委、管委会研究决定，同意博兴街道设立 7 个社区居民委员会。

（金薇）

公开招录社区工作者 32 人

年内，经开区社会事业局面向社会公开招录专职社区工作者。按照经开区社区工作者招考录用标准和程序，根据资格审查、考试成绩、考察情况和体检结果确定拟录用人员，共招录 32 人，进一步夯实社区基层服务力量。截至 2020 年年底，经开区共有社区工作者 204 人。

（金薇）

接管社区工作者日常管理

年内，因机构改革和工作调整，经开区社会事业局民政处接管原社区服务中心承担的 15 名社区工作者的日常管理工作。除日常的考勤管理、年度考核及工资奖金发放外，还及时组织持证社区工作者参加继续教育培训班，保障社区工作者权益。

（金薇）

赋权承接工作启动

年内，经开区社会事业局梳理经开区

约“60 平方公里”内的权力清单、赋权承接和授权公开事项、监管事项等，与大兴区民政局、民族宗教委、残联、退役军人事务局相关部门进行初步对接，建立和完善与各部门的沟通联系机制，为赋权承接做好准备。

（金薇）

行业协会商会与行政机关脱钩改革工作

年内，经开区社会事业局落实市脱钩联合工作组要求，组织编制经开区行业协会商会与行政机关脱钩改革工作方案，明确各项脱钩任务的时间表、路线图，推动完成北京经济技术开发区企业协会、北京经济技术开发区安全防范协会与行政机关脱钩改革工作。按照市级相关要求，经开区社会事业局于年底前完成行业协会商会与行政机关的机构分离、职能分离、资产财产分离、人员管理分离以及党建外事分离事项。

（金薇）

统筹推动社会事业相关行业垃圾分类工作

年内，经开区社会事业局依据全区统一部署，成立垃圾分类工作小组，统筹协调教育、民政、体育和医疗相关行业开展垃圾分类工作。垃圾分类工作小组通过建立和完善垃圾分类工作台账，为市区两级工作部署提供可靠依据；通过发放宣传海报、手册，举办线上培训、竞赛、线下活动等方式，多渠道、多形式做好垃圾分类的宣传、知识普及和意识提升工作。同时，指导行业领域结合自身实际，利用现有资源开展活动；利用小模型、小图片等在养老机构中开展讲解，提高老年人垃圾分类的能力。垃圾分类工作小组通过定期开展实地检查工作，督促各行业发现问题、整改提升，确保垃圾分类工作有序推进。

（金薇）

养老机构的统筹协调和管理指导

年内，在疫情防控期间，经开区社会事业局针对辖区内爱壹家老年护养院、诚和敬亦庄长者公馆、上海沙龙日间照料中心 3 家养老机构，加强管理指导，建立专项工作小组，指定专人对接，建立每日上报及 24 小时应急值守制度，及时掌握相关情况。一方面，按照相关文件和政策，对养老机构的出入管理、内部管控、老人防护和心理疏导等问题进行指导并开展实地检查督导近 20 次；另一方面，协调解决封闭管理期间老人就医难、就餐难、家属复工无法照顾老人等问题，针对养老机构防疫物资短缺等实际情况，及时协调解决紧缺防疫物资 1655 件。

（金薇）

残联

概况

2020 年，经开区社会事业局与大兴区残联签订交接协议，约定自 2021 年 1 月 1 日起，由经开区社会事业局民政处承接残疾人公共服务事项的各项职权，相应的业务对接、权限下放、系统开通等工作已全部启动。经开区无障碍环境建设工作也及时启动，已完成点位摸排、上账工作。

（金薇）

统筹推动经开区无障碍环境建设

8月下旬，为全面落实市委、市政府《北京市进一步促进无障碍环境建设2019—2021年行动方案》文件要求，全面推进经开区无障碍环境建设，经开区社会事业局与规自分局梳理起草《北京经济技术开发区进一步促进无障碍环境建设2019—2021年行动实施方案》（京技管〔2020〕81号）。经开区社会事业局组建无障碍环境建设专项行动工作组，成员单位涉及22个部门及单位，专项行动以城市道路、公共交通、公共服务场所和信息交流为重点领域，明确17项重点整治任务。经开区社会事业局牵头组织规自分局、开发建设局两家工作组办公室成员单位开展工作，组织第三方专业机构对经开区无障碍设施点位进行排查。截至2020年年底，经开区已完成区内1266个点位的摸查建账和555个点位的上账工作，完善北京市无障碍信息管理系统台账，并启动提升整改工作。

（金薇）

启动残疾人公共服务事项职权承接

12月30日，根据《北京市人民政府关于由北京经济技术开发区管理委员会行使部分行政权力和办理部分公共服务事项的决定》中明确的由经开区管委会在经开区（约“60平方公里”）规划范围内行使区级人民政府职权的要求，经开区社会事业局与大兴区残联签订交接协议。约定自2021年1月1日起，由经开区社会事业局民政处承接残疾人公共服务事项的各项职权，相应的业务对接、权限下放、系统开通等工作已全部启动。

（金薇）

退役军人

概况

2020年，经开区社会事业局民政处开展退役军人各项工作。包括举办经开区退役军人创业创新大赛选拔赛，支持退役军人创业实践；开展“八一”系列走访慰问活动，共慰问退役军人、军烈属等560人；召开“八一”退役军人座谈会，鼓励退役军人继续展现良好精神风貌，参与经开区的建设。

（金薇）

退役军人创业创新大赛选拔赛

7月14日，经开区社会事业局举办2020年经开区退役军人创业创新大赛选拔赛。大赛设新兴产业、传统产业及生活服务业、现代农业3组行业赛，以及创新团队和大学生退役士兵创业创新2组专项赛。按照北京市退役军人事务局总体部署，经过前期的项目征集、初审及现场专家评审，最终北京云联慧通科技有限公司获新兴产业组第一名，获推参加北京市退役军人创业创新大赛选拔赛。

（金薇）

退役军人座谈会

7月30日，经开区社会事业局召开经开区2020年退役军人座谈会，邀请区内各行各业退役军人代表共计46人参会。退役军人代表畅谈在经开区生活工作的点点滴滴，并为经开区未来发展建言献策。经开区工委、管委会，亦庄控股及相关部门领导参会，感谢退役军人对经开区建设所做的贡献，并对退役军人提出殷切希望，鼓励他们继续展现良好精神风貌。

经开区 2020 年退役军人座谈会召开　　蒋科平 摄

（金薇）

“八一”系列走访慰问活动

经开区社会事业局慰问经开区消防救援支队　　单位提供

7 月底，经开区社会事业局开展“八一”系列走访慰问活动，慰问退役军人、军烈属等共计 560 人。经开区工委、管委会领导带队走访慰问了经开区消防指战员、社区抗疫一线退役军人和退役革命老战士，看望了退役军人和军烈属，为他们送去节日问候和祝福。

（金薇）

退役军人先进集体和优秀个人评定

7 月，经北京市退役军人事务局、市人力社保局评定，经开区博兴街道办事处退役军人服务站获北京市退役军人工作先进集体称号，博兴街道观海苑社区居民王刚获北京市优秀退役军人称号。

（金薇）

街道

荣华街道办事处

概况

2020 年，北京市大兴区荣华街道办事处（简称荣华街道办事处）下辖 8 个社区居委会、1 个社区服务站、4 个党建工作站（商务楼宇工作站），总户数为 32151 户（社区户数为 14676 户约 4.4 万人，商务楼宇户数为 17475 户）。辖区内共有 19 个小区、18 处商住楼宇、9 所学校、5 家医院、20 个工业园区（属街道安全生产监管范围）。

荣华街道办事处于 2014 年 11 月 15 日经市政府批准挂牌成立，位于经开区地盛北街 1 号北工大软件园 8 号楼，地处经开区核心区，东至京沪高速路、西至文化园西路、北至五环路、南至凉水河，占地面积约为 15.8 平方千米。

（孙浩）

环境建设

年内，荣华街道办事处在开展“互联网＋源头精准分类”的基础上，着重在桶站建设、管理员配备等方面发力，垃圾投放点位消减 80%，规范桶架建设 140 组、驿站 7 处，垃圾分类效果显著提升；完成梅园小区环境改造、国融国际商圈环境整治工程，落实大气污染防控工作，开展爱国卫生运动，改造、补种小区绿植约 3000

平方米，持续改善空气质量和人居环境。

（孙浩）

平安建设

年内，荣华街道办事处开展安全生产、消防安全检查 9000 多家次，整改隐患 1600 多处，完成 14 个商住楼宇的消防年检，对 28 家微型消防站开展不定期消防拉动演练，为 4 个微型消防站配备消防车、防护用具等装备，紧抓安全生产工作不放松；开展国家安全、禁毒等各类宣传 30 多次，完成“两节”“两会”等重要会议节点安保工作，开展地铁站、校园周边等秩序乱点的综合整治，营造平安有序的辖区氛围。

（孙浩）

民生建设

年内，根据居民需求，荣华街道办事处完成天华园一里社区养老驿站和天华园二里社区养老驿站升级改造，进一步夯实为老服务基础；结合疫情态势，调整假期托管班、萌娃驿站组织形式，举办“空中课堂”，课程累计播放量达 533 小时；开展居民满意度调查工作，全年综合得分 90 分以上。

（孙浩）

社区建设

年内，荣华街道办事处为街道便民服务中心、郁金香舍社区、中冀斯巴鲁和国融国际党建工作站租赁办公及服务用房，完成金地格林社区和国融党建工作站的装修改造，在郁金香舍社区建设 24 小时书房，满足社区实际需求和便民需要；建立健全多方联动机制，召开 11 次社区治理议事协商会，联合各级各部门共同解决社区治理中的重大问题，健全物业管理机制，实施小区物业管理服务考核办法，物业服务水平显著提升。

（孙浩）

基层党建及精神文明建设

年内，荣华街道办事处通过选派党建指导员、成立临时党支部“两步走”的形式，使物业管理“三率”[物业管理覆盖率、业委会（物管会）组建率、党的组织和工作覆盖率]实现三个 100%，初步形成党建引领下共商共建共治的基层治理新局面；实施“红色记忆”等 17 个城乡基层党组织服务群众项目，在天华园二里等 2 个社区党支部试点“三有三提升”工作法，促进党支部作用的有效发挥；完成党建工作站“一站分四站”（荣华街道党建工作站分为林肯、国融国际、隆盛、中冀斯巴鲁党建工作站）。同时，荣华街道办事处把学习习近平新时代中国特色社会主义思想作为首要政治任务，通过班子带头学、干部集中学、机关扩大学等形式，提升全体人员的思想政治水平。

（孙浩）

疫情防控

年内，荣华街道办事处召开 80 多次专题工作会议，统筹指导全域防疫整体工作，部署调度各阶段疫情防控工作重点，确保组织有序、应对有效；班子成员分片包干、靠前指挥，全体机关、社区干部以实际行动确保防疫工作落地落实；针对疫情防控中“防”的重要环节，研究制定“守、封、网、联”四项防控机制，上临勤、设围挡、做证件、安门磁、增模块，做实封闭式管理；每日组织 1300 多人次，对 19

个小区、18 处商住楼宇、44 家星级以下酒店、约 800 家小商业进行排查监测，联合各方力量联防联控、合力攻坚；为 9000 多名居家、隔离观察人员提供日常联络、生活帮办等服务，抓实抓细复产复工、市场防疫中排查检查、人员环境核酸检测等各环节工作，营造安全有序的复工环境，着重加强高龄、独居、空巢、残疾等特殊群体的人文关怀，深入开展一线工作人员关心关爱。

（孙浩）

北京市大兴区荣华街道办事处

工委书记 刘文虎

博兴街道办事处

概况

2020 年，北京市大兴区博兴街道办事处（简称博兴街道办事处）有党支部 11 个、居委会 1 个、社区服务站 8 个、党建工作站 4 个。辖区内有户籍人口 2567 人、常住人口 2.8 万人、产业人口 12 万人，工业园区 25 个，入驻企业 2049 家。安全生产责任零事故，“接诉即办”全年有 10 个月在全市街乡综合排名中并列第一。“接诉即办”案件共处理 1092 件，响应率为 100%、解决率为 96%、满意率为 98%。

博兴街道办事处于 2014 年 11 月 15 日成立，位于经开区河西区，管辖面积为 24 平方千米，分为河西区和路东区 2 个片区，其中路东区为代管区域。

（韩晓婷）

环境建设

年内，博兴街道办事处对经开区消防救援支队北侧和亦城茗苑南侧空地抢栽抢种情况进行整治，清理面积达 3000 平方米；加强河湖环境治理，对辖区范围内新凤河、通惠排干渠河段巡查 600 次，其中登录“北京河长”App 巡河 304 次，出动人员 1124 人，劝离各类不文明行为 350 次，清理河道垃圾 5 次；严格辖区扬尘管控，巡查发现扬尘问题 71 处，向相关执法部门发送 36 张协查单；开展爱国卫生大扫除活动 255 次，参与人数 5400 人，清理垃圾 180 吨。

（韩晓婷）

平安建设

年内，博兴街道办事处针对博兴八路违规早市，联合瀛海镇开展为期一周的执法行动，扣留各类车辆 40 辆；开展违法群租房屋整治工作，清理网约房 9 处、隔断房 3 处、违法出租房屋 22 处；开展反恐联合督导检查工作，共检查重点目标单位 180 家；开办抖音《政警说》栏目，上线作品 18 期；接收信访件 25 件，按期受理率、按期办结率均为 100%；开展餐饮企业油烟道、仓储库房、液化气、危险化学品、“三合一”场所（住宿与生产、仓储、经营一种或一种以上使用功能违章混合设置在同一空间内的建筑）等专项检查 12 次，共检查企业 2455 家，消除隐患 762 项，检查小区内生产经营单位 2789 家、楼宇 2324 栋、地下空间 1301 处，发现并整改隐患 1260 项。

（韩晓婷）

民生建设

年内，博兴街道办事处社区服务中心为社区居民开展活动 555 场，接待参访

22次，服务居民8200人，接待咨询电话5031次，完成服务派单345件；推广社区公益公开课，观看总量7264人，浏览总量24292人；启动首届社区宅运会，直接参与人数2790人，浏览总量10312人；开展心理咨询服务音频课堂80期，阅读量25639人，心理公益热线接听80人，线上居民心理焦虑情绪自评90人。街道各科室、社区、党建工作站购买社会组织服务项目27个，开展线上活动391场、线下服务活动457场，服务居民4.7万人，征集“疫情不添乱 居家秀美食”等活动作品90份。社区服务中心实施“周末不打烊”工作机制，为居民提供EMS免费寄递服务，为社区配备自助购气终端机，为群众办理各类事项863件。社区服务中心完成适龄儿童入学资料初审630件，受理电话咨询及家长现场咨询1000人；为8个社区建立家长学校沟通交流群，完成7场线下家长委员会全体会议，48场专家、讲师线上授课，3场手工实践课，累计惠及2500人。社区服务中心为辖区110名老年人建立信息档案，开展日常慰问活动6场，母亲节、重阳节等重要节日为高龄老人送鲜花253束；提供上门理发、口腔检查等精准服务80次，为老人录制视频影像资料共计80条。

（韩晓婷）

基层党建和精神文明建设

年内，博兴街道办事处疫情初期成立15个临时党支部，组建城乡世纪、好景国际、天通泰和悦庭 · mini悦4个商务楼宇党建工作站，弥补商住房社区管理短板；开展纪念建党99周年系列活动，组织街道工委书记、党支部书记讲党课活动12期，党员、入党积极分子培训班3期；开展聚焦队伍作风建设，新招聘党建工作者8名、社区工作者28名，选派6名干部外出挂职学习；落实监督检查责任，开展监督检查1529次/点位，发现问题、不足及薄弱环节并督促整改207条；发布宣传教育音频、视频、电子刊物等200多期；严格落实意识形态工作责任制，签订各层级意识形态工作责任书180多份，办结舆情通知单3份，准备新闻备答口径1份；开展理论学习中心组（扩大）学习36次，《北京市文明行为促进条例》进机关、进社区活动9场，制订“光盘行动”工作方案，发放宣传海报、易拉宝、提示牌等1000个。

（韩晓婷）

垃圾分类

年内，博兴街道办事处签订垃圾分类责任书2595份，垃圾分类指导员队伍共96人，生活垃圾日均产生量为670桶，其中厨余垃圾日均产生量为75.5桶，现有固定桶站16个，居民知晓率为100%、参与率为98%、正确率为95%。

（韩晓婷）

物业管理

年内，博兴街道办事处符合条件的7个小区均已成立业委会（物管会），其中成立业委会的小区有2个，分别是赢海庄园、亦园小区；成立物管会的小区有5个，分别是中芯花园、悦廷茗苑、观海苑、通泰文园、通泰壹中心小区，业委会（物管会）覆盖率达100%。

（韩晓婷）

北京市大兴区博兴街道办事处

工委书记 孔祥森

党政事务

北京经济技术开发区年鉴 2021

BEIJING ECONOMIC-TECHNOLOGICAL DEVELOPMENT AREA YEARBOOK 2021

综述

2020年，经开区面对错综复杂的外部环境和突如其来的新冠疫情，以习近平新时代中国特色社会主义思想为指导，深入学习贯彻中共十九届五中全会和中央经济工作会议精神，始终牢记“看北京首先从政治上看”的要求，全面落实“坚定信心、同舟共济、科学防治、精准施策”的总要求，坚持党建引领，举全区之力统筹推进疫情防控和经济社会发展。

经开区开展“不见面办政务”“零跑腿”，形成不见面政务服务长效机制。经开区以企业群众需求为出发点、获得感为落脚点，靠前一步“做优政务服务”“做实接诉即办”，建设全市首个远程交互中心并投入使用，启用“一号咨询”热线、企业准入服务厅、国际人才服务厅、亦企服务港政务服务站和园区政务服务点，上线运行“接诉即办”系统服务平台等。

经开区强化基层党组织建设，出台基层党建工作的实施意见，编制党建工作指引，完善基层党建制度体系，推动规范化建设。经开区成立社会事业党委、社会事业纪检委和“两新”组织工委，深化“企业吹哨，部门报到”等工作机制，构筑具有经开区特色的党建基层治理体系。经开区发挥亦庄新城党建工作协调委员会作用，创新打造区域党建协同发展先锋区，推动在基层党建、园区合作、产业协同、文化建设等方面实现互联互动、共建共享。经开区根据新的机构设置和人员调整情况，完成基层党组织的成立、换届工作。

经开区全面从严治党向纵深推进，出台廉政风险防控体系建设实施意见，推进廉政防控制度化建设，完成辖区内街道纪检监察相关职责职能的划转；审议通过巡察相关制度，并开展第一轮巡察工作。经开区组建经开区重大项目（工程）监督组，成立经开区疫情防控监督组，召开“以案为鉴、以案促改”警示教育大会，形成“不敢腐、不能腐、不想腐”的工作格局。

经开区贯彻落实《中国共产党宣传工作条例》精神，出台《北京经济技术开发区视听产业政策》《北京经济技术开发区游戏产业政策》，推进科技文化融合特色突出的视听产业及游戏电竞产业发展，中国（北京）高清视听产业园开工建设、北京网络游戏新技术应用中心挂牌、北京智慧电竞赛事中心和北京智慧媒体创新中心建设启动规划；承接2020北京文化创意大赛等市级活动，推出“亦庄学院”等特色品牌。

（成翎）

政务

概况

2020年，中共北京市委经济技术开发区工作委员会党政办公室（简称经开区党政办）统筹全办力量保障疫情防控工作，确保各项要求和决策事项及时传达、贯彻、落实。全年组织经开区工委会议41次、主任办公会议35次、全区性大会9次，完成经开区各类重点督办任务1028项，制发公文1185件，调研接待378批4711人次，组织经开区干部职工近1500人签订保密承诺书。全年报送市级信息1764条，被采用245条；报送特刊、约稿18篇；《亦城信息》编发普刊51期、特刊11期；受理政府信息公开申请374件，接待咨询查阅476人次。

2020年，北京经济技术开发区政务服务中心（简称经开区政务服务中心）以企业群众需求为出发点、获得感为落脚点，靠前一步“做优政务服务”“做实接诉即办”，启用“一号咨询”热线、亦企服务港和园区政务服务站点、经开区国际人才服务厅，上线运行政策兑现综合服务平台、“接诉即办”系统服务平台等。全年累计接待办事群众近18万人次，办理量累计超过17万件；全年受理北京市“12345”市民热线服务中心转办诉求6.43万件，包括解决市场管理类问题48040件、住房保障类问题1921件、环境保护类问题635件、劳动保障类问题1581件。全年“三率”考核成绩在52个市属委办局中排名（含并列）第17位，响应率为100%、解决率为92.34%、满意率为94.69%，综合成绩为94.93分。

（张娜　周宁）

疫情防控指挥部成立

1月23日，经开区工委书记王少峰主持召开工委专题会议。会议宣布成立经开区新型冠状病毒感染的肺炎防控应急指挥部，经开区工委、管委会主要领导担任总指挥，并印发《北京经济技术开发区新型冠状病毒感染的肺炎防控工作方案》。指挥部分设综合协调办公室、医疗保障组、城市运行组、商品供应组、生产保障组、活动舆情组、社会稳定组、监督检查组，成员单位涉及相关职能部门28个。

（吕昊）

不见面办政务

2月6日，经开区政务服务中心发出“不见面办政务”倡议书，倡导企业群众优先选择咨询预约、网上申报、邮箱预审、EMS邮寄等方式办理政务服务事项，最大限度减少出行和人员聚集。在经开区各级政务服务中心（区级大厅、专业大厅及街道分中心）统一实行EMS邮政快递双向免费邮寄服务，实现“不见面办政务”“零跑腿”。

（周宁）

部、市领导到经开区信创园调研

2月11日，工业和信息化部副部长陈肇雄，市委常委、副市长殷勇到经开区信创园指导园区疫情防控工作，推进企业复工复产，并先后走访园区内统信软件技术有限公司、龙芯中科（北京）信息技术有限公司、北京同方计算机技术研究院有限公司、工信通（北京）信息技术有限公司、工业和信息化部电子第五研究所等企业和单位，慰问坚守一线的工作人员。部、市领导在听取了园区疫情防控的工作汇报后，对园区疫情防控、复工复产组织工作给予肯定。陈肇雄指出，要坚持“两手抓”，一手抓好疫情科学防控、一手抓好企业有序复工复产。殷勇指出，要坚决贯彻党中央关于疫情防控的各项决策部署，各级政府和相关部门要协调解决企业发展过程中存在的困难，营造良好发展环境等。工业和信息化部信息技术发展司、网络安全管理局、网络安全产业发展中心，市经济信息化局和经开区管委会相关负责人参加调研。

（王希盛 毕志超）

保密工作

年初，经开区党政办组织所有参与疫情防控部门和干部签订疫情防控保密协议，起草印发《关于切实加强疫情防控保密管理的紧急通知》《关于切实强化加强疫情防控内部工作会议和文件保密管理的通知》《关于进一步严明新冠肺炎疫情防控保密纪律的通知》等文件，组织干部职工近1500人签订保密承诺书；健全经开区工委保密委组织体系，调整成员单位，由法定定密责任人明确指定经开区工委定密责任人并履行备案通知程序；完善《经开区保密工作专项考评细则》，制定《经开区工作秘密管理办法》；发挥媒体优势，在《亦城时报》开设保密工作专栏，全年刊登保密知识文章20篇。5月20日，经开区党政办向经开区工委、管委会各部门及下属国有企业印发《关于开展2020年度保密自查自评工作的通知》。7月，经开区党政办在“尚亦城”App以“筑牢开发区保密防线”为主题组织保密知识答题，活动访问量达2031人次，有效答题343人次，局、处级领导干部25人参与活动。8月，经开区党政办开展保密知识宣传月活动，设置保密挂图展板近30块；按照市保密局部署编制《北京经济技术开发区国家秘密事项一览表》《北京经济技术开发区工作秘密事项清单》，根据解密审核流程，组织对2010年产生的秘密级国家秘密事项以及2020年到期的国家秘密事项集中开展解密工作。11月2—11日，经开区党政办分5批组织各部门、各单位机构改革后任职的副处级干部、保密员、新入职工作人员90多人到中央和国家机关保密教育实训平台开展保密教育轮训。全年分2次向各单位、各部门发放《保密提醒100条》等保密图书资料；组织开展“依法治密大家谈”纪念保密法修订实施10周年征文活动，各部门投稿数十篇；对重点部门开展保密工作现场专项督查检查4次。

（温晋平）

“接诉即办”快速响应转办疫情诉求

2月，经开区政务服务中心“接诉即办”紧盯企业群众反映的各类疫情诉求，采取7×24小时待岗待命，凡疫情工单全部“特事特办”，10分钟内完成诉求信息核实、响应及签收，20分钟内完成工单转派，严格执行市热线中心疫情期间派单要求；严格落实一级响应2小时内回复核查结果、二级响应24小时内回复办理结果；同时责成专人全程跟踪督办，确保工单处理结果及时准确回复至市热线中心。全年“接诉接办”累计解决各类疫情诉求2173件。

（周宁）

绿色通道助力企业防疫物资生产

2月，经开区政务服务中心开辟防疫物资审批及公证服务绿色通道，助力企业快速开展研发、生产、经营业务，加快医疗器械、口罩、消毒液等疫情防护用品供应，并为受疫情影响的中小微企业提供专门公证和法律咨询服务。全年办理第二类医疗器械经营备案凭证事项及公证服务1522次，提供咨询服务1548次。

（周宁）

“一号咨询”热线启用

2月，经开区政务服务中心办事大厅前台咨询电话（67857878）紧急升级为企业服务疫情专线（“一号咨询”热线），承担起疫情防控、政策咨询、诉求转接及情绪纾解等热线服务工作。全年“一号咨询”热线累计接听办事群众电话2.65万人次。

（周宁）

党建工作会

3月9日，经开区以视频形式召开以“打造高质量党建，引领高质量发展”为主题的全区党建工作会。大会学习贯彻中央和市委系列会议精神，部署2020年宣传思想文化工作、党风廉政建设和反腐败工作、平安亦庄建设工作、组织人事工作以及统战群团工作、工会工作，动员全区各级党组织和广大党员干部，努力开创党建工作新局面，全力打赢新冠肺炎疫情防控阻击战，推动高质量发展，奋力开创升级版经开区和亦庄新城建设新局面。经开区工委书记王少峰出席会议并讲话，工委副书记、管委会主任梁胜主持会议。经开区工委、管委会，亦庄控股公司班子成员，各基层党组织和企业、社区党组织代表等参会。

（吕昊）

工业信息化部领导到北方华创微电子调研

3月12日，工业和信息化部党组成员、副部长王志军，电子司副司长任爱光一行到北京北方华创微电子装备有限公司调研企业复工复产及疫情防控工作开展情况。王志军询问复工复产的推进情况，了解到企业产能已恢复九成，复工率达90%以上，对企业采取的防疫措施和复产进度给予肯定；对企业一线的实际生产情况进行调研，北方华创微电子董事长赵晋荣介绍企业在研产品、订单及生产计划、客户端需求、企业未来规划等情况。同时，北方华创微电子也提出协调京津冀地区配套厂家尽快复工复产等问题，调研组安排相应部门对接工作，帮助企业解决难题。市委常委、副市长殷勇一同调研，经开区工委副书记、管委会主任梁胜等领导参加调研。

（杨帆）

市委领导到北京奔驰调研防疫复工工作

3月24日，中共中央政治局委员、市委书记蔡奇一行到北京奔驰汽车有限公司调研。蔡奇听取了北汽集团与北京奔驰落实新冠肺炎疫情防控措施、恢复生产经营等工作，询问了北京奔驰的复工复产进度和戴姆勒全球生产网络的运营状态与零部件供应情况，并向北京奔驰总裁兼首席执行官方铭博和德方管理人员表示慰问。

（张乐）

准入准营一站式服务

4月1日，经开区企业准入服务厅（原企业登记分中心）开厅办理业务。经开区企业准入服务厅内部设置9个服务窗口和4个出照窗口，经营许可等相关业务相继纳入经开区政务服务中心，促进准入、准营并联审批，实现更多政务服务事项一站式办理。全年受理政务服务事项 4.39 万件，咨询量达 5.99 万次。

（周宁）

“接诉即办”系统服务平台上线

4 月 1 日，经开区“接诉即办”系统服务平台上线运行，实现与北京市“12345”市民热线服务中心数据无缝对接、信息共享，升级智能派单、台账管理、图表生成、数据分析、短信督办以及手机 App 移动办公等功能模块，形成从派单督办到回访反馈的完整工作闭环，全程留痕可追溯。全年“接诉即办”平台受理“12345”市民热线诉求 6.43 万件，比 2019 年增长 391.8%，办结率为 99.99%。

（周宁）

“亦事通”微信公众号上线

4 月 1 日，经开区政务服务中心“亦事通”微信公众号上线。通过“知亦事”“办亦事”“问亦事”三大板块，实现信息发布、掌上查询、精准预约、问题解答等功能。全年通过“亦事通”微信公众号进行市场主体登记、工作居住证、高新技术企业认定等业务的精准预约 1755 次，为办事人解答各类问题 1756 次，推送各类文章 255 篇，并创新推出“一图读懂”“亦事易办”小视频，展现高频事项办理流程。

（周宁）

政策兑现综合服务平台上线

4 月 26 日，政策兑现综合服务平台在经开区政务服务中心上线运行，经开区在北京市率先开展“线上一口申报，线下一窗受理”政策集中兑现服务模式。该平台具备政策发布、政策申报、政策审批、政策兑现、统计监管、信息推送、查重与检测、咨询反馈八大功能模块，覆盖从政策发布、兑现到后续的统计、监管等政策兑现工作全流程。全年通过平台申报事项共计 103 个，包括兑现事项 69 个，累计拨付资金 20.03 亿元，惠及企业 828 家，平台访问量达 20 万人次，注册企业 1620 家。

（周宁）

市委领导多次到经开区信创园调研

4 月 27 日，中共中央政治局委员、市委书记蔡奇带队到经开区信创园调研，检查复工复产情况。蔡奇在园区风帆大厦察看台马地区整体建设以及打造链接城市副中心的创新发展科技走廊建设等情况，要求园区适当增加商业等服务功能，优化营商环境。市委副书记、市长陈吉宁一同调研。6 月 2 日，市委常委、组织部部长魏小东带队到经开区信创园调研，参观国家信息技术应用创新成果展示中心，了解国产信息技术体系发展和经开区信创园规划建设、辐射带动台马地区一体发展等有关情况。市水务局党组书记、局长潘安君等领导一同调研。同日，市委机要局局长吴钢华带队到经开区信创园调研，并与企业代表座谈，听取信创产业进展、园区建设和企业入驻情况汇报，要求加快推进“四梁八柱”企业落地进程，引进信创中小企业，完善信创产业生态。工业和信息化部网络安全产业发展中心主任付京波等领导一同调研。

（王希盛）

“接诉即办”工作机制优化

5 月，经开区政务服务中心出台《经开区“接诉即办”工作领导小组工作方案》，并牵头成立经开区“接诉即办”工作领导小组。该领导小组下设 9 个专项工作组，针对 1384 个问题类别快速响应、分级调度、分类办理，发挥行政资源作用形成合力，解决疑难复杂诉求，进一步推动主动治理。截至 2020 年年底，解决疑难复杂诉求 19 件。

（周宁）

亦企服务港政务服务站和园区服务点启用

永康港政务服务站　　单位提供

6 月 29 日，由经开区政务服务中心打造的首家亦企服务港政务服务站——永康港政务服务站在嘉捷科技园启用，服务范围覆盖港内近 2700 家企业；11 月 15 日，通明湖港政务服务站在信创园启用，在全市率先推出“上门办”服务，服务范围覆盖近 3000 家企业。政务服务站点设置 24 小时自助服务中心，通过搭建亦事通智慧服务平台，实现政务服务事项自助查询、自助办理、远程交互等一站式综合服务，打通服务企业“最后一米”。9 月，汇龙森三园和亦城时代园区政务服务点建成启用，下沉政务服务便民自助终端，可办理社会保障、生活服务、交通出行等企业及员工个人高频热点事项。截至 2020 年年底，咨询及办理政务服务事项 331 件。

（周宁）

政务服务实现标准化规范化管理

6 月，经开区政务服务中心印发《在经开区各级政务服务中心实施政务服务标准化管理的若干意见》，全区域各级政务服务中心完成北京市统一政务服务标识挂牌，形成标准、规范、统一的北京政务服务形象。7 月，经开区各级政务服务中心完成无障碍环境建设工作，通过蓝牙门铃、无障碍坡道、爱心窗口等，体现“首善有爱，环境无碍”的建设成果。11 月 1 日，经开区各级政务服务中心设立“办不成事”反映窗口，针对线上或线下提交申请材料后，未能实现成功受理、审批或群众多次来大厅未能解决问题等有关情形，群众可直接通过该窗口提出问题和建议，由各级政务服务中心进行分析，需要整改的形成工单转派主管部门。11 月，经开区各级政务服务中心通过线上、线下等方式开展政务服务“好差评”工作，做到“一事一评”“一人一评”。

（周宁）

再造流程效能提升大会

7 月 1 日，经开区召开再造流程提升效能大会。大会总结改革成果、动员部署再造流程提升效能工作，推动全区上下以久久为功的韧劲和定力，将改革向纵深推进，开启改革再出发的新征程。大会举行国家工作人员宪法宣誓仪式；经开区工委书记王少峰为机关中层管理岗正职颁发聘书并讲话。王少峰强调，流程再造是深化改革的重要内容，要通过重理决策体系、重组职能体系、重构执行体系、重塑服务体系、重建督考体系、完善廉政风险防控体系六大体系，全面梳理改革后的部门职能、工作流程和运行管理现状，以改革创新的精神求新求变，推动思想再解放、改革再深入、效能再提升，开展一次深入彻底的“效能革命”，将经开区建设成为决策科学、运转流畅、落实有力、服务优质、法治诚信、公正廉洁的高效政府，展现“亦庄效能”等。经开区工委、管委会，亦庄控股班子成员，各单位、各部门、各专班、各街道、各国有企业等参会。

（吕昊）

市政协领导到北京经开调研

7月15日，市政协经济委员会主任柯文进率市政协调研组成员丁同欣、范和香、禹学河、吴涛、石卫东等到北京经开投资开发股份有限公司调研，并召开座谈会。调研组对北京经开智慧园区的建设情况进行深入了解，听取智慧园区云平台开发背景、建设进展及运营情况的相关介绍，详细了解招商管理、资产运营、智慧停车等模块的功能及应用。在座谈会上，市政协委员、亦庄控股党委书记和董事长白文表示将充分发挥亦庄控股在产业新城运营等方面的优势，强化改革思维、调动各方资源、加强产业协同，为“十四五”时期城市副中心产业的高质量发展贡献智慧和力量；经开区规划分局副局长周千钧介绍亦庄新城规划及产业布局等方面的具体情况。柯文进肯定了亦庄控股在亦庄新城建设发展方面所做的努力和取得的成绩，并希望推广亦庄控股在园区建设运营、服务孵化企业等方面的普惠性经验；号召大家为高质量编制“十四五”规划、推动城市副中心产业高质量发展建言献策。

（朱晶晶）

公共资源交易平台整合共享工作方案发布

7月23日，经开区发布《北京经济技术开发区公共资源交易平台整合共享工作方案》，为推动经开区公共资源交易平台和交易内容整合、推进公共资源交易平台建设提供政策环境保障。该方案分为指导思想、基本原则、工作目标、工作任务、分工及时间安排、保障措施6部分，其主要内容是坚持以政府推动、科技引领、公开透明、服务高效的原则，立足公共服务职能定位，突出规范交易，就推进平台交易场所和信息系统建设，制度规则制定过程中的部门协同、任务分工和行业监管以及保障措施等工作进行了明确安排。

（徐伊慰）

全市首个远程交互中心投入使用

7月，经开区政务服务中心利用5G、大数据技术，建设全市首个远程交互中心并投入使用。该中心聚合智能导办、视频帮办、“一号咨询”热线、邮箱预审、EMS双向免费寄递等集成式管家服务，进一步提升网办率，使不见面政务服务形成长效机制。截至2020年年底，不见面政务服务办理13946件。

（周宁）

一网通办系统实现电子证照应用

7月，经开区推进“放管服”改革，政务服务一网通办系统实现电子证照应用。窗口工作人员通过关键词输入即可快速查看企业名称和统一社会信用代码信息，推进“减证明、减材料”，提高政务服务效率，更大程度利企便民。

（周宁）

学习期刊推出

8月4日，经开区产经院推出经开区第一套系统、专业的学习期刊《学习通讯》《亦城参考》。该学习期刊围绕产经政策类信息，聚焦政策、党建、产业、城市、科技、项目、机遇等，以“情报+分析”的形式，吸收行业专家、研究机构的前瞻建议，创新推出“日刊＋周刊＋月刊”三大类深度定制产品和专题研究参考。全年编发《学习通讯》114期、《亦城参考》12期。

（孙建伟）

“千人千题”竞赛获全市第四名

8月7日，经开区政务服务中心组织31名政务服务工作人员代表经开区参加北京市2020年优化营商环境改革政策“千人千题”竞赛考试，平均分位列全市第四名。通过近6个月的学习，各相关单位夯实政策基础，规范办理流程，提高服务水平，使北京市“优化营商环境3.0版”新政在一线落地生根。

（周宁）

市委领导到亦庄国投调研

9月11日，市委常委、副市长殷勇到北京亦庄国际投资发展有限公司调研政府投资基金管理有关工作，听取亦庄国投关于基金投资运营管理工作情况的汇报。殷勇对经开区、亦庄国投在政府投资基金运营管理方面取得的成绩表示充分肯定，并指出要进一步完善政府投资基金决策管理、绩效考核、薪酬激励、人才培养等体制机制，充分发挥基金一般合伙人（GP）和有限合伙人（LP）各方专业优势，为北京市高精尖产业发展做出更大贡献。市政府副秘书长杨秀玲、市财政局副局长刘圣国、经开区管委会主任梁胜等领导参加调研。

（毕志超）

推动公共资源交易高质量发展

9月，经开区公共资源管理服务中心交易服务处在推进复工复产的加速时期，坚持“线上＋线下”“制度＋技术”机制，开辟房屋土建、绿化市政、政府采购交易等业务的绿色通道服务，做好建设工程项目进场交易工作，保障重大建设项目落地。

（仲婉青）

中华全国供销合作总社领导到企业调研

中华全国供销合作总社领导到百花蜂业调研　　陈明强 摄

10月14日，中华全国供销合作总社理事会主任、党组副书记喻红秋一行到北京百花蜂业科技发展股份公司调研。喻红秋一行参观百花蜂业的现代化车间、智能化生产线和蜜蜂文化体验馆，观看公司网络平台直播销售，听取百花蜂业党委书记、董事长郭利军的汇报，了解百花蜂业的历史沿革、经营情况和发展规划，以及供销社系统蜂产业的发展情况。喻红秋对百花蜂业贯彻京津冀协同发展战略，建成先进的蜂产品加工基地等给予肯定。喻红秋指出，中华老字号是对历史和文化的展示，要严格把控产品品质和食品安全，同时面向市场不断创新，推出多样化产品等。中华全国供销合作总社监事会副主任、秘书长兼办公厅主任宗义等一同调研。

（王长旭）

参加北京市接听群众电话活动

10月27日，经开区工委书记王少峰、管委会主任梁胜带队，分管领导及相关部门负责人到北京市“12345”市民热线服务中心参加第七季“听民意、解民忧”活动，接听市民电话，现场办公、答疑解惑。

从 9：30 到 11：30，“12345”市民热线服务中心共受理经开区相关来电 170 件，其中 59 件由经开区领导现场接听、4 件由记者到现场核实报道，经开区领导袁立洪、沈永刚及相关部门及时到现场处置，得到了市民的认可。

（周宁）

全国政协领导到百泰生物调研

10 月 28 日，全国政协副秘书长、中国农工民主党中央专职副主席兼秘书长曲凤宏，全国政协常委、中国农工民主党中央副主席、药监局局长焦红到百泰生物药业有限公司调研。曲凤宏、焦红听取百泰生物董事长白先宏对公司发展历程、在生物医药行业取得的成果以及未来发展方向的介绍；对百泰生物的工作成果给予肯定，并鼓励企业加强创新。

（许丽娜 伊颖）

打造经开区政务服务“书香大厅”

经开区政务服务“书香大厅”　　单位提供

11 月，经开区政务服务中心以党建引领开启“党建 + 阅读”模式，打造经开区政务服务“书香大厅”，在经开区政务服务大厅一楼企业准入厅北侧和二楼社会服务厅旁分别设立悦读空间。两处悦读空间共收纳哲学类、文学类、历史类、文化类、经济类、儿童读物以及各类杂志、报纸共 6000 多册，营造全民阅读氛围。

（周宁）

交易服务效能提升

12 月 7 日，经开区开启建设工程专业分包项目全流程网上办理模式，建设工程专业分包项目入场、招标文件登记、合同登记等事项实现办事“跑零次”，建设工程承发包项目在经开区招投标由纸质办理全部实现全流程电子化管理。

（仲婉青）

市委领导到企业检查

12 月 12 日，中共中央政治局委员、市委书记蔡奇到北京亦庄国际生物试剂物流中心有限公司就“学习贯彻党的十九届五中全会精神，推进国家服务业扩大开放综合示范区和自由贸易试验区建设”进行拉练式检查。蔡奇对中关村国际生物试剂物流中心采用的政府支持、第三方运作、集中监管、一站式服务模式给予肯定，要求用好“两区”政策，与海关加强合作，优化流程、加强监管，实现安全、便利、高效。北京电视台、《北京日报》《北京晚报》等媒体对此次拉练式检查进行了系列专题报道。

（王洪平 白菊）

2019 卷经开区年鉴获两项奖

12 月 30 日，中国地方志指导小组印发《关于对第七届全国地方志优秀成果（年鉴类）的通报表扬》，经开区管委会主办的《北京经济技术开发区年鉴（2019）》凭借在框架设置、体裁运用、条目内容、表述、文体文风等方面的较高编纂质量，被评为第七届全国地方志优秀成果（专业年鉴）二等年鉴；同时，中共北京市委党史研究室、北京市地方志编纂委员会办公室印发《关于对北京市第三届年鉴综合质量评审的通报表扬》，2019卷经开区年鉴被评为（专业年鉴）特等年鉴。

（成翎）

2020卷经开区年鉴出版

12月，经开区管委会主办的《北京经济技术开发区年鉴（2020）》由北京科学技术出版社出版发行。该卷记述2019年1月1日至12月31日经开区经济社会发展情况，设有20个类目。该卷的编纂工作于3月16日启动，涉及参编单位290家，其中新参编单位5家；收到文字73万字、照片6万余张，定稿成书85万字，内容包括特载2篇、文件选载6篇、大事记170条、条目1513个、表格55个、照片230张。

（成翎）

《经开区志》出版

12月，由北京市地方志编纂委员会主编、经开区管委会承编的《北京志·北京经济技术开发区志》（简称《经开区志》）由北京出版社出版发行。该书是首部从历史发展的角度全面记述经开区从筹建至2010年的发展历程，并对其发展变化、经验教训进行梳理、总结的资料性文献。全书79.7万字，共7篇32章113节，另设“编纂说明”“彩插图片”“概述”“大事记”“专记”“附录”“后记”。《经开区志》的编纂工作曾于1998年启动，后因建区时间较短，编修工作于2002年暂停。2006年，根据《北京志》编修工作的统一部署，再次启动《经开区志》编纂工作，整个编修工作先后历时19年。

（李秀芬）

督查工作

年内，经开区党政办按照市委、市政府精神，经开区工委、管委会主要领导要求，将各项督办任务量化、细化，逐一分解到每个责任部门和单位，全程进行跟踪督办；出台《开发区2020年重点项目调度工作方案》，制定项目“作战图”，完成经开区年度重点项目和投资任务。全年完成经开区工委、管委会各类年度重点督办工作共计1028项。

（周金权）

调研接待

年内，经开区完成调研接待任务378批4711人次。其中，接待中共中央政治局委员、市委书记蔡奇到经开区出席重大活动和进行专题调研6次，市委副书记、市长陈吉宁到经开区出席重大活动和进行专题调研7次。

（马营）

组织各项会议

年内，经开区党政办组织服务新冠疫情防控指挥部会议108次，工委会议41次、研究议题299个，主任办公会议35次、研究议题263个，专题会议98次，综合性视频会议41次，全区性大会9次，协调辅助安排经开区工委、管委会、亦庄控股每周、每月重点工作并组织工委碰头会30次；不断加强议题管理，规范上会程序，加强文件把关，对各类会议建立全面系统的制度规范和工作流程，起草并印发《关于进一步严肃会议纪律规范工委会议管委会主任办公会议工作有关规定的通知》《工委管委会亦庄控股公司重点工作定期会商制度》等文件，为提高会议议事决策的质量和实效提供服务保障。

（葛佳）

制发各类公文 1185 件

年内，经开区党政办规范公文办理流程，加强对文件的审核把关，开展对业务人员的一对一指导培训，公文流转高效、规范、有序。全年实现公文制发 1185 件，其中向市委、市政府请示报告 94 件；公文流转 8574 件，其中涉密文件 764 件；完成主要领导批示登记 3004 件；简报类文件传阅 174 件；印转和报送各类文件 9878 件。

（满兴博）

报送政务信息

年内，经开区党政办信息处结合经开区承担的重点任务，从高质量发展、疫情防控、经济运行、城市运行、科技创新、民生保障等方面，全面及时掌握各项工作的部署、推进、落实情况，整理报送相关经验总结、特色做法、问题困难及建议，为上级掌握情况、做出决策提供参考。全年累计向《北京信息》报送信息 893 条、被采用 118 条，比 2019 年增长 55%；向《昨日市情》报送信息 871 条、被采用 127 条，比 2019 年增长 18%；向市委、市政府报送特刊信息 5 条、被采用 2 条。同时，承担上级约稿任务，高质量完成约稿信息 13 条。《亦城信息》全年编发普刊 51 期、特刊 11 期。全年收集各单位报送信息 1932 条，其中被采用 585 条。

（郎海燕）

政府信息公开

年内，经开区党政办严格按照《中华人民共和国政府信息公开条例》的要求，及时发布法定主动公开内容；依法依规办理政府信息公开申请，确保申请渠道畅通。全年受理政府信息公开申请 374 件，接待咨询查阅 476 人次。

（王海凤）

严把防疫关口

年内，经开区政务服务中心严格落实“四方责任”，成立应急管理工作小组，将全区域各办事大厅机构组织起来，统一编制并执行各项疫情防控工作方案，制定并发布系列疫情防控制度要求，确保经开区政务服务系统零感染，经开区政务服务大厅全年安全平稳运行。全年线下累计接待办事群众 10.83 万人次，办理量累计 12.75 万件；线上累计接待办事群众 6.95 万人次，办理量累计 4.26 万件。

（周宁）

经开区政务服务系统 7 人获奖

年内，经开区政务服务系统 7 人在第二届“北京榜样 · 政务服务之星”评比活动中获奖。其中，康宁获第二届“北京榜样 · 政务服务之星”称号；关守婷获第二届“北京榜样 · 政务服务之星”提名奖；黄慧、王立珩、郭乐康、孙亚男获贴心服务标兵称号；王猛获热线服务标兵称号。

（周宁）

政务服务案例和报告获奖

年内，经开区政务服务中心选送的“创新服务理念 提升服务效能 经开区首创‘线上一网申报、线下一口受理’政策兑现服务新模式”被北京市政务服务管理局评为 2020 年度基层政务服务优秀案例；经开区行政审批局选送的《打造企业全生命周期产业用地标准化改革示范区》《创新行政管理模式：变“条块式”为“链条式”》《开启“一枚印章管审批”时代》被北京市政务服务管理局评为2020年度基层政务服务优秀调研报告。

（周宁）

开辟招投标绿色通道

年内，经开区公共资源管理服务中心提前做好措施、人员、预案、物资的“四到位”，主动为疫情防控物资采购、重点工程建设开辟招投标绿色通道。1月31日，在全市招投标服务场所因疫情均暂停服务的情况下，经开区公共资源管理服务中心协调招投标专家抽取系统进行专家抽取，于2月1日组织完成信创园工程施工总承包及监理的资格预审开评标工作。

（徐伊慰）

公共资源交易规模创新高

年内，经开区公共资源管理服务中心完成各类交易项目206宗，其中房建类107宗、市政类59宗、政府采购类40宗；累计进场交易430次，总投资估算为249.95亿元，其中建设工程项目全年投资估算为248.72亿元；公共资源交易数量和金额均创历史新纪录，投资估算首次突破200亿元，中标金额节约率为39.37%。

（仲婉青）

第五期经开区口述历史活动开展

年内，经开区档案数据中心继续开展经开区口述历史活动。该活动通过对经开区开发建设发展各阶段的主要亲历者、决策者进行人物访谈，回忆经开区建设和发展历程，对建区以来具有纪念性意义的历史事件进行回顾和重构；用影像的方式，补充建区以来台前幕后、不为档案所记载的历史珍贵信息。全年组织完成第五期口述历史访谈，共访谈17人，其中经开区管委会和亦庄控股离退休老干部2人、区内企业相关人员15人。同时，梳理历年访谈资料，剪辑完成的资料片时长70小时。

（李秀芬）

档案数据工作规划研究

年内，经开区档案数据中心与市档案局和经开区经发局对接，了解市档案局“十四五”规划和经开区“十四五”规划要求，结合新时期经开区发展要求以及经开区工委、管委会领导对档案数据工作的新定位，明确规划方向；走访调研经开区党政办、工委宣传文化部、经发局等9家业务部门，了解各部门的档案数据工作现状，研究编制《北京经济技术开发区“十四五”时期档案工作发展规划》，以明确档案数据工作“局、馆、室”三位一体的运行机制，健全档案数据工作“归、存、管、用”的制度规范，构建档案数据化、数据档案化的档案资源体系，建立面向市场，服务于政府、企业、公众的档案开发利用体系。

（陈晨）

档案库房盘点清查

年内，经开区档案数据中心对28年来所形成的31万余卷（件）文书档案及1100多个实物档案进行逐一核对，掌握现存档案状况，对整理不规范的档案进行整改，为提升档案管理和利用工作水平、研究档案数据化工作打下基础。

（陈晨）

档案收集整理

年内，经开区档案数据中心接收经开区工委、管委会各职能部门、各公共服务机构的各门类档案 9278 卷（件），整理档案 2.4 万卷（件），录入档案条目 1.8 万条，扫描档案 20.6 万页，接待档案查询 464 人次，利用各类案卷 3822 卷（件）。

（陈晨）

组织人事

概况

2020 年，中共北京市委经济技术开发区工作委员会组织人事部（简称经开区工委组织人事部）坚持贯彻新时代党的建设总要求和新时代党的组织路线，认真落实全国、全市组织部长会议精神，紧紧围绕首都发展定位和工委部署要求，以党的政治建设为统领，以改革创新为内生动力，聚焦主责主业，着力提高组织工作质量和水平，为打赢疫情防控阻击战和经开区高质量发展提供坚强政治和组织保证。

（张琳）

做好新冠肺炎疫情防控相关工作

年初，经开区工委组织人事部研究下发《关于在疫情防控阻击战中考察识别干部的工作方案》《关于关心关爱防控一线工作人员的通知》等文件，做好下沉干部派出、轮换、管理以及物资保障等工作。抽调干部成立 4 个考察指导组，深入一线，跟踪、了解、掌握领导班子、参与疫情防控干部的表现。疫情期间共选派 2 批 252 名干部下沉到社区、园区、亦企服务港参与疫情防控工作；安排下沉干部集中轮换 3 次 118 人次；保障防疫物资 3523 人次。

（张晓立）

社会公开招聘

7 月 27 日，经开区工委组织人事部启动 2020 年社会公开招聘工作，计划招聘 24 个岗位共计 30 名聘任制工作人员。8 月 31 日，社会招聘网上报名工作截止，报名人数 1256 名，招报考比例约为 1:40。经资格审查、线上笔试、资格复审、面试、体检、考察、社会信用记录查询环节，共确定 18 名考生进入公示环节。

（张琳）

双一流建设高校实习生招募

8 月 20 日，经开区工委组织人事部开展 2020 年度面向一流大学和一流学科建设高校招募实习生工作，计划招聘 35 名实习生。经网上报名、资格审查，确定招募实习生 16 名，其中博士研究生 3 人、硕士研究生 13 人。12 月 7 日，第一批 8 名实习生入职，其余 8 名实习生将根据工作安排及疫情防控要求第二批次入职。

（张琳）

留学回国人员公开招聘

9 月 22 日，经开区组织人事部开展面向品学兼优、有潜力的留学回国人员公开招聘工作，计划招聘 10 名聘任制工作人员。10 月 22 日，公开招聘网上报名工作截止，报名人数 301 名，招报考比例约为 1:30。经资格初审、线上笔试、资格复审、无领导小组面试环节，共确定 10 名考生进入体检、考察环节。最终，聘任 7 人。

（张琳）

“优培计划”招聘应届优秀大学毕业生

9 月，经开区工委组织人事部组织开展 2021 年度“优培计划”招聘应届优秀大学毕业生工作，共设置 4 个职位，计划招聘7名大学毕业生。经网上报名、资格审查、笔试、资格复审、调剂、面试环节，共确定7名考生进入体检、考察环节。最终，聘任6人。

（张琳）

街道社区工作者定向招聘

10月12日，经开区工委组织人事部启动面向荣华、博兴街道社区工作者定向招聘计划，计划招聘5名聘任制工作人员。经街道初审，经开区工委组织人事部复审，确定44人符合报考条件进入笔试环节。经资格审查、笔试、面试、体检、社会信用记录查询环节，共确定5名考生进入考察环节。结合考生工作履历、综合表现以及用人单位需求，拟将5名拟聘任人选分配至2个职能部门、3个公共服务机构。

（张琳　刘蕾）

荣华街道公开招考公务员

11月，结合街道用人需求，经开区工委组织人事部会同街道制订经开区2021年考试录用公务员招录计划，其中荣华街道设置4个招考职位，计划招考4名公务员。11月下旬，在首都之窗网站、北京组工网站统一发布招考公告。经网上报名、资格审查、公共科目笔试、资格复审环节，共确定12名考生进入面试环节。最终，聘任3人。

（张琳）

校园招聘

年内，经开区启动“英才百人计划”，面向全国青年人才发出邀约，招聘（募）百名青年人才共创未来。7月，经开区工委组织人事部启动校园招聘工作，计划面向国内应届高校毕业生招聘30名聘任制工作人员，A组10名、B组20名。8月10日，校园招聘网上报名工作截止，报名人数2417名，其中A组1424名、B组993名，招报考比例约为1:80。经资格审查、线上笔试、资格复审、无领导小组面试、体检、考察、公示环节，共确定拟聘任人员24名。

（马淞恺）

人员转聘

年内，根据经开区人事制度改革工作相关部署，2020年经开区先后进行2次人员转聘工作。4月，经开区召开人事制度改革动员部署会议，全面启动实施人事制度改革，通过动员部署、知情确认、个人申请、组织审查、拟聘岗位及合同期限确认等环节，确保每名干部知晓转聘相关政策，并充分尊重个人意愿。6月，第一批人员转聘工作完成，共有491名干部申请转聘；12月，第二批人员转聘工作完成，共有24名干部申请转聘。

（张琳）

干部选拔任用

年内，经开区工委组织人事部严格执行《党政领导干部选拔任用工作条例》，按照《北京市区局级单位处级领导干部选拔任用工作流程》履行选拔任用干部工作程序；加强分析研判，完善干部酝酿机制，将纪检监察部门的监督贯穿始终；结合机构和人事制度改革，改进干部选拔任用方式，按照建设新时代高素质专业化干部队伍的要求，加大年轻干部选任力度，拓宽干部来源，突出中层领导班子和岗位的专业化配备，优化干部队伍结构，选优配强中层领导班子。全年共调整中层管理岗（处职）干部 11 批 80 人次。

（张晓立）

挂职干部相关工作

年内，经开区工委组织人事部按照市委组织部安排，接收中央来京挂职干部 3 名，沈阳、十堰来京挂职干部 2 名；做好援派新疆、十堰干部保障工作。

（张晓立）

人才工作

概况

2020 年，经开区坚持以习近平新时代中国特色社会主义思想为指导，深入贯彻党的十九大和十九届二中、三中、四中、五中全会精神，认真落实市委、市政府决策部署，紧紧围绕升级版经开区和亦庄新城建设，按照“三城一区”的战略布局和“四区一阵地”的定位要求，以 2020 年人才工作要点为核心，推动经开区人才工作取得新进展、新成效。截至 2020 年年底，经开区人才总量超过 29.9 万人，人才贡献率达到 59.32%，高层次人才达 9000 多人，有两院院士 38 人、海外学人 3700 多人。其中，入选中国工程院院士 1 人，入选国家新世纪百千万人才工程国家级人选 3 人、市级人选 6 人，入选北京学者、青年北京学者各 1 人，获北京市留学人员创新创业特别贡献奖人才 9 人，享受国务院政府特殊津贴专家 20 人，入选国家级高层次人才计划人才 67 人，入选北京市级高层次人才计划人才 121 人，认定经开区高端产业领军人才 528 人（超过 1/3 为外籍人才），认定经开区人才创办企业 80 家。

（杨琦）

亦庄人才集团成立

7 月，经开区工委组织人事部成立北京亦庄国际人才发展集团有限公司，注册资本达 99.92 亿元，位于经开区荣华南路 13 号院 2 号楼，旨在打造全链条、一站式综合服务平台，聚焦人才服务、人才引进、人才住房建设与管理、人才创业载体开发与运营、人才项目孵化与投资、人才培训与技能提升等内容，为人才在京安居乐业提供服务保障。

（杨琦）

“人才十条”新政

8 月 29 日，北京亦庄创新发布平台向社会发布“人才十条”新政，即《北京经济技术开发区支持高精尖产业人才创新创业实施办法（试行）》，全面介绍新政出台背景、主要特点和具体措施。9 月 8 日，《北京经济技术开发区支持高精尖产业人才创新创业实施办法（试行）》及《任务分工方案》印发。次日，启动了政策系列宣讲活动，区内近 150 家企业参与。“人才十条”新政是经开区优化人才发展环境，聚集国内外各类人才，促进科技创新和高精尖产业发展的重大举措，任务分工进一步明确有关单位的具体职责和目标，是推动新政实施落地落实的重要保障。11 月 27 日，依据《开发区区级领军人才评审认定实施细则》《开发区目录制人才备案管理实施细则》，“亦城人才”评审、备案工作启动，标志着“人才十条”政策中的首条政策落地。

（杨琦 孙宁）

“千人聚亦”招聘活动

8月29日，北京亦庄创新发布平台发布“千人聚亦”经开区高精尖产业国际人才招聘活动，开通“千人聚亦”线上云招聘平台，公布经开区面向海内外招聘的1000多个国际化人才岗位。线上云招聘平台上线后，浏览量达13.84万人次，报名人数824名。根据岗位招聘效果分析报告，筛选出48个重点岗位，委托北京双高未来科技服务有限公司精准推荐简历，共推荐简历745份，其中有效简历226份。

（王艳艳）

参与HICOOL全球创业者峰会暨创业大赛

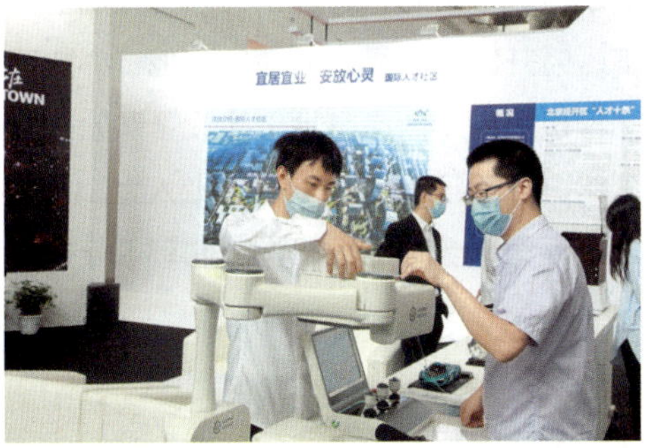

HICOOL全球创业者峰会经开区展区　田艳军 摄

9月12日，首届HICOOL全球创业者峰会暨创业大赛在北京召开。经开区作为国际人才社区试点单位之一，承接了大赛选手社区行活动；作为3家核心基金出资平台之一，在颁奖典礼上参与启动HICOOL基金；作为参展单位，参加HICOOL全球创业者峰会创新创业展，重点宣传经开区“人才十条”政策。此外，经开区企业多个参赛项目获奖。其中，北京博联众睿机器人科技有限公司凭借汽车精密制造方面的项目获三等奖，北京博奥晶典生物技术有限公司、北京安必奇生物科技有限公司2家企业的“生命健康产业”项目获优胜奖。

（刘欣杭）

经开区国际人才服务厅启用

经开区国际人才服务厅　单位提供

10月，经开区国际人才服务厅在经开区政务服务中心启用，同时挂牌北京市公安局大兴分局经济技术开发区外国人出入境服务厅和北京经济技术开发区外国人来华工作服务厅。该服务厅是全市首个外籍高层次人士来华工作许可与居留许可两证联办业务试点，设立单一窗口，通过加强政府跨部门沟通协作，实现工作许可和居留许可“一窗受理、同时取证”，办理时间压缩在7个工作日内。

（杨琦　周宁）

经开区国际人才服务厅建设经验推广

11月10日，市人才工作局在经开区京津冀全球路演中心组织召开外籍人才服务工作网络建设推进会。会议就推进外国人来华工作许可受理网点建设、构建“落地即办”外籍人才服务工作网络进行统一部署。经开区介绍国际人才服务厅组织建设及运行状况，分享推动外籍人才服务实体平台建设工作实现“从无到有”的经验做法。市人才工作局副局长杨纲，北京海外学人中心党委副书记、副主任虎翼雄，北京外企人力资源服务有限公司、首钢集团人力资源负责人，以及各区委组织部分管人才工作的副职人员参会。

（杨琦）

3 人入选第九批北京市优秀青年人才

12 月 11—17 日，“北京市优秀青年人才”评选工作办公室在首都之窗公示第九批“北京市优秀青年人才”入选名单，共有 61 名青年人才入选，其中 17 人来自企业，44 人来自教育、医疗、科研机构等机关事业单位。经开区北京枭龙科技有限公司的史晓刚、北京星网卫通科技开发有限公司的张仲毅、赛纳生物科技（北京）有限公司的陈子天3人经经开区推荐入选，占企业入选人数的 17.65%。

（孙宁）

4 人获北京市创业资助

12 月，经开区工委组织人事部组织区内企业开展 2020 年度北京市高层次留学人才回国资助和留学人员回国创业启动支持计划推荐工作。经组织推荐、材料审核、专家评审等环节，经开区推荐的北京汇智和源生物技术有限公司的刘鸿君获 2020 年北京市留学人员回国创业启动支持计划资助，博诺康源（北京）药业科技有限公司的李昊、北京长木谷医疗科技有限公司的张逸凌、北京超材信息科技有限公司的王阳获 2020 年北京市高层次留学人才回国资助试点资助。

（孙宁）

人才公寓建设和申请工作

12 月，按照“政府主导、财政支持、市场化管理”的工作思路，经开区确立了国际人才公寓“人性化、高品质、国际范”的服务方向和市场化运营方案，以经开区亦城景园人才公租房为基础，打造职住一体的“国际化、高端化、个性化”国际人才公寓。截至 2020 年年底，经开区已完成 307 套国际人才公寓装修改造工作。同时，按照“人才十条”新政，开展亦城杰出人才、亦城领军人才公寓申请工作。截至 12 月 28 日，共有 58 名亦城人才申请公租房，经过对人才身份、资格条件进行 2 轮审核，共有 52 名人才符合申请条件。

（孙宁）

“亦庄国际连接枢纽建设”课题研究

12 月，为建设一支国际化高层次人才队伍，加速会聚国际人才智力和知识成果，推动科技成果转化，在市人才工作局指导下，经开区工委组织人事部完成“亦庄国际连接枢纽（离岸基地）建设”课题研究工作，并在经开区设立全球专业人士（北京）连接枢纽、全球组织机构（北京）连接枢纽等 5 家公司。

（杨琦）

人员调京指标数量超过 34.64%

年内，经开区累计 241 人获批人员调京指标，其中 183 人获人才引进指标、38 人获留学引进指标、20 人获解决两地分居指标，人员调京指标数量比 2019 年增长 34.64%。

（黄佳怡）

北京市工作居住证实行指标分配

年内，经开区工委组织人事部按照总量控制、适度增加原则，完成 3 次新办指标分配工作，共分配指标 3000 个，其中 70% 分配给重点企业；开通工作居住证紧急办理渠道，因子女入学、中考报名、办理“一老一小”社会保险等特殊原因急需办理工作居住证的人员，由用人单位向经开区工委组织人事部提出书面申请，可临时增加办理指标。全年经开区工作居住证办理总量为9782个，工作居住证新办3058个、续签3068个、变更3654个、注销2个。

（孙宁）

基层党建

概况

2020年，中共北京市委经济技术开发区机关委员会（简称经开区机关党委）根据新的机构设置和人员调整情况，完成27个部门基层党组织的成立、换届工作。经开区机关党委所属基层党组织共64个，其中基层党委1个、党总支1个、党支部62个。机关党员1041人，其中男性党员567人、女性党员474人；少数民族党员79人，占党员总数的7.59%；具有本科及以上学历党员957人，占党员总数的91.93%；35岁及以下党员314人，占党员总数的30.16%。经开区机关党委发展党员36人、申请入党127人。经开区孔祥森、刘长江、杜达洋3名党员参与社区防疫事迹入选由北京新冠肺炎防控工作领导小组社区防控组和市委组织部组织编写的《首都社区防疫百人访谈录》。

（李倩雯 闫泽宇）

经开区工委统一战线工作领导小组成立

1月21日，经开区工委会议研究成立中共北京市委经济技术开发区工委统一战线工作领导小组。该领导小组的成立将进一步加强和改进党对统战工作的集中统一领导，健全完善经开区大统战工作格局，协调推进统战各领域工作。组长由经开区工委书记担任；副组长分别由经开区工委委员、管委会副主任，经开区工委委员、组织人事部部长和亦庄控股党委副书记担任；办公室主任由经开区工委委员、组织人事部部长兼任。成员单位为经开区党政办、工委组织人事部、工委宣传文化部、地区协同事务局、营商合作局、科技创新局、财政审计局、社会事业局、综合执法局、机关党委、总工会、党群服务中心、平安建设办公室、亦庄控股党委组织部、大兴公安分局、荣华街道、博兴街道。

（王瑾 周婷）

抗击新冠肺炎疫情

2月10日，经开区工委组织人事部出台《关于做好在疫情防控第一线发展党员工作的通知》，在抗疫一线发展党员5人。在职党员、志愿者到社区、园区楼宇“双报到”共同参与防控，实现经开区零感染。2月17日，经开区工委组织人事部出台《关于在疫情防控一线成立临时党组织的工作方案》，以居住小区、党建工作站、亦企服务港、园区、工地等下沉单位为作战单元，成立疫情防控临时党支部，将机关、街道和国有企业下沉干部，以及小区物业、园区物业、工地项目部和一线工作人员中的党员分别编入党小组。

（闫泽宇）

抗击疫情主题活动

2月12日，经开区企业党委在基层党组织中开展了“抗击疫情筑堡垒 同心聚力保生产”主题活动。北京京东世纪贸易有限公司党委等 519 个基层党组织结合企业复工复产情况，通过党建引领、在企业组建疫情防控领导小组、向党员和员工发出“倡议书”、组建党员突击队和志愿服务队、树立党员先锋岗等形式，组织广大党员战斗在防疫一线。

（居颖虹）

机关组织建设

年初，经开区机关党委印发《关于加强党建引领 全力抓好开发区机关疫情防控工作的通知》，发动各基层党组织和党员做好在职党员社区“双报到”“周末替岗”等工作，全年机关党员累计参与“双报到”1385 人次，平均每周末参与社区防疫一线工作的党员近 100 人次；指导经开区科技创新局、开发建设局以园区、工地为单位成立 10 个临时党支部；组织号召机关 978 名党员和群众通过多种方式募集抗疫捐款 13.5 万余元。4 月，经开区机关党委举办入党积极分子线上专题培训班，20 个部门的 62 名入党积极分子在经开区机关党建网开展学习考试。5 月，经开区机关党委先后组织开展 3 期党务干部培训班，邀请专家对机关党组织书记、副书记、委员近 200 人进行培训。7 月，经开区机关党委举办新党员线上专题培训班，20 个部门的 58 名新党员在经开区机关党建网开展学习考试。9 月，经开区机关党委先后组织 61 名入党积极分子、50 多名新党员到平谷区委党校培训。

（李倩雯 霍永悟）

划拨党费用于疫情防控

2 月 17 日，经开区企业党委按照《关于划拨党费用于支持新型冠状病毒感染的肺炎疫情防控工作方案》，从区管党费和企业党委党费账户中使用经费 48.34 万元，用于支持疫情防控工作。其中，为北京京东世纪贸易有限公司党委等 5 个党组织统一购置的 5 个测温门，为广大党组织和党员购置的 10 万只口罩、330 支测温枪第一时间送达企业基层党组织。

（居颖虹）

党员捐款支持疫情防控工作

2 月 27 日，经开区企业党委向所属基层党组织印发《关于组织党员自愿捐款支持新冠肺炎疫情防控工作的通知》，所属基层党组织党员积极参与自愿捐款，301 家单位的 6967 名党员捐款 76.45 万元，逐级上缴至中央组织部；向其他渠道捐款的党员有 632 名，捐款 41.25 万元；非党员有 83 名，捐款 8850.60 元，均捐至北京青少年发展基金会，用于北京市疫情防控工作。

（居颖虹）

基层党建工作述职会

4 月 30 日，经开区召开 2019 年度基层党建述职评议考核工作会。经开区工委组织人事部组织亦庄控股党委、亦庄国投党委书记以及荣华街道工委、博兴街道工委书记 4 人现场述职，机关党委、企业党委书面述职，经开区工委书记王少峰进行逐一点评，经开区党政领导班子、经开区党的建设工作领导小组成员单位相关负责人、经开区“两代表一委员”、基层干部和群众代表进行现场测评打分。

（刘芳秀）

工委直属党组织调整

5 月，经开区工委决定对直属党组织设置进行调整。其中，撤销社区党委，由经开区工委直接管理荣华、博兴街道工委；

撤销企业党委，成立“两新”组织工委，经开区工委组织人事部加挂“两新”组织工委牌子；依据亦庄新城建设发展需要，成立社会事业党委。12月，为进一步加强党对国有企业的领导，成立尚亦城集团党委和亦庄人才集团党委。

（闫泽宇）

党建引领基层治理

6月11日，经开区工委组织人事部根据全市2020年度街道工作和“吹哨报到”改革重点任务清单，以经开区街道工作和“吹哨报到”改革专班名义印发《开发区街道工作和“吹哨报到”改革专班工作制度》，完善专班联席会议制度、专题会议制度、秘书组工作制度、专项工作组制度、抓落实工作制度，并分解重点任务22项。同时，结合经开区实际，总结疫情防控经验，开展“党建引领社会治理的思考与实践”调研课题，被市委党建研究会评为三等奖。

（刘芳秀）

北京民营企业百强发布会

10月10日，由市工商联和经开区管委会主办的2020北京民营企业百强发布会在朝林松源酒店举行。会上，市工商联发布北京民营企业“1+4”百强榜单及其调研分析报告，市商务局对最新公布的《中国（北京）自由贸易试验区总体方案》进行解读，经开区管委会介绍经开区营商环境及发展规划。经开区有23家企业入选百强榜单。其中，6家企业入选2020北京民营企业百强榜单，京东集团位居百强之首；7家企业入选2020北京民营企业科技创新百强榜单，从区域分布来看占比7%，位列全市第四；1家企业入选2020北京民营企业文化产业百强榜单；4家企业入选2020北京民营企业社会责任百强榜单；11家企业入选2020北京民营企业中小百强榜单。

（王瑾　马世尧）

经开区统战代表人士到平谷区参观访问

10月23—25日，经开区工委组织人事部组织25名区内统战代表人士到平谷区参观访问，开展红色主题教育、政企交流座谈、各类代表性企业参观等活动。此次活动加强了与经开区政协委员、民营经济人士等统战代表人士的联系，更好地开展了思想政治教育、团结统一战线成员、凝聚统一战线力量。

（马世尧　田超）

经开区基层党建指引研究制定

10月30日，经开区工委组织人事部印发《关于进一步加强经开区基层党建工作的实施意见》，提出指导思想、工作目标、基本原则、主要举措和工作要求5方面内容21条具体措施。同时，梳理总结基层党建工作规范、基层党建工作流程图和基层党建工作常用文书范例，突出实战特色；根据各领域基层党建工作特点，研究整理机关、国有企业、非公有制企业、社区、商务楼宇、园区、建筑工地、互联网企业和社会组织9个领域的党建工作指引（试行），突出区域特色。

（刘芳秀）

社区治理20条

10月31日，经开区工委组织人事部、社会事业局联合印发《关于落实〈巩固社区疫情防控成果推进首都社区治理工作方案〉（社区治理20条）的具体措施》，总结固化疫情防控的经验做法，构建具有经开区特色的城市基层社会治理格局。经开区工委组织人事部通过征求意见函、交流讨论会等形式，征求各责任单位的意见建议，完善落实社区治理20条的具体措施，定期跟进各责任单位相关工作的完成进度。

（刘芳秀）

亦庄控股统战工作

11月10日，亦庄控股党委组织部（统战部）召开统战工作座谈会，集团民主党派、无党派、党外知识分子、留学归国人员及少数民族代表14人参会，实现交流思想、互相学习、建言献策、推进工作的目的。12月31日，亦庄控股党委制定并印发《中共北京亦庄投资控股有限公司委员会关于加强新形势下统一战线工作的实施办法（试行）》。

（刘立群）

亦庄新城党建协同发展先锋区建设

11月25日，“一区两街八镇”在瀛海党群服务中心举行亦庄新城党建协同发展先锋区共建签约仪式，全面推进亦庄新城党建协同发展先锋区建设。12月3日，经开区组织人事部以亦庄新城党建工作协调委员会名义印发《亦庄新城党建协同发展先锋区共建方案》，明确共建原则、工作目标和16项重点任务。年内，经开区召开亦庄新城党建工作协调委员会全体会议2次，研究议题9项，根据机构改革形势适时调整亦庄新城党建工作协调委员会成员，修订《亦庄新城党建工作协调委员会工作规则》，健全完善亦庄新城党建工作协调委员会工作机制。

（王政）

经开区机关第六次党员代表大会

11月27日，经开区机关党委召开中共北京市委经济技术开发区机关第六次党员代表大会。大会审议通过第五届机关党委工作报告和机关纪委工作报告，选举产生第六届机关党委委员11名、纪委委员5名。会后分别召开第六届机关党委和纪委第一次会议，等额选举产生第六届机关党委书记、副书记，机关纪委书记、副书记。

（李倩雯）

经开区新的社会阶层人士联谊会成立

12月11日，经开区新的社会阶层人士联谊会（简称经开区新联会）成立大会第一次会员大会第二次全体会议举办。会议通过经开区新联会筹备工作报告，审议表决通过《北京经济技术开发区新的社会阶层人士联谊会章程（草案）》《北京经济技术开发区新的社会阶层人士联谊会第一届会员大会理事、监事选举办法（草案）》，选举产生以谢良志为会长，孙辉、何勇、李静、赵磊、张寒燕、曹健荣为副会长，曹振国为秘书长，庞新星为监事长的经开区新联会第一届领导机构。经开区新联会是由经开区工委领导，以经开区新的社会阶层人士为主体自愿组成的，具有统战性、民间性、专业性的非营利性社会团体，旨在将新的社会阶层人士更加紧密地团结在党的周围，积极投身科技创新和产业发展，为促进“三城一区”科技成果转化贡献聪明才智。经开区新联会全体会员共57人参会。

（马世尧）

经开区市政协委员工作室座谈会

12月19日，经开区市政协委员工作室在森特士兴集团股份有限公司召开以“共谋亦城发展，带着提案上两会”为主题的座谈会。会上，经开区经发局介绍了经开区经济社会发展情况和“十四五”规划编制的初步设想。来自全国、市、区三级政协的12位委员围绕经开区“十四五”发展战略方向和2035年远景目标等领域，研究三级政协上会提案，提出30多项建设性意见建议。

（马世尧 田超）

尚亦城集团设立党委党组织

12月31日，经经开区工委批准，尚亦城（北京）科技文化集团有限公司设立党委。尚亦城集团党委共有党员48名、预备党员1名、积极分子2名。

（陈军）

亦庄控股党委出版2本品牌书籍

12月，由亦庄控股党委主编，中国工人出版社出版的党建品牌图书《奋斗者的足迹——北京亦庄投资控股有限公司党建品牌创新实践之路》和抗疫纪实图书《萤火汇星辰——北京亦庄投资控股有限公司战疫纪实》印发。其中，《奋斗者的足迹》由培根铸魂、强基固本、创新发展、担当作为4个篇章构成，全书21万字；《萤火汇星辰》由吹响集结号、战在“疫”线、全力以“复”、如约而至的春天、再次出征5个篇章构成，全书12万字。

（张小燕）

机关思想建设

年内，经开区机关党委起草并印发《北京经济技术开发区关于进一步加强机关党的建设的实施意见》，规划未来3~5年机关党建的工作目标和主要任务；通过指导基层党组织不断规范党内政治生活，规范“三会一课”等党内制度，引导党员增强“四个意识”，坚定“四个自信”，做到“两个维护”；开展“传薪火、知区情、担使命”线上知识竞赛活动，促进机构改革后各部门的相互了解、交流融合；联合北京亦庄国际投资发展有限公司党委、荣华街道工委、博兴街道工委共同组织开展“亦话亦策、共谋发展”——“七一”建言献策活动，累计收到各类意见建议992条，并举行成果展示汇报会。

（李倩雯）

机关作风建设

年内，经开区机关党委在贯彻落实全面从严治党主体责任方面，牵头制定经开区工委全面从严治党和党风廉政建设工作要点，建立全面从严治党主体责任落实督办机制，对机关各基层党组织全面从严治党主体责任落实情况进行半年自查，指导各基层党组织认真总结、重点排查全面从严治党工作中的薄弱点和风险点，形成自查报告，有针对性地督促其落实责任。经开区机关党委针对经开区2019年全面从严治党（党建）工作考核结果暨政治生态分析研判问题清单的反馈意见制订整改方案，督促相关部门将问题整改到位。

（李倩雯）

机关人文关怀建设

年内，经开区机关党委完成博大大厦二层机关书屋升级改造工程，将其改造为沟通交流、亲子阅读的多功能阅读休闲空间；开展“好书我推荐”世界读书日主题活动，向新疆维吾尔自治区和田地区捐书，组织机关青年团员参与垃圾分类桶前值守活动等；组织策划未来亦庄家庭日主题活动，邀请30个机关干部家庭80多人参观办公区域、区史馆、区内代表企业和南海子公园等，让干部家属了解经开区、热爱经开区，理解干部的艰辛付出。

（李倩雯）

理论学习大讲堂

年内，“两新”组织工委、企业党委在经开区党群服务中心举办理论学习大讲堂 5 期，开设“学习《习近平谈治国理政》第三卷 在知行合一、学以致用上下功夫”“《中华人民共和国民法典》出台标志中国进入法典化时代”“疫情防控彰显中国特色社会主义制度显著优势”等专题课程，从政治理论、法治、制度等方面进行面授。企业基层党组织书记、纪检委员、党员、申请入党人员和经开区企业高级管理人员、职工近 2000 人次参加学习。

（杨国苹）

亦庄控股党委党组织

年内，亦庄控股党委接收预备党员 76 名，预备党员转正 81 名；成立 3 个党的基层组织，对 1 个党组织设置形式进行调整。总部及各二级公司共计 240 多名入党积极分子参加 2020 年度入党积极分子培训班。亦庄控股党委研究制定《关于在企业改革中坚持党的领导加强党的建设的实施办法（试行）》《组织工作导航图》，明确企业党组织在公司法人治理结构中的法定地位，将党的政治优势与现代企业制度、组织体系与法人治理结构、“党管干部”“党管人才”与企业人力资源管理、思想政治工作与企业文化建设进行有机融合，推动企业改革发展；研究制定《党务工作者管理办法（试行）》，推进实现国有企业改革中党的建设同步谋划、党的组织及工作机构同步设置、党组织负责人及党务工作人员同步配备、党的工作同步开展，实现体制对接、机制对接、制度对接和工作对接。截至 2020 年年底，有基层党委 4 个、党总支 3 个、党支部 66 个，党员总数为 958 人。

（张福超）

亦庄控股党委做好疫情防控工作

年内，亦庄控股党委指导各基层党组织成立 51 个党员突击队、设立 80 个党员责任区、组建 16 个临时党支部、设立 7 个志愿服务岗，累计抽调近 300 名干部参与首都机场和北京市、经开区的社区、工地、园区一线防控任务，近千名党员在线签订战时承诺书，1100 多名党员分批次到社区支持疫情防控工作，捐款 10 多万元。

（张福超）

社会事业党委及社会事业纪检委成立

年内，经经开区工委会议研究决定，成立社会事业党委及社会事业纪检委。经开区社会事业局增设党群工作处，主要负责经开区教育、卫生、体育、民政、人力社保、退役军人、民族宗教等社会领域的党建工作。

（肖潇）

党建引领物业“三率”工作

年内，经开区工委组织人事部会同开发建设局研究出台北京经济技术开发区党建引领物业管理提高“三率”工作实施方案、开发区物业服务企业及业委会（物管会）党建指导员选派工作方案等系列政策文件，为属地街道开展相关工作提供政策依据和支持；结合疫情防控和社区“两委”换届工作，对全区各社区及党组织建设、物业公司及物业服务费等情况进行全面摸排，建立开发区小区基础信息台账；加强与上级主管部门、街道相关科室的联系协作，推动建立每周会商机制，及时解决工作中的问题难题；在26个住宅小区全部建立业主委员会（物业管委会），并实现组织全部覆盖，物业“三率”全市领先。

（闫泽宇）

抗疫先进个人和先进集体

年内，经开区基层党组织和党员干部在抗击新冠疫情战斗中做出重要贡献。航卫通用电气医疗系统有限公司冯健被评为全国抗击新冠肺炎疫情先进个人，北京京东世纪贸易有限公司党委被评为全国抗击新冠肺炎疫情先进集体、全国先进基层党组织；北京联合康力医疗防护用品有限公司翟晶晶等11人被评为北京市抗击新冠肺炎疫情先进个人，中共赛诺威盛科技（北京）有限公司支部委员会等4个集体被评为北京市抗击新冠肺炎疫情先进集体；北京盛世华人供应链管理有限公司秦津娜等2人被评为北京市优秀共产党员，中共赛诺威盛科技（北京）有限公司支部委员会等2个党组织被评为北京市先进基层党组织。

（闫泽宇）

纪检监察

概况

2020年，北京市纪委市监委驻北京经济技术开发区管理委员会纪检监察组（简称驻经开区管委会纪检监察组）监督驻在部门及行使公权力的公职人员，履行监督、执纪、问责和监督、调查、处置职责，向市纪委、市监委负责。

2020年，中共北京市委经济技术开发区机关纪律检查委员会（简称经开区机关纪委）主要负责对经开区工委所属党（工）委和各部门科级（含）以下党员履行职责、行使权力情况进行监督执纪问责，对全面从严治党情况进行监督检查、考核，统筹开展巡察等工作。

（张丽琳　薛小敏）

经开区重大项目（工程）监督组组建

3月，驻经开区管委会纪检监察组牵头，整合经开区机关纪委、财政审计局、开发建设局等监督力量，组建经开区重大项目（工程）监督组，开展对经开区重大项目的监督检查工作，确保重大项目如期推进。监督组编制《重大项目（工程）专项监督实施方案》，促进实现全过程、全要素、全方位监督；编制《2020年经开区重大项目（工程）监督工作重点任务》，实现对经开区承担国家重点项目的有效监督。

（周未）

出台“四个机制”

3月18日，驻经开区管委会纪检监察组制定《开发区工委与市纪委市监委驻开发区管委会纪检监察组沟通协调机制》。该机制内容包括就日常监督和审查调查中发现的普遍性、突出性问题与经开区工委会商研判，就干部管理不严格问题与经开区工委组织人事部专题会商，就问题线索办理与经开区机关纪委进行线索会商，就重点项目、重大资金使用与相关部门专题会商，通过“四个机制”向驻在部门通报问题，促进派驻纪检监察组履行监督责任和经开区工委落实主体责任的贯通协同。

（周未）

优化营商环境

6 月，经开区机关纪委联合经开区党政办印发《关于进一步构建亲清新型政商关系的实施细则》，根据《关于进一步构建亲清政商关系的若干意见（试行）》内容，通过细化规范性正面清单、禁止性负面清单和鼓励性引导清单，规范政商交往行为，消除干部的后顾之忧，持续优化营商环境，构建亲清新型政商关系。

（薛小敏）

辖区内街道纪检监察职责职能划转

7 月 6 日，驻经开区管委会纪检监察组完成辖区内街道纪检监察相关职责职能的划转，承接原由大兴区纪委监委对荣华、博兴街道纪工委行使的工作职责，针对街道纪工委制定请示报告、考核、回访教育等工作制度，开展业务指导和培训。

（周未）

审议通过巡察相关制度

9 月，经开区工委巡察工作领导小组审议通过《工委巡察工作领导小组工作规则》《工委巡察领导小组办公室工作规则》《工委巡察组工作规则》《工委巡察工作规程》，明确巡察工作职责、规范巡察业务流程。

（刘毅）

经开区工委第一轮巡察开启

10 月 13 日，经开区工委巡察工作领导小组（简称领导小组）召开第一轮巡察工作动员部署会，启动经开区工委第一轮巡察。首轮巡察设立 3 个巡察组，每个巡察组 6 人，其中 1 名组长、2 名副组长、3 名巡察干部。各巡察组进驻被巡察单位期间，通过听取工作汇报、个别谈话、调阅资料、召开座谈会、列席有关会议、延伸走访企业和社区等方式，对被巡察党组织开展政治监督。各巡察组坚守巡察政治定位，围绕巡察“三个聚焦”（聚焦基层贯彻落实党的路线方针政策和党中央决策部署情况，聚焦群众身边腐败问题和不正之风，聚焦基层党组织软弱涣散、组织力欠缺问题），结合被巡察单位的职责定位，梳理和归纳发现的问题，分析党组织的政治责任，完成首轮对经开区科技创新局等 3 家党组织的巡察任务。12 月 8 日，领导小组召开小组会议，听取第一轮巡察工作情况，对巡察情况进行讨论，并针对巡察报告提出修改意见。

（夏振文）

廉政风险防控体系建设

10 月，经开区工委印发《关于加强亦庄新城廉政风险防控体系建设的实施意见》。该实施意见围绕构建一体推进“不敢腐、不能腐、不想腐”体制机制，以制约和监督权力运行为核心，以风险点防控为基础，以加强制度机制建设为重点，以新一代信息技术为支撑，构建权责清晰、风险明确、分级防控、制度约束、全程监督、预警及时、问责精准的廉政风险防控体系。

（夏振文）

政治巡察工作

10 月，经开区工委印发《关于开展工委巡察工作的实施意见（试行）》。该实施意见以党的政治建设为统领，落实新时代党的建设总要求，坚定不移深化政治巡察，坚持“有形”覆盖和“有效”覆盖相统一，将巡察融入一体推进“不敢腐、不能腐、不想腐”工作格局，推动全面从严治党向纵深发展、向基层延伸，促进形成风清气正的良好政治生态。

（刘毅）

警示教育大会

11月26日，经开区“以案为鉴、以案促改”警示教育大会召开。大会通过剖析典型案件，用身边人、身边事对全区党员干部进行警示教育，并对纵深开展经开区党风廉政建设和反腐败斗争进行再动员、再部署。与会者集体观看警示教育片《祸起贪欲》《土地之殇》《褪色的“丹”心》。北京市专家及全区干部600人参会。本次会议通过视频会议同步召开。

（周未　夏振文）

推进全面从严治党

12月，由经开区机关纪委牵头，会同经开区机关党委、工委组织人事部、工委宣传文化部，组建2个检查组，完成对33个部门和单位的全面从严治党年终考核的现场检查工作。经开区贯彻落实全面从严治党和党风廉政建设主体责任工作领导小组，发挥全面从严治党工作考核平台作用，通过组织开展2020年经开区全面从严治党工作考核，把党委全面监督、纪委专责监督、党的工作部门职能监督、党的基层党组织日常监督、党员民主监督结合起来，融为一体，督促经开区工委、管委会各部门、各单位和党员领导干部切实担负起管党治党政治责任，不断推动全面从严治党工作向基层延伸、向纵深发展。

（夏振文）

经开区疫情防控监督检查组成立

年内，驻经开区管委会纪检监察组牵头成立经开区疫情防控监督组。该监督组深入防控一线开展监督检查，督促驻在部门在疫情防控中积极履职，督促落实“四方责任”，发现疫情防控和复工复产中普遍突出性问题，推动完成问题整改，发挥监督保障执行作用。驻经开区管委会纪检监察组的创新监督方式等经验做法被中央电视台、北京电视台等新闻媒体报道。

（周未）

压实管党治党政治责任

年内，经开区机关纪委协助经开区工委落实中央《党委（党组）落实全面从严治党主体责任规定》、市委《关于深化落实全面从严治党主体责任的意见》要求，督促经开区工委、管委会各部门、各单位和党员领导干部切实担负起管党治党政治责任，推动全面从严治党责任一贯到底；根据《2020年北京市全面从严治党（党建）工作考核实施方案》，制订印发《2020年北京经济技术开发区全面从严治党工作考核实施方案》，并统筹对经开区工委所属党组织开展考核工作；协调组织有关部门，完成市委对经开区全面从严治党检查考核的迎检工作。

（张扬）

巡视反馈问题整改

年内，经开区机关纪委督促各责任单位落实市委巡视反馈意见整改工作。经开区机关纪委制订巡视整改“回头看”专项检查实施方案，采取监督台账、现场检查等方式，对44项巡视整改任务落实情况和相关责任部门工作情况进行检查，强化对巡视整改工作的监督问责，对推诿扯皮、整改不力、应付交差，甚至弄虚作假等现象进行严肃问责。截至2020年年底，44项整改任务已完成39项，完成率达88.6%。

（张扬）

作风建设持久战

年内，经开区机关纪委为落实中央八项规定及其实施细则精神和市委、经开区工委实施办法，坚决打赢作风建设持久战，在元旦、春节、“五一”、国庆等节假日发布通知，利用报纸、电视等媒体开展节前廉政提醒。同时，组织检查组对餐饮浪费、公车管理使用、食堂接待、值班值守纪律等进行监督检查，通过常态化监督检查不断传导压力，形成有力震慑。

（薛小敏）

疫情防控监督检查

年内，经开区机关纪委围绕落实防控责任、严格防控措施、履职尽责等，制订疫情防控专项监督检查实施方案，坚持“四不两直”，直奔一线，强化对商超、酒店、学校、街道社区、企业楼宇等的监督检查，及时督促整改问题漏洞。同时，严明疫情期间有关纪律要求，制定印发《关于严明纪律确保新型冠状病毒感染的肺炎疫情防控工作顺利进行的通知》。截至 2020 年年底，经开区机关纪委共开展检查 95 次，发现问题 24 个，提出改进建议 37 条。

（夏振文）

宣传思想工作

概况

2020 年，中国共产党北京市委经济技术开发区工作委员会宣传文化部（简称经开区工委宣传文化部）贯彻落实《中国共产党宣传工作条例》精神，成立经开区工委宣传思想与文化工作委员会，下设“一办十组”，确保经开区工委对宣传思想文化工作的全面领导。经开区工委宣传文化部建立健全经开区舆论引导6项工作机制，编制网络意识形态及网络安全工作规则，进一步规范舆论引导处置流程；制定印发《工委理论学习中心组2020年学习安排》《中心组学习考核细则》，编辑刊发《中心组学习参考》近 30 期，发放中心组学习图书 1000 多本，组织开展中心组学习 24 次、交流研讨 4 次；结合庆祝建党 99 周年系列活动，开展线上“理论家走基层”暨“书记讲党课”活动，在“尚亦城”App 党建板块陆续推出 5 个学习专题、36 期学习视频，累计 23 万人次观看；成立经开区工委宣讲团，深入社区、企业开展党的十九届四中、五中全会精神宣讲；组建 5 个特色宣讲团，开展宣讲活动近 100 场，发放各类学习资料 7000 多本；出台疫情防控“五进”（民间调解进企业、进工地、进社区、进学校、进医院）宣传教育实施方案，设计各类宣传品 30 多种，制作 11.7 万份。经开区工委宣传文化部先后组织召开强化入住酒店宾馆人员管理工作部署会议 16 次，撰写酒店宾馆疫情防控工作指南、集中隔离点储备工作方案、致文化经营场所的一封信等，明确各项防疫要点；全覆盖排查区内酒店及社会旅馆人员进出北京新发地农产品批发市场、京深市场等情况，发放各类宣传海报、提示卡等 2000 多张，为经开区文化和旅游企业申请防控物资 3 万余件；按照“应检尽检”原则，组织工作人员进行核酸检测；依托区内酒店资源，累计为 37 家企业解决职工入住隔离问题；出台《经开区关于应对新冠肺炎疫情影响推动文旅行业健康发展的若干措施》。经开区工委宣传文化部完成 2018—2020 年度首都文明单位创建工作，申报单位数量增长 25%、非公企业和新兴产业企业占比达 60%，共计复评推荐全国文明单位 5 家，推荐首都级文明单位 54 家和区级文明创建先进典型 21 家；对文化市场开展扫黄打非联合检查，实现行业监管与执法检查全覆盖，对实体书店、印刷单位、影剧院、KTV、网吧、酒店等 8 类文化综合经营场所开展检查 60 多次；实体书店数量增至 14 家，增速为 366%。

（毕诗豪　成小红　张晓慧）

战疫金盾大数据系统推出

1 月，经开区工委宣传文化部在“尚亦城”App 推出战疫金盾大数据系统，发挥“融媒 + 大数据”优势，建成疫情防控的“数字底座”。该系统覆盖经开区内 56 个小区和 34 个园区，涉及居民、员工、访客共 17 万余人，采集 7700 多家企业运行及防疫数据，为社区综合治理、企业复工复产、政府科学决策提供数据支撑。

（隋国勇　赵玉凯）

国际传播能力建设

跨国企业抗击新冠疫情交流会举办　　刘娜　摄

4 月 3 日，经开区工委宣传文化部举办“战役　人性　复苏　未来”跨国企业抗击新冠疫情交流会。来自北京奔驰汽车有限公司、拜耳医药保健有限公司、北京 ABB 低压电器有限公司等 7 家跨国企业代表以及经开区管委会负责人，与美国、德国、法国的企业家分享疫情防控和推动生产恢复的做法，输出“亦庄经验”，通过“中国日报”App、“北京时间”App、“尚亦城”App、脸书“聚焦北京”账号向全球直播。12 月 23 日，经开区工委宣传文化部在脸书（Facebook）、推特（Twitter）平台开通“Beijing E-Town”官方服务号，成为北京“16+1”区、“三城一区”中首批建设海外宣传阵地的区域。

（郑云　牛晴晴　辛喆）

北京网络游戏新技术应用中心落户经开区

北京网络游戏新技术应用中心挂牌活动举行　　张笑嫣　摄

6 月 4 日，北京网络游戏新技术应用中心挂牌活动在亦城时代广场举行。该中心一期建设使用面积为 1.8 万平方米，围绕北京市建设“国际网络游戏之都”的目标，将发挥经开区在推进科技创新成果落地、5G 全域覆盖、创新人才聚集等方面的优势，探索大数据、云计算、人工智能、区块链等新兴技术在游戏产业的应用，协同北京移动、人民视讯、咪咕互娱等企业打造涵盖游戏研发、游戏云服务、设备研发生产、技术服务、场景应用“五位一体”的全产业链云游戏基地，聚焦自主研发游戏引擎核心技术、建设国际化云游戏标准体系，创新探索基于云端实施的实时审查管理的游戏审批模式，打造具有全球影响力的云游戏技术创新平台、产业聚集新高地。仪式上，经开区管委会与北京移动、人民网签署合作备忘录，北京移动将以5G网络的高速建设为云游戏AI、AR/VR、大数据、区块链等技术落地提供支撑；人民网将为中心提供高效、创新的融合宣发服务，助力建设和运营。人民视讯、龙见科技、龙畅科技等首批10家云游戏内容及发行平台机构入驻中心。市委常委、宣传部部长杜飞进，市委宣传部副部长赵磊、王野霏，经开区领导王少峰、梁胜等出席活动。

（陈佳 李嘉欣）

“扫黄打非”专项工作组成立

6月，经开区成立北京经济技术开发区“扫黄打非”专项工作组。该工作组为经开区工委宣传思想与文化工作委员会下设小组。该工作组设2名组长，由经开区工委委员、工委宣传文化部部长，经开区工委委员、管委会副主任（主管文化执法工作）担任；设3名副组长，由经开区工委宣传文化部常务副部长、平安办主任、综合执法局局长担任。办公室设在经开区工委宣传文化部，由经开区工委宣传文化部常务副部长兼任办公室主任。

（毕诗豪 成小红）

2个园区入选北京市级文化产业园区

7月13日，市委宣传部发布《2020年度北京市级文化产业园区拟认定名单公示公告》。经对园区进行合规性审查、专家评审和实地踏勘，形成100家2020年度北京市级文化产业园区拟认定名单，其中市级文化产业示范园区10家、市级文化产业示范园区（提名）10家、市级文化产业园区80家。经开区数码庄园、东尚E园入选首批北京市级文化产业园区。

（陈佳）

尚亦城科文集团成立

7月，在经开区工委领导下，尚亦城（北京）科技文化集团有限公司注册成立，注册资本为10亿元，位于经开区宏达北路12号A幢二区6层605室，作为区属一级国有独资企业，主营业务为融媒体、文化活动、会展展会、科文融合产业园区投资运营、文旅地标建设运营，聚力打造“科文融合＋融媒产业”特色品牌，促进融媒工作效能和传播效果不断提升。

（隋国勇 赵玉凯）

2020北京文化创意大赛

8月11日，歌华传媒杯·2020北京文化创意大赛亦庄赛区和动漫主题赛区在亦城时代广场举行。比赛共征集到包含文化科技融合、数字创意、创意设计、文化旅游、文创类等初创项目242个，经过专家评审，最终选出40个优秀项目进入路演环节。北京星光机甲科技有限公司的星光机甲项目获第一名，北京零重空间技术有限公司的灵鹊星座项目、北京千寻未来科技有限公司的艾思机器人项目和北京外号信息技术有限公司的光场交互技术与文旅场景的融合应用项目分别获第二名，此次比赛决出的优秀项目被推荐进入2020北京文化创意大赛决赛。8月18日，歌华传媒杯·2020北京文化创意大赛复赛·北京亦庄分赛区在亦城时代广场举行。经过初赛选拔而产生的13个项目再次登台竞技。9月24日，歌华传媒杯·2020北京文化创意大赛网络戏剧秀赛区颁奖仪式在经开区举行。京剧少女赵梓言、豫剧爱好者唐亚、木偶戏传承人徐细娇等来自全国各地的 10 位参赛选手获奖。同时，由网络戏剧秀赛区组委会与抖音平台联手打造的话题“百万戏剧大赏”总播放量突破 5.2 亿，参赛作品共计 1374 个。9 月 28 日，歌华传媒杯 · 2020 北京文化创意大赛全国总决赛及颁奖典礼暨北京文创之夜活动在朝林松源酒店举行。北京赛区共征集参赛项目 1738 个，全国及海外赛区共征集项目 1033 个，各赛区累计共 92 个项目参加总决赛路演。经专家委员会、现场评审会审议，确定全国总决赛获奖项目，一等奖 3 个、二等奖 6 个、三等奖 9 个，年度创业人气奖、年度创意潜力奖、年度社会效益奖、年度投资价值奖、年度媒体关注奖各 2 个，年度行业引领奖 8 个。其中，经开区企业北京千寻未来科技有限公司的艾斯机器人项目和北京外号信息技术有限公司的光场交互技术与文旅场景应用项目获一等奖。

（陈佳　王天怡　刘晓英）

北京国际电竞创新发展大会

8 月 15 日，“电竞北京 2020”北京国际电竞创新发展大会在首钢文化园三高炉举办。由市委宣传部统筹指导、北京市国有文化资产管理中心等相关部门共同主办，大会以“竞启未来”为主题，采用线上、线下相结合的形式，设有主论坛和 4 场平行论坛。会上，经开区发布《北京经济技术开发区游戏产业政策》，经开区管委会与《北京日报》就北京智慧电竞赛事中心项目达成合作并现场签约。中共中央宣传部副部长傅华等有关领导出席大会并致辞，中国香港体育协会暨奥林匹克委员会副主席、亚洲电子体育联合会（AESF）主席霍启刚，国际电子竞技联合会（GEF）特别顾问、新加坡网络体育和在线游戏协会主席邱进航，英皇集团执行董事杨政龙等通过线上演讲的方式参会。来自全球电竞产业的行业协会代表、专家学者等近 600 人参会。

（陈佳）

2020 年动漫游戏产业发展国际论坛

2020 年动漫游戏产业发展国际论坛举办　　田艳军　摄

9 月 7 日，2020 年动漫游戏产业发展国际论坛在朝林松源酒店举办。论坛由市文化和旅游局、北京市文化创意产业促进中心、经开区管委会主办，以“动漫游戏产业发展新方向新态势”为主题，旨在展现中国动漫游戏产业的重要发展成果，推动中国动漫游戏产业发展与国际交流合作。在签约仪式环节，经开区管委会分别与中国信息通信研究院信通院 5G 云游戏产业联盟、北京智优沃科技有限公司签署战略合作框架协议，在经开区设立 5G 云游戏产业联盟秘书处，推动 5G 云游戏产业加速器落地。在主题演讲环节，韩国文化产业振兴院北京首席代表金相显做“韩国动漫产业发展概况”主题演讲，完美世界副总裁伊迪做“全球化现状下的中国游戏国际发展”主题演讲，中影年年（北京）文化传媒有限公司董事长郭勇做“‘道阻且长，行则将至’——谈国产动漫发展前景”主题演讲。海内外动漫游戏各领域专家学者、企业家、投资人以及动漫游戏爱好者等 300 多人参加论坛，共同探寻动漫游戏产业发展新方向。

（陈佳）

品牌建设工作

9 月 10 日，经开区工委宣传文化部海外数字电视广告投放项目获北京宣传文化引导基金特别项目资助，是全市唯一获该基金资助的政府主体项目。年内，“北京·亦庄”品牌形象广告通过首都机场、纽约时报广场及海外数字电视等渠道播出，覆盖北京首都国际机场 T1、T2、T3 航站楼的 358 块数码刷屏机柜和北美洲、欧洲等地区 34 个国家的 7000 多块屏，累计覆盖受众超过 1 亿人次。经开区工委宣传文化部以“选择北京　亦庄机遇”为主题，设计制作年度系列外宣品，与区内企业北京京东方显示技术有限公司、北京京东世纪贸易有限公司、北京实力电传文化发展股份有限公司、蓝箭航天空间科技股份有限公司联合开发“亦庄礼物”，包括智能颈椎按摩仪、“一本好书”笔记本和京东阅读电子书、朱雀火箭笔等外宣品，实现区域品牌和企业品牌互动。

（郑云　牛晴晴　辛喆）

亦城秋韵国庆中秋公益晚会

尚亦城集团承办亦城秋韵国庆中秋公益晚会　张笑嫣　摄

9 月 29 日，由经开区工委宣传文化部指导，经开区总工会、北京亦城合作发展基金会主办，尚亦城（北京）科技文化集团有限公司和北京演艺集团有限责任公司承办的亦城秋韵国庆中秋公益晚会在经开区举行。晚会以“家国同欢月同圆”为主题，分为“家国同欢·明月亦深情”“星月相映·风雨亦巍然”“携手与共·家园亦情暖”“创新发展·壮心亦浩瀚”4 个篇章，包括民族管弦乐、歌舞、相声等 17 个节目，集中展现经开区上下抗疫情、稳经济、同奋进的风采与情怀。经开区工委书记王少峰、管委会主任梁胜，亦庄控股班子成员与来自区内各行各业的代表 300 多人参与活动。

（王天怡　刘晓英　陈军）

经开区战疫图片展开设

经开区战疫图片展　张浩东　摄

9 月，经开区党群服务中心按照经开区工委要求，开设经开区战疫图片展。经开区党群服务中心成立工作组，推进新展陈的大纲梳理、素材收集、方案设计、现场施工 4 个环节，其中大纲调整 20 版，收集上千张图片、95 件实物素材、17 份视频资料，联系经开区疫情防控指挥部“一办十四组”等各机关单位、博兴街道、荣华街道、上百家企业收集材料，召开碰头会、汇报会 10 多场，按期完成战疫图片展的布展工作。经开区战疫图片展展览面积为 600 多平方米，包括铭记精神、记录历程、感恩奉献、激励奋斗4个部分，通过人民至上、守护社区、家国情怀、科技战疫、逆势突围、党旗飘扬6个单元，用图片、实物、视频展示经开区一手抓疫情防控、一手抓经济社会发展，最终交出“双胜利”答卷的生动瞬间。截至2020年年底，参观经开区战疫图片展人数共计283人次。

（杨国苹）

5家单位被评为第六届全国文明单位

11月20日，中央文明办公布《第六届全国文明单位名单》，2884家单位入选。其中，经开区有5家单位，包括国网北京市电力公司亦庄供电公司、北京京东方显示技术有限公司、悦康药业集团股份有限公司、中粮可口可乐饮料（北京）有限公司、国家税务总局北京经济技术开发区税务局。

（孙晓伟 张佳强）

TGA腾讯电竞运动会总决赛

TGA腾讯电竞运动会十周年活动举办　　江峰 摄

12月4日，TGA腾讯电竞运动会十周年活动暨2020年度总决赛在经开区李宁体育中心举行。比赛由市委宣传部指导，北京市国有文化资产管理中心、经开区管委会支持，腾讯电竞、腾讯电竞运动会主办，网映文化NEOTV、北京市电子竞技产业发展协会、北京之光电竞文化科技有限公司联合主办，尚亦城（北京）科技文化集团有限公司协办。运动会设21个比赛日，从“英雄联盟”“王者荣耀”“皇室战争”等16个项目中决出年度冠军。市委宣传部一级巡视员、北京市文化创意产业促进中心主任梅松，北京市国有文化资产管理中心党委书记、主任刘绍坚，经开区工委委员、工委宣传文化部部长赵雅娟出席活动并为开幕式按下启动键。腾讯游戏副总裁、腾讯电竞业务负责人侯淼，澳门电竞协会会长何猷君和来自全国各省市电竞协会代表参与活动。12月27日，经过24天的激烈角逐，广东V5Y、北京电竞XYG、辽宁队、北京白鲨队等分别获“英雄联盟”“王者荣耀”“FIFA Online 4”“穿越火线”等项目的冠军。

（陈佳）

“亦庄学院”讲座活动

12月20日，由经开区工委宣传文化部主办，尚亦城（北京）科技文化集团有限公司和北京实力电传文化发展股份有限公司承办的大型科技前沿新知系列讲座活动“亦庄学院”首场演讲在经开区文昌大道18号演讲大厅举办。该演讲以“黑洞与中国慧眼天文卫星”为主题，天体物理学家、“慧眼”天文卫星首席科学家张双南就“是否能真正抵达黑洞”“黑洞是否还有其他形态”“白洞是否存在”等问题，与观众进行科研分享和交流。“亦庄学院”由经开区工委宣传文化部创办，是聚焦全球前沿科技普及、前沿产品发布，主打科技创新、产业创新的大型科技前沿新知系列讲座活动。在普及科技、促进科技交流和发展的同时，打造亦庄新城品牌科技文化活动。区内重点企业代表、高端科技人才和天文爱好者共350人参与活动。

（王天怡 刘晓英）

意识形态工作

年内，经开区工委宣传文化部坚持把压紧压实意识形态工作责任作为守牢防线的关键环节，切实做到守土有责、守土担责、守土尽责。全年召开意识形态会商研判 4 次、情况通报 4 次，研究部署 7 次；坚持书面检查与现场督查、定期检查与日常检查相结合，开展各类督查检查 8 次，对全区非公企业党组织书记等近 400 人开展意识形态专题培训。

（孙晓伟　张佳强）

工委理论学习中心组学习研讨活动

年内，经开区工委宣传文化部组织工委理论学习中心组学习（研讨）28 次、交流研讨 4 次；围绕党的创新理论、经开区各项政策与服务等开展宣讲或培训 26 场；征集北京亦庄“学习榜样”项目 40 个；在“尚亦城”App 开设 5 个学习专题、36 期学习视频，累计 23 万人次观看；在“学习强国”App 累计刊发稿件 120 篇，推动党的创新理论热在群众、热在基层。

（孙晓伟　张佳强）

新闻宣传工作

年内，经开区工委宣传文化部围绕疫情防控、复工复产、流程再造效能提升、“人才十条”等主题以及 2020 年中国国际服务贸易交易会、2020 第二十三届北京国际科技产业博览会等重要活动，组织新闻采访活动百余次。在中央、市属重点媒体播发 1400 多篇重点报道。其中，《人民日报》不仅头版多次报道，还曾 5 天连续报道；新华社不仅有《来自北京经开区的复工报告》行进式报道，也有《（经济运行一线观察）北京经济技术开发区工业企业复产见闻》内参；中央电视台报道数量为历年最高，曾 10 次登上《新闻联播》，《精准服务　让外企复工有底气》单条报道时长 2 分 42 秒；《北京日报》报道数量在全市“16+1”区和“三城一区”中居首位；北京电视台《北京新闻》报道数量在“三城一区”中居首位，“22 个怎么做”“7 天！月产千万只口罩厂投产”等创新做法被中外媒体点赞。

（郑云　牛晴晴　辛喆）

创新发布工作

年内，经开区工委宣传文化部举办市级新闻发布活动 5 场、线下例行创新发布活动 5 场、线上网络发布 200 多场，组织新华社、中央电视台、北京电视台、《光明日报》《经济日报》《北京日报》等近 200 家次媒体参加发布会。其中，帮助 49 家企业推介发布 70 项新产品或新技术的合作需求；为 104 家区内企业单位发布 1139 个国际化人才岗位；为 15 家金融机构发布金融支持实体经济相关服务和产品，释放投融资总需求 120.3 亿元，完成融资 32 亿元，完成率为 37.33%。“北京亦庄创新发布围绕中心工作服务区域发展的探索与实践”被评为 2020 年市委宣传部重点调研课题；“数字化时代新闻发布制度的创新研究——以‘北京亦庄创新发布’为例”在《新闻春秋》期刊刊登。

（郑云　牛晴晴　辛喆）

网信工作扎实开展

年内，经开区工委宣传文化部建立健全经开区舆论引导 6 项工作机制，编制网络意识形态及网络安全工作规则，进一步规范舆论引导处置流程；开展网络舆情预警、处置工作。全年累计编制发送《每日舆情》日报251期，《每日舆情》专报、快报154期，其中经开区工委书记王少峰累计批示近百次；发送《舆情通知单》47期；妥善处置林肯公园小区境外输入型新冠肺炎病例相关信息在网上传播的舆情事件，主动进行信息发布，信息阅读量达2.5亿次，评论量达1.2万条，点赞量达25万次。经开区工委宣传文化部指导督促互联网企业落实主体责任，增强管网治网能力，严密防范网上攻击渗透和有害信息倒灌蔓延。全年对区内互联网企业网站进行集中检测，督促整改170个技术漏洞；统筹管理政务门户网站，在实现网站管理平稳过渡的基础上，不断完善“接诉即办”等功能模块；开展网上宣传，组织“大V亦庄行”等系列活动；首次组建一支经开区网评队伍，提升构建清朗网络空间的工作水平。

（杨超）

文体活动基地和文化团队奖励工作

年内，经开区工委宣传文化部根据《2020年宣传思想文化工作要点》《北京经济技术开发区群众性文化团队、文化（体育）活动基地奖励办法》，联合经开区工委组织人事部（“两新”组织工委）、机关党委、总工会、财政审计局、各街道共同组织开展2020年度群众性文化团队、文化（体育）活动基地奖励工作，奖励群众性文化团队25支、文体活动基地27个；结合疫情防控工作实际，向职工群众开放文化（体育）活动基地时间超过2000小时；开展线上文化活动30场、线下文化活动20场。截至2020年年底，累计奖励文化团队250支、文体活动基地130个。

（王天怡　刘晓英）

文化演出服务

年内，经开区工委宣传文化部联合国家大剧院、北京京剧院、北京演艺集团等院团，举办民乐音乐会《春江花月夜》《疯狂动物城》、京剧《锁麟囊》《穆桂英挂帅》、儿童剧《遇见·贝多芬》等线上、线下演出140多场，邀请亦庄新城“两街八镇”居民群众共赏传统文化；组织文化艺术进校园——戏剧大讲堂活动，走进人大附中北京经济技术开发区学校，将文化教育与艺术熏陶相结合、美育培养与德育培育相结合、学校教育与经开区特色相结合，通过优质文化演出开展艺术普及，让亦庄新城职工群众共享文化发展成果。

（王天怡　刘晓英）

文物赋权试点工作

年内，经开区工委宣传文化部根据市级文物赋权职责和经开区实际，以“三个创新”落实市级文物赋权试点工作。其中，创新担当承接市级赋权，包括制订《北京经济技术开发区承接市级文物赋权两年试点工作方案（2020—2021年）》《亦庄新城考古调查勘探工作实施方案》，受理土地一级开发项目13个，勘探面积共16.4万平方米，项目办理时长平均压缩20个工作日以上；创新示范开展区域评估，包括在全市率先开展文物区域评估工作，实现文评、环评、水评等多评合一，减少项目落地时间，一次性提供土地出让条件，促进土地资源要素高效配置；创新探索推进文博事业，包括结合经开区高精尖企业集聚、产业特色鲜明的特点，发挥公共文化服务社会化机制优势，鼓励、引导北京奔驰汽车有限公司等32家基础相对完备的企业打造特色博物馆、科技创新展厅。

（王天怡 刘晓英）

文旅行业疫情防控阻击战

年内，经开区工委宣传文化部制定应急预案，明确工作标准，先后组织各类工作部署会议 16 次，撰写疫情防控工作指南、集中隔离点储备工作方案等，明确防疫要点；开展各类检查 286 家次，累计上报市文化和旅游局以及社区防控组数据报表 194 篇、解答各类疫情防控工作疑问 124 次，发放各类宣传海报、提示卡等 2000 多张，为经开区文化和旅游企业申请防控物资 3 万余件；按照“应检尽检”原则，组织企业工作人员进行核酸检测；依托区内酒店资源，累计为 37 家企业解决职工隔离问题。

（王天怡 刘晓英）

支持文旅行业发展

年内，经开区工委宣传文化部出台《经开区关于应对新冠肺炎疫情影响推动文旅行业健康发展的若干措施》，通过支持企业复工复产、鼓励开展文化活动、加大服务力度 3 方面措施，助力经开区文旅行业复工率提升 20%。

（王天怡 刘晓英）

视听产业和游戏产业专项政策

年内，经开区出台《北京经济技术开发区视听产业政策》《北京经济技术开发区游戏产业政策》。两项政策支持方向均包含新企业落地、创新研发及内容制作、人才发展、金融服务等九大类，以全面提升各项服务为保障，统筹资金、政策与服务，为经开区视听产业和游戏产业发展注入新活力。

（陈佳）

枭龙科技 AR 智能眼镜助力“两会”报道

年内，北京枭龙科技有限公司的 AR 智能眼镜辅助《北京日报》记者完成“两会”报道任务。通过 AR 智能眼镜将“两会”现场以实时视频的形式回传到直播间后台，实现直播最简化，为融媒体发展按下数字化转型和智能升级的“加速键”。

（陈佳）

书香亦城全民阅读品牌活动

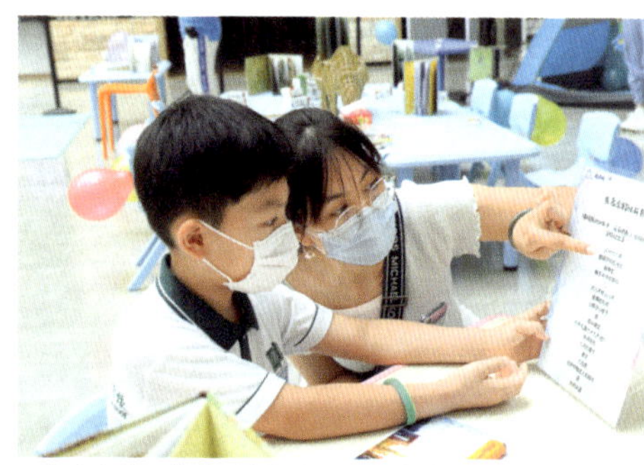

“书香亦城·伴我同行”亲子阅读系列活动开展 张浩东 摄

年内，经开区开展“书香亦城”全民阅读品牌活动，线上、线下总计 150 多场。线下主要开展“小而美”的小型精品读书分享会或阅读活动，在全区各层面分级打造“书香亦城·伴我同行”“书香博兴·图书漂流”“书香国投·读书分享”“书香网信”等线下阅读活动品牌。经开区参加全市重大活动，组织区内 3 家书店参与北京书市活动；开展 22 场“书香亦城”系列线下活动和书店之夜系列直播活动；组织区内 3 家书店与 7 个社区结对子，实现街道社区文艺资源与实体书店文化资源优势互补，共同组织策划经开区“红色百年 福佑中华”实体书店春节送福公益文化活动，通过各类阅读活动加大文化供给，打造 15 分钟公共阅读服务体系。

（毕诗豪 成小红）

科文融合产业发展

年内，经开区依托科技创新、营商环境优势，以高新视听和游戏电竞为重点，拓展产业空间和应用场景，推进科文融合产业加速发展。全年完成中国（北京）高清视听产业园开工建设、北京网络游戏新技术应用中心挂牌、北京智慧电竞赛事中心和北京智慧媒体创新中心建设启动规划。截至 2020 年年底，经开区规模以上文化企业 62 家，实现收入 258.5 亿元，比 2019 年增长 22.3%，全市占比 1.8%；全区文化从业人员平均人数为 7477 人，劳均产出达到 345.72 万元 / 人。

（陈佳）

融媒宣传提质增效

年内，《亦城时报》共出刊 124 期，刊发 752 个版面、4169 条消息、1663 幅照片、260 个专版，并于 7 月改版升级为一周 3 期；策划推出《危机中育新机 变局中开新局》《“六稳”“六保”亦庄实践》《亦城战疫 党旗飘扬》等新专栏 10 多个。《亦庄新闻》共制作播出 237 期、1570 多条新闻，每期平均时长约为 18 分钟，总时长超过 4200 分钟；开设“防疫有我 爱卫同行”“稳亦心促发展”“勠力同心建新城”“数说‘十三五’”等新专题 10 多个；完成活动全程拍摄 28 场，总时长为 1736 分钟；影像资料留存 46 条，总时长为 1058 分钟；网络视频总点击量为 2352 万次，单期最高点击量为 20.5 万次。经开区官网更新各类新闻 6200 多条，其中围绕疫情防控和复工复产工作，每日更新政策介绍、典型宣传、知识科普等信息 20 多条，完成元旦、春节、端午、“七一”“十一”重大节日网站首页换肤 5 次；制作发布“防控疫情——北京经开区在行动”“北京亦庄创新发布”“中央生态环保督导在北京”网络专题 3 个，上传各类信息近 1300 条。“北京亦庄”微博在新浪微博平台共发布原创微博 2796 条，内容发布总阅读量达 6200 万次，转发量超过 6.9 万次，评论近 5.3 万条，单条微博阅读量最高为 220 万。“北京亦庄”微信公众号实现一日三推，发布图文信息 2611 条，单条平均阅读量为 2800 次，总阅读量近 723 万次，总粉丝数为 13 万人。“尚亦城”App 推出新闻、视频、小亦、服务、家园五大板块，设立“亦头条”“亦党建”“战疫金盾”“创新发布”“亦话清廉”“人口普查”等主题页卡 26 个，发布各类图文信息 16893 篇、“战疫亦有我”等视频内容 2422 条，App 下载量超过 27.6 万，日活量约为 5.5 万。

（隋国勇 赵玉凯）

工会

概况

2020 年，北京经济技术开发区总工会（简称经开区总工会）在经开区工委、管委会的领导下，坚持以习近平新时代中国特色社会主义思想为指导，围绕中心、服务大局，履职尽责、担当作为，克服新冠肺炎疫情影响，各项工作取得新进展、新成效。全年评选全国劳动模范 3 人，北京市劳动模范 35 人，北京市先进工作者 5 人，北京市模范集体 6 个；爱企业的好职工 776 人、爱职工的好经理 75 人；全国模范职工之家 1 个，北京市示范职工之家 3 个，市级公共区域职工之家 1 个；北京市工会职工书屋示范点 3 个；中华全国总工会劳模书架 2 个、便利型职工阅读站点 1 个、职工书屋示范点 1 个；市级职工创新工作室 4 家、区级职工创新工作室 10 家；首都职工自主创新成果奖 5 个；职工暖心驿站 300 个。劳动争议协调中心接待职工咨询 4105 人次，受理调解案件 47 件，结案 59 件，履行金额 197.64 万元。

（潘晓强　陈京生）

节日慰问系列活动

经开区总工会慰问困难职工　　张泉　摄

1 月 3 日，经开区总工会开展困难职工集中慰问活动，向 142 名困难职工发放米、油、洗涤用品等慰问物资共计 9.6 万元。3 月 4—7 日，经开区总工会向奋战在抗疫一线的街道、社区、党建服务站、企业的女职工送上口罩、酒精、暖宝宝等特殊防疫物品共计 2.2 万件；以“凝聚爱的奉献、传递爱的力量”为主题，拍摄“三八”节祝福短视频，并发布《致经开区广大女职工的一封信》，向经开区广大女职工致以节日问候。9 月 23 日，经开区总工会在中秋、国庆期间走访慰问经开区 172 名困难职工，发放米、面、油、杂粮、鸡蛋等慰问物资，共计价值 16.7 万元。

（潘晓强　陈京生）

疫情防控措施

1 月 23 日，经开区总工会召开紧急会议，研究部署新冠肺炎的防控工作，发出《致广大职工一封信》，倡导职工加强自我防护、少外出、少聚会、不去或少去人流密集场所，做好疫情防控；制订《总工会关于充分发挥工会组织作用保障好控疫情稳增长的工作方案》《总工会配合企业复工复产 16 条具体措施》。

（潘晓强　陈京生）

职工心理援助热线开通

2 月 21 日，经开区总工会开通职工心理援助热线及邮件心理释疑活动。通过远程服务的形式，开展人文关怀及心理疏导，对因疫情产生心理焦虑的职工及时进行心理危机干预，帮助职工减轻因新冠肺炎疫情产生的各种心理困扰，缓解职工的心理压力。

（潘晓强　陈京生）

女职工权益保障视频交流会

4 月 29 日，经开区总工会、法庭共同举办关于女职工劳动保护及权益保障方面的视频连线交流会。交流会结合经开区企业和女职工工作学习生活实际，以案例形式讲解女职工特殊权益保障、劳动保护权益等方面的法律知识，并现场答疑解惑。25 家企业的 200 多名女职工参会。

（潘晓强　陈京生）

多家工会联合会成立

5 月 26 日，经开区东尚 · E 园工会联合会成立大会召开。会议选举产生经开区东尚 · E 园工会联合会第一届委员会委员 5 人。东尚 · E 园工会联合会涵盖企业 23 家、职工 1044 人。经开区总工会负责人及各基层工会的 20 名会员代表参会。5 月

29日，经开区生物医药园工会联合会成立大会召开。会议选举产生经开区生物医药园工会联合会第一届委员会委员9人。生物医药园工会联合会涵盖企业186家、职工3100人。经开区总工会、生物医药园企业工会代表30多人参会。6月5日，经开区嘉捷工业园工会联合会成立大会召开。嘉捷工业园工会联合会由嘉捷科技园、嘉捷BDA企业汇、嘉捷BOX企业汇工会联合会3个工会组织组成，涵盖企业319家、职工6184人。经开区总工会、嘉捷3个园区的工会代表30多人参会。

（潘晓强　陈京生）

慰问一线下沉干部

7月8日，为纪念中国共产党建党99周年，弘扬党的优良作风和光荣传统，体现党对基层党员及抗疫一线干部的关怀和爱护，经开区总工会领导前往富智康精密组件（北京）有限公司、博兴街道科创家园社区、工会一线下沉干部防疫站开展走访慰问活动，倾听基层声音，传递党的关怀。

（潘晓强　陈京生）

“劳动法天天讲堂”直播授课

7月22日—12月14日，经开区总工会“劳动法天天讲堂”直播授课。该讲堂采用线上培训的模式，共举办100期，提高工会干部在实际工作中知法、懂法、依法、用法的能力，维护职工合法权益，化解劳动争议，构建和谐劳动关系。参加学习的工会干部达1900多人次。

（潘晓强　陈京生）

北京市第九届拔河比赛亦庄分站赛

8月16日，2020年北京市第九届拔河比赛亦庄分站赛暨经开区“博大杯”职工第九届拔河比赛在弘赫国际体育中心举行。比赛由市体育局、市总工会主办，北京晟皓智远教育科技发展有限公司承办，经开区总工会、市体育局社体中心、社会事业局协办，来自区内18家企业的26支代表队参赛。最终，北京华联印刷有限公司获男子组第一名，SMC（中国）有限公司获女子组和混合组第一名，北京博大经开建设有限公司、北京新能源汽车股份有限公司、和利时集团、施耐德（北京）中低压电器有限公司、北京大宝化妆品有限公司获精神文明奖。

经开区“博大杯”第九届职工拔河比赛举行　　张泉 摄

（潘晓强　陈京生　张茹）

“博大杯”系列职工体育比赛

9月19日，经开区“博大杯”职工羽毛球比赛在经开区金风科技二期园区H号楼二层羽毛球馆举办。比赛由经开区总工会、社会事业局主办，北京金风体育文化有限公司承办，来自区内43家单位的近450名职工参赛。比赛为混合团体赛，设置女双、男双、混双各一场比赛，北京金风体育文化有限公司获冠军、经开区管委会获亚军、南水北调中线信息科技有限公司获季军。9月26—27日，经开区“博大杯”职工3人制篮球比赛在弘赫国际体育中心二号馆（篮球馆）举办。比赛由经开区总工会、社会事业局主办，经开区全民健身体育协会承办，经开区企业篮球联盟、北京弘赫国际体育发展有限公司协办，来自区内 28 家单位近 200 名职工参赛。比赛首次采用 3 人制的比赛形式，经过 63 场角逐，北京京东方显示技术有限公司获冠军、北京东方惠尔图像技术有限公司获亚军、北京奔驰汽车有限公司获季军。

（潘晓强 陈京生）

单身交友活动

10 月 30 日、11 月 26 日，经开区总工会主办的 2020 年度“亦生有缘”单身交友活动分别在经开区朝林广场及国汽（北京）智能网联汽车研究院有限公司举办。来自北京奔驰汽车有限公司、京东方科技集团股份有限公司、中芯国际集成电路制造（北京）有限公司等数十家企业的 230 多名职工参与，最终有 16 对职工成功牵手。

（潘晓强 陈京生）

创新团队 · 技能人才表彰仪式

11 月 26 日，经开区总工会、科技创新局共同主办的经开区创新团队 · 技能人才表彰仪式在和利时集团举行。仪式上，为新评选出的 4 家 2019 年度市级职工创新工作室、10 家 2020 年度区级职工创新工作室授牌，为在首届国家级新区经开区高新区班组长管理技能大赛中获奖的 9 名优秀班组长颁发荣誉证书。经开区累计评选出区级职工创新工作室 80 家，其中 26 家被评选为市级（市级示范性）职工创新工作室。

（潘晓强 陈京生）

2 家工会服务站获职工心灵驿站称号

12 月 1 日，市总工会发布 2020 年命名“职工心灵驿站”单位名单，共评选出 30 家单位，其中经开区汇龙森科技园工会服务站、青年公寓工会服务站入选。经开区总工会按照市总工会《关于做好 2020 年度在职职工心理关爱服务工作的通知》（京工办发〔2020〕15 号）要求，在汇龙森科技园工会服务站、青年公寓工会服务站配备按摩椅、沙盘设备、情感宣泄仪、眼部按摩仪、理疗仪以及用于冥想、催眠的理疗床等心理服务设施，组建职工心理辅导团队，以“互联网 + 培训 + 一对一”的心理辅导模式，创建互动体验式心理服务项目，开展“亦同抗疫 用心护航”职工心理关爱活动，为 40 多家企业 900 人次的职工送出心理健康“良方”。

（潘晓强 陈京生）

女职工权益维护

年内，经开区总工会开展维护女职工的合法权益和特殊利益工作。其中，签订女职工特殊权益保护专项协议 351 份，覆盖 2 万名女职工；开展女职工建功立业活动，评选经开区巾帼标兵 10 人、巾帼标兵岗 5 个，北京市女劳动模范 14 人、三八红旗集体 1 个、三八红旗奖章 1 人，最美巾帼 1 人；开办女职工流动大课堂 40 场，2000 多名女职工参加学习；创建爱心妈咪小屋 15 家，“亦生有缘”“亦家亲”“亦路伴妳”女职工工作品牌的社会影响力、吸引力不断增强。

（潘晓强 陈京生）

36 名特困职工享受救助金

年内，经开区温暖基金领导小组召开 2 次审核会审议救助人情况，12 家捐款单位代表“爱心企业”为区内 36 名因重大疾病、突发事件造成生活困难的特困职工发放救助金共计 75.6 万元。

（潘晓强 陈京生）

职工素质教育

年内，经开区总工会实施职工素质教育工程。其中，开展“亦同抗疫 · 亦路关爱”为主题的职工心理疏导防控直播课程，从生理、心理、社会支持系统、工作状态 4 个方面对广大职工进行心理教育与疏导，直播课程 10 期，6.5 万人次职工在线收看；职工夜校开设政治引领、经典传承、职场提升、业余提升四大类共计 20 门课程，累计培训职工 8375 人次；开展学历助推工作，为 218 名取得大专、本科学历的职工发放助推金 43.6 万元；制定《关于疫情期间开发区企业员工学历提升减免学费实施办法》，为 1639 名职工减免 50% 的学费，共计 639.96 万元；实施经开区职工职业发展助推计划，40 名职工取得劳动关系协调员、人力资源管理师、智能楼宇管理师等职业资格证书；评选出 10 家区级职工创新工作室，市总工会授予 6 对师徒名师带徒称号。

（潘晓强 陈京生）

职业技能竞赛

企业级岗位练兵和区级职业技能竞赛开展　张泉 摄

年内，经开区总工会以“助力高精尖，建功新亦城”为主题，动员引领区内企业开展企业级岗位练兵和区级职业技能竞赛，包括中芯国际集成电路制造（北京）有限公司、SMC（中国）有限公司、北京航天万源科技有限公司等 61 家企业，分别在数控加工、质量工程师、工业机器人调试等 42 个工种（岗位），组织开展岗位练兵和技能竞赛活动 66 场，评选出 62 名岗位技术标兵；联合经开区社会事业局举办第三届经开区职业技能竞赛机电一体化工种竞赛活动，吸引区内 21 家企业的 50 名职工参与，并选拔出 6 名优秀技能人才；根据首届国家级新区经开区高新区班组长管理技能大赛活动通知，制订班组长管理技能竞赛激励实施方案，动员区内 1600 多名职工参赛，26 名职工获优秀班组长奖牌，经开区总工会获大赛团体一等奖。

（潘晓强 陈京生）

帮扶困难职工

年内，经开区总工会为一线职工发放 2200 套新春大礼包价值 24.8 万元、发放慰问物资价值 23.7 万元；为 172 名疫情防控期间致困职工和 113 名滞留武汉的经开区职工发放慰问金 11.76 万元，累计发放抗疫慰问资金和慰问品 222 万元。经开区总工会完成投保金额 164.89 万元；理赔金额 83.3 万元，理赔人数 458 人次；工会会员 11084 人次享受二次报销，理赔金额 257.33 万元。

（潘晓强 陈京生）

职工普惠服务

年内，经开区总工会办理工会会员 · 互助服务卡 8.19 万张次；利用“亦庄 e 友”微信公众号，开展职工普惠活动，发放慰问品（馒头、电影券、洗衣券、福筒等）6000 份、口罩 10 万只、大米 1 万千克、鸡蛋 16 万枚；通过“北京工会 12351”服务平台，累计服务职工 1.52 万人次。

（潘晓强　陈京生）

工会组织建设

年内，经开区总工会建设工会 73 家，覆盖职工 4742 人；新建园区、楼宇工会联合会 23 家，覆盖 23 个园区、15 处商务楼宇的 1741 家企业、40376 名职工，园区工会组织覆盖率达 90% 以上；307 家基层工会完成筹备组选举、换届选举、增补委员工作；评选产生星级职工之家 10 个、北京市示范职工之家 3 个、全国模范职工之家 1 个、市级公共区域职工之家 1 个；组织工会干部培训 16 期，参加学习人员 2700 人次。

（潘晓强　陈京生）

工会经费审计 332 家

年内，经开区总工会经济审查委员会采用外审、内审、自查相结合的方式对区内 332 家基层工会经费使用情况进行审计，纠正部分基层工会预算管理意识不强、预算编制不精细、财务管理不规范、经费使用率不高等问题；按照中华全国总工会经审办《关于对帮扶资金、送温暖资金分配管理使用情况进行专项审计的通知》要求，严格开展专项资金审查监督。

（潘晓强　陈京生）

工会宣传报道

年内，经开区总工会网络平台职工推送疫情防控信息 134 条，浏览量超过 4 万人次；经开区总工会网站、“亦庄 e 友”微信公众号发布信息 1000 多篇，累计浏览量超过 30 万人次；在人民网、央视网、北京电视台等近 30 家市级以上媒体发布信息 100 多条、专版新闻 30 版，编写人物专访报道 17 篇、媒体视频新闻 13 条。

（潘晓强　陈京生）

青年工作

概况

2020 年，共青团北京市委经济技术开发区工作委员会（简称经开区团工委）贯彻围绕习近平新时代中国特色社会主义思想，紧跟经开区工委、管委会和共青团市委各项要求部署，以“深化思想引领、切实服务大局、维护发展青年权益”为主线，团结联络经开区各族、各界、各行、各业青年。引领全国青联委员有效参与社会治理，扎实推进“两区”建设。年内，经开区团工委以抗美援朝出国作战 70 周年、十九届五中全会为契机，组织主题教育活动、加强政治理论学习；完成青年联合会换届、成立青年创新院；开展青年读书会、青年培训等活动。经开区青年积极参与复工复产、疫情防控、核酸检测、疫苗接种等工作。

（徐宁）

青亦会通明湖健步游园活动

5 月 10 日，经开区团工委举办青亦会通明湖健步游园暨“五四”主题团日活动。经开区工委书记王少峰参加活动并讲话。经开区工委委员、驻经开区管委会纪检监察组组长吕新利，经开区工委委员、工委组织人事部部长于淼，全国优秀共青团员、北京亦庄实验中学高一学生贾惟琳，北京青年五四奖章获得者、北京星网宇达科技股份有限公司总经理徐烨烽共同启动活动。经前期招募，共200多人参与活动。

经开区团工委举办青亦会通明湖健步游园活动 张天宇 摄

（徐宁）

青年创新院启动和项目发布活动

5月28日，经开区团工委举办“青春榜样 创新启航”青年大会暨青年创新院启动和项目发布活动。大会表彰环节，共有50名优秀共青团员、30名优秀共青团干部、12个五四红旗团委、20个五四红旗团支部（团总支）、20个青年文明号和40个青年岗位能手等优秀青年和集体接受表彰。经开区工委书记王少峰、共青团市委副书记李健与其他5位青年代表共同启动青年创新院启动仪式。经开区工委书记王少峰和其他领导班子成员出席大会，各职能部门、公共服务机构主要负责人和区内重要企业党组织负责人参会。

（徐宁）

新录用公务员基层锻炼工作交流座谈会

6月10日，经开区组织召开2019年新录用公务员基层锻炼工作交流座谈会。会上，每名新录用公务员结合所在基层锻炼岗位工作实际，以及新冠疫情防控工作中的亲身经历，畅谈心得体会。同时，根据工作中所思所悟，为亦企服务港如何更有效服务企业、提高企业满意度，党建工作协调委员会、“双报到机制”如何更有效发挥作用、更好服务社区居民等问题出谋划策。经开区工委委员、工委组织人事部部长于淼出席会议并讲话。经开区团工委书记郭蓓蓓及28名2019年新录用公务员参会。

（徐宁）

志愿者助力经开区核酸检测

志愿者助力经开区核酸检测现场 刘娜 摄

6月20日，经开区疫情防控指挥部安排部署商务金融领域核酸检测专场，掌握相关领域人员身体健康状况，推进疫情防控工作和保障区域经济发展。经开区商务金融局数十名干部投入到志愿服务中。在前期各项任务安排和现场培训基础上，志愿者们根据现场需求分为指挥组、金融银行调度组、商超调度组、快递行业调度组、秩序维护组等，维护现场秩序，保障核酸检测工作的高效进行。6月22日，根据经开区防控指挥部工作安排，经开区城市运行局牵头组织对经开区内城市运行领域共530名保安保洁人员进行核酸检测，城市运行局30多名干部投入到志愿服务中，协助完成核酸检测工作。

（徐宁）

亦庄新城青年创新院服务青年就业

7月22日，亦庄新城青年创新院组织召开“亦就业”宣传推广座谈会，28名机关青年为公共就业小程序推广出谋划策。全体人员分为3个创意小组，利用个人业余时间进行“亦就业”宣传推广文稿拟写。创意一组面向社会推广端，从聚金之地、绿色新城、创新蓝海3个方面进行宣传；创意二组面向企业推广端，从宣传体裁上分类撰写，有自述体、公众号体、海报体等；创意三组面向高校推广，结合自身刚毕业对经开区高质量发展的感受，号召高校应届毕业生到经开区就业。

（徐宁）

主题团课活动

7月，经开区团工委推出“青春向党·建功亦城”“七一”主题团课活动。各行业、系统的团组织及团员、青年，围绕党团知识、业务技能、特色活动、品牌建设等团课内容，以青年集体或个人身份录制视频，并根据自身价值需求开展线上邀约接龙、价值交换。活动共收到视频60多个。

（徐宁）

抗美援朝70周年主题教育活动

11月14日，近百名经开区团员青年到军事博物馆参观“铭记伟大胜利　捍卫和平正义”——纪念中国人民志愿军抗美援朝出国作战70周年主题展览。11月20日，经开区团工委组织社区青年汇开展纪念抗美援朝70周年观影活动。来自多家非公企业的近百名团员青年观看抗战影片《金刚川》。

（徐宁）

青年联合会三届一次全体会议

12月25日，经开区青年联合会三届一次全体会议召开。共青团市委副书记、市青联主席王洪涛，经开区工委书记王少峰出席并讲话。会上，与会委员听取主题为“凝聚青春新力量，砥砺奋进新时代，为建设国际一流的综合产业新城不懈奋斗”的青联和青年发展工作报告；讨论通过系列办法草案。经开区工委委员、工委组织人事部部长于淼当选新的青联主席，并就青联下一步重点工作提出要求。经开区工委领导，部分党代表、政协委员，各区青联主席、中关村团青工作负责人，关心支持经开区青联工作的社会人士代表，重点企业团青工作负责人以及经开区各行、各业189名青年代表参会。

（徐宁）

招募志愿者参与企业生产

年内，为保障北京市医用口罩供应，北京联合康力医疗防护用品有限公司加班、加点投入生产，但受疫情形势影响，口罩封装一线岗位工作人员依然满足不了大规模的生产需求。经开区团工委获知企业需求后，第一时间发布志愿项目招募志愿者，经开区总工会和荣华、博兴街道办事处积极响应，主动推荐优秀志愿者，参与企业生产，共招募6名志愿者。

（徐宁）

党建引领为企服务

概况

2020年，中共北京市委经济技术开发区工作委员会党群服务中心（简称经开区党群服务中心）快速适应经开区机构及人事制度改革和亦庄新城发展新要求，在全员深入一线参与区域疫情防控的同时，全面推进亦企服务港建设，按计划建设完成核心区“60 平方公里”范围内 6 个服务港（亦庄港、荣华港、博兴港、永康港、经海港、通明湖港）及新城通州地区 2 个服务港（台湖港、马驹桥港），配置港内工作人员，搭建“党建引领 服务企业”的平台；不断完善党员教育培训体系，持续深入非公企业党建工作，承担“两新”组织工委、企业党委日常党务工作，协助“两新”组织工委举办积极分子培训班，组织共产党员献爱心、5 人制足球比赛等活动，助力推动地区高质量发展；发挥北京市党员教育示范基地和北京社会科学普及基地的平台作用，开展各类社会科学普及活动。全年共承办各类活动 172 场，接待 6627 人。其中，各类培训及讲座 26 场，2883 人参加；各类文化体育活动 111 场，1277 人次参与；各类大小型会议 10 场，1492 人参加；接待参观 25 批次，975 人参加。经开区党群服务中心还推出了云参观、云党课、云宣讲，共组织线上参观 9 次、参与人数 195 人，线上党课 10 次、参与人数 223 人。

（林靖）

亦企服务港在防疫工作中发挥重要作用

1 月，疫情发生后，经开区党群服务中心以亦企服务港为抓手，组织开展地毯式拉网走访，完成 257 个地块 996 个实体的登记，摸排出未经经开区管委会相关部门认定的园区和类园区 77 个，企业 3000 多家，涉及职工近 5 万人。亦企服务港组织完成园区内 2 万余人次的核酸检测，为 172 家企业 1124 人进行环京地区通勤报备工作。同时，疫情期间为 600 多家企业解决各类复工复产问题诉求，解决口罩等防疫物资 45 万件。

（杨国苹 李浩）

为企服务（亦企服务港）

1 月起，经开区党群服务中心根据经开区深改委会议决定，在亦庄新城“225 平方公里”范围内建立经开区党建引领为企服务的专属体系——亦企服务港，将党群工作站、新时代文明实践所、工会服务站、社区青年汇、政务服务站统一进港，作为经开区党建引领“企业吹哨 部门报到”工作机制日常工作落实平台和实现产业功能区党建引领基层治理体系建设的实体化运行平台，形成居民事务找街镇、企业事务找亦企服务港的基层服务型管理模式。经开区党群服务中心牵头的亦企服务港建设被列入经开区工委年度重点工作。7 月 31 日，经开区工委、管委会联合印发《关于加强党建引领推进亦企服务港建设的实施意见》，全面深入推进亦企服务港建设。经开区党群服务中心组织完成亦企服务港整体形象 VI 设计，先后完成核心区“60 平方公里”范围内亦庄港、荣华港、永康港、博兴港、经海港、通明湖港 6 个服务港及新城通州地区台湖港、马驹桥港 2 个服务港的选址，完成统一装修建设；完成经开区政务服务中心在永康港、通明湖港、台湖港、马驹桥港的 4 个政务服务站建设，配备安装政务自助机。经开区党群服务中心先后制定《亦企服务港内部管理制度》《亦企服务港绩效考核指标体系》《亦企服务港事项专项考评细则》等，全面规范亦企服务港管理运行。

（李浩）

亦企服务港企情搜集工作

8—12 月，经开区党群服务中心通过亦企服务港开展企情搜集工作。通明湖港、永康港、台湖港、马驹桥港与域内全部园区建立联系，深度走访园区 79 个、走访企业 565 家，完善企业台账 482 家，收集并解决企业诉求 459 件，挖掘企业增资扩产、股份变更等动态信息 97 条，完成工作周报 17 期、工作月报 4 期、新城地区调研报告 2 份。

（李浩）

亦企服务港工作推进会

11 月 17 日，经开区党群服务中心组织经开区工委、管委会各机构、各驻区职能机构召开亦企服务港工作推进会。会议介绍 8 月以来亦企服务港工作及与各部门沟通对接情况，通报新版亦企服务港事项考核指标设置情况，经开区管委会一级巡视员沈金坤做重要讲话。此次会议共有 25 家单位的主管领导及相关人员 41 人参加。

（李浩）

规范与职能部门协同运行机制

12 月 14 日，经开区党群服务中心起草，经开区党政办发布《关于进一步畅通职能部门与亦企服务港沟通机制 发挥好亦企服务港作用的通知》《北京经济技术开发区企业党组织书记接待日实施办法》。两个文件对畅通职能部门与亦企服务港的沟通机制、顺畅解决企业吹哨事项、规范相关工作机制运行做出制度化要求。

（李浩）

“亦企成长计划”系列课程

年内，经开区党群服务中心将原“党员成长计划”系列明星课程升级为“亦企成长计划”系列课程，以经开区党群服务中心为主场，同时为亦企服务港送去点学菜单，形成中心为主场、服务港为分场的课程模式，辐射范围更大、更广，课程内容也进一步优化提升，包含创新设计思维、情绪解忧、微权力下的项目管理等职场热点内容。截至 2020 年年底，共开展“亦企成长计划”课程 12 堂，参加人数共计 601 人次。

（杨国苹）

亦企服务港政策宣传及培训活动

年内，经开区党群服务中心协调各部门资源，亦企服务港通过线上、线下等形式对企业做好政策宣讲和培训，累计开展政策宣传和培训等活动 36 场，参与企业 500 多家。其中，5 项政策的宣讲覆盖新城台湖、马驹桥地区企业。

（王明）

亦企智慧服务平台建设

年内，经开区党群服务中心启动亦企智慧服务平台建设，构建亦企服务港数据资源中心。结合亦企服务港实际业务需求与业务流程，打造智慧党建系统、亦企服务港吹哨报到系统、党群服务公开小程序以及企业综合信息管理系统，提供党建管理智慧化、企业服务全面化、数据沉淀多样化的亦企智慧服务平台。

（李浩）

法治

综述

2020年，经开区以维护政治安全、经济安全、社会安全、公共安全为主线，提高“平安开发区”建设工作的社会化、法治化、智能化、专业化水平，打造“平安开发区”建设工作体系，推进法治政府建设。同时，经开区推进综合执法改革，承接经开区各领域执法权，统筹推进疫情防控、专项执法、党的建设等重点工作。

经开区保障各项重大活动绝对安全，开展矛盾纠纷排查与化解、重点地区综合整治、社会面治安防控和新冠疫情防控等工作；高标准开展反恐防暴工作，同时有序推进经开区防范恐怖袭击重点目标审定工作；推进社会稳定风险评估制度化、规范化建设，优化评估范围、内容和程序。经开区成立反诈义务宣传队，开展“全民反诈”工作；完善涉众型金融风险防范和打击工作机制，加强企业非法集资风险监测预警。

经开区建立社会安全工作体系，推动信息化打击犯罪合成作战中心建设以及源头过程末端一体化、行刑衔接和执法资源信息力量相统筹工作机制和社区巡防一体化运行机制的建立；开展智能信息化建设，完成经开区数据平台升级并实现与公安视频专网的对接和智慧平安小区的建设。

经开区制订《防范新冠肺炎维稳保障工作方案暨应急处置工作预案》，常态化开展涉疫案件打击、企业社区卡口查控、大数据监测预警等工作；起草《北京经济技术开发区2020年推进法治政府建设工作要点》《2020年北京经济技术开发区普法依法治理工作要点》，完成《2021—2025年平安开发区建设五年规划》的编制工作和《北京经济技术开发区关于修订〈北京经济技术开发区条例〉的立项申请报告》成稿，开展行政执法监督工作。

（成翎）

平安建设

概况

2020年，中共北京经济技术开发区工委平安开发区建设领导小组办公室（简称经开区平安办）结合疫情防控工作和维护首都安全稳定面临的形势任务，以维护经开区政治安全、经济安全、社会安全、公共安全为主线，以夯实“平安开发区”基层基础建设为重点，“一手抓疫情防控、一手抓平安建设”，不断创新“平安开发区”基层社会治理现代化举措，提高“平安开发区”建设工作的社会化、法治化、智能化、专业化水平，破解影响经开区和谐稳定的源头性、根本性、基础性难题，有效防范、化解、管控各类社会稳定风险，打造同亦庄新城相匹配的“平安开发区”建设工作体系。

（李婕）

街道政法委员配备工作

6月，经开区平安办严格按照《中国共产党政法工作条例》规定，完成博兴街道、荣华街道政法委员的配备工作，将维稳、综治、反恐、禁毒、司法、平安建设、防范邪教、人民调解、扫黑除恶和人民防线建设等工作职能统一划归政法委员分管范围，并结合街道实体化综合执法办案平台，统筹开展相关工作，进一步减少科室职能交叉、多头协调等问题。

（李婕）

重大活动安全保障

年内，经开区平安办严格按照北京市委政法委关于做好疫情常态化防控形势下的风险防范与安全稳定工作的相关要求，提前对重大会议、重大活动、敏感日和敏感节点进行系统梳理，根据时间表工作安排，早动员、早准备、早部署、早落实，在“两会”、2020年中国国际服务贸易交易会等重大活动期间，开展矛盾纠纷排查与化解、重点地区综合整治、社会面治安防控和新冠疫情防控等工作，实现“零失误”的工作目标。

（李婕）

疫情防控安全工作

湖北省返京人员闭环转运工作专班　付森森 摄

年内，经开区平安办成立社会稳定组，制订《防范新冠肺炎维稳保障工作方案暨应急处置工作预案》，日均投入650名警力，常态化开展涉疫案件打击、企业社区卡口查控、大数据监测预警、湖北省返京人员接转、医学观察点看护、核酸检测点秩序维护、旅店住宿管理、境外人员管控等工作。全年完成市公安局142批次2875名涉疫人员核查；从北京西站连续70天接转142名武汉市和663名湖北省其他地区返京人员；全市41.7万人和4万余条关于在鄂经开区人员的信息比对筛查工作；日均 25 万人大数据监测工作任务；经开区 112 名离京赴鄂人员劝解工作；50 个社区日均万人进出人员筛查工作；8 名重点精神病患者的 24 小时看控工作；富士康 8 批次 2000 多名员工进京复工复产转运工作；3 个医疗保障点、4 个集中观察点和 6 个核酸检测点的秩序维护工作；4 家新冠疫苗生产研发单位的“全维防护”工作；2.8 万余次的市场秩序及价格巡视工作；确诊病例流调及小区的全封闭式管理工作。

（李婕）

矛盾纠纷排查化解

年内，经开区平安办共处置 19 起 28 批次群体性聚集维权事件，主要以农民工讨薪、投资返现、房屋租赁纠纷为主，通过部门联动约谈相关负责人 30 多次、批评教育 16 人、警告 3 人，后经协商、教育、调解等方式，使群众诉求均得到妥善解决。经开区平安办严格按照北京市委政法委关于加强首都防范化解风险隐患的具体部署，在全区范围内开展涉疫矛盾纠纷大排查、大化解工作，重点排查生产经营、劳动保障、房屋租赁、金融借贷、教育培训、卫生健康、社区管理、企业管理、交通运输 9 类涉疫矛盾纠纷，排查各类矛盾纠纷 34 件。经开区平安办针对排查出的矛盾纠纷，抓住疫情防控“窗口期”，依托经开区“行政、司法、人民”多元化调解工作机制，采取“面对面＋屏对屏”等方式，综合运用经济调解、行政管理、法律规范、道德约束、心理疏导、舆论引导等方法，开展解纷、解困及化解工作；围绕预付费、共享交通工具等新型业态乱象的综合治理，重点对预付费教育培训机构的不稳定因素开展化解工作，引导受损群体通过司法途径维护自身合法权益，共计稳控 2000 多人，涉及金额 1200 万元，未出现大规模聚集维权情况；组织相关部门对经营主体依法进行约谈，要求经营者严格控制发卡范围、资金规模，让预付费市场回归理性、回归市场；针对循环经济产业园等 5 个特定维权群体，逐一明确责任单位、责任人，跟踪督办、限期解决，防范“疫后综合征”。

（李婕）

反恐防暴工作

年内，经开区平安办严格按照“防行动破坏、防暴力恐怖、防聚集闹事、防个人极端”的工作要求，处置多起针对京东集团、首都医科大学附属北京同仁医院经济技术开发区院区等单位实施个人极端违法犯罪的警情，消除个人极端现实危害；组织相关单位开展 2020 大兴区、经开区卫生系统反恐演习，提升医疗机构先期应对处置暴恐袭击的能力和水平；加强防刺服、防暴头盔、防暴钢叉、盾牌、警棍等装备的配备，强化对医院警务工作站的应急值守工作和武装巡逻车定点停靠震慑工作，维护正常诊疗秩序；按照基础调查、审查确定、确认告知和登记备案 4 项工作步骤，联合市反恐办专家、中国人民公安大学教授、各相关成员单位，有序推进经开区防范恐怖袭击重点目标审定工作，完成第一批 41 个重点目标的专家评审工作。

（李婕）

社会稳定风险评估

年内，经开区平安办进一步推动经开区社会稳定风险评估制度化、规范化建设，优化经开区社会稳定风险评估范围、内容和程序。全年完成亦庄新城Ⅶ街区 13 个地块、北京博域通客运有限公司业务整合等3次社会稳定风险评估指导和备案工作，查找风险点29个，制定风险防控措施57条。

（李婕）

反电信诈骗

年内，经开区平安办运用“兴安反诈联盟”微信公众号、“全民反诈”App等开展反电信诈骗技术防范，组建荣华街道反电信诈骗志愿宣传队，向居民传授反电信诈骗常识；“政警说”抖音公众号推出系列反电信诈骗情景剧，向居民揭露骗局套路，提升辖区群众防骗意识、识骗本领等。同时，公安机关依托新组建的大兴区暨经济技术开发区反电信网络诈骗犯罪中心，整合各类大数据资源，依法开展查询、限呼、停机、拦截、止付、冻结等打击工作，重点加大以售卖口罩、额温枪等疫情用品为手段实施诈骗类型案件的侦破力度。

（李婕）

涉众型金融案件防范打击

年内，经开区平安办完善涉众型金融风险防范和打击工作机制，发挥金融、政法“双牵头”作用，坚持“打小防大”的方针，加强企业非法集资风险监测预警，发布“冒烟指数”；开展“挤打防”工作，强化部门联动，持续推动P2P企业规模压降和良性退出，加快对公司“爆雷”“跑路”的反应速度，及时发现可能存在的“坐地骗”诈骗窝点。

（李婕）

重点行业领域风险防控

年内，经开区平安办探索重点行业平安建设协调工作机制，推动源头过程末端一体化、行刑衔接和执法资源信息力量相统筹工作机制，加大对“易制毒”“易制爆”“低慢小”的航空器、危险化学品、生物试剂和寄递物流方面的管控，实时掌握企业生产、销售、购买、运输、储存、使用、销毁和进出口等各个环节危险物品的品种、数量和流向信息，堵塞管理漏洞。同时，严格按照“管企业必须管安全、管业务必须管安全、管生产经营必须管安全”的要求，督促相关企业落实安全生产及维稳主体责任，强化企业人防、物防、技防措施配备，全年未发生重大安全责任事故。

（李婕）

智能信息化建设

年内，经开区平安办进一步深化大数据、智能设备在平安建设中的应用。其中，按照市“雪亮工程”建设要求，经开区大数据平台与大兴公安分局雪亮工程数据平台完成数据对接；开展智慧平安小区建设，根据北京市委政法委工作要求，制订推进经开区智慧平安小区建设的工作方案，明确工作要求和任务分工，初步完成荣华街道1个智慧平安小区（梅园小区）的建设和其他18个小区的前端设备安装工作。

（李婕）

群防群治工作

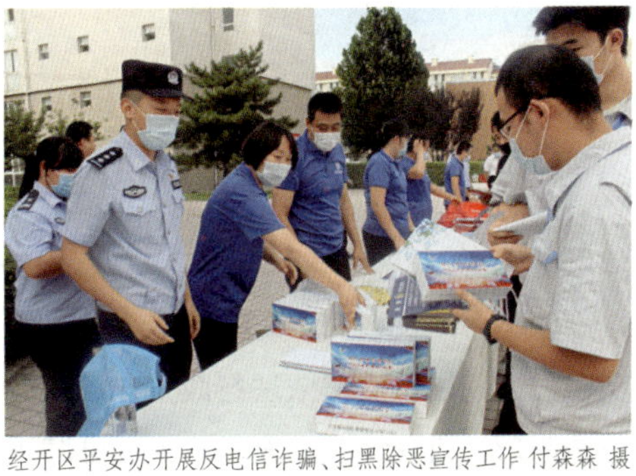

经开区平安办开展反电信诈骗、扫黑除恶宣传工作 付森森 摄

年内，经开区平安办明确“公安牵头、

属地搭桥、群众唱戏、专群结合”的工作思路，建立社区巡防一体化运行机制，发动辖区居民小区和工业园、写字楼等区域的保安专业力量开展 24 小时不间断巡逻；组织发动快递员、外卖骑手、代驾司机等社会力量，组成义务平安宣传员队伍，开展反电信诈骗、反恐防恐、防火防盗、养犬等知识宣传工作；先后深入社区 16 次、企事业单位 83 次，发放防范电信网络诈骗宣传材料 12 万余份，展板展示 1340 次，设置媒体宣传屏 86 块，受众群体约 10 万人次，做到防范和宣传并举。

（李婕）

“平安开发区”建设五年规划编制

年内，经开区落实北京市委政法委《关于建立完善北京经济技术开发区平安建设工作体系的实施意见》文件精神，与大兴区、通州区建立三区平安建设协同工作机制。同时，通过调研、研讨和论证等环节工作，完成《2021—2025 年平安开发区建设五年规划》的编制工作，与经开区“十四五”规划同步实施、推进，力争打造一个有特色、有示范性的平安建设品牌。

（李婕）

司法行政

概况

2020 年，经开区平安办司法信访组负责推进司法行政和依法行政工作、承办信访事项，有在编工作人员 3 人、外聘人员 2 人。司法信访组落实国家、北京市关于推进法治政府建设相关要求，开展依法行政专项考评，启动《北京经济技术开发区条例》修订，审查行政规范性文件草案和重要合同协议，强化行政执法监督，处理行政复议和行政诉讼案件，深入推进依法行政；维护信访秩序，畅通信访渠道，处理经信访渠道提出的涉及经开区的信访诉求，组织协调信访来访问题诉求的办理工作，并推进信访矛盾纠纷化解，维护信访人的合法权益。

（张哲明）

法治政府建设

年内，经开区平安办加强法治政府建设统筹，制定《北京经济技术开发区 2020 年推进法治政府建设工作要点》，结合经开区工作实际，编制依法行政专项考评细则；落实主任办公会会前学法制度，开展会前学法 4 次；围绕经开区工委、管委会重点工作组织开展依法行政培训，会同业务部门开展专项法制培训 3 次。

（张哲明）

《北京经济技术开发区条例》立项论证

年内，经开区平安办按市级立法计划组织开展立法调研论证，全面总结实施情况，开展基础调研，坚持问题导向，确保立法质量，起草《北京经济技术开发区关于修订〈北京经济技术开发区条例〉的立项申请报告》，推进立法和改革决策相统一、相衔接，确保重大改革于法有据、立法主动适应改革和区域发展需要。《北京经济技术开发区条例》列入《市政府 2020 年立法工作计划》。

（张哲明）

文件合法性审核

年内，经开区平安办审核各部门起草

的各类重要文件33件，其中《北京经济技术开发区管理委员会关于支持企业控疫情稳增长若干措施》等6个文件作为行政规范性文件印发实施并备案；审核各部门送审重大合同协议153件，根据“先租后让”“标准地”等改革制度推进，修改完善入区协议范本；落实《中华人民共和国民法典》《北京市优化营商环境条例》，清理相关规范性文件，废止《北京经济技术开发区新增产业的禁止和限制目录（2019年版）》；配合市级法规规章征求意见，共答复7项。

（张哲明）

处理行政复议及行政诉讼案例

年内，经开区平安办协助经开区社会事业局、开发建设局、商务金融局等主责部门完成68件行政复议、45件行政诉讼案例应对工作。其中，68件行政复议案件中维持经开区管委会行政行为、驳回申请人请求、申请人撤回申请55件，行为被撤销或责令履职13件；45件行政诉讼案件中驳回诉讼请求或驳回起诉42件、责令经开区管委会履职1件、原告撤诉1件、其余1件未宣判。已生效复议决定或判决均已按时依法履行。

（张哲明）

行政执法监督工作

年内，经开区平安办接待市司法局来经开区管委会调研工作，汇报经开区执法体制改革进展与存在的问题；梳理分析经开区机构改革后执法数据填报推送、人员资格管理、岗位设置等实际问题；与市司法局执法监督处保持沟通联系，做好数据对接工作。全年经开区管委会在北京市行政执法信息服务平台提交或推送行政处罚1736件次、执法检查17326件次。

（张哲明）

法律职业资格考试考点保障

年内，经开区平安办制订《2020年国家统一法律职业资格考试（司法考试）北京考区开发区考点外围安全保障方案》，成立2020年国家统一法律职业资格考试北京考区经开区考点外围安全保障临时协调小组；试前完成考点对接、防疫指导、考点周边隐患排查、环境整治等相关工作；做好考点外围社会面治安防控、交通秩序维护、疫情防控、校园周边环境整治和应急处突等工作。2020年国家统一法律职业资格考试（司法考试）客观题部分考试于10月31日—11月1日进行，经开区范围内共有考点2个，机位1718个，报考人数约1200人；主观题部分考试于11月28日进行，经开区范围内共有考点2个，机位1515个，备用机位291个。

（张哲明）

承接司法行政职能准备工作

年内，经开区平安办开展司法行政职能基础调研，通过与市司法局对应处室、大兴区司法局沟通对接，了解区级司法行政职能行使基本情况，起草《北京经济技术开发区区级司法职能承接方案》，为依法平稳承接司法行政职能做好充分准备。

（张哲明）

受理信访事项1531件

年内，经开区平安办共受理信访事项1531件，比2019年增长429%。北京市网上信访信息系统共转送信访件1380件，重复信访件483件。其中，市场监管问题1090件，环境保护问题200件，劳动和社会保障问题60件，文教卫生、政法、城市建设等问题181件。经开区平安办已全部办结。经开区平安办继续加强信访基础工作规范，按照市级任务部署，对各类全国初次信访事项网上办理工作规范情况进行自查，找准问题，贯彻落实全市关于进一步加强信访基础业务规范化建设要求；深入推进信访矛盾化解攻坚，推进集中治理重复信访、化解积案专项工作，形成关于落实部门和地区责任解决当前信访突出问题的工作方案，对市场监管、环境保护、劳动保障等信访矛盾突出领域明确牵头部门，加强协调联动；不断完善日常信访、专项信访转批办与督办程序，明确部门职责分工，严保办理时限，压实首接首办责任；推动重点难点信访问题的有效化解和源头治理。

（唐丽珺）

综合执法

概况

2020年，北京经济技术开发区综合执法局（简称经开区综合执法局）以党建为引领，围绕“一支队伍管执法”的工作目标，推进综合执法改革，承接经开区各领域执法权，统筹推进疫情防控、专项执法、党的建设等重点工作，编制多项执法清单，推进“一次执法，全身体检”执法模式，为执法提“效”，给企业减“负”。全年出动执法人员1.1万余人次、执法车辆5000多台次，处理群众举报2757件，检查各类单位3.3万余家次，执法公示109家，结案1588件，罚款232.78万元。

（韩开雷）

抗疫一线执法检查

2月，经开区综合执法局深入工业企业、写字楼、商超、医院、地铁、隔离点等抗疫一线，利用41天完成区内10401家次企业的执法检查全覆盖，实现重点领域第一时间覆盖、高危风险第一时间消除。

（韩开雷）

“蓝盾一号”燃气安全整治行动

10月，经开区综合执法局开展“蓝盾一号”燃气安全整治行动，以“检查必录入、违法必查处、隐患必责改、线索必移送”为工作标准，不断动态补充、更新、完善基础台账内容。同时，对生产源头、运输、存储、灌装、销售和使用6个环节的违法线索保持高度敏感，对上下游环节违法线索主动移交属地派出所。全年出动执法人员1348人次，检查各类单位918家，发现并责令改正各类违规违法行为问题22起，立案查处1件，罚款500元。

（韩开雷）

编制疫情执法清单

年内，经开区综合执法局将10多份疫情检查目录、日常执法清单整合优化成一张疫情执法清单，以一次综合执法实现疫情防控与日常执法检查两不误。全年完成4.60万余家次疫情执法，督促整改疫情防控风险点54类2506处，立案查处各类违法行为1349件，“一次执法，全身体检”模式得到初步检验。

（韩开雷）

“双报到”活动

年内，经开区综合执法局开展“双报

到”活动，筑牢对接金地格林小镇社区防控网络、开展“爱国卫生月”环境整治工作，坚持定时、定岗、定人、定责，确保各项工作落实落细。全年68名党员参与到社区服务工作中，服务小区居民千余人次。

（韩开雷）

“疏整促”专项行动

年内，经开区综合执法局依托北京市严厉打击违法用地违法建设信息平台对区内2098个图斑进行核查，做到“底数清”；发挥拆违平台和属地街道作用，确保新生违法建设“零增长”；以安全隐患大、群众反映强烈的工业区、商圈的旧有存量违法建设查处、拆除为重点，推进上账违法建设“减存量”。全年出动巡查人员5200多人次，立案查处旧有违法建设案件8件，拆除存量违法建设29处，拆除面积为9317.44平方米。

（韩开雷）

走遍新城行动调查研究

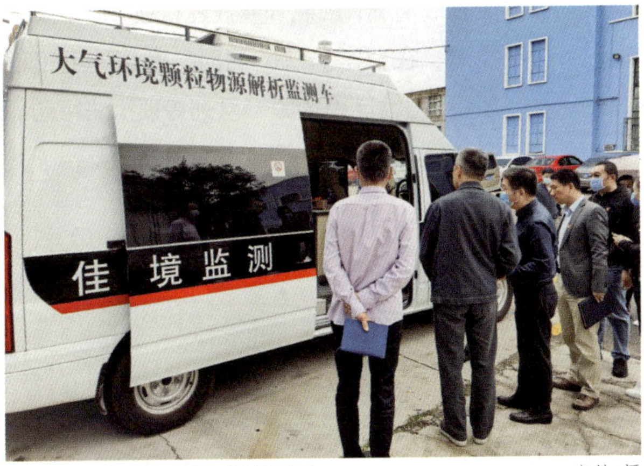

经开区综合执法局开展走遍新城行动　方针 摄

年内，经开区综合执法局开展走遍新城行动调查研究，走访包片区内453家单位，问需求、解难题，加大对垃圾分类的指导，提出有针对性的整改措施建议，提升综合执法效能。

（韩开雷）

环境秩序整治行动

年内，经开区综合执法局依据疫情防控形式，加大对无照游商、贩卖活禽等具有严重隐患违法行为的巡查打击力度。全年开展环境秩序整治315次，立案查处346件，罚款30.54万元。

（韩开雷）

教育培训工作

年内，经开区综合执法局开展“大学习大练兵”，包括组织各类培训12期，环保、劳动监察、住建领域、市场监管等各领域执法培训，培训人员600多人次。

（韩开雷）

安全生产专项工作

年内，经开区综合执法局出动执法人员1064人次，检查生产经营单位532家次，发现并治理隐患494项，开具现场检查记录532份、责令限期整改指令书338份；开具守法证明120份，处理举报投诉17件，约谈企业32家；立案查处49件，罚款27.5万元；组织开展较大危险因素辨识与管控和隐患排查治理专项工作，对区内400家企业进行指导帮扶，发现隐患3615项，全部整改完成，隐患整改率为100%。

（林晓伟　蒋立涛）

疫情防控信用分级执法

年内，经开区综合执法局参照企业信用“红绿灯”分级执法思路，完成10401家次企业疫情防控信用分级，其中一般风险黄灯企业 300 多家、较高风险红灯企业 147 家，并予以公示。

（韩开雷）

生活垃圾分类执法

经开区综合执法局开展“小手拉大手”垃圾分类宣传教育活动　张泉 摄

年内，经开区综合执法局依托新版《北京市生活垃圾管理条例》开展全员培训，结合疫情防控检查，对辖区各类单位进行全面摸排，及时更新、完善垃圾分类管理台账，开展“小手拉大手”“争当垃圾分类小能手”“垃圾分类进社区”等宣传教育活动。全年出动执法人员 2868 人次，检查各类单位 1000 多家、居住小区 393 家，发放宣传材料 800 多份，责令改正 183 家，立案 22 件，罚款 2.80 万元。

（韩开雷）

生态环境执法

年内，经开区综合执法局出动执法人员 2084 人次，检查工业企业 1042 家次，处罚环境违法行为 22 件，罚款 34.3 万元。经开区综合执法局检查 2218 辆次重型柴油车尾气排放，处罚重型柴油车 450 辆次（含氮氧化物 32 辆次），罚款 13.86 万元，移送开发区交通大队处罚 243 辆次；处罚轻型汽油车 45 辆次，罚款 0.78 万元；遥测超标挂网量 146 辆次，处罚 5 辆次，罚款 0.06 万元；检查非道路移动机械 250 台次，立案 35 件，罚款 31 万元；开展加油站油气排放现场检查 42 家次，确保油气回收设施正常运行。

（彭懿明）

劳动监察工作

年内，经开区综合执法局开展维稳工作，处理欠薪问题，通过劳动仲裁等途径处理突发事件 30 多件；优化企业劳动用工情况评价程序，办理期限由 7 个工作日缩短到 3 个工作日以内；为 247 家企业完成上市、融资、评优或投标前的出证审查工作，共有上百家企业被评定为 A 级。全年立案 1765 件，涉及款项 3400 多万元；处罚 2 件，涉及金额 2 万元。

（杨竹青）

住建领域执法

年内，经开区综合执法局针对不同行业领域情况，试点开展住建行业“清单式”执法；在日常执法的同时，开展住宅工程质量、房地产市场等一系列专项执法行动。全年立案 69 件，罚款 54.71 万元。

（刘毅兰）

公安

天华路派出所

概况

2020 年，北京市公安局大兴分局天

华路派出所（简称天华路派出所）有民警66人，其中所领导6人、警长4人、内勤民警10人、社区民警30人、治安民警13人、巡逻民警3人，社区辅警96人。辖区有企事业单位2000多家，从业人员13.4万余人。其中，独立厂房企业197家，涉外企业77家；工业园区34个，写字楼38个；开工在建工地10个。辖区有大中型商场7家、医疗机构20家、教育机构19家。

天华路派出所于2000年12月挂牌，位于经开区天华西路甲1号，建筑面积为2297平方米。管辖范围从东部至京沪高速护网以西区域，分别与北京市公安局大兴分局亦庄派出所（简称亦庄派出所）、博兴路派出所接界；南部以凉水河中心线为界以北区域，分别与北京市公安局通州分局马驹桥派出所和博兴路派出所接界；西部大部分以凉水河中心为界、部分以西环北路中心线为界以东区域，与亦庄派出所接界；北部至五环外侧护网以南区域，分别与亦庄派出所、北京市公安局朝阳分局小武基派出所接界。管辖面积为20平方千米，辖区实有人口19.8万人。辖区有居民小区34个。建有一品亦庄、新康家园、博客雅居、林肯公园、力宝广场5个警务站。派出所主要负责辖区内110接处警、社会面治安巡逻、治安管理、社区安全防范、企事业单位管理、执法办案、打击违法犯罪、政治安全稳定、消防监督管理、人口管理、犬类管理、烟花爆竹管理等任务。

（冯晓波）

治安管理

年内，天华路派出所接报110警情11574起，比2019年下降9%；破获刑事案件151起，破积案40起，比2019年增长52%；刑事拘留98人；查处行政案件结案559起，行政拘留119人，抓获在逃人员23人。天华路派出所对辖区可能存在的消防隐患等问题开展滚动式摸排，出动警力4350人次、检查单位2200家次、发现隐患并整改306处、下发行政处罚决定书79份（单位22家、个人57人，罚款9.3万元）。天华路派出所对违法出租房、旅店、违规养犬、未按时备案的易制爆危险化学品从业单位进行处罚，对于拒不整改的单位，会同街道相关部门开展综合治理，并逐一建立台账，定期监督防止反弹。全年清理违规出租房65间，罚款1.65万元，警告1人；处罚旅店5家，罚款2500元；违规养犬警告26人、训诫1人，没收大型犬1只，罚款9400元，收缴无主流浪犬73只；处罚易制爆单位未按规定报备企业5家，罚款2500元。天华路派出所结合大兴区公安分局“三清三个一批”“三重大排查”“两打击一整治”百日攻坚等专项行动工作统一部署，开展基础工作摸排和清查，清退各类违法房屋273间。天华路派出所协调荣华街道、居委会、物业公司对辖区小区开展11次集中清查行动，全年出动警力1654人次，走访29372户，登记出租房3585户，清退和关停网约房、日租房273间，处罚各类违法房屋负责人64人，罚款16500元；核查流动人口46127人，新登记流动人口33633人，新登记的房屋全部建立电子台账。在外国人管理方面，全年查获处罚违住外国人75人。天华路派出所结合反恐防恐、消防、内部单位保卫等工作，针对辖区内 261 家单位进行重点检查和管理。天华路派出所辖区发生案件以电信诈骗为主，全年共计 367 起，占全部发生案件的 77%，破案 12 起，刑事拘留 4 人，抓获在逃人员 6 人。为了有效遏制此类案件的发生，开展宣传防范工作，召开各类反诈宣传动员部署会议、培训 160 多场次，集中开展群众性宣传活动 80 场次，累计 3 万余人次参加培训会、宣传活动，发放《心防》手册以及各类宣传材料 8 万余册（份），动员群众下载“全民反诈”App18 万余人次，安装 10 万余人次，注册 7 万余人；通过广泛宣传，提高了辖区群众的防范意识，先后有 88 人次接到诈骗电话、信息，但没有财产损失。

天华路派出所举办反诈宣传活动　　单位提供

（冯晓波）

维护社会稳定

年内，天华路派出所围绕社区安全防范，严格社会面巡逻防控、地上地下安保一体化、7×24 小时社区警务等立体防控工作机制，动态掌控社会面治安形势，举办社区宣传、110 主题宣传、禁放烟花爆竹主题宣传等活动 100 多次，动员群防群治力量参与安保巡逻防控等工作出动警力 3.7 万人次，悬挂横幅 600 多条，张贴警情通报 1500 多张，入户走访 3500 家。在 110 主题宣传活动中，会同荣华街道办事处、经开区反恐办等单位在大族广场开展以“不忘初心 110、共建共治享安宁”为主题的宣传活动，出动警力 12 人，设立宣传展板 6 块、布置条幅 4 条，发放各类宣传材料 2000 多份，咨询人数达 500 多人。天华路派出所对辖区重点单位落实防控措施情况进行督导检查，指导辖区内社区、单位防疫工作。检查中，实地查看首都医科大学附属北京同仁医院经济技术开发区院区、永康商务酒店、卡尔生活馆社区等单位、社区的防疫工作落实情况，询问了摸排掌握的涉疫人员底数和相关人员隔离防控措施的落实情况，要求相关负责人发现情况立即上报。

（冯晓波）

人口与出入境管理

年内，天华路派出所办理居住证 18658 个、登记卡 2884 个；户籍人口为 19218 人，其中办理居民身份证 3868 个（本地身份证 2288 个、异地身份证 1580 个），出具证明 20 份；境外人员登记 1134 人次，其中外国人 824 人、中国香港居民 64 人、中国台湾居民 243 人、中国澳门居民 3 人。

（冯晓波）

重大活动安保

年内，天华路派出所完成疫情防控、“两会”、党的十九届五中全会等重大活动和节日安保任务、不同节点敏感期保卫任务。“两会”安保期间，根据经开区工委、管委会以及市区两级公安机关的安保工作部署，结合工作实际，在开展思想动员的基础上对政协代表驻地警卫工作制订工作方案，明确任务分工、警力部署、应急处突预案。同时，细化路线警卫勤务。

（冯晓波）

北京市公安局大兴分局天华路派出所
所长 张健

博兴路派出所

概况

2020年，北京市公安局大兴分局博兴路派出所（简称博兴路派出所）有民警33人，其中所领导4人、社区民警8人、内勤及治安民警21人，社区辅警138人。辖区有独立企业113家、涉外企业60家，开工在建工地37个，商业店铺300多家，教育机构8家，从业人员9.68万余人。博兴路派出所落实“接诉即办”要求，信访投诉反馈和回访率为100%；组织专题学习习近平系列重要讲话精神和会议精神，开展党建活动58次。1人立个人三等功，8人获个人嘉奖，5人被评为优秀公务员。

博兴路派出所于2010年5月挂牌，位于经开区博兴七路6号，建筑面积为4200平方米，管辖范围分为河西区和路东区，管辖面积为38.3平方千米。其中，河西区北起三海子东路、南至新大件路，西起博兴七路、东至凉水河，面积为26.8平方千米；路东区北起科创四街、南至科创十七街，西临京沪高速、东至经海路，面积为11.5平方千米。辖区实有人口12万余人。辖区有居民小区13个，分4个管理片区。派出所主要负责辖区内社区防范、人口管理、社会面巡逻、治安管理、打击违法犯罪等工作。

（张义）

治安管理

年内，博兴路派出所接报110警情9453起，比2019年增长6.99%；立刑事案件628起，比2019年增长379.38%；破案65起，刑事拘留74人，比2019年增长12.12%；受理治安（行政）案件1633起，治安拘留87人，比2019年下降20.90%。博兴路派出所出动警力2400多人次，集中整治无照游商、“黑车”揽客、流浪乞讨、散发小广告等治安秩序问题64次；针对辖区挂账乱点（经海路地铁站、开发区交通大队）周边的“黑车”“黑摩的”“分虫”等扰序违法行为，开展不间断联合清理整治工作；加大对辖区旅店宾馆、网吧、发廊等行业的阵地控制和清理力度，检查行业场所300多家次。博兴路派出所织密治安防控网络，以辖区人口密集部位和案件多发地段为重点，投入警力3500多人次，模块化设置巡逻区域，严密查控网络，有效遏制街面现行案件发生。

（张义）

维护社会稳定

年内，博兴路派出所深入开展“扫黑除恶”“平安行动”“净物行动”等专项行动10多个，净化社会治安环境；持续开展反恐演练和反恐隐患排查，强化案管组建设，围绕警情管控、案件管理、现场处置等环节开展专题执法培训68次，增强全警办案执法水平；立足“平安开发区”建设，全面强化刑事犯罪和治安秩序类问题的打击整治；开展堵卡行动 23 次，核录人员 3 万余人次、车辆 1.35 万辆，查获一级临控人员 2 人；加大社区基础工作，严格落实 7×24 小时社区警务等立体防控工作机制，8 名网格社区民警沉入社区主动摸排开展工作，最大限度动态掌控社区治安形势，强化流管员入户登记、社区巡逻防控，加大技防建设，减少发案；召开社区宣传、消防安全防范等宣传活动 47 场，悬挂横幅 1180 多条，张贴警情通报 2300 多张，发放各类宣传材料 2.75 万余份；处罚违规养犬 6 起，收缴无证犬 60 只。

（张义）

人口与出入境管理

年内，博兴路派出所办理居住证 6662 个、登记卡 1440 个；常住人口登记 2404 人；办理户籍业务 795 项，办理居民身份证 2452 个；境外人员登记 395 人次。

（张义）

重大活动安保

年内，博兴路派出所完成春节、国庆、“两会”、十九届五中全会以及工作领导人辖区访问和隔离安保等 70 多次重大安保勤务，参与地上地下一体化、校园高峰、警卫任务等执勤任务，出动警力 650 多人次；全面做好疫情防控、走访摸排、核查处置等工作，检查辖区企业单位 2609 家，核查社区返京人员 18432 人，协助采取隔离观察措施人员 276 人，筑牢疫情防控社区防线；全力做好辖区企业复工情况摸排和安全指导，有序引导重点保障类企业生产复工，为驰援武汉医疗物品保驾护航。

（张义）

北京市公安局大兴分局博兴路派出所

所长 杜凯

检察

概况

2020 年，北京市大兴区人民检察院经济技术开发区检察处（简称经开区检察处）有工作人员 4 人，其中主任检察官 1 人、检察官助理 3 人。年内，经开区检察处围绕全面提高法治化水平、检察公信力和经开区重点工作，履行检察职能，涉及经开区部分刑事案件批捕、审查起诉、检察宣传、联络经开区内各机关和企业、抗疫服务等工作，用法治思维和法治方式服务企业发展，为区域经济和社会健康发展发挥作用。全年受理批捕案件 4 件 4 人，审结 4 件 4 人；审查起诉案件 6 件 6 人、不起诉案件 1 件 1 人，审结 7 件 7 人。

（余婕）

送法进社区活动

10 月 23 日，经开区检察处携第五检察部到博兴街道社区服务中心开展主题为“生活中的民法典之婚姻家庭与继承”讲座。该讲座采用现场面对面授课和线上直播的方式，以婚姻家庭、财产继承为主要内容，以婚姻家庭里可撤销婚姻、离婚冷静期、夫妻共同财产与债务多方面为切入点，结合案例分析《中华人民共和国民法典》新规中的热门话题，并普及相关法律知识。同时，在继承方面从条件与形式对遗嘱继承和法定继承进行解说，解读《中华人民共和国民法典》在生活中的应用。讲座的最后，设置线上、线下互动询问环节，主讲检察官从法律及道德情理两方面替居民们分忧解难。30 多人参加讲座。

（余婕）

参加“四号检察建议”座谈会

10 月 27 日，经开区检察处参加经开区“落实四号检察建议”座谈会，与经开区相关部门负责人就窨井盖的综合治理工作进行座谈，双方就窨井盖的管理部门、管理责任等问题进行深入探讨。经过座谈，双方就建立案件移送、案情通报、信息共享、联席会议机制达成一致。

（余婕）

审判

概况

2020 年，北京市大兴区人民法院经济技术开发区人民法庭（简称经开区法庭）有法官 6 人、法官助理 5 人、事业编书记员 1 人、聘用制审判辅助人员 9 人、派驻法警 3 人。经开区法庭通过政府购买社会化服务的形式聘用司法辅助人员或引进司法诉讼志愿者，在全市法院中率先探索构建“一审一书一助一辅”审判团队模式，聘有志愿者 10 人、司法辅助人员 11 人。经开区法庭主审辖区内民事案件和部分商事案件、劳动争议案件，包括辖区内房屋买卖纠纷和建设工程纠纷案件等。年内，经开区法庭新收建设工程、房屋买卖租赁、交通肇事、婚姻家庭、民间借贷等民事案件及劳动争议案件 2121 件，审结案件 1957 件，结收率达到 92.27%。此外，经开区法庭通过线上宣讲会、线下座谈会、法庭开放日等形式进行普法宣传，推动诉源治理工作，为经开区社会安定、人民安宁提供保障。

（马博雅）

“云法庭”模式开启

经开区法庭开启“云法庭”线上庭审　　刘娜 摄

2 月 12 日、13 日，经开区法庭响应北京市高院关于网上审判的号召，主动与当事人沟通，在当事人的配合下，完成 2 起线上问话，开启“云法庭”模式。该模式通过互联网法庭系统的远程视频平台，将线下庭审移到线上，打通疫情防控期间的诉讼通道。截至 2020 年年底，通过“北京云法庭”App 开展线上开庭、调解 624 次，线上问话 396 次，合计 1020 次。

（马博雅）

劳动用工注意事项及风险防范新闻发布会

劳动用工注意事项及风险防范新闻发布会召开　　钱坤 摄

4 月 15 日，北京市大兴区人民法院（简称大兴法院）在锋创科技园召开企业复产复工过程中的劳动用工注意事项及风险防范新闻发布会。经开区法庭副庭长毛希彤做主题发布，截至 4 月 11 日，经开区规模以上企业复工率为 98%、工业企业复工率为 100%，区内约 18.7 万员工返岗。经开区法庭总结以往办案经验，根据当前国家和北京市的疫情防控工作整体要求，对企业安全防护及工作具体安排、劳动者工作岗位及地点调整、用工管理暨劳动纪律的执行尺度等事项进行梳理通报，并就相关问题进行普法答疑。7 名北京市人大代表和 100 多家企业代表以“现场参会 + 远程视频”的方式参会。发布会在北京市大兴区人民法院官方微博平台同步直播。

（曲畅）

女职工权益保障普法宣讲会

经开区法庭举办女职工权益保障普法宣讲会　　陈强　摄

4 月 29 日，经开区法庭联合经开区总工会共同举办疫情后企业复产复工之女职工权益保障普法宣讲会。会议由经开区法庭法官助理唐玥担任宣讲人，通过视频方式远程连线北京 ABB 开关有限公司、中粮可口可乐饮料（北京）有限公司、北京斯利安药业有限公司等 16 家辖区企业及其女职工代表，各公司共有女职工近 2000 人。会上，唐玥有针对性地对女职工所关心的假期保障、生育保障、劳动保护之强制规定、保健保障 4 个方面进行普法宣讲，并与女职工代表展开互动，对其提出的月经假、妇女节正常提供劳动是否需支付加班费、孕产期女职工产检天数等问题进行法律法规政策解读；以案例入手提示用人单位在女职工调岗、解除和终止劳动关系过程中的法律风险防范，就用人单位关心的 4 种员工离职情形进行分析与实务操作风险提醒；从避免招聘就业歧视、双职工家庭及孕产妇疫情期间权益保障、复产复工举措实施程序 3 个方面为女职工及用人单位总结注意事项。

（唐玥）

开辟农民工维权绿色通道

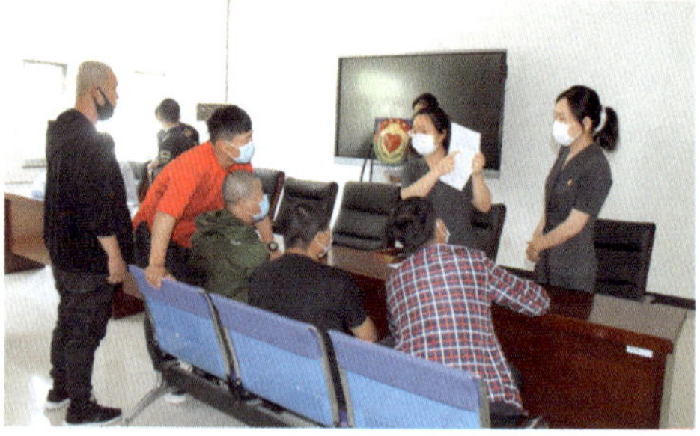

经开区法庭调解司法确认案件　　郭美佳　摄

5 月 12 日，经开区法庭审结 15 起涉及欠付农民工工资的司法确认案件。大兴区亦庄镇人民调解委员会致电经开区法庭，称有涉及多人的劳动争议纠纷需紧急处理。经开区法庭委派副庭长陈珊珊带队到现场与调解委员会负责人就案件情况进行沟通，并对调解员草拟的调解协议进行初步审查。经了解，这是一起欠付农民工工资的劳动争议纠纷，涉及农民工 15 人，欠款总金额 22 万余元。欠薪企业因疫情期间资金流转出现问题，无法开出工资。经调解，公司承诺于 5 月 23 日前付清欠薪，但工人不愿签署调解协议。审判团队认为调解组织出具的调解协议在内容和形式上并不违反强制性规定，双方当事人就协议内容也能够达成一致意见，调解协议可以通过司法确认审查。明确案情后，法官陈珊珊向当事农民工说明了调解协议司法确认程序的相关规定和法律意义，双方当事人一致同意签署调解协议，并向北京市大兴区人民法院提出司法确认申请。本案办理实现诉调工作无缝对接，提高办案质效。同时，经开区法庭借助夜间法庭工作机制，与立案庭协作，合力开辟案件办理绿色通道，及时有效地将矛盾化解于基层。

（曲畅）

涉企业强制执行法律问题解析宣讲会

5月15日，经开区法庭联合经开区科技创新局、法治建设研究会共同举办疫情防控期间涉企业强制执行法律问题解析宣讲会。宣讲会由法官助理张瑞瑞通过腾讯视频会议进行宣讲，60多家企业参会。张瑞瑞首先解读法院“善意文明执行理念”的实质内涵和具体措施，打消部分企业存在的认为会削弱执行力度的疑虑；结合最高人民法院、北京市高级人民法院于疫情防控期间发布的一系列执行工作指导意见和文件，介绍疫情暴发后执行工作的变化和调整，如减少线下执行、大力推行信息化办案、谨慎采取司法拘留等措施，解答参会企业提出的问题，涉及执行立案、申请执行时效、畅通法官联系渠道等方面；通过赵鑫团队办理的疫情防治定点医院执行案件等案例，介绍法院在执行案件中保障企业复工复产达产的成功实践经验。

（张瑞瑞）

《中华人民共和国民法典》普法宣传工作

8月14日，经开区法庭干警接受《北京商报》《亦城时报》采访，结合《中华人民共和国民法典》相关内容，对热播剧中涉及的法律问题展开分析。采访过程中，经开区法庭干警回答记者关于电视剧《三十而已》中人物角色遇到的婚姻及职场困惑的提问，结合《中华人民共和国民法典》最新规定，对剧情中涉及的离婚、离婚财产分割、离婚损害赔偿请求权等问题进行解答，并对劳动者在职场中可能面临的劳动争议问题进行普法。

（刘娇）

审理法定继承纠纷案件

经开区法庭审理法定继承纠纷案件　　牛思琪 摄

10月，经开区法庭在审理一起法定继承纠纷案件中，查明被告石某乙伪造遗赠协议，企图以此蒙骗法庭争得数百万房产。经法庭审理后，石某乙伪造遗赠协议的行为败露，经开区法庭对其伪造证据、妨害民事诉讼的行为处以5万元罚款，并通过夜间法庭向石某乙送达罚款决定书，石某乙当庭表示愿意接受处罚并同意按期缴纳罚款。这是《最高人民法院关于民事诉讼证据的若干规定》修订之后，经开区法庭针对当事人伪造证据的行为开出的首张罚单，打击虚假诉讼、维护诚信诉讼。

（张瑞瑞）

荣华街道 2020 年妇联系列活动

经开区法庭开展荣华街道 2020 年妇联系列活动　张璐 摄

11 月 17 日，经开区法庭到林肯社区开展“多点联动 助力女性素质提升”荣华街道 2020 年妇联系列活动。法官助理唐玥以《中华人民共和国妇女权益保障法》为依托，通过解读该部法律文件所赋予妇女的权利，进而对婚姻家庭、女职工工作生活保障、继承等问题展开探讨。此外，唐玥在普法过程中还结合了相关案例，向群众展示相关法律法规在司法实践中如何切实保障妇女权益。

（张璐）

企业劳动关系处理和案例分享讲座

11 月 23 日，经开区法庭副庭长毛希彤到经开区人力资源经理协会（嘉捷科技园嘉捷学堂）开展企业劳动关系处理和案例分享讲座，并为报名参加全国人力资源服务大赛选拔赛经开区预赛的参赛企业人员做赛前辅导。毛希彤结合对劳动法和劳动合同法的认识，从员工招聘、劳动合同签订、劳动合同的履行及解除等人力资源管理中常见的问题进行说明、讲解；结合劳动争议案件的审判案例，就相关问题解读法律法规的具体规定，为企业对类似问题的预防和解决提供方案和对策；与在场的企业人力资源经理互动交流，解答大家的提问。

（刘畅）

宪法日活动

12 月 4 日，经开区法庭举办宪法日活动。北京市大兴区亦庄镇的 10 多名社区居民到经开区法庭进行参观。经开区法庭干警为参观人员介绍法庭的历史沿革、队伍建设、审理案件类型等；带领社区居民参观经开区法庭的多元调解与速裁室、大会议室、法庭，向参观人员介绍夜间法庭制度，讲解推进夜间法庭工作的原因，并演示如何正确下载线上庭审系统。参观人员旁听法官陈珊珊审理的装饰装修合同纠纷案件。在案件审理过程中，陈珊珊严格执行庭审程序，并介绍庭审秩序及当事人在诉讼中的权利和义务，为参观的居民上了一堂普法公开课。

（刘畅）

参与辖区疫情防控

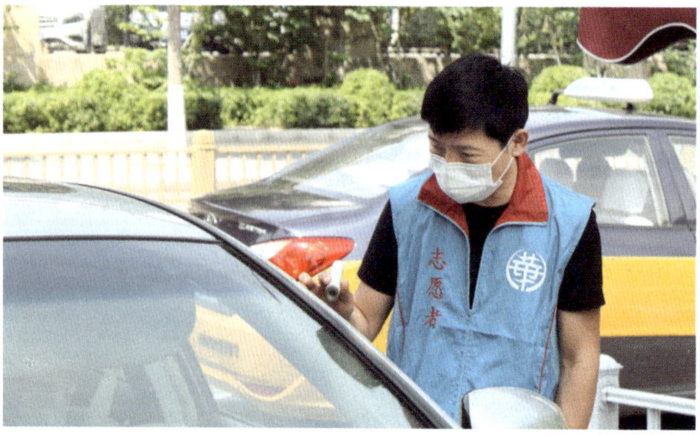

经开区法庭参与辖区疫情防控　陈强 摄

年内，面对经开区居住人员流动大、疫情防控难等问题，经开区法庭党支部严格落实“双报到”制度，主动与经开区管委会沟通防控需求，与荣华街道建立“定时定点”社区抗疫志愿服务。3 月 16 日—4 月 17 日，经开区法庭党支部党员、入党积极分子干警每天轮流到辖区内的金地·格林小镇社区参与疫情防控，完成两班轮岗。4 月 27 日，经开区法庭党支部收到金地格林社区党支部送来的锦旗。

（唐玥）

劳动仲裁

概况

2020 年，北京经济技术开发区劳动人事争议仲裁院（简称经开区仲裁院）牵头与通州区、大兴区仲裁部门沟通协调，在全市首创劳动人事争议三区协同处理机制，研究出台《关于亦庄新城新扩区域劳动人事争议协同处理工作办法》，成立亦庄新城新扩区域劳动人事争议协同处理工作协调小组，配备工作联络员、建立工作台账；确定原管辖区域不变、实行首接负责制、及时通报案件、统一案件处理依据和法律适用尺度等工作原则；在全市仲裁系统率先推出劳动人事争议“云仲裁”审理模式，开展网上开庭审理案件 336 次，结案 415 件；优化流程再造，实现各环节有效衔接，使调解仲裁服务更加规范，各项工作开展更加顺畅；完成 10 家基层劳动争议调解组织规范化建设并授牌，开展仲裁巡回大讲堂 10 场和网上公开庭审 10 期，培训基层调解员 200 人，指导 180 家单位合法用工；开展“1+1 联学联建”活动，被经开区机关党委列为落实支部工作法试点单位。全年接待服务企业群众 8930 人次，受理案件 3669 件，结案 3382 件，结案率为 97.27%、调解率为 63.47%、终结率为 75.82%，创历史新高。

（李怀亭　王进）

党员“双报到”工作

1 月 9 日，经开区仲裁院成立党支部。2—8 月，经开区仲裁院开展党员“双报到”工作，先后派出 8 名党员干部和 4 名团员下沉到社区、园区一线参与抗疫 150 多天，联络排查居民 2263 户和返京人员 1429 人。

（李怀亭　王进）

“云仲裁”结案 415 件

2 月 20 日，经开区仲裁院在全市仲裁系统率先推出劳动人事争议“云仲裁”审理模式，编制《网上审理操作手册》《网上调解操作手册》，开展线上立案、线上调解、线上开庭，运用仲裁审理平台在线化解争议功能，为企业群众纾困解难。疫情期间，审理案件 336 次，结案 415 件。

（李怀亭　王进）

10 家基层劳动争议调解组织授牌

5 月 15 日，经开区仲裁院在汇龙森科技园举行经开区基层劳动争议调解组织授牌仪式，完成 10 家基层劳动争议调解组织规范化建设并授牌。

经开区 10 家基层劳动争议调解组织一览表

序号	组织名称	组织性质
1	欧必翼科技创新园劳动人事争议调解中心	产业园区

续表

序号	组织名称	组织性质
2	汇龙森科技园劳动人事争议调解中心	产业园区
3	锋创科技园劳动人事争议调解中心	产业园区
4	北京亦庄生物医药园劳动人事争议调解中心	产业园区
5	东方雨虹民用建材有限责任公司	民营企业
6	京东方科技集团股份有限公司	国有企业
7	北京亦庄国际投资发展有限公司	国有企业
8	和利时集团	股份制企业
9	诺兰特移动通信配件（北京）有限公司	外资企业
10	松下电气机器（北京）有限公司	日资企业

（李怀亭　王进）

走访调研活动

5—10 月，经开区仲裁院结合走遍新城行动和 2021 年工作部署，分成 3 个调研小组开展走访调研活动。其中，先后 15 次深入指定的第三片区企业、园区走访调研，完成 3 份调研报告；走访 12 家重点企业，了解和谐劳动关系情况。

（李怀亭　王进）

全员保密培训

7 月 3 日，经开区仲裁院在隆盛大厦开展全员保密培训。培训会邀请经开区保密办就当前的保密形势、保密内容、保密定义、保密制度、保密查处等方面进行解读。经开区仲裁院及第三方共 35 人参加培训。

（李怀亭　王进）

三区协同处理工作会

8 月 28 日，经开区仲裁院联合通州区、大兴区仲裁院（委）在博大大厦召开亦庄新城新扩区域劳动人事争议协同处理工作会。会议研究通过《关于亦庄新城新扩区域劳动人事争议协同处理工作办法》和亦庄新城新扩区域劳动人事争议协同处理工作协调小组成员以及联络员名单。三区仲裁院主要领导做了发言，表示全力支持劳动人事争议协同处理工作协调小组工作。市人力社保局调解仲裁处主要领导参会并指出，三个区协同开展工作在全市属首创，要提高站位、服务大局、加强合作、形成合力；要发挥经开区的产业优势和通州区、大兴区的社会管理优势，探索合作机制、运行模式、服务口径、裁判尺度等。市人力社保局调解仲裁处处长以及三区相关工作人员 14 人参会。

（李怀亭　王进）

护薪行动

年内，经开区仲裁院针对农民工讨薪难的问题，组成 4 人工作专班，开展网络调解、电话调解、现场调解和仲裁调解，集中解决农民工欠薪案件。全年受理农民工案件 861 件，结案 846 件，结案率为 98.26%，维权金额达 480 多万元。

（李怀亭　王进）

处理疑难案件 90 件

年内，经开区仲裁院坚持“专案专办、要素审理、调解优先”原则，针对集体案件、重点案件、疑难案件，由专人组成合议庭承办，通过集体讨论裁决结果，实行快审快裁快结。全年共处理疑难案件 90 件，其中一起案件被北仲评为典型案件。

（李怀亭　王进）

统计资料

综合

经开区主要经济综合指标一览表

项目	单位	2020 年	2019 年	增减（%）
地区生产总值	亿元	2 045.4	1 932.8	6.4
常住人口	万人	16.5	15.3	7.8
一般公共预算收入	亿元	321.9	270.0	19.2
一般公共预算支出	亿元		226.9	
税收收入	亿元		604.6	
营业收入	亿元	15 878.9	13 372.0	18.7
利润总额	亿元	715.7	665.4	7.6
工业总产值	亿元	4 467.9	4 125.2	8.3
社会消费品零售额	亿元	408.3	441.1	−7.4
进出口总值	亿美元	199.5	195.8	1.9
# 出口	亿美元	58.5	57.3	2.0
实际利用外资	亿美元	6.5	5.6	17.6
从业人员年末人数	万人	38.5	37.7	2.1

注：

1. 一般公共预算收支、税收收入数据来源于经开区财政审计局，进出口总额来源于北京海关，实际利用外资来源于经开区商务金融局；

2. 自 2020 年开始，一般公共预算收入数据调整为地方级口径，下表同。

经开区一般公共预算收入情况一览表

单位：万元

项目	2020 年
一般公共预算收入	3 218 930
税收收入	3 091 930
# 增值税	1 283 129
# 企业所得税	845 784
# 个人所得税	214 378
# 城市维护建设税	220 388
非税收入	127 000

经开区地区生产总值一览表

单位：亿元

项目	2020年	增速（%）
地区生产总值	2 045.4	6.4
按产业分		
第二产业	1 323.1	5.9
第三产业	722.3	7.4
按行业分		
工业	1 272.6	5.7
建筑业	51.5	11.8
批发和零售业	243.5	−0.2
交通运输、仓储和邮政业	42.5	18.5
住宿和餐饮业	15.9	−20.6
信息传输、软件和信息技术服务业	127.7	21.8
金融业	60.1	10.9
房地产业	62.8	12.9
租赁和商务服务业	61.1	8.1
科学研究和技术服务业	64.7	7.3
水利、环境和公共设施管理业	3.4	2.8
居民服务、修理和其他服务业	3.5	−11.9
教育	9.3	33.4
卫生和社会工作	4.4	−13.1
文化、体育和娱乐业	2.4	−3.2
公共管理、社会保障和社会组织	19.8	9.3

注：

1. 本表地区生产总值按当年价格计算，增速按可比价格计算；
2. 本表为初步核算结果。

能源消费

经开区规模以上工业企业综合能源消费量（当量值）一览表

单位：万吨标准煤

项目	2020年	2019年	增减（%）
合计	84.20	81.99	2.7
采矿业	2.59	2.14	20.9
开采专业及辅助性活动	2.59	2.14	20.9
制造业	71.29	68.35	4.3
农副食品加工业	0.03	0.03	8.5
食品制造业	2.18	2.14	1.8
酒、饮料和精制茶制造业	0.61	0.73	−15.9

续表

项目	2020年	2019年	增减（%）
纺织业	…	…	−13.5
纺织服装、服饰业	0.01	0.01	−1.7
造纸和纸制品业	0.86	0.81	5.7
印刷和记录媒介复制业	1.67	1.79	−6.7
文教、工美、体育和娱乐用品制造业	0.05	0.03	52.0
化学原料和化学制品制造业	3.74	3.66	2.1
医药制造业	9.79	8.96	9.3
化学纤维制造业	1.03	0.92	11.1
橡胶和塑料制品业	0.20	0.22	−11.6
非金属矿物制品业	0.06	0.06	−11.9
金属制品业	0.18	0.23	−21.0
通用设备制造业	1.84	1.84	0.2
专用设备制造业	1.29	1.49	−13.0
汽车制造业	16.16	15.24	6.0
铁路、船舶、航空航天和其他运输设备制造业	0.07	0.07	−4.0
电气机械和器材制造业	0.85	0.91	−6.3
计算机、通信和其他电子设备制造业	30.18	28.68	5.2
仪器仪表制造业	0.33	0.36	−9.8
其他制造业	0.16	0.16	1.6
金属制品、机械和设备修理业	…	…	29.5
电力、热力、燃气及水生产和供应业	10.32	11.50	−10.2
电力、热力生产和供应业	9.58	10.76	−11.0
燃气生产和供应业	0.01	0.01	3.6
水的生产和供应业	0.73	0.73	0.3

注：“…”表示该数据不足该表最小计量单位数。

经开区规模以上二、三产业能源消费量（当量值）一览表

单位：万吨标准煤

项目	2020年	2019年	增减（%）
合计	132.43	128.84	2.8
第二产业	94.36	91.92	2.7
采矿业	2.59	2.14	20.9
制造业	71.29	68.35	4.3
电力、热力、燃气及水生产和供应业	10.32	11.50	−10.2
建筑业	10.16	9.93	2.2
第三产业	38.07	36.92	3.1
批发和零售业	2.55	2.83	−9.6
交通运输、仓储和邮政业	1.99	2.69	−26.0

续表

项目	2020 年	2019 年	增减（%）
住宿和餐饮业	3.41	3.62	-5.7
信息传输、软件和信息技术服务业	20.87	19.10	9.3
金融业	0.08	0.07	11.8
房地产业	3.73	3.56	4.7
租赁和商务服务业	0.42	0.53	-20.5
科学研究和技术服务业	3.59	2.97	20.9
水利、环境和公共设施管理业	0.32	0.32	1.6
居民服务、修理和其他服务业	0.10	0.10	-1.4
教育	0.51	0.64	-20.3
卫生和社会工作	0.42	0.41	3.6
文化、体育和娱乐业	0.06	0.08	-25.7
公共管理、社会保障和社会组织	…	…	-1.7

注："…"表示该数据不足该表最小计量单位数。

经开区规模以上二、三产业水消费量一览表

单位：万立方米

项目	2020 年	2019 年	增减（%）
合计	5 003.2	4 652.2	7.5
第二产业	3 827.1	3 517.5	8.8
采矿业	7.5	8.1	-7.4
制造业	3 452.0	3 212.4	7.5
电力、热力、燃气及水生产和供应业	134.6	157.7	-14.6
建筑业	233.0	139.4	67.2
第三产业	1 176.1	1 134.7	3.6
批发和零售业	115.9	133.6	-13.2
交通运输、仓储和邮政业	22.9	24.7	-7.2
住宿和餐饮业	257.6	255.2	0.9
信息传输、软件和信息技术服务业	230.7	229.9	0.3
金融业	0.6	0.4	37.8
房地产业	222.8	210.3	5.9
租赁和商务服务业	15.8	40.7	-61.2
科学研究和技术服务业	172.5	91.5	88.6
水利、环境和公共设施管理业	41.5	54.5	-23.8
居民服务、修理和其他服务业	9.2	3.8	140.5
教育	46.7	52.0	-10.2
卫生和社会工作	16.4	19.0	-13.5
文化、体育和娱乐业	23.5	19.1	23.2
公共管理、社会保障和社会组织	…		

注："…"表示该数据不足该表最小计量单位数。

全社会固定资产投资

经开区全社会固定资产投资一览表

项目	2020 年比 2019 年增长（%）
全社会固定资产投资	25.4
# 建安投资	-3.1
按产业分	
第二产业	77.7
# 工业	77.7
第三产业	-2.1
# 房地产开发	-4.2
按登记类型分	
# 国有	16.6
集体	
股份制	-62.3
港澳台商	19.6
外商	124.5
私营个体	537.5
其他	

注：

1. 国有包括登记注册类型为国有、国有联营及国有独资公司的单位；
2. 集体包括登记注册类型为集体和集体联营的单位。

经开区全社会固定资产投资及新增固定资产一览表

（按行业分）

单位：万元

行业	投资额 2020 年比 2019 年增长（%）	新增固定资产 2020 年比 2019 年增长（%）
合计	25.4	265.0
农、林、牧、渔业		
采矿业		
制造业	79.9	54.4
电力、燃气及水的供应业	12.1	
建筑业		
批发与零售业	-51.2	
交通运输、仓储和邮政业	-67.7	
住宿和餐饮业		
信息传输、软件和信息技术服务业	-52.1	-58.4
金融业		

续表

行业	投资额2020年比2019年增长（%）	新增固定资产2020年比2019年增长（%）
房地产业	−4.2	1 223.4
租赁和商务服务业		
科学研究和技术服务业	21.1	1 083.6
水利、环境和公共设施管理业	6.3	15.1
居民服务、修理和其他服务业		
教育		
卫生和社会工作	−82.4	2 597.4
文化、体育和娱乐业	16.8	
公共管理、社会保障和社会组织		

经开区房地产开发情况一览表

项目	2020年比2019年增长（%）
房地产开发项目个数	−6.1
房地产开发投资额	−4.2
按用途分	
# 住宅	35.8
写字楼（办公楼）	−48.5
商业营业用房	−26.1
其他	−44.7
按投资构成分	
建筑安装工程	−28.4
设备工器具购置	−47.3
其他费用	6.5
# 土地购置费	9.7
商品房销售额	33.8
# 住宅	41.0

经开区房地产开发面积一览表

单位：万平方米

项目	2020年	2019年	增减（%）
房屋施工面积	413.7	369.7	11.9
# 本年新开工面积	63.0	49.6	27.1
# 住宅	160.5	101.8	57.6
办公楼（写字楼）	134.2	152.8	−12.2
商业营业用房	14.2	16.3	−12.9

续表

项目	2020 年	2019 年	增减（%）
其他	104.9	98.8	6.1
房屋竣工面积	93.1	10.0	834.8
# 住宅	45.2		
办公楼（写字楼）	23.7	4.2	461.7
商业营业用房		2.4	
其他	24.2	3.4	615.8
商品房销售面积	56.5	41.5	36.2
# 住宅	51.9	34.7	49.6
办公楼（写字楼）	2.9	5.1	−42.9
商业营业用房	0.5	0.1	230.8
其他	1.3	1.6	−21.2
商品房待售面积	48.6	30.8	57.7
# 住宅	24.6	7.2	239.6
#1~3 年（含 1 年）	36.6	20.0	83.0
#3 年以上（含 3 年）	8.9	10.8	−17.0

第二产业

经开区规模以上工业企业主要指标一览表

项目	单位	2020 年	2019 年	增减（%）
单位数	个	351	311	12.9
资产总计	万元	69 644 752	60 152 769	15.8
负债合计	万元	40 326 361	33 622 277	19.9
固定资产原价	万元	20 811 556	19 860 294	4.8
规模以上工业总产值	万元	44 679 282	41 252 105	8.3
营业收入	万元	48 008 684	44 208 712	8.6
利润总额	万元	5 539 206	5 271 101	5.1

经开区规模以上电子信息产业主要经济指标一览表

项目	单位	2020 年	2019 年
企业单位个数	个	59	56
# 亏损企业	个	10	17
工业总产值	万元	8 488 475	7 055 281

续表

项目	单位	2020年	2019年
平均用工人数	人	30 247	31 022
资产负债			
资产总计	万元	29 558 707	21 456 861
流动资产合计	万元	21 627 154	15 558 850
# 存货	万元	1 664 365	1 172 732
# 产成品	万元	663 446	481 426
# 应收账款	万元	2 093 835	2 030 518
负债合计	万元	18 236 224	11 510 109
损益			
营业收入	万元	10 792 356	7 818 474
# 主营业务收入	万元	10 698 987	7 693 987
营业成本	万元	9 503 338	6 975 895
税金及附加	万元	54 454	35 441
销售费用	万元	166 245	133 736
管理费用	万元	282 415	238 374
财务费用	万元	62 914	−29 335
研发费用	万元	337 546	275 347
利润总额	万元	631 769	356 200
应缴增值税	万元	166 167	3 315

经开区规模以上装备制造产业主要经济指标一览表

项目	单位	2020年	2019年
企业单位个数	个	157	128
# 亏损企业	个	41	30
工业总产值	万元	6 104 575	5 510 704
平均用工人数	人	35 598	33 956
资产负债			
资产总计	万元	9 826 710	8 432 157
流动资产合计	万元	7 743 772	6 268 326
# 存货	万元	1 332 644	1 481 525
# 产成品	万元	435 392	472 423
# 应收账款	万元	2 412 799	1 959 915
负债合计	万元	5 375 142	4 382 510
损益			
营业收入	万元	7 324 176	6 370 090
# 主营业务收入	万元	7 046 355	6 119 960

续表

项目	单位	2020 年	2019 年
营业成本	万元	5 641 441	4 941 603
税金及附加	万元	37 524	32 667
销售费用	万元	345 666	313 911
管理费用	万元	432 111	381 434
财务费用	万元	18 585	20 434
研发费用	万元	266 022	229 422
利润总额	万元	649 010	528 213
应缴增值税	万元	162 988	110 081

经开区规模以上生物与医药产业主要经济指标一览表

项目	单位	2020 年	2019 年
企业单位个数	个	36	32
# 亏损企业	个	9	11
工业总产值	万元	5 305 269	5 147 874
平均用工人数	人	23 561	23 571
资产负债			
资产总计	万元	7 493 069	6 381 656
流动资产合计	万元	4 736 961	4 089 534
# 存货	万元	1 556 125	1 475 431
# 产成品	万元	825 110	733 650
# 应收账款	万元	1 126 055	1 002 738
负债合计	万元	3 321 574	2 827 534
损益			
营业收入	万元	5 280 564	5 245 673
# 主营业务收入	万元	5 151 984	5 129 934
营业成本	万元	2 644 156	2 558 368
税金及附加	万元	34 361	42 344
销售费用	万元	1 377 342	1 477 578
管理费用	万元	305 459	270 088
财务费用	万元	94 245	100 053
研发费用	万元	192 134	118 748
利润总额	万元	506 976	740 085
应缴增值税	万元	184 561	267 180

经开区规模以上汽车与交通设备产业主要经济指标一览表

项目	单位	2020年	2019年
企业单位个数	个	26	23
#亏损企业	个	2	1
工业总产值	万元	21 602 363	20 322 619
平均用工人数	人	24 862	23 322
资产负债			
资产总计	万元	17 788 832	19 094 839
流动资产合计	万元	11 965 234	12 890 153
#存货	万元	2 077 236	1 993 272
#产成品	万元	573 775	719 387
#应收账款	万元	3 102 252	3 500 751
负债合计	万元	11 154 496	12 589 184
损益			
营业收入	万元	20 560 659	20 801 579
#主营业务收入	万元	20 297 339	19 553 007
营业成本	万元	14 677 701	15 131 805
税金及附加	万元	940 115	944 161
销售费用	万元	1 202 279	1 078 188
管理费用	万元	365 249	412 888
财务费用	万元	49 333	5 307
研发费用	万元	243 639	83 569
利润总额	万元	3 086 177	3 092 475
应缴增值税	万元	785 363	836 290

经开区规模以上都市工业主要经济指标一览表

项目	单位	2020年	2019年
企业单位个数	个	45	47
#亏损企业	个	10	11
工业总产值	万元	1 957 642	2 123 160
平均用工人数	人	12 419	15 396
资产负债			
资产总计	万元	3 023 538	3 166 128
流动资产合计	万元	2 120 373	2 253 786
#存货	万元	232 660	259 434
#产成品	万元	106 244	118 225
#应收账款	万元	238 544	296 266

续表

项目	单位	2020 年	2019 年
负债合计	万元	1 479 223	1 600 742
损益			
营业收入	万元	2 727 536	2 886 097
#主营业务收入	万元	2 606 094	2 807 921
营业成本	万元	1 564 245	1 643 195
税金及附加	万元	21 526	24 385
销售费用	万元	574 654	613 715
管理费用	万元	162 299	179 049
财务费用	万元	−7 138	−4 210
研发费用	万元	28 224	22 530
利润总额	万元	413 762	442 502
应缴增值税	万元	130 050	154 095

经开区规模以上现代制造业主要经济指标一览表

项目	单位	2020 年	2019 年
企业单位个数	个	211	174
#亏损企业	个	50	43
工业总产值	万元	38 514 605	34 807 646
平均用工人数	人	92 835	88 951
资产负债			
资产总计	万元	57 995 705	49 215 462
流动资产合计	万元	41 353 981	34 573 437
#存货	万元	5 311 196	4 924 746
#产成品	万元	1 935 893	1 876 990
#应收账款	万元	7 540 201	7 409 532
负债合计	万元	34 641 769	28 222 197
损益			
营业收入	万元	40 356 826	36 561 387
#主营业务收入	万元	39 629 503	34 857 225
营业成本	万元	29 717 789	26 738 147
税金及附加	万元	1 044 300	1 036 969
销售费用	万元	2 889 329	2 789 215
管理费用	万元	1 158 472	1 079 205
财务费用	万元	216 608	62 762
研发费用	万元	923 023	603 938
利润总额	万元	4 494 715	4 400 378
应缴增值税	万元	1 228 963	1 158 984

经开区规模以上高技术制造业主要经济指标一览表

项目	单位	2020 年	2019 年
企业单位个数	个	163	144
#亏损企业	个	40	43
工业总产值	万元	15 530 793	13 597 974
平均用工人数	人	66 891	66 420
资产负债			
资产总计	万元	40 080 135	30 465 340
流动资产合计	万元	28 717 844	21 526 716
#存货	万元	3 941 347	3 247 804
#产成品	万元	1 581 311	1 302 976
#应收账款	万元	3 781 625	3 564 610
负债合计	万元	23 259 522	15 693 551
损益			
营业收入	万元	17 977 983	14 502 722
#主营业务收入	万元	17 657 140	14 179 769
营业成本	万元	13 575 726	10 587 896
税金及附加	万元	99 922	87 757
销售费用	万元	1 629 827	1 696 349
管理费用	万元	753 560	638 389
财务费用	万元	164 451	71 943
研发费用	万元	655 744	495 399
利润总额	万元	1 246 791	1 163 467
应缴增值税	万元	384 391	291 910

经开区建筑业企业基本情况一览表

项目	单位	2020 年	2019 年
企业单位数	个	70	63
从业人员期末人数	人	16 075	12 700
建筑业总产值	万元	5 256 934	2 742 355
#建筑工程产值	万元	4 824 272	2 180 274
#安装工程产值	万元	370 890	473 454
#本市完成产值	万元	653 324	510 292
营业收入	万元	7 189 036	5 164 285
利润总额	万元	207 079	210 292
房屋建筑面积			
施工面积	万平方米	4 198.0	971.9

续表

项目	单位	2020 年	2019 年
竣工面积	万平方米	388.9	41.4
竣工产值	万元	1 585 348	524 700
签订合同额	万元	24 599 868	19 509 105

批发和零售业

经开区限额以上批发和零售业商品购进、销售、库存总值一览表

单位：万元

项目	2020 年	2019 年	增减（%）
商品进口额	86 930 419	74 268 934	17.0
进口	533 762	635 254	−16.0
商品销售额	94 461 980	74 718 822	26.4
批发额	78 329 948	63 070 401	24.2
# 出口	1 288 970	1 013 274	27.2
零售额	16 132 032	11 648 421	38.5
期末商品库存额	7 688 516	6 959 312	10.5

第三产业

2020 年规模以上第三产业法人单位主要经济指标一览表

（按行业、按等级注册类型分）

项目	单位个数（个）	从业人员平均人数（万人）	资产总计（亿元）	收入合计（亿元）	税金合计（亿元）	利润总额（亿元）
合计	786	16.2	10 103.7	10 359.1	102.0	141.0
按行业分						
批发和零售业	251	3.1	3 748.3	8 718.4	30.9	28.4
交通运输、仓储和邮政业	24	1.0	127.5	244.5	10.7	35.6
住宿和餐饮业	43	1.9	40.9	49.1	0.1	−2.5
信息传输、软件和信息技术服务业	104	4.0	1 520.9	612.8	21.6	44.2
金融业	24	0.1	960.3	27.8	2.6	3.3
房地产业	76	0.5	2 491.0	182.5	22.0	12.0
租赁和商务服务业	68	1.9	256.3	111.0	2.9	−2.3
科学研究和技术服务业	139	2.4	848.9	358.0	10.0	23.5
水利、环境和公共设施管理业	7	0.1	38.6	13.9	0.3	1.2

续表

项目	单位个数（个）	从业人员平均人数（万人）	资产总计（亿元）	收入合计（亿元）	税金合计（亿元）	利润总额（亿元）
居民服务、修理和其他服务业	10	0.4	11.0	7.0	0.4	1.1
教育	21	0.5	19.4	17.7	0.1	−2.1
卫生和社会工作	10	0.2	23.3	11.4	0.1	−1.2
文化、体育和娱乐业	9	0.1	17.3	4.9	0.2	…
公共管理、社会保障和社会组织						
按登记注册类型分						
内资	703	12.3	7 147.3	4 353.8	75.8	77.4
国有	12	0.3	48.6	16.6	0.1	0.3
集体	1	***	***	***	***	***
股份合作						
联营						
有限责任公司	313	6.6	5 504.1	3 593.1	58.1	40.4
股份有限公司	29	0.7	498.7	209.4	4.4	16.6
私营	341	4.6	1 092.1	530.8	13.2	20.1
其他	7	***	***	***	***	***
港、澳、台商投资	32	1.9	2 434.3	5 607.6	9.3	9.6
外商投资	51	2.0	522.1	397.8	16.9	54.1

注：
1.“***”表示为使个体数据得以保密，该数据不予公布；
2.“…”表示该数据不足该表最小计量单位数。

2020年经开区规模以上文化产业法人单位基本情况一览表

行业	单位个数（个）	从业人员平均人数（人）	收入合计（万元）	利润总额（万元）
合计	62	7 737	4 448 101	54 940
新闻信息服务	5	1 144	84 039	971
内容创作生产	8	851	56 890	−2 784
创意设计服务	22	1 192	650 450	4 774
文化传播渠道	4	***	***	***
文化投资运营	1	***	***	***
文化辅助生产和中介服务	18	3 694	469 564	49 570
文化装备生产				
文化消费终端生产	4	189	1 953 622	25 826

注：“***”表示为使个体数据得以保密，该数据不予公布。

劳动工资

2020 年经开区非私营法人单位从业人员和劳动工资一览表

项目	年末人数（人）	工资总额（万元）	平均工资（元）
合计	279 964	4 940 770	178 935
采矿业	2 124	24 803	116 499
制造业	125 931	2 229 016	177 047
电力、热力、燃气及水生产和供应业	1 209	16 235	135 003
建筑业	14 408	178 159	124 462
批发和零售业	24 957	573 578	220 550
交通运输、仓储和邮政业	8 755	139 046	157 774
住宿和餐饮业	13 317	107 449	82 529
信息传输、软件和信息技术服务业	40 306	879 262	235 572
金融业	463	13 684	308 127
房地产业	4 641	67 992	147 060
租赁和商务服务业	7 342	84 048	122 696
科学研究和技术服务业	25 131	447 409	185 251
水利、环境和公共设施管理业	1 405	16 770	117 619
居民服务、修理和其他服务业	476	5 411	114 181
教育	3 858	76 769	204 788
卫生和社会工作	2 241	30 488	137 527
文化、体育和娱乐业	2 110	30 397	139 832
公共管理、社会保障和社会组织	1 291	20 256	155 464

高新技术企业

经开区高新技术企业情况一览表

项目	单位	2020 年	2019 年	增减（%）
企业个数	个	1 219	1 051	16.0
总收入	亿元	7 559.8	6 280.1	20.4
#技术收入	亿元	501.7	366.5	36.9
产品销售收入	亿元	3 837.0	3 458.0	11.0
工业总产值	亿元	3 731.8	3 431.4	8.8
利润总额	亿元	525.7	519.9	1.1
实缴税费总额	亿元	477.8	402.6	18.7

附录

北京经济技术开发区年鉴 2021

BEIJING ECONOMIC-TECHNOLOGICAL DEVELOPMENT AREA YEARBOOK 2021

2020年德勤—亦庄高科技、高成长20强企业一览表

序号	企业名称
1	百泰生物药业有限公司
2	赛诺威盛科技（北京）有限公司
3	阿尔特汽车技术股份有限公司
4	北京丹大生物技术有限公司
5	北京擎科生物科技有限公司
6	奇点新源国际技术开发（北京）有限公司
7	北京德为智慧科技有限公司
8	北京云族佳科技有限公司
9	北京纳百生物科技有限公司
10	北京铭道众缘生物科技有限公司
11	诺未科技（北京）有限公司
12	博诺康源（北京）药业科技有限公司
13	亦康（北京）医药科技有限公司
14	北京锐洁机器人科技有限公司
15	北京百普赛斯生物科技股份有限公司
16	北京北方华创真空技术有限公司
17	北京培宏望志科技有限公司
18	北京中科金马科技股份有限公司
19	北京奥特恒业电气设备有限公司
20	华清科盛（北京）信息技术有限公司

（经开区科技创新局提供）

2020年德勤—亦庄高科技、高成长明日之星企业一览表

序号	企业名称
1	北京奕斯伟计算技术有限公司
2	星河动力（北京）空间科技有限公司
3	北京天星博迈迪医疗器械有限公司
4	北京赛赋医药研究院有限公司
5	康源博创生物科技（北京）有限公司
6	北京博联众睿机器人科技有限公司
7	北京和合医学诊断技术股份有限公司
8	北京华益精点生物技术有限公司
9	北京烁科精微电子装备有限公司
10	北京华海基业机械设备有限公司
11	哈工军立方机器人科技（北京）有限公司
12	北京宇航推进科技有限公司
13	国典（北京）医药科技有限公司

续表

序号	企业名称
14	北京智同精密传动科技有限责任公司
15	华宇金信（北京）软件有限公司

（经开区科技创新局提供）

2020年国家级、市级认定企业研发机构一览表

序号	认定部门	企业名称	研发机构名称
1	国家发展改革委	北京泰德制药股份有限公司	企业技术中心
2	市科委	北京东方百泰生物科技有限公司	北京市企业科技研究开发机构
3	市科委	润方（北京）生物医药研究院有限公司	北京市企业科技研究开发机构
4	市经济信息化局	北京斯利安药业有限公司	北京市企业技术中心
5	市经济信息化局	北京京东乾石科技有限公司	北京市企业技术中心
6	市经济信息化局	中交四公局第二工程有限公司	北京市企业技术中心
7	市经济信息化局	中交四公局第三工程有限公司	北京市企业技术中心
8	市经济信息化局	北京博奥晶典生物技术有限公司	北京市企业技术中心
9	市经济信息化局	中冶赛迪电气技术有限公司	北京市企业技术中心
10	市经济信息化局	北京东方百泰生物科技股份有限公司	北京市企业技术中心
11	市经济信息化局	北京华海基业机械设备有限公司	北京市企业技术中心
12	市经济信息化局	北京擎科生物科技有限公司	北京市企业技术中心
13	市经济信息化局	中建二局安装工程有限公司	北京市企业技术中心

（经开区科技创新局提供）

2020年企业创新簇一览表

序号	企业名称	级别
1	北京星际荣耀空间科技有限公司	市级、区级
2	欧必翼太赫兹科技（北京）有限公司	市级、区级
3	北京加科思新药研发有限公司	市级、区级
4	远东正大检验集团有限公司	市级、区级
5	北京纳百生物科技有限公司	市级、区级
6	思路迪（北京）医药科技有限公司	市级、区级
7	索真（北京）医学科技有限公司	市级、区级
8	北京浦丹光电股份有限公司	市级、区级
9	北京欣奕华科技有限公司	市级、区级
10	北京宇航推进科技有限公司	市级、区级

续表

序号	企业名称	级别
11	北京创盈光电医疗科技有限公司	市级、区级
12	北京中冶力和科技有限公司	市级、区级
13	中奥汇成科技股份有限公司	市级、区级

（经开区科技创新局提供）

2020年胡润大中华区独角兽指数企业一览表

序号	企业名称	所属产业
1	京东数字科技控股有限公司	新一代信息技术
2	北京酒仙网络科技有限公司	新一代信息技术
3	北京奕斯伟科技集团有限公司	新一代信息技术

（经开区科技创新局提供）

2020年经开区引进世界500强企业和投资项目一览表

序号	企业名称	区内投资项目（企业）名称
1	赛诺菲（法国）	赛诺菲 Toujeo 灌装及组装生产线项目
2	阿斯利康（英国）	阿斯利康中国北方北部项目
3	施耐德（法国）	（中法）施耐德智能制造产业园
4	丰田（日本）	丰田燃料电池研发中心项目
5	一汽集团	红旗智行出行服务平台项目
6	京东集团（中国）	京东中央研究院
7		京东安联财险项目

（经开区营商合作局提供）

2020年经开区引进中央企业一览表

序号	所属央企	下属机构	企业名称
1	中建集团	中国建筑集团有限公司—中国建筑股份有限公司—中国建筑第二工程局有限公司	中建二局第一建筑工程有限公司
2		中国建筑集团有限公司—中国建筑股份有限公司—中建科技集团有限公司	中建集成建筑有限公司
3		中国建筑集团有限公司—中国建筑股份有限公司—中建交通建设集团有限公司	中建交通建设集团铁路工程有限公司
4		中国建筑集团有限公司—中国建筑股份有限公司—中建资本控股有限公司—中建投资基金管理（北京）有限公司	广德信建蓝海投资管理有限公司
5		中国建筑集团有限公司—中国建筑股份有限公司	中建－大成建筑有限责任公司

续表

序号	所属央企	下属机构	企业名称
6	中建集团	中国建筑集团有限公司—中国建筑股份有限公司—中国建筑第二工程局有限公司	中建二局安装工程有限公司
7		中国建筑集团有限公司—中国建筑股份有限公司—中建科技集团有限公司	中建装配式建筑设计研究院有限公司
8		中国建筑集团有限公司—中国建筑股份有限公司—中建安装集团有限公司	中建电子信息技术有限公司
9	国家电力投资集团有限公司	国家电力投资集团有限公司—国家电投集团北京电力有限公司—北京经开综合智慧能源有限公司（国家电投集团北京电力有限公司创新中心）	北京经开综合智慧能源有限公司

（经开区营商合作局提供）

2020年经开区竣工房建工程项目一览表

序号	竣工验收日期	工程名称	建设单位
1	1月13日	G4-4#办公楼等9项（移动硅谷创新中心项目）	北京亦庄移动硅谷有限公司
2	1月13日	G4-1#酒店等6项（移动硅谷创新中心项目）	北京亦庄移动硅谷有限公司
3	1月16日	1#研发实验楼等15项（九城电子商务产业网链聚集园区及配套项目）（F2F1地块）	北京九城进出口电子商务软件有限公司
4	3月2日	D区生产楼（工业园项目）	北京浩邈汇丰医药科技有限公司
5	3月13日	阿尔特大楼（阿尔特研发制造及总部基地项目）	阿尔特置业（北京）有限公司
6	3月25日	消防泵房	北京环博达物流有限公司
7	3月30日	X91-2#住宅楼等25项［经开区河西区X91R1地块二类居住（配建公共租赁住房）项目］（X91-12#住宅楼、X91-13#住宅楼、X91-14#住宅楼、4#地下车库、7#人防战时主要出入口、8#人防战时主要出入口）-二次	北京方兴拓赢房地产开发有限公司
8	3月30日	X91-1#住宅楼等16项［经开区河西区X91R1地块二类居住（配建公共租赁住房）项目］（X91-V1#住宅楼、X91-V2#住宅楼、3#地下车库）	北京方兴拓赢房地产开发有限公司
9	4月9日	新建二期车间等3项	北京北汽李尔汽车系统有限公司
10	4月14日	中试厂房等10项（医药生产基地项目、心脑血管及免疫调节产品产业化项目）	北京赛升药业股份有限公司
11	4月15日	6#楼等18项（X13R2地块居住项目）	北京首开住总房地产开发有限公司

续表

序号	竣工验收日期	工程名称	建设单位
12	4 月 30 日	零部件排序中心及分拣中心、1#传达室等 3 项（北京奔驰配套零部件排序中心及分拣中心西区项目）	北京中都星徽物流有限公司
13	5 月 6 日	壹胜百模具（北京）有限公司增建库房项目（1#库房等 3 项）	壹胜百模具（北京）有限公司
14	5 月 9 日	研发试制检测平台 1#楼等 20 项（小米互联网电子产业园项目）一标段	北京小米电子产品有限公司
15	5 月 9 日	研发试制检测平台 1#楼等 20 项（小米互联网电子产业园项目）二标段	北京小米电子产品有限公司
16	5 月 12 日	京东方先进技术实验室二期工程北京总部项目	北京京东方光电科技有限公司
17	5 月 12 日	京东方研发配套项目	京东方科技集团股份有限公司
18	6 月 10 日	社区服务中心等 2 项［亦庄镇鹿海园（X30 地块）社区服务中心］	北京市大兴区亦庄镇人民政府
19	6 月 22 日	E9R1 地块小学新建工程项目［教学楼（含室内运动场、汽车库、食堂、行政办公等）等 3 项］	北京经济技术开发区基建办公室
20	6 月 28 日	X91–1#住宅楼等 16 项［经开区河西区 X91R1 地块二类居住（配建公共租赁住房）项目］（X91–V3#住宅楼、X91–V4#住宅楼、X91–V5#住宅楼、X91–V6#住宅楼、X91–V7#住宅楼、5#地下车库）	北京方兴拓赢房地产开发有限公司
21	7 月 6 日	1#住宅楼等 16 项（经开区 X84R3 地块自住型商品房项目）	北京博大新元房地产开发有限公司
22	7 月 13 日	C1 办公楼（首层为商业）等 7 项（数码科技园）（C3 办公楼及配套商业办公楼、C4 办公楼及配套商业办公楼、R2 人防出入口）、DX1 地下车库、员工餐厅、餐厅、设备用房及人防通道等 2 项（数码科技园）（DX2 地下车库、超市、员工餐厅、设备用房及人防通道项目）	北京经开工大投资管理有限公司
23	7 月 13 日	C1 办公楼（首层为商业）等 7 项（数码科技园）［C1 办公楼（首层为商业）、C2 办公楼（首层为商业）、R1 人防出入口］、DX1 地下车库、员工餐厅、餐厅、设备用房及人防通道等 2 项（数码科技园）（DX1 地下车库、员工餐厅、餐厅、设备用房及人防通道项目）	北京经开工大投资管理有限公司
24	9 月 1 日	X88 地块幼儿园新建工程	北京经济技术开发区基建办公室
25	9 月 2 日	1#生产厂房等 18 项（8 英寸集成电路研发产业化及封测平台建设项目）	北京燕东微电子科技有限公司
26	11 月 2 日	1 号中试楼 B 区装修工程	北京智飞绿竹生物制药有限公司

续表

序号	竣工验收日期	工程名称	建设单位
27	11 月 2 日	2#疫苗车间一及综合用房等 3 项	北京智飞绿竹生物制药有限公司
28	11 月 9 日	耐威时代 1#生产楼等 6 项（惯性及卫星导航产品研发生产基地项目）	北京耐威时代科技有限公司
29	11 月 20 日	医疗综合楼等 3 项（北京同仁医院经济技术开发区院区扩建工程）	首都医科大学附属北京同仁医院
30	12 月 3 日	经开区河西区 X90R2、X90A1 地块 R2 二类居住用地、A33 基础教育用地项目	北京金隅兴大房地产开发有限公司
31	12 月 9 日	冲压车间（410）（新建 MFA 冲压车间项目）、车身储存中心及车间通廊（增建 MFA 车身存储中心及车间通廊项目）	北京奔驰汽车有限公司
32	12 月 9 日	MFA（奔驰前驱车型）总装车间物流及生产辅助设施区项目（MFA 总装西侧物流区扩建等 2 项）、MFA（奔驰前驱车型）总装车间物流及生产辅助设施区项目［6 号门卫（489）］、增建 MFA 生产辅助用房项目［废料中心扩建（480/1）］	北京奔驰汽车有限公司
33	12 月 9 日	MFA（奔驰前驱车型）生产辅助设施区二期项目（污水处理站）	北京奔驰汽车有限公司
34	12 月 24 日	18#住宅楼等 3 项	北京博睿宏业房地产开发有限公司
35	12 月 25 日	11#住宅楼等 8 项	北京博睿宏业房地产开发有限公司
36	12 月 29 日	2#楼试验厂房及连廊等 5 项	阿尔特置业（北京）有限公司
37	12 月 30 日	亦庄新城现代有轨电车 T1 线临时车场项目	北京亦庄公交有轨电车有限责任公司

（经开区开发建设局提供）

2020 年经开区竣工市政工程项目一览表

序号	竣工验收日期	工程名称	建设单位
1	12 月 28 日	经开区路东区双四路道路工程（一标段）	北京亦庄盛元投资开发有限公司
2	12 月 28 日	亦庄新城现代有轨电车 T1 线工程项目土建一标段	北京亦庄公交有轨电车有限责任公司
3	12 月 28 日	亦庄新城现代有轨电车 T1 线工程项目土建二标段	北京亦庄公交有轨电车有限责任公司
4	12 月 28 日	亦庄新城现代有轨电车 T1 线工程项目土建三标段	北京亦庄公交有轨电车有限责任公司
5	12 月 28 日	亦庄新城现代有轨电车 T1 线工程项目土建－四标段	北京亦庄公交有轨电车有限责任公司

续表

序号	竣工验收日期	工程名称	建设单位
6	12 月 30 日	亦庄新城现代有轨电车 T1 线工程项目 1#、2#变电所	北京亦庄公交有轨电车有限责任公司
7	12 月 30 日	亦庄新城现代有轨电车 T1 线工程项目 3#、4#变电所	北京亦庄公交有轨电车有限责任公司
8	12 月 30 日	亦庄新城现代有轨电车 T1 线工程项目 6#、7#、8#变电所	北京亦庄公交有轨电车有限责任公司

（经开区开发建设局提供）

2020 年经开区竣工装修工程项目一览表

序号	竣工验收日期	工程名称	建设单位
1	1 月 9 日	北京新能源汽车股份有限公司创新科技中心项目	北京新能源汽车股份有限公司
2	1 月 14 日	浙商银行北京亦庄支行装饰工程	浙商银行股份有限公司北京分行
3	1 月 17 日	大族企业湾 8 号院 3 号楼 3 层 A 座 301 单元 B 座 302 单元装修改造工程	北京中杉金桥生物技术有限公司
4	1 月 17 日	经开区荣华中路 19 号院 1 号楼 B 座 21 层 2103 号单元内装修工程	东电电子（上海）有限公司
5	1 月 20 日	经开区青年公寓公建改造项目（7 号楼等 2 项）外立面改造工程	北京博大兴投资开发有限公司
6	1 月 21 日	北京腾龙亦庄云计算数据中心项目装修工程	腾龙数据（北京）科技发展有限公司
7	3 月 16 日	经开区荣华中路 19 号院 1 号楼 A 座 3 层 307、308、309 室装修工程	北京兰美荣华口腔门诊部有限公司
8	3 月 30 日	X 事业部亦庄研发中心项目	北京京东乾石科技有限公司
9	4 月 9 日	经开区经海四路 156 号院 1 号楼 1~5 层内装修工程	沃特世科技（上海）有限公司北京分公司
10	4 月 20 日	上海银行北京亦庄支行装修改造工程	上海银行股份有限公司北京分行
11	4 月 22 日	经开区宏达北路 8 号 5 幢 1 层 ICON 研发项目内装修工程	爱科恩临床医学研究（北京）有限公司
12	4 月 28 日	大族广场 T3-10 层装修改造工程	上海悦亿网络信息技术有限公司
13	5 月 8 日	厂房装修改造工程	北京圣普林机电科技有限公司
14	5 月 8 日	中航国际北京航空城 H2 号楼 3 层精装修工程	中国航空技术北京有限公司
15	5 月 15 日	网络安全产品研发生产项目（网络安全产品研发生产项目）外立面改造	北京欧瑞德科技发展有限公司
16	5 月 19 日	201 楼二层多功能厅装修改造项目	北京生物制品研究所有限责任公司

续表

序号	竣工验收日期	工程名称	建设单位
17	5月19日	净化车间与实验室装修工程	北京天助畅运医疗技术股份有限公司
18	5月29日	医疗检测设备的研发及生产项目	北京京东方健康科技有限公司
19	6月22日	北京亦城财富902/903装修项目	上海京东到家元信信息技术有限公司
20	6月30日	荣昌东街甲5号3号楼7层装修工程	博昊云天智造（北京）科技有限公司
21	6月30日	新型冠状病毒疫苗车间项目	北京生物制品研究所有限责任公司
22	7月3日	中国国际电子商务中心三层、八层办公区装修改造工程	中国国际电子商务中心
23	7月13日	汽车门模块生产项目装修工程	麦格纳汽车系统（北京）有限公司
24	7月17日	经开区荣华中路19号院1号楼B座1106、1107室装修工程	航天泰心科技有限公司
25	7月23日	北京亦城财富1003/1004装修项目	上海京东到家元信信息技术有限公司
26	7月27日	颇尔滤芯生产车间装修改造工程	颇尔（中国）有限公司
27	7月30日	A18地块商务综合体项目一期工程T7四层自用办公室装修改造工程	北京亦庄盛元投资开发有限公司
28	8月4日	经开区荣华南路13号院9号楼3层内装修工程	蓝箭航天空间科技股份有限公司
29	8月7日	经开区荣华中路19号院1号楼B座7层708、709室装修工程	北京滇大池石锅鱼餐饮有限公司
30	8月13日	北京金色三麦亦庄店	北京金色三麦餐饮管理有限公司
31	8月20日	捍斐电一工厂VCP车间内部装修改造工程	捍斐电电子(北京)有限公司
32	8月21日	大族广场T1#办公楼五层室内装修改造工程	大族环球科技股份有限公司
33	8月25日	生物医药制剂产品研发项目	莱默(北京)药业科技有限公司
34	8月25日	北京经开壹广场121、122号房屋装修	北京经开亦盛房地产开发有限公司
35	8月26日	国锐广场B座20层装饰改造工程	北京盛世宏明投资基金管理有限公司
36	9月11日	盐酸氨溴索口服缓释混悬液技术开发项目装修工程	北京达因高科儿童药物研究院有限公司
37	9月21日	研发生产楼（总部营销中心项目、研发中心项目、项目管理信息平台建设项目、设计中心项目）装修工程	森特士兴集团股份有限公司
38	9月23日	经开区荣华中路19号院1号楼B座301、302室装修工程	北京熠雅教育咨询有限公司
39	10月19日	经开区海关大楼整体维修改造项目	中华人民共和国北京海关

续表

序号	竣工验收日期	工程名称	建设单位
40	10 月 21 日	经开区经海四路 156 号院 13 号楼局部内装修工程	北京海步医药科技股份有限公司
41	10 月 22 日	北京华众恩康医药技术有限公司装修工程	北京华众恩康医药技术有限公司
42	10 月 27 日	自体血液回收机及一次性使用血液回收耗材产业化项目	北京万东康源科技开发有限公司
43	11 月 13 日	红山科技集团亦城财富 27 层办公室装修项目	北京红山信息科技研究院有限公司
44	11 月 13 日	经开区路东区 A18C-1 地块 Q6 商业裙房	北京天水雅居餐饮管理有限公司
45	11 月 13 日	博尔诚 1 号楼 4 层办公项目装修工程	博尔诚（北京）科技有限公司
46	11 月 13 日	移动硅谷创新中心办公室装修工程	奇安信网神网络安全技术（北京）有限公司
47	11 月 18 日	集成电路装备产业化项目	北京鲁汶半导体科技有限公司
48	11 月 20 日	生物医药研发检测服务、细胞分析和 CAR-T 技术服务与研发项目	北京百普赛斯生物科技有限公司
49	11 月 27 日	工业用煤质气化研发项目装饰装修工程	航天长征化学工程股份有限公司
50	11 月 30 日	经开区国际人才公寓项目 - 装修改造	北京博大新元房地产开发有限公司
51	12 月 2 日	北京智创芯源科技有限公司半导体芯片项目机电 EPC 工程	北京智创芯源科技有限公司
52	12 月 4 日	能源与工业互联网分析及应用平台项目	北京德昇科技有限公司
53	12 月 11 日	改善办学保障条件 -2018 年基础设施改造定额管理项目 2- 教学楼公共区域吊顶及灯具更新改造工程	北京电子科技职业学院
54	12 月 11 日	改善办学保障条件 - 基础设施改造 - 基础学院教学楼功能完善改造	北京电子科技职业学院
55	12 月 11 日	改善办学保障条件 -2018 年基础设施改造定额管理项目 2- 教学楼户门更新改造	北京电子科技职业学院
56	12 月 11 日	改善办学保障条件 -2018 年基础设施改造定额管理项目 2- 艺术设计学院传统文化创新应用基地基础改造	北京电子科技职业学院
57	12 月 15 日	经开区展览馆项目（A 座创新博物馆等 2 项）	北京亦庄投资控股有限公司
58	12 月 16 日	隆盛大厦办公用房改造	中共北京经济技术开发区工委党政办公室
59	12 月 17 日	经开区信创园 B 区 2 号楼一层 102、103、104 装修工程	招商银行股份有限公司北京分行
60	12 月 28 日	京彩办公楼装修工程	北京京彩弘景园林工程有限公司
61	12 月 28 日	A18 地块商务综合体项目一期工程 T7 三层、T5 三层会议中心、T6305 办公室装修改造工程	北京亦庄盛元投资开发有限公司

（经开区开发建设局提供）

2020年经开区新开工建设项目一览表			
序号	发证日期	工程名称	建设单位
1	1月3日	A18地块商务综合体项目一期工程T7四层自用办公室装修改造工程	北京亦庄盛元投资开发有限公司
2	1月7日	经开区河西区X92R1地块R2二类居住用地项目（5号住宅楼等5项）	北京雅晟房地产开发有限公司
3	1月7日	经开区河西区X92R1地块R2二类居住用地项目（1号住宅楼等9项）	北京雅晟房地产开发有限公司
4	1月9日	宏基因组高通量测序项目	微岩医学科技（北京）有限公司
5	1月14日	亦庄创意生活广场服务楼装修改造工程	北京汇正文化艺术发展有限公司
6	1月20日	大兴区亦庄工业区内25号装修工程	北京亦丰餐饮有限公司
7	1月20日	自体血液回收罐及干细胞冷冻袋生产项目装修工程	北京京精医疗设备有限公司
8	1月20日	京东方先进技术实验室二期工程北京总部项目	北京京东方光电科技有限公司
9	2月6日	E9地块小学新建工程项目［教学楼（含室内运动场、汽车库、食堂、行政办公等）等3项］	北京经济技术开发区基建办公室
10	2月6日	北京亦庄细胞治疗研发中试基地（1#综合服务中心等20项）（一标段）	北京亦庄盛元投资开发有限公司
11	2月6日	北京亦庄细胞治疗研发中试基地（1#综合服务中心等20项）（二标段）	北京亦庄盛元投资开发有限公司
12	2月10日	中芯国际配套电力沟道工程	北京经济技术开发区基建办公室
13	2月14日	北京华众恩康医药技术有限公司装修工程	北京华众恩康医药技术有限公司
14	2月18日	高端汽车及新能源汽车关键零配件产业园N19-1地块建设项目（1#厂房等9项）	北京亦庄盛元投资开发有限公司
15	2月18日	新型冠状病毒疫苗车间项目	北京生物制品研究所有限责任公司
16	3月6日	北京中天银和投资有限公司装修工程	北京中天银和投资有限公司
17	3月10日	经开区科谷一街10号院12号楼2~7层、15~17层、20~24层内装修工程	统信软件技术有限公司
18	3月12日	北汽新能源高端智能生态工厂定制厂房［联合厂房（一）等3项］	北京亦庄盛元投资开发有限公司
19	3月13日	经开区兴业街2号3幢1至3层内装修工程	北京北控曙光大数据股份有限公司
20	3月14日	北京经开壹广场121、122号房屋装修	北京经开亦盛房地产开发有限公司
21	3月16日	X90小区道路工程—道路及配套	北京博大新元房地产开发有限公司
22	3月17日	红山科技集团亦城财富27层办公室装修项目	北京红山信息科技研究院有限公司
23	3月19日	展示中心工程项目（展示中心等2项）	北京经济技术开发区土地储备与建设服务中心
24	3月24日	经开区展览馆项目（A座创新博物馆等2项）	北京亦庄投资控股有限公司
25	3月24日	北京华腾大搪项目	北京国鑫荟文化科技服务有限公司

续表

序号	发证日期	工程名称	建设单位
26	3 月 24 日	经开区环科中路 2 号院 20 号楼内装修工程	北京神州技测科技有限公司
27	3 月 26 日	通州区马驹桥镇 C01、C-07、C-09 地块项目（1# 住宅楼等 22 项）（11# 住宅楼至 20# 住宅楼、21# 居住服务设施楼、地下车库东侧库区）	北京北投宏大房地产开发有限公司
28	3 月 26 日	通州区马驹桥镇 C01、C-07、C-09 地块项目（1# 住宅楼等 22 项）（1# 住宅楼至 10# 住宅楼、地下车库西侧库区）	北京北投宏大房地产开发有限公司
29	3 月 26 日	经开区地盛东路 1 号院 6 号楼 6 层办公室装修工程	北京爱普益生物科技有限公司
30	3 月 27 日	北京经开壹广场 107 号房屋室内装修工程	北京通建融创恒丰置业有限公司
31	3 月 27 日	搬迁至经开区研发制造基地项目（研发生产厂房）	中核(北京)核仪器有限责任公司
32	3 月 31 日	京东集团总部 3 号楼项目（社会停车场）	北京智方润科房地产开发有限公司
33	3 月 31 日	京东集团总部 3 号楼项目（3 号楼 C 座）	北京智方润科房地产开发有限公司
34	3 月 31 日	京东集团总部 3 号楼项目（3 号楼 A 座）	北京智方润科房地产开发有限公司
35	3 月 31 日	诺康达药品研发及智能化生产项目（生产实验楼等 26 项）（生产实验楼、地下车库及配套用房 1、综合配套楼、智能制造车间、门卫及电缆分界室、自行车棚、天然气调压站、岗亭 1、雨水调蓄池 1、降温池 1、化粪池 1）工程	北京仁众药业有限公司
36	4 月 3 日	经开区科谷一街 10 号院 10 号楼 1、2、3、12、13、14 层内装修工程	龙芯中科（北京）信息技术有限公司
37	4 月 3 日	北京智创芯源科技有限公司半导体芯片项目机电 EPC 工程	北京智创芯源科技有限公司
38	4 月 7 日	生物医药研发检测服务、细胞分析和 CAR-T 技术服务与研发项目	北京百普赛斯生物科技有限公司
39	4 月 8 日	博尔诚 1 号楼 4 层办公项目装修工程	博尔诚（北京）科技有限公司
40	4 月 9 日	经开区科谷一街 10 号院 2 楼 3~4 层内装修工程	北京国望光学科技有限公司
41	4 月 10 日	融兴北四街（三海子东路—瑞合东二路）新建道路工程	北京亦庄投资控股有限公司
42	4 月 14 日	华宇亦庄办公室装修项目	北京华宇软件股份有限公司
43	4 月 23 日	亦城科创家园公寓装修改造	北京博大新元房地产开发有限公司
44	4 月 23 日	经开区信创园服务中心装修项目	北京通明湖信息城发展有限公司
45	4 月 29 日	凉水河路（博兴五路—博兴路）燃气管道工程［凉水河路（博兴五路—博兴路）燃气管道工程］	北京华油联合燃气开发有限公司
46	4 月 29 日	平安银行北京通明湖信息城支行装修工程	平安银行股份有限公司北京分行

续表

序号	发证日期	工程名称	建设单位
47	4月30日	亦庄海关食堂改造施工	中共北京经济技术开发区工作委员会党政办公室
48	5月8日	G4-1# 酒店等6项（移动硅谷创新中心项目）北京亦庄东区智选假日酒店装修工程	北京益尚酒店管理有限公司
49	5月11日	经开区路东区A18C-1地块Q6商业裙房	北京天水雅居餐饮管理有限公司
50	5月15日	经开区经海四路156号院13号楼局部内装修工程	北京海步医药科技股份有限公司
51	5月15日	集创北方显示驱动芯片设计和先进封测基地项目（研发实验厂房等6项）	北京集创北方半导体科技有限公司
52	5月19日	经开区经海五路3号院16号楼装修工程	北京经开光谷置业有限公司
53	5月20日	经开区E9R2、E9A2地块R2二类居住用地、A33基础教育用地项目（1# 住宅楼等15项）	北京通建融创恒丰置业有限公司
54	5月20日	经开区荣华中路19号1号楼A座17层1701、1702、1703、1705、1706单元装修工程	北京营信创新房地产经纪有限公司
55	5月22日	北京扶正肿瘤医院临床研究医院建设项目（污水处理站）	北京海吉星医疗科技集团有限公司
56	5月25日	阿尔特大楼精装修项目（阿尔特研发制造及总部基地项目）	阿尔特汽车技术股份有限公司
57	5月25日	通州区马驹桥镇国家环保产业园区YZ00-0703-6004/6005/6006地块R2二类居住用地、A33基础教育用地项目（06-01# 住宅等19项）	北京融泰房地产开发有限公司
58	5月25日	通州区马驹桥镇国家环保产业园区YZ00-0703-6004/6005/6006地块R2二类居住用地、A33基础教育用地项目幼儿园（幼儿园）	北京融泰房地产开发有限公司
59	5月25日	首药控股新药研发与产业化基地项目（1号中试楼等12项）	北京亦庄盛元投资开发有限公司
60	5月25日	揖斐电一工厂VCP车间内部装修改造工程	揖斐电电子（北京）有限公司
61	5月26日	经开区路东区E9R3、E9R4地块R2二类居住用地项目（4-1# 住宅楼等20项）	北京经开亦盛房地产开发有限公司
62	5月26日	北京恒瑞源正实验室装修项目	恒瑞源正（北京）生物医药有限公司
63	5月26日	通州区马驹桥镇国家环保产业园区YZ00-0703-6004/6005/6006地块R2二类居住用地、A33基础教育用地项目（04-1# 住宅楼等22项）	北京融泰房地产开发有限公司
64	5月27日	自体血液回收机及一次性使用血液回收耗材产业化项目	北京万东康源科技开发有限公司

续表

序号	发证日期	工程名称	建设单位
65	5月28日	亦庄东工业园区A6M2地块亦庄生命健康产业区生物医药标准厂房开发建设项目（1#门卫等5项）	北京亦庄新城实业有限公司
66	6月2日	北京亦昭生物医药中试研发生产基地项目（BD01研发中试楼等17项）	北京昭衍生物技术有限公司
67	6月2日	新建动物实验室净化工程	北京悦康创展科技有限公司
68	6月8日	经开区科创十三街29号院一区7号楼1层102号房间、2~3层室内装修工程	北京晟佳坤合酒店管理有限公司
69	6月8日	大兴区双羊路15号（迪兴工业园）2幢地上一层局部内装修工程	卡尔拉得汽车系统（北京）有限公司
70	6月9日	北理工高动态载体导航产品研发生产基地项目（生产支持楼等7项）	北京七星恒盛导航科技有限公司
71	6月9日	经开区路东区E9R3、E9R4地块R2二类居住用地项目（3–2#住宅楼等10项）	北京经开亦盛房地产开发有限公司
72	6月9日	国盛高新科技工业园扩建项目（3#工业厂家加建等3项）	北京博大国盛投资有限公司
73	6月11日	珐博进（中国）医药技术开发有限公司A2楼办公室改造项目	珐博进（中国）医药技术开发有限公司
74	6月12日	1#生产厂房等18项（8英寸集成电路研发产业化及封测平台建设项目）	北京燕东微电子科技有限公司
75	6月12日	国盛高新科技工业园扩建项目（9#楼附属厂房）	北京博大国盛投资有限公司
76	6月12日	通州区马驹桥镇工业开发区内景盛南二街19号1幢、2幢、4幢局部装修工程	北京华航北方机动车检测技术有限公司
77	6月16日	MFA（奔驰前驱车型）总装车间物流及生产辅助设施区项目（MFA总装西侧物流区扩建等2项）、MFA（奔驰前驱车型）总装车间物流及生产辅助设施区项目［6号门卫（489）］、增建MFA生产辅助用房项目［废料中心扩建（480/1）］	北京奔驰汽车有限公司
78	6月17日	京彩办公楼装修工程	北京京彩弘景园林工程有限公司
79	6月18日	智能网联汽车制造业创新中心能力建设项目［试验中心（一）、综合研发中心等4项］	国汽（北京）智能网联汽车研究院有限公司
80	6月19日	钣金生产加工基地项目（二号厂房等2项）	北京皓海嘉业机械科技有限公司
81	6月24日	C1办公楼（首层为商业）等7项（数码科技园）［C1办公楼（首层为商业）、C2办公楼（首层为商业）、R1人防出入口］、DX1地下车库、员工餐厅、餐厅、设备用房及人防通道等2项（数码科技园）（DX1地下车库、员工餐厅、餐厅、设备用房及人防通道项目）	北京经开工大投资管理有限公司

续表

序号	发证日期	工程名称	建设单位
82	6月24日	C1办公楼（首层为商业）等7项（数码科技园）（C3办公楼及配套商业办公楼、C4办公楼及配套商业办公楼、R2人防出入口）、DX1地下车库、员工餐厅、餐厅、设备用房及人防通道等2项（数码科技园）（DX2地下车库、超市、员工餐厅、设备用房及人防通道项目）	北京经开工大投资管理有限公司
83	6月24日	亦庄新药研发生产基地项目（1#生产实验车间等13项）二标段	北京亦庄盛元投资开发有限公司
84	6月24日	亦庄新药研发生产基地项目（1#生产实验车间等13项）一标段	北京亦庄盛元投资开发有限公司
85	6月24日	天骥智谷11号楼室内精装项目	北京鸿兴利源科技发展有限公司
86	7月1日	经开区河西区X78C2地块综合性商业金融服务业用地项目（商业楼等3项）	北京尚恒锦祥商业运营管理有限公司
87	7月3日	移动硅谷创新中心办公室装修工程	奇安信网神网络安全技术（北京）有限公司
88	7月14日	高端集成电路装备研发及产业化项目–零部件研发及装配净化车间改造工程	北京北方华创微电子装备有限公司
89	7月15日	新建生产测试间项目（新建生产测试间9等4项）	瓦里安医疗设备（中国）有限公司
90	7月17日	X88地块幼儿园新建工程	北京经济技术开发区基建办公室
91	7月17日	亦城国际中心裙楼一层装修改造工程	北京亦庄投资控股有限公司
92	7月20日	经开区国际人才公寓项目－装修改造	北京博大新元房地产开发有限公司
93	7月23日	通州区嘉创二路4号地定向安置房项目（1#住宅楼等8项）	北京嘉创鸿业房地产开发有限公司
94	7月23日	通州区嘉创二路4号地定向安置房项目（9#住宅楼等6项、幼儿园教学楼等2项）	北京嘉创鸿业房地产开发有限公司
95	7月24日	通州区台湖镇崔家窑敬民路（台湖镇次渠东南路—亦庄北小营路）、通州区台湖镇北小营中路（太平西一路—台湖镇惠民路）（道路、雨水、污水、给水、电力、燃气）工程	北京住总置地有限公司
96	7月27日	发动机一厂区物流中转区厂房建设项目	北京奔驰汽车有限公司
97	7月30日	通州区台湖镇站前街南六街（站前街次石路—站前街次渠路）等三条道路、给水、雨水、污水、再生水工程	北京住总置地有限公司
98	7月30日	通州区台湖镇站前街次渠路（次渠中二路—站前街）等三条道路、给水、雨水、污水、再生水、电力、燃气工程	北京住总置地有限公司
99	7月30日	瑞合路道路改造及景观提升工程	北京恒天建设集团有限公司
100	7月30日	博兴路道路改造及景观提升工程三标段	北京经济技术开发区基建办公室

续表

序号	发证日期	工程名称	建设单位
101	7月30日	隆盛大厦办公用房改造	中共北京经济技术开发区工委党政办公室
102	7月30日	荣昌西街、东街道路改造及景观提升工程	北京经济技术开发区基建办公室
103	7月30日	科创街道路改造及景观提升工程一标段	北京经济技术开发区基建办公室
104	7月30日	博兴路道路改造及景观提升工程一标段	北京经济技术开发区基建办公室
105	7月30日	博兴路道路改造及景观提升工程二标段	北京经济技术开发区基建办公室
106	7月30日	科创街道路改造及景观提升工程二标段	北京经济技术开发区基建办公室
107	8月3日	经开区路南区融兴街（瑞合西一路—亦柏路）污水管线工程	北京亦庄投资控股有限公司
108	8月3日	经开区地盛东路1号院6号楼四层局部、五层内装修工程	予果智造科技（北京）有限公司
109	8月3日	经开区河西区X92R2地块R2二类居住用地项目（1#住宅楼等16项）	长溢（北京）置业有限公司
110	8月5日	经开区信创园B区2号楼一层102、103、104装修工程	招商银行股份有限公司北京分行
111	8月6日	研发生产楼（总部营销中心项目、研发中心项目、项目管理信息平台建设项目、设计中心项目）装修工程	森特士兴集团股份有限公司
112	8月6日	通州区台湖镇亦庄新城站前区YZ00-0401-0056、YZ00-0401-L0055-02地块R2二类居住用地、A334托幼用地项目（1#、2#住宅楼等13项）	北京通诚房地产开发有限公司
113	8月6日	通州区台湖镇亦庄新城站前区YZ00-0401-0056、YZ00-0401-L0055-02地块R2二类居住用地、A334托幼用地项目（A2#9班幼儿园）	北京通诚房地产开发有限公司
114	8月6日	新药研发服务平台第二次扩建项目	康龙化成（北京）新药技术股份有限公司
115	8月7日	大兴区旧宫镇YZ00-0801-0018/0019/0024/0025/0026地块二类居住用地、基础教育用地项目（26-01#住宅楼等13项）	北京致兴房地产开发有限公司
116	8月7日	大兴区旧宫镇YZ00-0801-0018/0019/0024/0025/0026地块二类居住用地、基础教育用地项目（25-1#住宅楼等15项）	北京致兴房地产开发有限公司
117	8月7日	大兴区旧宫镇YZ00-0801-0018/0019/0024/0025/0026地块二类居住用地、基础教育用地项目（18-02#住宅楼等15项）	北京致兴房地产开发有限公司
118	8月7日	大兴区旧宫镇YZ00-0801-0018/0019/0024/0025/0026地块二类居住用地、基础教育用地项目（19-01#住宅楼等14项）	北京致兴房地产开发有限公司

续表

序号	发证日期	工程名称	建设单位
119	8月7日	通州区马驹桥镇C01、C-07、C-09地块项目（幼儿园等2项）	北京北投宏大房地产开发有限公司
120	8月7日	苍穹数码数字加工中心装修工程	苍穹数码技术股份有限公司
121	8月10日	经海三路109号院47号楼装修工程	中瑞恒泰投资集团有限公司
122	8月11日	丹大生物体外诊断试剂平台改造项目	北京丹大生物技术有限公司
123	8月12日	艾尼克斯北京新厂房装修改造项目	艾尼克斯电子（北京）有限公司
124	8月12日	经开区经海二路25号1幢一层局部内装修工程	北京天星博迈迪医疗器械有限公司
125	8月12日	经开区经海五路1号院12号楼厂房装修工程	远东正大检验技术（北京）有限公司
126	8月13日	通州区兴华南街327号4层401内装修工程	海鸿达（北京）餐饮管理有限公司北京第六十六分公司
127	8月17日	京城机电总部办公楼装修改造项目（科研办公楼）	北京京城机电控股有限责任公司
128	8月17日	蛋白药物中试生产车间项目	舒泰神（北京）生物制药股份有限公司
129	8月17日	四期多功能地块1-A#楼公共区域装修项目	亦创高科（北京）科技有限公司
130	8月18日	6#乘用车油泥模型车间等3项、8#楼改装车间、变速箱车间等5项	阿尔特企业管理（北京）有限公司
131	8月19日	经开区经海五路58号院6号楼四层实验室装修工程	北京鸿测科技发展有限公司
132	8月19日	库房二期二层451区域及生产区二期一层1005~7区域装修	赛诺菲（北京）制药有限公司
133	8月21日	经开区河西区宏农路（兴海二街—兴海路）新建道路工程	北京亦庄投资控股有限公司
134	8月21日	北京银行北京经济技术开发区信创园支行装修工程	北京银行股份有限公司经济技术开发区支行
135	8月21日	经开区荣华南路1号院7号楼101、102、103、-103、203房间装饰装修工程	长溢（北京）置业有限公司
136	8月24日	珐博进（中国）医药技术开发有限公司A2楼办公室改造项目	珐博进（中国）医药技术开发有限公司
137	8月25日	东方通信创园区G4-2 16、17、18层装修工程	北京东方通软件有限公司
138	8月25日	经开区荣华中路22号院3号楼19层1901/1904房间室内装修工程	中国成套设备进出口集团有限公司
139	8月27日	北京旌丽荣塑料制品有限公司装修工程	北京旌丽荣塑料制品有限公司
140	8月28日	亦城科技中心D座15层办公场所装修工程	北京亦庄投资有限公司
141	8月28日	A18地块商务综合体项目一期工程T7三层、T5三层会议中心、T6305办公室装修改造工程	北京亦庄盛元投资开发有限公司
142	9月2日	经开区科谷一街、经惠东路、孟庄西街、崔各庄北路道路工程	北京经济技术开发区土地储备与建设服务中心

续表

序号	发证日期	工程名称	建设单位
143	9月2日	通州区马驹桥镇亦庄新城 0500 街区 YZ00-0500-6007 等地块 R2 二类居住用地、A334 托幼用地项目（11-01# 住宅楼等 21 项）	中交润致（北京）置业有限公司
144	9月2日	拜耳北京工厂 LandB 三层包装扩产改造项目	拜耳医药保健有限公司
145	9月4日	川谷汇 37 号楼室内装修工程	北京宁浠舒乐商贸有限责任公司
146	9月4日	荣华南路 16 号 1 幢宁波银行装修改造工程	宁波银行股份有限公司北京分行
147	9月8日	经开区荣华中路 22 号院 2 号楼 1 层 102、2 层 202、1 至 2 层 103 室内装饰装修工程	北京京港之宴餐饮管理有限公司
148	9月8日	北京三维生物工程有限公司厂房装修	北京三维生物工程有限公司
149	9月9日	北京景盛智联工业物联网研发平台装修工程	北京景盛智联科技有限公司
150	9月9日	视源交互智能终端产业基地项目（生产研发楼等 2 项）	北京视源创新科技有限公司
151	9月9日	国盛高新科技工业园 5# 楼（国创中心实验室）装修工程	北京博大国盛投资有限公司
152	9月11日	国盛高新科技工业园 9# 楼（国创中心实验室）装修工程	北京博大国盛投资有限公司
153	9月11日	国盛高新科技工业园 1# 研发实验楼(国创中心研发实验室）装修工程	北京博大国盛投资有限公司
154	9月12日	时空之旅装修工程	北京时空之旅文化传播有限公司
155	9月14日	经开区 3.3 平方千米燃气管道改移工程	北京华油联合燃气开发有限公司
156	9月15日	颇尔（中国）有限公司北京办公楼室内装饰装修工程	颇尔（中国）有限公司
157	9月18日	德奥平生物体外诊断试剂原料平台改造项目	北京德奥平生物技术有限公司
158	9月18日	集成电路装备产业化项目	北京鲁汶半导体科技有限公司
159	9月21日	航为高科厂房装修改造项目	北京航为高科连接技术有限公司
160	9月23日	北京安百胜生物科技有限公司创新疫苗研发中心净化工程	北京安百胜生物科技有限公司
161	9月23日	通州区台湖镇“两站一街”项目南部污水干线(富民路—亦庄站前街南延）工程	北京住总置地有限公司
162	9月23日	通州区台湖镇“两站一街”项目南部再生水干线（富民路—亦庄站前街南延）工程	北京住总置地有限公司
163	9月23日	朝林国际酒店项目［A 座室外观光电梯和候梯厅(地上一层至六层)等 3 项］	北京朝林实业有限公司
164	9月25日	北京生物 2 号楼改造项目	北京生物制品研究所有限责任公司
165	9月25日	信创园起步区连廊（信创园起步区连廊）	北京通明湖信息城发展有限公司

续表

序号	发证日期	工程名称	建设单位
166	9月28日	北京急救中心直属亦庄分中心建设工程（急救中心主楼等3项）	北京经济技术开发区基建办公室
167	9月29日	经开区13C3地块综合体建设项目（1号楼政务服务中心等3项）	北京亦庄投资控股有限公司
168	9月29日	大兴区瀛海镇集体经营性建设用地入市试点（一期）YZ00-0803-0011地块项目（酒店等4项）	北京荣民房地产开发有限公司
169	9月30日	亦城科技中心4号楼6层装修、装饰工程	北京亦庄安捷物联科技有限公司
170	9月30日	MRA联合厂房（124号）改扩建项目［MRA联合厂房（124号）］	北京奔驰汽车有限公司
171	10月15日	旧宫镇清乐园老旧小区改造工程	北京市大兴区旧宫镇人民政府
172	10月15日	经开区荣华南路1号院2号楼22层2201、2202、2203、2207、2208房间内装修工程	北京伍加伊科技有限公司
173	10月20日	中国工商银行股份有限公司开发区荣华中路支行装修改造项目	中国工商银行股份有限公司北京经济技术开发区支行
174	10月21日	中国工商银行股份有限公司开发区支行业务用房装修改造项目	中国工商银行股份有限公司北京经济技术开发区支行
175	10月22日	北京拔萃双语学校经济开发区台湖镇水南村幼儿园装修改造工程	北京拔萃双语学校
176	10月22日	北京大宝工厂车间布局改造	北京大宝化妆品有限公司
177	10月23日	中国（北京）国际视听产业园内外装修项目及新建地下车库项目	北京亦庄投资控股有限公司
178	10月26日	经开区荣华中路22号院2号楼1层102、2层202、1至2层103 室内装饰装修工程	北京满德海餐饮有限公司
179	10月27日	中国生物研究院亦庄二期项目（2号综合测试楼等10项）	国药中生生物技术研究院有限公司
180	10月27日	通州区马驹桥镇亦庄新城0500街区YZ00-0500-6007等地块R2二类居住用地、A334托幼用地项目（07-01#住宅楼等18项、幼儿园等2项）	中交润致（北京）置业有限公司
181	10月30日	南海子郊野公园B片区B-04、B-06、B-11地块F3其他类多功能用地项目（B04-1#办公楼等5项）	北京国苑体育文化投资有限责任公司
182	11月2日	通州区马驹桥镇C01、C-07、C-09地块项目（22#居住服务设施楼）	北京北投宏大房地产开发有限公司
183	11月5日	经开区路东区G4-1地块G4-5#办公楼10层、11层局部室内装修工程	浪潮（北京）计算机科技有限公司
184	11月5日	北京科华众腾医药研发平台建设项目装修工程	北京科华众腾科技有限公司
185	11月6日	经开区凉水河路（三海子东路—博兴路）道路改造工程	北京经济技术开发区土地储备与建设服务中心

续表

序号	发证日期	工程名称	建设单位
186	11月6日	亦城财富B座14层装修改造工程	北京曲一线图书策划有限公司
187	11月6日	经开区经海九路（潞西路—科创十一街）市政工程（二标段）	北京经济技术开发区土地储备与建设服务中心
188	11月6日	经开区博兴六路、博兴七路、凉水河一街、凉水河二街道路改造工程	北京经济技术开发区基建办公室
189	11月6日	北京3号楼公共区域装修工程	玲珑集团北京中成英泰科贸有限公司
190	11月6日	经开区经海九路（潞西路—科创十一街）市政工程（一标段）	北京经济技术开发区土地储备与建设服务中心
191	11月6日	集成电路核心零部件及耗材制造基地项目（表面处理车间等4项）	北京亦盛精密半导体有限公司
192	11月11日	中国工商银行股份有限公司开发区信创园支行装修改造项目	中国工商银行股份有限公司北京经济技术开发区支行
193	11月12日	大兴区瀛海镇YZ00-0803-2013A、2013B地块项目（配套幼儿园）	北京上瑞置业有限公司
194	11月12日	经开区荣华南路15号院1号楼1层局部、2层局部内装修工程	北京百纳观澜餐饮有限公司
195	11月12日	免疫细胞制剂研发实验室项目	北京永泰瑞科生物科技有限公司
196	11月12日	经开区科创六街88号院8号楼4单元501室装修工程	北京浩鼎瑞生物科技有限公司
197	11月16日	制剂生产线改建项目（新增电梯等3项）及3号楼一二三层装修工程	北京四环生物制药有限公司
198	11月16日	环保专有设备研发制造基地项目（B1高精设备生产厂房等2项）	北京中金瑞丰环保科技有限公司
199	11月16日	经开区科创7街19号1幢B座1层、2层内装修工程	北京澳源德江生物技术有限公司
200	11月18日	卡达克新能源汽车技术检测评价项目（综合试验楼等3项）	北京卡达克汽车检测技术中心有限公司
201	11月18日	科创六街2号院3-G楼室内装修项目	北京天利控股集团有限公司
202	11月20日	2020年老旧小区雨污改造工程（红星养鸡场宿舍小区市政管线工程）	北京市大兴区物资集团有限公司
203	11月20日	三期2#、3#疫苗生产车间净化装修	北京智飞绿竹生物制药有限公司
204	11月23日	北京亦庄国际人才发展集团有限公司办公室室内装饰工程	北京亦庄国际人才发展集团有限公司
205	11月23日	北京通州物流产业园区兴贸北街（融商五路—东驰路）道路工程	北京金马驹开发建设有限公司
206	11月24日	经开区科创六街2号院12号楼7、8层装修项目	北京赛赋医药研究院有限公司
207	11月24日	经开区科谷一街10号院2号楼5层内装修工程	北京壳木软件有限责任公司
208	11月25日	蛋白药物中试生产车间项目——中试二车间	舒泰神（北京）生物制药股份有限公司
209	11月26日	红星住宅区老旧小区综合整治工程	北京市大兴区旧宫镇人民政府

续表

序号	发证日期	工程名称	建设单位
210	11 月 26 日	经开区科创十街 18 号院 3 号楼装修工程	北京奕斯伟计算技术有限公司
211	11 月 27 日	半导体装备零部件全工艺智能制造生产基地项目（1# 车间等 8 项）	北京富创精密半导体有限公司
212	11 月 30 日	欧文托普改造项目	北京星网工业园有限公司
213	12 月 3 日	免疫细胞制剂研发实验室项目	北京永泰生物制品有限公司
214	12 月 3 日	北京数智方科技有限公司办公室装修工程装饰装修新申请	北京数智方科技有限公司
215	12 月 3 日	8 英寸 MEMS 国际代工线建设项目（8 英寸生产厂房等 12 项）施工许可证重新申领	纳微矽磊国际科技（北京）有限公司
216	12 月 4 日	亦城国际中心 A 座 18 层办公区装修改造工程装修新申请	北京亦庄智能城市协同创新研究院有限公司
217	12 月 4 日	达梦数据库国家信息技术应用创新基地北京通明湖信息城展示中心项目	北京达梦数据库技术有限公司
218	12 月 4 日	北京斯纳德幕墙装饰工程有限公司办公楼装修工程	北京斯纳德幕墙装饰工程有限公司
219	12 月 4 日	游娱汇（北京）科技文化发展有限公司科技研发平台及科普基地 2 号楼装修项目	游娱汇（北京）科技文化发展有限公司
220	12 月 4 日	游娱汇（北京）科技文化发展有限公司科技研发平台及科普基地 1 号楼装修项目	游娱汇（北京）科技文化发展有限公司
221	12 月 8 日	经开区科谷一街 8 号院（信创园 B 区）4 号楼室内装修工程	阿斯利康医药科技（北京）有限公司
222	12 月 11 日	东方晶源微电子科技（北京）有限公司 4 层办公室装修改造工程装饰装修新申请	东方晶源微电子科技（北京）有限公司
223	12 月 14 日	力宝广场 F4-08 健身房装修改造工程装饰装修新申请	北京中体力宝体育管理有限公司
224	12 月 15 日	金融板块 2020 年北京总部办公室室内装修项目	重庆众尖信息技术咨询有限公司
225	12 月 16 日	经开区科谷一街 8 号院 1 号楼 20、21 层装修工程	神州国信（北京）信息科技有限公司
226	12 月 17 日	北京精测半导体设备及准分子激光器项目（厂房 1 等 12 项）房建工程新申请	北京精测半导体装备有限公司
227	12 月 21 日	经开区路东区 G4-1 地块 G4-5# 办公楼 12 层、13 层和 14 层局部室内装修工程	浪潮（北京）计算机科技有限公司
228	12 月 23 日	新药研发服务平台体外药代动力学项目装饰装修	康龙化成（北京）新药技术股份有限公司
229	12 月 23 日	经开区荣华中路 19 号院 1 号楼 A 座 27 层（自然楼 23 层）2701/2702/2703/2704 室装修工程	北京城市人家装饰有限公司

续表

序号	发证日期	工程名称	建设单位
230	12月23日	经开区荣华中路10号1幢9层局部内装修工程	北京亦庄置业有限公司楼宇物业管理分公司
231	12月23日	泰德制药B16装修工程	北京泰德制药股份有限公司
232	12月25日	大兴区旧宫镇吉畅路2号室内装修工程	北京中福骏逸酒店管理有限公司
233	12月25日	北京东华信创科技有限公司办公区装修工程	北京东华信创科技有限公司
234	12月29日	北京公司7号楼分包装生产线项目（1、2号疫苗楼配套改造项目）	北京生物制品研究所有限责任公司
235	12月29日	天骥智谷27号楼装修工程	北京久事神康医疗科技有限公司
236	12月29日	经开区科创三街15号-A1幢1~4层内装修工程	北京日源香料有限公司
237	12月29日	亦庄新城现代有轨电车T1线临时车场项目	北京亦庄公交有轨电车有限责任公司
238	12月29日	亦庄新城现代有轨电车T1线工程项目3#、4#变电所	北京亦庄公交有轨电车有限责任公司
239	12月29日	亦庄新城现代有轨电车T1线工程项目1#、2#变电所	北京亦庄公交有轨电车有限责任公司
240	12月29日	亦庄新城现代有轨电车T1线工程项目6#、7#、8#变电所	北京亦庄公交有轨电车有限责任公司
241	12月29日	科创六街2号院10号楼1、2层室内装修工程	亦创高科（北京）科技有限公司
242	12月29日	科创六街2号院10号楼3、4、5层室内装修工程	亦创高科（北京）科技有限公司
243	12月29日	科创六街2号院10号楼7/8/9层室内装修工程	亦创高科（北京）科技有限公司
244	12月29日	科创六街2号院10号楼10/11/12层室内装修工程	亦创高科（北京）科技有限公司
245	12月31日	永康俱乐部装修改造工程项目	北京亦庄置业有限公司楼宇物业管理分公司
246	12月31日	经开区科谷一街8号院1号楼22、23、24层装修工程	神州信创（北京）集团有限公司
247	12月31日	新建二期生产研发基地	聚协昌（北京）药业有限公司
248	12月31日	行有恒研发与总部楼基地装修项目	北京行有恒医药有限公司
249	12月31日	溅射靶材及溅射设备关键部件产业化项目（生产车间等4项）	北京江丰电子材料有限公司
250	12月31日	中国电科（北京）集成电路核心装备自主化及产业化建设项目（一期）（4#装配厂房）	北京中电科电子装备有限公司
251	12月31日	高端石英制品产业化项目（研发检测楼等5项）	北京凯芯新材料科技有限公司
252	12月31日	经开区荣华中路10号1幢10层局部内装修工程	北京亦庄置业有限公司楼宇物业管理分公司

续表

序号	发证日期	工程名称	建设单位
253	12月31日	中科九微半导体真空核心设备研发生产基地项目（研发生产楼）	北京中科九微科技有限公司
254	12月31日	三楼面包线装修工程	北京廿一客食品有限公司
255	12月31日	经开区河西区X46R1、X46R2地块R2二类居住用地、A334托幼用地项目（8#住宅楼-10#住宅楼、14#住宅楼-21#住宅楼、烟囱、S3#配套楼、幼儿园、地下车库B段）	北京中海亦庄智慧置业有限公司
256	12月31日	经开区河西区X46R1、X46R2地块R2二类居住用地、A334托幼用地项目（1#住宅楼-7#住宅楼、11#住宅楼-13#住宅楼、S1#配套楼、S2#配套楼、地下车库A段）	北京中海亦庄智慧置业有限公司

（经开区行政审批局提供）

2020年经开区组织机构负责人一览表

姓名	单位名称	职务	备注
王少峰	中共北京市委经济技术开发区工委	书记	
梁　胜	中共北京市委经济技术开发区工委	副书记	
	北京经济技术开发区管委会	主任	
张继红	中共北京市委经济技术开发区工委	副书记	
	北京经济技术开发区管委会	副主任	5月免
孔　磊	中共北京市委经济技术开发区工委	委员	5月任
	北京经济技术开发区管委会	副主任	
袁立洪	中共北京市委经济技术开发区工委	委员	
	北京经济技术开发区管委会	副主任	
赵雅娟	中共北京市委经济技术开发区工委	委员	
	中共北京市委经济技术开发区工委宣传文化部	部长	
陈小男	中共北京市委经济技术开发区工委	委员	
	北京经济技术开发区管委会	副主任	
吕新利	中共北京市委经济技术开发区工委	委员	
	市纪委市监委派驻经开区管委会纪检监察组	组长	
沈永刚	中共北京市委经济技术开发区工委	委员	
	北京经济技术开发区管委会	副主任	
于　森	中共北京市委经济技术开发区工委	委员	
	中共北京市委经济技术开发区工委组织人事部	部长	
张　广	北京经济技术开发区管委会	副主任（挂职）	4月任
沈金坤	北京经济技术开发区工委、管委会	一级巡视员	3月任
张凤民	北京经济技术开发区总工会	主席	6月免

（经开区工委组织人事部提供）

2020年驻经开区职能局负责人一览表

姓名	单位名称	职务	备注
王献民	国家税务总局北京经济技术开发区税务局	局长	
唐庆军	北京市药品监督管理局第三分局	局长	
青海涛	中华人民共和国北京经济技术开发区海关	关长	
李洁昕	北京经济技术开发区经济社会调查队	副队长	
朱亦军		队长	6月免
张　驰	北京市公安局公安交通管理局开发区交通大队	大队长	
周　胜	北京经济技术开发区公安消防支队	支队长	8月任
徐　群			8月免
陈一娜	北京市大兴区人民检察院经济技术开发区检察处	主任、检察官	
李宝才	北京市大兴区人民法院经济技术开发区人民法庭	庭长	

经开区2020年政府文件目录

文号	名称
京开党〔2020〕10号	中共北京市委经济技术开发工作委员会关于印发《工委、管委会职能部门和公共服务机构职责》的通知
京开党〔2020〕11号	中共北京市委经济技术开发工作委员会关于印发《工委、管委会重点工作专班职责》的通知
京开党〔2020〕12号	中共北京市委经济技术开发工作委员会关于印发《北京经济技术开发区议事协调机构改革方案》的通知
京开党〔2020〕14号	中共北京市委经济技术开发工作委员会关于印发《关于在疫情防控一线成立临时党组织的工作方案》的通知
京开党〔2020〕15号	中共北京市委经济技术开发工作委员会关于印发《中共北京市委经济技术开发区工委2020年工作要点》的通知
京开党〔2020〕16号	中共北京市委经济技术开发工作委员会关于印发《中共北京市委经济技术开发区工委2020年党风廉政建设和反腐败工作要点》的通知
京开党〔2020〕17号	中共北京市委经济技术开发工作委员会关于印发《中共北京市委经济技术开发区工委组织人事部2020年工作要点》的通知
京开党〔2020〕19号	中共北京市委经济技术开发工作委员会关于印发《开发区2020年调查研究工作要点》的通知
京开党〔2020〕20号	中共北京市委经济技术开发工作委员会关于印发《北京经济技术开发区2020年宣传思想文化工作要点》的通知
京开党〔2020〕22号	中共北京市委经济技术开发工作委员会关于印发《北京经济技术开发区2020年工会工作要点》的通知
京开党〔2020〕59号	中共北京市委经济技术开发工作委员会关于成立开发区第七次全国人口普查领导小组的通知
京开党〔2020〕64号	中共北京市委经济技术开发工作委员会关于印发《北京经济技术开发区违法违规用地专项整治分工方案》的通知
京开党〔2020〕68号	中共北京市委经济技术开发工作委员会关于印发《北京经济技术开发区2019年全面从严治党（党建）工作考核结果暨政治生态分析研判问题清单的反馈意见整改方案》的通知

续表

文号	名称
京开党〔2020〕69 号	中共北京市委经济技术开发工作委员会关于成立开发区工委宣传思想与文化工作委员会的通知
京开党〔2020〕70 号	中共北京市委经济技术开发工作委员会关于印发《北京经济技术开发区关于实施“一线工作法”深化“访听解促”工作的意见》的通知
京开党〔2020〕71 号	中共北京市委经济技术开发工作委员会关于印发《北京经济技术开发区高质量发展打造改革开放新高地行动计划（2020—2022 年）》的通知
京开党〔2020〕74 号	中共北京市委经济技术开发工作委员会关于印发《北京经济技术开发区挂职干部管理办法》的通知
京开党〔2020〕80 号	中共北京市委经济技术开发工作委员会关于印发《中共北京市委经济技术开发区工作委员会北京经济技术开发区管理委员会“青年创新人才”实习生管理办法（试行）》的通知
京开党〔2020〕81 号	中共北京市委经济技术开发工作委员会关于印发《关于加强党建引领推进亦企服务港建设的实施意见》的通知
京开党〔2020〕84 号	中共北京市委经济技术开发工作委员会关于印发《北京经济技术开发区领导干部违规插手干预规划用地事务留痕和报告暂行规定》的通知
京开党〔2020〕85 号	中共北京市委经济技术开发工作委员会关于印发《北京经济技术开发区机构编制工作管理规定》的通知
京开党〔2020〕88 号	中共北京市委经济技术开发工作委员会关于印发《关于建立央地合作工作专班的方案》的通知
京开党〔2020〕89 号	中共北京市委经济技术开发工作委员会关于成立开发区工委招商引资工作领导小组的通知
京开党〔2020〕90 号	中共北京市委经济技术开发工作委员会关于印发《关于在加快推进经开区和亦庄新城高质量发展中进一步加强党的建设的实施意见》的通知
京开党〔2020〕92 号	中共北京市委经济技术开发工作委员会关于印发《北京经济技术开发区支持高精尖产业人才创新创业实施办法（试行）》的通知
京开党〔2020〕93 号	中共北京市委经济技术开发工作委员会关于印发《北京经济技术开发区防范和化解金融风险工作方案》的通知
京开党〔2020〕94 号	中共北京市委经济技术开发工作委员会关于成立开发区工委安全生产与应急管理委员会的通知
京开党〔2020〕96 号	中共北京市委经济技术开发工作委员会关于成立开发区工委巡察工作领导小组的通知
京开党〔2020〕101 号	关于成立开发区工委科技创新发展工作委员会的通知
京开党〔2020〕103 号	关于印发《北京经济技术开发区关于中央生态环境保护督察服务保障工作方案》的通知
京开党〔2020〕104 号	关于印发《北京经济技术开发区容错纠错实施办法（试行）》的通知
京开党〔2020〕106 号	关于印发《关于开展工委巡察工作的实施意见（试行）》的通知
京开党〔2020〕107 号	关于印发《关于加强亦庄新城廉政风险防控体系建设的实施意见》的通知
京开党〔2020〕110 号	关于印发《关于进一步加强经开区基层党建工作的实施意见》的通知
京开党〔2020〕116 号	关于印发《北京经济技术开发区财源建设工作方案》的通知

续表

文号	名称
京开党〔2020〕125 号	关于印发《北京经济技术开发区国企改革三年行动实施方案(2020—2022 年)》的通知
京技管〔2020〕3 号	北京经济技术开发区管理委员会关于印发《北京经济技术开发区居住配套商业服务设施规划建设使用管理办法》的通知
京技管〔2020〕4 号	北京经济技术开发区管理委员会关于印发《北京经济技术开发区居住配套商业服务设施改变使用性质及转让工作办理规定》的通知
京技管〔2020〕6 号	北京经济技术开发区管理委员会关于印发实施《亦庄新城工业用地先租后让实施方案(试行)》的通知
京技管〔2020〕9 号	北京经济技术开发区管理委员会关于印发《北京经济技术开发区疫情防控期间经济稳定和增长工作方案》的通知
京技管〔2020〕10 号	北京经济技术开发区管理委员会关于印发《北京经济技术开发区关于支持企业控疫情稳增长若干措施》的通知
京技管〔2020〕12 号	北京经济技术开发区管理委员会关于印发《北京经济技术开发区管理委员会关于支持中小企业抗疫情云办公稳发展的若干措施》的通知
京技管〔2020〕15 号	北京经济技术开发区管理委员会关于贯彻落实《北京市人民政府办公厅关于应对新型冠状病毒感染的肺炎疫情影响促进中小微企业持续健康发展的若干措施》的任务分工
京技管〔2020〕16 号	北京经济技术开发区管理委员会关于印发《北京经济技术开发区关于进一步加强住宅小区物业管理服务企业疫情防控工作的若干措施》的通知
京技管〔2020〕17 号	北京经济技术开发区管理委员会关于废止《北京经济技术开发区新增产业的禁止和限制目录(2019 年版)》的通知
京技管〔2020〕19 号	北京经济技术开发区管理委员会关于印发《北京经济技术开发区关于进一步加强物业管理服务企业疫情防控工作的若干措施》的通知
京技管〔2020〕20 号	北京经济技术开发区管理委员会关于印发《开发区 2020 年重点工作分工方案》的通知
京技管〔2020〕21 号	北京经济技术开发区管理委员会关于印发《北京经济技术开发区管理委员会关于鼓励减免中小微企业房租的若干措施》的通知
京技管〔2020〕22 号	北京经济技术开发区管理委员会关于印发实施《北京经济技术开发区关于城市更新产业升级的若干措施(试行)》的通知
京技管〔2020〕23 号	北京经济技术开发区管理委员会关于印发《北京经济技术开发区管理委员会关于开展依申请政务服务事项告知承诺审批改革试点工作的实施意见》的通知
京技管〔2020〕24 号	北京经济技术开发区管理委员会关于印发《北京经济技术开发区依申请政务服务事项告知承诺审批管理暂行办法》的通知
京技管〔2020〕28 号	北京经济技术开发区管理委员会关于印发《北京经济技术开发区污染防治攻坚战 2020 年行动计划》的通知
京技管〔2020〕30 号	北京经济技术开发区管理委员会关于印发《北京经济技术开发区关于进一步统筹疫情防控和经济社会发展支持企业共克时艰的若干措施(2.0 版)》的通知
京技管〔2020〕31 号	北京经济技术开发区管理委员会关于印发《北京经济技术开发区博士后工作管理办法》的通知
京技管〔2020〕35 号	北京经济技术开发区管理委员会关于印发《北京经济技术开发区商业综合体减免入驻商户房租奖励方案》的通知

续表

文号	名称
京技管〔2020〕37 号	北京经济技术开发区管理委员会关于印发《关于配合亦庄新城现代有轨电车 T1 线试运行到试运营期间工作方案》的通知
京技管〔2020〕38 号	北京经济技术开发区管理委员会关于印发《北京经济技术开发区重大产业项目落地支持资金管理办法》的通知
京技管〔2020〕39 号	北京经济技术开发区管理委员会关于印发《北京经济技术开发区扶贫协作项目资金管理办法（试行）》的通知
京技管〔2020〕43 号	北京经济技术开发区管理委员会关于印发《北京经济技术开发区打造大中小企业融通型特色载体推动中小企业创新创业升级专项资金管理办法和实施细则》的通知
京技管〔2020〕44 号	北京经济技术开发区管理委员会关于印发《开发区重点企业服务保障工作方案》的通知
京技管〔2020〕45 号	北京经济技术开发区管理委员会关于印发《北京经济技术开发区管理委员会关于开展产业用地标准化管理工作的实施意见（试行）》及相关材料的通知
京技管〔2020〕46 号	北京经济技术开发区管理委员会关于印发《北京经济技术开发区关于进一步鼓励减免中小微企业房租的若干措施》的通知
京技管〔2020〕48 号	北京经济技术开发区管理委员会关于印发《北京经济技术开发区关于加快四大主导产业发展的实施意见》的通知
京技管〔2020〕49 号	北京经济技术开发区管理委员会关于印发《北京经济技术开发区“十四五”规划编制的基本思路和任务要求》的通知
京技管〔2020〕50 号	北京经济技术开发区管理委员会关于印发《亦庄新城城市功能组团》的通知
京技管〔2020〕53 号	北京经济技术开发区管理委员会关于印发《北京经济技术开发区 2020 年推进法治政府建设工作要点》的通知
京技管〔2020〕54 号	北京经济技术开发区管理委员会关于印发《北京经济技术开发区招商工作方案》的通知
京技管〔2020〕55 号	北京经济技术开发区管理委员会关于印发《北京经济技术开发区招商引资平台奖励办法》的通知
京技管〔2020〕56 号	北京经济技术开发区管理委员会关于印发《北京经济技术开发区关于推进信创产业发展的支持政策》的通知
京技管〔2020〕59 号	北京经济技术开发区管理委员会关于印发《北京经济技术开发区关于实施产业链链长制的工作方案》的通知
京技管〔2020〕62 号	北京经济技术开发区管理委员会关于印发《北京经济技术开发区推进新型基础设施建设发展行动方案（2020—2022）》的通知
京技管〔2020〕63 号	北京经济技术开发区管理委员会关于印发《台马地区重点企业走访方案》的通知
京技管〔2020〕64 号	北京经济技术开发区管理委员会关于印发《北京经济技术开发区稳金融政策奖励资金实施细则》《北京经济技术开发区促融资政策奖励资金实施细则》的通知
京技管〔2020〕67 号	北京经济技术开发区管理委员会关于印发《北京经济技术开发区产业高质量发展统筹资金管理办法》的通知
京技管〔2020〕68 号	北京经济技术开发区管理委员会关于印发《北京经济技术开发区主导产业专项资金实施细则》的通知

续表

文号	名称
京技管〔2020〕69 号	北京经济技术开发区管理委员会关于印发《北京经济技术开发区科技创新专项资金实施细则》的通知
京技管〔2020〕73 号	北京经济技术开发区管理委员会 北京市人力资源和社会保障局 北京市财政局关于印发《开发区打造职业技能提升试点区建设方案（2019—2021）》的通知
京技管〔2020〕81 号	北京经济技术开发区管理委员会关于印发《北京经济技术开发区进一步促进无障碍环境建设 2019—2021 年行动实施方案》的通知
京技管〔2020〕87 号	北京经济技术开发区管理委员会关于印发《加强北京经济技术开发区公共卫生应急管理体系建设三年行动计划（2020—2022 年）》的通知
京技管〔2020〕93 号	北京经济技术开发区管理委员会关于印发《经开区加强诺如病毒疫情防控的工作方案》的通知
京技管〔2020〕95 号	北京经济技术开发区管理委员会关于印发《北京经济技术开发区产业用地标准化管理暂行办法（试行）》的通知
京技管〔2020〕98 号	北京经济技术开发区管理委员会关于印发《北京经济技术开发区视听产业政策》和《北京经济技术开发区游戏产业政策》的通知
京技管〔2020〕106 号	北京经济技术开发区管理委员会关于印发《北京经济技术开发区促进职业能力提升补贴管理办法》的通知
京技管〔2020〕107 号	北京经济技术开发区管理委员会关于印发《北京经济技术开发区非法集资举报奖励工作实施细则（试行）》的通知
京技管〔2020〕109 号	北京经济技术开发区管理委员会关于印发《北京经济技术开发区管理委员会关于利用土地房产办理审批的工作指引（试行）》的通知
京技管〔2020〕110 号	北京经济技术开发区管理委员会关于印发《北京经济技术开发区校企合作管理办法（试行）》的通知
京技管〔2020〕111 号	北京经济技术开发区管理委员会关于印发《亦庄新城工业用地保护红线管理办法（试行）》的通知
京技管〔2020〕115 号	北京经济技术开发区管理委员会关于印发《北京经济技术开发区 2020—2021 年秋冬季大气污染综合治理攻坚行动方案》的通知
京技管〔2020〕116 号	北京经济技术开发区管理委员会 北京市知识产权局关于印发《北京经济技术开发区知识产权行动计划（2021—2023）》的通知

索引

北京经济技术开发区年鉴 2021

BEIJING ECONOMIC-TECHNOLOGICAL DEVELOPMENT AREA YEARBOOK 2021

索引说明

本索引分主题词索引和企业名称索引两部分。

主题词索引以本年鉴正文中出现的专业名词、名词词组为主；企业名称索引只包含参编企业在本年鉴正文中出现的企业名称。

本索引按汉语拼音音序排列，汉字打头的标目按首字的音序音调依次排列，首字相同时，则以第二字排序，依此类推；以英文字母打头的主题词，列于其前；以阿拉伯数字打头的主题词，排在最前面。

索引词条后的阿拉伯数字表示内容所在的页码，数字后的英文字母（a、b）表示正文中的栏别（左、右）。

同一主题的内容在文中多处出现的，在索引中按页码顺序依次列出。

本刊的“区情概况”“特载”“专文”“大事记”“统计资料”“附录”类目内容不在索引范围内。

主题词索引

0~9

“1+3+1”业务体系 286b

“1+4+N”航母事业群 99a

“1+5”板块 76a

“1+6+N”国有企业布局 286a

“2+3+2”模式 463a

“3+1”梯队化管理 326a

“3S”技术 102b

“4+2+1”产业体系 73a

“433”城市功能组团布局 338a

“5G+”智慧安全 310b

“5G+8K”赛事直转播 319a

“7+1”大招商格局 72a 81b

1+X证书制度 206a

10x空间转录组 119a

12平方公里 288b 293b 302a 302b

12英寸氮化硅沉积设备 95b 104a

14寸B超显示器U140G0 110b

15价肺炎球菌结合疫苗 124a

165平方公里 88a 366a

1类创新药 127a 130a 130b 145b 150a 271a

225平方公里 321b 346a 363a 365a 365b 376b 383a 388a 535b

23价肺炎球菌多糖疫苗 124a
256排Revolution CT生产线 92b 165b 275a
3.3平方公里 392b
3000P/3000N血液回收机 172a
3D打印 151b 477a
3D细胞微球及类器官筛选平台 141a
4K超高清LCD显示芯片 94a
55英寸4K QLED 97b
59.6平方公里 414a
5G+智能驾驶 248b
5G基站 85b 387b 404b 405a
5G技术 89b 192b 430a
5G数据 403b
5G亦庄 85b
5G应用场景 198a
5G直播基地 211a
5G智能物流 196b 198a 208a
5K健康跑 481b
60平方公里 349a 442b 456a 485a 486a 535a 535b
8K LCD驱动芯片 94a 107a
8英寸晶圆全自动减薄机 105a

A

AAALAC认证 138b
AAA级 130a 131b 135a 164b 191a 228a 230a 236b 240a 306b
ACYW135群脑膜炎球菌多糖结合疫苗 124a
AEO认证企业 169a
AI辅助抗癌药 119a 130a
AI计算中心 411b
AI人体测温系统 313b
AI体温预警系统 94a
ARIA® 肿瘤信息管理系统 126b
AR智能眼镜 526b
爱心防疫包 235b 236a
安全保密印刷 223b
安全防伪证件 227a
安全生产月 349b 387b 399a 421a 423a
安全性评价 127b 133b 138a 138b 149b 277b 280a
奥斯卡奖 219b
澳科一号卫星 179b

B

“B+”轮融资 93a 93b 109a 179b
“白菜心”工程 246a 247a 253b
“北京·亦庄”品牌形象广告 522a
“北京河长”App 489b
“北京亦庄”微信公众号 349a 527b
“不见面”审批制 295a
BIB生产线 225b
BIM技术 161a
Blu智能机 101b
BOE画屏 93a
BOT模式 188a
BX-A冰冻红细胞洗涤机 172a

八项规定 398a 518a
靶向疗法 147a
白皮书 113a 116a 202a 208a
百老汇 219b
半导体 75a 75b 78b 79a 83b 84a 89b 99a 101a 103a 103b 104b 105a 105b 106b 107b 108b 109a 188b 189a 252a 274a 311b 312a 366b 373a 373b 374a 440b
北斗导航 107b 108b 249a
北斗新仓 199b
北极星杯 188b
北京·亦庄离岸创新中心 250b
北京 CED 互联网特色产业园区 306a
北京榜样 179a 502b
北京畅融平台 212a 212b
北京高精尖产业设计中心 105b 239a
北京科技研究开发机构 107b 239a
北京民营企业百强榜单 173b 511a
北京市“专精特新”中小企业 140b 145b 146a 149a 165b 179b 188b 239b 241a
北京市北斗产业创新基地 107b 249a
北京市诚信创建企业 106a 135a 207a 230a 240a 318a
北京市诚信系统集成企业 207a
北京市瞪羚重点培育企业 174b
北京市高新技术成果转化示范企业 187b 192b
北京市高新技术企业 164b 172b 230b
北京市工程实验室 138b 146a 176b 190b 192b 239a
北京市级企业科技研究开发机构 133a 135a 138b 140b 146b 148b 174b
北京市抗击新冠肺炎疫情先进集体 150a 515a
北京市科技防疫出口专班 128b
北京市科学技术进步奖 93b 105a 106b 150a 172b 190b 264b 281a
北京市劳动模范 104b 135b 168b 170b 229a 287a 476b 527b
北京市绿色安全工地 296b 385b
北京市绿色安全样板工地 135a 296b
北京市模范集体 104b 135b 146a 217a 239b 527b
北京市企业技术中心 135a 140b 146a 163b 176b 190b 219b
北京市人民政府质量管理奖 131b
北京市设计创新中心 107b 238b
北京市生活垃圾分类示范小区 300a 307b 390b 409b
北京市小型微型企业创业创新示范基地 306a
北京市新技术新产品（服务） 147b 192b 207a 246b 257b
北京市优秀青年人才 508a
北京市知识产权示范单位 192b
北京市知识产权试点单位 100a 111a 147b
北京市职业院校教师企业实践基地 203b 204a
北京市智能制造标杆企业 115a 130a 166a 169b 171a 231a 401a

北京市中小企业公共服务示范平台 211b
北京市专利示范单位 135a
北京市专利试点企业 106a 140b 207b
北京网络游戏新技术应用中心 492b 519b 527a
北京亦庄京广协同创新产业园 72a 82b
北京亦庄细胞治疗研发中试基地 295a 385b 395a
北京亦庄智能制造协同创新产业园 292b
北京亦庄智通物联网产业园 292b
北京智慧电竞赛事中心 319a 492b 521a 527a
北京智慧媒体创新中心 492b 527a
边缘计算 176a 256a 261b
便利型职工阅读站点 528a
便携式体检一体机 198b
表观基因组 119a 119b 125b
冰雪文化节 434b 482a
冰雪运动 434b 443a 455a 460b
并联审批 88a 89b 495b
并网发电 183a 185a 188b 190a 190b 399b
博大杯 477b 479b 480a 481a 482a 529a 529b
博士后科研工作站 107b 135a 137b 149a 150a 176b 190b 239a 441b
哺乳动物细胞表达平台 144a
不动产登记 94b 102a 102b 267b 383a
不见面办政务 492a 493b

C

“CDR 移植”技术平台 136a
“城市窨井监控系统”App 388b
CA 认证 94b
CCAP 认证 189b
CERI 变频器 171b
CE 认证 154b 164a 169b 191a 283a
CMA 认证 138b
CMMI 3 级 172b 207a
CMMI 5 级 103a
CQC 证书 164b
CRAA 认证 189b
C-TECH 工艺 188a
彩虹 -4 无人机 176b
彩涂机器人三功能一体系统 170b 275b
苍穹疫情防控管理信息系统 94b 270b
沧龙一号 151b
产教融合 200a 246a 462b 463b 464a
产权登记 340b 341a
产前筛查 121b 148b
产学协同 466b
产业带 197b 199a 204a 205b
产业聚集效应 312a 360a
产业联盟 199b 201a 207b 211b 244a 254b 264a 265b 266b 267a 303b 521b
产业链 75a 77b 80b 81a 102b 105b 106b 109a 112a 135a

137b 139a 142b 146b 182a 187a 200b 211b 231b 232a 240b 247a 249a 250a 254a 258a 263b 265b 286b 287a 312a 318a 330a 414b 416b 417a 471b 519b
产业升级 178b 233b 251b 261a 318a 338a 358a 360b 382a 382b
长城杯 189b 230a 262b 296b 297a 358b 385a
畅融工程 193b 266a
超导回旋加速器 125a 126a
超级地图 423b
车规级芯片 81a
车联网 113b 244b 248b 298a 368a
车载存储芯片 75b
辰星云系统 182b 213a 213b
承压闭式蓄冷罐 185a 192a
城市病 358a
城市大脑 95a 100a 423b
城市大数据平台 98a 99b 100a
城市轨道交通 110a 153b 266b
城市体检 358a 360b
重组蛋白 143a 144a 145a 145b 146a
传感器 79b 96a 99a 114b 154a 156a 156b 176b 189b 212a 257b 263b 273b 275b 279b 295b 307b
传输网 213b 214b 405b 406a
创客北京 76b 149a 211b 238a 313a
创客中国 76b 238a 241a
创新成长计划 77b 246a 253a
创新创业企业 211b 239b
创新孵化平台 312a
创新伙伴计划 77b 246a
创新药 77b 78b 117b 126b 127a 130a 130b 139a 145b 147a 147b 148a 150a 264b 265a 271a 281a 281b 283b 319a
吹哨报到 511a 536b
春风行动 438b
春雷计划 194b
春雨行动 327b
纯 IPv6 公共 DNS 全球服务 259a 260a
慈云健康管理平台 193b 195a

D

“党建 + 阅读”模式 500a
DCS 控制系统 154b
DNA 建库试剂盒 148b
DNBSEQ-T7 超高通量测序平台 125b
DNS 根服务器 260a
DRAM 存储器 361b
大健康 73a 74a 76a 111a 124a 167b 210a 238b 306a 312a 321a 322b 382b 476b
大气探测激光雷达 153b
大数据存储中心 243b
大数据联合实验室 235a 243a
单机容量 182a 184a 185b 274b
单晶硅 182a 188a 188b 189a 273a

单晶片 109a

单克隆抗体 117a 123b 136a 139a 143a 144a 148a 148b

单细胞测序 119b 148b

单细胞转录组 118b 119b 120a 283b

档案管理 222b 235a 243a 243b 272a 429b 435a 503b

档案数字化 106b 235a 243b 438a

灯塔计划 192b

低温退火立式炉系统 95a 104a

低压塑壳断路器开关 177b 178a

电池集装箱 186a

电解槽 163a 163b

电竞产业 319a 492b 521b

电商平台 197b 208b 210b 211a 215a 276a

电影 + 219a

电子档案 87b 222b 243b 272a 365a

电子发票 106a 106b

电子认证 207a 207b

电子商务 206b 207a 207b 211a 237b 266a 306a 346a 353b 441b

电子证照 87b 94b 102b 498b

电子政务 80b 207a 207b 314b

定点医疗机构 436a 437b 475a 476b 477b

动力电池工厂 111a 114b 115a

独角兽企业 77b 210a 326a

端口器件 97b

多晶硅 189a

多媒体分布式控制系统 296a

E

“E+”课程体系 446a

EB301 模组线 111b

Eclipse ™放射治疗计划系统 126b

EHS 大检查 401a

ERP 云系统 94b

E-Town Bio 产业工程师学院 252a 252b

二次上市 182a 200a 325b

F

“放管服”改革 85a 86a 498b

“分虫”打击行动 425b

发明专利 99a 107a 129a 130b 133a 134b 135a 136a 136b 139a 140a 145b 147a 147b 148a 148b 163a 168b 170a 171b 172a 174b 177a 178b 179b 188b 189b 191a 192a 211b 212b 219b 230b 238a 238b 246b 263a 263b 267a 267b 268a 268b 269a 269b 270a 279a 279b

发热筛查哨点 472b

泛半导体 84a

泛基因组 118b

防护服 178b 193a 404a

防伪产品 227a

防疫物资 112a 223a 235b 236a 289b 290a 299b 302b 355b 404a 410b 485b 495a 504a 535b

防灾减灾日 386b 387b 421a

放射治疗 81b 122b 126b 141b 142a 175b 271b
非道路移动机械 385b 420a 420b 546b
非接触式 272b 342a 343a
分质供水 390a
风储配套项目 182a 185b 192a
风电机组 182a 183a 183b 184a 184b 185a 185b 190a 190b 269b 270a 274b 281a
风力发电 188b 189a 190b 269b 270a 278b 282a
孵化器 211b 241a 246b 298a
复工复产 94b 100a 111a 166b 169a 178a 194a 224a 226a 226b 241a 303a 315a 317b 328a 328b 337a 337b 338a 342a 345a 355b 435b 438b 473b 493b 494a 495b 496b 499a 510a 517b 519a 524a 526a 527a 528b 532b 535b 540a 553a

G

“挂图作战”调度机制 246a
“管家式”服务 293b 326a 437b
G12 大硅片 188b
G20 工程 131b 132a 135a 140b 148b 149a 175b
GMP 认证 130b 131a 132a 135b 136a 136b 137a 139a 145a 148b
GP21 平台 274b
GSE 焊装生产线 151b 170b
高端产业片区 73a 73b 74a 74b 253a 326b 327a 330b
高级别自动驾驶示范区 92a 116a 246b 254a 254b 255a 262b 298a 299b 406b 408a 424b
高技能领军人才工作室 441a
高精尖产业 74b 105b 163b 239a 248b 252a 253a 261a 286a 305b 311a 311b 312a 317a 318b 320a 320b 321a 462b 499a 506b 507a
高聚工程 149a
高能准分子激光器 259a
告知承诺审批改革 86a
歌华传媒杯 217a 219b 520b 521a
隔离观察点 473a
工伤鉴定 436b 437a
工业互联网 80b 92b 97b 150b 151a 154b 159a 167b 193a 205a 210a 241a 252a 256a 257b 266a 310b
工业机器人 112b 170b 464b 531b
公共技术服务平台 82b 138b 246b
公共资源交易平台 498a
公益活动 109b 120a 120b 148b 223a 229b 452b 479b
公益课程 482b
攻关适配云公共支撑平台 247b 248a
供应链 77a 94a 192b 193a 197a 197b 198a 199a 199b 200a 200b 201a 202a 203b 204a 204b 205a 208b 211a 231a 235b 237b 238a 250a 252a

318a 396a 414b 415b 416b 417a 515a
共底贮箱 156a 179b
共享单车 411a
共享员工 434b 438b
谷神星一号 274b 275a
关键技术观察站 299a 305a
管道探测机器人 179a
光电吊舱 176b
光伏发电 184b 189a 399b
光伏氧化设备 98b 104a
光盘行动 445b 490b
硅片 98b 101a 188b 189a
轨道交通综合自动化系统 151a
轨道微中心 360a 361a
滚动接触疲劳试验机 241b
国产化 81b 82a 102a 114b 162a 176a 207a 252a 275b 281b
国际标准 183a 192a 209b 219a
国际科技创新中心 253a 305a 318b
国际人才服务厅 492a 493a 507b
国际人才社区城市家具项目 406b 407a
国际商务服务片区 74a
国家“863”计划 129b 137b 175b 207b
国家“金关”工程 209a
国家标准 159b 161a 224a 229a 233b 234a 253b 261a 261b 263a 263b 264b 281b 282a 295b 307b 464b 465a
国家产教融合型城市 463b
国家服务业扩大开放综合示范区 73a 73b 74b 500b
国家高新技术产业化基地 222b 251a 251b
国家高新技术产业园区 220b
国家高新技术企业 102b 104a 105a 106a 106b 109a 111a 129a 133a 135a 136a 136b 138a 138b 139a 140b 142b 144a 145b 146a 146b 147b 148a 148b 149a 150b 162a 163b 165b 169a 171a 171b 172a 172b 174b 175b 176b 177b 187a 190b 191a 192a 207a 207b 209a 209b 212b 218a 220a 222b 231b 232a 232b 237a 239a 240a 241a 243b 246b 310b 325b
国家海外人才离岸创新创业基地 246b 250a 250b
国家火炬计划 106a 133a 162b
国家级科技企业孵化器 241a
国家级企业技术中心 130a 162a
国家级示范河湖 390a
国家级印刷示范企业 232b
国家级专精特新“小巨人”企业 246a
国家技术标准创新基地 289a 305a
国家技术创新示范企业 137b
国家科技支撑计划 175b 477b
国家科学技术进步奖 105a 137b 160b 162a 172b 187b 231a 246a 279a
国家绿色数据中心 209b

国家绿色制造体系建设示范企业 138a
国家秘密载体印制甲级资质 224b 232b
国家企业技术中心 140a 177a 264b 284b
国家人工智能高新技术产业化基地 222b 246b 251a 251b
国家小型微型企业创业创新示范基地 222b 241a 252a
国家新型工业化产业示范基地 182b 194b
国家新一代人工智能开放创新平台 193a
国家医保目录 127a 134b 136a 136b 276a
国家疫情防控物资工业大数据公共服务平台 193a
国家印刷示范企业 224b 231b 232a
国家优质工程奖 236b 358b 381a 385a
国家知识产权示范企业 161b
国家知识产权示范园区 246b
国家知识产权优势企业 190b
国家智能汽车与智慧交通（京冀）示范区亦庄基地 222b 234a 244a 283b
国家中小企业公共服务示范平台 211b
国家自然科学基金 265a 477b
国新科创股权投资基金 311b
国有资本 286a 286b 287a 288a 288b 338b 340a 340b 341a
国资国企改革 286a 341a

H

Halcyon 智慧放疗平台 125a 126b 273a
Hi-C 微量建库体系 149a
HORIS 光伏氧化设备 98b 104a
海绵城市 390a
焊接追溯防错系统 170b 269a
航空接收机 AIR20 258b
航天粉煤加压气化技术 177a
行业标准 161a 161b 163b 187b 190a 261a 262a 264a 265b
行业大数据平台 DataHybrid 179a
行业领军企业 135a 175b
毫米波人体成像技术 176a
和谐杯 479a
核酸检测 120b 121a 148b 251a 342b 347a 349b 350a 354a 354b 395a 453a 468b 469a 471b 473b 474a 478a 489a 518b 526a 532b 533b 535a 539b 540a
核酸提取仪 150b 154b 167a 283a
核酸提取专用试剂盒 257a
红点设计大奖 169b
红色记忆 488b
红外测温安检门 257a 257b
后处理产品 191b 192a
互动直播 + 课程回看 436b
互联网 + 94b 102b 125a 182a 192b 199b 206b 227b 240a 240b 242a 266b 267b 306a 325a 355b 417a 435b 487b 530b
互联网基础技术公共服务平台 260a
互联网医疗中心 199b
护薪行动 556b

化学蛋白质组学平台 141a
惠企政策 337a
火星气象测量仪 154a
火星探测器 154a
货运线 410b

I

IDC 数据机房 404a
IL-17 抗体 268a 268b
IPv6 下一代互联网 256b 260a

J

“极简化”改革 85b
“交钥匙”服务 239a
“京蜓”自转旋翼支线物流无人机 205b
JD Esports 计划 208a
JD-1600 型全自动单晶炉 182a 188b 272b 273a
机构改革 320a 346a 350a 423a 437a 484b 494b 512a 513b 543a
机器人焊接数据采集系统 170b 276b
机器人智能打磨系统 276b
基金 + 基地 211b
基因编码化合物库 141a
基因测序 118b 121b 148b 149a
基因治疗 84b 137a 137b 138a 139a
集成电路 72b 75b 76a 79a 83b 84a 89a 90b 92a 95b 101a 101b 103b 104b 105a 105b 247a 248a 248b 250a 251a 252a 260b 311a 311b 312a 312b 318a 318b 360a 367a 373a 373b 378b 418a 423a 440b 449b 480b 481a 530a 531b
夹立得工艺机床三代机 174b
家庭医生 202b
监测物联网平台 96a
减碳运输计划 192b
健康空调联盟 195b
匠心品牌 124a
交通流量 365b
焦点一号 159b 179b
教研协作系统 111a
接诉即办 354b 402a 403b 437b 489a 492a 493a 494b 496a 496b 525a 549a
节能减排 177b 399b
节拍化疗 473b
解耦炉具机器人自动生产线 156b
金牛奖 97b
金融便利店 329a 333b
金属围护系统金禹奖 173b
金种子企业 246a
京采云 197a 197b
京东方柔性 OLED 全面屏显示技术 93b
京东方先进技术实验室 377b
京东服务 + 200b
京东家医 202b
京东健康 182a 193a 195b 196a 199a 199b 202b 203a 205a 325b

京东探索研究院 205a
京东物流 196b 197a 198a 198b 199b 200b 202a 203a 203b 204a 204b 205b 206b 208a 208b 427a
京东新动能计划 197a 197b
京东智联云 194b 197b
京满仓 204b
京心助农 204a
菁英贷 329b
晶圆 101a 101b 105a 105b 273b
精准扶贫 127b 135b 228a 228b 232a 234a
精准就业帮扶 441a
净物行动 549b
就业扶贫日 440a
军民融合 238b 289a 294a 299a 304b 305a
军事成像雷达技术 176a

K

“科创中国”工程 252b
KNX 智能面板 169b
开关控制设备 162b
抗击新冠肺炎疫情先进企业 226a 230a
抗体仿制药 137b
抗疫药物 127b
科改示范企业 152a 161a
科改示范行动 152a 152b
科技 + 资本 287b
科技成果奖 160b 161b 231a
科技创新片区 74a 253a
科技型中小微企业融通发展服务平台 246b
科技重大专项 105a 105b 109a 136b 143b
科文融合 73a 76a 286b 338b 340a 341a 520b 527a
科学抗疫 95a
可持续发展 192b 197a 200b 209a 212a 213b 217b 228a 229b 293b 325b 364b 445b 456a
可再生能源 183b 212a 363b 443a
课后一小时 477b
空间转录组测序技术 283a 283b
空中课堂 488a
控疫情稳增长 10 条 337a
控制性详细规划 358a 360b 361a 361b
口述历史 503a 503b
跨学科课程融合 457b

L

“蓝盾一号”燃气安全整治行动 544b
“两区”建设 73a 73b 74b 292a 299a 326b 532b
LED 封装 107a 267b
Linux+Qt 操作系统平台 271b
来得时® 92b 117a 131b 132a
蓝皮书 113b 114a 263a
老年大学 436a 436b
廉政风险防控 492b 497b 516b

链长制 92a

两化融合管理体系 166a 188b

亮丽工程 406b 407a

量子计算 79b 205a

临床服务平台 233a 240b

临床试验 117a 121b 122b 123a 123b 125b 126b 127b 129a 139a 139b 140a 140b 141a 142b 148a 149b 233a 242b 261a 277b 309a

零部件 72a 81a 81b 82a 83b 92a 104b 105a 105b 112a 114b 115a 116a 173a 175b 238b 239a 250a 252a 253b 259a 260a 260b 292b 295a 303a 312a 373a 373b 374a 408a 495b

零接触 154b 342a

零跑腿 492a 493b

零售云 205a

零投资 397a

零信贷 313a 313b

领导驾驶舱 98a 98b 99b 100a

流调 470b 473a 473b 540a

六保 315a 328b 336b 527a

六大经验模式 414b

六稳 315a 328b 336b 527a

鲁班奖 173b 236b 454a

落地即办 507b

铝一铁混合冲压搬运生产线 153a 170b

绿地率 88b 366a 366b 367a 367b 368a 368b 369a 369b 370a 370b 371b 372b 373a 373b 374a 374b

绿地养护 412a

绿化率 367a 367b 368a 368b 370b 371a 371b 372a 372b 374b

绿色（疫情防控）高价值专利奖 278a

绿色安全标准化工地 385b

绿色发展资金 226a 414a 417b

绿色工厂 115a 131b 138a 145a 150b 169a 171a 178a 224b 231a 293a 293b 399a 414b 415b 416b

绿色供应链 231a 414b 415b 416b 417a

绿色印刷 224b 227a 231b 232b

绿色园区 416b 418b

绿色制造 115a 138a 150b 178a 414b 415b 416b

M

M282 发动机 114a

MACS-SCADA 软件 158b

MEMS 芯片 273b

MES 系统 107b 188b

满天星计划 205a 205b

慢行系统 379a 379b 390b 410a 411a

梅赛德斯－奔驰 GLA SUV 111b

梅赛德斯－奔驰长轴距 E 级车 113a

煤气化技术 177a 282b

美国 ASME 认证 191a

美国 FM 认证 164a

面对面 + 屏对屏 540a
模拟病毒评价系统 127b
摩擦磨损试验机 241b

N

NFV 网络功能虚拟化 260a
NS5A 复制复合子抑制剂 271a
NS5B 聚合酶抑制剂 271b
NXAIR 西门子授权柜 162b
南海子杯 478a
能源互联网 192a
暖心送岗 439b

O

“O+O”全周期健康服务 99b
OKR 目标管理法 460a
OpticVIO 工业光总线智能 I/O 系统 151a 154b 166b

P

PCT 专利 99a 130b 139a 246b
PharmCoo 人工智能药学知识图谱 196a
PYP 幼小教学项目 450b
排污许可证 134a 414b
票 e 送 342a
票据贴现 328b 330b 332a 332b 333a 333b 334a
平安开发区 538a 538b 539a 542a 549b
普惠性幼儿园 434a 442b
普惠学位 434a 442b
普通转录组测序 119a

Q

“七促”项目调度机制 72a 81b
“清单式”执法 546b
七有五性 472b
企业创新簇 179b 246b
企业复工保障计划 194a
企业信用评价 135a 164b
企业信用体系 232b
企业准入服务厅 296a 492a 495b
气动技术中心 168b
千人聚亦 507a
千人千题 397a 499a
千桩计划 397a
强基工程 168b
敲门行动 432a
青流计划 192b 196b 200b 203b
氢能源 156a 160b
清洁能源 157b 178a 184a 184b 297b 418a
清零行动 422b
情绪识别智能分析系统 256b
区块链 106b 176a 200b 212b 222b 243b 260a 272a 272b 519b 520a
区史馆 288a 288b 513b
区域评估 89a 525b
全 SiC 模块 108b 274a

全国安全文化建设示范企业 306a
全国科技创新优秀企业 237a
全国劳动模范 99a 168b 170b 197a 236b 527b
全国文明单位 163b 225a 341b 398b 519a 523a
全国质量标杆企业 130b 138a
全国质量诚信标杆企业 228a 228b
全国质量管理先进单位 237a
全民健身日 478b 482b
全球 AP 课程考试 451b 458a
全球供应链 204b 235b 237b
全球门户 182b 214a 218a
全球免费健康咨询平台 193b
全要素资产运营平台 303b 304a
全自动晶圆划片机 105a

R

“瑞云”云平台 209a
robotaxi 服务 255a
人才公租房 320a 322b 358b 381b 384a 508b
人才十条 506b 507a 508b 524a
人防工程 387a 387b
人工智能 79a 93a 96b 98a 99a 108b 109b 193a 194b 195a 196a 205a 206a 210a 211b 212b 222b 241a 246b 249b 251a 251b 254a 255b 260a 262a 266a 273a 311a 313b 452b 519b
人机对话 193a
人机混驾实验室 244b
人开 · 芬兰日 459a
人类基因组 119b
人类细胞图谱 118b
人事改革 437a
容缺办理 343a
溶剂型清洗剂 189b
融合云平台 158b
融媒+大数据 519a
入栏结算 411b
软件著作权 110b 147a 170a 172a 174a 176a 176b 178b 192a 211b 212b 219b 243b 256b 263a 267b 270a 304b 306b 310b

S

“三步走”模式 326a
“三城”科技成果转化 246a 246b 304b
“三合一”场所 489b
“三主”课程 454b 456a
“上门办”服务 497a
“尚亦城”App 301a 494a 518b 519a 519b 524a 527b
“疏整促”专项行动 545a
“双创”明星企业 178b
“双高”项目 463b
“双模拟”指标 395b
“双师型”教师 203b 204a 462a 462b 466a

"四梁八柱"信创企业 314a 317a
SaaS 服务 108b 218a
SCADA系统 391a
三标一体化 191a
三城一区 77b 246a 246b 247a 248b 249b 250b 253a 305a 506a 512b 519b 524b
三代人重全变异检测产品 119a 148b
三个聚焦 516b
三级试验 244b
三库 325b
三快一准 121a
三链合一 77b
三率 488b 493a 514b 515a
三清三个一批 547b
三区两通道 471a
三网融合 307a 362b
三维 GIS 平台 171b
三维模型轻量化技术 256a
三位一体 220a 503b
三新清单 247b
三智一金 220b
三重大排查 547b
三综一特 284a 284b
商业智能分析平台 77a
上门入户 432a
社区交警 425a 425b 426a
社区邻里节 434b 483a 483b
社区养老驿站 488a
审管执 85a 86a 86b 87b 88b
升级版经开区 286a 286b 312a 325a 341a 387b 434a 495a 506a
生物医药标准厂房 82a 86a 371b
失业补助金 436a
湿地公园 390b 414a
时光胶囊 208a
时间戳服务器 207a
实验室危险废物暂存间 415a
实用新型专利 107a 133a 136a 136b 140a 148a 148b 163a 168b 170a 171b 174a 174b 176b 177a 179b 186b 188b 189b 192a 211b 238a 238b 263a 263b 270a 293a 306b 401a
示范河湖 390a 391b
示范性职业教育集团（联盟）培育单位 464a 464b
试剂盒 83a 120a 144a 148b 257a
试验田 74b
首贷通 313a 313b 316a
首都文明单位 100a 100b 341b 519a
书香大厅 500a
书香亦城 526b
暑期家庭实验室 452a 457a
数据湖 206a 206b
数据中心 96a 98a 102b 159a 182b 185a 194b 195a 195b 201b 202a 203b 204a 205b 206a 206b 208b 209a 209b 210a

212a 259a 266b 272a 282b 395b 403b 411b 503a 503b
数码科技园 296b 378a
数码中心 222a 223a 223b 231b
数说‘十三五’ 527a
数字地图 290b
数字电视 108a 212b 213b 214b 217b 405b 522a
数字化 80b 95a 97a 98a 100a 102b 106b 108b 111a 112b 142a 155a 159b 160b 161a 162a 193a 194a 194b 195b 197a 197b 199a 202b 204b 205a 205b 208b 213b 214a 214b 218a 223a 223b 235a 243b 249b 261b 266b 276b 289a 289b 406a 416b 438a 524b 526b
数字孪生 97a 151a 202a 294b
数字签名 207b
数字人民币试点 276a
数字消费 336a
数字医院 99b
数字政府 97a
数字资产档案 304b
双“1+1”工程 90b 360a
双百企业 208b
双报到 308b 342b 436a 509b 510a 533b 544b 555a 555b
双创友好型科技金融服务联盟 77b 316a
双楼长制 289b 299b
双膜法 401b 403a
双频 Wi-Fi 芯片 75b
双曲线二号 156a 157a 179b
双线作战 436a
双宣讲 399a
水质自动监测微站 174a
四个机制 515b
四机协调焊接系统 157b
四级联动 289b
四经普 345a 345b
四区一阵地 251b 506a

T

TFT-LCD 技术 262b
TGA 认证 132a 135b
TMS-SOM 系统 391b
太赫兹 77a 176a 253b 256b 257a 257b 259b 263b 264a 264b
碳化硅全产业链 109a
特事特办 494b
特种车 81a
特种机器人 179a
体教融合 452a
天琴二代 265b
天鹊 269a 275b
天佑计划 215b
停课不停学 216b 462a
通明湖信创园 253b 377a 379a
通明湖信息城 80a 317a
通勤线 410b

透皮贴剂涂布机 144b
团体标准 121b 161a 161b 186b 195b 232b 233a 244a 244b 257b 263a 264b 265b 297b
团校一体 217a
托尼奖 214b 219b

V

V2X 网联测试实验室 244b
VCRO 自动络筒机 162a
VOCs 综合治理标杆企业 231a
VR/AR 显示技术 262b

W

“无废”名片 414b
“五进”活动 420b 421a 421b
“五星级”诚信长城杯企业 230a
WP9 自动焊接生产线 157a
外观设计专利 107a 133a 136b 139a 140a 176b 192a 211b 238b 263b 270a
万村通 182b 216a 216b 217b
危险废物 293b 414b 415a 415b 418a
危险化学品 421b 422a 422b 423a 427a 427b 430a 430b 472a 489b 541b 547b
微环境微氧控制技术 95b
微课堂 436b
微型断路器 169b
微型消防站 428b 429a 430a 488a
未诉先办 472b
文物赋权 525b
污染防治攻坚战 414a 418a
污水无害化系统 468b
无创产前 DNA 检测 119b 120b 121b 148b
无抵押贷款 232b 241a
无废城市 287b 293a 300a 414b 415a 415b 416b 417a
无废亦庄模式 300a
无废园区 299b 300a
无废之星 287b 414b 415a
无感知审批 87b
无人机 77a 77b 176b 178b 179a 205b 262a 265b
无人驾驶 222b 235b 298a 304b
无人配送车 206b
无人直升机 178b 179a 251a
无限亦庄运管展示平台 301b
无线城市 300b 301a 302a
无障碍环境 485b 486a 497b
无障碍设施 381a 406b 408b 480b 486a
五人制足球 480b 481a
五育并举 457a
物联感知平台 289a 289b
物联网实训基地 182b 199b
物流无人机 205b

X

X-ray 平板探测器背板 93a 99a

细胞免疫 120a 122a 142b 146b 283b 325b
细胞治疗 76b 81b 138a 139a 142b 295a 385b 395a
下沉干部 308b 436a 504a 509b 529a
先租后让 358a 381b 382a 543a
显示器 98b 108a 110b
显示驱动芯片 72a 75b 82b 92a 94a 94b 106b 107a 372b
线上疏导 203a
线上踏勘 89b
线上问诊 196a 199b 203a
线上智脑 98b
线下智库 98b
献血方舱 469a
祥云工程 211b
消防救援站 427b 428a 428b
消防宣传月 352b 353a 429b
消费券 201a 240a 336a 483a
小微企业金融综合服务平台 325a
小型化 Wi-Fi 滤波器 259a
校企合作 120b 175a 203b 440a 440b 463a 464a 466b
校外科普实践基地 443a
协作机器人自动拧紧系统 170b 272b
协作技术创新平台 135a
心理疏导 193a 203a 451b 468a 485b 528b 531a 540a
新冠病毒感染风险评估系统 193b
新冠病毒核酸便民采样点 121a
新冠肺炎康复者血浆采集点 116b
新冠肺炎自测评估系统 217b
新冠核酸采样方舱 474a
新冠疫苗 79b 127b 133b 474a 540a
新国品计划 197b
新基建 79a 80b 100a 195a 196b 200a 205a 205b 256b 258b 259a 272a 314a 396a
新跨越行动计划 397b
新能源汽车 81a 92a 115b 116a 151b 152a 239a 262b 280a 281a 281b 292b 295a 296b 303a 366b 370a 385b 397b 469a 479a 529b
新型冠状病毒 77a 92b 116b 117a 120b 121a 128a 128b 144a 148b 149a 150a 239a 247b 257a 277a 277b 305b 347b 350a 352b 435b 468a 493b 510a 518a
新型冠状病毒灭活疫苗（Vero 细胞） 92b 128a 150a 277a
新药证书 136b 148a
信息撮合平台 257b 258a
信用亦庄 350b
星级厂房 164b
行政审批专用章 88a
虚拟城市地理信息服务平台 388a 388b
虚拟仿真实验室 244b
学徒制 200a 462b 463b 466b

雪亮工程 541b
血浆置换 172a
血清疫苗 129a
血液回收罐装置 172b
血液回收机 172a

Y

“一号咨询”热线 492a 493a 495a 498b
“一刻钟”体育健身服务圈 434b
“一网统管”运营调度体系 304a
“一微克”行动 414a
“医、药联动”闭环体系 205a
“亦述”工作室 452a
“亦速泊”智慧平台 297a
“亦知汇”培训体系 304b
“云毕业”典礼 449a
亚洲一号 198b
延时自助服务 435a
延学课程 451b 457a
衍生变量引擎平台 255b
阳光纪检监察智慧监督平台 290b
养老金融服务 329a
遥感测绘 176b
遥感技术 102b
药品再注册批件 134b
业委会 488b 490b 514b
液氧甲烷发动机 159b 179b 269a 275b
一般工业固废管理平台 414b 416a
一场所一对策 431b
一窗受理 88a 496a 507b
一带一路 165a
一对一帮扶 450a
一对一融资服务 315a
一号通办 404a
一户一表 397b
一警六员 430a
一刻钟便民服务圈 483a 484a
一盔一带 426a 426b
一揽子政策服务包 77b
一枚印章管审批 85a 87b 88a 503a
一企一策 220b 289b
一区一警 425b 426a
一人一策 203a
一人一档 203a
一书一证 359b
一体化 86b 102a 108a 113a 116a 141b 151a 153a 154a 156a 157a 158a 159a 162b 163a 165b 167b 174a 179b 185b 191a 198b 199b 203a 238a 242a 249a 258b 266a 281a 328b 362a 403b 475a 531b 538b 541b 542a 548a 550a
一网通办 85b 87b 295a 437a 498b
一网通览 289b 294b
一线工作法 437b
一园一特色 413b
一站分四站 488b

一站式 108b 144a 154b 194b 196a 218a 232a 239b 241b 242a 242b 265a 321a 325a 474a 483a 484a 495b 497a 500b 506b
一支队伍管执法 86a 544a
一致性评价 138b 271b 276a
医保基金 435a 437b
医联体 129a 475a
医疗服务共同体 475a
医养结合 472a
医药产业链创新平台 135a
移动餐饮售卖车 336b
以税咨政 342a
亦城八法 289b
亦城工匠学院 463b
亦城家园中心 297a 434b 436b 483a 484a
亦城客厅 292b 361a
亦城人才 506b 508b
亦城稳促保 315a 316a
亦城之心 358a 360b
亦就业 439a 440a 534a
亦麒麟 149b 320a
亦企成长计划 536b
亦企服务港 343a 492a 493a 497a 504a 509b 533b 535a 535b 536a 536b
亦企战疫 315a 316a 339b
亦企智慧服务平台 536b
亦事通 496a 497a
亦庄 e 友 531b 532a
亦庄教育服务站 120b 231a 231b
亦庄经验 74b 297b 414b 519b
亦庄新城道路模型 365b
亦庄学院 492b 523b
亦庄智水工厂 294a
亦庄助医小家 443b 450a 458a
亦庄组团 73a 74a 74b
疫情防控（实体）机器人 313b
疫情防控智能机器人系统 194a
疫情执法清单 544b
银企对接 326a
印刷数字技术开发研究中心 222a 223a 231b
应急救援 351a 393a 422b 470a 472a
应急药物 143b
应急资源信息发布平台 192b
英才百人计划 505a
营商环境 73b 74b 85a 89a 90a 324a 325a 328b 342b 356a 356b 383a 397a 496b 499a 511a 516a 527a 543a
优培计划 504b
优质培训资源共享基地 113a 441a
有轨电车 379b 380b 395a 411a 424a
有限空间作业 397b 422b 472a
援企稳岗 442a
远程会诊 471a 476b

远程交互中心 492a 498b
院士专家工作站 110a 116b 162a 190b 211b
云办公 247a 247b
云存储 96a 388a
云法庭 551b
云服务 209a 212a 257a 260a 388a 519b
云化系统 182b 213b
云计算 96a 96b 98a 99a 176a 194b 200b 204a 205b 206a 208b 209a 210a 211b 212b 219a 256a 289a 314a 382b 519b
云客服 404a
云课堂 399a
云平台 149a 158a 158b 159a 171b 202b 209a 212b 222b 272a 306a 411b 498a
云上艺术节 451b
云演练 399a
云义贷 330a
云游戏 519b 520a 521b
云仲裁 555a 555b
云资源运营服务平台 251a
运载火箭 114a 152a 154a 157a 160a 172b 177a 179b 180a 180b 274b 275a 275b

Z

“增花添彩”工程 412b
“重大新药创制”科技重大专项 136b 143b
“周末不打烊”工作机制 490a
“主动披露”制度 355b
再生水 161b 187b 363b 364b 374b 390a 401a 401b 403a
在体影像技术平台 141a
在线监测 165b 174a 186b 226a
在线问诊 193a
早晚弹性办 343a 435a
展翼企业 246a
战时机制 409a
战疫爱心保 330a
战疫金盾 289b 301a 310b 346b 439a 519a 527b
战疫图片展 522b 523a
招聘月 439a 439b 440a
遮阳智能控制系统 236a
政策联动 73a
政府引导基金 313a 317a
政企消费券 201a
政务大数据平台 85b 388a
政务服务点 492a 497a
政务服务一号咨询平台 404a 405a
政务云 85b 388a 416a
知识产权共享 246a
直播带岗 439b
直驱永磁风电机组 185b 274b
直线加速器 141b 142a 271b 272a
职工创新工作室 138a 231b 528a 530a

531a
职工暖心驿站 528a
职工培训中心 441a
职工心灵驿站 530a 530b
指纹识别 99a 107a
制冷压缩机 189a
质子治疗中心 142a
智慧办公 93a 94a
智慧车联 96b
智慧车站 153b
智慧城轨 154b
智慧城市 96b 97a 98a 99a 99b 100a 108b 185a 192a 211b 287a 289a 306b 307a 310b 311a 423b
智慧城市大脑 423b
智慧档案 235a
智慧地铁 255a 257b 266b 267a 267b
智慧灯杆 297b 411a
智慧工厂 112b 159a
智慧供应链 396a
智慧家居 93a
智慧交通 99a 204a 222b 234a 244a 244b 248b 284a 297a 307b 410a 411b 424b
智慧教育 93a 97b 99a 100a
智慧金融 96b 99a
智慧军工 159a
智慧零售 96b
智慧能效平台 184b
智慧能源 72a 99a 100a 104b 159a 188a 306a
智慧平安小区 538b 541b
智慧社保 328b
智慧社区 97a 289a 304b 307a
智慧市政 364b
智慧物联 97b
智慧物业 300b 304a 304b
智慧医工 97b 99a 99b
智慧医疗 99a 100a 125a 196a 325b
智慧亦庄 289a 294b 387b
智慧园区 97b 99a 100a 240b 289a 289b 297b 304b 305b 306a 307a 310b 443a 498a
智慧政务 99a 328b
智慧终端 96b 99b
智能安防 176a
智能测温系统 247b
智能城轨集成平台 154b
智能动态监管仪 174a
智能对话引擎 258a
智能防疫 295a
智能工厂 158a 159a 167a 171a 248b 249b
智能供应链 77a 192b 193a 205a 208b
智能光伏 297b
智能交通 110a 198a 244a 254b 265b 266b 297b

智能井盖 402b 407b

智能汽车 73a 113a 113b 222b 234a 244a 244b 254b 283b 311a 312a 462b

智能网联 113a 113b 114a 116a 116b 233b 234a 244a 244b 255a 258a 262b 263a 277a 366a 383b 530a

智能物流 196b 198a 198b 204a 208a

智能信息化 83b 538b 541b

智能制造试点 246a 249a 249b

智云 4.0 放疗平台 117b

中法智能制造产业园 72a

中国（北京）高清视听产业园 492b 527a

中国（北京）自由贸易试验区 73a 73b 74a 74b 326b 327a 511a

中国百强企业奖 175a

中国标准创新贡献奖 190b 281b 282a

中国出版政府奖 231b

中国创新设计红星奖 169b

中国创新智谷 220b

中国地名大数据中心 98a 102b

中国电子商务百强企业 211a

中国工业创新示范单位 174b

中国环境保护产品认证 174a

中国节能产品认证 164a

中国强制性产品认证 169b

中国食品品牌 227a

中国医药工业百强企业 130a 134b 137b

中国制造 2025 168b

中国专利奖 161b 246b 278a 278b

中华印制大奖 225a

中金武汉数谷大数据中心 195b 201b 204a 209b

中金智能化数据中心 195a

中日工业自动化产业园 84b 92b

中日青年新创园 92b

中试车间 137a 137b

中试基地 136a 239a 246b 248a 295a 385b 395a

中小企业帮扶计划 194a

众创空间 241a 246b 249a 397b

周末替岗 308b 342b 510a

朱雀二号 269a 275b

注册商标 139a 147a

转录组图谱 119a

自动化仓库 196b

自动驾驶 72a 92a 108a 116a 222b 233a 233b 234a 244a 244b 246b 254a 254b 255a 262b 265b 283b 284a 298a 299b 390b 406b 408a 411b 424b

自动切割机 105a

自主知识产权 130a 139a 171b 177a 184a 190b 199b 208b 243b 249b 262a 271a

走遍新城行动 437b 545a 556a

最后一公里 203b

最后一米 497a

企业名称索引

A

阿尔特汽车技术股份有限公司 238b 239a 325b

安川首钢机器人有限公司 151b 153a 154b 155a 155b 156b 157a 157b 170a 171b 268b 269a 272b 274a 275b 276b

安诺优达基因科技（北京）有限公司 77a 118a 118b 119a 119b 120a 120b 121b 125a 125b 148b 149a

奥码拓（北京）科技有限公司 241b

B

百泰生物药业有限公司 120b 136a 500a

拜耳医药保健有限公司 92b 122b 124b 127a 130b 273b 415b 429b 432b 519a

宝健（中国）有限公司 84a 222a 227b

葆婴有限公司 228b 229b

北京 ABB 低压电器有限公司 169a 415b 519a

北京艾德摩生物技术有限公司 149a

北京百花蜂业科技发展股份公司 223b 224a 499b

北京北方华创微电子装备有限公司 84a 95a 95b 97b 98b 104a 105a 280a 312a 439a 495b

北京北开电气股份有限公司 162b 163a

北京北汽李尔汽车系统有限公司 115a 415b 479a 481a

北京奔驰汽车有限公司 80b 111a 111b 112a 112b 113a 114b 115b 298b 396a 415b 416b 437b 439b 441a 480a 495b 519a 525b 530a

北京大宝化妆品有限公司 229a 480a 529b

北京大基康明医疗设备有限公司 175b

北京德尔福万源发动机管理系统有限公司 114a 114b

北京德为智慧科技有限公司 110b 111a 271a

北京东港安全印刷有限公司 232a

北京东港嘉华安全信息技术有限公司 106a 106b 243b

北京福田电子医疗仪器有限公司 167b 168a

北京供电福斯特开关设备有限公司 169b 170a

北京国富安电子商务安全认证有限公司 207a 207b

北京航天拓扑高科技有限责任公司 159a 172b

北京宏达日新电机有限公司 158b 159b 173a

北京华德液压工业集团有限责任公司 163b 164a

北京华东电气股份有限公司 164a

北京华联印刷有限公司 222a 223a 231b 232b 529b

北京焕大电气有限公司 177b

北京惠买在线网络科技有限公司 210b 211a

北京集创北方科技股份有限公司 75a 82b 94a 106b 107a 248a 250a 278a 280a 281b
北京加科思新药研发有限公司 122a 122b 149b 150a 283b
北京嘉捷源技术开发有限公司 238a
北京金辰西维科安全印务有限公司 227a
北京金风科创风电设备有限公司 80b 182a 183a 183b 184a 184b 185a 185b 190a 249b 270a 274b 278b 281a 281b 282a 443a 479b
北京金色华勤数据服务有限公司 242a
北京金源经开污水处理有限责任公司 187b 188a
北京京诚瑞达电气工程技术有限公司 171b 279b
北京京精医疗设备有限公司 172a
北京京运通科技股份有限公司 182a 188a 189a 269b 272b
北京君立天地文化产业有限公司 214a 219b 220a
北京凯因科技股份有限公司 127a 145b 146b 271a 271b 347b
北京康乐卫士生物技术股份有限公司 77a 145a 145b 278a
北京旷博生物技术股份有限公司 146b 147a
北京蓝新特科技股份公司 174b 175b
北京利达华信电子有限公司 164b 165a 439a
北京利达科信环境安全技术有限公司 174a 174b
北京利德曼生化股份有限公司 132b
北京龙源冷却技术有限公司 190b
北京罗诺强施医药技术研发中心有限公司 147b 148a
北京牡丹联友环保科技股份有限公司 186a 186b
北京瑞赛长城航空测控技术有限公司 165a 165b
北京赛升药业股份有限公司 123a 126a 127a 134b 135a 268a 278a 311b 312b
北京神州细胞生物技术集团股份公司 121a 143a 143b
北京生物制品研究所有限责任公司 92b 128a 150a 150b 249b 277a 280b
北京盛通印刷股份有限公司 231a 415b 417a
北京世纪金光半导体有限公司 108b 109a 274a
北京四环生物制药有限公司 129a
北京泰德制药股份有限公司 119a 125b 129b 265a 272a 276a 278a 281b 284b
北京泰豪智能工程有限公司 95a 96b 98a 99b 282b 307a
北京天诚同创电气有限公司 182a 183a 183b 184b 185a 185b 192a 282a
北京天空卫士网络安全技术有限公司 93a 109a 110a
北京天坛生物制品股份有限公司 116b 132a
北京同仁堂科技发展股份有限公司 118a 127b 135b 280b
北京同益中新材料科技股份有限公司 187a

187b 278b
北京协和建昊医药技术开发有限责任公司 138a 138b
北京新华印刷有限公司 224a 224b 225b 402b 415b
北京星昊医药股份有限公司 136b 137a 250a
北京星际荣耀空间科技股份有限公司 152a 156a 157a 159b 179a 179b 180b
北京星网宇达科技股份有限公司 176a 280a 533a
北京兴联顺达商业管理有限公司 241b 242a
北京亚宝生物药业有限公司 144b 145a
北京义翘神州科技股份有限公司 143b
北京亦庄国际人力资源有限责任公司 239a 239b
北京亦庄国际生物试剂物流中心有限公司 242a 243a 481b 500b
北京易美新创科技有限公司 107a 267b
北京永泰生物制品有限公司 122a 126b 142a 143a 325b
北京悦康科创医药科技股份有限公司 146a 146b
北京云狐时代科技有限公司 108b
北京云基地企业管理有限公司 211a
北京章光 101 科技股份有限公司 222a 229b 230a
北京昭衍新药研究中心股份有限公司 127a 133b 134a
北京智飞绿竹生物制药有限公司 83b 121b 124a 140a 140b 267a
北京智能车联产业创新中心有限公司 232b 233b 244a 244b 254b 283b
北京中电科电子装备有限公司 105a 251a
北京中纺化工股份有限公司 222a 230b 231a 270a
北京中航智科技有限公司 178b 179b 251a
北京中瑞蓝科电动汽车技术有限公司 115b 116a
贝达药业股份有限公司北京新药研发中心 139b 140a
本元正阳基因技术有限公司 137a
比泽尔制冷技术(中国)有限公司 189a 189b
博世力士乐（北京）液压有限公司 171a

C

苍穹数码技术股份有限公司 94b 95b 96a 97a 98a 102a 103a 267b 270b

D

大地影院集团 182b 213a 213b 216a 218b 219b
大族环球科技股份有限公司 240a
第一三共制药（北京）有限公司 134a
东港瑞云数据技术有限公司 222b 243b 244b 272a

F

珐博进（中国）医药技术开发有限公司 117b 123a 148a 148b
锋创科技发展（北京）有限公司 222b 232b 233a 240b 241a 252a
富智康精密组件(北京)有限公司 101b 102a

272b 382b 415b 481b 529a

G

冠捷显示科技（中国）有限公司 108a
国富瑞数据系统有限公司 182a 199b 202a 202b 203b 206a 208b 282b
国富通信息技术发展有限公司 206b 207a
国汽（北京）智能网联汽车研究院有限公司 113a 113b 116a 116b 258a 263a 277a 530a
国研智库创新科学园投资股份有限公司 220a 220b
国药中生生物技术研究院有限公司 128b 129a 269a

H

哈尔滨工大特种机器人有限公司 179a
航天长征化学工程股份有限公司 154a 155a 176b 279a 282a
航天长征火箭技术有限公司 153b 154a 171b 172b
合众思壮北斗导航有限公司 107b 108b
和利时集团 80b 150b 151a 152b 153a 154b 157b 166b 261b 283a 529b 530a 556a
和路雪（中国）有限公司 222a 226b 227b
亨特道格拉斯建材（北京）有限公司 186a 186b 187a
华测检测认证集团北京有限公司 239b 240a 272b

J

加多宝（中国）饮料有限公司 227a
嘉纳尔科技（北京）有限公司 189b 190a 270b
金鹰国际货运代理有限公司 237b 238b
京东方科技集团股份有限公司 93a 93b 96a 96b 97a 98b 252a 262a 275a 279b 283a 441a 443a 530a 556a
京东集团 76a 182a 192b 194a 194b 195b 197a 197b 198a 200a 201a 201b 203a 204b 205b 207b 208a 262a 266a 325b 424b 430a 434b 437b 438b 439b 440b 511a 540b
经纬纺织机械股份有限公司 161b 162a
酒仙网络科技股份有限公司 210a

K

康龙化成（北京）新药技术股份有限公司 140b 141b
康明斯排放处理系统（中国）有限公司 191b 192a

L

蓝星（北京）化工机械有限公司 163a

O

欧必翼科技集团有限公司 176a 176b 272b

Q

全图通位置网络有限公司 110a 255a 257b

S

SMC（中国）有限公司 92b 168a 169b 440b 480b 481a 529b 531b
赛诺菲（北京）制药有限公司 83a 92b

117a 126a 131b 132a 415b

赛维航电科技有限公司 173a 481b

森特士兴集团股份有限公司 151b 173b 174b 250a 512b

施耐德（北京）中低压电器有限公司 159a 177b 178a 529b

舒泰神（北京）生物制药股份有限公司 117a 138b 139b 268a

数码辰星科技发展（北京）有限公司 182b 213a 219a 219b

四达时代集团 182b 212b 213b 214a 214b 215a 216a 216b 217b 218b

T

通用电气医疗北京影像设备制造基地 165b 166a

W

瓦里安医疗设备（中国）有限公司 117b 125a 126a 141b 142a 249b 271b 273a

威讯联合半导体(北京)有限公司 103a 103b

X

小江生物技术有限公司 147a

信维创科通信技术（北京）有限公司 103b 104a

Y

揖斐电电子（北京）有限公司 100b

亿滋食品(北京)有限公司 222a 225b 226b

悦康药业集团股份有限公司 123b 124b 126b 128a 137b 138b 395b 523a

Z

中国航空技术北京有限公司 152b 156b 166a

中国航空科技工业股份有限公司 175a

中国杂技团有限公司 182b 213a 215b 217a

中金数据集团有限公司 198a 201b 204a 205b 209b 210b 266a

中金云金融（北京）大数据科技股份有限公司 193b 212a 212b

中经云数据存储科技（北京）有限公司 212a

中科晶电信息材料（北京）股份有限公司 105b 106a

中粮可口可乐饮料（北京）有限公司 222a 225a 225b 415b 523a 552a

中企动力科技股份有限公司 182b 213b 214a 215b 218a

中泰德信（北京）档案管理有限公司 235a 243a 243b

中铁十九局集团有限公司 222a 233b 234a 234b 235a 235b 236a 236b 237b 279a

中外运－敦豪国际航空快件有限公司 235b 236a 237a 237b

中芯国际集成电路制造有限公司 101a 247a 312b 418a 423a

中冶京诚工程技术有限公司 152a 156a 160b 171b 279a 279b 280b 284b

资生堂丽源化妆品有限公司 223a 226a

北京经济技术开发区年鉴编辑部

电　　话　（010）67887287　67887137
传　　真　（010）67880395
电子邮箱　bdaqzb@163.com
网　　址　www.bda.gov.cn
通信地址　北京经济技术开发区荣华中路15号
邮　　编　100176

bdayearbook
（微信）

http://bdaqzb.bda.gov.cn/
（网址）